Thomas Kaufmann
ERLÖSTE UND VERDAMMTE

Thomas Kaufmann

ERLÖSTE UND VERDAMMTE

Eine Geschichte der Reformation

C.H.BECK

Mit 103 Abbildungen, davon 58 in Farbe, und 4 farbigen Karten
Karten: © Peter Palm, Berlin

Der Verlag dankt akg images
für die gute Zusammenarbeit.

© Verlag C.H.Beck oHG, München 2016
Satz: Fotosatz Amann, Memmingen
Druck und Bindung: Kösel, Krugzell
Umschlaggestaltung: Rothfos & Gabler, Hamburg
Umschlagabbildung: «Des Ehrwürdigen Herrn Doctoris Martini Lutheri
gottseligen Triumph», kolorierter Holzschnitt auf einem
protestantischen Flugblatt von 1568, © akg-images
Gedruckt auf säurefreiem, alterungsbeständigem Papier
(hergestellt aus chlorfrei gebleichtem Zellstoff)
Printed in Germany
ISBN 978 3 406 69607 7

www.chbeck.de

INHALT

und in der BRD bis 1990 411 – Aktuelle wissenschaftliche Herausforderungen 420

I.

LUTHER UND DIE REFORMATION

1. EIN EUROPÄISCHES EREIGNIS

Wittenberg, «am Rande der Zivilisation».[1] Von diesem traditionslosen deutschen Universitätsstädtchen ausgehend wurde die Reformation binnen kürzester Zeit zu einem europäischen Ereignis. Dies war nicht zuletzt durch die politischen Strukturen und Konstellationen in Europa bedingt: Karl V., der jugendliche Kaiser aus der habsburgischen Dynastie, der die Geschicke des Heiligen Römischen Reichs deutscher Nation seit 1520/21 lenkte, stand einem vielgestaltigen, transnationalen Herrschaftsgebilde vor. Neben weitläufigem europäischem Territorialbesitz in den Niederlanden, Österreich, Lothringen, auf der Iberischen und der Apenninhalbinsel umfasste es riesige außereuropäische Gebiete auf dem neu entdeckten amerikanischen Kontinent. Die Konflikte, die Karl V. innerhalb und außerhalb Europas austrug, insbesondere mit Frankreich und dem Osmanischen Reich, wirkten seit den frühen 1520er Jahren direkt auf die politischen Handlungsspielräume in seinem Reich und gegenüber jenen politischen Kräften, die sich für Luther und die Reformation einsetzten. Die engen Verbindungen innerhalb der europäischen Staatenwelt und die globalen Strukturen der lateineuropäischen Kirche bestimmten die kulturellen, rechtlichen, mentalen und religiösen Verhältnisse in Europa. Sie sorgten ebenfalls dafür, dass die Krise der überkommenen Lehr- und Lebensformen der Kirche, ausgelöst zunächst in Deutschland durch den thüringischen Augustinermönch Martin Luther, weitreichende Folgen hatte. Auch die gemeinsame Erfahrung einer Bedrohung der Europäer durch die geheimnisvolle und allenthalben gefürchtete türkische Supermacht und ihre fremde Religion trug wesentlich dazu bei, dass die religiösen Veränderungen, zu denen es infolge der Reformation kam, umgehend europäische, ja globale Dimensionen annahmen.

An einigen eher assoziativ verbundenen Sachverhalten sei die frühzeitig offenkundig werdende *Europäizität der Reformation* einleitend illustriert:

Der Basler Drucker Johannes Froben freute sich zu Jahresbeginn 1519 über die Verbreitung seiner ersten Gesamtausgabe Luther'scher Schriften in Frankreich, Italien, Spanien und England und berichtete, dass er noch kein Buch besser verkauft habe als dieses.[2] Der englische König Heinrich VIII. engagierte sich unmittelbar nach dem Erscheinen von Luthers radikalster Sakramentsschrift *Von der babylonischen Gefangenschaft der Kirche (De captivitate Babylonica)* im Jahr 1520 literarisch gegen den deutschen Theologieprofessor und wurde dafür vom Papst mit der Goldenen Tugendrose und dem Ehrentitel eines «Verteidigers des Glaubens» (*Defensor Fidei*) ausgezeichnet. Im Mai 1521 wurde nahe der Londoner St. Paul's Cathedral ein Tribunal über Luther und seine Anhänger abgehalten. Nach den Lehrverurteilungen durch die Universitäten Köln und Löwen schloss sich ihnen im Frühjahr 1521 die ehrwürdigste Universität des Abendlandes, die Sorbonne in Paris, an. Im Sommer 1521 reiste der aus Zwickau vertriebene reformatorische Prediger und Agitator Thomas Müntzer nach Prag, um Kontakt mit Repräsentanten der hussitischen Bewegung aufzunehmen. Der 1523 vom Adel seines Landes verdrängte dänische König Christian II. verbrachte einen Teil seines Exils in Wittenberg; in dieser Zeit fertigte Lukas Cranach der Ältere ein Porträt von ihm an, das der wenig später erscheinenden dänischen Übersetzung des Neuen Testaments beigegeben wurde. Die späteren Exponenten reformatorischer Entwicklungen in Frankreich, England und Dänemark, François Lambert von Avignon, William Tyndal und Hans Tausen, studierten in den frühen 1520er Jahren in Wittenberg. Der jüdische Gelehrte Eliezer Ha Levi in Jerusalem sah in einem Brief des Jahres 1525 die endzeitliche Erwartung eines Zerfalls der Christenheit und des Beginns der Erlösung Israels «im Auftreten Martin Luthers bestätigt».[3] Der türkische Sultan Süleyman, genannt der Prächtige (1520–

1566), erkundigte sich 1532 bei einem Gesandten aus dem Reich, wie alt Luther sei; als er, wohl mit Bedauern, vernahm, dass der Reformator damals schon neunundvierzig Jahre zählte, ließ er diesem gleichwohl versichern, dass er «einen gnedigen herrn» an ihm habe. Seit den frühen 1520er Jahren wurden Ideen Luthers und anderer Reformatoren in Kreisen um den Bischof von Meaux, Guillaume Briçonnet, und den humanistischen Gelehrten Lefèvre d'Étaples rezipiert. Die sogenannte Plakataffäre von 1534, als evangelische Flugblätter bis in die Gemächer des französischen Königs Franz I. vordrangen, bildete den Wendepunkt hin zu einer entschieden antireformatorischen Politik des Monarchen.

Auch in der Reformationsgeschichte des Gothaer Superintendenten Friedrich Myconius werden die europäischen beziehungsweise die auf die ganze Christenheit bezogenen Dimensionen des Auf- oder Umbruchs deutlich, der mit Luthers 95 *Thesen wider den Ablass* begann. Sie hätten, so Myconius, in vierzehn Tagen Deutschland «und in vier Wochen schier die ganze Christenheit durchlaufen, als wären die Engel selbst Botenläufer [vgl. Psalm 103,20] und trügen's vor aller Menschen Augen.»[4] Auch in Bezug auf die Universitäten, die mit dem Fall Luther befasst waren, die Orte der Verbrennung seiner Schriften, die Verbindungen zu einzelnen Personen aus England, Frankreich, Ungarn und Schottland und die Herausforderungen durch das Osmanische Reich standen dem Reformator Myconius die europäischen Dimensionen der Reformation deutlich vor Augen. Nicht anders sahen es in ihren Reformationsdarstellungen etwa der Schotte John Knox, der Schweizer Heinrich Bullinger und der Franzose Theodor Beza.

Nach diesen Schlaglichtern ist evident: Die Reformation war von ihren ersten Anfängen an ein internationales Ereignis. Die Behauptung, erst Johannes Calvin (1509–1564), dessen früheste reformatorische Äußerung vielleicht in den November 1533 datiert werden kann,[5] habe «die Internationalität der Reformation durch seine Einbindung von französischen und anderen europäischen Traditionen»[6] begründet, ist unzutreffend, ja irreführend. Auch die kulturelle Revolution, die der Buchdruck mit beweglichen Lettern in den Jahrzehnten vor 1500 auslöste, hat entscheidend dazu beigetragen, dass die Wittenberger Bewegung umgehend politische Bedeutung und europäische Dimensionen erlangte. Und nicht zuletzt begünstigte die Landes- und Sprachgrenzen überschreitende Europäizität der in der Regel auf Latein kommunizierenden römischen Kirche die Formierung eines transnationalen Aufstandes gegen sie. Eine in nationalgeschichtlichen Perspektiven befangene Reformationshistoriographie wird dem langen Schatten des 19. Jahrhunderts nicht entrinnen und dem Zeitalter der Reformation und seiner spezifischen Europäizität nicht gerecht werden.

2. ERHOFFTE UND GEWORDENE REFORMATION

Der Begriff der Reformation ist schillernd und vielfältig; er erfordert eine Vorverständigung. In der heute allgemein üblichen und verbreiteten Verwendung bezeichnet er ein bestimmtes historisches Phänomen, eine spezifische geschichtliche Epoche der lateineuropäischen Geschichte, nämlich die mit Luthers Ablasskritik im Herbst 1517 einsetzenden kirchlichen und gesellschaftlichen Veränderungen, in deren Folge auf städtischer, territorialer oder nationaler Ebene von Rom unabhängige evangelische Gemeinden und Kirchentümer entstanden und die römisch-katholische Kirche in unterschiedliche Konfessionen auseinanderbrach. Dass dieser vielschichtige Prozess unter der Bezeichnung «Reformation» zusammengefasst und das ganze Zeitalter mit diesem Terminus benannt wurde, ist im Wesentlichen eine Folge der protestantisch dominierten deutschen Historiographie des 19. Jahrhunderts, die in Leopold von Rankes *Deutscher Geschichte im Zeitalter der Reformation* (1839–1847) ihre für über ein Jahrhundert maßgebliche Darstellung fand.

Die Bezeichnung der kirchlichen und gesellschaftlichen Veränderungen als Reformation ist jedoch älter. Bereits im 15. Jahrhundert war der Ruf nach einer grundlegenden Reform erschallt, hatte die lateinische Kirche aufgewühlt, bestimmt und belastet. Die «Reformation» (*causa reformationis*) war eines der großen Themen des Konstanzer Konzils (1414–1418) gewesen: Um die kontinuierliche «Pflege des

Ackers des Herrn» zu gewährleisten und die «Sträucher, die Dornen und das Unkraut der Häresien, der Irrtümer und Spaltungen» auszureißen, «Ausschreitungen zu korrigieren» und, was «deformiert ist, zu reformieren»,[7] hatte diese Generalsynode der lateinischen Christenheit die regelmäßige Abhaltung allgemeiner Konzilien in einem festgelegten Rhythmus verfügt. Das erste sollte innerhalb von fünf, das zweite nach weiteren sieben Jahren stattfinden, später dann sollte die im Generalkonzil repräsentierte Kirche alle zehn Jahre zusammentreten. Das Konstanzer Konzil definierte sich in allen den Glauben, die Einheit der Kirche und ihre «Reform an Haupt und Gliedern»[8] betreffenden Fragen als höchste Instanz, auch gegenüber dem Papsttum. Die «Reformation» galt demnach als eine grundsätzliche, alle Christen betreffende und unabschließbare, permanent neu zu beginnende Aufgabe der Kirche. Entgegen anderslautenden Behauptungen[9] ist der Grundsatz, dass die Kirche immerzu zu reformieren sei (*ecclesia semper reformanda*), keine genuin reformatorische Erkenntnis.

Indem sich das Papsttum nach dem Ende des Konstanzer Konzils sukzessive konsolidierte, zu seiner alten und auch zu neuer Machtfülle aufstieg, verloren der Konziliarismus und sein Konzept einer permanenten Reformation nach und nach an Boden. In den Jahrzehnten um 1500 nahm die Skepsis gegenüber den Chancen einer allgemeinen Reformation zu. Geiler von Kaysersberg, einer der einflussreichsten Prediger des späten 15. und frühen 16. Jahrhunderts, nahm in allen Ständen der zeitgenössischen Christenheit, dem weltlichen, dem klerikalen und dem monastischen Stand, tiefgreifende Mängel wahr. Der klerikale, also weltpriesterliche Stand sei «full und sol nüt»; er sei durch «hoffart, übermut» gekennzeichnet; er häufe «ein pfrun [Pfründe] uff die ander» und lebe in «unkeuscheit», dass er sich «südel [suhle] in der katlachen [Kotlache] und in dem unflat». Die Ordensleute seien ganz «zerrissen», in «aller leckerei fornendran» und so in «hoffart», «geytzigkeit» und «unkeuscheit» gefangen, dass man «inen nicht mer kann zehilff kummen». Auch der weltliche, politische Stand war nach Geiler tiefgreifend «verderbt», da die Fürsten immerzu gegeneinander fochten und stritten – «wie wolt man die reformieren?», fragte der Straßburger Münsterprediger.[10]

Das Konzil von Basel (1431–1437/49), so Geiler weiter, habe sechs Jahre lang ergebnislos darüber beraten, wie man «kund ein gantze reformation machen in der cristenheit, und ward dennocht nüt darauß».[11] Da der Weg zu einer allgemeinen und umfassenden Reformation nicht gangbar schien, blieb nach Geiler nur noch der Weg vieler kleiner Reformen im Rahmen der konkreten Zuständigkeiten der einzelnen Stände.[12] «Ein bischoff in sein bistumb. Ein apt in seinem closter. Ein rat sein stat. Ein bürger sein hauß, dz wer leicht. Aber ein gemein reformation der gantzen cristenheit, das ist hart und schwer, und kein consilium [Konzil] hat es mögen betrachten und weg mögen finden.»[13] Von den jeweiligen Obrigkeiten in den drei Ständen, Kirche, Kloster und Welt, bis hinab zum «Hausvater» sollten demnach alle innerhalb ihrer Zuständigkeiten auf eine Besserung der bestehenden Missstände, eben eine «Reformation», dringen. Geilers Reformationskonzept basierte auf einem für seine Zeit charakteristischen Frömmigkeitsmodell: Gott werde ein strebendes Bemühen belohnen und auch ein unvollkommenes Reformwerk wegen des guten Willens anerkennen.

Der Augustinereremit Martin Luther dachte über die Möglichkeiten einer Reformation in theologischer Hinsicht anders. Während seines im Herbst 1517 einsetzenden Kampfes gegen den Ablass stellte er fest: «Die Kirche bedarf einer Reformation, was nicht das Werk eines einzelnen Menschen, etwa eines Papstes oder vieler Kardinäle ist, was beides das allerjüngste Konzil [das V. Laterankonzil von 1512–1517] bewiesen hat, sondern des ganzen Erdkreises, ja allein Gottes. Die Zeit dieser Reformation aber weiß allein der, der die Zeiten geschaffen hat.»[14]

Angesichts der fundamentalen Missstände, die Luther in Kirche und Gesellschaft seiner Zeit wahrnahm, schienen menschliche Akteure zum Scheitern verurteilt. Gott selbst musste seine Kirche reformieren. Dass sich Gott dabei allerdings der Köpfe und Hände genau jener Obrigkeiten in allen Ständen bediente, die auch Geiler angesprochen hatte, war für Luther wohl selbstverständlich. In seiner großen reformatorischen Programmschrift *An den christlichen Adel deutscher Nation von des christlichen Standes Besserung* aus dem Sommer 1520 jedenfalls suchte er genau diese Kräfte für seine Reformation zu mobilisieren. Im weiteren Verlauf des 16. Jahrhunderts wurde es unter seinen Anhängern und Mitreformatoren üblich, die herbeigeführten Veränderungen in Kirche und Gesellschaft als «Reformation» zu bezeichnen.

Unter denen, die gegen Ende des 16. Jahrhunderts auf die Anfänge der Reformation zurückblickten, kam nun die Gewohnheit auf, auch das Zeitalter dieser Veränderungen, die man ja für Verbesserungen des Kirchenwesens hielt, als «Reformation» zu titulieren. Um 1600 war es üblich geworden, Luther als Reformator und die von ihm heraufgeführte heilsgeschichtliche Wende einer Offenbarung des Evangeliums und einer Befreiung vom Joch des antichristlichen Papsttums als Reformation [15] zu bezeichnen.

Im Rahmen dieses heilsgeschichtlichen Konzepts «Reformation» pflegte man den Auszug aus der «römischen Tyrannei» etwa mit der biblischen Flucht der Kinder Israel aus der ägyptischen Gefangenschaft zu vergleichen. Das aus prophetischen Quellen der Heiligen Schrift und außerbiblischer Zeugen gespeiste Bewusstsein der Lutheraner, am «Ende der Zeiten» zu stehen, war noch um 1600 ausgesprochen lebendig, ja viel vitaler als in den konkurrierenden Konfessionen – dem römischen Katholizismus und dem Reformiertentum. In besonderen Zeichen, etwa Himmelserscheinungen, sprach Gott zu den Menschen; zumeist wurden sie von den lutherischen Theologen als Ruf zur Umkehr gedeutet. In Jahrhundertrückblicken, die zu Beginn des Jahres 1600 in Predigten geboten wurden, verdichtete sich die historische Erinnerung der Lutheraner zu einem kompakten heilsgeschichtlichen Bild der Reformation als einer Epoche der endzeitlichen Rettung des Christentums vor dem antichristlichen Papst. Der Rekurs auf diese Reformation diente den Lutheranern auch zur Vergewisserung, dass man im Deutungskampf um die Wahrheit des Christentums, der von blutigem Ernst geprägt war und immer auch in militärische Konflikte umschlagen konnte, auf der richtigen Seite stand. Luthers Reformation, in der sich ein kleiner David gegen den übermächtigen Papst-Goliath durchgesetzt hatte, aber auch das Überleben und der Bestand jener «evangelischen» Kirche, die sich auf ihn

Das Parhelion-Gemälde in der Stockholmer St.-Nikolai-Kirche – auch «Storkyrkan», «Große Kirche» genannt – zeigt eine «Nebensonne» (Parhelion), die am 20. April 1535 über Stockholm zu sehen war. Die Zeitgenossen deuteten die seltene Himmelserscheinung als apokalyptisches Zeichen; der Reformator Olaus Petri sah in ihr göttliche Warnungen angesichts der Übergriffe König Gustav Wasas auf das Kirchengut. Das hier gezeigte Gemälde wurde einhundert Jahre nach dem Ereignis, wohl in Erneuerung eines älteren Bildes, vom Hofmaler Jakob Elbfas hergestellt.

berief, schienen zu beweisen, dass Gott sie erwählt hatte und seine schützende Hand über sie hielt. Dieses von endzeitlichen Momenten und trotzigem Triumphalismus durchwirkte Geschichtsbild prägte Stimmung und Mentalität der Lutheraner sowie die Bedingungen, unter denen diese Reformation ins kulturelle Gedächtnis insbesondere Deutschlands einging.

3. AM ANFANG WAR LUTHER

Die Reformation ist ein historiographisch und erinnerungskulturell allgegenwärtiges, hoch umstrittenes und zugleich diffuses Thema. Angesichts der vielfältigen und disparaten Inanspruchnahmen Luthers und der Reformation gibt es keine Alternative dazu, sie im Kontext ihrer Zeit zu betrachten, das heißt, sie zu *historisieren*. Ein kohärentes Geschichtsnarrativ *der* Reformation aber setzt die Definition eines Ausgangspunktes voraus: Luther und seine Auseinandersetzung mit der Papstkirche. Unter allen maßgeblichen Akteuren des 16. Jahrhundert war unstrittig, dass es Luthers Konflikt mit der römischen Kirche, die Ankündigung seiner Exkommunikation am 15. Juni 1520 und die sich daraus ergebenden Zuspitzungen, Kontroversen und Verwerfungen waren, die jene einzigartige Ereignissequenz in Gang setzten, in deren Folge von Rom unabhängige lokale, territoriale und nationale Kirchentümer entstanden, dass also die Reformation als Summe dieser Veränderungsprozesse im Kleinen zustande kam.

Luther an den Anfang zu stellen, kann nicht bedeuten, ihn in die Sphäre des Monumentalen zu rücken. Er steht an diesem Anfang nicht primär wegen seiner vielfältigen Besonderheiten, sondern wegen der Eigenartigkeit einer historischen Konstellation, die es möglich machte, dass aus einer nie abgehaltenen Disputation über das Ablasswesen eine grundstürzende revolutionäre Veränderung des bestehenden Kirchenwesens werden konnte. Luther an den Anfang zu stellen, bedeutet aber auch, ihn in seine Zeit, die Mentalitäten, sozialen und politischen Ordnungen, religiösen und ökonomischen Handlungsweisen, die Universität, die Ordensgemeinschaft seiner Vertrauten, aber auch in die Ängste und Aufbrüche der Zeit um 1500 hineinzustellen. In der folgenden Darstellung wird die Rolle der Publizistik besonders akzentuiert; denn Luther schrieb um sein Leben, er rettete sich durch seine Schriften, durch sein Schreiben.

Im Zuge der publizistischen Dynamik der Jahre 1518–1521 entstand eine reformatorische Bewegung, die rasch auch außerhalb des Reichs wahrgenommen wurde und zu einem europäischen Phänomen avancierte. Keine der reformatorischen Bewegungen und Veränderungsprozesse in den einzelnen europäischen Ländern – in der Schweiz, in Frankreich, den Niederlanden und England, in Dänemark und Schweden, in Polen, Ungarn, Böhmen und Mähren – ist unabhängig von Luther und den Vorgängen im Heiligen Römischen Reich deutscher Nation entstanden. Keine der europäischen Reformationen ist mithin primär aus einer spätmittelalterlichen Reformdynamik heraus zu erklären, so zutreffend es zweifellos ist, dass in, mit und unter der Reformation viele Traditionen des Spätmittelalters fortlebten oder ältere Prädispositionen wieder auflebten. Doch das, was sich an Reformwillen aufgebaut, an fürstlichem und königlichem Zugriffsgelüst auf das Kirchenwesen angebahnt, an antikurialem Unmut über den römischen Fiskalismus aufgestaut hatte – all das verdichtete sich erst zu einer geschichtswirksamen Veränderung, nachdem der Bettelmönch aus Wittenberg «aus Eifer für Christus oder besser: aus jugendlicher Hitze entbrannt»[16] «aus dem Winkel getrieben»[17] wurde und die Bühne der Geschichte betrat. Die universale Bedeutung des Papstes, um dessen Ablass es ging, tat das Ihre, um den Konflikt um das sächsische Mönchlein rasch eskalieren zu lassen. Erst nachdem das Rumoren im Reich eingesetzt hatte, die Texte Luthers und seiner frühen Mitstreiter ins Ausland gelangt waren, das europäische Kommunikationsnetzwerk der Humanisten »anzuschlagen» begonnen hatte, setzte jene Ereignisfolge ein, an deren Ende es zu den vielen Reformationen und somit zu der *einen* für die Geschichte der lateineuropäischen Christenheit epochalen *Reformation* gekommen ist.

II.

DIE EUROPÄISCHE CHRISTENHEIT
UM 1500

1. KONSTRUKTION EINES KONTINENTS

Neue Horizonte

In den Jahrzehnten vor dem Beginn der Reformation ging die massivste Infragestellung des christlichen Europa von den Flotten und Heeren des Osmanischen Reiches aus. Erst durch diese Bedrohung von seinen Rändern her ergaben sich Konstruktionen des Kontinents als Einheit. Während der hundert Jahre zwischen der Mitte des 14. und der Mitte des 15. Jahrhunderts ging die dramatischste Phase des Aufstiegs des mächtigsten Imperiums der Zeit vonstatten. Am Beginn dieses Jahrhunderts stehen die erste gegen einen christlichen Staat, nämlich Venedig, gerichtete Militärallianz der Türken mit einem anderen christlichen Staat, Genua, im Jahr 1351 sowie die Errichtung des ersten osmanischen Stützpunktes in Europa bei Gallipoli an den Dardanellen 1354. Am Ende des Jahrhunderts kam es vom 6. April bis zum 29. Mai 1453 zur Belagerung und Eroberung Konstantinopels. Die Dominanz der Osmanen auf dem Balkan – 1371 Sieg über die Serben, 1388 Unterwerfung des bulgarischen Zaren, 1389 Sieg auf dem Amselfeld – schien durch Timur Lenk (Tamerlan), den Erneuerer des mongolischen Weltreiches, zu Beginn des 15. Jahrhunderts kurzzeitig bedroht, setzte sich dann aber im gesamten Mittelmeerraum stetig fort: 1430 Einnahme von Saloniki und Westanatolien, 1444 Sieg über ein Kreuzfahrerheer bei Warna, 1460 Oberhoheit über die Peloponnes, 1516/17 Eroberung Syriens und Ägyptens sowie Fall des Mamlukenreichs. Die schnelle Expansion des Osmanischen

Europakarte in Gestalt einer Frauenfigur, die mit kaiserlichen Attributen ausgestattet ist. Als Grenze zwischen Europa und Afrika gilt das Mittelmeer; die Grenze zu Asien bildet das Schwarze Meer. Sebastian Münster, ‹Cosmographey›, zuerst 1550, diverse Auflagen.

Gegenüberliegende Seite: Pinturicchio und Gehilfen, ‹Ankunft Pius' II. in Ancona zur Einleitung des Kreuzzuges›, Fresko in der Libreria Piccolomini im Dom von Siena. Der kranke Papst auf dem Thronsessel erlebt kurz vor seinem Tod am 15. August 1464 die Ankunft der venezianischen Flotte, mit der er zum Kreuzzug aufbrechen wollte.

Reichs erzeugte in Europa eine neuartige, bisweilen apokalyptische Züge annehmende Bedrohungserfahrung.

Unter dem Eindruck des Falls von Konstantinopel beschwor Papst Pius II. seine Zeitgenossen, sich nach der vollständigen Eroberung der ehemals christlichen Kontinente Afrika und Asien durch den Islam der nunmehr einzig verbliebenen Restheimat der Christenheit anzunehmen. «Europa, das ist die Heimat» der Christen! (*Europa id est patria*),[1] rief er aus. Für Europa galt es zu kämpfen, geistig und militärisch. Dieses Europa der Zusammengehörigkeit gegen den äußeren Feind des christlichen Glaubens suchte das Oberhaupt der lateinischen Kirche zu schaffen, indem er es voraussetzte. Pius forderte die Christenheit zu einer Pilgerfahrt unter Waffen auf, einem – im Ergeb-

nis erfolglosen – Kreuzzug, der dem unbeugsamen Erbfeind unter dem Halbmond wieder einmal Paroli bieten sollte. Die letzte Reise des entkräfteten Pius II., der jahrelange zähe Verhandlungen zur Mobilisierung für den Krieg gegen die Türken hatte führen müssen, endete am 15. August 1464: Der Papst starb im Angesicht der soeben im Hafen von Ancona eingelaufenen venezianischen Flotte, die den Kern der Streitkräfte gegen die Osmanen hatte bilden sollen. Sein Nachfolger Paul II. verhandelte dann erneut vor allem mit den italienischen Mächten, die wenig zahlungswillig, gegeneinander und gegen den Papst notorisch misstrauisch oder gar feindlich gestimmt waren und gelegentlich nicht einmal vor der Drohung zurückschreckten, sich ihrerseits mit dem Türken zu verbünden. Eine handlungswillige und -fähige Einheit gegen eine islamische Bedrohung war Europa, aller päpstlichen Beschwörung zum Trotz, auch im 15. und 16. Jahrhundert nicht.

Die Präsenz und Dominanz der Osmanen in der Levante zeitigte Wirkungen, die weit über die Reaktivierung der vielleicht mittelalterlichsten religiös-kulturellen Praktiken, des Kreuzzuges und des Ablasses, hinausgingen. Die fieberhafte Suche nach einem Seeweg nach Indien, die zu den großen geographischen Entdeckungen mit globalen politischen und ökonomischen Folgen führen sollte, folgte aus dem Bestreben, die begehrten Handelsgüter aus dem Orient, allen voran Seide und Gewürze, zu genießen und zu vertreiben, ohne die stetig steigenden Zölle der Osmanen zahlen zu müssen. Der Hunger der Europäer nach dem Exotischen, ein vom Italien des 14. und 15. Jahrhunderts aus in die weite Welt aufbrechender frühkapitalistischer Unternehmergeist, neuartige nautische und geographische Fähigkeiten sowie der christliche Vorsatz, zu den fernen Glaubensbrüdern in Indien, den legendären Thomaschristen, vorzustoßen – all dies trieb Entwicklungen voran, die eine veränderte, globale Welt schaffen sollten.

Seit Beginn des 15. Jahrhunderts rückten die Portugiesen nach und nach an der Westküste Afrikas gen Süden vor und sicherten den neu erschlossenen Raum mit Stützpunkten. 1487 umsegelte Bartolomeo Diaz erstmals das Kap der Guten Hoffnung, die Südspitze Afrikas. Ein knappes Jahrzehnt später, 1498, erreichte Vasco da Gama von Lissabon aus mit vier Karavellen Calicut, hatte also den Seeweg nach Indien gefunden. In der Gewissheit, tatsächlich zu den gesuchten «Christen und Gewürzen»[2] gelangt zu sein, feierten die portugiesischen Seeleute ihren ersten Gottesdienst auf indischem Boden. Das Gotteshaus, in dem dies geschah, zeigte an den Wänden Bilder vieler

Heiliger; «diese trugen Heiligenscheine, doch war ihre Darstellung», wie ein Augenzeuge berichtete, «fremdartig, denn die Zähne waren so groß, dass sie einen Zoll aus dem Munde hervorstanden, und jeder Heilige hatte vier oder fünf Arme».[3] Man hatte offenbar in einem Hindutempel gebetet.

Reiseberichte aus den fernen Weltengegenden gelangten seitdem zügig in die verschiedenen europäischen Länder, auch nach Deutschland. Die 1505 im deutschen Sprachgebiet erschienene *Neue Zeitung* stammte aus Portugal und berichtete über Schiffe, die soeben «aus Presilg Landt», Brasilien, zurückgekehrt waren; sie stellte die dort gepflegte Erinnerung an den Missionsapostel Thomas heraus: «Un wan sie von sant Thamas reden, so sagen sy er sey der klain got Doch es sey ain ander got d' grösser sey.»[4] Man ordnete das Fremde also in einen christlich-europäischen Kultur- und Deutungsrahmen ein, für den es selbstverständlich war, dass das Evangelium noch zur Zeit der Apostel bis an der Welt Enden gelangt war. 1508 erschien in Nürnberg ein Reisebericht von einem gewissen Balthasar Springer, der als Emissär der Handelsgesellschaft der Welser an einer Indienreise teilgenommen hatte (s. Abb. S. 28/29). Literatur dieser Art breitete sich nicht selten in Gestalt diverser volkssprachlicher Übersetzungen in Europa aus; sie befriedigte ein beträchtliches Interesse an den fremden Welten und trug vielleicht auch zu einer gewissen kulturellen Integration Europas bei.

Der gebürtige Genueser Christoph Kolumbus, von der alten und unter Gelehrten verbreiteten Idee der Kugelgestalt der Erde inspiriert und durch den Florentiner Arzt und Geographen Paolo dal Pozzo Toccanelli für die Möglichkeit, Asien über den Westen zu erreichen, entflammt, trat nach manchen vergeblichen Versuchen in die Dienste der spanischen «katholischen Könige», Isabella von Kastilien und Ferdinand von Aragón. Mit ihrer Unterstützung wollte er die Route nach Indien und Ostasien finden. Ähnlich wie seine Förderer und viele der übrigen Entdecker war Kolumbus von disparaten Interessen getrieben, die in ihrem unentwirrbaren Ineinander religiöser und weltlicher Motive für eine vormoderne Mentalität charakteristisch waren: Gold für den persönlichen Reichtum und für den der spani-

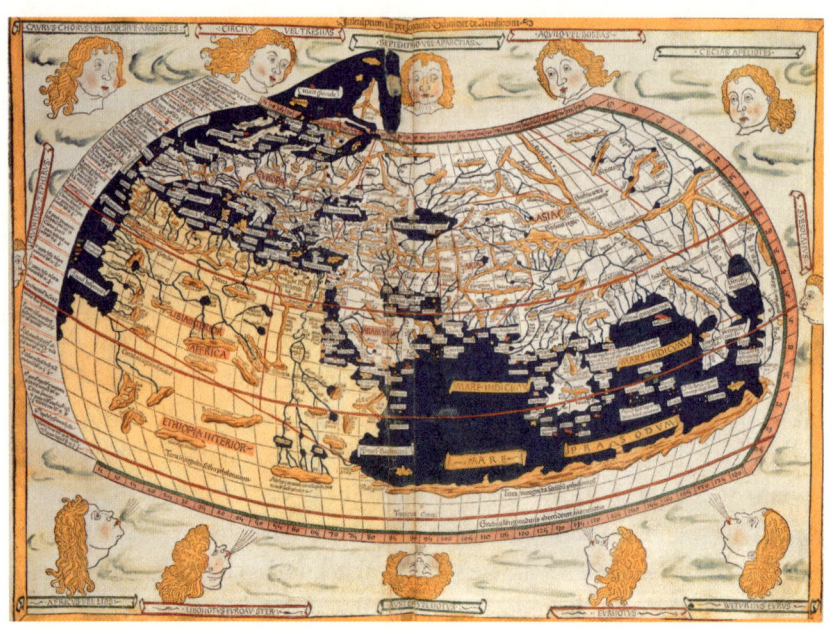

Die Weltkarte des Nicolaus Germanus erschien in der ersten in Deutschland gedruckten Ptolemäus-Ausgabe, Ulm 1482.

schen Krone, Ehre und Ruhm, die Verbreitung des wahren Glaubens sowie frühkapitalistisch-bürgerliche Handelsinteressen.

Dass Kolumbus' großer Erfolg dank der Unterstützung durch das katholische Königspaar in das Jahr 1492 fiel, war keineswegs zufällig. Faktisch wurde seine Expedition ein Teil der großangelegten *Reconquista*, der Rückeroberung der Iberischen Halbinsel und angrenzender Interessensphären von den Resten islamischer Herrschaft, die seit den arabischen Eroberungszügen des frühen 8. Jahrhunderts zu einer jahrhundertelangen christlich-muslimischen Koexistenz geführt hatte. Am zweiten Tag des Jahres 1492 war das Emirat von Granada als letzte Bastion an die triumphierenden Christen zurückgefallen. Wenige Monate später setzten systematische Vertreibungen taufunwilliger Juden ein, dazu ethnische Säuberungen gegenüber sogenannten Marranen und Morisken, den vermeintlich unvollkommen konvertierten «Neuchristen» aus Judentum und Islam. Kolumbus' Entdeckungen waren somit ein Beitrag zur weltweiten Ausbreitung des Christentums unter spani-

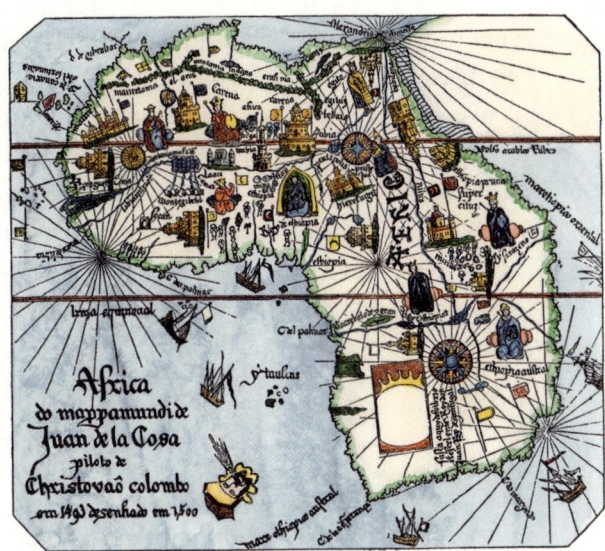

Das Wissen der Europäer über Afrikas Küsten hat sich nach Vasco da Gamas Entdeckung des Seewegs um das Kap der Guten Hoffnung im Jahr 1497 vervielfacht. Die um 1500 entstandene Karte des Juan de la Cosa, des Kapitäns von Kolumbus' erster Fahrt nach Amerika, zeichnet Vasco da Gamas Route nach.

scher Flagge, das abweichende religiöse Bekenntnisse und Vorstellungen nicht duldete. Die mit protorassistischen Motiven durchsetzte massive Ausgrenzungspolitik der spanischen Reconquista insgesamt war ein neuartiges Phänomen.

Das geistliche Haupt der europäischen Christenheit, der römische Papst, betrachtete sich selbst als Herr der Welt und hielt sich insofern für berechtigt, die Herrschaft – das *Dominium* – über die neu entdeckten Inseln und Länder zu verteilen. Und dies tat Papst Alexander VI. in der Bulle *Inter cunctas* vom 4. Mai 1493: Er übertrug den beiden Seemächten der Iberischen Halbinsel das Recht zur Aneignung aller Schätze der neu entdeckten Länder – «Gold, Gewürze und viele andere kostbare Dinge verschiedenster Art und Güte» –, aber auch die Verpflichtung, dass «die barbarischen Völker unterworfen und zum wahren Glauben bekehrt werden»[5] sollten. Die Reihenfolge der aufgetragenen Maßnahmen – Unterwerfung und Bekehrung (*subiecere*, *reducere*) – war eindeutig.

Im Vertrag von Tordesillas von 1494 teilten Spanien und Portugal die außereuropäische Welt unter sich auf, in eine östliche, portugiesische und eine westliche, spanische Hälfte. Ungeachtet aller Konkurrenzen auf den außereuropäischen Handlungsfeldern einte sie die vom Papst bestätigte und legitimierte Selbstverständlichkeit, mit der die Europäer die fremden Welten als Objekte verstanden, die ihrer materiellen und religiösen Verfügungsgewalt unterlagen. Im Wissen um die ambivalenten Folgen des Kolonialismus und der Europäisierung der Welt wird man wohl geneigt sein, das Narrativ des heroischen europäischen Entdeckertums mit Georg Christoph Lichtenbergs nicht minder europäischer Skepsis zu konterkarieren: «Der Amerikaner, der den Kolumbus zuerst entdeckte, machte eine böse Entdeckung.»[6]

Neue ökonomische Räume

Die längerfristigen ökonomischen Folgen der geographischen Entdeckungen des späten 15. und frühen 16. Jahrhunderts waren gewaltig. Hatten die europäischen Binnenmeere (Mittelmeer, Nord- und Ostsee), der Hanseraum, Oberdeutschland und Italien, auch Seestädte wie Venedig, Genua und Lübeck bisher die Bewegungszentren der Wirtschaft gebildet, so traten sie im Laufe des 16. Jahrhunderts hinter den Atlantikhandel zurück. Um 1500 aber war der Mittelmeerraum noch die Kernzone der europäischen Wirtschaft; hier kamen die wichtigsten Handelswege zwischen Nord und Süd, Ost und West zusammen. Die riesigen Importe des Fernhandels machten große Gewinne möglich, gingen aber auch mit gigantischen Risiken einher. Sie erforderten einen erhöhten Finanzbedarf und begünstigten so im Ganzen die kapitalistischen Expansionstendenzen. Aus den importierenden Ländern und Regionen flossen erhebliche Geld-, also Edelmetallmengen, ab, was dort einen ständigen Geldmangel zur Folge hatte. Ein an Luxusgütern aus Übersee orientierter Lebensstil und Verschuldung griffen um sich; dies scheint den sozialen Druck auf die einkommensschwächeren Bevölkerungsgruppen, den «Nährstand» (*status oeconomicus*), erhöht zu haben.

Im Ganzen war die europäische Wirtschaft um 1500 von Merkmalen des Aufschwungs gekennzeichnet. Neben der Zunahme des Fernhandels war dies vor allem dem stetigen Bevölkerungszuwachs geschuldet. Die massiven demographischen Einbrüche infolge der europaweiten Pestepidemien seit der Mitte des 14. Jahrhunderts waren überwunden. Der spezifischen Konjunktur vorindustrieller Gesellschaften entsprechend bestimmten Mangelkrisen die wirtschaftliche Entwicklung: Überbevölkerung führte zu Nahrungsverknappung und Hungerkrisen, die die Menschen für Krankheiten anfälliger machten. Erhöhte Mortalitätsraten wiederum verbesserten die Chancen der Überlebenden, sich beruflich zu etablieren, zu heiraten und sich fortzupflanzen. Der Aufschwung des Städtewesens zu Beginn des 16. Jahrhunderts wirkte als konjunktureller Motor der gesamten Gesellschaft.

Durch die Erweiterung des Fernhandels gewannen große Handelsgesellschaften immer mehr an Bedeutung. Mit eigenem Kapital beteiligten sie sich an der Finanzierung des Transports, zum Teil auch an der Förderung und Produktion von Waren. Durch auswärtige Kontore gewährleisteten sie die Organisation des Vertriebs und eine gewinnbringende Distribution der Handelsgüter. Neue Bilanzierungs- und Kreditverfahren und die mit kurialer Duldung betriebene Aushöhlung des kanonischen Zinsverbots stärkten Großkaufleute wie die Fugger und die Welser in Augsburg, die Strozzi und die Medici in Florenz. Für die größten Unternehmer war die gleichzeitige Betätigung in allen Wachstumsbranchen der Zeit – dem Montanwesen, dem Fernhandel und dem Kreditwesen – charakteristisch. Einige wenige Großkaufleute in Italien und Oberdeutschland übten als Bankiers und Kreditgeber einen erheblichen Einfluss auf kirchliche und politische Entscheidungen aus. Das Verlagssystem als neuartige Produktionsform des Großkapitals stiftete Abhängigkeiten zwischen Unternehmern, die den Heimarbeitern Rohstoffe und Werkzeuge «vorlegten», die fertigen Produkte aber selbst vertrieben und so die Preise diktierten. Monopolisierungstendenzen im Bereich der Lebensmittelversorgung, vor allem die Praxis des sogenannten Fürkaufs, des Erwerbs von Nahrungsmitteln in Phasen des Überschusses mit dem Zweck der Preistreiberei, wurden insbesondere von den Bettelmönchen gebrandmarkt und provozierten Aktivitäten kommunaler Vorsorge, etwa durch Getreidespeicherung. Verdeckte Formen des an sich verbotenen, faktisch gelockerten Wuchers waren mit Duldung der Kirche verbreitet,

insbesondere der Zinskauf, eine Art Hypothekengeschäft, bei dem ein Schuldner gegenüber einem Gläubiger als Verkäufer einer Immobilie auftrat und ihm für die Nutzung gegen bestimmte Leihsummen eine jährliche Rente übertrug. In Religion und Ökonomie gab es ähnliche Handlungsmuster und Praktiken der Akkumulation von (Heils-)Gütern und der Anlage von Gewinnen und Leistungen. Die Prosperität der einen förderte jedoch die Not der anderen. Die Schere zwischen Arm und Reich ging in den Jahren um 1500 immer weiter auf. Erste Anzeichen von Überbevölkerung, einer verstärkten Stadt-Land-Migration und bäuerlichen Hungerrevolten machten sich bemerkbar.

2. ORDNUNGEN

Ständische Gesellschaften

Die kirchliche und kulturelle Grenze Lateineuropas zum Osmanischen Reich einerseits, zum Großfürstentum Moskau, das der Orthodoxie zugehörte, andererseits bedeutete nicht, dass keine politischen und ökonomischen Beziehungen zu diesen Staaten bestanden hätten. Gleichwohl stellt das lateinische Europa als Jurisdiktionsbereich des

römischen Papstes eine historisch-kulturelle Größe eigener Art dar. In der Zeit um 1500 bildete sich in Europa eine politische Kultur heraus, die durch berechenbare Verkehrsformen, Strategien des Machtausgleichs und rationale Interessensorientierungen bestimmt war. Zuerst in Italien, bald aber auch auf dem gesamten Kontinent kamen diplomatische Vertretungen auf, die auf Gegenseitigkeit basierten und durch Kontaktpflege Konflikte zu kanalisieren versuchten. Ein Gesandtschaftswesen wurde ausgebaut; in Gestalt der Nuntiaturen bestimmte es auch die Politik der Kurie gegenüber der Staatenwelt.

«Triumph des Königs von Cochin»: Niederländisches Gemälde (um 1540) nach einem Holzschnitt von Hans Burgkmair zu dem 1509 veröffentlichten Reisebericht des Balthasar Springer. Springer nahm 1505 als Agent der Handelskompanie der Welser an einer portugiesischen Expedition nach Indien teil.

Die europäische Gesellschaft jener Zeit war durchgängig *ständisch* strukturiert, die Formen der Herrschaftsausübung und Machtpartizipation variierten allerdings regional erheblich. Auf den Land- und Ständetagen der einzelnen europäischen Regionen bestanden für die höhere Geistlichkeit und den Adel in der Regel Möglichkeiten der Teilhabe an der Herrschaft, für Bauern und Bürger hingegen kaum. Ständegrenzen waren nicht ohne Weiteres durchlässig; man lebte und starb innerhalb des eigenen Standes, den zu verleugnen oder zu verlassen mit Argwohn und Abwehrreaktionen quittiert wurde. Die ständische Ordnung galt als gottgegeben, als durch die Schöpfung begründet. An der Spitze der Gesellschaft standen der Kaiser und der Papst, der Adel, also die regierenden Fürsten und Könige, und der sich vielfach aus diesem rekrutierende hohe Klerus: die Bischöfe, Äbte und Prälaten.

Der *Adel* war als soziale Gruppe inhomogen; er umfasste ein breites Spektrum sehr unterschiedlicher, hierarchisch gestaffelter Grade, vom kulturell dem Bauerntum nahestehenden niederen Landadel bis zum Hochadel, der territorialstaatliche Gewalt anstrebt oder ausübt. In einigen europäischen Ländern zählten sich mehr als vier Prozent der Bevölkerung zum Adel (in Spanien, Portugal, Frankreich, Ungarn, Polen); im Reich und England waren es etwa ein bis zwei Prozent. Im Ganzen gründete der Adel seinen Anspruch auf eine gesellschaftliche und politische Führungsposition, auf militärische Expertise, Landbesitz, hierarchisch strukturierte grundherrschaftliche und richterliche Verfügungsvollmachten, seine «edle» Herkunft sowie alte Rechte und Privilegien. Handelstätigkeit galt in der Regel als unvereinbar mit dem adligen Standesbewusstsein; in dem um 1500 florierenden, hoch lukrativen Montangewerbe spielte der Adel aber eine wichtige Rolle. Seine zumeist endogamen Heiratsstrategien sollten der Sicherung der Dynastie, einer Steigerung des politischen Einflusses und dem Ausbau von Netzwerken dienen. Dabei waren europaweite Heiratsverbindungen, zumal in den höheren Rängen des Adels, um 1500 selbstverständlich. Die Kirche hatte eine wichtige Versorgungsfunktion für nachgeborene männliche oder nicht verheiratete weibliche Nachkommen. Stellungen als Bischöfe, Äbte, Domherren oder Äbtissinnen boten standesgemäße Auffangpositionen für den adligen Nachwuchs.

In einem einflussreichen Modell der zeitgenössischen Sozialordnung, der sogenannten *Drei-Stände-Lehre*, bildete der Adel den *politischen* beziehungsweise den sogenannten *Wehrstand* (*ordo/status politicus, bellatores*); ihm oblag der äußere Schutz des Gemeinwesens, seine rechtlich-politische Gestaltung, die Bestrafung von Unrecht, die Herstellung von Gerechtigkeit usw. Wie der Dienst eines jeden Standes galt auch der des weltlichen als Erfüllung einer von Gott auferlegten Bestimmung.

Dem *geistlichen* oder *Lehrstand* (*ordo/status ecclesiasticus, oratores*) wurden zumeist der hierarchisch gegliederte Weltklerus und das Mönchtum zugerechnet; deren Aufgabe bestand darin, der ganzen Gesellschaft das ewige Heil zu verschaffen. Wegen dieser Funktion sah sich der geistliche Stand selbst als höchster von allen, denn er verwandelte Materielles in Geistliches, Nahrungsmittel und Spenden in Gebete und Gesänge, weltliche Zuwendungen in spirituelle Kapitalien. Um des Heils der Seele willen unterhielt man für den Dienst der Geistlichen riesige Kirchengebäude; zu diesem Zwecke beteten sie, praktizierten eine vorbildliche christliche Lebensführung, spendeten die Sakramente, studierten und belehrten die übrigen Christen, ja die ganze Welt. Sie waren die eigentlichen Träger der Lese- und Schreibkultur, die die kulturelle Genese Europas ermöglichte.

Durch besondere Zuwendungen materieller und finanzieller Natur, sogenannte Stiftungen, konnten Laien von einzelnen Klerikern oder geistlichen Korporationen und Institutionen spezifische religiöse Leistungen erhalten, etwa Totenmessen für Verstorbene, regelmäßige Gebetszyklen oder Predigten. Aufgrund der Parochialstruktur, die das lateinische Kirchenwesen in der Stadt und auf dem Land europaweit bestimmte, waren einzelne geistliche Personen vor Ort – Pfarrer, Priester, Pastoren oder «Leutpriester» genannte Seelsorger – für die «Seelen» ihrer Gemeinden zuständig. In der Regel bildeten die Pfarrkirchen und die sie umgebenden Friedhöfe die Kristallisationspunkte dörflicher und städtischer Siedlungen – überall in Europa. Es herrschte Pfarrzwang, das heißt, jeder Europäer war an einen bestimmten Pfarrer gebunden, um der heilswirksamen Sakramente teilhaftig zu werden, die sein Leben von der Wiege (Taufe) bis zur Bahre (Letzte Ölung) strukturierten. Hier, in seiner Pfarrkirche, hatte der europäische Christenmensch gemäß der kirchenrechtlich verbindlichen Bestimmung des IV. Laterankonzils von 1215 einmal im Jahr zu beichten und an der Messe teilzunehmen. Nur aufgrund einer besonderen Privilegierung konnte man aus dieser prägenden Bindung an seinen Pfarrer heraustreten und ein vergleichbares Verhältnis zu einem Geistlichen eigener Wahl, etwa einem Mönch, begründen. Daher konkurrierten die Mitglieder des in großer orga-

*Quentin Massis, ‹Der Geldwechsler und seine Frau›, Öl auf Holz, 1514.
Während der Geldwechsler mit der Waage präzise das Gewicht der Münzen
misst, blättert seine Frau in einem illustrierten Erbauungsbuch. Der Spiegel
im Vordergrund lässt ein Fensterkreuz erkennen, das von entscheidendem
religiösen Symbolwert ist. Das lebensweltliche Ineinander von Ökonomie
und Religion wird wie in einem Brennglas verdichtet.*

*Gegenüberliegende Seite:
Bartholomäus Bruyn d. Ä., ‹Die drei Stände der Christenheit›, Öl auf Holz,
um 1530/40. Christus setzt die drei Stände ein: Auf der linken Seite sieht
man den Hochklerus – wohl die Doctores ecclesiae – und, kniend, den Stifter, den Kölner Kanoniker und Professor Lambert Bracke. Auf der rechten
Seite steht die weltliche Obrigkeit in antikisierenden römischen Rüstungen,*

angeführt vom Kaiser, wohl Karl dem Großen. In der Bildmitte, deutlich kleiner, befinden sich zwei arbeitende Vertreter des Nährstandes. Jedem Stand ist ein als himmlisches Gebot ausgewiesenes Spruchband zugeordnet: ‹Tu suplex ora› («du bete demütig»), ‹Tu protege› («du beschütze») und ‹Tuque labora› («und du arbeite»).

nisatorischer Vielfalt agierenden geistlichen *ordo ecclesiaticus* untereinander offen um die Gläubigen.

Als der unbestritten niedrigste Stand galt der *Haus- oder Nährstand (ordo/status oeconomicus, laboratores)*. Ihm gehörten die Bauern, Handwerker, Händler und Gewerbetreibenden an, all jene also,
die in der Regel weder Herrschaft ausübten noch *ex officio* lehrten
und beteten, sondern sich von ihrer Hände Arbeit ernährten und im
Schweiße ihres Angesichts ihr Brot aßen. Dieser dritte Stand war der
zahlenmäßig größte. Er sicherte die elementare Versorgung mit den
notwendigen Gebrauchs- und Bedarfsgütern und ermöglichte den beiden höheren Ständen die geistlich-geistige und herrschaftliche Betätigung. An der Ausübung von Herrschaft waren Vertreter des Nährstandes in der Regel nicht beteiligt; im städtischen Raum gelang es
den Gilden und Zünften, den ständischen Organisationen des Hand-
werks in der Stadt, mancherorts Partizipationsrechte an der kommunalen Herrschaft zu erringen, diese also dem Patriziat, dem bürgerlichen Adel in den Städten, abzutrotzen.

Die soziale Gruppe der *Bürger* lebte in den Städten. Durch den Erwerb des Bürgerrechts hatten sie teil an elementaren Freiheiten, wie
sie nur die Städte gewährten: als Marktort und Wirtschaftsverband,
als durch Mauer und Burg geschützte, relativ autonome politisch-ad-
ministrative Einheit, als Verpflichtungs- und Rechtsgemeinschaft.
Durch die Märkte waren die Städte ökonomisch und kulturell eng mit
dem Land verbunden. Das dichte Zusammenleben, die große Vielfalt
der künstlerischen, gelehrten, kirchlichen und handwerklichen Betätigungen und Begabungen, die Fülle der Handelsgüter und die Mobilität ihrer Besucher – all dies ließ die Städte zu Intensitätszonen zeitgenössischer Kultur werden. Ausgehend von Italien prägten die Städte
auch die Mode und den Stil an den europäischen Höfen und brachten
jene Objekte des gehobenen Geschmacks, der Kunst und Literatur,
hervor, nach denen kunst- und repräsentationssinnige Potentaten
ebenso verlangten wie ihre aus den Städten rekrutierten Berater, Rhe-
toren und Gelehrten. In der bildenden Kunst, die einen immensen
Aufschwung nahm, rückten die Heils- und die Zeitgeschichte zusammen, ja durchdrangen einander. Die Sphäre des Heiligen trat nicht

mehr nur in golden grundierter Jenseitigkeit vor die Augen des Betrachters, sondern auch in, mit und unter den Elementen der zeitgenössischen Lebenswelt und Kultur.

Hinsichtlich der sozialen und rechtlichen Stellung gab es bei den *Bauern* in unterschiedlichen Regionen eine erhebliche Spannweite: von den eigenhörigen Bauern Frieslands und des Allgäus, die an den Ständetagen teilnahmen, bis zu den hörigen und leibeigenen Bauern, die adligen oder kirchlichen Oberherren hohe Abgaben zu leisten hatten. Daher ist es unangemessen, ihre Stellung als durchweg bedrückt zu zeichnen. Allerdings mehrten sich in den letzten Jahrzehnten des 15. und den ersten Jahrzehnten des 16. Jahrhunderts in unterschiedlichen europäischen Regionen die Anzeichen für wachsende Unzufriedenheit und ein wachsendes Freiheitsbegehren, insbesondere in den unteren Bevölkerungsschichten. Nahrungsmangel etwa aufgrund von Missernten oder Preismanipulationen steigerte die Konfliktbereitschaft, die sich in lokalen oder regionalen Bauernerhebungen entlud. Im Südwesten des Reiches kam es etwa zu den Revolten des *Armen Konrad* von 1514 und den Verschwörungen der *Bundschuh*-Bewegung von 1502, 1513 und 1517. Diese Proteste konnten massiv antiklerikale Züge annehmen, wenn sie sich gegen die kirchlichen Nutznießer des Feudalsystems wandten.

Politische Strukturen

Die politischen Strukturen im «Heiligen Römischen Reich deutscher Nation» und in ganz Europa weisen einige charakteristische Gemeinsamkeiten auf. Dank ihrer theologischen Legitimation galt Herrschaft als gottgegeben, wurde also «aufgrund der Gnade Gottes» (*Dei gratia*) ausgeübt. Widerstand gegen die bestehende Ordnung war nur dann legitim, wenn sich die Inhaber eines politischen Amtes der Überschreitung ihrer Vollmachten und eines Bruchs des geltenden Rechts schuldig machten, Herrschaft also tyrannisch pervertierten. Herrschaft wurde im Europa der Zeit um 1500 gleichrangig von hochadligen Aristokraten oder durch einen Monarchen ausgeübt. Im Laufe des 16. Jahrhunderts verstärkten sich die Tendenzen zu einer sozialen

Benozzo Gozzoli, ‹Die Heiligen Drei Könige›, Fresko auf der Ostwand des Palazzo Medici-Riccardi in Florenz, 1495. Das Bild verschränkt die Heilsgeschichte mit der Gegenwart: Es zeigt Vertreter der Familie Medici und andere Florentiner Zeitgenossen im Zug zur Geburtsstätte Jesu. Das Kind zu Pferde stellt den Enkel des alten Cosimo, Lorenzo, in der Gestalt König Caspars dar.

Abschließung des Adels und zu einer Normierung des Aufstiegs. Nun kamen Prozeduren der Nobilitierung durch die Monarchen auf, und vielfach wurde die Nähe zum Hof ausschlaggebend. Hatte der Adel früher üblicherweise selbst entschieden, wer zu ihm gehörte, so übernahm nun der König diese Aufgabe. In Italien, wo eine monarchische Instanz fehlte, grenzte sich eine städtische Oberschicht in den einzelnen Kommunen von der übrigen Bürgerschaft ab und nahm eine adlige Sonderstellung für sich in Anspruch.

Die Zeit um 1500 war durch eine fortschreitende Verdichtung staatlicher Strukturen infolge administrativer und fiskalischer Zentralisierungstendenzen bestimmt, die häufig mit

Hilfe akademisch gebildeter, professionalisierter Beamter durchgesetzt wurde. Die Teilhabe des Adels an der politischen Herrschaft wurde zumeist durch Ständeversammlungen realisiert. Auf Reichs- und Landtagen nahmen die Fürsten und der niedere Adel an den politischen Entscheidungs- und Verwaltungsprozessen eines Landes teil, etwa an den Steuererhebungen. In einzelnen Ländern Europas, etwa Böhmen, Polen, dem Alten Reich, Dänemark oder Schweden, bestimmten Rivalitäten und Konflikte zwischen den Monarchen oder Landesherren und den Ständen den politischen Alltag. Rechte der Stände bei den Königswahlen in Polen, Böhmen oder im Reich nötigten zu Kompromissen und Ausgleichsregelungen, die in Wahlkapitulationen festgeschrieben wurden. In England waren dem Handlungsspielraum des erblichen Königtums gewisse Grenzen gesetzt, einerseits durch die Rechte der Aristokratie, die in den beiden Kammern des Parlaments vertreten war, und die Rechte des Hochklerus, andererseits durch die Rechte des niederen Adels, des Bürgertums und des niederen Klerus. In den westeuropäischen Monarchien Spaniens und Frankreichs erlangte die zentralisierte Königsgewalt um 1500 umfassendere Handlungsvollmachten als in den übrigen europäischen Ländern; dies betraf unmittelbar auch die kirchlichen Verhältnisse. Durch privilegierte Beziehungen zur römischen Kurie gelang es etwa den «katholischen Königen» Ferdinand und Isabella, in ihrem Herrschaftsbereich die Inquisition als staatliche Aufgabe zu institutionalisieren. Die französischen Könige okkupierten 1438 mit der Pragmatischen Sanktion von Bourges das Recht, hohe kirchliche Positionen zu besetzen.

3. NATIONEN UND MÄCHTE IN EUROPA

Die unterschiedlichen Schicksale der Reformation hingen in den europäischen Ländern elementar mit den jeweiligen politischen, kirchlichen, kulturellen und gesellschaftlichen Voraussetzungen zusammen. Diese sollen im Folgenden in Umrissen skizziert werden.

Nach der erfolgreichen Beendigung des (mehr als) Hundertjährigen

Krieges mit England von 1337 bis 1453 hatte das Königtum der Valois in *Frankreich* seine Herrschaft stabilisiert, sein Territorium arrondiert, den Wohlstand des Landes gemehrt. Die letzten Bastionen der Engländer in der Normandie waren zurückerobert. Mit Jeanne d'Arc (um 1410–1431), der von den Engländern auf dem Marktplatz von Rouen als Ketzerin hingerichteten «Jungfrau von Orleans», war eine nationale Heiligengestalt erkoren worden. Unter den Nachfahren der Gallier bildete sich das Bewusstsein, erwählt zu sein. Die vom Papsttum gegen Geld zugestandenen «gallikanischen Freiheiten» sicherten eine weitgehend von Rom unabhängige nationalkirchliche Entwicklung. 1516 wurde diese durch ein Konkordat zwischen König Franz I. und Papst Leo X. bestätigt. Alle 110 Bistümer, rund 400 Klöster und sämtliche Prälaturen lagen in der Verfügungsgewalt des französischen Königs – eine Zugriffsmöglichkeit, die durch keine wie auch immer geartete Reformation hätte verbessert werden können. Dass sich die französischen Könige als die «allerchristlichsten» titulierten, entsprach einem Hegemonialanspruch gegenüber allen anderen christlichen Nationen; er bestimmte auch die für die politische Geschichte der Reformation wichtige Konfliktachse zwischen Frankreich und dem habsburgischen Kaiser.

In *England* lässt sich gegen Ende des 15. Jahrhunderts eine Stabilisierung des Königtums der Tudors beobachten. Nach den rund drei Jahrzehnte lang wütenden sogenannten Rosenkriegen der beiden Häuser des Geschlechtes der Tudors – der roten Rose von Lancaster und der weißen von York – festigte Heinrich VII. Tudor, Erbe des Hauses von Lancaster, seine Stellung auf Kosten des Adels und mit Hilfe des Hochklerus. Nicht zuletzt aufgrund des Exils in Avignon (1309–1376), in dem das Papsttum in drückende Abhängigkeit von der französischen Krone geraten war, hatte sich England zu einem ausgesprochen papstfernen Land entwickelt. Faktisch verfügte die englische Monarchie über den Weltklerus im Land, insbesondere die Bischöfe. Diese wurden hier jedoch in weitaus geringerem Maße als in den anderen Ländern Lateineuropas aus dem Adel rekrutiert, vielmehr qualifizierten sie sich durch akademische Bildung und besondere Loyalität gegenüber dem König. Die Dominanz der königlichen

Administration bei der Pfründenvergabe hatte zur Folge, dass Ämterhandel (Simonie), Pfründenkumulationen und der Missstand des Vikariatswesens – der Wahrnehmung einer geistlichen Stelle durch schlecht qualifizierte und unterfinanzierte Vertreter des eigentlichen Inhabers – in England eine geringere Rolle spielten als auf dem Kontinent.

Spaniens Rolle in der europäischen Politik um 1500 war zum einen dadurch gekennzeichnet, dass es – neben Frankreich – im Laufe des späten Mittelalters zu einem wichtigen Machtfaktor in Italien geworden war (Sizilien, Neapel, Sardinien); Konflikte um italienischen Territorialbesitz nahmen somit regelmäßig europäische Dimensionen an. Zum anderen sollte die dynastische Verbindung mit Habsburg, die den spanischen Infanten Karl, den Enkel Kaiser Maximilians I., auf den Kaiserthron des «Heiligen Römischen Reichs» führte und zum Herrscher eines gigantischen Weltreiches machte, den Vorgängen um die Reformation in Deutschland internationale, ja globale Dimensionen verleihen. Spanien hatte sich in den Jahrzehnten vor Karls Regentschaft zum wohl katholischsten Land Europas entwickelt. Die Ausgrenzung der echten oder vermeintlichen Juden und Muslime im Zuge der Reconquista, die Etablierung drakonischer inquisitorischer Strafmaßnahmen und ihre theatralische Inszenierung, der kämpferische Hass gegen die Ketzerei als elementare Christenpflicht, ein gesteigertes Selbstbewusstsein als zum Glaubenskrieg auserwähltes Volk, das auch vor Zwangsbekehrungen nicht zurückschreckte, ein tiefer Respekt vor der Kirche und ihrem irdischen Haupt, eine straffe Disziplin der spanischen Monarchen bei der geistlichen Besetzungspolitik im Land – all dies trug zu einer entschieden katholischen Mentalität bei. In Kaiser Karl V. fand sie ihren mächtigsten Repräsentanten.

Italien war während des 15. und frühen 16. Jahrhunderts – neben dem ähnlich hoch entwickelten, ökonomisch florierenden Burgund – das zwischen den europäischen Mächten am meisten umkämpfte Land. Das relativ stabile Gleichgewicht zwischen den fünf größeren Staatsgebilden, die das politische System Italiens prägten – Mailand, Venedig, Florenz, der Kirchenstaat und das seit 1458 von einer Ne-

Das Europa der Habsburger

- Habsburgischer Hausbesitz vor 1477
- das burgundische Erbe 1477
- das spanische Erbe 1504/16
- das böhmisch-ungarische »Erbe« 1526
- die Personalunion mit Portugal 1580–1640

schraffierte und umrandete Flächen bezeichnen umstrittene Gebiete

Erzhzm. Erzherzogtum
Frgft. Freigrafschaft
Fsm. Fürstentum
Grfstm. Großfürstentum
Grhzm. Großherzogtum
Hzm. Herzogtum
Kgr. Königreich
M. Mark
Mgft. Markgrafschaft
Rep. Republik

Atlantischer Ozean

KGR. SCHOTTLAND
Inverness
Glasgow
Edinburgh

IRLAND
Limerick
Cork
Dublin

KGR. ENGLAND
York
Wales
Coventry
Cambridge
Oxford
London
Canterbury
Plymouth
Calais

Cherbourg
Rouen
Paris
Rennes
Nantes
Orléans
Loire
Tours

KGR. FRANKREICH
Clermont
Bordeaux
Guyenne
Toulouse
Narbonne

Santiago
León
Bilbao
Ebro
KGR. NAVARRA
Rep. Andorra
Perpignan
KGR. ARAGONIEN
Salamanca
KGR. KASTILIEN
Zaragoza
Barcelona
Madrid
Tarragona
KGR. PORTUGAL
Lissabon
Tajo
Toledo
Valencia
KGR. SPANIEN
Menorca
Palma
Mallorca
Córdoba
Ibiza
Baleáren
Sevilla
Cádiz
Granada
Cartagena
KGR. GRANADA
Gibraltar
Tanger
Ceuta
FES

DIE EUROPÄISCHE CHRISTENHEIT UM 1500

Stavanger

KGR. SCHWEDEN

Stockholm
Vänersee · Nyköping
Pernau

Wisby
Gotland

Nordsee

Viborg · Kalmar
KGR. DÄNEMARK

Riga
Kurland
Livland

Ostsee

Samogitien

Roskilde · Kopenhagen
Schleswig
Hzm. Holstein

Königsberg HZM.
PREUSSEN
Danzig
Wilna · Minsk

Litauen
GRFSM. LITAUEN

Amsterdam
Utrecht
NIEDERLANDE

Hamburg · Lübeck
Bremen
Pommern
Mecklenburg · Stettin

Thorn

Posen · Brest
Warschau

Osnabrück · Braun-
Münster schweig
Braunschweig
M. Brandenburg
Berlin

Lausitz

KGR. POLEN

Lublin

Antwerpen
Brüssel
Lüttich
mbrai
Aachen
HEILIGES
RÖMISCHES REICH
Schmalkalden
Leipzig
Sachsen

Oder

Breslau
Hzm.
Schlesien

Krakau

Lemberg
Przemysl

Luxemburg
Worms
Metz
Frankfurt
Würzburg
Speyer
Nürnberg

Prag
Kgr. Böhmen
Regensburg

Mgft.
Mähren
Brünn

Kaschau
Theiß

Straßburg
Freiburg
Toul
Ulm
Augsburg
Hzm.
Bayern
München

Wien · Preßburg

Langres
Frgft.
Burgund
Besançon
urgogne
Bern
Zürich
Bodensee
Innsbruck
Erzhzm.
Österreich
Salzburg
Steier-
mark

Gran
Ofen

Klausenburg
Fsm. Siebenbürgen
Hermannstadt

LAND DER
EIDGENOSSEN
Tirol
Kärnten
KGR. UNGARN

Plattensee

Genf
Hzm.
Savoyen
Mailand
Trient
REP.
VENEDIG
Laibach
Krain
Triest
Agram
Kroatien

Save
Belgrad
Fsm. Walachei

Donau

Turin
ro
Parma
Genua
Bologna
Ravenna
Venedig

Zara
Dalmatien

OSMANISCHES REICH

Avignon
Lucca
Florenz
Grhzm. Toskana
Rep. Genua
San Marino

Bosnien
Sarajewo
Serbien
Nisch
Bulgarien

Marseille
KIRCHENSTAAT
Ragusa
Monte-
negro
Sofia

Korsika
Elba
Pescara
Rom
Adria
Durazzo
Ochrida
Makedonien
Saloniki
Philippopel
Rumelien

Benevent
Neapel
KGR.
NEAPEL
Tarent
Otranto
Albanien

Janina

KGR. SARDINIEN
Tyrrhenisches
Meer
Ionisches
Meer
Livadien
Negroponte
Athen

Cagliari
Kephalonia
Korinth
Morea

Mittelmeer
Palermo
Messina
Reggio
KGR. SIZILIEN

Bona · Tunis

benlinie des aragonesischen Königshauses regierte Neapel –, war ins Wanken geraten. Den äußeren Anlass bildete ein Kriegszug des französischen Königs Karl VIII., der auf der Apenninhalbinsel 1494/95 intervenierte und ohne nennenswerte Widerstände das im Nachgang der Stauferherrschaft französisch dominierte Königreich Neapel mit Unterstützung Mailands und Genuas zurückeroberte. Gegen die französische Übermacht formierte sich alsbald eine breite antifranzösische Koalition, eine «heilige Liga», der neben dem Papst Spanien, Venedig, der habsburgische Kaiser Maximilian und das von diesem wegen seines Status als Reichslehen beanspruchte Mailand angehörten. 1497 gelang die Restitution des Status quo ante; 1500 griff Frankreich erneut mit Erfolg ein und annektierte Mailand – unter Missachtung der lehnsrechtlichen Bindungen an das Reich. Der französische Besitz Mailands und der spanische Besitz Neapels bestimmten fortan die Politik der beiden Mächte. Infolge der dynastischen Verbindung von Maximilians Kindern Philipp und Margareta mit den spanischen Königskindern Juan und Juana in der spanisch-habsburgischen Doppelhochzeit (1496/97) kam den Konflikten um Italien regelmäßig eine weite Teile Europas betreffende Brisanz zu. Die permanenten kriegerischen Auseinandersetzungen zwischen dem französischen König Franz I. und Karl V. bildeten eine Strukturachse der europäischen Politik im Zeitalter der Reformation; sie begünstigten die Ausbreitung der Reformation im Reich.

Innerhalb des politischen Systems Italiens spielte das *Papsttum* als territoriales Staatsgebilde, aber auch als Formierungsfaktor nationaler Gesinnungen eine wichtige Rolle. Mit wenigen Ausnahmen waren die Päpste des späten Mittelalters und der frühen Neuzeit Italiener, und es förderte den nationalen Stolz, dass das Papstamt quasi dem Land gehörte. Da man eine Abhängigkeit von anderen Mächten, wie sie im 14. Jahrhundert von Frankreich bestanden hatte, vermeiden wollte, sollte der Ausbau des *Patrimonium Petri* zu einem fürstlichen Flächenstaat die Unabhängigkeit des Papsttums von äußeren Einflüssen sichern. In dieser politischen Option lag allerdings der Ursprung eines Dilemmas, denn kirchliche Belange wurden von den Renaissance-Päpsten zunehmend in den Dienst politischer Interessen gestellt.

Seit Sixtus IV. (1471–1484) wurde die Vergabe kirchlicher Ämter hemmungslos als Einnahmequelle genutzt, und geistliche Zuchtmittel wurden zum Zweck politischer Herrschaft eingesetzt. Cesare Borgia, der Sohn Papst Alexanders VI. (1492–1503), versuchte, den Kirchenstaat zu einem erblichen Fürstenstaat zu säkularisieren. Der Kriegerpapst Julius II. (1503–1513) engagierte sich vor allem militärisch. Hinzu kam der Nepotismus, das heißt die Begünstigung der Familie des Papstes. All diese Entwicklungen des Renaissancepapsttums mussten die Glaubwürdigkeit des kurialen Systems überall dort schwer belasten, wo man auf der Heiligkeit des Stellvertreters Christi auf Erden und dem geistlichen Charakter seines Amtes bestand. Dass die Kontakte der römischen Kurie ins Reich weniger intensiv waren als die zu anderen Ländern und dass die Deutschen im Unterschied zu den anderen großen europäischen Nationen ihr Verhältnis zu Rom nicht in der Weise zu «formen» vermochten, «daß es nationalen Anliegen entsprochen hätte»,[7] gehört zu den entscheidenden Voraussetzungen der Reformation.

Einige Territorien standen um 1500 in einem komplizierten und umstrittenen Verhältnis zum Reich. Dies gilt etwa für das zwischen Frankreich und Deutschland gelegene *Burgund*; infolge der Eheschließung zwischen Maximilian von Österreich und Maria von Burgund im Jahr 1477 entstanden habsburgische Ansprüche. Nach militärischen Auseinandersetzungen zwischen Maximilian und Frankreich wurde das burgundische Erbe geteilt: Die Freigrafschaft Burgund (Franche Comté) und die niederländischen Besitzungen bis Westfriesland und Luxemburg gingen an Habsburg über, die Picardie und das Herzogtum Burgund fielen an Frankreich. Fortgesetzte, wiederholt militärisch ausgetragene Konflikte zwischen Frankreich und Habsburg waren die Folge. Lehnsrechtlich gehörten die Niederlande zwar zum Reich; aber als Landesherren hatten die habsburgischen Kaiser Maximilian I. und Karl V. faktisch eher ein Interesse an einer gewissen Reichsferne dieses Territoriums.

Die *schweizerische Eidgenossenschaft* betrieb seit dem hohen Mittelalter ihre Verselbständigung gegenüber dem Reich; dabei spielte das Bewusstsein eine wesentliche Rolle, aufgrund ihrer republikanisch-genossenschaftlichen Bundesstruktur politisch und verfassungs-rechtlich andersartig zu sein. Nach einer erfolgreichen militärischen Auseinandersetzung mit Habsburg im sogenannten Schweizer- oder Schwabenkrieg erreichten die Eidgenossen im Jahr 1499, dass sie fortan nicht mehr in das Institutionengefüge des Reiches einbezogen wurden. Seit 1530 besuchten die eidgenössischen Reichsstädte auch die Reichstage nicht mehr. Dass die schweizerische Reformationsge-schichte in politischer Hinsicht weitgehend unabhängig von der deut-schen verlief, lag an diesen spätmittelalterlichen Entwicklungen.

Im Osten grenzte der *Deutschordensstaat* an das Reich, gehörte diesem allerdings nicht an, obwohl ihm deutsche Fürstensöhne – 1498 Friedrich von Sachsen, seit 1511 Albrecht von Branden-burg-Ansbach – als gewählte Hochmeister des Ordens vorstanden. In rechtlicher Hinsicht aber war der Ordensstaat kein deutscher Reichs-stand, sondern befand sich unter polnischer Lehnshoheit. Nach der 1525 vollzogenen Säkularisierung zum weltlichen Herzogtum Preu-ßen und der Auflösung des nur noch fünfzig Ritter umfassenden Or-dens wurde Albrecht auf Beschluss des polnischen Sejm mit dem Her-zogtum belehnt.

Polen-Litauen, *Ungarn* und *Böhmen* waren politisch und kulturell ein Teil Lateineuropas; im Unterschied zu den Nachbarn im Westen waren die gesellschaftlichen und politischen Verhältnisse hier aber durch einen starken Einfluss des Adels geprägt, der auch in wirt-schaftlicher Hinsicht – durch in den Westen exportierte Agrarproduk-te – eine führende Rolle spielte. Die großen Landgüter, die der Adel mit eigenen Regierungsvollmachten beherrschte und von leibeigenen Bauern bewirtschaften ließ, bildeten den Rückhalt seiner politischen und ökonomischen Macht. Die Königtümer beruhten in den drei Rei-chen auf Wahlakten; durch die Ständeversammlungen wirkte der Adel notorisch auf eine Schwächung der Monarchie hin oder ließ sich Rechte zubilligen, die die Handlungsvollmachten der Krone be-schränkten. Angehörige der litauischen Dynastie der Jagiellonen, die zeitweilig die Kronen Polens, Böhmens, Ungarns und Litauens trugen, wurden auch deshalb gewählt, weil sie die Politik des Adels – eine fortschreitende Unterdrückung der Bauern, die Schwächung der öko-

nomischen Bedeutung der Städte und eine Konzentration der Macht in den eigenen Händen – zuließen
oder gar förderten.

Auf Raffaels Fresko ‹Die Bestrafung des Heliodor› in den Stanzen des Vatikan von 1514 trägt der Papst (links) die Züge Julius' II., des Auftraggebers Raffaels.

Der König von Böhmen galt seit der Goldenen Bulle von 1356 als erster der vier weltlichen Kurfürsten
des Reiches. Im Laufe des 15. Jahrhunderts hatte
Böhmen seine Verbindungen zum Reich gelockert;
aus der Reichsgerichtsbarkeit war es faktisch heraus-
gelöst. Die selbstbewusste religionspolitische Sonderentwicklung der
nach dem Prager Theologen Jan Hus benannten hussitischen Bewegung forcierte die Verselbständigung einer böhmischen Landeskirche
und des Königreichs Böhmen gegenüber dem Reich. Faktisch war
Böhmen im 15. Jahrhundert so etwas wie ein konfessionell dreigeteil-
tes Land: Die vor allem in den Städten ansässigen Deutschen und
Teile des Hochadels waren römisch-katholisch; die Mehrheit der Böhmen, auch Professoren der Universität Prag, folgten dem Utraquis-
mus, der Hus' Lehre gemäßigt auslegte, den Laienkelch praktizierte
und Kirchengut säkularisierte. Eine Minderheit von Städtern und
Bauern hing dem radikalen Hussitismus, dem sogenannten Taboritis-
mus, an. Die als eigene Sektenkirche formierte Unität der Böhmischen

Brüder (*Unitas Fratrum*) entwickelte frühzeitig Affinitäten zur Wittenberger Reformation.

Seit dem späten 14. Jahrhundert bestand eine Personalunion zwischen *Polen* und *Litauen*, die mit gewissen Unterbrechungen im Wesentlichen bis ins spätere 16. Jahrhundert fortbestand. Militärisch geriet dieses Territorium im Laufe des 15. Jahrhunderts unter wachsenden Druck – einerseits durch die Türken, andererseits durch den Moskowiter Zaren Iwan III., der durch Eroberungen von Territorien wie Nowgorod und Angriffe auf litauische Besitzungen der Ukraine die Wiederherstellung eines russischen Großreichs betrieb. Die Wahl des polnischen Prinzen Wladislaw zum böhmischen König (1471), der seit 1490 in Personalunion auch *Ungarn* regierte, verstärkte die Ablösung Böhmens vom Reich. Ein Abkommen, das Wladislaw mit Habsburg abschloss, regelte die Thronfolge in Böhmen und Ungarn; Kaiser Maximilians Tochter Maria heiratete den Jagiellonen Ludwig von Ungarn und Böhmen; dessen Schwester Anna von Ungarn und Böhmen heiratete Ferdinand, den jüngeren Bruder des künftigen Kaisers Karl. Als Wladislaws Sohn Ludwig 1526 bei der Niederlage gegen das Osmanische Reich in der Schlacht von Mohács ums Leben kam, trat dieser Erbfall ein; Teile Ungarns fielen an das Osmanische Reich, andere Teile gelangten zusammen mit Böhmen an Habsburg.

Skandinavien war durch das Handelsnetzwerk der Hanse in starkem Maße in Mittel-, West-, vor allem aber auch Osteuropa engagiert. In den östlichen und nördlichen Ländern Lateineuropas lebten, insbesondere in den Städten, viele Deutsche. In Bezug auf die reformatorischen Entwicklungen in Polen, Ungarn, Preußen, Litauen und Schweden dürfte deren Einfluss erheblich gewesen sein. Seit 1397 (Kalmarer Union) waren die nordischen Länder unter der Führung Dänemarks vereint; der schwedische Drang nach Selbständigkeit erreichte durch die Wahl Gustavs I. Wasa zum König auf dem Reichstag in Strängnäs 1523 sein Ziel. Die rasche Einführung der Reformation war hier Teil der Entwicklung zu mehr nationaler Autonomie, die schon im späten Mittelalter mit dem zunehmenden nationalkirchlichen Agieren des Königtums in Bezug auf das Kirchenwesen, insbesondere die Besetzung geistlicher Stellen, begonnen hatte.

In allen europäischen Ländern entschied sich das Schicksal der Reformation im Wesentlichen an den politischen Konstellationen; auch dort, wo die Reformation durchdrang, hing die jeweilige Art und Weise ihres Erfolges in erster Linie «von der weltlichen Politik der Regierungen und Herrscher»[8] ab.

4. DAS HEILIGE RÖMISCHE REICH DEUTSCHER NATION

Die Mitte Europas bildete das politische System des «Heiligen Römischen Reichs», das sich von den nationalstaatlich-monarchistischen Entwicklungen in Spanien, Frankreich und England einerseits, den adelsrepublikanischen Tendenzen in Böhmen, Polen oder Ungarn andererseits in charakteristischer Weise unterschied. Seit dem späten 15. Jahrhundert wurde dieses Gebilde mittels des Zusatzes «deutscher Nation» qualifiziert. Gegenüber der älteren Gewohnheit, Länder durch geographische Merkmale wie Berge und Gewässer zu bezeichnen, so konstatierte der Basler Kosmograph Sebastian Münster im frühen 16. Jahrhundert, sei es heute üblich, ein Land von einem anderen durch «Spraachen/ Regiment und Herrschafften» zu unterscheiden. Für Deutschland – und dies dürfte mit der komplexen, schwer fasslichen Struktur des «Reiches» zusammenhängen – komme am ehesten eine sprachkulturelle Abgrenzung in Betracht: «Und demnach nennen wir zu unsern zeiten Teutschlandt/ alles das sich Teutscher Spraachen gebraucht/ es lige uber oder hie jenet dem Rhein oder Thonaw. Und streckt sich also jetzund Teutschlandt in Occident biß auf die Maß/ ja auch etwas darüber in Niderlandt/ da es an Flandern reicht. Aber gegen Mittag spreitet es sich biß an die hohen Schneeberg/ und in Orient stoßt es an Ungern und Poland. Aber gegen Mitnacht bleibt es am Meere wie vor langen zeiten.»[9]

Die vielfältigen «Regiment und Herrschafften» in Deutschland fanden unter dem Dach des Reiches ihren Ort – jenes einzigartigen historisch-politischen Phänomens, das gemäß der geschichtstheologischen Konzeption des Danielbuches (Daniel 7) als das letzte der vier Weltreiche galt, nämlich des römischen. Unter Karl dem Großen sei es an

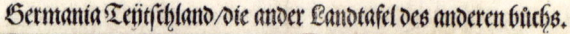

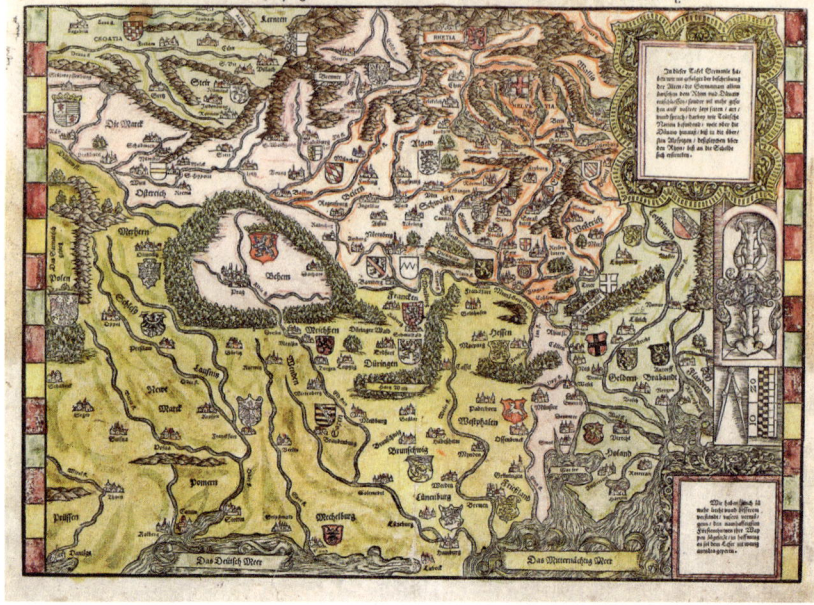

Die Deutschlandkarte des Johannes Stumpf gibt das Gebiet des Reiches wieder, markiert aber keine Grenzen. Was als deutsch gilt, ist in Fraktur geschrieben, die nicht-deutschen Gebiete sind in Antiqua gesetzt. Die Karte wurde von dem Holzschneider Heinrich Vogtherr d. Ä. gearbeitet und erschien 1548 in Johannes Stumpfs ‹Schweizer Chronik› (Zürich, Christoph Froschauer).

die «Deutschen» gelangt, Otto der Große habe es erneuert. Nach dem Ende dieses Reiches werde Christus wiederkommen und das Jüngste Gericht heraufführen. Dem Reich stehe ein Kaiser vor, der die Universalität des Weltreiches repräsentiere und alle Herrscher und Nationen an Macht und Ehre übertreffe. Diese Vorstellung, die den Führungsanspruch des Kaisers und des Reichsvolks der «Deutschen» implizierte, stand in Spannung sowohl zu den Ambitionen anderer europäischer Monarchen als auch zu den politischen Realitäten und Verfahrensformen des Reiches und seiner Institutionen selbst.

Als politischer Handlungsraum war das Reich von der Dualität föderativ-territorialer und reichisch-zentraler Elemente geprägt: Reichsfürsten und Reichsstände auf der einen, Reichsoberhaupt und Reichsinstitutionen auf der an-

Das hailig römisch reich mit sampt seinen gelidern

Gedruckt zů Augspurg durch David   De Necker Formschneyder.

deren Seite. Das Kaisertum war ein Wahlamt; die «Säulen des Reichs» bildeten die sieben Kurfürsten, die den Kaiser zu küren berechtigt waren: die Erzbischöfe von Mainz, Trier und Köln als geistliche und der Herzog von Sachsen – Luthers Landesherr –, der Markgraf von Brandenburg, der Pfalzgraf bei Rhein und der König von Böhmen als weltliche Kurfürsten. Seit der Goldenen Bulle von 1356, die die Rolle der Kurfürsten definierte, war die Krönung des Kaisers durch den Papst kein verfassungsrechtlich gebotenes Verfahrenselement mehr. Maximilian war der erste nicht von einem Papst gekrönte deutsche König. Sein Enkel Karl V., der 1520 über den Gebeinen Karls des Großen in Aachen zum Römischen König gekrönt wurde, ließ sich zwar – seinem universalen Herrschaftsverständnis entsprechend – 1530 in Bologna noch vom Papst krönen, aber nach ihm tat

Der doppelköpfige ‹Quarternionenadler› stellt die Stände des Reichs allegorisch durch ihre Wappen dar. Im Unterschied zu anderen Darstellungen des Reichsadlers ist der Papst auf der Darstellung von Hans Burgmaier d. Ä. (Augsburg 1510) in die Gruppe der sieben Kurfürsten eingeordnet. Nachdruck von Nickel Nerlich, Leipzig 1571.

dies kein weiterer Kaiser des «Alten Reichs» bis zu dessen Ende im Jahr 1806.

Die meist in Nürnberg aufbewahrten Reichsinsignien Krone, Schwert, Zepter, Reichsapfel und Heilige Lanze wurden in jährlichen Heiltumsschauen mit Ablassgnaden präsentiert. Indem sie auch bei den Krönungsakten präsent waren, wurde die aktuelle Herrschaft im Reich in die Heilsgeschichte integriert. Das Reich galt als eine heilige Ordnung. In den symbolischen Repräsentationsakten der Reichstage, etwa den Belehnungen durch den Kaiser, wurde die heilsgeschichtliche Dimension der Reichsordnung vergegenwärtigt.

In seinen politischen Realitäten stellte sich das Reich allerdings nicht als Monarchie dar. Die Kaiserwahl durch die Kurfürsten, die seit 1438 jeweils ein Glied aus der Generationenkette der habsburgischen Dynastie wählten, war in der Regel das Ergebnis zäher Verhandlungen; sie erfolgte aufgrund von Zuwendungen und Zugeständnissen des zu Wählenden, die in Wahlkapitulationen festgehalten wurden. Nicht zuletzt die exzeptionelle Ausweitung der territorialen Macht der Habsburger in der Regierungszeit Maximilians I. (1493–1519), die vor allem seiner Heiratspolitik geschuldet war und in der Person Karls das burgundische und das spanische, in der Person seines Bruders Ferdinand das österreichische, das böhmische und das ungarische Erbe zusammenführte, bestärkten die führenden Reichsstände in ihrem die Traditionen des Reiches bewahrenden Selbstverständnis: In zäher Sorgfalt hatten sie ihre Rechte zu schützen und ein kaiserliches «Dominat» zu verhindern.

In die Regierungszeit Kaiser Maximilians fielen Bemühungen um eine *Reichsreform* (1495), die auch für die politischen Regulationsprozesse im Zusammenhang mit der Reformation wichtig werden sollten. In gewisser Hinsicht lassen sich die Reformelemente auch als ein Versuch begreifen, die Ordnung des Reiches im Sinne zentralisierender Staatlichkeit zu verdichten. Erfolg und Misserfolg der Reichsreform geben Aufschluss über die Struktur des Reiches. Ein wesentliches Reformanliegen betraf die äußere und innere Sicherheit. So hob der 1495 beschlossene *Ewige Landfriede* das Fehderecht einzelner Stände und Personen auf; das neu geschaffene *Reichskammergericht* sollte Rechtssicherheit schaffen und trug auf Dauer entscheidend zur Beseitigung des Fehdewesens bei. Die Loslösung dieser Gerichtsinstanz vom Kaiserhof und die Übertragung der Rechtsprechung an professionelle Juristen förderte die Entwicklung reichsweit einheitlicher Rechtsprinzipien auf der Basis des gelehrten römischen Rechts; folglich verlor die ständische Gerichtsbarkeit an Bedeutung. Die auf dem Regensburger Reichstag von 1532 beschlossene «Peinliche Hals- und Gerichtsordnung» Karls V., die sogenannte *Carolina*, schuf erstmals auf der Basis des römischen Rechts ein reichseinheitliches Straf- und Prozessrecht. Nach der definitiven konfessionellen Spaltung des Reichs im Augsburger Religionsfrieden (1555) trug das Reichskammergericht entscheidend zur Wahrung des Religionsfriedens und zur Integration des Reiches bei.

Der *Reichstag*, der die Nation in Gestalt seiner territorialen und regionalen Herrschaftsträger repräsentierte, wurde das wichtigste Instrument zur Regulierung einer Mitbeteiligung der Stände an der Regierung des Reiches. Die Einberufung der Reichstage erfolgte durch den Kaiser; ihm oblag es auch, die Verhandlungsgegenstände festzulegen. Von den Beratungen in drei Kurien – der Kurfürsten-, der Fürsten- und der Städtekurie – war der Kaiser ausgeschlossen. Die wichtigste war die Kurfürstenkurie, ohne deren Zustimmung kein Reichstagsbeschluss zustande kam. Die Fürstenkurie wurde aus den weltlichen Fürsten und Grafen sowie den geistlichen Prälaten, insbesondere den Reichsbischöfen, gebildet. Die Geistlichkeit hatte eine deutliche Mehrheit in diesem Gremium; ihre Zustimmung war bei Reichstagsbeschlüssen erforderlich. Die dritte Kurie bildeten die rund 65 Reichsstädte; die Fürstenkurien sahen ihre Voten als die maßgeblichen an, gestanden also den Städten nur ein konsultatives Votum zu, das man in der Regel erst einholte, wenn man sich verständigt hatte. Politisch war der Einfluss des Bürgertums, das erhebliche fiskalische Lasten trug, gegenüber Adel und Hochklerus also sehr begrenzt. Gesetzlich verbindliche Reichstagsbeschlüsse, die als «Abschiede» jedes Reichstages unter der Autorität des Kaisers publiziert wurden, setzten die Zustimmung der Fürstenkurien und des Reichsoberhauptes voraus. Aufgrund einer fehlenden Reichsexekutive oblag die Durchfüh-

Bernhard Strigel, ‹Die Familie Kaiser Maximilians›, Öl auf Lindenholz, 1515–1520. Das Bild entstand wahrscheinlich anlässlich der Doppelhochzeit Marias mit Ludwig von Ungarn und Böhmen und Ferdinands mit dessen Schwester Anna. Es zeigt links Kaiser Maximilian, rechts außen seine erste Frau Maria von Burgund und zwischen beiden ihren Sohn Philipp, genannt der Schöne, der mit der spanischen Dynastie verbunden war. Im Vordergrund sind die Erzherzöge Ferdinand (später Kaiser Ferdinand I.) und Karl (später Kaiser Karl V.) sowie Ludwig von Ungarn dargestellt.

rung der Reichstagsbeschlüsse den einzelnen Reichsständen. Nicht zuletzt dieser politischen Struktur war es geschuldet, dass die seit 1521 in Gestalt des Wormser Ediktes geschaffene Rechtslage, die gebot, Luther und seine Anhänger zu verfolgen, in weiten Teilen des Reiches unwirksam blieb. Die Reichstage sollten die wichtigste politische Bühne werden, auf der sich die Vertreter der Reformation artikulieren und schließlich politisch behaupten konnten.

Dem Versuch, im Rahmen der maximilianeischen Reichsreform eine *Reichssteuer* durchzusetzen, war ein durchschlagender Erfolg versagt. Denn zum einen waren vielfach die Landstände an der Steuergesetzgebung zu beteiligen, zum anderen empfanden die Reichsstände eine direkt vom Reich erhobene Steuer als Einschränkung ihrer eigenen Vollmachten. Nach und nach wurde es üblicher, dass die einzelnen Reichsstände ihrerseits Beiträge zur Finanzierung der Reichsinstitutionen leisteten, die sie dann auf ihre Untertanen abwälzten. Der Versuch, ein *Reichsregiment* zu etablieren, also so etwas wie eine einheitliche Reichsregierung unter Führung des Kaisers und unter Beteiligung der Reichsstände, scheiterte im Wesentlichen daran, dass dem Reich selbst eine wirksame Exekutive fehlte. Im Ganzen erreichte die Reichsreform immerhin eine gewisse Modernisierung der Reichsinstitutionen; sie gewährleistete einerseits den Zusammenhalt des Reiches und schuf andererseits flexible Regulierungsinstrumente und Ausgleichsmechanismen für Konflikte, die sich gerade bei der Bewältigung der Probleme, die durch die Reformation aufgeworfen wurden, bewähren sollten.

In der Regierungszeit Kaiser Maximilians verstärkten sich die Spannungen im Verhältnis zur römischen Kurie. Infolge des Wiener Konkordats von 1448, das Kaiser Friedrich III. und der Papst gegen den Willen der Reichsstände abgeschlossen hatten, wurde vor allem

vonseiten des deutschen Hochklerus gegen päpstliche Rechte bei der Pfründenvergabe und bei der Besetzung kirchlicher Ämter, aber auch gegen finanzielle Leistungen im Falle erfolgter Besetzungen in «Beschwerniskatalogen der deutschen Nation» (*Gravamina nationis germanicae*) protestiert. Einzelne Landesfürsten hinderte dies allerdings nicht daran, eigene Vorteile in Rom zu suchen und insbesondere eine ihnen nützliche Personalpolitik zu betreiben. Auch in Deutschland gab es ein vorreformatorisches «landesherrliches Kirchenregiment», das Teile des Ordenswesens und den Episkopat in die religionspolitischen Ziele der Territorialherren integrierte.

Kaiser Maximilian nutzte die Gravamina-Bewegung, die auf den Reichstagen ihre Plattform fand, um gegen die materielle «Aussaugung» Deutschlands durch Rom vorzugehen. Dabei diente das französische Modell der *Pragmatischen Sanktion von Bourges* als Maßstab und Vorbild, obwohl es dem realen Verhalten der papstaffinen Kurienpolitik der französischen Krone in der zweiten Hälfte des 15. Jahrhunderts gar nicht mehr entsprach. Der Augsburger Reichstag von 1518 diente dem letzten Kaiser Maximilian auch für die Absprachen zur Wahl seines Enkels Karl zum Nachfolger auf dem Kaiserthron; und da am Rande bereits von dem Prozess um den Wittenberger Augustinermönch Martin Luther die Rede war, wurden die *Gravamina* ins Feld geführt, um eine vom Papst ausgeschriebene Türkenabgabe zu verweigern. In der Regierungszeit Maximilians, der insbesondere wegen der Italienpolitik in massive Konflikte mit dem Papsttum verstrickt war, trugen die *Gravamina* entscheidend dazu bei, einer breiten Akzeptanz für die antirömische Polemik der reformatorischen Bewegung in Deutschland den Weg zu bereiten. Das «gefühlte Leid» einer Ausbeutung durch Rom, dem die realen Zahlungsbelastungen kaum entsprachen, war – wohl nicht zuletzt aufgrund «germanischer» Unterlegenheitsreflexe gegenüber den «Römern» – gesellschaftlich weit verbreitet und konnte seitens der reformatorischen Bewegung, insbesondere durch Luthers Traktat *An den christlichen Adel deutscher Nation* (1520), mühelos aktiviert werden. Insofern waren die kirchlichen und politischen Bedingungen in Deutschland sehr spezifischer Art; sie bildeten unverzichtbare Voraussetzungen der Reformation.

5. GEISTIGE UND GEISTLICHE GEMEINSAMKEITEN

Die Allgegenwart von Bedrohung, die tägliche Erfahrung von Krankheit und Tod bildeten eine elementare mentalitätsprägende Voraussetzung für die europäische Religiosität der Vormoderne. Krisen und Katastrophen gingen nicht selten mit der angstvollen Erwartung des Jüngsten Gerichts einher. Denn alle Europäer teilten im Prinzip die gleichen elementaren Bedingungen ihrer Umwelt: die stets drohenden Ernährungskrisen infolge von Unwettern, Missernten und klimatischen Veränderungen sowie die Lebens- und Sterbeerwartungen aufgrund von Naturkatastrophen und Epidemien, ganz zu schweigen von den häufigen Kriegszuständen. Die statistische Lebenserwartung der Europäer lag bei ungefähr 30 Jahren, die der Frauen deutlich unter der der Männer. 10 Prozent aller Geburten dürften Totgeburten gewesen sein; 25 Prozent der Babys erreichten das erste Lebensjahr nicht; etwa die Hälfte der Kinder verstarb vor dem sechsten Lebensjahr. Die durchschnittliche Geburtenrate lag bei sechs Kindern. Um 1500 waren die demographischen Einbrüche der Pestwellen seit dem 14. Jahrhundert einigermaßen ausgeglichen. Das Reich einschließlich der Niederlande und Böhmens war mit etwa sechzehn Millionen Einwohnern die bevölkerungsreichste Gegend Europas. In Italien sollen etwa zehn, in England viereinhalb, in Spanien rund neun Millionen Menschen gelebt haben. Im 16. Jahrhundert wuchs die Bevölkerung Europas stetig an. Die überwiegende Mehrheit der Europäer – mit spezifischen regionalen Differenzen – lebte auf dem Land, im Ganzen wohl etwa 90 Prozent.

Die Gesellschaften aller lateineuropäischen Länder waren christlich und teilten somit einige elementare Gemeinsamkeiten hinsichtlich ihres religiösen Lebensstils: die Autorität des Papstes, die Strukturierung des Jahres durch den Fest- und Heiligenkalender der Kirche, das Lateinische als verbindliche gelehrte Verkehrs-, aber auch als religiöse Kommunikationssprache des Gottesdienstes, das kanonische Recht der Kirche und mit ihm die Trennung der Christen in Kleriker und Laien, das hierarchische und in sich höchst diverse Institutionengefüge der Erzbistümer und Bistümer, der Stifts- und Kollegiatskirchen, der Ordens-, Wallfahrts- und Pfarrkirchen.

Die Universitäten, die in wachsendem Maße die intellektuellen und administrativen Eliten in Kirche und Staat prägten, hatten seit dem 13. Jahrhundert einen immer rasanteren Siegeszug über alle europäischen Länder angetreten. Charakteristisch für viele dieser Einrichtungen war die Privilegierung durch die Universalgewalten Kaiser und Papst; sie sicherte den Graduierungen eine allgemeine, europaweite

Hans Burgmair d. Ä., ‹Dispu-
tation zwischen Christen,
Juden und Heiden›. Die Dar-
stellung bildet das Titelblatt
für Johannes Stamlers
‹Dialogus ... de diversarum
Gencium Sectis et Mundi
religionibus›, Augsburg 1508.
Sechs Personen diskutieren
über die wahre Religion, am
Ende gewinnt das Christen-
tum, das in der oberen
Bildhälfte symbolisch darge-
stellt ist. Ein Laie und je ein
Vertreter des Islams und des
Judentums, die am Ende die
Taufe begehren, fordern die
christlichen Theologen zu
geistreichen Repliken heraus.

Geltung, begünstigte die Fluktuationen der Lehrenden und Lernenden innerhalb des europäischen Bildungsraumes und trug zu einer rationalen Diskurskultur maßgeblich bei. Zwischen 1378 und 1400 waren sieben, zwischen 1400 und 1500 einundvierzig neue Universitäten in Europa gegründet worden. Um 1500 besaß Europa sechzig Universitäten, die ein wichtiges kommunikatives und wissenschaftliches Netzwerk bildeten und – ähnlich den Händlern, den Wallfahrern und den Bettelmönchen – ein hohes Maß an Mobilität in die europäischen Gesellschaften hineintrugen.

Hinsichtlich ihres Aufbaus folgten viele Universitäten dem Fakultätsmodell der Pariser Hochschule; die artistische beziehungsweise philosophische Fakultät leistete eine Grundbildung in den *septem artes liberales*. Die sieben freien Künste bestanden aus dem *Trivium* mit den Fächern Grammatik, Dialektik und Rhetorik sowie dem *Quadrivium* mit Arithmetik, Musik, Geometrie und Astronomie. Nach erfolgreicher Graduierung in den sieben freien Künsten mit dem Abschluss eines *Baccalaureus* oder *Magister artium* war die Voraussetzung für das Studium in den drei höheren Fakultäten Theologie, Medizin und Jurisprudenz erfüllt. Auch die prominentesten und wirkungsreichsten «Ketzer» des späten Mittelalters waren Universitätstheologen gewesen: John Wyclif in Oxford und Jan Hus in Prag. Im Reich erhielt nach und nach jedes größere Territorium eine eigene Universität; aus einer Universität, der 1502 gegründeten kursächsischen in Wittenberg, ging auch die Reformation hervor.

Andere Religionen als die christliche waren in Lateineuropa nicht geduldet; das Judentum bildete eine gewisse Ausnahme. Im Laufe des späten Mittelalters verstärkte sich vor allem infolge der Pestwellen des 14. Jahrhunderts die Unduldsamkeit gegenüber den Juden; seit 1290 hatten sie in England kein Aufenthaltsrecht mehr, seit 1394 galt

dies auch in Frankreich. Nach Spanien im Jahr 1492 folgte einige Jahre später auch Portugal der rigorosen Ausweisungspolitik seines iberischen Nachbarn. Durch diese erzwungenen Migrationen verstärkte sich die jüdische Präsenz in Mitteleuropa, bis die Juden in den letzten Jahren des 15. und den ersten des 16. Jahrhunderts zusehends auch aus deutschen Ländern und Städten vertrieben wurden, 1492 aus Mecklenburg, 1496 aus der Steiermark, Kärnten und Krain, 1510 aus Brandenburg. Auch die Reichsstädte Nürnberg, Reutlingen, Ulm, Straßburg, Nördlingen, Colmar und Regensburg wurden um 1500 «judenfrei». Die europäischen Juden flohen nach Osteuropa und in die Gebiete unter osmanischer Herrschaft. Sofern man sich im Christentum mit den fremden Religionen Judentum und Islam beschäftigte, geschah dies in der Regel in der Absicht, die eigene Überlegenheit zu demonstrieren und für die Taufe zu werben.

Formen der Frömmigkeit

Die Aufnahme in die christliche Heilsgemeinschaft erfolgte überall in Europa aufgrund der Taufe, die meist rasch nach der Geburt vollzogen wurde. Die Gewohnheit, den Kindern den Namen des oder der Tagesheiligen ihres Geburts- oder Tauftages zu geben, war bis zur Reformation überall in Europa verbreitet; in den katholischen Ländern blieb sie auch später üblich, während die Protestanten biblische Namen vorzogen. Für jeden lateineuropäischen Christen war die Einbindung in die heilvermittelnde Sakramentskirche, an der man durch Pfarrzwang partizipierte, allgegenwärtig. Die seit dem Konzil von Florenz im Jahr 1439 kodifizierte Siebenzahl der Sakramente – Taufe, Firmung, Ehe, Abendmahl, Buße, Priesterweihe, Letzte Ölung – strukturierte die Alltagsfrömmigkeit tiefgreifend.

Auch nach der großen Pest von 1348/49 wurde ganz Europa regelmäßig von epidemischen Wellen heimgesucht. Daher erfreute sich die Bußpredigt landauf, landab großer Aufmerksamkeit. Einzelne exponierte Bettelmönche wie Bernhardin von Siena oder Johannes Capistran erreichten als wandernde Bußprediger europaweite Popularität und gerieten in den Ruf der Heiligkeit. Auch für einen Bußprediger wie den Dominikaner Girolamo Savonarola, der die Massen begeisterte, galt dies – ungeachtet seiner Verurteilung als Ketzer. Bußbücher aller Art und Postillen mit Bußpredigten wurden in großen Mengen gedruckt und gelesen.

Im 15. Jahrhundert machten sich einige neuere Entwicklungen und Tendenzen der Frömmigkeit im gesamten Raum der lateinischen Kirche bemerkbar. Dies gilt etwa für die monastische Observanzbewegung, die viele Orden erfasste und zahlreiche Klosterkonvente, insbesondere unter den Bettelorden, zu einer strengeren Befolgung ihrer Regeln veranlasste. Überhaupt war dieses Jahrhundert von einem dramatischen Zuwachs an kirchlich integrierten religiösen Aktivitäten gekennzeichnet. Für Frankreich, England, Italien und Deutschland ist eine signifikante Zunahme an geistlichem Personal registriert worden; sie korrespondiert mit einem allgemeinen Anstieg der Stiftungsbereitschaft. Eine Intensivierung der kirchlichen Bautätigkeit kennzeichnet Europa vor allem in der zweiten Hälfte des 15. Jahrhunderts. In Frankreich sind in diesem Zeitraum mehr als 1200 Kirchenbauten errichtet worden, in Deutschland werden es kaum weniger gewesen sein. Wohl niemals zuvor oder danach ist in Europa so viel für die Kirche gebaut worden wie am Vorabend der Reformation. Von einer generellen Krise des kirchlichen Christentums, wie sie unter Bezug auf sittlich zweifelhafte Inhaber des Papstamtes oder im Hinblick auf einige frivole Freigeister unter Italiens Humanisten behauptet wurde, kann keine Rede sein. Im Gegenteil: Man erwartete von der Kirche und ihren Institutionen in der Regel mehr und anderes als von allen anderen Ordnungs- und Lebensmächten der Zeit. Gelegentliche Feindseligkeiten von Laien gegenüber dem Klerus sollte man nicht im Sinne eines prinzipiellen Antiklerikalismus überbewerten; zumeist traten sie recht konkret dann auf, wenn Geistliche berechtigten Erwartungen an ihr Amt nicht entsprachen, etwa unkeusch lebten oder als unbillig empfundene Abgaben forderten. Auch das Papstamt genoss in weiten Teilen der lateineuropäischen Christenheit hohes Ansehen.

In das Gesamtbild der kirchlich stabilen Verhältnisse um 1500 gehört auch, dass es nur noch wenige *Ketzer* gab. Dort, wo sie auftraten, standen sie für religiöse Überzeugungen, die später auch in der Reformation populär wurden, etwa die Laienbibel, die Gleichheit von Priestern und Laien, die Orientierung der Lebensgestalt der Kirche an ihren apostolischen Ursprüngen, die Kritik an klerikalem Luxus, die Absage an das Ablasswesen und veräußerlichte Frömmigkeitsformen. Einige Waldensergruppen hatten sich im 14. Jahrhundert nach Böhmen und Brandenburg begeben; im 15. Jahrhundert gingen sie enge Verbindungen mit der hussitischen Bewegung ein. Lombardische Waldensergruppen hatten in den Cottischen Alpen westlich von Turin, in der Provence und in Kalabrien überlebt und waren immer wieder verfolgt worden; die Anfänge der Hexenverfolgung hängen historisch mit dem Kampf gegen die Waldenser zusammen. Die romanischen Waldensergruppen traten seit den 1520er Jahren in engen Kontakt zur Reformation. Die englischen Lollarden, Anhänger John Wyclifs, überlebten seit dem 14. Jahrhundert nur im Untergrund, insbesondere in Hauskreisen. Aus der Tatsache, dass sie noch im 16. Jahrhundert verfolgt wurden, lässt sich immerhin schließen, dass es einige von ihnen immer noch gab. Dort, wo sich in Europa verstreute Reste von Ketzerei erhalten hatten, wurden sie als Wegbereiter der Reformation wirksam oder *später* zu solchen stilisiert.

Auch die *Bruderschaften* – geistliche Korporationen von Laien und Klerikern, die zum Teil eng mit den Zünften und Gilden verknüpft und einzelnen Heiligen geweiht waren – hatten um 1500 Hochkonjunktur. Hier betete man gemeinschaftlich für die verstorbenen Bruderschaftsmitglieder und ihre Angehörigen und organisierte kollektiv ein liturgisches Totengedenken, das die Möglichkeiten einer einzelnen Familie überstieg. Nicht selten waren Menschen auch Mitglieder mehrerer Bruderschaften; so konnten sie deren jeweilige Heilseffekte bündeln und mehr für ihr Seelenheil tun.

Vor allem im städtischen Raum nahmen die religiösen Ansprüche der Bürger im späten 15. und frühen 16. Jahrhundert ständig zu. Dies ist nicht nur aus dem explosiven Anstieg der Produktion volkssprachlicher religiöser Literatur im Allgemeinen zu schließen. In Deutschland erschienen bis 1522 vierzehn hoch- und vier niederdeutsche Bibeldrucke und eine große Anzahl sogenannter Plenare, die die

Der 1483 verstorbene Kleriker Jodocus Krell ließ in der Nürnberger Lorenzkirche einen Altar errichten. Auf dem Ölgemälde des sogenannten Krellaltars ist er als betende Stifterfigur dargestellt. Außer Maria sind St. Bartholomäus und die heilige Barbara zu sehen. Im Bildhintergrund findet sich die älteste detaillierte Stadtansicht Nürnbergs. Im 15. Jahrhundert nahmen die Mess- und Altarstiftungen sprunghaft zu. Dies ist ein Indiz für eine gesteigerte Heilssorge und dafür, dass man dem am Altar unblutig wiederholten Opfer Christi besondere Sühnewirkungen zuschrieb.

Predigt- und Lesetexte des Kirchenjahres enthielten. Dass das biblische Wort in der Volkssprache auf hohe Nachfrage stieß, obwohl kirchliche Obrigkeiten versuchten, diesen Zugang zur Bibel zu beschränken, stellt eine wichtige Rezeptionsbedingung für die Reformation dar, die die älteste und ehrwürdigste Urkunde des Christentums ins Zentrum rückte.

Die Bürger ließen es sich etwas kosten, den christlichen Glauben durch Predigten erschlossen zu bekommen. In vielen Städten wurden sogenannte Prädikaturen durch bürgerschaftliche Stiftungen eingerichtet, auf die man gelehrte, häufig zu Doktoren der Theologie promovierte Männer berief. Deren Aufgabe bestand primär darin, ein geistig anspruchsvoll gewordenes bürgerliches Publikum, das im bloßen Vollzug der sakramentalen Rituale keine religiöse Befriedigung fand, sachgerecht über den christlichen Glauben zu orientieren. Bürgerschaftliche Bemühungen zielten darauf ab, die kirchlichen Institutionen innerhalb der eigenen Mauern stärker unter Kontrolle zu bekommen, das sittliche Ethos der Priester zu heben und sie rechtlich in die Bürgerschaft zu integrieren, den Bettel zu begrenzen und die Armenfürsorge der kirchlichen Zuständigkeit zu entziehen, die Kompetenzen bischöflicher Stadtherren zu minimieren, die finanziellen Investitionen für das Heil kommunal zu regulieren und einen substantiellen Einfluss auf die Besetzung der städtischen Pfarreien zu nehmen. Daher ist es in der Forschung üblich, von einem vorreformatorischen «städtischen Kirchenregiment» zu sprechen. Es liegt auf der Hand, dass seit den frühen 1520er Jahren im Zeichen der Reformation Entscheidungen umgesetzt wurden, die im Planungs- und Handlungshorizont der vorreformatorischen Ära lagen.

Ein Grundzug vieler zeitgenössischer Frömmigkeitspraktiken war das Kumulative, Massenhafte, Zähl- und Verrechenbare – ein heilsökonomisch-religionskulturelles Abbild des zeitgenössischen frühkapitalistischen Wirtschaftsethos. Es gab *mehr* Messen für das Seelenheil; *mehr* Prozessionen, bei denen das verehrungswürdige Sakrament mit den Augen genossen, die Abwehr von Schaden erbeten und Feld und Flur gesegnet wurden; *mehr* Ablässe zur Verkürzung der Fegefeuerpein; *mehr* Heiltumsschauen, also sakrale Präsentationen von Reliquien mit entsprechenden Gnadenwirkungen; *mehr* Wallfahrten zu den um 1500 mannigfach aufkommenden regionalen Wunderorten oder zu den klassischen Zielen der Lateineuropäer: Rom, Santiago de Compostela, Jerusalem; *mehr* messbare Gebetsleistungen in Gestalt fest auferlegter Bußgebete; *mehr* Heilige und Schutzhelfer, die, in Reliquientranslationen europaweit gehandelt und distribuiert, dem Gläubigen beistanden (mit zunehmender Spezialisierungstendenz für allerlei Unbill); *mehr* verehrungswürdige Bildnisse, die in reicher Zahl gestiftet und in größter Kunstfertigkeit produziert wurden und vor denen zu beten, die zu berühren irgendwie heilsam war.

Dieses *Mehr* war in den Verdichtungszonen zeitgenössischer Kultur, den Städten, Höfen und Residenzen, und in den dichtbesiedelten Ballungszentren – Oberitalien, Burgund, den Niederlanden, Ober- und Mitteldeutschland – deutlicher wahrzunehmen als in den ländlichen und schwächer besiedelten Regionen Europas. Diese quantifizierende Frömmigkeit funktionierte nach dem Prinzip *do ut des* – «ich gebe, damit du gibst». Ihre Grundlogik, dass ein Mehr an frommem Einsatz auch ein Mehr an Heilssicherung bedeuten müsse, leuchtete allgemein ein. Auch die Gnadenlehre der zeitgenössischen Universitätstheologie, der Scholastik, favorisierte in der Regel ein Modell des In- und Miteinanders von frommem christenmenschlichem Engagement in «guten Werken» und göttlich-sakramentalem Beistand. Der theologische Mainstream der Zeit setzte selbstverständlich voraus, dass der einzelne Mensch durch das Tun oder Unterlassen des ihm Möglichen (das *facere quod in se est*) an seinem Heil oder Unheil mitwirke.

Unter den heiligen Helfern ragte Maria hervor; wie keine Zweite deckte sie ein geradezu universales Spektrum an Sinnbezügen und Lebensentwürfen ab: von der Himmelskönigin bis zur armen Magd, von der gebärenden oder klagenden Mutter bis zur Schutzmantelmadonna, die selbst die Trinität beschützt, von der tugendsamen Ehefrau und gehorsamen Tochter bis zur thronenden Gottesmutter, von der erotischen Schönen bis zur Miterlöserin. Auch wenn die Frage, ob Maria selbst unbefleckt *(immaculata)* und erbsündenfrei empfangen wurde, dogmatisch umstritten, ja umkämpft war, hatten sich in der zeitgenössischen Frömmigkeit und Kunst die Mutter und die Großmutter Mariens, die Heilige Anna und die Heilige Emerentia, nebst der «Heiligen Sippe» als feste Referenzgrößen bürgerlich-frommen Familiensinns verankert. Die um 1500 beliebte Rosenkranzfrömmigkeit, bei der eine Perlenschnur zum Zählen der Gebetsstücke des *Ave Maria* und des *Vaterunser* diente, erfasste alle gesellschaftlichen Kreise und war im Kern Marienfrömmigkeit.

Nicht weniger schillernd war die Christusfrömmigkeit der Zeit. Auch sie deckte ein beinahe universales Spektrum ab: vom richtenden Gottessohn bis zum leidenden Menschensohn, vom Krippenkind zum Schmerzensmann, vom sich opfernden Gotteslamm zum Tugendlehrer, vom entstellend Gemarterten zum verklärt Auferstandenen. Im Laufe des 15. Jahrhunderts hatte besonders die meditative Versenkung in das Leiden und Sterben Christi, in die «Nachfolge Christi» *(imitatio Christi)* – so der Titel eines weit verbreiteten Erbauungsbuches des Niederländers Thomas a Kempis, das der Frömmigkeitsbewegung der *Devotio moderna* zugeordnet wird –, hohe Konjunktur. Die *Devotio moderna* repräsentierte einen religiösen Stil, der in vieler

Jan van Eyck, ‹Die Madonna des Kanzlers Rolin›, Öl auf Holz, um 1435. Von der Loggia eines Palastes aus öffnet sich der Blick auf eine Stadt in einem Flusstal. Nicolas Rolin, Kanzler Philipps des Guten von Burgund, gab dieses Bild in Auftrag; das Jesuskind segnet den betenden Stifter. Der Palast wird als das himmlische Jerusalem gedeutet.

Hinsicht in Spannung zu den kumulativen und veräußerlichten Tendenzen der zeitgenössischen Frömmigkeit stand. Ihre von dem Prediger Gerd Groote begründeten Laiengemeinschaften praktizierten ein nicht-monastisches Gemeinschaftsleben; ihre Mietglieder suchten kommunitär in der Demut Jesu und in der Nachfolge der apostolischen Urgemeinde zu leben, zugleich aber auch das individuelle Gewissen zu erforschen, sich biblische Stoffe

Leonardo da Vincis Gemälde ‹Anna selbdritt› von 1501 stellt vor einer Gebirgslandschaft drei Generationen dar: die Mutter Marias, Anna, die Jungfrau Maria und Jesus, der mit einem Lamm spielt, Symbol seiner Passion. Teile der Landschaft sind unvollständig; Leonardo soll bis zu seinem Tod daran gearbeitet haben. In Interpretationen des Bildes wird eine Deutung Annas als Kirche vertreten.

meditativ anzueignen und in religiöser Lektüre zu vertiefen. Dieses – wenn man so will – individualisierende Frömmigkeitsmodell, das sich insbesondere in den städtischen Kontexten der Niederlande, Flanderns, Nord- und Mitteldeutschlands, des Elsass und des Rheinlands großer Beliebtheit erfreute, war offen für mystische Erfahrungen. In den Kommunitäten der «Brüder und Schwestern vom gemeinsamen Leben» spielten die Produktion und typographische Reproduktion volkssprachlichen religiösen Schrifttums, auch der Bibel in der Volkssprache, eine erhebliche Rolle.

Die religiöse Laienbildung, die sich insbesondere im städtischen Be-

‹Die Anfechtung des Glaubenszweifels – Der Trost des Glaubens›. Doppelbild aus einer um 1450/60 entstandenen ‹Ars moriendi›, einem «Sterbebüchlein». In elf Holzschnitten werden Nöte des Sterbens und Trostmomente – hier der Beistand Christi, Mariens, der Apostel und Propheten für den Sterbenden – einander gegenübergestellt. Im Sterben wachsen die Anfechtungen, und der geistlich Leidende bedarf des konzentrierten Trostes.

reich um 1500 nachweisen lässt, wurde durch die *Devotio moderna* erheblich gefördert. Das «Moderne» an dieser Frömmigkeitsbewegung, die auch auf Luther oder den großen Humanisten Erasmus von Rotterdam einwirkte, bestand in der Hinwendung zur individuellen religiösen Erfahrung, in der Förderung religiöser Laienbildung, darin, das Verhältnis von Klerus und Laien religiös zu relativieren und die Spiritualität auf Christus zu zentrieren. Die selbstverständliche und nüchterne Kirchlichkeit der Devoten und ihre Distanz gegenüber amtshierarchisch-klerikalen Attitüden und äußerlich-ritualistischen Frömmigkeitspraktiken dürften Haltungen befördert haben, die in der Reformation nachwirkten.

Auch in der literarischen Tradition der Sterbekunst (*Ars moriendi*) wird ein Frömmigkeitsmuster greifbar, das der individuellen Seel- und

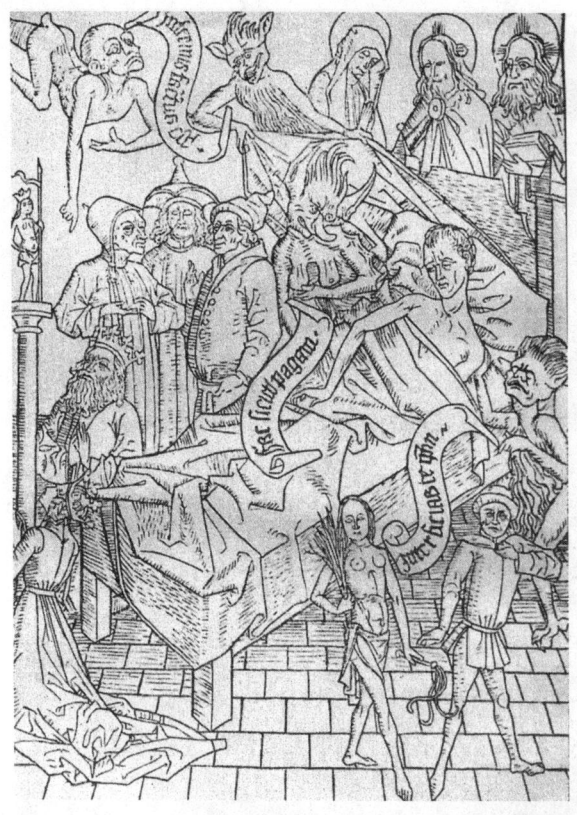

Heilssorge gewidmet ist. Das Ziel dieser häufig mit reichen Illustrationen versehenen Erbauungsschriften, die zu meditativer Versenkung angesichts des bevorstehenden Todes dienen sollten, bestand darin, einem einzelnen Christen bei der Vorbereitung auf sein Sterben zu helfen. Neben dem sakramentalen Hilfsangebot der Kirche (Abendmahl, Letzte Ölung) wurde vor allem der Passionsmeditation eine besondere Bedeutung beigemessen. Im Leiden Christi sollten der Trost in seiner Auferstehung sowie der Sieg über den Teufel in seinem Kreuz glaubend erfasst und angeeignet werden. Diese Art Literatur kommt in vieler Hinsicht Frömmigkeitsmustern nahe, die dann in die Reformation einmündeten oder durch sie befördert wurden. Von der pluralen Frömmigkeitskultur um 1500 führen manche Brücken auch in die Konfessionskulturen des späteren 16. und des 17. Jahrhunderts.

Epitaph für Anna und Nikolaus Paumgarter mit gemaltem Rosenkranz in der Nürnberger Lorenzkirche. Ähnlich wie Rosenkranzdarstellungen in der Druckgrafik bildet das Epitaph unterhalb eines Gnadenstuhls die himmlische Hierarchie der Propheten und Apostel, Heiligen und Märtyrer ab. Das Rosenkranzgebet umfasste fünf mal zehn ‹Ave Maria›, denen ein ‹Vaterunser› voranging. Die auf Schnur gezogenen Perlen der Rosenkranzkette dienten dem Abzählen. Die Sterbejahre 1502 und 1498 zeigen, dass das Epitaph um 1500 entstanden sein muss.

Der Ablass

Das in vieler Hinsicht charakteristischste und verbreitetste Element spätmittelalterlicher Frömmigkeit war der Ablass. Als Grundlage dafür, dass der Papst fähig und berechtigt war, die im postmortalen Fegefeuer (*purgatorium*) abzubüßenden Sündenstrafen zu vergeben, galt die Lehre vom «Schatz der Kirche» (*thesaurus ecclesiae*): Als Inhaber der petrinischen Schlüsselgewalt sei es dem Papst möglich, über diesen Schatz zu verfügen und die darin enthaltenen Gnaden durch die Plenarablässe auszuteilen. Diese außerordentlichen päpstlichen Plenarablässe propagierten die vollständige Vergebung von Sünde und Schuld, meist aus Anlass von Jubiläen oder im Zuge spezieller Kampagnen, etwa zur Vorbereitung von Kreuzzügen gegen die Türken oder die Russen, bisweilen auch gegen innerkatholische Gegner oder zur Unterstützung kirchlicher Baumaßnahmen. Aber auch unspektakuläre kleine Ablässe waren in jeder Kirche nahezu immer zu haben, sie erließen zeitliche Einheiten von vierzig Tagen verschärfter Bußzeit und konnten seit dem IV. Laterankonzil von 1215 von den Prälaten der Kirche gespendet werden. Hier wirkte noch das aus der Urzeit des Bußinstituts tradierte tarifliche Verrechnungswesen nach, mit dessen Hilfe bestimmte Sünden mit genau festgelegten Strafzeiten verschärfter Buße kompensiert wurden. Der Ort, an dem die Bußleistungen auferlegt wurden, war die Beichte; mindestens einmal im Jahr hatte sie jeder religionsmündige Christ abzulegen. Durch eine Addition unterschiedlicher Ablässe, die etwa bei den großen Heiltumsschauen viele Millionen Jahre umfassen konnten, erhielt der einzelne Gläubige die Möglichkeit, die noch offenen Fristen verschärfter Buße zu kompensieren und so das Konto der Sündenstrafen auszugleichen. In dieser Form setzte der Ablass das Beicht- und Bußinstitut voraus und milderte seine Härten.

Die Plenarablässe dagegen waren ein exklusives Recht der Päpste und gewährten die vollständige Vergebung der Sündenstrafen (*plena remissio peccatorum*). Zu den Eigentümlichkeiten der Ablasspraxis des späten Mittelalters gehörte es, dass bisweilen nicht nur die auferlegten Bußstrafen (*poena*) vollständig erlassen, sondern auch die vollständige Vergebung der Sündenschuld (*culpa*) propagiert wurde. In dieser Form aber unterlief und gefährdete der Ablass das Bußinstitut, dessen Aufgabe eben darin bestand, im Anschluss an die Ohrenbeichte (*confessio oris*) von der Schuld freizusprechen (*absolutio*) und kompensatorische Bußleistungen (*satisfactio operis*) aufzuerlegen. Dem Ablass war ursprünglich nur die Funktion zugekommen, die Bußleistungen zu erlassen; durch die Anmutung einer Vergebung von «Sünde und Strafe» aber drohten die Plenarablässe zu einer Art päpstlichem Sondersakrament zu werden, das die Struktur der Sakramentskirche im Ganzen erschütterte. Da eine verbindliche lehramtliche Entscheidung über die Leistungen und Grenzen des Ablasses nicht existierte, ist von einer erheblichen Eigendynamik der Praxis auszugehen.

Neben der Inflationierung der Plenarablässe im 14. und 15. Jahrhundert hat eine weitere Neuerung Ablassgeschichte gemacht: die sogenannten *Ad-instar*-Ablässe. Sie übertrugen die Heilsgnaden, die an bestimmten heiligen Stätten gewährt wurden, etwa in Rom oder an der Portiuncula-Kapelle in Assisi, auf andere Orte. So kam das Heil Assisis vermittels päpstlicher Privilegierung an einem bestimmten Festtag auch an die Wittenberger Schlosskirche.

In spezifisch ausgestalteten Kampagnen, die der französische Kardinal Raimund Peraudi seit den späten 1470er Jahren entwickelt und vor allem nördlich der Alpen, in Deutschland, der Schweiz und Skandinavien, auf den Weg gebracht hatte, wurde das Heil, das in einem Jubeljahr zu erwerben war, in jede beliebige Ortschaft des Okzidents transferiert. In ihrer perfektionierteren Gestalt, die im frühen 16. Jahrhundert üblich wurde, boten die Ablassbriefe nicht nur die volle Sündenvergebung hier und jetzt, sondern sie sicherten, jenseits des Pfarrzwangs, eine solche auch in Todesgefahr oder gar sooft man ihrer bedurfte. Dass bei leichtfertiger Handhabung der Ablassbrief zu einem Instrument werden konnte, das Buße, Reue und sittliche Besserung geradezu überflüssig machte, liegt auf der Hand.

Der Erwerb eines Ablassbriefes war in der Regel mit finanziellen Leistungen verbunden, die dem sozialen Stand des Empfängers entsprachen. Die Erträge der Kampagnen flossen keineswegs uneinge-

schränkt, oft nicht einmal überwiegend nach Rom. Den Anteil der Ablasserträge am päpstlichen Gesamthaushalt sollte man also nicht überschätzen. Zumeist verdienten verschiedene weltliche Obrigkeiten mit, ja finanzierten militärische Operationen aus den Erträgen insbesondere der Kreuzzugsablässe. Eine der wichtigsten Neuerungen des Ablasswesens bestand in den Ablässen für Verstorbene. Auf diese Weise wurde es möglich, seine Lieben mit unmittelbarer Wirkung aus dem Fegefeuer zu befreien. Die später dem marktschreierischen Ablassprediger Johannes Tetzel zugeschriebene Formel: «Wenn das Geld im Kasten klingt, die Seele in den Himmel springt» entsprach einer verbreiteten ablasstheologischen Praxis.

Ablassbrief für den Besuch des heiligen Rocks; die abgedruckte Bulle Leos X. (1515) birgt für die Authentizität des ungenähten Rocks Christi in Trier. Der Besuch der immer wieder ausgestellten Reliquie war mit reichen Ablassgnaden verbunden. Die beiden kleinen Holzschnitte zeigen die Präsentation des heiligen Rockes und das Wappen des Medici-Papstes.

Die inflationäre Propagierung der Plenarablässe seit dem 15. Jahrhundert scheint nach und nach zu Umsatzeinbußen geführt zu haben; jedenfalls werden die nachweisbaren Erträge – vor allem in Deutschland – geringer, je näher man dem Jahr 1517, dem Beginn von Luthers öffentlicher Ablasskritik, kommt. Wie breit die Akzeptanz des Ablasses unter den zeitgenössischen Theologen und Kirchenleuten tatsächlich war, lässt sich nicht sicher feststellen. Die Praxis der Päpste, die Plenarablässe ihrer Vorgänger aufzuheben, um den Absatz ihrer eigenen zu befördern, überhaupt die Fiskalisierung des Heils, dürfte manchem Zeitgenossen anstößig gewesen sein. Wenn man ein schwelendes Unbehagen gegenüber den Auswüchsen des Ablasswesens voraussetzt, fällt es leichter, die große Resonanz, auf die Luthers Kritik stieß, zu verstehen.

6. KULTURELLE AUFBRÜCHE

Die Revolution des Buchdrucks

En passant ist bereits immer wieder der *Buchdruck* mit beweglichen Lettern erwähnt worden. Diese epochale Erfindung, die mit dem Wirken des Mainzers Johannes Gensfleisch, genannt Gutenberg, in Verbindung gebracht wird, hat kulturelle Wirkungen gezeitigt, ohne die die Reformation, aber auch die Entwicklung einer europäischen Neuzeit unvorstellbar gewesen wären. In langwierigen Versuchsgängen war es Gutenberg gelungen, ein Verfahren zu entwickeln, das bereits vorhandene technische Praktiken kombinierte: den Hochdruck mit Stempeln, der zum Bedrucken von Tuchen und Bucheinbänden genutzt wurde; die Gusstechnik, die aus dem Glockenbau geläufig war; die Gravurverfahren des Goldschmiedehandwerks; die Pressen, die im Weinbau und bei den seit dem späten 14. Jahrhundert in Deutschland aufkommenden Papiermühlen für eine gleichmäßige Kraftübertragung verwendet wurden. Der Kern von Gutenbergs wegweisender Erfindung bestand darin, Texte in ihre kleinsten Einheiten, die 26 Buchstaben des lateinischen Alphabets, zu zerlegen und mittels beliebiger Kombinationen aus einem immer wieder verwendbaren Typensatz neue Wörter und Texte zu erzeugen. Die Wahl eines beständigen Materials, vornehmlich Blei, sicherte den gegossenen Typen eine langfristige Nutzbarkeit.

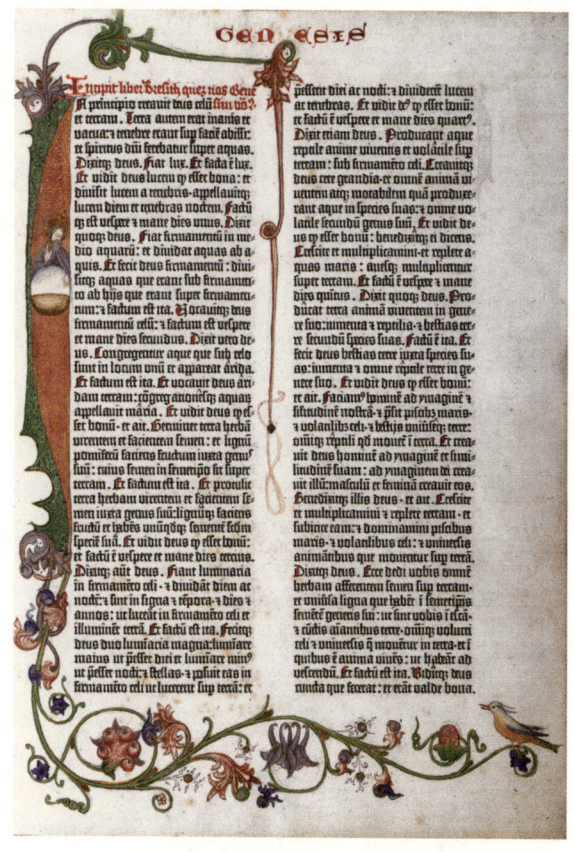

*Der 42-zeilige Druck
der Vulgata, den
Johannes Gutenberg
um 1454 in Mainz
vollbrachte, wird auch
«B42» genannt. Die
Abbildung zeigt den
Beginn des Buches
Genesis. Die aus
Musterbüchern gestalte-
te Illumination erfolgte
auf Bestellung des
Buchbesitzers und
orientierte sich an der
Technik und Ästhetik
von Prunkhandschriften.*

Gutenbergs Leitidee war es, aufwendige Buchmanuskripte form-
schön, korrekt, gut lesbar und in höherer Stückzahl zu reproduzieren.
Hinsichtlich der Ausstattung der Bücher orientierte er sich weitgehend an der Ästhetik handgeschriebener Codices und den Erfahrungen ihrer Herstellung; das kostbarere, auch widerstandsfähigere Pergament spielte neben dem Papier als Bedruckstoff weiterhin eine
Rolle. Nach dem eigentlichen Druckprozess gingen Illuminatoren, Il-
lustratoren und Kalligraphen zu Werke, die den Buchschmuck be-
sorgten und individuelle Käufervorlieben bedienten. Die Potentiale
des Buchdrucks mit beweglichen Lettern und seine weit über Gutenbergs Perspektiven hinausgehenden gesellschaftlichen Folgewirkungen zeichneten sich erst im Laufe der folgenden Jahrzehnte ab.

Die Anfänge von Gutenbergs Buchproduktion fallen in die frühen 1450er Jahre; um 1500 gab es bereits in über 150 Städten ganz Europas mehr als tausend Druckereien. Um die Jahrhundertwende hatten diese etwa dreißigtausend unterschiedliche Titel in rund neun Millionen Einzeldrucken produziert; wahrscheinlich wurden in den fünf Jahrzehnten der Gutenberg-Ära mehr Bücher hergestellt als in dem gesamten vorangegangenen Jahrtausend des lateinischen Mittelalters in allen Klosterskriptorien zusammen. Die rasche Verbreitungsdynamik der neuen Reproduktionstechnologie, die noch zu Gutenbergs Lebzeiten in deutschen und italienischen Offizinen, in Bamberg, Straßburg, Köln, Subiaco westlich von Rom und in Venedig eingesetzt hatte, wurde von denjenigen Zeitgenossen, deren Lebensinhalt das Buch war, euphorisch begrüßt. Auch seitens kirchlicher und staatlicher Instanzen und der Angehörigen der zeitgenössischen Bildungseinrichtungen, insbesondere der Lateinschulen und Universitäten, wurde die neue Technologie zügig genutzt.

Den wichtigsten Impuls bildete zunächst der Wunsch, ehrwürdige und heilige Texte zugänglich zu machen und zu verbreiten, insbesondere die lateinische Bibel – das erste gedruckte Buch überhaupt. Hinzu kamen Ausgaben von Klassikern wie der *Institutiones* Justinians, des *Corpus iuris civilis* – der bis 1500 in rund zweihundert Drucken verbreiteten wichtigsten Quelle des antiken römischen Rechts –, der Werke Platons und Aristoteles' oder der großen theologischen Lehrsummen. Auch Kleindrucke waren eine wichtige Erwerbsquelle. Zudem federten sie die wirtschaftlichen Risiken der typographischen Großprojekte ab. Zu diesen Akzidenz- und Brotdrucken zählten schon bei Gutenberg Kalender, lateinische Schulgrammatiken, Flugschriften gegen die Türken, die seit der Eroberung Konstantinopels 1453 bedrohlich nahe gerückt waren, Einblattdrucke zu aktuellen Themen aller Art und – allen voran – Ablassbriefe. Im Kontext einer Ablasskampagne für einen Türkenkreuzzug sollen 190 000 Ablassbriefe, zum Teil auf kostbarem Pergament, gedruckt worden sein.

Der Ausbau der typographischen Infrastruktur infolge des boomenden Ablasshandels im späteren 15. Jahrhundert, der geographisch weit auseinanderliegende Räume in Europa vernetzte, war eine wichtige Voraussetzung für die Kommunikationsdynamik der frühen Reformation. Die spezifische Konstellation aus osmanischer Bedrohung, florierendem Ablasswesen und der Erfindung des Buchdrucks bildete die Ausgangslage für den europäischen Weg in die Moderne. Möglicherweise besteht ein Zusammenhang zwischen den Umsatzeinbußen der Ablasskampagnen und einer gewissen Baisse im Druckgewerbe um 1500; dieser Umstand dürfte es begünstigt haben, dass die Drucker bereit, ja begierig waren, sich mit der Reformation neuen Aufgaben und Absatzmöglichkeiten zuzuwenden.

Die langfristigen Wirkungen des Buchdrucks sind kaum übersehbar. Im Unterschied zum Manuskriptzeitalter, in dem eine unbekannte Menge an Schriften aus der Antike und dem Mittelalter verloren gegangen ist, hat der Buchdruck ein gigantisches menschheitsgeschichtlich bedeutsames Erbe zu bewahren und zu verbreiten vermocht. Durch ihn wurden und blieben geistige Traditionen präsent, die sich keineswegs spannungsfrei zum lateinischen Christentum unter der Führung der römischen Päpste verhielten. Alles was seither gedruckt wurde, blieb irgendwie «in der Welt». Die Vielfalt geistiger Traditionen, die produktive Auseinandersetzungen beförderte und notwendig machte, ist eine Folge davon, dass durch den Buchdruck Wissen in die Welt gelangte, das nicht dauerhaft und vollständig begrenzt werden konnte; die Geschichte der vormodernen Zensur ist aufs Ganze gesehen eine Geschichte des Scheiterns.

Die Mobilität der Humanisten

Eine Gruppe von Akteuren, die auch die Buchproduktion entscheidend beeinflusste, waren die sogenannten *Humanisten*. Seit dem 14. Jahrhundert hatte sich in Italien eine Bewegung formiert, die sich rasch in Europa ausbreitete und dazu beitrug, dass Orientierungen an antiken Leitbildern und Idealen an Bedeutung gewannen. Insofern leisteten die Humanisten auch einen maßgeblichen Beitrag zur kulturellen Integration Europas: in bildender Kunst und Literatur, in der gründlich aufgewerteten Rhetorik und in den alten Sprachen.

Der Ausgangspunkt des Humanismus und der «Wiedergeburt der

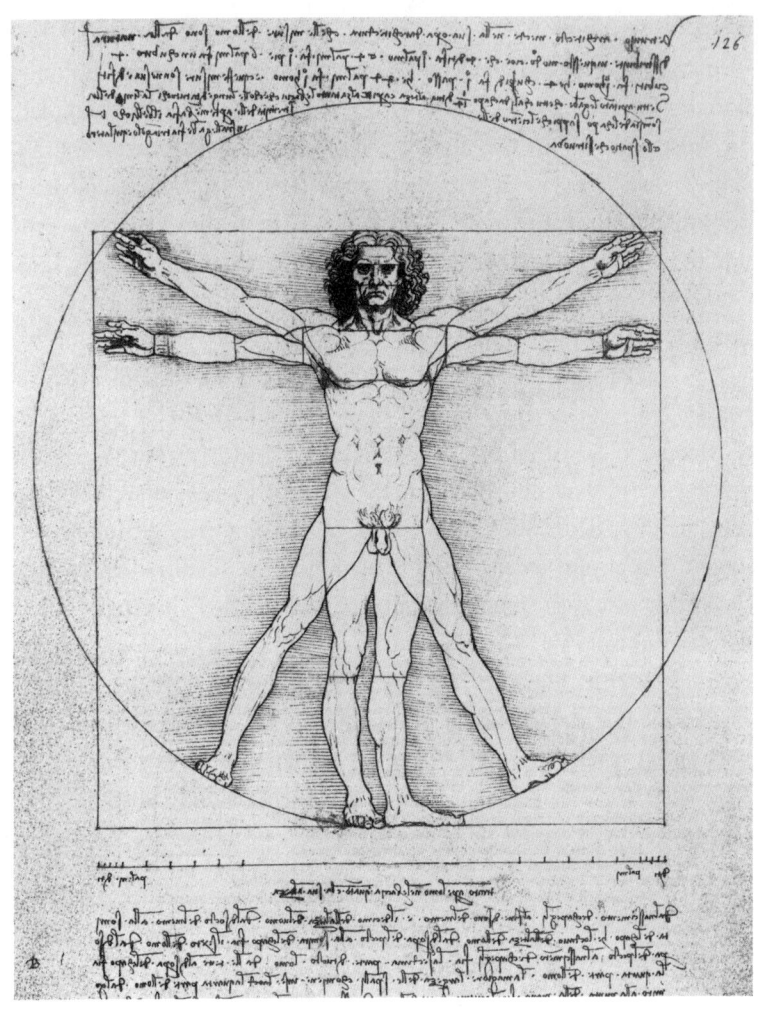

Leonardo da Vincis berühmte Porträtstudie nach Vitruv entstand um 1492.
Die Federzeichnung mit Notizen aus einem der Tagebücher Leonardos
zeigt den mit ausgestreckten Gliedmaßen aufrecht stehenden Menschen. An
den Fingerspitzen berührt er ein Quadrat, an den Füßen einen Kreis. Die
Zeichnung illustriert die von Vitruv, einem antiken Architekten, aufgestellte
These, der menschliche Körper füge sich in die geometrischen Formen
von Kreis und Quadrat ein. Der Mittelpunkt des Menschen im Kreis ist
der Nabel, der des Menschen im Quadrat der Schritt. Auch die einzelnen
Körperteile entsprechen regelhafter Proportionalität, die als Ausdruck von
Vollkommenheit galt.

Raffaels Gemälde ‹Transfiguration› gilt als sein letztes Werk. Er soll bis zu seinem Tod im April 1520 daran gearbeitet haben. Es verbindet zwei biblische Szenen: die Verklärung Jesu auf dem Berge Tabor (Matthäus 17,1–9 par.) und die Heilung eines besessenen Jünglings (Matthäus 17,14–21 par.). Das Bild war eine Auftragsarbeit Giulio de' Medicis, des Neffen Leos X. und späteren Papstes Clemens VII. Raffaels Leichnam soll vor seiner Beisetzung im Pantheon unter dem Gemälde aufgebahrt worden sein.

Antike», der *Renaissance*, war Italien. Seit dem 14. Jahrhundert traten hier verstärkt Literaten und Künstler auf, die antike Kunstwerke zum schillernden Vorbild der eigenen Bemühungen erkoren, die die literarische Qualität Ciceros, Vergils, Ovids, auch Augustins als Herausforderung und Ansporn empfanden, eine neuartige Sensibilität für die gestaltete Form entwickelten und sich selbst, den empfindenden Menschen, ja das Humanum an sich ins Zentrum des Interesses rückten. An den Universitäten gelang es den Artisten, den Vertretern der sieben freien Künste, nach und nach, der traditionellen Dominanz der höheren Fakultäten Theologie, Jurisprudenz und Medizin Paroli zu bieten und die *studia humaniora* aufzuwerten, also jene Fächer, in denen es in besonderem Maße um das Menschsein des Menschen ging. Der Aufstieg des Städtewesens und die prosperierende Ökonomie schufen die sozialen und finanziellen Voraussetzungen für einen kulturellen Aufschwung ohnegleichen. Auch die religiöse Kunst, die gleichermaßen von geistlichen wie von weltlichen Mäzenen gefördert wurde, erklomm eine nicht wieder erreichte Höhe.

Mit dem Renaissancehumanismus ging eine Neugier auf das Fremde und Alte einher, die auch in den zeitgenössischen Erfindungen und Entdeckungen lebendig war. Die Ausbildung des heliozentrischen Weltbildes durch den polnischen Astronomen und Kleriker Nikolaus Kopernikus, dessen revolutionäre Folgewirkungen erst sehr allmählich erkennbar werden sollten, verdankten sich dem Studium der antiken Autoritäten sowie der empirischen Beobachtung und der eigenen Erfahrung. In der bildenden Kunst trat der Mensch in seiner natürlichen Geschöpflichkeit ins Zentrum; auch die Heiligen und die biblischen Gestalten wurden «verdiesseitigt». Die historisch-philologischen Interessen der Humanisten kamen vielen klassischen Autoren zugute und fachten eine leidenschaftliche Suche nach immer neuen, unbekannten Texten an. Durch den Buchdruck wurden viele der Textfunde, die die Humanisten vor allem in den Klosterbibliotheken Europas machten, weit verbreitet.

Manche fremden Texte und Denkweisen, die so in Umlauf kamen, waren dem Christentum gegenüber kritisch. Auch wenn sich viele Humanisten dem christlichen Glauben selbstverständlich verbunden fühlten, muss man die längerfristige Folgewirkung der Bewegung doch im Sinne einer religionskulturellen Diversifizierung und Pluralisierung sehen. Denn nun wurde es möglich, durch gedruckte Texte Zugang zu philosophischen Traditionen zu erhalten, die mit dem Christentum schwerlich vereinbar waren oder als attraktive Alternativen empfunden werden konnten. Hermetische, kabbalistische, kynische, pythagoreische, atomistische und andere philosophische Traditionen der Antike wurden nun erstmals gedruckt; neu entdeckte Texte lange bekannter und kanonischer Autoren wie Platon und Aristoteles, die man nach und nach auch in ihrer griechischen Muttersprache zu studieren begann, regten das Denken und wohl auch manche Zweifel an christlichen Wahrheitsansprüchen an. Antike Tugendvorbilder und paganes Heroentum drangen tief in das zeitgenössische Ethos ein. Sokrates neben Christus, Cicero neben Paulus, Vergil neben Augustin zu verehren, war für viele Humanisten selbstverständlich; darüber nachzudenken, ob und wie auch die edlen Heiden jenseits des kirchlich-christlichen Heilsweges selig werden konnten, galt unter humanistisch gebildeten Theologen als Ehrenpflicht. Bei den italienischen Humanisten finden sich einige Freigeister und Agnostiker, die dem Christentum und seinen kirchlichen Repräsentanten mit innerer Distanz oder gar feindlich gegenüberstanden, unabhängig davon, ob sie in Diensten der Kirche standen oder nicht.

Die humanistische Parole *ad fontes!* – «zu den Quellen!» – wertete nicht nur die originalsprachlichen antiken Überlieferungen auf und sorgte für einen immensen Boom der altsprachlichen Kenntnisse, sondern eröffnete auch erste historisch-kritische Relativierungen autoritativer und kanonischer Ansprüche. Neuentdeckte Quellen wie die *Germania* des Tacitus wurden zur Inspirationsquelle für ein unter den Humanisten aufblühendes Nationalgefühl; in den edlen Germanen fanden die deutschen Humanisten positive Leitbilder gegen die Oberflächlichkeit und Verschlagenheit der «Welschen», der Italiener und Franzosen. Auch die volkssprachliche Literatur nahm in verschiedenen europäischen Ländern unter dem Einfluss des Humanismus einen Aufschwung.

Die Humanisten nördlich der Alpen unternahmen besondere Be-

mühungen, das Christentum durch die Antike neu zu beleben. Der wichtigste Repräsentant dieses «biblischen» oder Kirchenväter-Humanismus war der in den Niederlanden geborene Theologe *Erasmus von Rotterdam*, der sich selbst gern als stiller Gelehrter in der Bildtradition des Hieronymus im Gehäuse inszenierte. Wie kein zweiter bemühte er sich um eine Reform des Christentums aus dem Geiste seiner älteren Quellen. Als Editor zahlreicher griechischer und lateinischer Kirchenväter – Hieronymus (1516), Cyprian (1520), Arnobius (1522), Hilarius (1523), Chrysostomus (1525–1533), Irenäus (1526), Ambrosius (1527) und Augustinus (1528/29) –, deren Erstausgaben der führende Basler Drucker Johannes Froben besorg-

Hans Holbein d. J. zeigt auf seinem Gemälde ‹Erasmus von Rotterdam› von 1523 den Humanisten bei der Auslegung des Markus-Evangeliums im Rahmen seiner ‹Paraphrasen›, seines exegetischen Hauptwerks. Das Bildnis ist in Erasmus' Basler Zeit entstanden; es dürfte von uneingeschränkter Bewunderung für den großen Gelehrten geprägt und auch im Sinne des Erasmus gewesen sein.

te, wirkte Erasmus auf die Theologie seiner Zeit tiefgreifend ein. Auch als christlicher Erbauungsschriftsteller, der ein frommes Lebensmodell der sittlichen Nachfolge propagierte und äußerlichen religiösen Praktiken wie Wallfahrten, Heiligenverehrungen oder dem Ablass mit tiefer Skepsis begegnete, prägte Erasmus die Generation der Reformatoren. Indem er 1516 erstmals das Neue Testament im griechischen Urtext und mit einer eigenen lateinischen Übersetzung publizierte und massiv für die Verbreitung der Bibel in volkssprachlichen Übersetzungen eintrat, trug er wesentlich dazu bei, dass die als verbindlich geltende lateinische Version, die *Vulgata*, in ihrer Bedeutung relativiert und eine neuartige, unverstellte Begegnung mit der Heiligen Schrift in ihrer Urgestalt möglich wurde. Die Folgen gingen weit über das hinaus, was Erasmus beabsichtigt hatte. Seine spätere Distanzierung von der reformatorischen Bewegung richtete sich auch gegen Entwicklungen, denen er selbst zum Durchbruch verholfen hatte.

Die Humanisten bildeten eine agile, neugierige, mitteilungsbereite Kommunikationsgemeinschaft. Überall dort, wo sie Fuß fassten, an Fürstenhöfen, in städtischen Administrationen, an Druckorten und Universitäten, kreuz und quer durch Europa, arbeiteten sie daran, den geistigen Austausch zu fördern. Sie waren die intellektuell mobilsten Zeitgenossen; gelehrte Nachrichten wurden von ihnen rasch rezipiert und weitergegeben. Dadurch, dass sie mit ihresgleichen in der Regel auf Latein korrespondierten, kannten sie keine Sprachbarrieren. Sie waren auch die ersten, die sich über die Vorgänge um den Wittenberger Augustinermönch Martin Luther informierten und seine Schriften verbreiteten.

III.

DIE FRÜHE REFORMATION IM REICH BIS 1530

1. DREIZEHN STÜRMISCHE JAHRE

Der Ausbruch des Ablassstreites im Herbst 1517 bildete den Beginn jener spezifischen Ereignisfolge, die zu Luthers römischem Prozess, seiner Exkommunikation, der europäischen Rezeption seiner und seiner frühen Parteigänger Schriften, zur Formierung einer reformatorischen Bewegung, der politischen Unterstützung seitens diverser weltlicher Obrigkeiten und der punktuellen regionalen, territorialen oder lokalen Umgestaltung des bestehenden lateineuropäischen Kirchenwesens führte – kurz: zur Reformation. Dass sich der Erfolg dieser Veränderungen spezifischen Bedingungen, Voraussetzungen und Konstellationen verdankte, bedeutet nicht, dass die Reformation aus ihrer Vorgeschichte ableitbar wäre oder sich notwendig aus ihr ergeben hätte. Doch ihr Anlass war nicht zufällig. Im Ablass verquickten und überlagerten sich widersprüchliche theologische Grundfragen und Probleme mit religiösen Vollzügen, publizistischen Aspekten, sozio-ökonomischen und politischen Belangen; daher folgte es einer in der zeitgenössischen Gesellschaft liegenden Logik, dass es dieser und kein anderer Sachverhalt des kirchlichen Lebens war, an dem eine Konfliktdynamik aufbrach, die es in der voraufgegangenen Kirchen- und Christentumsgeschichte so noch nie gegeben hatte.

Der Augsburger Reichstag von 1530 und das dort proklamierte evangelische Bekenntnis, die *Confessio Augustana*, bildeten eine wichtige Zäsur in der Reformationsgeschichte. Denn hier wurde auf der höchsten politischen Bühne des Alten Reiches unübersehbar deutlich, dass die Einheit der lateineuropäischen Kirche – in der historischen Retrospektive darf man urteilen: definitiv – zerbrochen war. Spätestens seit dem Augsburger Reichstag war die Religionsfrage zugleich eine dominant politische Angelegenheit geworden. Auch wenn es die Theologen waren, die das Bekenntnis formulierten – seine Überreichung, Unterzeichnung und öffentliche Verantwortung war eine Sache der Politik, also jener Territorialfürsten und Städte, die sie proklamierten. Mit der *Confessio Augustana* war zugleich eine Formulierung «evangelischer» Lehre in der Welt, die künftig das entscheidende doktrinale Kriterium dafür abgeben sollte, wie die zunächst zeitweilig, ab 1555 dann dauerhaft im Reich geduldete theologische Position der Anhänger der Reformation definiert war. Daneben war die *Confessio Augustana* auch im internationalen europäischen Horizont ein höchst wirkungsreiches Dokument: Mit ihr und durch sie war die Reformation politisch unwiderruflich geworden.

In dem Jahrzehnt zwischen Luthers Bruch mit dem Papsttum (1520) und dem Augsburger Reichstag vollzogen sich die maßgeblichen internen Differenzierungsprozesse innerhalb des sich formierenden reformatorischen Lagers. Dies betraf zum einen die Frage, wer eigentlich zum Handeln im Sinne kirchlicher Veränderung autorisiert war: die Gemeinde eines jeweiligen Ortes oder einer Parochie, einzelne Gruppen innerhalb derselben oder die politischen Obrigkeiten, also die städtischen Magistrate, der Adel, die territorialen Herrschaftsträger? Im Verlauf dieser Dekade verschoben sich die Gewichte immer deutlicher zugunsten eines obrigkeitsgeleiteten Reformationsprozesses. Der Bauernkrieg (1524/25), der weite Teile Ober- und Mitteldeutschlands tiefgreifend berührte, hat diese Tendenzen indirekt, aber entscheidend dynamisiert. Diejenigen Personen und Gruppen, die nicht bereit waren, sich der Entwicklung zugunsten einer obrigkeitlichen, also «magistralen» Reformation anzupassen oder zu beugen, wurden an den Rand gedrängt – obgleich sie häufig an Auffassungen festhielten oder diesen doch nahekamen, die in den frühen 1520er Jahren selbst von Luther vertreten worden waren. In der Forschung werden sie zumeist der vielfältigen «radikalen Reformation» zugeordnet oder auf dem «linken Flügel» des reformatorischen Spektrums verortet.

Die Entscheidung zugunsten der obrigkeitlichen Reformationen implizierte zugleich, dass die dominierende Organisationsgestalt des Christlichen die «Kirche der Vielen» blieb, die alle Angehörigen eines Gemeinwesens – außer den Juden – umfasste. Man gehörte dieser selbstverständlich und alternativlos seit seiner Geburt aufgrund der Taufe an; religiöse Wahlmöglichkeiten für die einfachen Gläubigen entstanden im Kontext der magistralen Reformationen auf Dauer nicht. In der Zeit des Augsburger Reichstages waren die Entscheidungen in dieser Richtung weitgehend vollzogen.

Ein zweiter Differenzierungsprozess, der mit dem zuerst genannten auf vielfältige Weise verbunden ist, betrifft die theologische Lehre. In Bezug auf das Verständnis des Abendmahls kam es unter denen, die eine obrigkeitliche Reformation favorisierten, zu einem nicht vermittelbaren Gegensatz. Im Kern ging es dabei um die Frage, in welchem Verhältnis die Elemente des Abendmahls – Brot und Wein – zu Leib und Blut Christi standen, mit denen sie kraft der sogenannten Einsetzungsworte des Abendmahls (Matthäus 26,26–28 par.) identifiziert wurden. Bei der Debatte um diese Frage spielten auch bibelhermeneutische Unterschiede eine wichtige Rolle, vor allem zwischen den stark vom Humanismus geprägten oberdeutschen und schweizerischen Reformatoren – angeführt von Huldrych Zwingli – einerseits und Martin Luther und seinen Parteigängern andererseits. Die Abendmahlsfrage war ein Kristallisationspunkt exegetischer, liturgischer, ekklesiologischer (das Verständnis der Kirche betreffender) und christologischer (das Werk und die Person Christi interpretierender) Aspekte. Zugleich klang in der Bedeutung, die die Kontroverse um das Abendmahl erhielt, die zentrale Rolle nach, die der Messe, der unblutigen Wiederholung des Selbstopfers Christi am Kreuz im und durch das Handeln des Priesters, in der vorreformatorischen kirchlichen Frömmigkeitspraxis zugekommen war. Da man unter den Kombattanten einig war, dass entgegen der römisch-katholischen Tradition «allein die Schrift» über die Wahrheit der Lehre

entscheiden dürfe, machte der Streit um die Schriftauslegung gleichsam die Grenzen des Schriftprinzips deutlich.

Nur vor diesem Hintergrund ist es zu erklären, dass der Abendmahlsstreit der frühen Reformation (1524–1529) eine Wucht entfalten konnte, die die Einheit der reformatorischen Bewegung dauerhaft
sprengte. Auf dem Augsburger Reichstag wurde unübersehbar, dass
der Bruch zwischen Zürich und Wittenberg, zwischen Zwingli und
Luther, oder – wie man später sagen sollte – zwischen «Reformierten»
und «Lutheranern» nicht zu überwinden war. Keiner der späteren
Differenzierungs- und Spaltungsprozesse innerhalb der aus der «magistralen» Reformation hervorgegangenen Christentumsformationen
der «Evangelischen» beziehungsweise des «Protestantismus» – so ein
seit dem 18. Jahrhundert als positive Selbstbeschreibungskategorie
verbreiteter Begriff – hat diese frühe Entzweiung erreicht oder gar
überboten. Erst durch die 1973 in Leuenberg beschlossene «Konkordie der reformatorischen Kirchen in Europa», der sich alle wichtige-
ren evangelischen Kirchen des Kontinents angeschlossen haben, wurden die tiefgreifenden Verwerfungen zwischen den beiden kirchlichen
Großgruppen des Protestantismus definitiv überwunden.

In der rasant kurzen Phase zwischen dem Einsetzen von Luthers
Ablasskritik und dem Augsburger Konfessionsreichstag ereignete sich
Grundstürzendes: die definitive Trennung von der Papstkirche; die
innerreformatorische Spaltung in zwei kirchlich-konfessionelle
Hauptlinien des reformatorischen Christentums; die Abtrennung des
kirchlichen vom «sektiererischen», auf dem Freiwilligkeitsprinzip basierenden «täuferischen» Gemeindechristentums; die verstärkte Veränderung des bestehenden Kirchenwesens im Sinne städtischer oder
landesherrlicher Kirchenregimente. Diese wenigen Jahre, in denen
nach Luthers Empfinden «beinahe ein neues Zeitalter entstanden
sei»,[1] als eigene Einheit darzustellen und entsprechend zu gewichten,
ist deshalb unverzichtbar.

2. MARTIN LUTHER – EIN PORTRÄT

Ohne die Person Martin Luthers kann eine Geschichte der Reformation nicht erzählt werden. Dies gilt nicht nur wegen des von ihm ausgelösten Ablassstreites, sondern auch in Hinblick auf eine Reihe wegweisender Entwicklungen danach, bei denen die Art und Weise, wie Luther die ihm möglichen Handlungsspielräume nutzte, die weitere Geschichte tiefgreifend prägte. Schon für den Ausgang des römischen Prozesses ist klar: Hätte Luther die Möglichkeit des Widerrufs genutzt, wäre es nicht zu seiner Verketzerung und der sich daraus ergebenden Spaltung der lateinischen Kirche gekommen. Es gilt auch für den Umgang mit dem innerreformatorischen Dissens: Hätte Luther einen Ausgleich mit seinem Wittenberger Kollegen Karlstadt und später mit Zwingli und den anderen gesucht oder akzeptiert, wäre es nicht zur konfessionellen Trennung des protestantischen Lagers und zur Abkoppelung der «Schwärmer», Täufer und Sektierer gekommen. Ohne Luthers Entscheidung, die Bibel ins Deutsche zu übersetzen, hätte die europäische Reformationsgeschichte eine andere Gestalt angenommen. Wäre Luther nicht gegen Ende seines Lebens der Duldung jüdischen Lebens in evangelischen Territorien entgegengetreten, hätte das Verhältnis zwischen Judentum und Reformation beziehungsweise Protestantismus möglicherweise auf Dauer einen anderen Verlauf genommen. Aufgrund der analogielosen Autorität, die Luther als Lebender und noch als Toter besaß, war er eine, ja *die* Schlüsselfigur der Reformation geworden.

Eine Reihe markanter Eigenschaften und Eigentümlichkeiten der Person Luthers begegnen in jeweils konkreten historischen Situationen, sollten also nicht im Sinne einer gleichsam überzeitlichen Psychologie missverstanden werden. Einem Versuch, Luthers Verhalten aus psychopathologischen Dispositionen heraus zu erklären, sind methodisch enge Grenzen gesetzt. Er war tief in die weltanschaulichen Mentalitäten seiner Zeit verstrickt, setzte die Existenz von Dämonen, Hexen, Zauberern voraus, hatte Angst vor dem Teufel und wurde von einem tiefen, selbstquälerischen Sündenbewusstsein begleitet; nicht zuletzt die biblische Bezeugung «bewies» ihm, dass paranormale Phänomene existierten. Im Verhältnis zum Wunderglauben seiner Zeit, dem blutschwitzende Hostien und magisch wirkende Objekte geläufig waren, konnte sein am biblischen Text orientiertes Glaubensverständnis einen kritischen Zug annehmen. Gott und seinem Wort mittelbare Tatwirkungen aller Art zuzutrauen, war für ihn selbstverständlich.

Sofern Luther zu bestimmten Gewissheiten und Überzeugungen gelangt war, trat er für diese mit allen ihm zu Gebote stehenden Mitteln ein und nahm deshalb auch alle ihn treffenden Konsequenzen in Kauf. Insofern repräsentiert er den klassischen Fall eines «Gewissenstäters». Sein wichtigstes Handlungsinstrument war die Sprache; er beherrschte ein selten breites Spektrum sensibler wie schroffer, einfühlsamer wie abstoßender Ausdrucksmöglichkeiten, vor allem im Deutschen, aber auch im Lateinischen. Er vermochte äußerst liebenswürdig zu werben, äußerst eindringlich zu trösten, insbesondere als Prediger und Briefschreiber – und er konnte äußerst hart attackieren und zurückweisen. Seine Polemik war häufig maßlos; wenn er jemanden oder etwas wirklich bekämpfte, agierte er mit heißem Hass. Im Verhältnis zur Papstkirche fehlte ihm jede distanzierende Nüchternheit; dies dürfte in der inbrünstigen Liebe wurzeln, mit der er sich ihr und ihrem Dienst einst als Mönch und Priester verschrieben hatte.

Wohl spätestens seit dem Bruch mit Rom im Sommer 1520 empfand sich Luther als ein von Gott berufener Ausleger der Heiligen Schrift, als «Prophet»; sein akademischer Lebensberuf, den er von 1512 bis zu seinem Tod am 18. Februar 1546 ausübte, war der Auslegung der Bibel gewidmet. Die Bibel erschloss ihm die Wirklichkeit; an ihr lernte er zu reden und zu schreiben; der Apostel Paulus diente ihm als Modell für sein eigenes Wirken, Deuten und Urteilen. Während der frühen Kontroversen ab 1517/18 begann Luther, sich allmählich «frei»zuschreiben; seine sprachliche Virtuosität wuchs beständig und erreichte in den frühen 1520er Jahren ihren qualitativen und quantitativen Höhepunkt. In seiner Publizistik ging er vielfach strategisch und effizient vor; er wusste genau, was er tun musste, um bestimmte Gegner bloß- oder kaltzustellen.

Luthers Wahrnehmungshorizont war entscheidend durch sein Verständnis des Christentums und die Bibel bestimmt. Was hier nicht vorkam oder in Spannung dazu stand oder zu stehen schien, interessierte ihn wenig oder konnte sogar seine ignorante Zurückweisung erfahren – ganz gleich, ob es sich um das heliozentrische Weltbild des Kopernikus, um die zeitgenössischen geographischen oder wissenschaftlichen Entdeckungen oder um unbekannte Waren und Luxusgüter aus fernen Ländern handelte. Sofern er Neuheiten aufnahm, bezog er sie auf das in ihnen für einen Christen Exemplarische und Lehrreiche. Konventionellem ständischem Denken blieb er verpflichtet, weil ihm diese Gliederung der Gesellschaft als gottgewollt galt. Gehorsam gegenüber der weltlichen Obrigkeit war Luther ein göttliches Gebot; Duckmäuserei aller Art war ihm gleichwohl fremd. In seinem eigenen Verhalten überschritt er gelegentlich Grenzen, die seinem Stand gesetzt waren: Der Mönch heiratete eine Nonne – Katharina von Bora; der Reformator kritisierte Obrigkeiten, wo sie seines Erachtens ihre Vollmachten überschritten; der Christ gewährte Verfolgten und Verurteilten Schutz; der Kirchenführer übernahm kirchliche Inaugurationshandlungen, auf nichts Anderes gestützt als auf seine Autorität und sein Doktorat.

Wo Luther hasste, konnte er selbst zum Verfolger, zum Ankläger, zum Denunzianten werden. Je älter er wurde, desto mehr fürchtete man in seiner Wittenberger Umgebung seinen Zorn und schirmte ihn vor unliebsamen Nachrichten ab, von denen man meinte, dass sie seinen Unwillen erregten. Er ließ sich von Petenten aller Art behelligen und trat für ihre Ansprüche gegenüber Oberen ein; er führte ein offenes Haus und ließ Menschen aller Stände zu sich vor.

Luther arbeitete viel; er schrieb, wann immer er konnte. Bestimmte literarische Aufgaben, etwa die Revision der Bibel, nahm er in engster Zusammenarbeit mit einigen seiner Wittenberger Kollegen sehr gewissenhaft wahr. Im freundschaftlichen Kontakt oder im persönlichen Rückblick konnte er auch eigene Grenzen und Schwächen eingestehen; seiner unangefochtenen Führungsrolle in der Wittenberger Reformatorengruppe tat dies keinen Abbruch. Gegenüber Gegnern allerdings trat er oft hochfahrend und mit erschütternder Selbstgewissheit auf.

Wohl mit Ausnahme einzelner Phasen der frühen Klosterzeit war Luther ein überwiegend geselliger Mensch; er suchte den Kontakt mit anderen, er lud zu sich ein. Für die Einsamkeit war er nicht geschaffen. Der Reformator wurde ein Familienmensch; sein Wohnhaus, das Augustinerkloster, nutzte er für vielfältige Begegnungen und Gastfreundschaft. Er kümmerte sich verantwortungsvoll um die Versorgung seiner alternden Eltern und erhielt auch den Kontakt zu seinen Geschwistern und ihren Familien lebenslang aufrecht. Seiner Ehefrau war er in Liebe zugetan und sorgte für ihre wirtschaftliche Unabhängigkeit als Witwe. Die Vaterrolle für seine sechs Kinder nahm er mit Inbrunst an. Im Umgang mit materiellem Besitz war Luther weitgehend unbekümmert; Eigentum zu mehren, war kein Handlungsantrieb für ihn; in dieser Hinsicht blieb er ein Mönch. Dass andere, etwa die Drucker, viel an ihm verdienten, nahm er billigend in Kauf, wobei er um eine gewisse Verteilungsgerechtigkeit unter den Wittenberger Offizinen bemüht war; der Verbreitung seiner Bibel ordnete er alle anderen publizistischen Interessen unter.

Im deutschen wie im europäischen Horizont wurde Luther in den frühen, gleichsam vorkonfessionellen 1520er Jahren am weitesten wahrgenommen; später konzentrierten sich seine Wirkungen vor allem auf die «lutherisch» werdenden Territorien und Staaten. Hier übertraf die Breite seiner literarischen Zeugnisse die aller anderen lutherischen Theologen: Er war Katechet und Kirchenlieddichter, Prediger und Postillenschreiber, Bibelübersetzer, literarischer Tröster und Polemiker. Insofern unterlag Luthers Wirkung schon zu seinen Lebzeiten erheblichen Konjunkturen. Die beispiellose Begeisterung, die er zwischen 1519 und dem beginnenden Bauernkrieg auslöste, bildete die Basis alles Weiteren. Die Faszination, die von der Person des wortgewaltigen Ketzers Luther ausging, bestand vor allem in dem, was er «tat», das heißt im Kern in seinem Sprachhandeln.

3. AUSSTEIGER:
DER JUNGE AUGUSTINERMÖNCH

Von seiner frühen Lebensgeschichte her deutet nichts darauf hin, dass Luther eine berühmte, ja welthistorische Bedeutung vorbestimmt war. Die seiner eigenen Einschätzung zufolge «am Rande der Zivilisation» (*in termino civilitatis*)[2] gelegene universitäre Neugründung Wittenberg schien ebenfalls kein Ort, dem besondere Aufmerksamkeit prädisponiert war; kein Wunder, dass Parteigänger Luthers eine Parallele von dieser marginalen Stätte der «Wiedergeburt des Evangeliums» zum randständigen Geburtsort des Gottessohnes, Bethlehem, zogen.[3]

Luthers spätere Wirkung in einem engeren Zusammenhang mit seinem früheren Lebensweg zu sehen, erscheint nicht ergiebig. Als Sohn des vom Häuer zum mittelständischen Montanunternehmer aufgestiegenen Mansfelder Bauernsohnes Hans Luder und seiner im städtischen Bürgertum Thüringens verwurzelten Ehefrau Margarethe, geb. Lindemann, war ihm die Karriere eines «Reformators» nicht an der Wiege gesungen. Sie war den sehr spezifischen historischen Konstellationen zum Ende der 1510er und zu Beginn der 1520er Jahre in Deutschland geschuldet; ob Luther wenig später oder früher ein vergleichbarer Erfolg beschieden gewesen wäre, wird man bezweifeln können.

Weltliche Karrierepläne

Alles deutet darauf hin, dass sich sein familiäres Umfeld innerhalb der Bahnen der traditionellen kirchlichen Frömmigkeit bewegte. Dass er seiner Mutter Anfang 1518 eine Staupitz-Schrift mit einer persönlichen Widmung schickte,[4] zeigt aber, dass sie lesen konnte, und wohl auch, dass sie für Frömmigkeitsliteratur empfänglich war. Aufgeschlossenheit gegenüber höherer Bildung, die wichtigste Voraussetzung für Luthers theologischen Werdegang, ist insbesondere in der mütterlichen Linie der Familie bezeugt. Martin, am 11. November 1483 auf den Namen des Tagesheiligen getauft, sollte sich vom Beginn des Ablassstreites an in dezent gräzisierender Form (nach griech.: eleut*h*eria = Freiheit) «Lut*h*er» nennen. Nach einer Primarschulzeit in Mansfeld besuchte Luther 1497 die Magdeburger Schule der Brüder vom gemeinsamen Leben. Kontakte aus Schülertagen, die vielleicht durch Besuche in Magdeburg in der Zeit seines Ordensamtes als Provinzvikar (1515–1518) belebt worden waren, sollten in den frühen 1520er Jahren der Reformation in der Elbmetropole den Weg ebnen.[5] Zwischen 1498 und 1501 besuchte Luther die Lateinschule St. Georgen in Eisenach. Aus dieser Zeit stammt die allerdings anachronistische Legende – noch heute durch eine Inschrift vor Ort tradiert –, der in Eisenach inhaftierte Franziskanermönch Johannes Hilten, der den Niedergang des Papsttums durch das Wirken eines 1516 auftretenden Mönchs prophezeit haben soll, habe auf Luther Einfluss genommen. Als Schüler ist Luther Hilten sicher nie persönlich begegnet und mit dessen Prophetien, die auch den Niedergang der Christenheit durch die Osmanen ankündigten, wurde er nachweislich erst 1529 bekannt.[6]

In seiner Eisenacher Schulzeit knüpfte Luther auch Kontakte zu dem Priester Johannes Braun; es sind dies die ersten Verbindungen zu einem Mann der Kirche, von denen wir wissen. Auch später noch korrespondierte er mit ihm und bewahrte ihm ein ehrendes Andenken. Im Chordienst von St. Georgen erwarb Luther auch grundlegende musikalische und liturgische Kenntnisse, mit denen er später so virtuos umzugehen wusste.

Dass Luther von Eisenach aus zum Studium nach Erfurt ging, war geographisch naheliegend und ließ einen stetigen Kontakt zum Elternhaus und dem weiteren familiären Umfeld zu. Das artistische Grundstudium, das Luther im Januar 1505 mit der Promotion zum Magister der freien Künste abschloss, stand noch ganz im Zeichen der Orientierung an den entscheidenden logischen, ethischen, politischen, ökonomischen, rhetorischen und naturphilosophischen Lehrwerken des Aristoteles. An der Universität Erfurt dominierte damals die «jüngere» philosophische Schulrichtung des Nominalismus (*via moderna*), im Unterschied zu der an der universalen Realität der Allgemeinbegriffe orientierten realistischen Lehrart (*via antiqua*). Luthers späteres Interesse am konkreten Einzelding beziehungsweise am spezifischen sprachlichen Phänomen könnte vom antispekulativen, empirisch orientierten Charakter dieser philosophischen Ausbildung in seiner Erfurter Studienzeit wesentlich beeinflusst gewesen sein.

Bereits in Erfurt ist Luther mit den humanistischen Tendenzen der Zeit in Kontakt getreten. Seine Bekanntschaft mit dem Literaten und späteren Rektor der Universität Erfurt (1520/21) Crotus Rubeanus, der zum humanistischen Kreis um den Dichter Mutianus Rufus gehörte und zu Ulrich von Hutten Kontakt hatte, datiert in die Studienzeit. Ein erst unlängst entdeckter Bucheintrag von Luthers Hand, möglicherweise das früheste authentische Dokument von ihm überhaupt, stammt aus einem Band mit einem Gedicht des von vielen Humanisten verehrten italienischen Poeten Baptista Mantuanus und zeugt davon, dass ihn schon damals die Frage nach dem Verständnis des Glaubens (*fides*) umtrieb.

Wie es scheint, hat sich Luther im Laufe seiner Studienzeit hinsichtlich seiner Leistungsfähigkeit und -bereitschaft positiv entwickelt: Schloss er das Bakkalaureatsexamen im Herbst 1502, nach drei Semestern, noch als 30. von 57 Kandidaten ab, so war er beim Magisterexamen im Januar 1505 der zweitbeste von 17. Die ansteigende Erfolgskurve des zügig vorankommenden, offenbar fleißigen Studenten rechtfertigte die in ihn gesetzten elterlichen Erwartungen und Investitionen und scheint weitere Aufstiegsphantasien angefacht zu haben. Im Sommersemester 1505 nahm Martin als nächsten Schritt gemäß einem wohl längerfristigen elterlichen Karriereplan das Jurastudium auf, dem er allerdings innerlich fremd gegenüberstand.

Während des laufenden Sommersemesters reiste der 21-jährige Magister, den sein Vater respektvoll mit «Ihr» anredete – nach dessen Konversion zum Mönch sollte er zum «Du» zurückkehren[7] – ins heimische Mansfeld. Die Gründe für diese nicht ganz gewöhnliche Heimfahrt sind nicht weiter bekannt; mag sein, dass des Vaters Versuch, ihn durch die Fessel einer «ehrlichen und reichen Heirat» (*vincire honesto et opulento coniugio*) von der «glühenden Hitze seiner Jugend» (*fervente ... adolescentia indutus*)[8] zu kurieren, zu der Heimreise geführt hatte. Möglich ist auch, dass die Absicht des Sohnes, Mönch zu werden, bereits Gegenstand einer Auseinandersetzung mit

Myftica facrorum diuinacp nomina ñattix
Clam docuit : falfa ne relligione parentes
Impliciti : velut intorto qui fplendet in aftris
Angue vir : opprimerent conceptã pectore lucem
Lacteus vt tenerum liquor inftillatus in ora
Corpus alit : fic innocuas infufa per aures
Sancta fides animum ;duplex alimonia totam
Auget.& extendit teneros equaliter artus·
Dii quibus ingeniu n folers auidumcp nocendi
Semper:& inuidie ftimulis agitantibus ardens:
Inprimis athlante fatus: venus atq3 cupido:
In gemuere:vident atrox fibi furgere bellum:
Inftare infidias : tempeftatemq3 moueri.
Tum venus o germane : Iouis fate fanguine magni:
Perfea qui armafti contra phorcynidos ora ?
Qui centnm vigilantem oculis interficis Argum:
Afpicis exiguo quãtum fub pectore nobis
Dedecus exurgat : regnis contraria noftris
Factio qua fenfim nos fraudũ in dagine claudit
Nonne tibi tantam hanc terris excludere peftem
Eft animus diuum interpres?Enitere toto
Ingenio quo tanta potes germane : precatur
Te foror : atq3 Iouis domus:& genus omne deorum
Sic venus:& contra Maiæ fic filius orfus·
Quod germana rogas magna illa potentia noftris

dem Vater gewesen war. Dies würde jedenfalls erklären, warum Luther in einem brieflichen Rückblick des Jahres 1521 betonte, dass er «gegen den Willen» (*invito*)[9] des Vaters Mönch geworden sei, und berichtete, dass elterliche Freunde diesem gegenüber dafür geworben hätten, dem «Opfer» des geliebten Sohnes zuzustimmen.

Es ist davon auszugehen, dass sich Martin Luther mit der Heilsfrage und der Möglichkeit eines Klostereintritts schon längere Zeit beschäftigt hatte, bevor er am 2. Juli 1505 bei Stotternheim aus nächster Nähe einen lebensgefährlichen Blitzeinschlag erlebte. Dann wird verständlicher, warum er auf das furchteinflößende Naturereignis so fundamental mit der monastischen Konversion reagierte. Es wird auch plausibel, dass sein Vater bestritt, dass diese Konsequenz zwingend sei; sein Sohn habe es nicht mit dem drohenden und fordernden Gott, sondern mit einem «gespenst»,[10] einem «Trugbild» (*praestigium*) oder einer Illusion (*illusio*)[11] zu tun gehabt. Wahrscheinlich nutzte Martin also das ihn zweifellos aufwühlende Erlebnis der Naturgewalten, um seine Entscheidung für den Eintritt in das Kloster der Augustinereremiten in seiner Universitätsstadt Erfurt gegenüber seinem familiären und studentischen Umfeld zu legitimieren und zu plausibilisieren. Er bediente sich dafür eines Gelübdes, das er angeblich im Moment der Todesgefahr abgegeben habe: «Hilff du, S. Anna, ich will ein monch werden.»[12] Die klösterliche Option wird durch den Blitzschlag also nicht geschaffen, aber forciert worden sein.

Randbemerkungen in einer Ausgabe von Baptista Mantuanus' ‹Carmen in agon divae Margaritae› (Erfurt, Wolfgang Schenck, 1505). Ulrich Bubenheimer hat die Handschrift Luther zugeschrieben. Der Band war im Besitz von Luthers Ordensbruder Johannes Lang. Zur sechsten Zeile der abgebildeten Seite fügte Luther am Rand hinzu: «Justus Ex fide vivit». Die Glosse, die Habakuk 2,4 und Römer 1,17 aufnimmt und um 1508 zu datieren sein dürfte, verdient besondere Aufmerksamkeit, weil Luther dem Verständnis von Römer 1,17 in späteren Lebensrückblicken eine prominente Rolle auf seinem Weg zur Reformation zugeschrieben hat. Der glossierte Text des Karmeliters aus Mantua, der von Zeitgenossen als neuer Vergil verehrt wurde, behandelt das Martyrium der heiligen Margarethe.

Dieses unter Extrembedingungen abgegebene Gelübde wäre keineswegs bindend gewesen und hätte – etwa durch einen Ablassbrief – mühelos unwirksam gemacht werden können. Dass er es aufrechterhielt, zeigt, dass er den Weg ins Kloster beharrlich verfolgte und dass er eine «Ermäßigung» seiner religiösen Gewissensbindung nicht akzeptierte. Die Gotteserfahrung, die ihm in der Übermacht eines Naturereignisses, in «Schrecken und Kampf eines plötzlichen Todes» (*terrore et agone mortis subitae*),[13] zuteil wurde, hat ihn offensichtlich damit konfrontiert, dass seine sündige Existenz gefährdet war und der ewigen Verdammnis gewärtig sein musste. Seine

Antwort darauf musste die vollständige Absage an sein bisheriges Leben sein.

Mit dem Eintritt in den besonders strengen Bettelorden der Augustinereremiten hatte der junge Luther gegen die Ziele und Pläne seiner Familie einen eigenständigen, von seinen eigenen Ängsten und Heilssehnsüchten bestimmten Lebensweg eingeschlagen, der zwar anspruchs- und entsagungsvoll war, aber doch sichere Anwartschaften auf das ewige Leben verhieß. Zugleich implizierte diese erste autonome Entscheidung, dass er sich selbst aus der eigenen oder der elterlichen Verfügung in die Hände Gottes beziehungsweise eines Gehorsam erheischenden Ordensregimes begab. Offenbar wollte Luther in dieser für ihn heiklen Lebensphase, dass andere über ihn verfügten und entschieden.

Dieses Selbstopfer des eigenen Lebens für den Dienst Gottes, der Kirche, des Ordens, dürfte Luther im Sommer 1505 umso leichter gefallen sein, als er seinem bisherigen Leben entfloh und auch dem väterlichen «Unwillen, der eine gewisse Zeit lang nicht zu beschwichtigen» (*indignatio ... aliquamdiu implacabilis*)[14] gewesen war, entkam. Insofern war Luther – wie viele Mönche vor und nach ihm – ein Aussteiger.

Für leise oder auch laute Zweifel an der Richtigkeit dieser Entscheidung dürfte in Luthers eigener Seele nicht zuletzt gesorgt haben, dass der Vater seine Skepsis gegenüber der Entscheidung des Sohnes nicht aufgab, auch wenn aufgrund der religiösen Konventionen der Zeit unumgänglich war, dass er äußerlich einlenkte. In dem Eifer, mit dem Luther seine monastische Existenz führte, suchte er die väterlichen und wohl auch eigenen Zweifel, Skrupel und Anfechtungen niederzuringen. Als Mönch haftete ihm – so scheint es im Rückblick – etwas Angestrengtes, Zelotisches an. Sicher sollte man mit den überwiegend negativen Retrospektiven des späteren Reformators auf seine Klosterzeit kritisch umgehen; gleichwohl wird man die untadelige Akkommodation des Klosterbruders Martinus an Erwartungen und fromme Standards des Erfurter Konvents, das der strengen Richtung der Observanten angeschlossen war, kaum als Ausdruck einer inneren Befriedung auf dem «sichereren Weg» des Mönchstums ansehen können. Luther blieb ein unruhig Suchender, ein sich Überfordernder, ein unglücklich Getriebener.

Eiferndes Mönchtum

Nach einem einjährigen Noviziat, das der Selbstprüfung und dem Vertrautwerden mit den Ordnungen des monastischen Lebens, der Liturgie und der Bibel diente und in strengerer Klausur verbracht wurde, legte Luther das lebenslang bindende Ordensgelübde, die Profess, ab. Daraufhin erhielt er vom Prior des Erfurter Konvents die Anweisung, sich auf die Priesterweihe vorzubereiten. Mit der Messe, dem liturgischen Zentralereignis der priesterlichen Existenz, beschäftigte sich Luther intensiv anhand der Auslegung des Messkanons durch den Tübinger Spätscholastiker Gabriel Biel. Viele frömmigkeitspraktische Fragen aus dem Zusammenhang von Theologie und seelsorgerlicher Praxis der Kirche lernte er durch die Beichtsumme des Angelus de Clavasio kennen. Beide Werke entsprachen den elaborierten Differenzierungsgraden der zeitgenössischen scholastischen Theologie.

Die erste Messe des neugeweihten Priesters, die Primiz (2. Mai 1507), war ein öffentliches Ereignis, dem Angehörige seiner Familie, auch der Vater, beiwohnten. Das Theologiestudium absolvierte Luther auf dem Weg zum theologischen Doktorat zunächst sehr zügig. Neben dem eigenen Studium nahm er unterrichtliche Aufgaben als Magister in der Philosophischen Fakultät wahr. Aufgrund der Präsenz seines Konvents im religiösen Leben der Stadt, besonders durch Predigt und Seelsorge, wird Luther auch in pastorale Aufgaben involviert gewesen sein.

Seinen Ordensoberen, insbesondere dem Generalvikar der deutschen observanten Augustinereremiten Johannes von Staupitz, erschien Luthers Entwicklung im Ganzen erfreulich; man schätzte sein eifriges Interesse an der Heiligen Schrift und band ihn rasch in Lehraufgaben und ordenspolitische Verantwortung ein. Vor allem in den Jahren 1508/09, als Luther den moralphilosophischen Lehrstuhl der Augustinereremiten in der artistischen Fakultät der neugegründeten Universität Wittenberg versah und gleichzeitig Theologie studierte, ist er Staupitz als Lehrer und Beichtvater näher getreten. Die theologischen und geistlichen Impulse, die er von diesem erhielt, sind kaum zu überschätzen: Der biblische Charakter seiner auch auf das christliche Leben in der Welt bezogenen «Frömmigkeitstheologie», die Konzentration auf den leidenden Christus, die theologische Orientierung am Ordenspatron Augustin und seiner Gnadenlehre, haben tiefe Spuren in Luthers eigenem Verständnis des christlichen Glaubens hinterlassen und seine reformatorische Entwicklung tiefgreifend beeinflusst. Luther hat seinem Lehrer Staupitz zeitlebens ein dankbares Andenken bewahrt.

In die Jahre von Luthers Erfurter und Wittenberger Theologiestudium fiel eine konfliktreiche Auseinandersetzung ordenspolitischer Art. Dieser «Staupitz-Streit» ergab sich infolge von Plänen, alle sächsischen Konvente in die von Staupitz geleitete Reformkongregation einzugliedern. Dagegen gab es Widerstand einiger observanter Konvente, zu denen auch Luthers Erfurter Kloster gehörte. Dass dieser Konvent seinen nach Wittenberg versetzten Bruder Martin kurzfristig, ohne Rücksicht auf den Stand seiner theologischen Graduierung (Promotion zum *baccalaureus biblicus* am 9. März 1509; Unterbrechung der Graduierung zum *baccalaureus sententiarius* im Frühherbst 1509; Lehrtätigkeit als Sentiar in Erfurt von Frühjahr 1510 bis einschließlich Sommersemester 1511) und ohne Abstimmung mit seinem sich in Süddeutschland aufhaltenden Mentor Staupitz zurückbeorderte, war ein Akt der Widerständigkeit und des Protestes gegen dessen Ordenspolitik. Offenbar wollte man neben Staupitz auch dessen Wittenberger Gründung treffen.

Im August 1511 verließ Luther gemeinsam mit seinem Ordensbruder und Freund Johannes Lang den Erfurter Konvent, der sich Kompromisslösungen mit Staupitz und Weisungen des Ordensgenerals in Rom widersetzt hatte. Viele Indizien sprechen dafür, dass jener Staupitz' ordenspolitischem Kurs – gegen seinen eigenen, renitenten Konvent – nahestand. Dies dürfte auch den Hintergrund dafür gebildet haben, dass Luther gemeinsam mit einem anderen Bruder, der die Verhandlungen führte, zur Ordensleitung nach Rom gesandt wurde (Oktober 1511 bis Februar 1512), um Instruktionen für das weitere Vorgehen einzuholen. Über das konkrete Ergebnis, das die beiden Augustinermönche mitbrachten – sie reisten getrennt heim, um die Chance zu erhöhen, dass einer Staupitz lebend erreichte –, ist nichts Genaueres bekannt. Im Mai 1512 konnte der Konflikt im Augustinerorden auf einem Kapitel in Köln aber beigelegt werden. Luther blieb auch weiterhin in Wittenberg und übernahm nun nach der Promotion zum theologischen Doktor (18./19. Oktober 1512) die Professur von Staupitz. Für knapp dreieinhalb Jahrzehnte, bis zu seinem Tod, sollte sie seine berufliche Basis bilden.

Manches negative Urteil über die moralische Selbstgerechtigkeit observanter Mönche, wie sie sich etwa in Luthers erster Psalmenvorlesung (*Dictata super psalterium* 1513/14) finden, spiegelt die Erfahrungen des «Staupitz-Streites» wider. Wahrscheinlich haben diese Auseinandersetzungen dazu beigetragen, Luthers Skepsis gegenüber menschlichen Vervollkommnungsphantasien zu vergrößern. Gemäß monastischer Leistungsfrömmigkeit wandte er solche auch auf sich selbst an und scheiterte für seine Person immer wieder. Am Bewusstsein seiner eigenen Sündhaftigkeit trug der Mönch Martin Luther schwer; die Beichte, die er viel häufiger ablegte, als es die Ordensregeln vorsahen, gab ihm in den Turbulenzen des Gotteszweifels und des Selbsthasses, die er – seinen Erinnerungen zufolge – im Kloster erlebte und durchlitt, immer wieder Halt.

Auch die stabilisierende Bedeutung der Mitbrüder, mit denen Luther dann zum Teil lebenslange Freundschaften verbanden, sollte man bei einer Gesamtbeurteilung seiner klösterlichen Existenz nicht außer Acht lassen. Die Intensität, mit der Luther im Kloster exemplarisch christlich zu leben versuchte, ist in seiner Bedeutung für seine persönliche Entwicklung nicht zu überschätzen. Es waren die ehrwürdigsten spirituellen und theologischen Traditionen des lateinischen Christentums, in die der junge Mönch auf die ernsthafteste Weise eindrang, in denen er lebte, deren sakramentale Entlastungen er in Anspruch nahm und an denen er am Ende doch Ungenügen empfand und scheiterte. Wäre Luther kein untadliger Mönch gewesen, er wäre schwerlich der Reformator geworden.

Während seines vierwöchigen Aufenthaltes in Rom[15] wohnte

Luther aller Wahrscheinlichkeit nach im Konvent S. Agostino, in dem auch Aegidius von Viterbo, der General der Augustinereremiten, residierte. Als Pilger nutzte Luther die sich dort bietenden Heilsangebote und lief – wie er später ironisch erzählte – als «toller heiliger» durch «alle kirchen und klufften [Katakomben]»,[16] um für sich und seine Angehörigen durch Beichte und Fasten, auch eigenes Messelesen über den Märtyrergräbern reiche Heilsgnaden zu akkumulieren. Dass die italienischen Priester die Messliturgie mechanisch und viel schneller herunterratterten, als er selbst es in seiner Gewissenhaftigkeit gewohnt war, fiel ihm auf. In späteren Rückblicken lieferte ihm diese Romreise, die die längste Reise seines Lebens bleiben sollte, Argumente dafür, dass die ewige Stadt eine Lasterhöhle und der Hort des Unglaubens sei. Allerdings spricht alles dafür, dass er selber bei seinem Besuch die «heilige Stadt» vor allem als Ort der christlichen Märtyrer und Heiligen wahrgenommen hat.[17]

Für die damals in vollem Gange befindliche künstlerische Umgestaltung Roms in eine Metropole der Renaissance hatte er keinen Sinn. Die alte Petersbasilika war abgerissen; von dem geplanten Neubau existierte noch nichts. Ob er den damals regierenden Papst Julius II. selbst gesehen hat, ist nicht sicher; erst viel später kam Luther auf den Gedanken, den angeblichen Traum eines Franziskaners – wahrscheinlich Johannes Hiltens –, von dem Staupitz in Rom gehört hatte, dass nämlich ein «Eremit» unter Leo X. das Papsttum angreifen werde, auf sich selbst zu beziehen.[18] Der thüringische Rombesucher aus dem Winter 1511/12 fiel in Bezug auf seine Haltung zur Papstkirche nicht aus den frommen Usancen seiner Zeit heraus. Dass er gesehen und von innen erlebt hatte, was er später so nachdrücklich ablehnte und bekämpfte, unterschied ihn aber doch von einer Reihe anderer Kirchenkritiker; dies verlieh seiner Polemik Nachdruck und Anschauungskraft. In diesem Sinne etwa schrieb Luther im Sommer 1520 in der für seinen definitiven Bruch mit dem Papsttum maßgeblichen Programmschrift *An den christlichen Adel deutscher Nation* über die «Datarie», die für die Gnadenbewilligungen und den Ämterkauf zuständige päpstliche Behörde, die unter Innozenz VIII. ein neues Gebäude im Baustil der Renaissance erhalten

Porträt von Johann von Staupitz als Abt des St. Peter-Klosters in Salzburg, um 1520. Aus sächsischem Adel stammend war der Augustinereremit seit 1503 an der neugegründeten Universität Wittenberg tätig. 1512 gab er die dortige Professur zugunsten Luthers auf.

hatte: «Zu letzt/ hat der Bapst zu dissen allen edlen hendeln ein eygen kauffhausz auffgericht/ das ist/ des Datarii hausz zu Rom. Dahyn mussen alle die kummenn/ die diesser weysz nach umb lehen und pfrund handeln/ dem selben musz man solch gloszen unnd handthierung abkauffen [...].»[19] In diesem wie in anderen polemisch genutzten Reiseeindrücken wirkte der Romaufenthalt nachdrücklich in der reformatorischen Agitation fort.

Eine andere, ungleich wichtigere Verbindung zwischen Luthers monastischer und reformatorischer Existenz betraf die Bibel. Dass er sich in dieser Hinsicht als Vollstrecker der Anliegen seines Mentors Staupitz empfand, der die Geltung der Bibel in den unter seiner Zuständigkeit stehenden Klöstern «wiederhergestellt» (*restituit*)[20] und sie auch bei seiner akademischen Lehrtätigkeit ins Zentrum des Interesses gerückt hatte, ist offenkundig. Erst im Kloster war Luther zum intensiven Bibelleser geworden; das Kloster stellte dem «an sich selbst Verzweifelnden» (*desperans de me ipso*)[21] ein in rotes Leder gebundenes Exemplar der Vulgata zur Verfügung.[22] Er las sie Jahr für Jahr wohl etwa zweimal ganz durch und erwarb sich auf diesem Wege eine weithin anerkannte Bibelkenntnis. Auch später zitierte er die Bibel in der Regel aus dem Gedächtnis; seinen theologischen Gegnern aus dem eigenen wie aus dem päpstlichen Lager wusste er sich in Bezug auf die Bibelkenntnis überlegen. Dass er hier Antworten auf alle Lebens- und Heilsfragen suchte, ja sein gesamtes Welt- und Wirklichkeitsverständnis von der Bibel geprägt wurde und abhing, war unter seinen Zeitgenossen keineswegs selbstverständlich. An die Bibel anzuklopfen, um Gottes Wort herausspringen zu lassen, sah er als den wesentlichen Inhalt seines theologischen Berufs an.

Auch bei der Wahrnehmung seines akademischen Lehramtes rückte er die Bibel, wiederum im Anschluss an Staupitz, ins Zentrum seiner Bemühungen. Während seiner gesamten Wittenberger Lehrtätigkeit hat Luther über keinen anderen Gegenstand Vorlesungen gehalten als über biblische Schriften. Die programmatische Umstrukturierung des Theologiestudiums, die seit 1517/18 in Wittenberg betrieben wurde, rückte die Bibel mit einer neuartigen Einseitigkeit ins Zentrum des Interesses. Dies entsprach einerseits einer Luther mit den Humanisten gemeinsamen Orientierung an den «wahren Quellen» des christlichen Glaubens, speiste sich andererseits aber auch aus seiner Gewissheit, im biblischen Wort in einzigartiger Weise des göttlichen Willens und des ewigen Heils teilhaftig zu werden. Diese wohl in seiner monastischen Lebensphase entstandene Erwartung ist eine Art Lebensnerv der Reformation geworden.

Mönchtum und Universität, die beiden dynamischsten Institutionen Lateineuropas, haben Luther zutiefst geprägt; ohne sie hätte es seine Reformation nicht gegeben. Durch das ihm seit 1515 übertragene Ordensamt des sächsisch-thüringischen Distriktvikars, in dem er für zehn, seit der Gründung des Eislebener Konvents 1515/16 elf Konvente zuständig war, vertiefte er seine Kenntnisse der regionalen kirchlichen Verhältnisse und gewann tiefere Einblicke in Probleme der monastischen Disziplin und der Finanzverwaltung der einzelnen Klöster. Den tiefsinnigen Bibelexegeten darf man sich nicht als menschlich isolierten Individualisten vorstellen, im Gegenteil: Derselbe Luther, der um das Verständnis einzelner biblischer Verse rang, war als Subprior in die Organisation seines Wittenberger Konvents und des theologischen Studiums und als Distriktvikar in die regionale Leitung des Ordens involviert – eine vielschichtige Vorbereitung auf Herausforderungen, die ihm dann im Zuge der Reformation begegneten.

4. DER WITTENBERGER EXEGET

Gnade und Rechtfertigung

Nach landläufiger Forschungsmeinung spiegeln Luthers Vorlesungen, die in reicher Zahl und erstaunlich dichter Überlieferungsgestalt erhalten sind, einen fortschreitenden Erkenntnis- und Klärungsprozess wider in Bezug auf sein Verständnis der «Rechtfertigung», das heißt des Gerechtwerdens des Menschen vor Gott kraft der geschenkten Gnade und der sich daraus ergebenden Folgerungen für die «guten Werke», also die menschlichen «Leistungen» gegenüber dem himmlischen Herrn. Auch wenn dieser theologische Klärungsprozess nicht *en detail* rekonstruiert werden kann, so ist doch das Ergebnis eindeutig: Nicht aufgrund dessen, was der Mensch aktiv tut, sondern allein aufgrund der Gnade, die ihm passiv von Gott zuteil wird, empfängt er jene Gerechtigkeit, die vor Gott «gilt» und die ihn vor diesem als «gerecht» erscheinen lässt.

Die von Luther ausformulierte sogenannte reformatorische Rechtfertigungslehre entstand im Anschluss an die Lehre des Apostels Paulus – vor allem in seinen Briefen an die Römer und die Galater – und an den Kirchenvater Augustin, dessen Theologie der junge Wittenberger Gelehrte sehr schätzte wie auch die Ideen des Bernhard von Clairvaux und einiger anderer mystischer Denker wie Jean Gerson, Bonaventura, Johannes Tauler oder des anonymen Verfassers der von ihm 1516/18 herausgegebenen *Theologia deutsch*. Ob die Rechtfertigungslehre nun als eine «originäre» theologische Neubildung Luthers zu gelten hat oder ob sie in einem breiteren Strom spätmittelalterlicher Gnadentheologie steht, die insbesondere in seiner Ordenstradition einen Rückhalt besaß, ist umstritten. In zumeist deutlich späteren Rückblicken nahm Luther, analog zu Paulus, Augustin oder den monastischen Traditionen einer «Konversion», nicht zuletzt aus legitimatorischen Motiven heraus ein situatives, lebenswendendes, einmaliges Erkenntnisereignis, einen «reformatorischen Umbruch», für sich in Anspruch; dabei betonte er, dass er nichts anderes als die von Augustin erneuerte ursprüngliche Lehre des Apostels – insbesondere sein Verständnis der Gerechtigkeit Gottes in Röm 1,17 als durch den Glauben geschenkte Wirklichkeit – vertreten habe. Luther reklamierte für seine Rechtfertigungslehre also Originalität allenfalls in dem Sinne, dass er die «ursprüngliche» (lat. *origo*) Gestalt des Christentums wiederherzustellen beanspruchte.

Luther erläuterte die menschliche Passivität im Verhältnis zum Heil auch durch andere Begriffe, etwa den der göttlichen Barmherzigkeit oder Liebe oder der geschenkten Freiheit oder der von Gott ermöglichten Buße. Im Zentrum dieser reformatorischen Theologie stand der leidende Christus, dessen Gerechtigkeit den Sündern zugerechnet werde. Hatte der zürnende, strafende, alles zerschmetternde Gott Luther einstmals ins Kloster getrieben, so fand er – nicht zuletzt durch Staupitz' Belehrung[23] – in der Verworfenheit des gekreuzigten Sohnes den liebenden Willen des himmlischen Vaters.

Für die Frage der historischen Wirkungen der Rechtfertigungslehre sind vor allem die Konsequenzen entscheidend, die Luther nach und nach aus ihr zog. Positiv bedeutete sie eine Aufwertung des *Glaubens* als der maßgeblichen Beziehung des Menschen zu Gott; negativ bestanden ihre Folgen in einer Absage an die diversen frommen «Leistungen», die das zeitgenössische Kirchentum anbot und forderte. Ungeachtet mancher theologischer Parallelen zu Vertretern einer vergleichbaren Rechtfertigungslehre im Kontext der verbreiteten Augustinrenaissance der Zeit bestand die historische Bedeutung ihrer zuerst in Wittenberg vorgetragenen «reformatorischen» Ausprägung doch darin, die Konsequenzen dieser Lehre explizit zu machen, das Christentum auf den Glauben zu zentrieren und gegen die Leistungen zu mobilisieren und schließlich beides publizistisch wirkungsreich zu propagieren.

Luther vertrat die reformatorische Rechtfertigungslehre nicht nur auf dem Wittenberger Universitätskatheder und im Rahmen seiner Ordensaufgaben, sondern auch auf den Kanzeln des kleinen Kirchleins seines Konvents und der Stadtkirche St. Marien, auf die ihn der Wittenberger Rat frühzeitig, wohl schon 1513 oder 1514, berufen hatte. Diese enge Verbindung von kirchlicher und akademischer Tätigkeit bildete den Erfahrungshintergrund und Erprobungskontext der rasanten Entwicklung, die Luther als volkssprachlicher Schriftsteller machte. Seit dem Ausbruch des Ablassstreites im Herbst 1517 explodierte sein literarisches Talent geradezu und brach sich in einer beispiellosen publizistischen Produktion Bahn; er avancierte binnen kurzem zum meistgelesenen Autor in deutscher Sprache. Die bemerkenswerte Fähigkeit des Wittenberger Augustinermönchs, die Medien einer den gemeinen Mann erreichenden Kommunikation – die Predigt in gedruckter oder gesprochener Form und die volkssprachlichen Traktate – zu nutzen, ja zu beherrschen, bildete sich im Zuge der Auseinandersetzungen mit den Vertretern des kirchlichen Ancien régime nach und nach voll aus. Luther war es seit längerer Zeit gewohnt, als Prediger zu einem nicht-gelehrten Publikum zu sprechen, dessen Sorgen und Nöte ihm von seinem eigenen Herkunftsmilieu her vertraut waren.

Im Spiegel seiner Vorlesungen wird der akademische Lehrer Luther immer deutlicher als leidenschaftlicher «Paulinist» erkennbar, der bisweilen auch die Konsequenzen einer Frömmigkeit, die sich allein auf den Glauben und die von Gott geschenkte Gnade gründet, im Verhältnis zu den «guten Werken», der Betriebsamkeit der Leistungsfrömmigkeit seiner Zeit, formulierte. In kontroversen Debatten mit seinem Fakultätstheologen Andreas Rudolf Bodenstein, der nach seinem fränkischen Herkunftsort Karlstadt genannt wurde, gelang Luther der Nachweis, dass sich seine Deutung der Rechtfertigung ohne alle Werke, allein aufgrund der Gnade und des Glaubens, auf Augustin berufen konnte, so wie dieser sich in der bisher wenig bekannten Kontroverse mit dem britischen Mönchstheologen Pelagius geäußert hatte. Neben dem Kollegen Nikolaus von Amsdorf wurde der intellektuell sehr viel selbständigere Karl-

AD Subfcriptas conclufiones Refpondebit Magifter Francifcus Guntherus Nordhufen
pro Biblia. Prefidente Reuerendo patre Martino Luder Auguftinefi. Sacrae
Theologiae Vuittenburgefi. decano loco & tempore ftatuendis.

i	Dicere q̃ Auguftinus cõtra hæreticos exceffiue loquitur. Eft dicere Au/ guftinum.fere ubiq̃ mentitum Contra dictũ cõe.
ii	Idem eft pelagianis & oibus hæreticis tribuere occafionẽ triumphandi immo victoriam.
iii	Et idẽ Eft oim ecclefiafticoꝜ doctorum authoritatẽ illufioni exponere.
iiii	Veritas itaq̃ ẽ:q̃ hõ arbor mala factus :nõ põt nifi malũ uelle & facere
v	Falfitas ẽ.q̃ appetitus liber poteft in utrũq̃ oppofitoꝜ:imo nec liber Sed captiuus eft. Contra cõmunem
vi	Falfitas eft.q̃ uoluntas poffit fe conformare dictamini recto na/ turaliter. Contra Sco; Gab :
vii	Sed neceffario elicit actũ difformem & malũ:fine gratia dei
viii	Nec ideo fequit.q̃ fit naturalit mala.i.natura mali ſ3m Manicheos
ix	Eft ñ naturaliter & ineuitabiliter mala & vitiata natura
x	Conceditur.q̃ uoluntas nõ eft libera ad tendendũ in quodlibet. ſ3m rationem boni fibi oftenfum. Contra Sco: Gab:
xi	Nec eft in poteftate eius velle & nolle.quodlibet oftenfum
xii	Nec fic dicere.eft cõtra.B.Aug.dicentẽ.Nihil ẽ ita i ptãte uolũtatis ficut ipfa uoluntas.
xiii	Abfurdiffima eft cõfequentia.homo errans põt diligere creaturã fupet omnia ergo & deum. Con:Sco: Gab:
xiiii	Nec eft mirũ.q̃ põt fe conformare dictamini erroneo & nõ recto.
xv	Immo hoc ei ꝓpriũ eft ut tantũmõ erroneo fefe cõformet & non recto:
xvi	Illa poni⁹ ẽ cõfequentia.hõ errans põt diligere creaturã:ergo impoffibile eft ut diligat deum.
xvii	Nõ põt homo naturaliter uelle; deum effe deũ . Immo uellet fe effe deũ. & deum non effe deum.
xix	Diligere deũ fup oia nãlit Eft termius fict⁹.ficut Chymera Cõ:cõ:fere
xx	Nec ualet ratio Scoti de forti politico rempub.plusq̃ feipm diligente
xxi	Actus amicitiæ.nõ eft.naturæ. fed gratiæ præuenientis. Cotra Gab:
xxii	Non eft in natura nifi actus concupifcentiæ erga deum.
xxiii	Omnis actus concupifcentiæ erga deũ eft malus.& fornicatio ſpũs
xxiiii	Nec ẽ uerũ q̃ act⁹ cõcupifcẽtiæ poffit ordinari p uirtutẽ fpei Cõ:Gab:
xxv	Quia fpes nõ eft cõtra charitatẽ q̃ folũ q̃ dei funt querit & cupit
i	Spes ñ uenit ex meritis.f3 ex paffioib⁹ merita deftruẽdo⁹ Cõtrꝰ ũ m̃loꝜ
ii	Actus amicitiæ. nõ eft perfectiffimus modus faciendi quod eft in fe.
iii	Nec eft difpofitio perfectiffima ad gram dei aut modus conuertendi & appropinquandi ad deum.
iiii	Sed eft actus iam pfectæ cõuerfiõis.tempe & natura pofterior gratia
v	Illæ authoritates Conuertimini ad me.& cõuertar ad uos.Itẽ appropin/ quate deo & appropinquabit uobis.Item Q uærite & inuenietis.Item.Si quæfieritis me inueniar a uobis .& iis fimiles. Si dicantur. Qͥ. unum na/ ruræ.alterũ gͥæ fit.Nihil aliud q̃ q̃ pelagiani dixerũt.afferitur
vi	Optima & infallibilis ad gͥam pparatio & unica difpofitio. ẽ æterna dei electio & predeftinatio.
vii	Ex parte aũt hõis.nihil nifi indifpofitio imo rebellio gͥæ.gͥam ꝑcedit
viii	Vaniffimo cõmento dicitur.pdeftinatus põt dãnari in fenfu diuifo. Sed non in compofito. Contra Scholaft:
ix	Nihil quoq̃ efficitur.per illud dictũ .predeftinatio eft neceffaria neceffi/ tate confequentiæ Sed non confequentis
x	Falfũ & illd ẽ.q̃ facere qd ẽ i fe.fit remouere obftacula gͥæ Cõ:quofdã
xi	Breuiter.Nec rectũ dictamen habet natura:nec bonã uoluntatem
xii	Nõ ẽ uerũ q̃ ignorantia inuincibilis a toto excufat Cõ: oẽs fcholaft:
xiii	Q uia ignorantia dei & fui & boni opis.eft naturæ femp inuincibilis
xiiii	Natura etiã i ope fpecieten⁹& foris bono.int⁹neceffario gloriaf & fupbit
xv	Nulla eft uirtus moralis fine uel fupbia uel trifticia.i peccato
xvi	Nõ fumus dñi actuũ nͥoꝜ a principio ufq̃ ad finẽ. Sed ferui Cõ:phõs
xvii	Nõ efficimur iufti iufta opando fed iufti facti opamur iufta Cõ:phõs
xviii	Tota fere Ariftotelis Ethica:peffima eft gͥæ inimica Cõtra fcholaft,
xix	Error eft:Ariftotelis fententiam de fœlicitate.nõ repugnare doctrinæ catholicæ. Contra Morales
xx	Error ẽ.dicere.fine Ariftotele nõ fit theologus Cõtra dictũ cõe
xxi	Immo theologus nõ fit.nifi id fiat fine Ariftotele .
xxii	Theologus nõ logicus eft mõftrofus hæreticus. Eft monftrofa & hære/ tica oratio. Contra dictũ cõe
xxiii	Fruftra fingitur logica fidei. Suppofitio mediata extra terminum & numerum Contra recen: dialect.
xxiiii	Nulla forma fyllogiftica tenet in terminis diuinis Contra Card:
xxv	Nõ tamen ideo fequitur.veritatem articuli trinitatis repugnare formis fyllogifticis Contra eofdem Card: Ca:

stadt seit 1517 ein wichtiger Parteigänger Luthers innerhalb der Theologischen Fakultät Wittenbergs. Er war auch der erste, der Luthers 95 *Thesen* öffentlich verteidigte und mit publizistischem Engagement für eine Profilierung der Universität Wittenberg als Zentrum des Augustinismus eintrat. Ein seit etwa 1520 sichtbar werdender Dissenz zwischen ihm und Luther hatte Ursachen, die nicht nur

Luthers Thesen gegen die scholastische Theologie, die sogenannte ‹Disputatio contra scholasticam theologiam›, wurde im September 1517 von Johann Rhau-Grunenberg in Wittenberg gedruckt. Dem hier abgebildeten Erstdruck kann man in etwa entnehmen, wie die ersten Wittenberger Thesendrucke, die ansonsten verloren sind, ausgesehen haben. Aus diesem Druck ergibt sich auch, dass gegenüber den Titeln der Disputationen, die in den Nachdrucken der Wittenberger Thesen in Sammelausgaben (vor allem aus Basel, Leiden, Paris) überliefert sind, Skepsis angebracht ist. In der Regel dürften diese Titel später hinzugefügt worden sein.

in einer gewissen persönlichen Rivalität und in theologischen Unverträglichkeiten lagen, sondern auch reformationsstrategischer Natur waren: Während Karlstadt die städtischen oder dörflichen Gemeinden als die legitimen Träger einer reformatorischen Umgestaltung des Kirchenwesens ansah, setzte Luther immer deutlicher und entschiedener auf die Autorität des Landesfürsten.

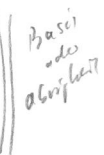

Einig waren sich Luther und Karlstadt, die in der Außenwahrnehmung zwischen 1518 und 1520 zu den wichtigsten Repräsentanten der «Wittenberger Schule» avancierten, in ihrer Position «gegen die scholastische Theologie» (*Contra scholasticam theologiam*).[24] In seinen im September 1517 veröffentlichten Thesen kritisierte Luther die aristotelische Fundierung der kirchlichen Wissenschaft von Grund auf und machte sie dafür verantwortlich, dass auch die Rechtfertigung vor Gott im Sinne eines vom Menschen zu gestaltenden habituellen Bildungsprozesses verstanden worden sei. Zirkulierende Exemplare dieses Wittenberger Thesendruckes – übrigens des einzigen frühreformatorischen Einblattdrucks, von dem heute noch ein einziger Abzug erhalten ist – verschafften Luther erstmals Aufmerksamkeit außerhalb seines Wirkungskreises Wittenberg und des Augustinereremitenordens, insbesondere bei Humanisten. Zugleich enthielten die Thesen programmatische Vorstellungen für eine Umgestaltung des Theologiestudiums, die in den kommenden Jahren, bald mit Unterstützung des 1518 auf eine Griechischprofessur berufenen Philipp Melanchthon, durchgeführt werden sollten: Die Hinwendung zu den Kirchenvätern und vor allem zur Bibel, die durch eine solide humanistische Grundbildung in den alten Sprachen begleitet und fundiert wurde, veränderte nach und nach das Lehrangebot der Wittenberger Universität in der artistischen und theologischen Fakultät, die in dieser Hinsicht zur modernsten deutschen Universität avancierte.

95 Thesen gegen den Ablass

In den Monaten vor der Veröffentlichung seiner berühmten 95 Thesen hatte Luther sich in die theologischen und rechtlichen Fragen im Zusammenhang mit dem Ablass eingearbeitet und die Grenzen der bisherigen kirchlichen Lehrentwicklung im Verhältnis zur Ablasspraxis sondiert. Den äußeren Anlass, seine dabei gewonnenen kritischen Einsichten zunächst einer breiteren akademischen Öffentlichkeit bekannt zu machen, bildete eine Ablasskampagne, die unter der Autorität des Erzbischofs von Magdeburg und Mainz, dem jungen Hohenzollernprinzen Albrecht von Brandenburg, in dessen Kirchenprovinzen

durchgeführt wurde. Ihre Erträge sollten zur einen Hälfte dem Neubau des Petersdomes zukommen (daher auch «Petersablass»); die andere Hälfte diente dazu, die Schulden zu begleichen, die Albrecht beim Bankhaus der Fugger aufgenommen hatte, um der Kurie die Dispensgebühren für seine kirchenrechtswidrige Wahl auf zwei Erzstühle, Mainz und Magdeburg, zu entrichten.

Luthers Landesherr Friedrich III., genannt der Weise, im ernestinischen und Georg, genannt der Bärtige, im albertinischen Sachsen, verweigerten den Ablassverkauf in ihren Territorien. Die Gründe waren dynastischer und

Beichtbrief Erzbischof Albrechts von Mainz zugunsten des Neubaus von St. Peter in Rom, 1516/17 gedruckt in Leipzig bei Melchior Lotter. Das Confessionale, das im Rahmen der berühmt gewordenen Petersablass-Kampagne gedruckt wurde, gewährte seinem Besitzer reiche Ablassgnaden. Das vorliegende Exemplar ist auf den Dominikanerkonvent der Reichsstadt Mühlhausen ausgestellt und konnte bei Bedarf von jedem Bruder einzeln verwendet werden.

ökonomischer Natur: Der Verlust des Magdeburger Erzbistums an die rivalisierenden Brandenburger wog schwer. Überdies hatte man die Residenzstadt Wittenberg mit erheblichen Mitteln zu einem Heiltumszentrum ausgebaut, in dem an bestimmten Festtagen gewaltige Ablassgnaden erworben werden konnten; Albrechts Kampagne sollten keine Finanzmittel aus dem eigenen Herrschaftsbereich zufließen. Aus späteren Nachrichten Luthers geht hervor, dass sich einzelne Bewohner Kursachsens jenseits der Landesgrenzen den Ablass beschafft und von Luther als Beichtvater die Lossprechung von ihren Sünden, ohne jede Buße, verlangt haben sollen.[25] Angesichts dessen, dass Luthers Kritik am Ablass von sehr grundsätzlichem Charakter und tief in seiner inzwischen ausgebildeten Gnadentheologie verwurzelt war, sollte man die Bedeutung dieses Motivs aber nicht überschätzen.

Den Schritt «aus dem Winkel»[26] in die akademische Öffentlichkeit, den Luther mit seinen mutmaßlich in einem Wittenberger Urdruck erschienenen 95 Thesen tat, hatte der Augustinereremit weder mit den Kollegen in der Universität abgesprochen noch mit seinem Vertrauensmann in der kursächsischen Administration von Herzog Friedrich, mit dessen humanistischem Sekretär Georg Spalatin. Manches deutet darauf hin, dass er vor seinem Hervortreten innere Widerstände zu überwinden hatte. Die Tatsache, dass er bald nach der Veröffentlichung der Thesen beziehungsweise nach den Briefen an die Kirchenoberen die Namensform «Eleutherius»[27] verwendete, lässt den Rückschluss zu, dass ihm die «freie» Kritik an dieser kirchlichen Praxis ein wichtiges Anliegen war. Luther forderte unmissverständlich, dass die bisherige Ablasspraxis, die in einem nicht vermittelbaren Gegensatz zur Predigt

Amore et studio elucidande veritatis, hec subscripta disputabuntur Wittenburge Presidente R. P. Martino Luther Eremitano Augustiniano Artiu et S. Theologie Magistro, eiusdemq ibidem lectore Ordinario. Quare petit vt qui non possunt verbis presentes nobiscum disceptare / agant id literis absentes.
In Nomine dni nostri Jhesu Christi, Amen.

1 Dñs et magister noster Jhesus Christus, dicendo penitentia agite zc. omnem vitam fidelium, penitentiam esse voluit.

2 Quod verbu de penitentia sacramentali, i.e. cōfessionis et satisfactionis que sacerdotum ministerio celebratur, non potest intelligi.

3 Nō tñ solā interiorem intendit: immo interior nulla est, nisi foris operetur varias carnis mortificationes.

4 Manet itaq pena donec manet odiu sui, i.e. penitentia vera intra, scilicet vsq ad introitum regni celorum.

5 Papa nō vult nec pōt, vllas penas remittere, preter eas, q arbitrio vel suo vel canonum imposuit.

6 Papa nō potest remittere vllā culpam, nisi declarando et approbando remissam a deo. Aut certe remittendo casus reseruatos sibi, quibus contēptis culpa prorsus remaneret.

7 Nulli prorsus remittit deus culpa, quin simul eū subjiciat humiliatū in omnibus sacerdoti suo vicario.

8 Canones penitentiales soli viuentibus sunt impositi, nihilq morituris seu eosdem debet imponi.

9 Inde bñ nobis facit spūssanctus in papa, excipiendo in suis decretis semper articulum mortis et necessitatis.

10 Indocte et male faciunt sacerdotes ij, qui morituris pñias canonicas in purgatoriū reseruant.

11 Zizania illa de mutanda pena Canonica in pena purgatorij, videtur certe dormientibus Episcopis seminata.

12 Olim pene canonice nō post. sed ante absolutionē imponebantur, tāq tentamenta vere contritionis.

13 Morituri per morte oīa solvūt: et legibus canonū mortui iam sunt: hñtes iure earum relaxationem.

14 Imperfecta sanitas seu charitas morituri necessario secum fert, magnū timorem, tantoq maiorem, quanto minor fuerit ipsa.

15 Hic timor et horror satis est, se solo, vt alia taceā, facere pena purgatorij, cū proximus sit desperationis horrori.

16 Videntinfern9 purgatoriū celu differre, sicut desperatio, propedesperatio, securitas differunt.

17 Necessariū videt aiab9 in purgatorio sicut minui horror, ita augeri charitas.

18 Nec probatū videt aiab9 aut rõnibus aut scripturis, q sint extra statū meriti seu augende charitatis.

19 Nec hoc probatum esse videt, q sint de sua beatitudine certe et secure saltem omnes, licet nos certissimi simus.

20 Igitur papa per remissionē plenariā oīm penarum, nō simpliciter oīm intelligit, sed a seipso tantummodo impositarum.

21 Errant itaq indulgentiarū pdicatores ij, qui dicunt per Pape indulgentias, hominem ab omni pena solui et saluari.

22 Quin nullam remittit aiabus in purgatorio, quā in hac vita debuissent, sm Canones soluere.

23 Si remissio vlla oīm omnino penarū, potest alicui dari, certum est eam non nisi perfectissimis, i.e. paucissimis dari.

24 Falli ob id necesse est, maiore pte populi per indiscretam et magnificam illam solutae promissionis.

25 Qualē potestatē habet papa in purgatorium generaliter: talē habet: quilibet Episcoc et Curatus in sua Diocesi et parrochia specialiter.

26 Optime facit papa, q nō pote clavis (quā nullā hz) sed per modū suffragij dat animabus remissionem.

27 Hominem predicant, qui statim, vt iactus nūmus in cistam tinnierit: euolare dicant animam.

28 Certum est nūmo in cistam tinniente, augeri questū et auariciā posse: suffragium aūt ecclesie in arbitrio Dei solius.

29 Quis scit oīes animas in purgatorio velint redimi, sicut de, S. Seuerino et pascali factum narratur.

30 Nullus securus est de veritate sue cōtritionis: multo minus de consecutione plenarie remissionis.

31 Et rarus est vere penitens, et rarus est vere indulgētias redimēs, i.e. rarissimus.

32 Damnabuntur ineternū cū suis magistris: qui p literas veniarum securos se credunt de sua salute.

33 Cauendi sunt nimis, qui dicunt venias illas Pape: donum esse illud Dei inestimabile quo reconciliatur homo deo.

34 Gratie eñ ille veniales tantū respiciunt penas satisfactionis sacramentalis ab homine constitutas.

35 Non christiana pdicant, qui docēt, q redempturo animas vel confessionalia nō sit necessaria contritio.

36 Quilibet Christianus vere cōpunctus: hz remissionem plenariam a pena et culpa: etiam sine literis veniarum sibi debitam.

37 Quilibet verus Christianus siue viuus siue mortuus: hz participationē omnium bonorum Christi et ecclesie: etiam sine literis veniarum a Deo sibi datā.

38 Remissio tamē et participatio Pape: nullo modo est contēnenda quia, vt dixi, est declaratio remissionis diuine.

39 Difficillimū est etiam doctissimis Theologis: simul extollere veniarum largitatē et cōtritionis veritatem coram populo.

40 Contritionis veritas penas querit et amat. Veniarum autem largitas relaxat, et odisse facit saltem occasione.

41 Caute sunt venie Apostolice pdicande: ne populus false intelligat, eas preferri ceteris bonis operibus charitatis.

42 Docendi sunt christiani: q Pape mens nō est redemptionem veniarum vlla ex parte comparandā esse operibus misericordie.

43 Docendi sunt Christiani: q dans pauperi aut mutuans egenti, melius facit q si venias redimeret.

44 Quia p opus charitatis crescit charitas et sit homo melior: Sed p venias nō fit melior, sed tantummodo a pena liberior.

45 Docendi sunt Christiani: q qui videt egenu et neglecto: dat pro veniis non in dulgentias Pape sed indignationem sibi Dei vendicat.

46 Docendi sunt Christiani: q nisi superfluis abundent: necessaria tenent domui sue retinere et neqq pro veniis effundere.

47 Docendi sunt Christiani: q redemptio veniarum est libera non precepta.

38 Docēdi sunt Christiani q Papa sicut magis eget: ita magis optat: in vē nijo dando p se devotam orōnem: q prompta pecuniam.

39 Docēdi sunt Christiani q venie Pape sunt vtiles: si nō in eas cōfidant: sed nocentissime: si timorem dei per eas amittant.

40 Docēdi sunt Christiani q si Papa nosset exactiones veniaru pdicatoru mallet Basilicā S. Petri in cinere ire: q edificaretur carne et ossib9 oviū suaru.

41 Docēdi sunt Christiani q Papa sicut debet ita vellet etiā vēdita (si op9 sit) Basilica S. Petri de suis pecuniis dare illis: a quoq plurimis quidā cōcionatores veniarum pecunias eliciunt.

42 Vana et falsa salutis p literas veniarū etiā si Commissario nuncio Papa ipseluam animā p illis impigneraret.

43 Hostes Christi et Pape sunt ij qui propter venias pdicādas verbū dei in alijs ecclesiis penitus silere iubent.

44 Iniuria fit vbo Dei: dū in eodē fermōe: equale vel longius tps impenditur veniis q illi.

45 Mens Pape necessario est q si venie, qd minimū est, vna cāpana: venis pdio et ceremonijs celebrantur.

46 Euāgeliū qd maximū est, centū cāpanis: centū pōpis centū ceremonijs pdicetur.

47 Thesauri ecclesie vnde Papa dat indulgentias: neqz satis nominati sunt: neqz cogniti apud populum Christi.

48 Temporales certe nō esse patet: q nō tam facile eos pfundūt: sed tantūmodo colligūt multi Concionatorum.

49 Nec sunt merita Christi et sanctorū: q hec semp sine Papa: operantur gratiam hominis interioris: et crucē mortem infernumq exterioris.

50 Thesauros ecclesie S. Laurentius dixit esse: pauperes ecclesie: sed locutus est vsu vocabuli sui tempore.

51 Sustentaricare dicim9 claves ecclesie (merito Christi donatas) eē thesaurū istū.

52 Clarū eñ est qd remissionē penarū et casuū sola sufficit pōs Pape.

53 Verus thesaurus ecclesie est sacrosanctū Euangeliū glorie et gratie Dei.

54 Hic aūt est merito odiosissimus, etiam si primus sit: quia ex primis facit nouissimos.

55 Thesaur9 aūt indulgētiaru merito est gratissim9: quia ex nouissimis facit primos.

56 Igitur thesauri Euāgelici rhetia sunt: quibus olim piscabant viros diuitiaru.

57 Thesauri indulgentiaru rhetia sunt: quib9 nūc piscabatur diuitias virorum.

58 Indulgentie: quas Cōcionatores vociferantur: maximas gratias intelligatur vere relaxatio ad quēstū facit.

59 Sunt tamē vere a minima: ad gratiam Dei et Crucis pietatem compate.

60 Tenentur eē qui a Curam veniarū Apostolicaru et Commissarios Dei: cū reuerentia admittere.

61 Sed magis tenent oībus oculis intendere: cōiub9 auribus aduertere: ne p cōmissione Pape sua illis somnia pdicent.

62 Contra veniaru Explicate veram loqui: est ille anathea et maledictus.

63 Qui vero circa libidine ac licentiā verbo pdicātis Concionatoris: curam agit: sit ille benedictus.

64 Sicut Papa iuste fulminat eos qui in fraude negocij veniaru machinantur.

65 Sed multo magis fulminare intendit eos qui per veniarum pretextum in fraude sancte charitatis et veritatis machinantur.

66 Opinari venias papales tantas esse vt soluere possint hominē etiā si quis p impossibile filiā dei genitricem violasset est insanire.

67 Dicim9 cōtra q venie papales nec minimū venialium peccatorum tollere valent quo ad culpam.

68 Quod dicit nec S. S. Petrum nō Papa esset: maiores grā donare poss et blasphemia in S. Petrum et Papam.

69 Dicimus cōtra q etias ille et quilibet Papa maiores hz: scz Euangelium: virtutes: grās curationū zc. vt. 1. Corin: 12.

70 Dicere non ens armario Papalib9 inesse indulgētiae erectam: Cruci Christi equina lere: Blasphemia est.

71 Rationē reddent isti, q Curatici Theologi: q tales sermones in populu licere sinunt.

72 Facit hec licentia veniarū pdicatio: vt nec reuerentia Pape facile sit etiam doctis viris redimere a calūnijs: aut certe argutijs questiosib9 laicorum.

73 Scilicet Papa nō euacuat purgatorii p ter sanctissima charitatē: sū summa animaq necessitatē et cū oim cōm iustissima: Quā infinitas animas redimit p ter pecuniam funditus: ad structurā em Basilice et causam leuissimam.

74 Hec cū geminent et negā veniā iustissimā: et nō reddidat iur recipi pennit biblica: p illo: in bristo 2 cū sani timoru p redemptio orare.

75 Scilicet tā illa mens prius Des et Pape: sp impio a tiumico: pter p ecunias cōcedunt: animā piam et amicam Dei redimere: ēt tũ pter necessitatē solius met pie et piloite anime: nō redimit eam gratuite charitate.

77 Hec Cur Canones pdicae, rogo 4 vsu: si iā in finem abrogati et mor tuaq actu? p penas redimunt q pestu cōio intelligatur: siq maiorū, cui.

78 Hic Cur Papa pecunias redimit q pestitu em equō pauperū: exolatū Christi en ecclesie: Casilie cū crassi: non p pio suo pecuniū magis q pauperz fiddū fruat vna in Basilica S.P.

79 Item Quid remitit: aut pricipat Papa ijs: qui per cōtritione pfectam, ius habent plenarie remissionis et participationis.

80 Item Quid adderet ecclesie bonu anima. Si Papa: sicut semel facit: ita centies in die cuilibet fidelium hec remissiones et participationes tribueret.

81 Et quo Papa salutem querit animaz p venias magis q pecunias: cur tū pendit literas et venias iam olim cōcessas: cum sint eque efficaces.

82 Hec scrupulosissima laicoru: argumenta: sola pt āte cōspicere nec reddita rōne bibere: et tū ecclesiā et Papā hostib9 ridendo exponere et infelices christianos facere.

83 Si ergo venie in spiritum et mentem Pape pdicarent: facile illa omnia solueret: imo non eē nt.

84 Quae itaq rog oīs illi pdetat ō divi: populo Christ: ptr p na nō est pat venia et timore Dei: ppt ā psā: dei vuū dicat populo Christ: Crucruce nō est cruz.

85 Et agit p oīs illi argui q vi dicat populo Christ: Crux Crucis nō est crux.

86 Et ergo venie misericordiā Christiani et Caput suum Christū per penam mortem zc in semedijs siqd studeant.

87 Sic hic magis per multas tribulationes intrare celum: q per securitatem pacis cōfidant.

1517.

des Evangeliums stehe, unverzüglich abzuschaffen sei. Die gewissenlose Predigt des Ablasspropagandisten Johannes Tetzel gefährde das Heil der Seelen, die sich in falscher Sicherheit wiegten.

Seinem Brief an den Erzbischof Albrecht, der für den Vertrieb des Petersablasses zuständig war, waren Luthers 95 Thesen, vermutlich in gedruckter Form, beigefügt. Ob sie am selben Tag auch der akademischen Öffentlichkeit Wittenbergs in der dafür vorgesehenen Form, das heißt durch Anschlag an den Kirchentüren, bekannt gemacht wurden, ist nicht bezeugt, aber doch wahrscheinlich. Im Unterschied zu den sonst üblichen Disputationsthesen sind auf den überlieferten Drucken der 95 Thesen, die in rascher Folge in Leipzig, Nürnberg und Basel herauskamen, weder der Zeitpunkt der geplanten Disputation noch ein Respondent verzeichnet. Allerdings haben die 95 Thesen dies mit einer Thesenreihe Karlstadts zur Gnadenlehre Augustins vom 26. April 1517 gemeinsam. Auch Karlstadts Thesen kamen unmittelbar vor einem hohen Festtag heraus, nämlich vor Misericordias Domini; Luthers Thesen erschienen am Tag vor Allerheiligen, dem 1. November. An diesen beiden Tagen konnte man in Wittenberg außerordentlicher Ablassgnaden teilhaftig werden; dann war mit größeren Besuchermengen zu rechnen. Auch Karlstadt hatte weder den Disputationstermin noch einen Respondenten auf seinen Thesen genannt, sie sind gleichfalls nur in Drucken überliefert, die außerhalb Wittenbergs produziert wurden. In seinem Fall ist jedoch ein statutenkonformer Thesenanschlag bezeugt. Wahrscheinlich zielten beide Wittenberger Theologen auf eine größer angelegte akademische Auseinandersetzung mit Kollegen der umliegenden Universitäten ab, insbesondere Leipzig und Erfurt, um die radikale Gnadentheologie, die man in Wittenberg vertrat, ins Gespräch zu bringen – ähnlich wie es dann im Sommer 1519 durch die Leipziger Disputation tatsächlich geschah.

Dass gerade die 95 Thesen zur Initialzündung «der» Reformation wurden, lag zum einen an der Intensität und Dynamik ihrer Verbreitung, zum anderen daran, dass Erzbischof Albrecht von Brandenburg sie zum Anlass nahm, Luthers Rechtgläubigkeit durch die Theologische Fakultät der Universität Mainz überprüfen und in Rom einen

Verkündung des grossen Aplas
der weysung des hochwirdigen heiligthumbs
in Aller Heiligen stifftkirchen zu
Wittenberg

Hiemit sey menglich kundt/das der aller heiligst in Got Vatter herr Leo yetzregirend der Babst des namens der Zehend/den grossen Ablas der weisung des hochwirdigē heiligtumbs in Aller Heiligen Stifftkirchen zu Wittenberg in massen wie her nach folgeth gemert vnd erhöcht hat.

Zum ersten.das hochbenants hochwirdig heiligtumb doselbst jerlich zu siben maln nach ordnung vnd aussteylung des regirenden Churfursten zu Sachssen rc. zur zeit mag geweyst werden

Zum andern. das alle die Cristliche menschen /so an berurter siben tag einen. od aber am Montag nach Misericordia domini. bey gedachter heiligtumbs weisung seynt/ oder aber der selben tag einen von der ersten vesper biß zu dem nidergang der sunnen benante kirchen Aller Gottes heiligen mit andacht ersuchen/ vnnd jr almusen jn die selb kirchen geben/ von einem jeden stuck hochwirdigen heiligtumbs/ der yetzo Achts zehen tausent/achthundert/vnd funff vñ funfftzig seint/solle eyn hundert quadragen Ablas verdienen.

Zum dritten. das alle Cristliche menschen die durch kranckheit/geschefft/alder/ oder ander vrsach verhindert/zu diser weisung des hochwirdigen heiligtumbs gin Wittenberg nicht mogen komen/ nichts dester weniger/ wen sie jr almusen jn vil berurte Aller Gottes heiligen kirchen schicken/disen Ablas mogen verdienen.

Zum vierden. das dise Bebstliche gnad soll ewig vñ vnwiderruflich sein/vnd durch kein andere Bebstliche gnaden wie die sein oder heissen mocht auffgehoben oder verhindert werden.

Wer nu andacht vnd jnnigkeit darzu hat/mag auff den Sontag Misericordia dñi zu oder nach der ersten vesper oder des nechstfolgenden Montags zu Wittenberg jn Aller heiligen kirchen erscheinen/ sich aller heiligen seligen vorbitt zubefelhen. Datum zu Wittenberg/ am Sontag Letare. Anno dñi XD C.xx.

Einblattdruck zur Wittenberger Heiltumsweisung von Misericordias Domini 1520. Das Blatt kündigt für Allerheiligen 1520 für Wittenberg eine Heiltumsschau am 23. April an. Auf dem abgebildeten Exemplar findet sich ein handschriftlicher Zusatz Georg Spalatins (Ulrich Bubenheimer hat die Handschrift identifiziert): «Ein etlichs stuck het Ein hundert Jahre, Ein hundert Tag, Ein hundert und ein Quadragen Ablas.» Das Blatt dokumentiert, dass im Jahre 1520 die in Wittenberg zu erwerbenden Ablassgnaden erneut sprunghaft angestiegen waren, dass also gut zwei Jahre nach dem Beginn des Ablassstreites die traditionellen Heilsangebote selbst in Wittenberg noch angeboten wurden.

Ketzerprozess gegen ihn einleiten zu lassen. Ein weiterer Grund ihrer Wirkung war inhaltlicher Art: In ihrer Anknüpfung an das neutestamentliche Verständnis der Buße als einer lebenslangen Glaubensübung (These 1)[28] stellen sie das Ablasswesen fundamental in Frage. Sie verwerfen die Ablässe für die Verstorbenen, die in der Ablasspraxis implizierte Gewalt des Papstes, die trügerische Sicherheit, die die Ablässe vermittelten, ihre ruinösen Wirkungen in Bezug auf die Predigt und andere Liebeswerke, die Fegefeuerlehre, die Geldgier der Ablassprofiteure etc. Alle diese Themen im Kontext der Ablasslehre sprach Luther an.

Luther hatte mit seiner Kritik am Ablass ein zeitgenössisches «Murren» des gemeinen Mannes aufgenommen, aber vielfältige zeitgenössische Reaktionen zeigen, dass zunächst offen war, welche Resonanz er in den unterschiedlichen kirchlichen und gesellschaftlichen Kreisen finden würde. Von dem Merseburger Bischof Adolf von Anhalt etwa ist bezeugt, dass ihm das Verhalten des Mönchs aus Wittenberg «wol» gefiel und er hoffte, dass dessen «conclusiones», also die 95 Thesen, «an vil orten angeslagen» würden, um die «arme[n] leute» vor dem «betrieg Tetzels» zu warnen.[29] Erasmus von Rotterdam nahm in das Vorwort seines seit 1518 zum Bestseller aufsteigenden Handbüchleins des christlichen Streiters (Enchiridion militis christiani) eine Spitze gegen den Ablass auf und rückte den Papst von den Praktiken derer ab, die sich auf ihn beriefen: «So stark haben die Philister die Überhand gewonnen, die [...] statt Göttlichem Menschliches predigen, also nicht das, was sie zum Ruhme Christi, sondern was sie zum Vorteil jener unternehmen, die Ablässe [...] und ähnliche Papiere kaufen und verkaufen. Sie machen das umso gefährlicher, als sie für ihre Begierden bedeutende Herrscher, den Papst und sogar Christus selbst als Aushängeschild gebrauchen.»[30] Auch Luther hatte in seinen Thesen eine rhetorische Strategie gewählt, nach der erwartet werden konnte, dass der Papst selbst gegen die in seinem Namen vertriebenen Ablässe eintreten werde. «Wenn [...] die Ablässe nach dem Geist und Sinn des Papstes gepredigt würden, so ließen sich», behauptete der Wittenberger, die von ihm erhobenen «Einwände leicht entkräften».[31] Auch wenn Luther durch den ihm nahestehenden juristischen Kollegen Hieronymus Schurff wohl schon früh[32] vor Augen geführt worden ist, dass sein Angriff auf den Ablass im Kern die Frage nach der Autorität des Papsttums berührte, dürfte er selbst noch einige Zeit lang darauf gehofft haben, dass ihm von der Spitze der Kirche, vom Papst selbst, Beistand zuteil werden würde. Denn er liebte seine Kirche; er litt unter dem durch den Ablasshandel eingetretenen Glaubwürdigkeitsverlust; als «berufener Doktor der Theologie»[33] wollte er mit allen ihm zur Verfügung stehenden Mitteln zu der Beseitigung dieser Missstände beitragen. Als wichtigstes Mittel dazu erschien ihm eine auf das Kreuz Christi fokussierte Verkündigung; dann, wenn die Christen ermahnt würden, dem Weg ihres Hauptes durch Leiden, Tod und Hölle nachzufolgen und nicht den ungleich bequemeren Ablass zu wählen, könnten sie darauf vertrauen, «durch viel Trübsal in den Himmel einzugehen».[34] Diese «Theologie des Kreuzes» (*theologia crucis*), die asketisch-herbe Motive der biblischen, der patristischen und der monastischen Tradition aktualisierte, bildete die unerschütterliche theologische Basis von Luthers Kritik an den Erscheinungen des zeitgenössischen Kirchenwesens. Dieses Fundament sollte ihn auch durch die Turbulenzen tragen, die ihm bevorstanden. Im Rückblick meinte er, sein Angriff auf den Ablass habe nichts Geringeres bedeutet, als «den Himmel zum Einsturz zu bringen und die Welt in Flammen aufgehen zu lassen».[35]

5. LUTHERS BRUCH MIT DEM PAPST

Streitschriften und Kontroversen

Von der Jahreswende 1517/18 bis zu seinem Tod im Frühjahr 1546 war Luther in literarische Auseinandersetzungen mit Gegnern verstrickt. In der Frühzeit der Reformation, also den Jahren zwischen 1518 und 1521, kam diesen Kontroversen eine nicht geringe Bedeutung auch in Bezug auf die definitive Ausformung seiner Theologie zu. Im Streit präzisierte er etwa die Sakramentenlehre, das Kirchenverständnis oder das Verhältnis der Schrift zu anderen Autoritäten;

insofern hat man den Kontroversen, in die Luther geriet, eine klärende Rolle zuzuschreiben. Auch im Spiegel der ihm entgegentretenden Kontroverstheologie zeigte sich, dass die Konturen des römischen Katholizismus bisweilen erst in der Auseinandersetzung mit der Reformation trennscharf hervortraten und ein eindeutig papalistisches Profil annahmen.

Die rastlosen literarischen Schlachten, aber auch die eher erbauliche Schriftstellerei, die Luther beschäftigte, schlugen sich in einer Druckproduktion bisher unbekannten Ausmaßes nieder. Elementare Fragen des christlichen Glaubens wie die nach der angemessenen Buße, der rechten Vorbereitung auf den Sakramentsempfang oder das Sterben, die Betrachtung des Leidens Christi, eine christliche Lebensführung nach Maßgabe der Zehn Gebote usw. erörterte Luther in einer zumeist ganz unpolemischen Weise. Diese geistliche Schriftstellerei stieß auf eine besonders große Nachfrage; der geistliche Tröster Luther bahnte dem Kirchenkritiker den Weg.

Waren in den Jahren 1518/19 insgesamt 22 lateinische Schriften Luthers in 106 und 18 deutsche Schriften in 136 unterschiedlichen Ausgaben erschienen, so stieg die Zahl der deutschen Publikationen im Folgejahr auf rund 20 in über 150 Ausgaben; die lateinischen hingegen gingen auf elf in 43 Ausgaben zurück. Auch die theologischen Kontroversen, die zunächst in der Gelehrtensprache, dem Latein, ausgetragen wurden, spielten sich nun vornehmlich in der Volkssprache ab; viele der deutschen Schriften Luthers erreichten zweistellige Nachdruckquoten. Doch daneben blieb die lateinische Sprachebene wichtig; viele zunächst auf Deutsch erschienene Schriften Luthers kamen auch in lateinischen Übersetzungen heraus. Die lateinische Gelehrtenwelt Europas nahm in starkem Maße am Schicksal Luthers und seiner Anhänger teil. Auch einzelne Übersetzungen Luther'scher Schriften in unterschiedliche europäische Volkssprachen kamen nun nach und nach heraus. Luther war übrigens der erste deutsche Autor, von dem dies galt. In einigen Ländern wurden seine Texte unter fremdem oder ohne Namen verbreitet, in Italien etwa unter dem des Erasmus, in Frankreich zumeist anonym.

Titelblatt der ersten lateinischen Luther-Sammelausgabe, gedruckt im Oktober 1518 in Basel. Die Ausgabe wurde von Wolfgang Fabricius Capito, einem Baseler Theologieprofessor und engem Vertrauten des Erasmus, mit einer anonymen Vorrede versehen und hatte entscheidende Bedeutung für Luthers Bekanntheit in der Welt der Gelehrten. Für den humanistischen Drucker Johannes Froben war sie der bis dahin größte verlegerische Erfolg. Im Februar 1519 war die Auflage bereits ausverkauft.

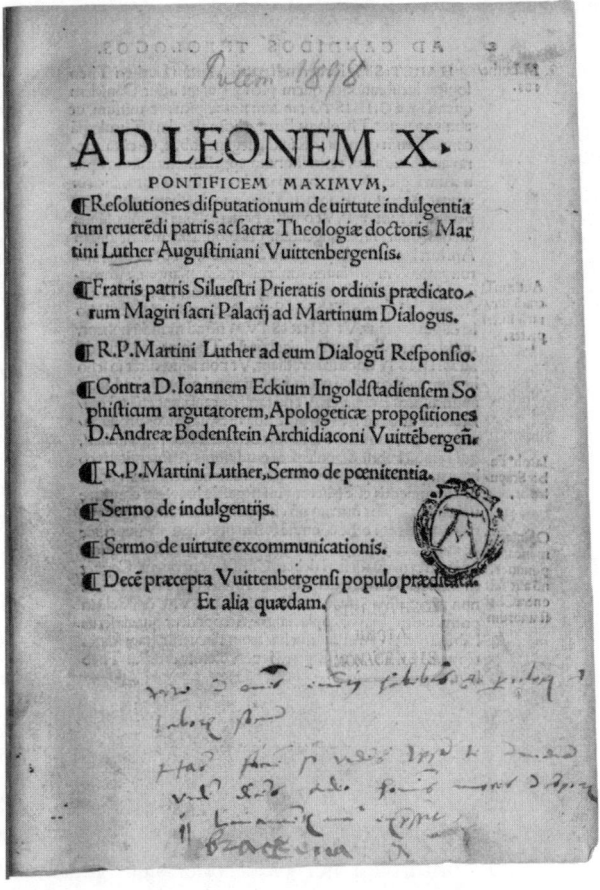

Seit dem Oktober 1518, als der Basler Drucker Johannes Froben eine erste lateinische Sammelausgabe Luther'scher Schriften veröffentlicht hatte, ist mit einer breiten Rezeption Luthers in der europäischen Gelehrtenwelt zu rechnen. Im Februar 1519 teilte Froben Luther mit, dass er sechshundert Exemplare des Druckes nach Frankreich versandt und dass ein lebhafter Weiterverkauf nach Spanien eingesetzt habe; auch war ihm das Interesse von Professoren der Sorbonne an dem Buch zu Ohren gekommen. Er ließ Luther wissen, dass man dort die große Freimütigkeit (*talem libertatem*) seiner Äußerungen zu schätzen wisse; bis zur Verurteilung Luthers durch die angesehenste Universität der Zeit sollten noch zwei Jahre vergehen. Sodann erfuhr der Wittenberger, dass der Buchhändler Franciscus Iulius Calvus aus Pavia einen weiteren Teil der Büchlein (*libelli*) nach Italien verbracht habe, wo sie inzwischen in allen Städten (*per omnes civitates*) verbreitet seien. Noch nie habe Froben ein Buch besser verkauft als diese Ausgabe.[36] Die europäischen Netzwerke des Buchhandels, die durch den Humanismus etabliert, gestärkt und belebt worden waren, kamen der Verbreitung Luther'scher Texte zugute.

Auch die Rolle, die Studenten als mobile Akteure bei der Verbreitung reformatorischen Gedankenguts und evangelischen Schrifttums spielten, sollte man nicht unterschätzen. Bisweilen traten sie mit demonstrativen und spektakulären Aktionen hervor – etwa bei der Verbrennung von Schriften der Gegner ihrer Wittenberger Lehrer oder dadurch, dass sie im Herbst 1520 Nachdrucke der Bannandrohungsbulle *Exsurge Domine* in der Erfurter Gera versenkten.

Im Anschluss an die *95 Thesen* erschienen im Sommer 1518 deren gelehrte lateinische Auslegung (*Resolutiones disputationum de indulgentiarum virtute*) und im Frühjahr ein stärker auf volkssprachliche Leser aus dem Laienstand abzielender *Sermon von Ablass und Gnade* – mit insgesamt 23 Ausgaben bis 1520 Luthers frühester publizistischer Erfolg! Bereits in den ersten literarischen Auseinandersetzungen wurde der Wittenberger Augustiner von seinen Gegnern, Johannes Tetzel etwa, dessen akademischem Parteigänger Konrad Wimpina in Frankfurt an der Oder oder dem Ingolstädter Theologieprofessor Johannes Eck, der bald sein kraftvollster und beharrlichster Widersacher wurde, in eine enge Verbindung mit Jan Hus und den Hussiten gerückt. Sodann zogen sie die Autoritätenfrage, insbesondere die Frage nach der Rolle des Papstes, in den Vordergrund der Auseinandersetzung. Durch diese Kontroverstheologie wurde Luther immer deutlicher dazu genötigt, sich zu Rom, dem kanonischen Recht und zur Bedeutung der Konzilien zu äußern.

Auch die in seinem Orden zügig einsetzende Diskussion über Luther trug zur europäischen Wahrnehmung seiner Person und seiner *causa* bei. Unter seinen Ordensbrüdern war die Zustimmung zu seiner Theologie besonders groß. Entsprechend lebhaft war die Feindschaft, die Luther aus den konkurrierenden Bettelorden, insbesondere den Dominikanern, entgegenschlug; sie steigerte gleichwohl die Solidarität in den eigenen Reihen. Im Rahmen eines Generalkapitels der Reformkongregation seines Ordens wurde ihm am 26. April 1518 in Heidelberg die Möglichkeit eröffnet, die Grundzüge seiner an Paulus und Augustin orientierten Kreuzestheologie (*theologia crucis*) im Gegensatz zu einer scholastischen Herrlichkeitstheologie (*theologia gloriae*) darzustellen. Der Dominikanerpater und spätere Straßburger Reformator Martin Bucer, der damals in Heidelberg studierte, sandte einen euphorischen Bericht von diesem Ereignis an den humanistischen Freund Beatus Rhenanus, in dem er die völlige Übereinstimmung Luthers mit Erasmus betonte, doch die offenere und entschiedenere Lehrweise des Wittenbergers rühmte.[37] Eine ganze Reihe humanistisch gebildeter Studenten, die später zu «Reformatoren» Oberdeutschlands avancierten – Johannes Brenz, Theobald Billican, Franz Irenicus, Erhard Schnepf, Martin Frecht, vielleicht auch Johannes Isenmann, Paul Fagius und Sebastian Franck –, nahmen als Zuhörer an der Heidelberger Disputation teil und wurden für Luther gewonnen. Neben der Verbreitung Luther'scher Schriften durch den Druck bildete diese Veranstaltung das wichtigste Initial für die Entstehung einer reformatorischen Bewegung im Südwesten des Reichs.

Aufgrund sehr spezifischer historischer Umstände verzögerte sich die kirchenrechtliche und -politische Entscheidung über Luthers Lehre beträchtlich. Dies war vor allem dem Umstand geschuldet, dass in den Jahren 1518/19 die Frage der Nachfolge Kaiser Maximilians im Fokus der nationalen und der internationalen Politik stand. Der Medici-Papst Leo X. versuchte eine Kandidatur des Kaiserenkels Karl zu hintertreiben, um die Übermacht der Habsburger zu brechen. Dazu bedurfte er der Unterstützung des mächtigen sächsischen Kurfürsten Friedrich; der Prozess gegen den Mönch aus Wittenberg wurde deshalb sistiert. Statt der erwarteten Vorladung nach Rom wurde zwischen der Kurie und der kursächsischen Administration ein Verhör Luthers vor dem zum Augsburger Reichstag entsandten Kardinallegaten Thomas de Vio aus Gaeta, genannt Cajetan, einem dominikanischen Ordenstheologen von hohem intellektuellem Rang, vereinbart.

Zu diesem Zeitpunkt galt Luther bereits als «erklärter Ketzer» (*haereticus declaratus*).

Cajetan waren weitreichende Vollmachten übertragen, den inkriminierten Augustinermönch im Falle einer Verweigerung des Widerrufs in den Bann zu tun, in Gewahrsam zu nehmen und nach Rom zu deportieren. In den an mehreren Tagen fortgeführten Gesprächen stellte Cajetan heraus, dass Luthers Vorstellung, der Glaubende könne aufgrund des im Bußsakrament gesprochenen Absolutionswortes persönlich seines Heils gewiss werden, «unkatholisch» sei und bedeute, eine «neue Kirche» zu bauen. Denn nach katholischer Lehre gründe sich die Heilsgewissheit nicht auf ein unmittelbares Gottesverhältnis, sondern auf die Zugehörigkeit zur Sakralinstitution Kirche als Heilsmittlerin. Wohl deutlicher, als es Luther zu diesem Zeitpunkt bewusst war, erkannte der brillante Theologe Cajetan, dass das Insistieren auf der persönlichen Heilsgewissheit das heilsanstaltliche Gefüge der Papstkirche im Kern erschüttern musste. Luthers Infragestellung der päpstlichen Verfügungsgewalt über den Schatz der Kirche (*thesaurus ecclesiae*) wurde von Cajetan als fundamentaler Angriff auf die Autorität des Stellvertreters Christi identifiziert. Auch hier sah der Kardinal die Konsequenzen der Luther'schen Ablasskritik bereits deutlicher als dieser selbst, der sich noch in Übereinstimmung mit einem orthodoxen Hauptstrang der kirchlichen Lehrentwicklung wähnte.

Durch die von Cajetan verfasste, am 9. November 1518 promulgierte, das heißt rechtskräftig veröffentlichte Dekretale *Cum postquam* wurden letzte, von Luther aufgedeckte Unklarheiten der römischen Ablasslehre beseitigt. Von nun an war definitiv als kirchliche Lehre festgestellt, dass Lebenden und Toten aufgrund der päpstlichen Schlüsselgewalt auf der Basis des Schatzes der Kirche Ablässe für die Vergebung der zeitlichen Sündenstrafen zuerkannt werden konnten, entweder fürbittweise oder kraft verbindlicher Ablösung. Die noch bestehenden Lücken zwischen der Praxis und der dogmatischen Lehre der Ablässe waren nun geschlossen. Luther reagierte auf das erfolglose Verhör und die weitere Entwicklung an der Kurie in einer fortan für ihn charakteristischen Manier: Er trat die Flucht nach vorn, in die publizistische Öffentlichkeit, an und ließ diese an seinem Fall teilhaben; damit übertrug er denen, die lesen konnten, das Urteil über sich und seine Sache. Spätestens seit dem Jahresende 1518 war Luther klar, welche Macht der Erfindung Johannes Gutenbergs innewohnte. Er verstand es wie kein zweiter, sie zu nutzen; sie sollte ihm das Leben retten.

Bald nach dem Beginn des Ablassstreites war es zu zunächst handschriftlich, bald auch gedruckt verbreiteten lateinischen Schriftwechseln zwischen dem Ingolstädter Theologen Johannes Eck, einem der geachtetsten der humanistisch aufgeschlossenen Vertreter der jüngeren Generation, und seinen Wittenberger Kollegen und Altersgenossen Karlstadt und Luther gekommen. Nach und nach kristallisierte sich der Plan heraus, strittige Fragen der augustinischen Gnadenlehre im Verhältnis zur menschlichen Freiheit und zur Autorität von Schrift und Tradition sowie von Papst und Konzil in einer öffentlichen Disputation zu erörtern. Von Wittenberger Seite verfolgte besonders Karlstadt das Vorhaben; als Austragungsort einigte man sich auf Leipzig. Die dortige Fakultät lehnte eine schiedsrichterliche Rolle aber von vornherein ab. Nach einem ungewöhnlich breiten publizistischen Vorlauf aus Thesen und Gegenthesen Ecks, Luthers und Karlstadts verständigte man sich unter Vermittlung des albertinischen Landesherrn, Herzog Georgs des Bärtigen, darauf, den gesamten Disputationsverlauf genauestens zu protokollieren. Dieser Text sollte aber nicht veröffentlicht, sondern den Theologischen Fakultäten von Paris und Erfurt für eine Lehrbeurteilung zur Verfügung gestellt werden; erstere votierte am 15. April 1521, letztere verweigerte sich der Aufgabe.

Die drei Wochen währende *Leipziger Disputation* (27. Juni bis 15. Juli 1519) fand eine erhebliche öffentliche Aufmerksamkeit; aus Wittenberg war neben dem fürstlichen Rektor und zahlreichen Professoren eine große Menge an Studenten mitgereist, die sich einen Spaß daraus machten, Eck zu bedrängen und Stimmung gegen ihn und für ihre Professoren zu machen. In der herzoglichen Pleißenburg kamen täglich mehrere Hundert Zuhörer zusammen; auch Anhänger des Jan Hus aus Prag waren unter ihnen. Sie suchten einen ersten

Kontakt zu Luther und setzten diesen im Nachgang der Leipziger Disputation durch Korrespondenz fort. Dass Luther schon im Herbst 1519 in einem *Sermon von dem Sakrament des Leichnams Christi,* der auch bald in tschechischer Übersetzung erschien, unverhohlen für die Forderung einer Abendmahlskommunion unter beiderlei Gestalt, also Brot und Wein (utraque specie), eintrat,[38] hing mit den böhmischen Gesprächspartnern zusammen. Die Kontakte zu den Utraquisten bildeten auch den Ansatzpunkt dafür, dass sich Luther intensiv mit Jan Hus und der Theologie seiner Erben beschäftigte und schließlich Hus' Hauptwerk *De ecclesia* (Über die Kirche) in den Druck gab. So entstanden allmählich regelmäßigere Beziehungen Wittenbergs zur jüngsten vorreformatorischen Ketzerei in Böhmen.

War Karlstadt im Vorfeld des Leipziger Schaukampfes der aktivere der Wittenberger Kombattanten gewesen, so geriet er während der Disputation selbst immer deutlicher in den Schatten seines Kollegen. Dies war zum einen dem Hauptthema seiner Debatte mit Eck geschuldet, nämlich der in Wittenberg vertretenen paulinisch-augustinischen Gnadenlehre, bei der es sogar zu Annäherungen von Seiten des Ingolstädters kam. Die zwischen Luther und Eck erörterten Fragen einer universalen Geltung der päpstlichen Suprematie aber, die der Wittenberger leugnete, und einer infalliblen kirchlichen Norm, die Luther auch in Gestalt eines allgemeinen Konzils bestritt, besaßen wohl größere Brisanz und Öffentlichkeitswirkung als Karlstadts Themen. Überdies scheint Karlstadt wegen seiner gelehrt-bedächtigen, regelkonform, gar skrupulös agierenden, mit reichlich Buchwissen und Autoritätszeugnissen gestützten Argumentationsweise gegenüber dem temperamentvolleren, rhetorisch robusten Charismatiker Luther ins Hintertreffen geraten zu sein – eine Erfahrung, die er in den kommenden Jahren immer wieder machen musste und die ihr kollegiales Verhältnis belastete.

Indem Eck Luther in engste Nähe zu den in Konstanz verurteilten Ketzern Hus und Wyclif rückte, trug er gezielt zur weiteren Polarisierung bei. Aus seiner Sicht war es nur konsequent, dass er sich im Nachgang der Leipziger Disputation persönlich dafür einsetzte, dass der römische Prozess weitergeführt und beendet wurde. Soeben, im

Juni 1519, war auch die Entscheidung in der Kaiserfrage zugunsten Karls von Spanien getroffen worden; diplomatische Rücksichten an der Kurie hinderten eine Beendigung der *Causa Lutheri* nicht mehr.

Luther schreibt um sein Leben

Das knappe Jahr, das zwischen dem Ende der Leipziger Disputation und dem Bekanntwerden des römischen Urteils über Luther in Gestalt der Bannandrohungsbulle *Exsurge Domine* lag – am 15. Juni 1520 wurde sie promulgiert, Anfang Oktober kannte man sie in Wittenberg –, war wohl die Phase der wirkungsvollsten literarischen Leistung des Augustinermönchs. Nach und nach schrieb er sich in die Rolle eines «Reformators» hinein. Dabei darf man voraussetzen, dass die Angst um Leib und Leben, die Luther angesichts der drohenden Verurteilung begleitete, seine Kreativität, Ausdruckskraft und Produktivität in einzigartiger Weise stimulierte. Luther schrieb um sein Leben. Seine Schriften hatten gigantische Verbreitungserfolge, er wurde allenthalben und überall gelesen, von ihm stimulierte Leser avancierten ihrerseits zu reformatorischen Schriftstellern, und es entstand eine «reformatorische Bewegung». Auf diese Weise trug er selbst entscheidend dazu bei, dass das traditionelle Mittel der Ketzerbekämpfung, die Verbrennung einer Person, ihrer Schriften, scheitern musste. Auch wenn sein Landesherr ihm Schutz gewährte – gerettet hat ihn die Erfindung Johannes Gutenbergs. An Luthers Beispiel wurde erstmals deutlich, dass die traditionellen Repressionsinstrumente der kirchlichen Hierarchie gegenüber einer unkontrollierbaren Verbreitung abweichender Gedanken versagen mussten – ein erster, noch tastender, aber alles entscheidender Schritt in eine neue Zeit.

In dem knappen Jahr vom Sommer 1519 bis Frühherbst 1520 hat Luther eine grundlegende Neudeutung der kirchlichen Sakramente vorgelegt, deren Zahl er auf nurmehr drei (Beichte, Taufe und Abendmahl), bald – wegen des Fehlens eines äußeren Zeichens bei der Beichte – auf zwei beschränkte und die er als Bekräftigung eines in ihnen ergehenden Verheißungswortes deutete. Seine Schrift *De captivitate Babylonica ecclesiae (Von der babylonischen Gefangenschaft der Kirche*) aus dem Oktober 1520 riss das ehrwürdige Gebäude der auf den sieben Sakramenten errichteten römisch-katholischen Heilsanstalt schonungslos ein. Manchen gelehrten Humanisten, der Luther bisher mit Sympathie gefolgt war, schauderte es ob der unversöhnlichen Radikalität, mit der hier kirchliche Gewohnheiten, die einer biblischen Grundlage entbehrten, hinweggefegt, Regulierungen des kanonischen Rechts für null und nichtig erklärt und allein der vertrauend-glaubenden Beziehung des einzelnen Menschen zu Gott eine religiöse Bedeutung zuerkannt wurde. An dieser Schrift schieden sich die Geister, eher als an jeder anderen.

Sodann nahm sich Luther einer theologischen Neubegründung des christlichen Ethos an, die er in Form einer Auslegung der Zehn Gebote präsentierte (*Von den guten Werken*, 1520). Dabei lag ihm daran, die guten, um des Nächsten willen getanen sittlichen Werke als spontane Folge des Glaubens auszuweisen. Der sich in der Liebe ergehende Glaube setze die ihm von Christus zuteil gewordene Hingabe im Dienst an der Welt, im Beruf, ins Werk. Hier sprach Luther bereits Motive einer Gesellschaftsreform an – etwa im Umgang mit Kleiderluxus, Ess- und Trinkgewohnheiten («Fressen und Saufen»), Sexualität, Kreditwesen etc.[39] –, die er dann in seiner wirkungsreichsten Programmschrift, dem Traktat *An den christlichen Adel deutscher Nation von des christlichen Standes Besserung* aus dem Sommer 1520,[40] ausführlich behandeln sollte.

Mit diesem Text, der binnen kurzem in 15 Ausgaben verbreitet wurde, vollzog Luther seinen definitiven Bruch mit dem Papsttum, das er nun auch öffentlich als «Antichrist» identifizierte, und skizzierte zugleich die Umrisse eines kirchlichen Neubaus. Dieser sollte vorrangig von den weltlichen Obrigkeiten, dem Kaiser, den Reichsfürsten, dem Adel, den städtischen Magistraten, aber auch jedem Christenmenschen in seinem jeweiligen Verantwortungsbereich realisiert werden. Dem «geistlichen Stand» bescheinigte Luther nun weitestgehende Verderbnis und Reformunfähigkeit. Als Legitimationsbasis der laikalen Handlungsermächtigung diente die zu Eingang der Schrift entfaltete Konzeption des «Priestertums aller Glaubenden und Getauften». Allerdings hat Luther den entsprechenden Passus wohl

An den Christli-
chen Adel deutscher Nation
von des Chriftlichen ftandes befferung.
D. Martinus Luther

Der .X. gebot ein nut-
liche erklerung Durch den hoch-
gelerten. D. Martini Luther Augustiner ordens Beschuben vnd
geprediget/geiftlichen vnd weltlichen dienende. Item ein schöne
predig von den.vij.todfünden/auch durch jn beschuben.

erst gegen Ende seiner Arbeit an dem Traktat formuliert; die *Adelsschrift* ist in literarischer Hinsicht nicht aus einem Guss und in Bezug auf die
Frage, wer der Träger reformatorischer Neu- und
Umgestaltungen sein solle, keineswegs eindeutig.
Im Grunde konnte sich jedermann aufgerufen fühlen, an je seinem Ort für des «christlichen Standes
Besserung» einzutreten. Insofern bildete die *Adelsschrift* eine Basis für all die unterschiedlichen territorialfürstlichen, ritterschaftlichen, städtischen
und bäuerlich-kommunalistischen Entwicklungen,
die sich in den kommenden Jahren regen sollten.
Aus der Not heraus, dass das bestehende Kirchen-

*Titelblätter von Luther-
schriften des Jahres 1520:
‹An den christlichen Adel
deutscher Nation›,
gedruckt bei Valentin
Schumann in Leipzig, und
‹Der X. gebot ein nutz-
liche erklerung›, gedruckt
bei Adam Petri in Basel.
Die deutsche Erstausgabe
von ‹Decem Praecepta›
ist mit einem Titelholz-
schnitt von Hans Holbein
versehen.*

wesen irreparabel korrumpiert sei, rief Luther diverse, bald in Konkurrenz zueinander tretende Reformationsakteure auf den Plan, Geis-

ter, die er schon bald nicht mehr zu bannen vermochte. Die *Adelsschrift* ist einer der wenigen Luthertexte, der nicht auf Latein und erst viel später in einer anderen zeitgenössischen volkssprachlichen Übersetzung erschienen ist. Die für den Verlauf der Reformation im Reich wichtigste und einflussreichste Schrift war in den übrigen europäischen Ländern praktisch unbekannt – ein folgenschwerer Sachverhalt.

Dass Luther über den literarischen Kämpfen, die er zu führen hatte, zu einem brillanten publizistischen Strategen geworden war, zeigte sich besonders bei der Verbreitung seiner heute wohl meistgelesenen Schrift *Von der Freiheit eines Christenmenschen*. Ihre Abfassung und Publikation hing mit dem Wirken des in päpstlichen Diensten tätigen sächsischen Adligen Karl von Miltitz zusammen, der unbeschadet der bereits erfolgten Unterzeichnung der Bannandrohungsbulle durch Leo X. in Luthers Orden und bei seinem Landesherrn die Hoffnung nährte, dass noch unausgeschöpfte diplomatische Spielräume für eine Versöhnung mit Rom bestünden. Nach entsprechenden Verhandlungen ließ sich Luther darauf ein, dem Papst einen Brief auf Lateinisch und Deutsch zu schreiben, in dem er «seine Geschichte»[41] erzählen, die Schuld an dem Zerwürfnis mit Rom ausschließlich Eck anlasten und dem Papst einen Beweis seiner geistlichen Gesinnung liefern sollte. Ernsthafte Hoffnungen auf eine Versöhnung mit Rom hegte er zu diesem Zeitpunkt nicht mehr; doch Erwartungen der ihn schützenden kursächsischen Landesherrschaft zu missachten, kam auch nicht in Betracht. Das entsprechende Schreiben wurde auf den September 1520 zurückdatiert, auf einen Zeitpunkt also, der kurz vor dem Bekanntwerden der Bannandrohungsbulle in Wittenberg lag. Die lateinischen Ausgaben des *Sendbriefs an Papst Leo* erschienen gemeinsam mit der lateinischen Version der ganz unpolemisch gehaltenen *Freiheitsschrift*; auf Deutsch erschienen beide Texte aber separat. Luther konnte zu diesem Zeitpunkt kein Interesse mehr daran haben, gegenüber dem vor einem deutschen Lesepublikum soeben erst als «Antichrist» entlarvten Papst noch als gesprächsbereit zu erscheinen. In der internationalen Öffentlichkeit aber wurde dies genau so wahrgenommen.

In der *Freiheitsschrift* entfaltete Luther die paradoxe Existenz des Christen als freie, geistliche Herrschaft und als dienstbare Knechtschaft, in der man an den beiden Naturen des Gottmenschen Christus teilhabe. Die dem Menschen im Glauben zugeeignete innere Freiheit aktualisiere sich in liebender Hinwendung zum Nächsten. Dies waren aus den lebendigsten Quellen des Neuen Testaments geschöpfte theologische Gedanken, gegen die auch das Oberhaupt der römischen Kirche nichts würde einwenden können. In Bezug auf die Realgestalt des Christentums aber stand für Luther im Sommer 1520 fest, dass nurmehr ein grundstürzender Wandel in Betracht kam. Allenfalls ein Papst, der den gesamten kurialen Apparat auflösen und einen radikalen Neuanfang wagen würde, hätte eine Lösung sein können; vom Leo, dem «Löwen», der – wie Luther höchst ironisch formulierte – in der Kurie saß «gleych wie Daniel unter den lawen (Löwen)»,[42] war dies nicht zu erwarten.

Die Bulle *Exsurge Domine* war das Produkt einer kurialen Kommissionsarbeit, an der Johannes Eck seit Anfang 1520 wohl den entscheidenden Anteil hatte. In den im April fertigen Entwurf für eine Verdammung Luthers und seiner Lehren waren die bereits vorliegenden Lehrurteile der Universitäten Löwen und Köln eingegangen. Nach weiteren Beratungen in den päpstlichen Konsistorien im Kreis der Kardinäle wurde der Bulle am 15. Juni Rechtskraft verliehen. Den Kern des Dokumentes bildeten 41 weitgehend eigenständig formulierte, zumeist nicht wirklich zitierte Sätze aus Lutherschriften, die «verwerfliche Lehre» enthielten. Sie entstammten den bis zu Beginn des Jahres 1520 erschienenen Schriften, blieben also hinter der gewaltigen theologischen Entwicklung und kirchenpolitischen Radikalisierung, in die sich Luther im Laufe des Jahres hineingeschrieben hatte, zurück.

Inkriminiert wurden neben seiner Ablass- und Papstkritik allerlei Wendungen, in denen Luther ein radikales, durch die Sakramente nicht ohne Weiteres zu tilgendes Sündenbewusstsein vertreten, ein von der sakramentalen Beichtbuße unterschiedenes radikales Bußverständnis propagiert und die Konzentration auf den Glauben an das Absolutionswort als Basis der Versöhnungsgewissheit verfochten hatte. Auch Luthers Zweifel am Fegefeuer und sein Bekenntnis zu Hus verwarf man. In Sätzen wie: «Ketzer zu verbrennen ist wider den Heiligen Geist»,[43] oder: «Gegen die Türken Krieg zu führen, bedeutet Gott zu widerstreiten, der uns durch sie straft»,[44] sah die römische Kirche die Infragestellung elementarer Praktiken wie Inquisition oder Kreuzzüge. Luther wollte eine «andere Kirche», anders als die, die ihn verwarf; das hatte man in Rom erkannt und daraus zog man auch in Wittenberg Konsequenzen.

Luther wurde eine Widerrufsfrist von sechzig Tagen nach Erhalt der Bulle eingeräumt; sie endete, so scheint es, am 10. Dezember 1520. Von diesem Tag an war er ein rechtmäßig verurteilter Ketzer; an genau diesem Tag beantwortete er die ihm widerfahrene Exkommunikation mit einem Strafakt: Er verbrannte ein Exemplar des kanonischen Rechts und die Bulle *Exsurge Domine* vor dem Wittenberger Elstertor. Man wird dieser Zeichenhandlung nur gerecht, wenn man sie in den Horizont der zeitgenössischen Rechts- und Inquisitionspraxis stellt. Im Anschluss an die biblische Tradition (Apostelgeschichte 19,19) war es diversen Instanzen wie Päpsten, Konzilien, Bischöfen, Inquisitoren, auch den Leitern korporativer Einrichtungen wie Klöstern, Orden oder Universitäten zugekommen, einen Irrtum in Gestalt der Vernichtung seiner materiellen Grundlagen, der Bücher, zu liquidieren. Luthers Aktion vom 10. Dezember knüpfte daran an und nahm für sich in Anspruch, die auf dem Fundament des kanonischen Rechts errichtete Papstkirche im Namen der wahren Kirche Jesu Christi zu exkommunizieren. Diese publizistisch rasch verbreitete, von Luther literarisch ausführlich begründete Tat wirkte wie ein Fanal des Aufruhrs.

Auch der Weg des päpstlichen Nuntius Hieronymus Aleander, der die Bannandrohungsbulle in den westlichen Reichsgebieten propagierte, war von Scheiterhaufen gesäumt, die nun aber aus Schriften Luthers und seiner immer zahlreicher werdenden Anhänger aufgehäuft waren. In der allgemeinen Brandstifterei brach sich eine aufgeheizte Stimmung Bahn; «ganz Deutschland» schien «in hellem Aufruhr»; «neun Zehnteile», so berichtete der Nuntius nach Rom, erhöben «das Feldgeschrei: ‹Luther!›» und für das übrige Zehntel, falls ihm Luther gleichgiltig ist, lautet die Losung wenigstens: ‹Tod dem römischen Hofe!›»[45] Unruhe, Ungewissheit, Erregung allenthalben. Was würde geschehen? Deutschlands meistgelesener Theologe – ein Ketzer?!

6. WORMSER REICHSTAG, AUFRUHR UND UMBRUCH

Verweigerung des Widerrufs

Der Kurfürst von Sachsen und sein Hof hatten immer wieder gefordert, dass Luther auf der höchsten politischen Bühne des Reichs, dem Reichstag, verhört werden sollte, ganz gleich, ob Rom ein Urteil gefällt hätte oder nicht. Diese Vorstellung stand in einem schwer vermittelbaren Gegensatz zum geltenden Reichsrecht, das vorsah, dass das Urteil gegen einen von der Kirche rechtskräftig verurteilten Ketzer umstandslos zu exekutieren sei. Dass es – unbeschadet der am 3. Januar 1521 promulgierten Bannbulle *Decet Romanum Pontificem* – gleichwohl zu einer Vorladung Luthers zum Wormser Reichstag kam, war das Ergebnis komplexer diplomatischer Aktionen. Friedrich von Sachsen hatte sich Luthers Behauptung, seine Lehre sei nicht durch die Heilige Schrift widerlegt, zu Eigen gemacht und die Zustimmung anderer Reichsstände gefunden, die die *Causa Lutheri* im Horizont der *Gravamina*-Tradition sahen. Aleander arbeitete gegen eine Vorladung; der junge Kaiser aber konzedierte den Ständen, dass Luther die Gelegenheit zum Widerruf zu geben sei. In einem Ende März 1521 veröffentlichten Mandat ordnete Karl V. allerdings die Beschlagnahmung (Sequestration) aller Schriften des Wittenbergers an. Luther, der am 6. März unter Zusage freien Geleits für die Hin- und Rückreise vom Kaiser vorgeladen worden war, erfuhr von dem Mandat gegen seine Schriften erst während der Reise. Bis zuletzt ging er davon aus, dass ihm eine sachliche, ergebnisoffene Auseinandersetzung über seine Lehre und deren Prüfung auf der Basis der Heiligen Schrift bevorstand; diese scheute und fürchtete er nicht.

Während der vierzehntägigen Reise nach Worms (2.–16. April)

wurde Luther gewahr, wie bekannt er inzwischen war und welche Begeisterung er und das, wofür er stand – die «evangelische» Lehre und der Widerstand gegen Rom –, auslöste. Als Bezeichnung dieser seiner Anhänger bürgerten sich nun Begriffe wie «Martinianer», «Lutheraner» oder «Evangelische» ein; das Bewusstsein einer definitiven Trennung von den «Papisten» oder «Römern» beziehungsweise «Romanisten» verfestigte sich. Auf einigen Reisestationen nach Worms predigte Luther; einzelne Städte, etwa Erfurt, empfingen ihn feierlich durch ihre politischen und akademischen Repräsentanten. Allenthalben wurde ihm bewusst, in welchem Maße man an seinem Schicksal und an seiner Sache teilnahm und dass die Hoffnungen vieler Deutscher, die Unbill des «römischen Jochs» abzuwerfen, auf ihm ruhten. Diese Erfahrungen bestärkten sein prophetisches Sendungs- und Erwählungsbewusstsein.

Durch Martin Bucer, den von der Heidelberger Disputation her vertrauten, sich soeben aus dem Dominikanerorden lösenden humanistischen Theologen, wurde ihm unterwegs die Offerte des mächtigen pfälzischen Reichsritters Franz von Sickingen überbracht, auf der Ebernburg Schutz zu suchen. Luther schlug sie aus. Mit sicherem Gespür für das notwendige Wagnis und die gebotene Herausforderung misstraute er der Geheimdiplomatie des Kaisers, der seinen Beichtvater Jean Glapion zu Franz von Sickingen geschickt hatte, um Luther von der großen politischen Bühne fortzulocken. Worms wurde seine Bewährungsprobe. Hätte sich Luther, dem die gebrochene Geleitzusage gegenüber Hus, dem in Konstanz verbrannten Ketzer, sehr wohl vor Augen stand, vor Worms der Gefahr entzogen, wäre sein weiteres Leben ganz anders verlaufen.

Die Verweigerung des Widerrufs seiner Schriften und der in ihnen enthaltenen Lehre, die dem ernstlich überraschten Mönch am 17. und 18. April in Verhören vor Kaiser und Reich als einzige Option zugestanden wurde, geriet ihm zur einzigen wirklich großen, ja weltgeschichtlichen Szene seines Lebens. Die seelsorgerlich-erbaulichen Schriften, so betonte er in einer knappen, gut vorbereiteten Rede am zweiten Tag, bedürften keines Widerrufs, da sie unstrittig christliche Lehre enthielten. Die Traktate gegen das Papsttum wolle er nicht widerrufen, da sie durch die Bibel, zum Teil gar durch das kanonische Recht, gedeckt seien; sie zu widerrufen hieße zudem, vor dem Papsttum zu kapitulieren. Seine Schriften gegen Vertreter des Papsttums, so Luther weiter, mochten bisweilen von überzogener polemischer Schärfe gewesen sein; in der Sache aber habe er auch hier nichts zurückzunehmen. Sein Gewissen sei durch die Worte der Schrift gefangen (*capta conscientia in verbis dei*[46]). «Wenn ich nicht durch Schriftzeugnisse oder einen klaren Grund widerlegt werde – denn allein dem Papst oder den Konzilien glaube ich nicht; es steht fest, dass sie häufig geirrt und sich auch selbst widersprochen haben –, so bin ich durch die von mir angeführten Schriftworte überwunden.»[47]

Dass Luthers Rede schon in der zeitgenössischen Quellenüberlieferung mit der mutmaßlich sekundären Pathosformel «Ich kann nicht anderst, hie stehe ich, Gott helff mir, Amen»[48] versiegelt wurde, verdeutlicht das Empfinden, dass hier etwas Bedeutendes, Exemplarisches geschehen war. In der Memorialkultur verdichtete sich die Wormsszene zum Symbol unerschütterlicher Bekenntnis- und Gewissenstreue. Die Wurzeln dieser überhöhenden Bewertung reichen an das historische Ereignis selbst heran. Die symbolische Szene unbeirrbarer Überzeugungsfestigkeit hat protestantisch-protestatives Selbstverständnis dauerhaft inspiriert.

Das religionspolitisch entscheidende Ergebnis des Wormser Reichstages aber bestand in einem kaiserlichen Mandat, das das päpstliche Ketzerurteil bestätigte, die Verbreitung reformatorischen Schrifttums untersagte und über Luther und seine Anhänger die Reichsacht verhängte. Für die kommenden drei Jahrzehnte bildete das *Wormser Edikt* das Handlungskriterium Kaiser Karls V. – bis zum finalen Scheitern seiner Religionspolitik im Augsburger Religionsfrieden von 1555, der den Protestanten reichsrechtliche Anerkennung gewähren sollte. Zum Zeitpunkt der Inkraftsetzung des Edikts, am 26. Mai 1521, hatte Luther Worms aber bereits verlassen. Auf der Rückreise ließ der sächsische Kurfürst einen Überfall auf den Reisewagen seines wertvollsten Wittenberger Professors inszenieren und diesen auf die Wartburg oberhalb von Eisenach deportieren. Dort verbrachte er, von der Öffentlichkeit unbemerkt, die nächsten zehn Monate.

Diese äußerlich stille Zeit über dem Thüringer Wald, in der Luther bisweilen unter der Einsamkeit litt, wurde aufgrund ihrer gewaltigen literarischen Produktivität für die weitere Entwicklung der Reformation entscheidend. Denn hier schuf er Werke, die die Grundlage für den Neubau eines evangelischen Kirchenwesens bilden sollten: eine Postille mit Musterpredigten zu den Evangelienperikopen des Kirchenjahres, die das Predigtwesen landauf, landab auf eine neue Basis stellte; eine Übersetzung des Neuen Testaments, die nach einer gemeinsamen Durchsicht mit dem Gräzisten Melanchthon im September 1522, rechtzeitig zur Leipziger Buchmesse, erschien und die reformatorische Bewegung, aber auch die weitere deutsche Sprachgeschichte tiefgreifend prägte; schließlich mit *De votis monasticis* (Von den Mönchsgelübden) eine definitive Auseinandersetzung mit dem Klosterwesen, das in einem evangelischen Kirchentum kein Recht mehr haben sollte – das literarische Fanal zum massenhaften Klosteraustritt.

Agitation, Protest, Tumult

Bereits im Vorfelde und im Umkreis des Wormser Reichstages schossen die Verlautbarungen zugunsten Luthers und seiner Sache ins Kraut. Aleanders Hoffnung, Luthers wachsende «Bösartigkeit»[49] und Schärfe werde der römischen Sache «zu gute»[50] kommen – den Franziskaner Thomas Murner veranlasste sie sogar dazu, Luthers Schrift *De captivitate Babylonica* ins Deutsche zu übersetzen, darauf bauend, dass er durch diese «Entlarvung» gegenüber den Laien dem Wittenberger gewaltig schaden werde –, bewahrheitete sich nicht. Der Nuntius wurde sogar Zeuge, wie Leute auf dem Wormser Marktplatz verkündeten, dass Luther «ohne jede Sünde sei und daher nie geirrt»[51] habe. Mit Befremden meldete er nach Rom, dass Luther auf Bildchen wie ein Heiliger dargestellt werde, «mit der Taube über dem Haupte und mit dem Kreuze des Herrn, oder auf einem andern Blatte mit der Strahlenkrone»; «und das kaufen sie, küssen es und tragen es selbst in den Palast».[52] Im Umkreis des Wormser Reichstags wurde Luther zu der am häufigsten dargestellten zeitgenössischen Person.

Lucas Cranach d. Ä. zeichnete Luther 1520 im Halbprofil. Die Inschrift lautet übersetzt: «Lucas Werk war es, dieses sterbliche Bildnis Luthers zu schaffen; das unsterbliche Bildnis seines Geistes prägt er selbst.»

AETHERNA IPSE SVAE MENTIS SIMVLACHRA LVTHERVS
EXPRIMIT AT WLTVS CERA LVCAE OCCIDVOS
M·D·X·X·

Er sollte dies, seine diversen Rollen als Prediger, Ehemann im Doppelporträt mit seiner Frau Katharina, Kirchenlehrer oder Bekenner je lebensgeschichtlich aktuell inszenierend, bis zu seinem Totenbett bleiben, ja, in Gestalt dynastischer Rivalitäten zwischen den beiden Sachsen um sein Epitaph noch darüber hinaus. Im mitteldeutschen Raum dominierte dabei die von Lukas Cranach, dem Hofmaler des sächsischen Kurfürsten und engen Vertrauten Luthers, inaugurierte porträtartige Darstellungsweise; in Oberdeutschland entstanden hingegen eigenständige Bildkonzepte mit der unverkennbaren Tendenz, Luther unter Rekurs auf humanistische Traditionen berserkerhaft oder heroisch darzustellen. Paradoxerweise war kein Mensch des 16. Jahrhunderts, ja der gesamten Frühen Neuzeit, *in effigie* präsenter als jener Mann, der von sich bekannte, dem Bild an sich «nit holt»[53] zu sein.

In den frühen 1520er Jahren waren es vielfach anonyme oder pseu-
donyme volkssprachliche Texte, die das Feld beherrschten, Flugschriften mit Dialogen, in denen sich etwa gewitzte, geistbegabte Bauern rhetorische Scharmützel mit altgläubigen Luthergegnern lieferten
oder humanistisch grundierte literarische Kleinstkunstwerke, die das
Schicksal Luthers in Worms mit Christi Passion in Jerusalem vergli-
chen. Es kursierten Kampfschriften aus dem Umkreis des vom Papst
verfolgten lateinischen Dichters, Pamphletisten und Romfeindes Ulrich von Hutten, der die Fanfare zum «Pfaffenkrieg», zu subversiven
militärischen Aktionen gegen die Klerisei und ihre Besitztümer, blies
und sich dabei – theologisch kaum zu Recht – in Übereinstimmung
mit dem von ihm umworbenen Luther wähnte. Auch anonyme Rei-
henpublikationen, etwa die *Fünfzehn Bundesgenossen*, die dem ehe-

‹Passion D. Martins Luthers oder seyn lydung durch Marcellum beschriben›: Der offensiv und couragiert auftretende «Held» Luther bildet 1521 das Titelblatt zu einer pseudonymen Flugschrift, die sein Schicksal in Worms mit der Passion Christi in Jerusalem vergleicht. Die bildliche Darstellung Luthers trägt – wie vielfach im oberdeutschen Bereich in den frühen 1520er Jahren – keinerlei porträtähnliche Züge. Die Flugschrift wurde in Straßburg bei Johannes Prüß d. J. gedruckt.

maligen Franziskanermönch Eberlin von Günzburg zuzuschreiben sind, kamen nun auf. Das hier imaginierte sozial-politische Modell eines ständeübergreifenden Bundesschlusses derer, die eine Reform der Kirche anstrebten, begegnet insbesondere in Flugschriften oberdeutscher Provenienz immer wieder.

Die wichtigsten Druckorte für Texte dieser Art waren – in der Reihenfolge ihrer Produktionsquoten – Augsburg, Straßburg und Basel, während die mitteldeutsche Drucklandschaft weitestgehend von Luther und den anderen Wittenberger Autoren, vor allem Karlstadt und Philipp Melanchthon, dominiert war. Der seit 1518 als Gräzist an der Universität Wittenberg lehrende «kleine Grieche» Melanchthon sollte insbesondere in Bezug auf die Produktion lateinischer Lehrschriften der Reformation Maßstäbe setzen. Nach und nach

VIVENTIS·POTVIT·DVRERIVS·ORA·PHILIPPI
MENTEM·NON·POTVIT·PINGERE·DOCTA
MANVS

Albrecht Dürer, ‹Philipp Melanchthon›, Kupferstich, 1526. Die lateinische Bildunterschrift besagt: «Das Aussehen Philipps konnte Dürer nach dem Leben festhalten, aber seine Künstlerhand vermochte nicht, dessen Geist zu erfassen.» Das Porträt entstand, als sich Melanchthon wegen der Gründung eines Gymnasiums im November 1525 in Nürnberg aufhielt. Melanchthon wurde das Amt des Rektors angetragen, das er aber ausschlug. Die hervorgehobene Denkerstirn des Gelehrten betont gemäß physiognomischen Theorien der Zeit dessen Ingenium.

wurde der ungemein fleißige, gelehrte, lehr- und schreibgewandte Humanist zu Luthers treuestem und verlässlichstem Mitarbeiter. Ohne Melanchthon hätte Luthers Reformation in vieler Hinsicht kaum eine dauerhaft stabile Gestalt gewonnen. Über seine zuerst 1521 auf Latein, später auch in der Volkssprache erschienenen *Loci communes*, «Gemeinplätze» der für das Seelenheil zentralen theologischen Lehren, urteilte Luther immer wieder, dass sie das beste Buch nach der Bibel seien.[54] Die *Loci* gelten als erste, konsequent aus der Bibel – insbesondere dem Römerbrief – gewonnene reformatorische Dogmatik. Melanchthon hat die Theologie der Wittenberger Reformation hier in eine kompakte, überaus wirkungsreiche Form gebracht.

In den Jahren zwischen 1521 und 1524 stieg die reformatorische Flugschriftenpublizistik stetig an, sie erschien nun überwiegend in der Volkssprache und wies beträchtliche Autorenanteile aus dem Laienstand auf. In den fünf Jahren des reformatorischen Flugschriften-

Hans Holbein d.J. stellte Luther 1522 auf einem Holzschnitt als ‹Hercules Germanicus› dar. Auch in der lateinischen Bildunterschrift wird die Distanz des Blattes zu Luthers kämpferisch-polemischem Auftreten deutlich. Holbeins Haltung entspricht kongenial der Position, die Erasmus von Rotterdam 1522/23 einnahm. Luther kämpft die Repräsentanten des kirchlichen Ancien régime bzw. der scholastischen Theologie nieder. Neben einigen niedergestreckten scholastischen Theologen, die mit Namensschildchen gekennzeichnet sind (etwa Thomas, Ockham, Duns Scotus), sind die Philosophen Aristoteles und Platon Opfer seines Ungestüms. Die Person, die er aktuell niederringt, ist der Dominikanerinquisitor Jakob Hoogstraeten. An Luthers Nase hängt ein zur Puppe geschrumpfter Papst. Auf der rechten Seite ist eine handschriftliche Darstellung der Causa Lutheri und der reformatorischen Bewegung im Jahre 1519 abgefasst, die mit einem kolorierten Lutherporträt illustriert ist.

booms, zwischen 1520 und 1524, kam an aktualitätsbezogener, agitatorischer und propagandistischer Literatur, die auf eine Veränderung des Handelns und der Gesinnungen abzielte, ein paarmal so viel heraus wie in den Jahrzehnten davor oder danach: knapp eineinhalb- bis zweitausend Drucke pro Jahr. In diesen Jahren war auch die Zahl der jeweiligen Nachdrucke, die einzelne Schriften erreichten, besonders hoch. Vor allem im oberdeutschen Raum schoss die Produktion illustrierter Einblattdrucke, die auch nicht-lesekundigen Rezipienten Wege zur reformatorischen Botschaft eröffneten, ins Kraut. Dass Gelehrte an der Herstellung und Verbreitung der Blätter maßgeblich beteiligt waren, kann als sicher gelten. Luther allerdings schätzte Material dieser Art kaum.

Infolge der Bauernkriege der Jahre 1524/25 kam es zu einem tiefgreifenden Einbruch in der volkssprachlichen Flugschriftenpublizistik; auch die Zahl der literarischen Akteure aus dem Laienstand ging nun signifikant zurück. Der strukturelle Wandel der reformatorischen Publizistik entsprach einer deutlichen Trendwende hinsichtlich der Hauptakteure: Die Tendenz zugunsten eines obrigkeitsgeleiteten Reformationsprozesses obsiegte und ließ die Theologen als vornehmliche Deuter und Denker des Christentums auf der öffentlichen Bühne agieren; die Stimme der Laien wurde fortan kaum mehr vernehmbar.

Seit 1521 entstand, besonders in den Städten, eine reformatorische Bewegung, häufig inspiriert von Predigern, die durch die Lektüre reformatorischen Schrifttums beeinflusst waren, und getragen von lesefähigen und hörwilligen Laien aller sozialen Schichten. Sie drängte nun immer deutlicher darauf, das bestehende Kirchenwesen zu verändern. In häuslichen Räumen und an öffentlichen Orten – auf Marktplätzen, in Wirtshäusern, in Pfarrkirchen – führte man Gespräche über Luther, die Papstkirche und ihre Repräsentanten, über die «Christlichkeit» von Lebensformen wie der monastischen, die Priesterehe usw., man störte Predigten altgläubiger Geistlicher, verletzte kanonische Speisevorschriften, stellte Bestehendes also infrage, sann auf Abhilfe bei Missständen. Vertreter des kirchlichen Ancien régime, Mönche, Weltpriester, die den Zölibat offenkundig nicht einhielten, wurden Opfer vereinzelter oder kollektiver handgreiflicher Attacken oder konzertierter Übergriffe. Tumultuarische Aktionen gegen Klöster oder Kircheninventare, insbesondere bildliche oder dreidimensionale Heiligendarstellungen, denen bisher kultische Verehrung zuteil geworden war, griffen um sich und nötigten die städtischen Magistrate dazu, einzugreifen und das sich regende Konflikt- und Gewaltpotential des «gemeinen Mannes» zu kanalisieren. Eine wohl auch aus waldensischen Traditionen gespeiste Handwerkergruppe aus Zwickau, die durch den charismatischen Prediger Thomas Müntzer reformatorisch «erweckt» worden war, trat mit dem Anspruch spiritueller Geistesunmittelbarkeit auf und stellte, erstmals in dieser Epoche, die Säuglingstaufe infrage. Diese von Luther seit 1522 als «Zwickauer Propheten» etikettierte und erfolgreich bekämpfte Laiengruppe, der sich auch einzelne Wittenberger Akademiker angeschlossen hatten, stellt eines der seltenen Beispiele für das Nachleben beziehungsweise Wiedererwachen einer vorreformatorischen «Ketzerei» im Kontext der Reformation dar.

Die ersten protestativen Aktionen der skizzierten Art begegneten bezeichnenderweise am Ausgangsort der Reformation: in Wittenberg selbst. Nach allem, was wir wissen, waren ihre maßgeblichen Initiatoren Wittenberger Studenten und die Klosterbrüder Luthers aus dem Augustinereremitenorden. Im Nachgang der Leipziger Disputation hatte die traditionslose Leucorea in der akademischen Welt als frequentierteste Hochschule zu leuchten begonnen. Zu Hunderten strömten aus Erfurt, Leipzig, dem übrigen Reich, auch aus Böhmen und bald aus vielen anderen europäischen Ländern Studenten herbei. Unterstützt von ihren Professoren Melanchthon, Amsdorf und Karlstadt drängten sie darauf, Verhältnisse und Sachverhalte, die man als korrupt und dem Evangelium widerstreitend erkannt hatte, sichtbar zu verändern. Das Abendmahl wurde, zunächst im Kreis von Studenten, dann, zu Weihnachten, in der 2000 Kommunikanten aufnehmenden Schlosskirche, auf Karlstadts Betreiben unter beiderlei Gestalt begangen. Sogenannte Stillmessen, Darbringungen des Opfers Christi ohne Gemeindebeteiligung, wurden attackiert oder gänzlich abgeschafft. Eheschließungen von Priestern wurden öffentlich inszeniert

Lucas Cranach d. J. malte Luther wahrscheinlich 1522, möglicherweise auch später, als «Junker Jörg». Das Bildmotiv wurde auch durch einen Holzschnitt aus der Cranach'schen Werkstatt verbreitet. Durch den Schwertknauf am linken unteren Bildrand wird der von der Wartburg zurückkehrende Reformator in einen unmittelbaren Zusammenhang mit dem ‹ordo politicus› gerückt und als Ordnungsstifter inszeniert.

und in Form von Flugschriften propagiert und legitimiert. Bilder wurden aus dem Kirchenraum entfernt; das Armenwesen wurde neu geordnet und der Bettel abgeschafft. In der Wittenberger Stadtordnung vom Januar 1522, die das Ergebnis gemeinsamer Beratungen von Vertretern des Rates der Stadt und Professoren der Universität war, wurden die meisten dieser bereits durchgeführten oder beschlossenen Veränderungen rechtskräftig fixiert.

Luther evozierte später nach seiner Rückkehr von der Wartburg den Eindruck, die Wittenberger Bewegung sei ein Akt der «Inobödienz» und der «Unordnung» gewesen. Das wird der Sache nicht gerecht. Luther wandte bei seiner Kritik den Maßstab einer bedingungslosen Orientierung an der Landesherrschaft als verantwortlichem

Handlungssubjekt der Reformation an; für die Mehrheit der Akteure in Stadt und Universität aber hatte dieser nicht gegolten. Sie setzten selbstverständlich voraus, dass sie berechtigt waren, die Reformation des Kirchenwesens ihrer Stadt in die eigenen Hände zu nehmen, und die kurfürstliche Administration hatte sich auf mehr oder weniger verhaltene Ermahnungen und Warnungen beschränkt. Luthers Rückkehr von der Wartburg, nach der er das Heft des Handelns in die Hand nahm und zielstrebig auf einen territorialstaatlichen Reformationskurs zusteuerte, bedeutete einen wegweisenden Richtungswechsel. Die überwiegende Mehrheit der bisherigen Wittenberger Reformationsakteure beugte

Lucas Cranach d. Ä. malte dieses Bilddiptychon eines Ehepaares. Wahrscheinlich handelt es sich um Karlstadt und seine Ehefrau Anna von Mochau. Am 19. Januar 1522 heiratete Karlstadt die aus Segrehna stammende, etwa Fünfzehnjährige, die aus dem niederen Adel kam, und machte auf diesen kirchenrechtswidrigen Schritt demonstrativ aufmerksam. Sollte die Identifizierung der Personen durch Alejandro Zorzin zutreffen, läge hier das erste Bildnis eines in den Ehestand eingetretenen reformatorischen Geistlichen vor.

sich dem charismatischen Prediger, der nun, bärtig und quasi nobilitiert, als «Junker Jörg» zur «Schonung der Schwachen» aufrief und vorgab, für Ordnung zu sorgen. Einzig Karlstadt stand abseits; seine gemeindereformatorischen Vorstellungen fanden in Wittenberg kein Echo mehr. Das war der Beginn einer Dissidenten- und Exulantenkarriere, die erst etwa ein Jahrzehnt später endete, als der von Luther befehdete Kollege als schweizerischer Stadtpfarrer in Zürich und Basel dauerhaftere Wirkungsmöglichkeiten fand. Die maßgeblich von Karlstadt verfasste *Löbliche Ordnung der fürstlichen Stadt Wittenberg*, die erste reformatorische Kirchenordnung überhaupt, wurde außerhalb Kursachsens durch mehrere nicht-firmierte, das heißt hinsichtlich des Druckortes und des Druckers anonymisierte Ausgaben verbreitet und so zum Inspirationsquell und Modell der Neuordnung «evangelischer» Kirchenwesen andernorts.

Veränderungen in den Städten

Die Reformprozesse in den Städten, die seit 1521/22 einsetzten, wiesen ganz individuelle Züge auf: Konflikte, Aushandlungsprozesse, Kompromisse zwischen unterschiedlichen Akteuren und Interessengruppen bestimmten die Vorgänge im Einzelnen; Rats- und Gemeindereformationen spielten ineinander. In einigen Städten, etwa Nürnberg oder Zürich, ließen Teile der ratstragenden Familien frühzeitige Affinitäten zur Reformation erkennen. Nicht selten sahen sie nun die Möglichkeit, das Kirchenwesen nach eigenen Vorstellungen zu gestalten oder Missstände wie die Bettelei zügig zu beseitigen, die bisher religiös sanktioniert war, weil das Spenden ja zu den «guten Werken» zählte. Auch galt es, kirchlichen Besitz in kommunale Verfügung zu bringen.

In anderen Städten, etwa Magdeburg, Göttingen oder Straßburg, wurde die Reformation besonders von jenen sozialen oder zünftischen Kräften forciert, die bisher von der Ratsherrschaft ausgeschlossen waren und Partizipationsrechte anstrebten. Vielfach, etwa in Erfurt, Konstanz, Straßburg, Nürnberg oder Braunschweig, verstärkten sich auch Bestrebungen nach mehr Autonomie gegenüber bischöfli-

chen oder fürstlichen Stadtherren. Im Ganzen sind die im frühen
16. Jahrhundert in besonderer kultureller und ökonomischer Blüte
stehenden Städte durch die Reformation gestärkt worden; zu einer
fundamentalen Umstrukturierung der politischen Herrschaftsverhältnisse ist es dabei aber nicht gekommen.

Viele städtische Reformationen wurden durch Prediger ausgelöst,
die – zumeist aufgrund der Lektüre Luther'scher Schriften – mehr
oder minder große Laiengruppen davon überzeugten, dass das bestehende Kirchenwesen dem widersprach, was die Bibel lehrte. Häufig
folgten aus reformatorischer Predigttätigkeit und der Eigendynamik
ihrer Aneignung spektakuläre Aktionen, die ihrerseits eine Mobilisie-
rungsfunktion entfalteten: etwa die Eheschließungen evangelischer
Geistlicher, das Singen reformatorischer Lieder, das Lesen des zuerst
1522 in deutscher Übersetzung erschienenen Neuen Testaments
Luthers, das Abendmahl unter beiderlei Gestalt, Übergriffe auf Symbole und Repräsentanten des kirchlichen Ancien régime. Die städtischen Reformationsprozesse setzten früher ein als die Entwicklungen
auf dem Land, in den Territorien, meist auch an den Höfen. Gleichwohl strahlten sie in die anderen politischen und kulturellen Räume
aus – ähnlich den in den Städten gedruckten Büchern, die auch auf
Burgen und in bäuerliche Lebenswelten vordrangen.

Nach anfänglichen Konflikten wurden zwischen den reformatorischen Akteuren und den städtischen Magistraten häufig Strategien
ausgehandelt, um den religiösen Dissens zu mildern oder zu überwinden, der für das städtische Gemeinwesen per se bedrohlich war. Dabei
spielten die jeweiligen «außenpolitischen» Rücksichten der städtischen Politik eine nicht zu unterschätzende Rolle. Wenn sich Städte
für die Einführung der Reformation entschieden – häufig war dies mit
der Anstellung evangelischer Prediger, der Einführung der Abendmahlskommunion unter beiderlei Gestalt und einer volkssprachlichen
Liturgie, gegebenenfalls auch der Promulgation einer entsprechenden
Kirchenordnung, verbunden –, verstärkten sie in der Regel ihre politischen Kontakte zu gleichgesinnten evangelischen Städten oder Fürsten; bei den beim «alten Glauben» bleibenden Städten und Ständen
hatte dies vergleichbare Reaktionen zur Folge. Die allgemeine reli-

gionspolitische Unsicherheit auf der Ebene des Reiches beförderte somit die politische Kooperation der sich bildenden konfessionellen Lager. Ob der «gemeine Mann» und die nun auch vermehrt als religiöser Akteur greifbar werdende «gemeine Frau» mit diesen Etablierungsprozessen zufrieden waren und sich durchweg mit ihnen identifizieren konnten, ist allemal ungewiss. Ab der Mitte der 1520er Jahre reduzierten sich ihre im Zuge der reformatorischen Bewegung zeitweilig entstandenen Artikulationsmöglichkeiten zusehends.

7. ZWINGLI UND DIE ZÜRCHER STADTREFORMATION

Der Leutpriester am Großmünster

Der Reformator Ulrich (Huldrych) Zwingli und die ihm verpflichtete kirchliche Tradition, der reformierte Protestantismus, haben stets zugleich ihre Verbundenheit mit und ihre Eigenständigkeit gegenüber Luther betont – beides zu Recht. Zwingli, 1484 in Wildhaus (Toggenburg/Ostschweiz) geboren, studierte 1498–1506 in Wien und Basel, wurde Magister und erhielt die Priesterweihe. Schon für die frühesten öffentlichen Selbstreflexionen des ab 1519 in Zürich wirkenden charismatischen Leutpriesters ist kennzeichnend, dass er die Anfänge seiner reformatorischen Tätigkeit auf das Jahr 1516 datierte: «Ich hab, vor und ee dhein [kein] mensch in unser gegne [Gegend] ütz [etwas] von des Luters namen gwüßt hab, angehebt [angefangen] das euangelion Christi zu predgen im jar 1516, also [in der Weise], das ich an [auf] dhein [kein] canzel ggangen bin, daß ich nit [ohne dass ich] die wort, so am selben morgen in der meß zu eim euangelio gelesen werden, für mich näme und die allein uß biblischer gschrifft ußleite [nach biblischer Schrift auslegte].»[55] Demnach sah Zwingli das Initial seiner in «die» Reformation einmündenden Aktivitäten darin, dass er die jeweiligen Predigtperikopen eines Tages aus der Bibel heraus zu erklären begonnen hatte. Dies geschah unter dem Einfluss des Erasmus, den er glühend verehrte und dem er sich nach einer persönlichen Begegnung regelrecht verschrieb.

Allerdings gab Zwingli in einem Rückblick aus dem Jahre 1523 auch zu, dass er die Orientierung an der «Schrift allein» an seinem damaligen Wirkungsort in Einsiedeln, wo er seit 1516 als Pfarrer für die um das Wallfahrtskloster herum wohnende Bevölkerung zuständig war, nicht vollständig verwirklicht hatte, sondern noch sehr «den alten lereren»,[56] also den altkirchlichen Schriftauslegern, gefolgt sei. Den eigentlichen Beginn einer konsequent an der Bibel orientierten Predigtweise datierte er auf seine am 1. Januar 1519 begonnene Zürcher Predigttätigkeit. Damals habe er nämlich mit der altkirchlichen Perikopenordnung gebrochen und, ähnlich wie die Kirchenväter Chrysostomos oder Origenes, mit einer fortlaufenden Auslegung des Matthäusevangeliums eingesetzt. Von Luther habe man zu diesem Zeitpunkt nur seine Kritik am Ablass gekannt.[57]

In Zwinglis Korrespondenz wurde der Wittenberger erstmals im Dezember 1518 erwähnt;[58] man kann voraussetzen, dass der Humanist Zwingli in die Kommunikationsnetzwerke involviert war, die frühzeitig auf alle Luther betreffenden Sachverhalte angeschlagen hatten. In einem Briefwechsel mit dem Freiburger Juristen Ulrich Zasius, der nach anfänglicher Begeisterung in das Luther-skeptische Lager der älteren Humanisten übergewechselt war, hatte Zwingli an dem Wittenberger festgehalten und ihn im Nachgang der Leipziger Disputation als einen «Elia», also eine von Gott erwählte Prophetengestalt, bezeichnet.[59] Offenbar beeindruckte ihn der Furor der Unbeugsamkeit, die der Wittenberger mit dem alttestamentlichen Propheten aus Thisbe in Gilead gemein zu haben schien.

Es kann als gesichert gelten, dass Zwingli Schriftauslegungen Luthers eifrig benutzte und durch diesen auch zu einer verstärkten Beschäftigung mit Augustin gelangte. In Zwinglis theologischer Entwicklung spielte vor und neben Luther aber die Prägung durch Erasmus die entscheidende Rolle. Auch wenn Zwingli aus apologetischen Gründen seine Unabhängigkeit gegenüber Luther bisweilen zu stark betont haben mag – ein spezifisches eigenes Profil seiner Theologie und seines reformatorischen Agierens ist unbestreitbar. Insbesondere der Humanismus, auch die Orientierung an der Renaissancephilosophie und den paganen antiken Autoren, das Interesse an einer diessei-

‹Das hond zwen schweytzer bauren gemacht …› Der Holzschnitt für eine Schrift von Hans Fuessli, Martin Säger und Huldreich Zwingli aus dem Jahr 1521, gedruckt von Christoph Froschauer d. Ä. in Zürich, zeigt die «Kybernetik» der reformatorischen Verbreitung des Wortes Gottes. Zwingli ist wahrscheinlich in dem Prediger zwischen Luther und Erasmus zu sehen. Das Verhältnis der Reformation zur Gestalt des ehrbaren Bauern Karsthans, der zu Beginn des Jahres 1521 als literarische Figur die Bühne betrat, ist schillernd und bezeugt, dass vor allem Intellektuelle an der Produktion dieser Art von Literatur beteiligt waren.

tigen ethischen Weltbewältigung und einer gerechten und freiheitlichen Lebensordnung haben auf Zwingli eine dauerhaft prägende Wirkung ausgeübt, selbst nachdem er sich ab 1522 von Erasmus abzuwenden begonnen hatte, der Rom weiter die Treue hielt.

Ab wann lässt sich nun Zwinglis Wirken als ein «reformatorisches» qualifizieren? Diese Frage hat exemplarische Bedeutung und betrifft auch manchen anderen Stadtreformator. Ist bereits eine Predigttätigkeit, die das bestehende Kirchenwesen in wichtigen Erscheinungen infrage stellte, als «reformatorisch» zu bezeichnen, oder gilt dies erst für bestimmte praktische Konsequenzen, die sich aus ihr ergaben? Zwischen dem Beginn der reformatorischen Predigt im Sinne Zwinglis und den ersten sichtbaren Veränderungen des Kirchenwesens liegen rund drei Jahre. Doch bereits 1521 war Zwingli heimlich als Vermittler bei der Veröffentlichung einer Flugschrift tätig geworden, die mit sechs Ausgaben recht erfolgreich war: die *Beschreibung der göttlichen Mühle.* Ein Laie hatte ihn als Vertrauensperson kontaktiert; Zwingli hatte den Druck ermöglicht und vermutlich auch die Bildidee für das Titelblatt beigesteuert.[60]

Es veranschaulicht modellhaft den Kommunikationsprozess der Reformation und konterkariert das zeitgenössisch populäre Bildmotiv der Hostienmühle, die das eucharistische Wandlungswunder darstellte. In Gestalt der vier Evangelisten – symbolisiert durch Engel, Löwen, Ochsen und Adler – und des Paulus gibt Christus das Wort Gottes in eine Getreidemühle; das frisch gemahlene Mehl, nach den theologischen Kardinaltugenden als «Glaube, Liebe, Hoffnung» bezeichnet, wird von einer als «Erasmus» gekennzeichneten Person in einen Mehlsack gefüllt; der über dem mit Mühlrad und Kreuz gekennzeichneten Sack in Gestalt einer Taube schwebende Heilige Geist

**Das hond zwen sch=
weytzer bauren gemacht. Fürwar
ſy hond es wol betracht.**

symbolisiert die Gegenwart Gottes, die durch die griechische Origi-
nalsprache freigesetzt worden ist. An einem Teigzuber formt der Bettelmönch «Luter» aus dem Mehl reformatorische Druckschriften, die
von dem kirchlichen Ordo – repräsentiert durch Papst, Kardinal,
Bischof, Domherr und Mönch – achtlos fallengelassen werden. Über
den Köpfen des Klerus stößt ein Höllenvogel die Worte «Ban ban»

Hans Asper, Bildnis Huldrych Zwinglis, 1531/32. Die Inschrift oben bedeutet übersetzt: «Er fiel im 47. Lebensjahr, 1531.» Zwingli fiel am 11. Oktober 1531 in der Kappeler Schlacht, wahrscheinlich wurde das Bild kurz danach gemalt. Es ist damit die einzige Bildquelle, die einigermaßen nahe an den lebenden Reformator heranreichen dürfte. Dass zu Zwinglis Lebzeiten keine Bilder von ihm hergestellt wurden, ist angesichts der herausragenden charismatischen Bedeutung, die er im schweizerisch-oberdeutschen Raum besaß, überraschend. Möglicherweise ist dies auf seine bildkritische Haltung im Allgemeinen, auch auf seine aus neuplatonischen Traditionen gespeiste Überzeugung zurückzuführen, dass Materielles nicht zum Träger des Geistigen werden könne.

aus; das Einzige, was der kirchlichen Hierarchie angesichts der Konfrontation mit dem lebendigen Worte Gottes einfiel, war – so insinuiert das Bild – die Verdammung Luthers und seiner Anhänger. Neben Luther ist ein als Gelehrter oder Weltgeistlicher gekennzeichneter «Distributeur» des Gotteswortes, also ein städtischer Prediger wie Zwingli, in den reformatorischen Kommunikationsprozess involviert. Im Bildhintergrund erhebt sich drohend der seit Jahresbeginn 1521 in der reformatorischen Flugschriftenliteratur präsente «Karsthans», der gewitzte Bauer, der im Begriff steht, mit einem Dreschflegel auf die Klerisei einzuschlagen. Text-Bildmedien dieser Art stellen frühe reformatorische Propagandaakte dar, die neben der Predigt das Ihre dazu beitrugen, dass sich veränderte Gesinnungen zu wirksamen Aktivitäten verdichteten.

Im Zürcher Umkreis Zwinglis fielen die frühesten konkreten Handlungen, die aus seiner Predigt folgten, in das Frühjahr 1522. Am ersten Fastensonntag der Passionszeit fand im Hause des Zürcher Buchdruckers und Zwinglivertrauten Christoph Froschauer ein demonstratives Wurstessen statt; zehn oder zwölf Personen waren dabei. Wahrscheinlich handelte es sich bei der Aktion, an der auch Zwingli, ohne selbst mitzuessen, und sein Kollege Leo Jud teilnahmen, um eine symbolische Abendmahlskontrafaktur, nicht um ein Sättigungsmahl. Im Unterschied zu den sonst üblichen Verstößen gegen die kanonischen Speisegebote legten die Teilnehmer offenbar Wert darauf, dass ihr Fastenbrechen ruchbar und öffentlich bekannt wurde; in der Tat stand ihr Verhalten in enger Beziehung zu dem, was Zwingli seit geraumer Zeit in seinen Predigten gelehrt hatte. In Anknüpfung und Weiterführung humanistischer, aber auch Luther-

scher Anliegen war er gegen den Zehnten, die Fastengebote, die Marien- und die Heiligenverehrung, das Mönchtum, den Zölibat und allerlei «weltliche» Erscheinungen veräußerlichter, frommer Betriebsamkeit, auch das kanonische Recht im Ganzen, aufgetreten. Er hatte einer verinnerlichten, ganz am «Geist» orientierten, in scharfer Opposition zum «Fleisch» profilierten Theologie das Wort geredet, die neuplatonische Denktraditionen der Antike und der italienischen Renaissance aufnahm.

In einer Predigt und ihrer anschließenden Publikation rechtfertigte Zwingli das Wurstessen als legitimen Aufstand des allein an die Schrift gebundenen Gewissens gegen die Fastengebote. Er tat alles ihm Mögliche, um die Publizität der Aktion zu erhöhen. Die Flucht in die Öffentlichkeit war für diese wie für andere stadtreformatorische Prozesse entscheidend: Indem man den eigenen Ungehorsam gegen das bestehende geistliche Recht oder vertraute kirchliche Gewohnheiten publik machte, schuf man Gelegenheiten der Solidarisierung und der nachahmenden Täterschaft, die nicht selten ihrerseits publizistische Effekte erzielten. Je mehr Personen es waren, die protestierten, umso schwerer musste es für das kirchliche Ancien régime werden, diese Übergriffe zu ahnden.

Bald folgten auch in Zürich weitere demonstrative Aktionen ähnlicher Art. Der Zürcher Rat nahm dies zum Anlass, um bei drei der hier tätigen Leutpriester ein Gutachten anzufordern. Interessant an diesem Vorgehen war vor allem, dass der Zürcher Rat die zuständige geistliche Aufsichtsbehörde, den Bischof von Konstanz, überging. Das Votum der Leutpriester sah zwar eine Bestrafung der Fastenbrüche vor, ignorierte aber die jurisdiktionellen Kompetenzen des Konstanzer Ordinarius. Die sich hier, erstmals im Frühjahr 1522, abzeichnende Konstellation wurde für die Zürcher wie für viele andere Stadtreformationen charakteristisch: Die städtischen Obrigkeiten kooperierten mit einzelnen reformatorisch gesinnten Geistlichen, um das Kirchenwesen in der Stadt und dem ihr unterstellten Landgebiet selbst in die Hand zu nehmen, also den diözesanen Instanzenweg und die kirchliche Hierarchie auszuschalten.

Im Fortgang des Jahres 1522 traten weitere Konflikte in Zürich auf, bei denen Zwingli jeweils eine Schlüsselrolle spielte. In einer Disputation über die Heiligen- und die Marienverehrung, die er mit dem französischen Reiseprediger Franz Lambert von Avignon führte, gelang es ihm, diesen Franziskaner davon zu überzeugen, dass jeder Heiligenkult dem Evangelium widerspreche. Lambert begab sich daraufhin nach Wittenberg; ein Jahr später heiratete er, vermutlich als erster französischer Geistlicher überhaupt. Ab 1526 sollte ihm bei der Einführung der Reformation in Hessen eine wichtige Rolle zukommen.

Infolge einer weiteren Disputation mit Zürcher Ordensgeistlichen und Vertretern des Großmünsterkapitals erreichte Zwingli im Juli

1522, dass der Rat nunmehr die Forderung erhob, dass fortan allein das Evangelium gepredigt und die scholastischen Auslegungen hintangestellt werden sollten. Dementsprechend forderte der Zürcher Rat nun auch vom Konstanzer Bischof, der angemahnt hatte, das geltende Kirchenrecht einzuhalten, dass die biblischen Grundlagen der Fastengebote dargelegt werden sollten. Damit aber geriet die überkommene Tradition, nicht das Neue, unter Legitimationsdruck – ein folgenschwerer Paradigmenwechsel!

Die sich im Sommer 1522 abzeichnende Strategie bestimmte auch das weitere Vorgehen des Zürcher Rates: Man veranstaltete zu den brennenden Religionsfragen öffentliche Disputationen, zu denen die Vertreter beider Lager, der «Altgläubigen» und der von Zwingli angeführten «Evangelischen», geladen wurden. Die Agenda der Disputationen bestimmte der Rat beziehungsweise sein Vertrauter Zwingli, dessen Einfluss in dem Maße wuchs, in dem die Evangelischen die Ratsmehrheit bildeten. Als Kriterium einer Entscheidung über die Wahrheit der strittigen Lehrfragen galt allein die Bibel; der Rat selbst traf sie. Das von Luther in der *Adelsschrift* propagierte allgemeine Priestertum der Glaubenden und Getauften ist in den städtischen Reformationen Zürcher Prägung in Gestalt eines Rechts der Schriftauslegung durch die städtische Obrigkeit, den Magistrat, verwirklicht worden.

Als eine Art Fanal für die deutschsprachige Schweiz und Oberdeutschland wirkten zwei herausragende Disputationsveranstaltungen im Januar und Oktober des Jahres 1523, die als *Erste* und *Zweite Zürcher Disputation* in die Geschichte eingegangen sind. Dadurch, dass die entsprechenden Akten rasch und mit weiter Streuung im Druck verbreitet wurden, konnten sie vielerorts als Modell kopiert oder den spezifischen lokalen Verhältnissen entsprechend adaptiert werden. Als Instrument zur Einführung städtischer Reformationen kam den *Disputationen* fortan eine ähnliche Bedeutung zu wie später den Visitationen als Mitteln der Durchsetzung territorialer Reformationen. Zwingli kann quasi als Erfinder dieser auf einen nicht-akademischen Kontext übertragenen Diskussions- und Entscheidungsszenarien gelten; eine Orientierung an altkirchlichen Synoden war beabsichtigt und lieferte Legitimationsmotive. Im Unterschied zu universitären Disputationen, die in der Regel einer weithin einheitlichen Verlaufsordnung folgten, war ihr Ort nun das Rathaus, die Entscheidungsinstanz der Rat, die Urteilsgrundlage die Bibel und die Verhandlungssprache Deutsch. Vielleicht hatte die ja gleichfalls irreguläre Leipziger Disputation als Anregung gewirkt; möglicherweise aber waren Disputationen im kommunalen Raum auch vor der Reformation bekannt, allerdings kaum als kirchenpolitisches Instrument. Von Zwingli verfasste Thesen wurden erst reichlich spät verbreitet; eine zentrale Bedeutung bei der Disputation spielten sie nicht.

An der Ersten Zürcher Disputation des 29. Januar 1523 nahmen neben den Pfarrern der Stadt und Landschaft Zürich mehrere Hundert Laien und Gelehrte sowie eine Delegation des Konstanzer Bischofs, geleitet von Generalvikar Johannes Fabri, Doktor der Theologie, teil. Faktisch ließ sich die römische Seite mit ihrer bloßen Teilnahme auf ein Verfahren ein, das sie von ihren eigenen Voraussetzungen her eigentlich nicht akzeptieren konnte: eine Lehrentscheidung durch ein Laiengremium, die Bestreitung einer Geltung des kanonischen Rechts und der kirchlichen Tradition, die Beurteilung der Wahrheit der Lehre allein aufgrund der Bibel. Im Zuge der Disputation wurden die Altgläubigen denn auch an den Rand gedrückt. Nach nur einem halben Verhandlungstag veröffentlichte der Rat sein Urteil: Da es niemandem gelungen sei, Zwingli der Irrlehre zu überführen, solle er seine biblisch fundierte Predigttätigkeit fortsetzen; alle Prediger in der Stadt und Landschaft Zürich sollten sich an Zwinglis Lehre orientieren.

In einer ausführlichen Auslegung der ursprünglich für die Disputation vorgesehenen 67 *Schlussreden*, der Thesen für die Erste Zürcher Disputation, bot Zwingli wenig später eine umfassende Darstellung aller Aspekte seiner reformatorischen Lehre; sie enthielt bereits wichtige Hinweise auf praktische Veränderungen. Seit dieser ersten großen Disputation befand sich der Leutpriester am Großmünster nun aufgrund der Unterstützung durch den Rat in einer konsolidierten Position – die Umgestaltung des Kirchenwesens im Sinne der Reformation war nurmehr eine Frage der Zeit.

Der Zweiten Zürcher Disputation vom 26. bis 28. Oktober 1523 gingen Aktionen voraus, bei denen einige Zwingli nahestehende, auch sich auf ihn berufende Personen provokativ tätlich geworden waren und Elemente des alten Kirchenwesens attackiert hatten. So war es in der Stadt und im Landgebiet Zürich zu Entfernungen von Bildern und Kruzifixen, zu Angriffen auf das «ewige Licht» und zu Aktionen gegen die bisher übliche Praxis der Opfermesse gekommen. Unter den Akteuren befanden sich enge Parteigänger Zwinglis wie etwa der ehemalige Priester Ludwig Hätzer, der 1523 auch mit einer streng biblizistisch argumentierenden Flugschrift gegen die als «Götzen» beargwöhnten Bilder hervorgetreten war.

Die Zweite Disputation dauerte drei Tage lang; auch ihre Teilnehmerzahl überstieg die der ersten. Aus der übrigen Eidgenossenschaft waren nur Schaffhausen und St. Gallen gekommen, von den gleichfalls geladenen schweizerischen Bischöfen aber kein einziger Vertreter. Die Strahlungswirkung, die man sich von der Veranstaltung erhoffte, ergab sich vor allem durch die publizistische Verbreitung eines nun offiziell geführten Protokolls. Der wichtigste Vertreter der Altgläubigen war der Zürcher Chorherr Konrad Hofmann, ansonsten dominierte die Anhängerschaft Zwinglis. Als Themen standen die Bilder am ersten und die Messe am zweiten und dritten Tag auf der Agenda.

Für den Verlauf der Disputation und die weitere Entwicklung der Reformation erwies sich als folgenreich, dass nun sehr deutliche strategische und reformationskonzeptionelle Differenzen in der Front der Neuerer erkennbar wurden. Einige der frühesten Anhänger Zwinglis, etwa die späteren Täuferführer Konrad Grebel, Simon Stumpf oder Balthasar Hubmaier, drängten auf ein entschiedeneres Vorgehen bei der Abschaffung der Bilder und der Messe, als der Leutpriester am Großmünster selbst es für richtig hielt. Überdies bestritten sie, dass dem Zürcher Rat das Recht zukomme, über die Abschaffung der «Götzen» und der Messe zu entscheiden, einerseits, weil das biblische Bilderverbot eindeutig sei und keinen Handlungsspielraum dulde, andererseits, weil die jeweilige Gemeinde, nicht die politische Obrigkeit, als Subjekt der kirchlichen Reformen zu agieren habe. Zwingli hingegen trat sehr nachdrücklich für das Konzept einer obrigkeitsgeleiteten, magistralen Reformation ein. Allein dies verhindere Aufruhr. Dem Rat sei ein Ermessensspielraum für die Durchsetzung der liturgischen Neuerungen einzuräumen, da nur so Chaos und Willkür verhindert werden könnten. Entsprechend wurde dann auch durch ein Ratsmandat im Nachgang der Zweiten Zürcher Disputation verfahren; die Bilder und die Messe blieben vorläufig unangetastet.

Zwinglis Frontstellung gegenüber den Radikalen aus der eigenen Klientel erinnert in mancher Hinsicht an die Spannungen innerhalb des Wittenberger Lagers nach Luthers Rückkehr von der Wartburg. Im Zentrum der Gegensätze stand jeweils die Frage, wer die kirchlichen Veränderungen zu verantworten habe und wie sie durchgeführt werden sollten. Luther und Zwingli setzten hier auf die ihres Erachtens jeweils stabilsten politischen Obrigkeiten – die sächsische Landesherrschaft und den Zürcher Stadtrat. Der Rückhalt, den der Wittenberger bei seinem Kurfürsten und Zwingli bei den die kirchliche Veränderung bejahenden führenden Zürcher Familien besaß, bildete die Grundlage ihres Handelns. Da die reformatorischen Eingriffe in die Liturgie und die Ordnungsgestalt der Kirche schwerwiegende Rechtsbrüche darstellten, war den Reformatoren daran gelegen, diese durch handlungsfähige weltliche Obrigkeiten absichern zu lassen. Realistisch war dies allemal; gegen die weltlichen Obrigkeiten reformatorische Neuerungen auf Dauer durchzusetzen, wäre unmöglich gewesen. Die mit ihr einhergehende «Verstaatlichung» der Religion war der Preis der Reformation.

Ein evangelisches Stadtkirchenwesen

Dass gerade Zwingli, der humanistisch gebildete Neuling in der Stadt, mit seinen Vorstellungen einer Reformation in Zürich reüssierte, dürfte damit zusammenhängen, dass seine Theologie in hohem Maße «stadtaffin» war. Sie schärfte die Verantwortung für das Gemeinwesen als Ganzes und integrierte die bisher in Kleriker und Laien auseinanderdividierten Bewohner zu einer christlichen Gemeinschaft mündiger Bürger. Im Unterschied zu seinen radikalen Anhängern, die eine unmittelbare und kompromisslose Verwirklichung biblischer Gebote für unabdingbar hielten, stellte Zwingli – ähnlich wie Luther – die Unvollkommenheit menschlicher Gerechtigkeit in Rechnung. Die mögliche und durch die Predigt des Evangeliums auch zu erreichende Verbesserung des christlichen Gemeinwesens bleibe notwendigerweise hinter den Idealen, die die Radikalen anstrebten, zurück. In der theologischen Akzeptanz der Differenz von gelehrtem Anspruch und gelebter Wirklichkeit waren Zwingli und Luther Brüder im Geiste, unterschied sich ihre magistrale von der radikalen Reformation.

Die in den beiden Jahren nach den großen Disputationen durchgeführten reformatorischen Maßnahmen errichteten in vertrauter Zusammenarbeit zwischen dem Rat und den führenden evangelischen Geistlichen ein evangelisches Stadtkirchenwesen: Heiligenfeste, Prozessionen und das Fasten wurden eingestellt, Bilder, Kruzifixe und Orgeln aus den Kirchen entfernt, volkssprachliche Tauf- und Abendmahlsliturgien eingeführt, Klöster und Chorherrenstifte wurden sukzessive aufgelöst und die entsprechenden Gelder in die Verfügung des Rates übernommen. 1525 wurde eine neuartige Institution geschaffen, der gleichfalls eine Strahlungswirkung auf andere Reformationsstädte, etwa Straßburg, später Genf, zukommen sollte: die *Prophezei*, eine Art öffentlicher Bibelschule. Jeden Tag kamen im Chor des Großmünsters Lateinschüler, gelehrte Theologen, interessierte Laien und in reformatorischer Schriftauslegung noch unerfahrene Geistliche aus der Stadt und vom Land zusammen, um Lehrvorträge über einzelne Abschnitte der fortlaufend traktierten Bibel anzuhören, die aus den alten Sprachen Griechisch, Hebräisch oder Latein übersetzt wurden. Diese Exerzitien, an denen sich Zwingli und die anderen Geistlichen der Stadt führend beteiligten, bildeten den Nukleus für die erstmals 1530 im Druck erschienene *Zürcher Bibel*, die erste reformatorische Vollbibel aus einem Guss.

Mit einer weiteren Institution setzte der Zürcher Rat in Bezug auf die Kirchenzucht, die ein wichtiges, vielfach kopiertes und mannigfach variiertes Element des reformierten Kirchentums werden sollte, neue Maßstäbe: mit dem *Ehe- und Sittengericht*. Ein aus vier weltlichen und zwei geistlichen Ehrichtern bestehendes, vom Rat eingesetztes Gremium übernahm damit die bisher in der rechtlichen Zuständigkeit des Konstanzer Bischofs liegenden Fragen der Ehejudikatur (vor allem Scheidungen, Ehehindernisse und die Prüfung legitimer Verlöbnisse) und sonstiger sittlicher und disziplinatorischer Konflikte, die es mit Strafen wie dem kleinen (Ausschluss vom Abendmahl) und dem großen Bann (Exkommunikation) belegte. Innerhalb der reformierten Tradition blieb umstritten, ob der weltlichen Obrigkeit das Recht zukommen dürfe, die Bürger auch mit kirchlichen Zwangsmaßnahmen quasi sittenpolizeilich zu disziplinieren; Zwingli aber bejahte diese theokratische Tendenz.

8. INNERREFORMATORISCHE ZERWÜRFNISSE

Die reformatorische Bewegung besaß historische Durchschlagskraft, weil sie sich in ihrer Gegnerschaft gegen das überkommene Kirchenwesen, in der alleinigen Orientierung an dem in der Bibel niedergelegten Evangelium und in der Solidarität mit dem ohne Verhör zum Ketzer verurteilten Luther einig war. Diese Einigkeit überlagerte zunächst alle theologischen Differenzen, die es – auch vor dem Hintergrund unterschiedlicher geistiger Vorprägungen – von Anfang an zwischen den theologischen Ansätzen verschiedener reformatorischer Theologen gegeben hat beziehungsweise die sich *ex post* identifizieren lassen. Zu offenen Konflikten führten diese theologischen Differenzen insbesondere dann, wenn eine Position einen Führungsanspruch gegenüber einer anderen erhob oder exklusive Deutungen für bestimmte biblische Aussagen reklamiert wurden.

Da allgemein anerkannte lehrgerichtliche Instanzen nicht existierten und die Bibel als einziges Wahrheitsregulativ fungierte, spitzten sich die meisten innerreformatorischen Kontroversen auf Auseinandersetzungen über das Verständnis und die Geltung einzelner biblischer Aussagen zu. Zumeist traten dabei auch unterschiedliche Vorstellungen politischer Art zutage, die das Verhältnis von kirchlicher und weltlicher Gemeinde, die probaten Mittel einer Reformation, die Aufgaben und Grenzen der Obrigkeiten und die sittliche Qualität der «wahren Kirche» betrafen.

Johannes Cochläus, ‹Sieben köpffe Martini Luthers. Vom hochwirdigen Sacrament des Altars›. Die polemische Flugschrift wurde 1529 in Leipzig von Valentin Schumann gedruckt. Von links nach rechts stellen die sieben Köpfe den Doktor, den Mönch, den Türken und Aufrührer, den Prediger, den Schwärmer, den Kirchenorganisator sowie den Räuber, den Pilatus an Christi Stelle begnadigt hatte, dar. Die ebenso geniale wie bösartige Bildidee zu diesem Titelholzschnitt führte verschiedene Entwicklungen in den reformatorischen Bewegungen auf den Ketzer Luther selbst zurück.

Seit Mitte der 1520er Jahre war es mit der anfänglichen Einigkeit der reformatorischen Bewegung auch öffentlich vorbei. Der Ansehensverlust, den Luther infolge seines publizistischen Agierens im Bauernkrieg in Teilen des evangelischen Lagers erlitt, trug mit dazu bei, dass man ihn auch als Bibelausleger für «fehlbar» hielt, zu kritisieren bereit war und den Gottesgeist von ihm gewichen sah. Insofern hängen die politischen und die theologischen Dissoziationsprozesse nicht nur chronologisch zusammen. Von altgläubiger Seite wurde Luther, der Erzketzer, als Ursache all dieser Zerfallserscheinungen desavouiert; die *particula veri* dieses Urteils bestand darin, dass der Wittenberger Reformator und sein vielschichtiges literarisches Werk den wichtigsten, vielfältig deutbaren Ausgangs-, Bezugs- und Konfliktpunkt aller reformatorisch-theologischen Entwicklungen bildeten. Ab Mitte der 1520er Jahre wurde es innerhalb des breiten protestantischen Lagers üblich, sich gegen den späteren auf einen jüngeren Luther zu berufen, *Luther* also *gegen Luther* zu deuten – eine dialektische Umgangsweise der Anknüpfung an und der Distanzierung von dem Reformator. Im Zuge der sich formierenden lutherischen Konfession wurde es hingegen selbstverständlich, seine jeweils jüngsten und spätesten Äußerungen für die maßgeblichen zu nehmen und am Ende den «alten» Kirchenvater über den «jungen» Revolutionär zu stellen.

Sickingens Ritterschaftsbewegung

Nach gewissen Schwankungen im Jahr seiner Bannung bekannte sich Luther seit Januar 1521 eindeutig zu einer Position, die den Einsatz von «Gewalt und Mord für das Evangelium»[61] verbot und militärische Machtmittel im Kampf gegen den päpstlichen Antichristen und seine weltlichen Satrapen ausschloss und verwarf. Allein mit und durch das Wort wollte er ihn bekämpfen;[62] der rasante Fortgang der reformatorischen Bewegung mittels des gedruckten und gepredigten Wortes, das wie ein «farender platz regen, der nicht wider kompt»,[63] jetzt, am Ende der Zeiten, über die Welt niederging, bestätigte ihn in dieser Einschätzung.

Wegen der Gewaltfrage grenzte sich Luther deshalb von der Bewegung des *Franz von Sickingen* ab. Der ebenso berühmte wie berüchtigte pfälzische Ritter hatte sich durch ausufernde Fehden und als Militärunternehmer Macht, Besitz sowie politischen Einfluss erworben und stand auch in kaiserlichen Diensten; seit Jahresende 1520 war er mit Luthers Schriften bekannt geworden. Ulrich von Hutten, einem in päpstliche Ungnade gefallenen genialischen humanistischen Dichter adliger Abkunft, hatte er Schutz vor seinen Verfolgern geboten, auf der oberhalb von Kreuznach gelegenen Ebernburg, die Hutten daher pathetisch als «der gerechtigkeit herbergen»[64] apostrophierte. Luther selbst hatte im Vorfeld des Wormser Reichstags das Schutzangebot des Ritters ja abgelehnt. Sickingen gewährte dort auch später prominenten Reformatoren wie Martin Bucer, Johannes Oekolampad, Kaspar Aquila oder Johannes Schwebel Unterschlupf, die für die Reformationsprozesse in Straßburg, Basel, Thüringen und Zweibrücken eine wichtige Rolle spielten. Für die Entstehung einer reformatorischen Publizistik im oberdeutschen Raum dürften die von Bucer und Hutten in ihrer Ebernburgzeit ausgegangenen Impulse sehr wichtig gewesen sein.

Sickingens Bestreben, eine eigene Territorialherrschaft auf Kosten des Klerus aufzubauen, wurde durch Versatzstücke des Hutten'schen «Pfaffenkrieges» und des Luther'schen Reformappells *An den christlichen Adel deutscher Nation* ideologisch fundamentiert. Die Reformprozesse in den Herrschaften des Reichsritters waren allerdings über erste Ansätze eines evangelischen Gottesdienstes nicht hinausgelangt; wie es scheint, orientierte man sich dabei, auch in der Bilderfrage, an der 1522 im Druck erschienenen Wittenberger Stadtordnung.

Im Sommer 1522 wurde unter Sickingens Führung eine Vereinigung ins Leben gerufen, an der große Teile der oberrheinischen Ritterschaft beteiligt waren und die mit einer fränkischen Adelseinung in Verbindung stand. Ähnlich den in der zeitgenössischen Literatur, etwa den *XV Bundesgenossen* oder dem *Neu-Karsthans*, verbreiteten Bundesmodellen nahm man für sich in Anspruch, ein christliches Gemeinwesen zu repräsentieren und den «gemeinen Nutzen» und das allgemeine, «alte» Recht zu fördern; häufig hatten diese laikalen Schwurgenossenschaften einen antiklerikalen, gegen den angeblich selbstsüchtigen Klerus gerichteten Zug. Sickingen begann nun eine Fehde gegen den Trierer Erzbischof Richard von Greiffenklau, mit dem Anspruch, die Untertanen des Erzbischofs «von dem schweren entchristlichen joch und gesetz der pfaffhait» zu «erlösen» und «zu Euangelischen, liechten gesetzen und christlicher freihait»[65] zu führen. Durch seine Propaganda entstand der Eindruck, dass der Krieg um des Evangeliums willen geführt werde und der Aufruhr des Ritters eine direkte Folge der Luther'schen Reformation sei; die antireformatorische Publizistik verstärkte diese Tendenz.

Nachdem die Belagerung Triers gescheitert war, sah sich Sickingen einer übermächtigen Fürstenkoalition des hessischen Landgrafen, des pfälzischen Kurfürsten und Greiffenklaus gegenüber. Sickingen erlitt während der Eroberung Landstuhls durch einen herabfallenden Balken eine schwere Verletzung. Sterbend soll er, nach dem Bericht seines Schwagers, des Speyrer Bischofs Philipp von Flersheim, «in seinem hertzen gebeicht» und seinen Hofkaplan gebeten haben, «ime absolution [zu] sprechen unnd das sacrament [zu] zeigen».[66]

Tiefe Wurzeln hatte ein reformatorisch bestimmtes Frömmigkeitsmodell in Sickingens Leben und Wirken noch kaum geschlagen. Ihm ging es primär darum, die alte Herrlichkeit seines ritterlichen Standes zu restituieren, der zwischen den prosperierenden bürgerlich-städtischen Handelsmächten und der expandierenden fürstlichen Territorialstaatlichkeit aufgerieben wurde. Luthers Appell *An den christlichen Adel* war für Sickingen und seine Standesgenossen auch ein Hoffnungszeichen gewesen, dass man ihrer bedurfte und ihnen nun im Zeichen der Reformation neue Geltungsmöglichkeiten offen standen. Ungeachtet von Sickingens Niedergang kam es in einigen ritterschaftlichen Territorien tatsächlich zu relativ stabilen evangelischen Kirchentümern.

Der Bauernkrieg und Thomas Müntzer

Ähnlich dem ritterschaftlichen Adel standen weite Teile der Bauernschaft in einem prekären Verhältnis zu den Fürsten einerseits, den geistlichen Institutionen andererseits. Zudem richteten auch die Bauern ihre Hoffnungen auf den Kaiser, der für sie eine ideale Hoffnungsgestalt war, die ihre alten Rechte achten und wiederherstellen werde. In theokratisch-utopischen Gesellschaftsentwürfen, die insbesondere im frühen 16. Jahrhundert ins Kraut schossen und unter reformatorischen Bedingungen perpetuiert und aktualisiert wurden, standen der Kaiser und edle, christliche Ritter in engster Gemeinschaft mit dem gemeinen Landmann; städtische Händler und fürstliche Herren kamen in diesen politischen Szenarien nicht vor. Die gegenüber dem Bauerntum sehr aufgeschlossene, gegenüber dem Handelskapitalismus hingegen weithin kritische frühreformatorische Publizistik hat sehr wahrscheinlich dazu beigetragen, dass man in bäuerlichen Kreisen Luther, Zwingli und die anderen Reformatoren als Anwälte der eigenen Sache sah. Durch die Märkte und den Handel, durch fahrendes Volk, wandernde Kleriker, Scholaren und Handwerker bestanden regelmäßige und engste Verbindungen zwischen Stadt und Land; die Übergänge zwischen den städtischen und bäuerlichen Reformationsprozessen sind fließend und die Zusammenhänge von Reformation und Bauernkrieg komplex.

Unter dem sogenannten Bauernkrieg versteht man eine umfassende, revolutionäre Aufstandsbewegung des «gemeinen Mannes», die, ausgehend von der Grafschaft Stühlingen im südlichen Schwarzwald, binnen eines knappen Jahres weite Teile Ober-, Süd-, Südwest- und Mitteldeutschlands erfasste. Die bewaffneten Aufstände, die sich gegen einzelne Herrschaften richteten und mit Übergriffen auf adliges, kirchliches und klösterliches Gut verbunden waren, zielten in der Regel auf Verhandlungen mit den Herren ab. In einigen Regionen sind tatsächlich Verträge zwischen den Aufständischen und denen, gegen die sie revoltierten, zustande gekommen. Bei den Verhandlungen wurden die Bauern immer wieder von akademisch gebildeten Sympathisanten unterstützt. Auch einige Ritter, etwa Götz von Berlichingen oder Florian Geyer von Giebelstadt, stellten ihre militärische Expertise zeitweilig in den Dienst der Bauern. In einigen Bergbauregionen – Thüringen, Steiermark und Tirol – kam es zu engeren Verbindungen zwischen aufständischen Bauern und revoltierenden Bergknappen. Versuche, durch eine Bundesordnung, ein Bauernparlament und eine bäuerliche Kanzlei politische Handlungsfähigkeit über den jeweiligen regionalen Zusammenhang hinaus zu erreichen, zeugen von weitergehenden politischen Reformvorstellungen in Bezug auf das Reich, blieben aber faktisch Episode.

Die regionalen Aufstandsbewegungen standen untereinander in Kontakt, gingen teilweise auseinander hervor, und mit den im März 1525 im Druck erschienenen *Zwölf Artikeln gemeiner Bauernschaft* verfügten sie über ein weithin akzeptiertes «Manifest», das als eine der erfolgreichsten reformatorischen Flugschriften überhaupt in rund zwei Dutzend Drucken verbreitet wurde. Daher ist es berechtigt, das in sich vielfältige, von starken regionalen Besonderheiten geprägte Phänomen zusammenfassend als «Bauernkrieg» zu verstehen.

Die *Zwölf Artikel* erschienen anonym. Ihr mutmaßlicher Verfasser war ein Laie, der Kürschner und Feldschreiber Sebastian Lotzer. Der gelehrte Memminger Pfarrer Christoph Schappeler aus St. Gallen, der sich seit 1520 im Sinne der Reformation engagiert hatte, unterstützte die aufständischen Bauern und steuerte wahrscheinlich das Vorwort bei. Aus ihrer positiven Einstellung gegenüber der reformatorischen Bewegung machten die Bauern keinen Hehl; indem im Vorwort als «grund aller artickel der bawren» angegeben wurde, «daz evangelion zu hören und dem gemeß zu leben»[67] und der erste Artikel die freie Pfarrerwahl durch die ganze Gemeinde vorsah, rückten die Forderungen der Bauern in einen unmittelbaren Zusammenhang mit dem, wofür Luther und die Seinen standen. Die freie Pfarrerwahl, die schon im späten Mittelalter eine wichtige Forderung der Bauern gewesen und die auch von Luther in der *Adelsschrift* aufgenommen worden war, diente der Einschränkung des sogenannten Vikariatswesens. Dieses war dadurch gekennzeichnet, dass höhere Kleriker, die mehrere – in Extremfällen sogar Dutzende – Pfründen innehatten, die konkreten Pfarrdienste durch schlecht bezahlte und miserabel ausgebildete Vikare ausüben ließen, während sie selbst den Großteil der entsprechenden Pfründen einstrichen.

In ihrer Berufung auf das «Evangelium», einer erst durch Luther und die reformatorische Bewegung zu einem Schlüsselbegriff des zeitgenössischen religiösen und gesellschaftlichen Diskurses avancierten

Titelblatt von einer der zahlreichen Ausgaben der ‹Zwölf Artikel gemeiner Bauernschaft›, Mainz 1525.

Kategorie, ist ein spezifischer Unterschied der *Zwölf Artikel* zu vorreformatorischen Katalogen zu sehen. Trotz gewisser Sympathien wollte sich Luther später jedoch nicht vereinnahmen lassen.

Ansonsten ging es im Bauernkrieg im Kern um soziale, wirtschaftliche und politische Aspekte, unter anderem die Abschaffung der Leibeigenschaft und der aus ihr folgenden Erbansprüche der Herren, die insbesondere in Oberschwaben immer drückender geworden waren. Man begründete diese Forderung mit dem Hinweis auf die in Christi Sühnetod erschlossene Freiheit, nicht ohne allerdings die Bereitschaft zum Gehorsam gegenüber einer rechtmäßigen Obrigkeit zu betonen. Dass man aus der Bibel politisch-ethische Konsequenzen ableitete, die in einer erheblichen Spannung zur zeitgenössischen Gesellschaft standen, hielt Luther für unbillig; dass die *Zwölf Artikel* auch in einem rezeptionsgeschichtlichen Zusammenhang mit seiner Freiheitsschrift standen, konnte und wollte er nicht akzeptieren.

Von den konkreten Forderungen der Bauern seien genannt: Der Kornzehnt sollte in gemeindliche Verantwortung gestellt und kommunalistisch verwaltet, der kleine oder Viehzehnt abgeschafft werden; die freie Jagd in Wäldern und Flüssen, die der Adel exklusiv für sich beanspruchte, sollte gemäß altem Recht für jedermann erlaubt sein; wucherische Pachtzinsen sollten durch faire Bedingungen ersetzt werden, die von unabhängigen Schätzern festzustellen waren.

Die Aufstände der Bauern führten in einigen Regionen zeitweilig zu revolutionären Veränderungen der bestehenden Herrschaftsverhältnisse. Im Frühjahr 1525 griff der Aufstand auch auf die mittleren Teile Deutschlands (Franken, Thüringen, Pfalz und Elsass) über. Die wachsende Ausbreitung dieser Revolution des gemeinen Mannes steigerte die Bereitschaft der Fürsten, militärisch zu kooperieren – auch über religiöse Differenzen im Verhältnis zur Reformation hinweg –, um die gewohnte Ordnung, zum Teil mit drakonischen Bestrafungsaktionen, wiederherzustellen. Im Laufe des Frühjahrs und -sommers 1525 wurden die Aufstände auf breiter Front niedergeschlagen. In Thüringen kamen die erst Mitte April ausgebrochenen Bauernerhebungen mit der Schlacht von Frankenhausen am 15. Mai 1525 an ein blutiges Ende. Von den rund sechstausend Bauern sollen fünftausend getötet worden sein; eine scharfe Siegerjustiz setzte auf Abschreckung durch härteste Gewalt.

Luther war in das Bauernkriegsgeschehen als Beobachter und Publizist involviert. In einer ersten literarischen Phase setzte er sich mit den *Zwölf Artikeln* auseinander, wobei er einigen Forderungen zumindest teilweise zustimmte. Allerdings sah er in der bäuerlichen Berufung auf das Evangelium eine illegitime Instrumentalisierung; die Bauern sollten Religion und Politik nicht vermischen und von Gewaltanwendung absehen. Doch auch die Fürsten ermahnte er zu Mäßigung und Entgegenkommen. In ähnlicher Gesinnung gab er einen in Weingarten abgeschlossenen Vertrag mit Kommentierungen heraus; der Kompromiss erschien ihm als die beste Lösung.

Nur wenig später allerdings erschien seine Schrift mit dem Titel *Wider die räuberischen und mörderischen Rotten der Bauern*, die in einen gnadenlosen Appell an die Obrigkeiten einmündete, die Bauern regelrecht abzuschlachten. Woher kam dieser Gesinnungswandel? Bei einer Reise ins thüringische Aufstandsgebiet war der Reformator mit Gewaltverbrechen der Bauern konfrontiert worden; durch Informationen aus dem Umfeld des Mansfelder Grafen, der gegen die Bauern rüstete, war der Wittenberger einseitig orientiert. Am wichtigsten aber war wohl, dass Luther die Bauern ganz im Banne der apokalyptischen Theologie seines ehemaligen Schülers Thomas Müntzer sah – eine fatale Fehleinschätzung, denn Müntzer hatte, neben seinem Kollegen Heinrich Pfeiffer, allenfalls unter den Mühlhäusern einen gewissen Einfluss, wo er eine Zeitlang Pfarrer war. Von Luther ist er aber höchst wirkungsreich zum furiosen Bauernkriegsagitator stilisiert worden, was ihn zu der verursachenden Schlüsselfigur des Bauernkriegs machte. Dies wird jedoch seiner historischen Rolle kaum gerecht. Der Versuch Müntzers, bei einer Reise in das süddeutsche Aufstandsgebiet im Februar 1525 Einfluss auf die aufständischen Bauern auszuüben, war fehlgeschlagen. Die Bedeutung seiner Theologie und die Wirkung seiner Publizistik für den Ausbruch und den Verlauf des Bauernkriegs sollte also nicht zu hoch veranschlagt werden – entgegen einer langen, durch Luther begründeten und von der marxistischen Müntzerforschung unter invertierter Wertung längere Zeit fortgesetzten Deutung.

Luthers scharfe Absage an Thomas Müntzer hatte Gründe, die den Kern seiner Theologie berührten. Müntzers rigoroses Heiligungsstreben, das zwingende sittliche Folgerungen aus dem Evangelium ableitete, erschien ihm als menschliche Selbstüberhebung und kalte Gesetzlichkeit. Seine Bereitschaft, Gewaltmaßnahmen im Kampf gegen die Symbole und Repräsentanten des «Unglaubens» und der feudalen Repression – etwa in Form der Zehntforderungen – zu decken, verstörten Luther; Müntzer erschien ihm im Licht seiner eigenen Rechtfertigungslehre als der «werkgerechte» Aufrührer schlechthin. Luthers Umgebung, etwa Melanchthon, teilte die scharfe Ablehnung Müntzers. Dies trug dazu bei, dass auch Personen, die im Kontakt mit ihm standen, ohne seine Haltung in der Gewaltfrage zu teilen – etwa Karlstadt –, in einen zornigen Strudel der Verachtung gerieten. Das an Müntzer, der nach der Schlacht von Frankenhausen auf der Flucht ergriffen worden war, am 27. Mai 1525 vollstreckte Todesurteil hielt sein Wittenberger Lehrer für gerechtfertigt.

Luthers Distanzierung von Karlstadt

Das komplexe Verhältnis zwischen Luther und Karlstadt bildet den Nukleus der frühreformatorischen Entzweiungen. In den ersten Jahren ihres gemeinsamen Weges hatten sich der karrierebewusste Weltpriester und Jurist und der charismatische Bettelmönch einander angenähert und an der gemeinsamen Profilierung Wittenbergs als Hort des wahrhaftigen Augustinismus und einer antischolastischen Theologiereform gearbeitet. Ein erster Bruch zwischen beiden war im Laufe des Jahres 1520 in der Frage des biblischen Kanons sichtbar geworden. Karlstadt hielt die Freimütigkeit, mit der Luther etwa den Jakobusbrief wegen der in ihm enthaltenen Lehre einer Rechtfertigung aus Werken preiszugeben bereit war, für unverantwortlich. Luther orientierte sein Schriftverständnis an dem theologischen Sachkriterium, was «Evangelium» enthalte, also «Christum treibe».[68] Karlstadts Bibelhermeneutik hingegen war an der formalen Geltung der ganzen Schrift als kanonisierter Lehrgrundlage und an ihrer Legitimation und Approbation durch die Kirchenväter ausgerichtet. Der geborene Franke Karlstadt war eine eigenständige theologische Persönlichkeit; blinde Unterordnung unter den allseits verehrten oder hypostasierten Kollegen Luther kam für ihn nicht in Frage.

Während der Jahre 1517–1521 war Luther derjenige der beiden Wittenberger Theologen, der ungestümer vorwärtsschritt, risikofreudiger zuspitzte, offener gegen das bestehende Kirchenwesen polemisierte und unablässig neue Themen- und Konfliktfelder der kontroverstheologischen Auseinandersetzung eröffnete. In dieser Phase der frühreformatorischen Entwicklung wurde er an Radikalität von niemandem übertroffen. Aus der Zeit seiner etwa zehnmonatigen Abwesenheit aufgrund der Reise nach Worms und des Aufenthaltes auf der

Wartburg (April 1521 bis Anfang März 1522) ist kein direkter Kontakt zwischen Luther und dem Kollegen bezeugt. Von der Wartburg aus kommentierte er Nachrichten, die Karlstadt betrafen, in Briefen gegenüber Dritten zumeist kritisch-distanziert; alles deutet also darauf hin, dass das Verhältnis der beiden schon vor den Ereignissen im Zusammenhang mit der «Wittenberger Bewegung» beschädigt, ja zerrüttet war.

Nach Luthers Rückkehr von der Wartburg war Karlstadt bald der Einzige, der an der Wittenberger Stadtordnung, den getroffenen Entscheidungen und der gemeindeorientierten Reformationskonzeption festhielt. Dies machte es für Luther leicht, ihn zu isolieren und als den eigentlich Verantwortlichen hinzustellen und für die «aufrührerischen» Momente des kirchlichen Wandels verantwortlich zu machen. Im weiteren Verlauf des Jahres 1522 wurde Karlstadts Position in Wittenberg zusätzlich dadurch erschwert, dass man eine universitäre Zensur einführte, die seine publizistischen Artikulationsmöglichkeiten einschränkte, ja verhinderte. In dieser Phase radikalisierte er sich dahingehend, dass er seinen Habitus als Geistlicher und Gelehrter, einschließlich seiner akademischen Grade, ablegte, einen grauen Bauernrock trug, sich «Bruder Andres» nennen ließ und sich also dem «gemeinen Mann» zugesellte, jenem «einfältigen Laien» also, dem er einen unmittelbareren Zugang zu Gott und dem Heil zuschrieb als den «verkehrten Gelehrten».[69]

Nach und nach zog sich Karlstadt nun auch aus Wittenberg in seine Pfarrei Orlamünde im oberen Saaletal zurück. Als Inhaber des Archidiakonenamtes, Stiftsherr und Theologieprofessor hatte sich Karlstadt, wie es höhere Kleriker zu tun pflegten, vorher durch einen schlecht besoldeten Vikar vertreten lassen; nun sah er sich zum Pfarrdienst gefordert. Die in Abstimmung mit dem Orlamünder Rat durchgeführten reformatorischen Maßnahmen entsprachen im Prinzip der an der Gemeinde orientierten Wittenberger Stadtreformation; sie schlossen die Abschaffung der «Götzen» im Kirchenraum ein.

Von Orlamünde aus strahlten Karlstadts Impulse und die einiger ähnlich Gesinnter in den weiteren thüringischen Raum und darüber hinaus. Luther scheint sie seit 1523/24 als bedrohliche Konkurrenz zu seinem eigenen Konzept einer territorialfürstlichen Reformation empfunden und entsprechend bekämpft zu haben. Eine Predigt- und Visitationsreise, die ihn in Abstimmung mit seinem Landesherrn im Sommer 1524 nach Jena und ins Saaletal führte, diente dazu, die Wirkungen Karlstadts und Müntzers angemessener einschätzen und ihnen entgegentreten zu können.

Nach einer Predigt, die Luther am 22. August 1524 in Jena gehalten hatte, kam es zu einer konfrontativen Begegnung der beiden ehemaligen Kollegen im Wirtshaus «Zum schwarzen Bären». Karlstadt fühlte sich dadurch angegriffen, dass Luther gegen den «geist zu Allstett», dem Wirkungsort Müntzers, gewettert, ihn mit «aufrur und mord» und der Abschaffung der «Tauff» – wohl im Sinne der Säuglingstaufe – und des «sacrament des altars»[70] in Verbindung gebracht und offenbar den Eindruck erzeugt hatte, dass man auch in Karlstadts Einflussbereich gewaltbereit sei. Karlstadt wies die Verbindung zu Müntzer und Allstedt zurück. Den Bezug auf das Abendmahl aber nahm er auf; «kein mensch [...] nach den Aposteln» habe wie er vom Abendmahl «geschryben und gelert».[71] Er sei auch bereit, «mit schryfften», also durch biblische Zeugnisse, zu «beweysen», dass Luther in Bezug auf das Abendmahl «unrecht das Evangelium gepredigt»[72] habe, seinen eigenen Lehren untreu geworden sei und nicht «den gecreutzigten», sondern «einen selbst eingebilten christum»[73] lehre. Der in der Öffentlichkeit des Wirtshauses ausgetragene heftige Wortwechsel ließ keinen Zweifel daran, dass die beiden wichtigsten Vertreter der frühen Wittenberger Reformation nun in einem tiefgehenden theologischen Gegensatz zueinander standen.

Luther forderte Karlstadt schließlich dazu auf, offen und schriftlich gegen ihn hervorzutreten; er unterstrich dies mit einer eigentümlichen Zeichenhandlung: durch das Geschenk eines Goldguldens. Der in seinen literarischen Entfaltungsmöglichkeiten eingeengte Karlstadt nahm diesen als «zeichen» an, dass er «macht hab wyder Doctor Luther zuschreyben».[74] Im Nachgang dieser Begegnung entfaltete Karlstadt eine fieberhafte Textproduktion. Bald aber erreichte ihn ein fürstliches Ausweisungsmandat, das ihn zwang, Kursachsen gegen

Ende September 1524 zu verlassen. Doch bereits bevor Karlstadt selbst ausreiste, schickte er seinen Schwager Gerhard Westerburg, einen Kölner Arzt, der Anschluss an die «Zwickauer Propheten» gefunden hatte, in den Süden, nach Zürich und Basel. Von Basel aus gelangten mehrere Schriften, insbesondere über die Abendmahlsfrage, in den Druck. Sie bildeten den Auftakt des innerreformatorischen Abendmahlsstreites, an dem die Einheit der reformatorischen Bewegung schließlich zerbrach.

Der Abendmahlsstreit

In theologischer Hinsicht nahm Karlstadt Anstoß an Luthers Konzeption einer leiblichen Gegenwart der menschlichen Natur Christi in den Elementen von Brot und Wein. Er rückte dessen Position in eine Nähe zu katholischen Vorstellungen; Luther schreibe dem Abendmahl eine Erlösungsfunktion zu. Dadurch werde die soteriologische Exklusivität des Kreuzes Christi eingeschränkt. Karlstadt selbst deutete die Einsetzungsworte als Selbstverweis Christi. Als Christus gesagt habe: «Das ist mein Leib (*hoc est corpus meum*), der für euch gegeben wird», habe er auf seinen eigenen Körper gezeigt und die bevorstehende Kreuzigung angekündigt. Im Kern warf Karlstadt Luther also vor, die Kreuzestheologie (*theologia crucis*) des reformatorischen Aufbruchs zugunsten einer sakramentalen *theologia gloriae* verraten zu haben. Luther selbst insistierte bei seinem Verständnis der Einsetzungsworte auf dem Wortlaut des Textes; «der text ist zu gewalltig da und will sich mit worten nicht lassen aus dem synn reyssen»,[75] antwortete er gegen Jahresende 1524 auf eine Anfrage der Straßburger, wie sie sich gegenüber der Herausforderung der Karlstadtschen Exegese positionieren sollten. Sich dem Wortlaut des Textes zu beugen aber bedeutete für Luther, die Gegenwart des ungeteilten Gottmenschen Christus in den Elementen des Abendmahles, die dem Kommunizierenden geschenkweise zuteil werde, als einen unverzichtbaren Glaubensartikel anzuerkennen. Für Luther war das Abendmahl außerordentlich wichtig; in Brot und Wein vergegenwärtigte sich Christus selbst, der mit Gott vereinte Mensch, in einer untrennbaren, für den Glaubenden heilsamen Weise – durch den Zuspruch seiner selbst.

In den ab Herbst 1524 einsetzenden öffentlichen Abendmahlsstreit schalteten sich nach und nach beinahe alle führenden reformatorischen Theologen ein; er sollte die Publizistik der kommenden vier Jahre maßgeblich bestimmen. Von altgläubiger Seite schürte man den Gegensatz durch gelegentliche Nachdrucke einzelner Kontroversschriften. Was bewies besser, dass diese Ketzerei unwahr sei, als dass sie in immer neue «Sekten» zerfiel?! Die Meinungsvielfalt unter den Evangelischen in der Frage des Abendmahls schien den katholischen Kritikern darin Recht zu geben, dass das Schriftprinzip zur Regulierung von Lehrfragen allein nicht tauge, sondern der flankierenden Regulationskraft des Lehramtes bedürfe.

Während Luther darauf bestand, dass das *hoc est corpus meum* (das ist mein Leib) nur im Sinne einer Identität des Brotes und des Leibes Christi verstanden werde dürfe, lehrte Zwingli in Anknüpfung an die ihm bekannt gewordene Interpretation eines holländischen Advokaten namens Cornelisz Hendrix Hoen, die bereits seit 1521/22 kursierte, dass das *est* (ist) «uneigentlich», und zwar im Sinne von *significat* (bedeutet) zu verstehen sei. Andere Reformatoren wie der Basler Johannes Oekolampad oder der Straßburger Martin Bucer neigten eher einer Deutung im Sinne von: «dieses Zeichen, nämlich das Brot, ist ein Zeichen meines Leibes» zu. Karlstadts exegetische Interpretation fand unter den Evangelischen wenig Zustimmung, auch wenn seine theologischen Motive im sich bildenden «reformierten» Lager weitgehend geteilt wurden. Dass der Wittenberger Dissident schließlich als Zürcher (ab 1530) und Basler Pastor und Professor (1534–1541) einen neuen Wirkungskreis fand, entsprach seinen theologischen Tendenzen.

Während in den bereits der Reformation gegenüber aufgeschlossenen Territorien Mittel- und Norddeutschlands die Orientierung an der Wittenberger Linie dominierte, prägten auch im Abendmahlsstreit unzählige Flugschriften den Kampf um die öffentliche Meinung, vor allem im oberdeutschen Raum. Strategische Appelle, man solle das Streiten sein lassen, um den Katholizismus nicht zu stärken, auch

Ermahnungen, man dürfe die reichspolitisch gebotene Einheit der Evangelischen nicht aufs Spiel setzen, brachten am Ende keinen Erfolg. Nicht allein die zentrale Bedeutung, die dem Altarsakrament in der lateinischen Kirche des Mittelalters zugekommen war, erklärt die theologische Eskalation; sie hängt auch damit zusammen, dass sich im Verständnis des Abendmahls Fragen der Schriftauslegung, der Deutung der Person Christi und des Handelns der Kirche mit einem biblisch gebotenen religiösen Vollzug durchdrangen; insofern waren Klärungen hier unabweisbar notwendig.

Auf Drängen des hessischen Landgrafen Philipp wurde Ende September, Anfang Oktober 1529 in Marburg ein Religionsgespräch anberaumt, bei dem sich die Reformatorenprominenz der ersten Generation in singulärer Vollständigkeit begegnete und die beiden wichtigsten Persönlichkeiten beider Lager – Zwingli und Luther – ein erstes und einziges Mal zusammentrafen. Die tiefen Gräben waren nicht zu überwinden. Im Gegenteil: Luther weigerte sich, die Schweizer und die Straßburger, die in den vorangegangenen publizistischen Kampagnen in zum Teil subversiver Weise auf deren Seite gestritten hatten, als Brüder anzuerkennen. Er hatte das gemeinsame Bekenntnis zur «christliche[n] liebe», die man gegeneinander halten wollte, auch durch die Einschränkung «sofer yedes gewissen ymmer leyden kan»[76] abgeschwächt. Fortgesetzten Kontroversen zwischen «Lutheranern» und «Reformierten» über die Abendmahlsfrage waren damit Tor und Tür geöffnet.

Die hier erstmals explodierende theologische Konfliktkultur ist für den frühneuzeitlichen kirchlichen Protestantismus, insbesondere in Deutschland, kennzeichnend geblieben. Da eine doktrinale Entscheidungsinstanz nicht existierte, wurden theologische Debatten selten abgeschlossen und waren quasi unbegrenzbar. Begünstigt wurde dies durch die territoriale Vielfalt im Reich, die es konfliktfreudigen Theologen mühelos erlaubte, zwischen den Territorien zu wechseln und ihre Polemik fortzusetzen.

Die ersten Täufergemeinden

Dass sich Karlstadts Emissär Westerburg im Herbst 1524 in der Absicht, die Schriften des Wittenberger Dissidenten drucken zu lassen, zunächst nach Zürich begeben hatte, hing aller Wahrscheinlichkeit nach mit dem dortigen Kreis der von Zwingli abgewichenen «Radikalen» zusammen; sie bildeten den Kern der späteren Täufergemeinde. Im Herbst 1524, also in jener Zeit, als der Orlamünder Pfarrer aus Sachsen vertrieben wurde, hatte der Kreis um den Zürcher Patrizierspross Konrad Grebel und den humanistisch gebildeten Chorherrensohn Felix Mantz, der am 5. Januar 1527 als erster Täufer durch Ertränken in der Limmat hingerichtet werden sollte, den Kontakt zu den sächsischen Dissidenten Müntzer und Karlstadt gesucht. Ein Brief, den sie am 5. September 1524 an Müntzer und ähnlich an Karlstadt schrieben – letzterer hat sich nicht erhalten –,[77] bezeugt, wie intensiv man die sächsischen Vorgänge in der Schweiz registrierte und dass die «Abweichler» in den beiden großen Reformationszentren Wittenberg und Zürich, die in der obrigkeitlichen Reformation einen Verrat an ursprünglichen Idealen sahen, schon sehr frühzeitig den Kontakt untereinander suchten. Karlstadt und Müntzer wurden in diesem Kreis als «die reinisten ußkünder [Verkünder] und prediger deß reinisten götlichen wortes geachtet».[78] Unter den Lehrfragen, die Grebel und die Seinen umtrieben, besaß die nach dem Verständnis der Taufe eine besondere Brisanz. Sie schätzten Müntzer dafür, dass er in seiner *Protestation* (1524) die übliche Taufpraxis als «affenspiel» bezeichnet und beanstandet hatte, dass «man unmundige kinder zu christen»[79] mache; allerdings erfragten sie, ob er in seiner eigenen Gemeinde tatsächlich keine Kinder mehr taufte.

In Zürich, vor allem im Landgebiet, war es bereits, forciert durch entsprechend gesinnte Pfarrer, zu ersten Taufverweigerungen gekommen, da die «kindertouff ein unsinniger, gotzlesteriger grewel wider alle geschrift»[80] sei. Die theologischen Gründe, die Grebel und seine Genossen anführten, speisten sich aus der Bibel und reformatorischen Motiven: Christus habe geboten, allein Glaubende zu taufen; außerdem würden die noch unmündigen Kinder gewiss um Christi Willen selig, bedürften also der Wassertaufe nicht. Allein die innere Taufe, der Glaube, nicht aber das Wasser – wie Luther lehre[81] – befestige die Heilsgewissheit zur Seligkeit.

Im Unterschied zu seiner innerreformatorischen Opposition, die zum Teil von ihm ausgegangen war, bejahte Zwingli die Säuglingstaufe. Er deutete sie in Analogie zur Beschneidung als Bundeszeichen des Alten Testaments; sie verbinde alle Glieder des Gemeinwesens, nehme diese sittlich in Anspruch, integriere die städtische Gemeinschaft und enthalte die Verpflichtung zu einer christlichen Erziehung. Ähnlich wie Luther scheute und verwarf auch Zwingli den spirituellen Elitarismus und einen sich daraus ergebenden Separatismus, wie er ihn bei seinen ehemaligen Anhängern wahrnahm. Zugleich warf er ihnen vor, dass sie eine christliche Obrigkeit grundsätzlich missachteten; was sie anstrebten, sei eine neue Kirche.

In Fortsetzung seiner bisherigen Politik beraumte der Zürcher Rat am 17. Januar 1525 eine Disputation zur Tauffrage ein, die schließlich Zwinglis Position bestärkte und durch ein Mandat des folgenden Tages feststellte, dass alle ungetauften Kinder binnen acht Tagen zu taufen seien. Auch wurden nun Ausweisungs- und Disziplinierungsmaßnahmen gegen einige «Radikale» verfügt, die am 25. Januar 1525 im Haus des Felix Mantz ein letztes Mal zusammenkamen. Hier soll auch die erste Glaubens- oder Erwachsenentaufe vollzogen worden sein. Sie wurde fortan zum wichtigsten Merkmal des sich als eigene konfessionelle Formation konstituierenden und seither erhaltenen *Täufertums*, das sich in mannigfachen Varianten ausgebildet hat. Dass die Taufe zum Kristallisationspunkt einer eigenständigen Form evangelischen Christentums wurde, dürfte – ähnlich wie beim Abendmahl – damit zusammenhängen, dass sich hier grundsätzliche biblische Auslegungs-, Kirchen- und Heilsfragen mit der praktischen Herausforderung eines biblisch vorgegebenen Ritus verbanden.

Ab 1525 bildeten die nach und nach entstehenden kleineren täuferischen Gemeinden, die untereinander vornehmlich durch Wanderapostel verbunden waren – ähnlich den urchristlichen Verhältnis-

Bei dem doppelseitigen Flugblatt ‹Kreuzgang› von 1528/29 mit einem Text von Ludwig Hätzer und einem Holzschnitt von Hans Weyditz, gedruckt in Straßburg von Johannes Prüß d. J., handelt es sich um das einzige bekannte Flugblatt aus dem radikal-reformatorischen Milieu. Hier abgebildet ist die linke Seite. Das Verhältnis von Text und Bild ist komplex: Vermutlich propagiert das Bild den Weg der konsequenten Kreuzesnachfolge; dies ist zugleich als Absage an die Sühnopfervorstellung zu verstehen. Im Zentrum des Bildes steht der hebräische Gottesname, das Tetragramm. Ein solches Blatt könnte Teil einer gemeindlichen Katechese gewesen sein. In der Forschung ist umstritten, ob es auch als Zeugnis kabbalistischer Spekulationen in radikal-reformatorischen und täuferischen Kreisen zu lesen ist.

sen, an deren Idealen sie sich orientierten –, die ersten auf Freiwilligkeit und Überzeugungstreue basierenden religiösen Gemeinschaften. So entstand bei den Täufern ein neuer Institutionalisierungstypus des Christlichen: die «Sekte», die zwar schon in der mittelalterlichen Ketzergeschichte vorgeformt war, nun aber zu einer dauerhaft lebensfähigen, die weitere Geschichte des Christentums begleitenden Erscheinung avancierte.

Was die höchst heterogenen Erscheinungen des Täufertums oder der «radikalen Reformation» vor allem verband, war ihre Distanz gegenüber einer obrigkeitlichen Reformation. Von dieser wandten sie sich enttäuscht ab, da sie die überkommenen gesellschaftlichen Verhältnisse nicht grundlegend im Sinne des Evangeliums zu ändern versuchte und eine Reinigung der Lehre betrieb, die keine zwingenden Folgen für das reale Leben hatte. Die radikale trennt von der magistralen Reformation vor allem die Entschiedenheit, mit der die sittlichen Konsequenzen der Nachfolge Christi zum Maßstab der sichtbaren Gestalt der Kirche gemacht wurden. Gütergemeinschaft, Gewaltverzicht, Eidesverweigerung, eine religiös autonome Predigttätigkeit von Laien ohne Amt und Sakramente, auch unmittelbare Geisterfahrungen rückten einige Erscheinungen der radikalen Reformation in die Nähe zur Kirche des apostolischen Zeitalters. Allerdings knüpfte die radikale Reformation an Ansätze an, die auch der frühe Luther vertreten hatte. Eine scharfe Trennung von radikaler und magistraler Reformation ist deshalb unmöglich.

In einigen Persönlichkeiten, etwa dem zunächst stark an Luther orientierten Waldshuter Täuferführer Balthasar Hubmaier, der später im böhmischen Nikolsburg eine landesherrliche Reformation vorantrieb,

Gott.
Ich byn allein der einig Gott
  Der alle ding on ghilff bschaffen hat
Fragst wie vil dañ meyner sey?
Allein bvñ ichs/myner sint nit drey
Wiss auch dar bey on allen wohn
  Das ich gar nichts weys von person
Ich diß/ vnd doch nit die noch das
  Dem ichs nit sag/der weyst nit was.

Mittler Emanuel.
So du dañ woltest bey mir sein/
  In mynem hoff gehn vß vnd ein.
Zü solchem mag dir ein ding dienen
  Das findst bey Christo vnd sunst nyenen
Nemlich dein creütz/solts vff dich nemēn
  Vnd dich mins namens nyenen bschämen
Dañ wer mit Christo nit hie leidt
  Dem sag ich zü/ er daussen bleibt.

begegnet ein gegenüber städtischen wie adligen obrigkeitlichen Reformationen aufgeschlossenes Täufertum. Einige radikal-apokalyptisch orientierte täuferische Kleinstgruppen um Hans Hut und Augustin Bader, die das Erbe Thomas Müntzers antraten, erwarteten das nahe bevorstehende Ende der Geschichte und den Beginn eines tausendjährigen Friedensreiches und schienen die Zusammenarbeit mit dem Erbfeind der Christenheit, den Türken, auch mit Juden, zu suchen. Dies begründete ein erhebliches Misstrauen der Reformatoren und der politischen Obrigkeiten – bald galten diesen die Täufer als notorische Aufrührer.

Auf dem zweiten Speyrer Reichstag (1529) wurde ein Mandat erlassen, das die «Wiedertaufe» – ein polemischer Begriff, der missachtete, dass eine ohne Bekenntnis vollzogene Säuglingstaufe nach täuferischer Auffassung den Namen «Taufe» nicht verdiente – mit dem Tod bestrafte. Es bildete fortan die Rechtsgrundlage für die Täuferverfolgungen im Reich, deren intensivste Phase in die Jahre zwischen 1527 und 1533 fiel; die überwiegende Mehrheit aller Hinrichtungen von Täufern fand in katholischen Territorien statt. In den Martyrien und Verfolgungen ihrer Glaubensbrüder sahen die Täufer einen Erweis für die Wahrheit der eigenen Lehre und für das Wirken des Heiligen Geistes, der die Kirche der apostolischen Zeit durchdrungen hatte – darin unterschieden sie sich nicht von den etablierten Reformatoren.

Luthers Streit mit Erasmus

In der Mitte der 1520er Jahre kam es auch zu einer definitiven theologischen Trennung Luthers von Erasmus; ungeachtet der sonstigen innerreformatorischen Zerwürfnisse vollzogen die anderen führenden Reformatoren diese Scheidung im Wesentlichen mit. Tiefgreifende theologische und religionspolitische Differenzen zwischen beiden waren seit längerem erkennbar gewesen; in seiner Korrespondenz hatte Luther bereits seit 1516 deutliche Schwierigkeiten mit Erasmus' Glaubensverständnis bekundet, da er bei diesem noch allerlei an menschlicher Mitwirkung bei der Erlösung, also einen «frei-

en Willen gegenüber Gott» wahrnahm. Wegen der verhaltenen Unterstützung des Wittenbergers, die Erasmus vor allem in den Jahren 1520/21 hatte erkennen lassen, war er aus dem altgläubigen Lager immer stärker unter Druck geraten, als Lutheranhänger beargwöhnt oder aufgefordert worden, sich offen gegen Luther und die reformatorische Bewegung zu stellen.

Lucas Cranach d. Ä. malte 1526 ein Doppelbildnis von Martin Luther und Katharina Lutherin, geborene von Bora.

Mit einer Schrift «über den freien Willen» (*De libero arbitrio*) suchte Erasmus dann 1524 die offene Konfrontation; Luther replizierte mit einem Traktat «über den unfreien Willen» (*De servo arbitrio*). Er wurde eine seiner prominentesten Schriften – ein Schlüsseltext seines Schrift-, Gottes- und Geschichtsverständnisses, der von seinen «eigentlichen» Anhängern als Inbegriff der wahren «lutherischen» Lehre angesehen wurde. Gott handele zugleich paradox widersprüchlich durch sein zürnendes Gerichtswort, das Gesetz, und durch sein erbarmendes Gnadenwort, das Evangelium. Der alles bestimmende, ruhelose Treiber, der dunkle Schicksalsgott «in seiner Majestät in Natur» auf der einen, der «ins Fleisch gewickelte»,[82] in seinem Wort zu uns kommende Gott auf der anderen Seite, verborgener und offenbarer Gott (*deus absconditus, revelatus*), standen sich in dieser dramatischen, radikalen, jeden Beitrag des Menschen zu seiner Erlösung von Grund auf verneinenden Theologie in unvermittelbarer Schroffheit gegenüber.

Diese Schrift Luthers, an der sich schon im 16. Jahrhundert die Geister schieden, markiert einen biographischen und einen reformationsgeschichtlichen Wendepunkt. Der Luther, der hier sprach, der soeben in den Ehestand mit der entlaufenen Nonne Katharina von Bora getreten war, der mit Karlstadt gebrochen, den Gegnern der leiblichen Gegenwart Christi im Abendmahl den Krieg erklärt und den aufrührerischen Bauern den Tod auf den Hals gewünscht hatte, dieser Luther war nicht mehr der einzigartige Held von Worms, der bewunderte Prediger, der maßlos erfolgreiche literarische Tröster – er war ein aufgewühlter, von Konflikten heimgesuchter, überforderter Theologe, der der Geister, die er ge- oder hervorgerufen hatte, nicht Herr zu werden vermochte und dessen Wirkungsradius sich zu verkleinern begann. Der Gott der Erfahrung, des Zorns, der Rückschläge trieb seinen Propheten Luther nur umso heftiger zu dem sich selbst in Christus begrenzenden Gott. Seit Mitte der 1520er Jahre wirkte Luther weniger extensiv als intensiv, erreichte zumeist geringere Auflagenzahlen, agierte und prägte in kleinerem Rahmen, richtete theologische Trennwände zwischen «wahren» und uneigentlichen Gefolgsleuten auf und beförderte mit alledem die konfessionelle Formierung einer «lutherischen» Kirche.

9. TERRITORIAL- UND KIRCHENPOLITISCHE ENTSCHEIDUNGEN

Die theologischen Debatten und Entzweiungen spielten sich zumeist im öffentlichen Raum ab, das heißt sie wurden mit publizistischen oder disputatorischen Mitteln ausgetragen und zielten darauf ab, die Zahl der Anhänger für die eigene Überzeugung zu vergrößern beziehungsweise die Gegenseite zu schwächen und auszugrenzen. Der öffentliche Raum war auch deshalb umkämpft, weil sich vielerorts die Frage stellte, wie die kirchlichen Veränderungen konkret aussehen sollten. Indem man etwa die Tauf- und Abendmahlsliturgien in der Volkssprache abfasste, musste man sich darüber verständigen, wie man diese Rituale deutete. Die theologischen Debatten über die Sakramente und die städtischen und territorialen Reformationsprozesse hingen innerlich zusammen.

Dass es in vielen Städten und seit 1525/26 auch in einigen Territorien des Reichs zu sichtbaren Veränderungen des kirchlichen Status quo kam, also zur offiziellen Einführung der Reformation, wurde durch die allgemeinen politischen Rahmenbedingungen begünstigt. Karl V. und sein Bruder Ferdinand, seit 1526/27 König von Böhmen und Ungarn sowie Statthalter des Kaisers im Reich, standen in vielfältigen militärischen Auseinandersetzungen mit Frankreich, dem Osmanischen Reich und in Italien. Dies schränkte ihre Handlungsmöglichkeiten im Kampf gegen die Reformation auf Reichsebene empfindlich ein, nötigte sie zu Kompromissen mit den evangelischen Ständen und hielt das Reichsoberhaupt in eigener Person dem Reich fern. Als die Türken im Herbst 1529 für mehrere Wochen Wien belagerten, rollte eine Welle apokalyptischen Schreckens über den Kontinent. Die wechselseitigen Schuldzuschreibungen der zerstrittenen Christenheit, die bald Luther und die Seinen, bald die Sünden des Papsttums für die militärischen Erfolge des Halbmonds verantwortlich machten, offenbarten, wie eng die äußere und die innere Geschichte Europas, seine militärische und seine religiöse Befindlichkeit, korrespondierten.

Konfessionelle Lager im Reich

Auf den Reichstagen der 1520er Jahre hatten sich immer deutlicher zwei konfessionelle Lager gebildet, die bisweilen konfrontativ gegeneinander standen, bisweilen aber auch gemeinsame Interessen gegenüber den Habsburgern verfolgten. Erste militärisch-politische Bündnisse entlang konfessioneller Demarkationslinien entstanden: 1524 der Regensburger Bund süddeutscher katholischer Fürsten unter habsburgischer und bayrischer Führung, 1525 der Dessauer Bund mittel- und norddeutscher Katholiken, 1526 das Torgauer Bündnis evangelischer Stände Mittel- und Norddeutschlands, geführt von Kursachsen und Hessen. Die Religionsfrage beförderte neue politische Kooperationen: Die protestantischen Defensivbündnisse von Torgau und später, 1530/31, von Schmalkalden dienten dazu, die Reformationsprozesse in den einzelnen Territorien und Städten militärisch-politisch abzusichern und sich gemeinsam gegen die nach dem Augsburger Reichstag von 1530 wachsende Bedrohung durch das Reichsoberhaupt zu schützen.

Ein besonders drängendes Problem für die Habsburger war die Türkenabwehr; hier ließen sich die evangelischen Reichsstände ihre Kooperationsbereitschaft – etwa in der Entsendung von Truppenkontingenten oder beim Einzug der Türkensteuer – durch Zugeständnisse in der Religionsfrage honorieren. Im Rahmen des sogenannten zweiten Nürnberger Reichstags (1522/23) wurde ein mit nachdrücklichen Reformanliegen verbundenes religionspolitisches Schuldeingeständnis des neu gewählten Papstes Hadrian VI. (reg. 9. Januar 1522 – 14. September 1523) vorgetragen; damit rückten die allgemeine Aufforderung zur Predigt des Evangeliums und die Erkenntnis, dass das Wormser Edikt derzeit nicht durchführbar sei, ins Zentrum der Reichsreligionspolitik. Die Vorstellung, dass ein allgemeines oder ein Nationalkonzil abzuhalten seien, um den Zwiespalt in der Religion zu überwinden, gewann auch auf Reichsebene stetig an Boden.

Dieser Trend, den Religionskonflikt zu entschärfen, hielt auch während des ersten Speyrer Reichstages von 1526 an; seitens der reformatorischen Reichsstände sah man darin eine Lizenz zur Veränderung des bestehenden Kirchenwesens (*ius reformandi*). Beim zweiten Speyrer Reichstag (1529) kippte die Stimmung, da sich die katholischen Reichsstände nun einer wachsenden Gruppe evangelischer Territorien und Städte gegenübersahen. Die katholische Ständemehrheit beschloss nunmehr, dass diejenigen Stände, die das Wormser Edikt nicht durchgeführt und Neuerungen zugelassen hätten, diese vor einem Konzil rückgängig machen müssten – das bedeutete faktisch die Rückkehr zum bisher sistierten Wormser Edikt. Daraufhin kam es zu einer «Protestation» von Kursachsen, Hessen, Brandenburg-Ansbach, Anhalt, Braunschweig-Lüneburg und 14 Städten, darunter Nürnberg, Straßburg, Ulm, Konstanz und Reutlingen. Später deutete man dies als Ursprung des *Protestantismus*. Dieser vor allem seit dem 18. Jahrhundert als positive gemeinsame Selbstbezeichnung von Lutheranern und Reformierten üblich werdende Begriff nahm die ältere, negativ konnotierte katholische Rede von den «Protestierern» (*protestantes*) auf und formte sie um. Die auf dem zweiten Speyrer Reformationsreichstag protestierenden Stände bildeten den Kern der dann auf dem Augsburger Reichstag von 1530 in Erscheinung tretenden Bekennergruppe.

Die Errichtung evangelischer Kirchentümer

Die territorialen Reformationen, die in der zweiten Hälfte der 1520er Jahre auf breiterer Front eingesetzt hatten, waren in der Regel das Ergebnis komplexer Konstellationen und langwieriger Prozesse. In einzelnen Landstädten und Gemeinden hatte es starke reformatorische Bewegungen gegeben, die mit Macht auch zu kirchlichen Veränderungen geführt hatten. Die reformatorische Kritik an der «Werkgerechtigkeit» war vielerorts mit massiven Einbrüchen der Stiftungs- und Zahlungsbereitschaft und mit einer Versorgungskrise des geistlichen Personals einhergegangen. In einigen Orten etwa Kursachsens war nach Maßgabe von Vorschlägen verfahren worden, die Luther für die kleine Stadtgemeinde von Leisnig ausgearbeitet hatte. Dadurch, dass die entsprechenden Texte seit 1523 im Druck vorlagen, konnten sie, ähnlich wie die von Wittenberg und anderen Orten aus verbreiteten

Gottesdienst-, Mess- und Taufordnungen, einen Modellcharakter entfalten. Gemäß der für Leisnig vorgeschlagenen Ordnung sollte ein von Rat und Kirchengemeinde gebildetes Gremium die alleinige Aufsicht über die Finanzverwaltung übernehmen. Alle Einkünfte aus kirchlichen Stiftungen, Pfründen, Abgaben etc. sollten in einem «gemeinen Kasten» zusammengeführt und kommunaler Kontrolle unterworfen werden. Daraus sollten dann auch die finanziellen Verpflichtungen – etwa die Besoldung der Pfarrer, Schulmeister und Küster, die Armenversorgung, Stipendien für Schüler und Studenten, Kredite für notleidende Handwerker – bestritten werden. Da die reformatorischen Veränderungen lokal erheblich unterschiedlich vorgenommen wurden und die übergemeindliche kirchliche Leitungsstruktur praktisch zusammengebrochen war, stieg der Handlungsdruck auf die weltlichen Obrigkeiten, innerhalb ihres territorialen Zuständigkeitsbereichs «Ordnung» und relativ einheitliche Verhältnisse zu schaffen.

Auch wenn die Reformationsprozesse in den Territorien vielfach auf Notlagen reagierten, die durch den Zusammenbruch der traditionellen kirchlichen Rechts- und Autoritätsstrukturen entstanden waren, setzten sie doch eine persönliche Entscheidung des regierenden Fürsten zugunsten der Reformation voraus. Natürlich sind diese persönlichen Entscheidungen nicht im Sinne einer ausschließlich «religiös» motivierten Wahl zu verstehen; neben dem persönlichen Heil ging es auch um das Wohl der Dynastie, um die politische und soziale Zukunft des Landes, um die Befindlichkeit der Untertanen, um die Staatsfinanzen, die nicht zuletzt durch die Säkularisierung des Klosterbesitzes anzuwachsen versprachen. Die Entscheidungen der Fürsten waren von vielfältigen Gesichtspunkten bestimmt; auch die Gewohnheiten des niederen Adels, der die geistlichen Institutionen für die Versorgung der Nachgeborenen brauchte, waren ins Kalkül zu ziehen.

À la longue hat die landesherrliche Zuständigkeit für das Kirchenwesen, die Luther als unvermeidliches Notmandat bejahte, aber von dem eigentlichen «Amt» des *ordo politicus* unterschieden wissen wollte, die Ausbildung frühmoderner Staatlichkeit befördert und intensiviert. Denn nun regelten die evangelischen Landesfürsten als

Notbischöfe ihrer Territorien zahllose Dinge, für die sie bisher nicht zuständig gewesen waren, die aber doch tief in das Leben und die Kultur ihrer Untertanen eingriffen: Durch präzis instruierte Visitationskommissionen, die in der Regel aus Juristen und Theologen bestanden, ließen sie die Verhältnisse vor Ort überprüfen. Die lokalen Amtmänner wurden nach den Zuständen befragt, Pfarrer auf ihre religiöse Haltung und Lebensführung hin untersucht, gegebenenfalls diszipliniert und zur Verkündigung des Evangeliums verpflichtet, zur Ehe gedrängt und bei Erweis ihrer sittlichen oder doktrinalen Unzulänglichkeiten entlassen, Gemeinden auf ihre neuen religiösen Verpflichtungen aufmerksam gemacht, die finanziellen Verhältnisse geklärt und geregelt, ein Schul- und Krankenwesen, sofern vorhanden, evaluiert oder aber initiiert. Mit dem *Unterricht der Visitatoren* (1528) legten die Wittenberger Reformatoren, die an den kursächsischen Visitationen zum Teil führend beteiligt waren, ein Kompendium vor, das die fortan zu vertretende «wahre Lehre» definierte, die «schwärmerischen» Lehren Karlstadts und Müntzers verbot und die Grundlinien einer religiösen Orthopraxie im Sinne des Evangeliums entwarf.

Visitationen hatten seit dem Mittelalter zu den traditionellen Aufgaben der Bischöfe gehört, waren aber weithin unüblich geworden. Da im Zuge der Reformation eine Vereinheitlichung der kirchlichen Lehre mittels staatlicher Autorität angestrebt wurde, wurden nun bildungsmäßige Anforderungen auch an den einfachsten Dorfpfarrer gestellt, die deutlich über das bisher Übliche hinausgingen. Er sollte nicht mehr nur die sakramentale Grundversorgung seiner Gemeinde sicherstellen; er sollte regelmäßig auf der Grundlage der Bibel predigen, zwischen konkurrierenden reformatorischen Lehren unterscheiden können und überdies seine Schäfchen hinsichtlich der wahren Lehre und einer entsprechenden Lebensführung anleiten. Dass die Mehrheit der vorhandenen Pfarrer diesen Anforderungen nicht gewachsen war, versteht sich vor dem Hintergrund der spätmittelalterlichen Klerikerausbildung von selbst; die meisten Geistlichen blieben dennoch in ihrem Amt. Der Prozess einer Anhebung des Bildungsstandes der evangelischen Pastoren sollte erst im Laufe von etwa zwei

Generationen, als ein universitäres Studium zur Selbstverständlichkeit geworden war, einigermaßen abgeschlossen sein.

Zum Zweck der Hebung des theologischen und geistlichen Bildungsniveaus verfasste Luther einen *Kleinen* und einen *Großen Katechismus*, kompakt für alle Christen der eine, mit intensiven theologischen Explikationen vor allem für die Pfarrer der andere. Die beiden Katechismen standen in engstem Zusammenhang mit der flächendeckenden Einführung der Reformation in Kursachsen und dienten auch dazu, das christliche Identitätsbewusstsein angesichts der osmanischen Bedrohung zu stärken. Diese wohl erfolgreichsten Texte Luthers bildeten für Jahrhunderte die Grundlage der religiösen Unterweisung der Lutheraner weltweit. Sie stellten eine Art eiserne Ration des Christentums als Lern- und Gebetsstoff dar, der jedem Christen allezeit verfügbar sein sollte: die *Zehn Gebote*, jeweils in prägnanten, auf die persönliche Aneignung abzielenden Sinnformulierungen verdichtet («Du sollt nicht ander Götter haben. Was ist das? Antwort. Wir sollen Gott uber alle Ding fürchten, lieben und vertrauen.»[83]); das *Apostolische Glaubensbekenntnis*, das den trinitarischen Gott in seinem Heilswirken «für mich» erschloss; *Vaterunser, Tauf-* und *Abendmahlsunterweisung, Abend- und Morgensegen*; schließlich sogenannte *Haustafeln* mit Bibelsprüchen zur christlichen Lebensführung, die der «Hausvater» seiner Hausgemeinde nahebringen sollte. Luther war es ernst damit, dass jeder Getaufte in elementarer Weise wissen sollte, was es um sein Christsein sei.

Auch die patriarchalische Fundierung der Gesellschaft, die den Untertanengehorsam gegenüber der weltlichen Obrigkeit als religiö-

Lucas Cranach d.Ä., Kurfürst Johann Friedrich I. mit den für die Reformation verantwortlichen Theologen und Politikern, um 1532/39. Das Fragment dieses Ölgemäldes auf Holz war möglicherweise früher Bestandteil eines Altars; wahrscheinlich schloss sich rechts eine Kreuzigungsdarstellung an. Darauf deuten Melanchthons Finger und die Blickrichtungen einiger weiterer Personen hin. Neben dem seit 1532 regierenden Kurfürsten Johann Friedrich nehmen Luther und Melanchthon exponierte Stellungen ein. Neben Luther dürfte Spalatin stehen, zwischen Melanchthon und dem Kurfürsten ist Kanzler Gregor Brück zu sehen. Die Identifizierung der übrigen Personen ist unsicher. Das Bild dokumentiert den engen Zusammenhang von politischen und kirchlichen Akteuren bei der Durchsetzung der Reformation.

se Pflicht einschloss, wurde durch die lutherische Konfessionskultur befördert. Die Intensität dieser Christianisierung einer seit Jahrhunderten christlichen Gesellschaft stellt einen neuartigen Sachverhalt dar und regte auch entsprechende Anstrengungen der altgläubigen Seite an; die «Verstaatlichung» der Religion im Zuge der Reformation hat die Verchristlichung der Gesellschaft begünstigt.

Die Leitungsstrukturen des «landesherrlichen Kirchenregiments» sahen zwischen dem fürstlichen Notbischof und der Parochialgemeinde beziehungsweise dem einzelnen Pfarrer in der Regel Superintendenten oder das *Konsistorium* vor. Das aus Theologen und Juristen bestehende Gremium hatte theologische Lehr- und vor allem ethische Lebensfragen, vornehmlich aus dem Kontext der Ehejudikatur, zu behandeln. Diese Instanzen und Institutionen sollten das durch den Wegfall der bischöflichen Gerichtsbarkeit entstandene Vakuum füllen. Das im hessischen Kontext erprobte Modell einer *Synode* als Instrument einer Einführung der Reformation blieb im territorialstaatlichen Bereich Episode. Die Gründe dürften vor allem darin liegen, dass die lokalen Verhältnisse bei der Einführung der Reformation stark variierten; sie machten eine Visitation erforderlich, da nur so passgenaue Lösungen vor Ort gefunden werden konnten. Die im Ganzen als langwieriger Prozess vollzogene Einführung der Reformation durch Visitation ging mit einer bemerkenswerten Stabilität der gefundenen Lösungen einher.

Nach und nach wurden auch eigene, zumeist am Modell der Alten Kirche orientierte Verfahren der liturgischen Amtseinsetzung, also der *Ordination*, entwickelt; Wittenberg hatte auch hier zunächst einen Vorbildcharakter. Seit den 1530er Jahren entsandten evangelische Gemeinden aus verschiedenen europäischen Ländern ihren Pfarrernachwuchs in die sächsische Universitätsstadt, um ihn durch Luther oder den dortigen Stadtpfarrer und Superintendenten Johannes Bugenhagen ordinieren zu lassen. Mit dem Aufbau eigener kirchlicher Organisationsstrukturen wurde dies dann nach und nach obsolet.

Die kirchlichen Neuordnungen wurden in den von den jeweiligen Landesherren erlassenen *Kirchenordnungen* geregelt. Die Fürsten nahmen faktisch vorweg, was später durch den Augsburger Religionsfrieden von 1555 rechtlich-politisch ermöglicht und legitimiert und in der um 1600 belegten Formel *Cuius regio, eius religio* (Wem das Land gehört, der bestimmt die Religion) prägnant zusammengefasst wurde: Sie bestimmten, wie das Kirchenwesen in ihrem Herrschaftsgebiet zu gestalten war. Dabei bedienten sie sich der theologischen Experten ihres eigenen Landes oder liehen sich fremdes Personal aus. Reformatorische Theologen der ersten Generation wie Johannes Brenz, der Reformator Schwäbisch-Halls und Württembergs, Martin Bucer, der Reformator Straßburgs, oder Johannes Bugenhagen erlangten in dieser Hinsicht großen Einfluss. Bugenhagen wurde auch als Verfasser von Kirchenordnungen außerhalb Deutschlands (Dänemark, Norwegen 1537/39) tätig.

Ob es in der Frühzeit der Reformation zu einer organisatorischen Veränderung im Umgang mit den *Juden* gekommen ist, entzieht sich weitgehend unserer Kenntnis. Luther hatte 1523 in einer bahnbrechenden Schrift mit dem Titel *Dass Jesus Christus ein geborener Jude sei* dazu aufgefordert, die bisherige Praxis einer befristeten, an Schutzgeldzahlungen gebundenen Duldung aufzugeben. Vielmehr solle man «bruderlich mit den Juden handeln»,[84] sie «aus der heyligen schrifft seuberlich»[85] unterweisen und ihnen gestatten, «untter uns tzu erbeytten, hantieren und andere menschliche gemeynschafft tzu haben».[86] Luther versprach sich davon ungleich größere Bekehrungsaussichten, als sie unter dem Papsttum bestanden hatten; zu einem nicht näher bestimmten späteren Zeitpunkt wollte er sich dieser Frage erneut zuwenden und sehen, was er «gewirckt habe».[87] Ob und in welchem Maße die sich der Reformation zuwendenden städtischen und territorialen Obrigkeiten diesen Empfehlungen Luthers folgten, ist unbekannt. Aufgrund von einschlägigen Hinweisen aus den 1530er und 1540er Jahren, die auf eine verstärkte Ausgrenzung der Juden hinausliefen, kann man allerdings folgern, dass in den evangelisch werdenden Gebieten seit den frühen 1520er Jahren eine liberalere Judenpolitik im Sinne der Lutherschrift von 1523 praktiziert worden war. Auch die dramatische Selbstkorrektur, die der alternde Reformator in seinen späten «Judenschriften» vornahm, ist leichter verständlich, wenn man voraussetzt, dass seine frühere Aufforderung zur Judenduldung Wirkung gezeitigt hatte.

Augsburg: Evangelisches Bekenntnis und kaiserliche Reichsacht

Im Laufe des Jahres 1529 hatte sich die politische Situation des Kaisers zeitweilig grundlegend verändert: Mitte Oktober hatten die Osmanen die Belagerung Wiens wegen zunehmender Schwierigkeiten bei der Versorgung der Truppe, Dauerregens und des befürchteten Wintereinbruchs abgebrochen; vorerst war der türkische Offensivdrang gedämpft. Mit Franz I. von Frankreich und dem Medici-Papst Clemens VII. (reg. 1523–1534) waren ihm Friedensschlüsse gelungen. Hatte der französische König unter Verzicht auf seine italienischen Ansprüche in Mailand, Genua und Neapel dem Frieden zugestimmt, so war auch der Papst seinerseits gegen Gebietszugeständnisse in Italien und eine militärische Unterstützungszusage Karls V. im Kampf um Florenz bereit, auf ein Friedensangebot einzugehen. Die Befriedung Italiens galt Karl als Schlüssel zur Lösung der Religionsfrage im Reich. Die Spannungen zwischen dem Kaiser und dem Papst hatten 1527, im Sacco di Roma, ihren traurigen Höhepunkt erreicht, als kaiserliche Truppen – unter ihnen nicht wenige Protestanten – wegen Soldrückständen wochenlang mordend, raubend und brandschatzend durch die Stadt gezogen waren; nun konnten sie beigelegt werden. Auch die Weigerung Clemens' VII. gegenüber dem englischen König Heinrich VIII., dessen Ehe mit Katharina von Aragon, einer Tante Karls V., zu annullieren, hatte die Annäherung zwischen den beiden Häuptern der Christenheit begünstigt.

Am 24. Februar 1530, seinem dreißigsten Geburtstag, konnte Karl endlich durch den Papst in Bologna zum Kaiser gekrönt werden. Der Ort war mit Rücksicht auf die Zerstörungen Roms gewählt; durch Scheinarchitekturen, Triumphbögen, allegorisches Bildwerk aller Art stellte man den habsburgischen Kaiser in die imperialen Traditionen Roms hinein. Der universale Herrschaftsanspruch, den Karl V. stets mit seinem Kaisertum verbunden hatte, schien der Wirklichkeit nun

náher denn je. Dass ein universales christliches Konzil immer deutlicher in den Fokus der kaiserlichen Religionspolitik rückte, entsprach seiner imperialen Herrschaftskonzeption.

Unter diesen politischen Rahmenbedingungen kehrte Karl V. erstmals seit Worms «heim» ins ihm fremde Reich. Im Ausschreiben für den Reichstag hatte er neben der Türkenabwehr, die ihm als Haupt der Christenheit besonders obliege, betont, dass die «irrung und zwispalt in dem hailigen glauben»[88] überwunden werden solle. Zu diesem Ziele wolle er «ains yeglichen gutbeduncken: opinion und maynung […] in liebe und gutligkait»[89] anhören. Dies klang nach einer offenen Situation, in der sich der Kaiser gleichsam als neutraler Schiedsrichter über die religiösen Streitparteien stellte. Doch dass das nicht der Fall war, hatten kursächsische Emissäre schon bei Gesprächen in Innsbruck im Vorfeld des

Robert Péril, Triumphzug Karls V. anlässlich seiner Kaiserkrönung in Bologna am 24. Februar 1530. Die 23 Blätter umfassende Darstellung, die 1530 in Antwerpen gedruckt wurde, bietet in zwei übereinanderliegenden Reihen eine Sicht auf den gesamten Zug: In der oberen Reihe zieht er von links nach rechts, in der unteren von rechts nach links. Papst und Kaiser reiten gemeinsam unter einem mit dem Reichsadler verzierten Baldachin. Französische Inschriften (unten) erläutern die Folge des Zuges; ein lateinischer Text (oben) formuliert das Regierungsprogramm des Kaisers.

Reichstages vernommen. Und gleich nach seiner Ankunft in Augsburg am 15. Juni 1530 forderte das Reichsoberhaupt die Protestanten zur Teilnahme an der Fronleichnamsprozession des kommenden Tages auf – was diese prompt verweigerten.

Mit der im Ausschreiben geforderten Darstellung der Lehr- und Glaubensüberzeugungen hatten die Theologen der verschiedenen Richtungen des definitiv zerfallenen evangelischen Lagers in sehr unterschiedlicher Weise begonnen. Die Straßburger Reformatoren Bucer und Capito, die eine mittlere Linie zwischen Wittenberg und Zürich, Luther und Zwingli zu finden versuchten, arbeiteten erst in Augsburg selbst ein eigenes Bekenntnis für ihre Heimatstadt aus. Diesem schlossen sich drei weitere süddeutsche Städte – Memmingen, Konstanz und Lindau – an, deshalb wurde es «Vier-Städte-Bekenntnis» (*Confessio Tetrapolitana*) genannt. Insbesondere in den das Abendmahl betreffenden Passagen wahrte es Distanz zu eindeutig lutherischen oder zwinglianischen Zuspitzungen. Das Bekenntnis wurde einem kaiserlichen Vizekanzler übergeben; eine größere historische Bedeutung blieb ihm versagt. Dasselbe gilt auch für ein von Zwingli in gedruckter Form nach Augsburg gesandtes Privatbekenntnis: Die *Fidei Ratio*, eine prägnante Zusammenfassung seiner Lehre, sollte ursprünglich den seit März 1530 in einem lockeren Bündnis assoziierten Städten des «christlichen Burgrechts» (Zürich, Bern, Basel, Straßburg und Konstanz) als Lehrgrundlage dienen. Faktisch blieb sie aber durch den Gang der Ereignisse, insbesondere durch das eigene Straßburger Bekenntnis, weitgehend wirkungslos.

Die frühesten Vorbereitungen auf ein eigenes Bekenntnis hatten die Kursachsen unternommen. Bereits vor der Abreise nach Augsburg waren in der Torgauer Residenz Beratungen mit einigen der Wittenberger Theologen durchgeführt worden, in denen besonders die zeremoniellen und liturgischen Differenzen zur römischen Kirche eine Rolle spielten. Melanchthon hatte sie in den *Torgauer Artikeln* zusammengefasst; in dem Fragen dieser Art behandelnden zweiten Teil der *Confessio Augustana*, der maßgeblichen evangelischen Bekenntnisschrift, ist das eine oder andere daraus wieder aufgenommen worden. Auch die *Schwabacher Artikel*, ein im Vorfeld des Marburger

Religionsgespräches entstandenes Lehrbekenntnis, das 1529 als Grundlage für Bündnisverhandlungen zwischen Kursachsen und Hessen nicht akzeptiert worden war, spielte in Augsburg wieder eine Rolle. Denn es war mit dem irreführenden Titel *Bekentnus Luthers auf dem itzigen Reichstag* publiziert worden und erreichte neun Ausgaben – obschon ihm eine offizielle Geltung nicht zukam.

In Augsburg angekommen, begann Philipp Melanchthon bald nach dem Erscheinen von Johannes Ecks *404 Artikeln*, einer umfassenden Kampfansage an die evangelische Ketzerei, mit der Abfassung einer moderat gehaltenen, positiven Darstellung der reformatorischen Lehre. Eine briefliche Verständigung mit Luther, der aus Sicherheitsgründen auf der Coburg, dem südlichsten Vorposten wettinischen Territorialbesitzes in Franken, geblieben war, lief auf die prinzipielle Anerkennung des theologischen Sachgehaltes dieser Vorfassung der späteren *Confessio Augustana* hinaus. Sein berühmt gewordenes Wort, die Verteidigungsschrift Melanchthons «gefalle» ihm «fast [sehr] wol», er wisse «nichts dran zu bessern noch endern», denn er könne «so sanfft und leise nicht tretten»,[90] ist als Zustimmung und als ehrliches Eingeständnis grundsätzlicher theologischer Temperamentsunterschiede zu bewerten.

In der Tat präsentierte Melanchthon die evangelische Lehre in einer Form, die die Übereinstimmung mit der altkirchlichen und der römischen Tradition betonte; im ersten Teil wurden die wesentlichen Glaubensaussagen, zentriert auf die Rechtfertigungslehre, unter Rekurs auf die wichtigsten altkirchlichen Lehrentscheidungen (Trinitätslehre, Zwei-Naturen-Lehre, Erbsündenlehre) dargelegt. Im 10. Artikel zum Abendmahl verzichtete Melanchthon auf scharfe Distanzierungen sowohl gegenüber der römischen als auch gegenüber der zwinglianischen Position. Im 7. Artikel wurde die Lehre von der Kirche ganz von den Vollzugsakten der Wortverkündigung und der Sakramentsverwaltung her entwickelt. Auf scharfe Distanzierungen etwa vom Papst, von der römischen Sakramentsanstalt, vom Ablass etc. verzichtete Melanchthon. Der zweite Teil brachte dann die Artikel, bei denen «Widerstreit» bestand, zur Sprache, darunter das Abendmahl unter beiderlei Gestalt, die Priesterehe und die Opfermesse.

Für die weitere Wirkungsgeschichte dieses wichtigsten evangelischen Bekenntnisses wurde entscheidend, dass der hessische Landgraf sich zur Unterzeichnung entschloss und noch eine ganze Reihe anderer Reichsfürsten und Städte (Kursachsen, Brandenburg-Ansbach, Herzogtum Lüneburg, Anhalt, Nürnberg, Reutlingen, später noch Windsheim, Heilbronn, Kempten und Weißenburg) ihm beitraten. Am 25. Juni 1530 wurde die deutsche Version der *Confessio Augustana* in einer von den Protestanten beantragten Sondersitzung durch den kursächsischen Kanzler Christian Beyer vor Kaiser und Reich verlesen. Anschließend übergab man dem Reichsoberhaupt eine lateinische und eine deutsche Version, die jeweils selbständig entstanden waren und vom Text her nicht völlig kongruent sind. Diese feierliche Präsentation eines unpolemischen, in der Sache jedoch eindeutig evangelischen Bekenntnisses bedeutete faktisch die Proklamation einer Spaltung der lateineuropäischen Kirche.

Der weitere Verlauf des Augsburger Reichstages war dadurch gekennzeichnet, dass der Kaiser sich immer unmissverständlicher als Verfechter eines harten, die evangelischen Ketzer bekämpfenden religionspolitischen Kurses zu erkennen gab: Die von römischen Theologen verfasste Widerlegung des evangelischen Bekenntnisses, *Confutatio Confessionis Augustanae* genannt, wertete er mit seiner eigenen Autorität auf und gab damit die Rolle des Schiedsrichters in der Religionsfrage definitiv preis. Er verweigerte, dass die Evangelischen ein Exemplar der *Confutatio* erhielten, um darauf reagieren zu können, und erklärte damit die Auseinandersetzung für beendet. Ausschussverhandlungen zwischen den konfessionellen Parteien, die einige Wochen lang – mit gewissen Annäherungen – geführt worden waren, ließ er schließlich abbrechen. Damit war die Ausgleichs- und Versöhnungspolitik definitiv beendet. Die einzige Option einer Wiederherstellung der kirchlichen Einheit im Reich, die Karl V. akzeptierte, bestand in der Rückkehr der Abgefallenen. Mittels eines Konzils, das vom Papst gefordert, von diesem jedoch beharrlich verweigert wurde, sollten notwendige Reformmaßnahmen auf der Grundlage des «alten Glaubens» eingeleitet werden. *In summa* verbot der Augsburger Reichstag jede Änderung in der rituellen Gestalt der Religion bis zum

Konzil und bestätigte erneut das Wormser Edikt. Die evangelischen Reichsstände galten als Landfriedensbrecher; sie standen außerhalb der Ordnung des Reiches und hatten mit der Exekution der Reichsacht zu rechnen.

Der Zusammenschluss der evangelischen Stände zu einem militärisch-politischen Verteidigungsbündnis, dem *Schmalkaldischen Bund*, war die unvermeidliche Antwort auf die offene Kampfansage des Kaisers. Er war bis zu seinem Untergang im Schmalkaldischen Krieg (1547) die wichtigste, zeitweilig auch auf europäischer Ebene operierende Plattform des politischen Protestantismus im Reich. Im Vorfeld war jedoch der theologische Widerstand der Wittenberger zu überwinden gewesen. Diese forderten weiter Gehorsam gegenüber dem Kaiser, hessische und kursächsische Juristen argumentierten mit der Reichsverfassung. Am Ende konnten sie selbst Luther davon überzeugen, dass die Fürsten, die den Kaiser wählten, ihm dann den Gehorsam aufkündigen dürften, wenn dieser den aus seiner Wahl folgenden Verpflichtungen nicht entsprach. Das Evangelium mit Gewalt zu unterdrücken und seine Anhänger zu verfolgen, konnte keineswegs des christlichen Kaisers Amt sein.

Nach einem Jahrzehnt eruptiver Umbrüche war die Reformation und ihr Überleben spätestens seit dem Augsburger Reichstag definitiv und unausweichlich eine primär politische Frage geworden. Die evangelischen Theologen wussten und bejahten dies. Denn Gott erhielt die Welt und seine Kirche durch den Stand der weltlichen Obrigkeit nicht weniger als durch das Wirken des *status ecclesiasticus* und den Nährstand. «Das sind drey Jerarchien [Hierarchien], von Gott geordnet, und dürffen [bedürfen] keiner mehr, haben auch gnug und uber gnug zu thun, das wir in diesen dreien recht leben wider den Teuffel.»[91]

IV.

DAS REFORMATORISCHE EUROPA BIS 1600

1. SPRACHE, BILDUNG, RECHT:
DIE RELIGIONSKULTURELLE NEUORDNUNG

Im Zeitalter der Reformation erhielt Lateineuropa ein neues Gesicht. Nicht mehr die Einheit der *Christianitas* mit dem Papst als sichtbarem Haupt, der in der alten Kapitale des Imperiums, Rom, residierte, sondern eine Vielzahl einzelner Länder prägte den Geschichts- und Kulturraum. Dieses Europa der Nationen ist nicht durch die Reformation entstanden, aber befördert worden. Der explizite Bruch mit dem Papst, den die sich der Reformation anschließenden Länder, Städte, Territorien und Nationen vollzogen, zerstörte, so könnte man in Anspielung auf das *Europa-patria*-Wort von Pius II.[1] formulieren, die verbliebene Restheimat der Christenheit und löste die ideelle und rechtliche Einheit der *einen* christlichen Kirche auf. Während das alte Europa als Heimat der römischen Kirche in Frage gestellt wurde, eroberte es neue Kontinente. Seit dem 16. Jahrhundert ist das lateineuropäische Christentum, auch in seiner konfessionellen Diversität, eine global expandierende Religion.

Das christliche Europa war auch vorher kein monolithisch geschlossener Untertanenverband des römischen Pontifex gewesen, sondern hatte aus einer Vielzahl eigener Einheiten bestanden, die je unterschiedlich dichte Beziehungen zur Kurie unterhielten. Die Nationalstaaten hatten bereits im 14. und 15. Jahrhundert, etwa in Spanien, Frankreich und England, deutliche Konturen gewonnen und eine eigenständige Politik im Verhältnis zum Papst zu verfolgen begonnen. Dennoch hatten bis zur Reformation kulturelle Selbstverständlichkeiten existiert, die nun neu verhandelt oder aufgelöst wurden: Die lateinische Sprache verlor ihre bisher in allen die Religion und die Wissenschaft betreffenden Fragen dominierende Rolle. In den sich der Reformation anschließenden Ländern wurden die Gottesdienste nun in der Regel in den Volkssprachen abgehalten. Die Predigt rückte ins Zentrum des Gottesdienstes, die Sakramente Taufe und Abendmahl wurden auf die persönliche Aneignung der Glaubenden hin ausgelegt, und der gemeinsame Gesang galt als wesentliches Element der religiösen Teilnahme der Gemeindeglieder. Dazu kam nur die Sprache in Betracht, die «die mutter ihm hause, die kinder auff der gassen, de[r] gemeine man auff dem marckt» verwendeten – ihnen schaute der Wittenberger Reformator «auff das maul».[2]

Die religiöse Aufwertung der Volkssprache im Zuge der Reformation provozierte eine Vielzahl an nationalsprachlichen Bibelübersetzungen zunächst in Europa, à la longue weltweit, und hat schließlich auch die römische Kirche im Ganzen dazu veranlasst, ihre Fixierung auf das Lateinische und Römische zu relativieren, schließlich gar die religiöse Diffamierung der volkssprachlichen Bibel aufzugeben. Dies hat unabsehbare kulturelle Wirkungen gezeitigt, die Entstehung nationaler Literaturen begründet oder befördert und Bildungs- und Partizipationsmöglichkeiten eröffnet, die dem mittelalterlichen Christentum so nicht bekannt waren. In einem jahrhundertelangen Transformationsprozess durchsetzten die Volkssprachen wie ein Sauerteig alle Bereiche der Gesellschaft und eroberten auch die Wissenschaften. Die Ausformung nationaler Christentumsvarianten infolge der Reformation hat schließlich die politischen Nationalisierungsprozesse beeinflusst, ja forciert. Die für die mittelalterliche Christenheit prägenden transnationalen Momente einer lateinischen Einheitskultur verloren auch in den dominant katholisch bleibenden Ländern Europas nach und nach ihre universelle Geltung.

Für die Generation der Reformatoren und ihrer Nachfolger war das Lateinische allgemeine Verkehrssprache, die Lingua franca der wissenschaftlichen und der transnationalen Kommunikation. Nun aber wurde das ständige Übersetzen von der Volkssprache ins Lateinische und umgekehrt zu einer selbstverständlichen Praxis. Bilingualität wurde zu einer grundlegenden kulturellen Wirklichkeit all derer, die professionell zu schreiben und zu lehren hatten. Unter den europäischen Reformatoren gab es kaum einen, der nicht sowohl in Latein als auch in mindestens einer Volkssprache publiziert hätte.

In der mittelalterlichen Christenheit waren transnationale Rechts- und Organisationsstrukturen wirksam gewesen, die die Reformation bekämpfte und die in den Teilen Europas, in denen sie siegte, obsolet wurden. So erlitt das Europa der Wallfahrer Einbußen, selbst wenn man weiterhin bemerkenswert viele Reisende auch aus protestantischen Ländern in Rom oder im Heiligen Land antreffen konnte. Das Europa der Orden, das angesichts der Präsenz insbesondere der Mendikanten an den Universitäten auch das gelehrte Europa tiefgreifend geprägt hatte, existierte fortan nurmehr für die katholische Hemisphäre. Dies betraf in analoger Weise auch das kanonische Recht, das bisher überall gegolten hatte – oder jedenfalls gelten sollte –, wo der Papst als Haupt der Kirche anerkannt war. Durch die Reformation aber wurde dieser europäische Rechtsraum der Vormoderne irreparabel beschädigt. Denn selbst dort, wo man bestimmte Kirchenverfassungselemente der römischen Tradition beibehielt, etwa die Metropoliten in der schwedischen und die Erzbischöfe in der englischen Kirche, oder wo man Teile der lateinischen Liturgie weiterhin pflegte, auch Formen klösterlichen Lebens anerkannte und Traditionen des kanonischen Eherechts revitalisierte, wie in einigen lutherischen Kirchen im Reich, geschah dies aufgrund eigenmächtiger Entscheidungen der weltlichen Obrigkeiten oder auf den Rat ihrer theologischen oder juristischen Experten hin. Dieser selektive Umgang mit bestimmten Rechtstraditionen des kanonischen Rechts aber setzte voraus, dass man sich souverän über die päpstliche Jurisdiktionskompetenz als solche stellte und ihm eben keine selbstverständliche Autorität mehr zugestand. Für all die elementaren Belange im Leben jedes Christenmenschen, die – jedenfalls prinzipiell – durch das kanonische Recht geregelt waren, musste man neue Bestimmungen definieren und Ersatzlösungen in der Zuständigkeit der jeweiligen weltlichen Obrigkeiten finden: etwa die Obligationen der jährlichen Beichte und Kommunion, die sakramentale Versorgung «von der Wiege bis zur Bahre», die Regulierung von Ehekonflikten, das Verhältnis zur

Pfarrgemeinde, die Geltung von Gelübden. Der evangelische Christ Europas wurde infolge der Verstaatlichungsdynamik, in die die Religion geriet, in einem umfassenderen Sinne «Untertan», als es seine Vorfahren je gewesen waren.

Konturen eines evangelischen Europa zeichneten sich ab. Recht rasch nach dem Ausbruch des Ablassstreites, verstärkt dann aber im Nachgang der Leipziger Disputation, erhöhte sich die Zahl der Wittenberger Studenten sprunghaft. Auch der Anteil der Ausländer wuchs rasch: Wittenberg wurde seit den 1520er Jahren für etwa ein halbes Jahrhundert zur meistbesuchten und hinsichtlich seiner Studenten und Dozenten internationalsten Universität Deutschlands; danach konkurrierte es mit Leipzig um die meisten Studierenden.

Zwischen 1516 und 1520 war die Zahl der jährlichen Immatrikulationen in Wittenberg explosionsartig angestiegen, um über 400, auf 579.[3] Andere Universitäten wie Heidelberg, Köln, Erfurt, Rostock, Greifswald, Ingolstadt, Freiburg und Tübingen hatten massive Einbrüche zu verzeichnen und waren zeitweilig von Schließungen bedroht. Studenten aus Frankreich, England, Italien, Böhmen, Ungarn, besonders aber Skandinavien und dem Baltikum suchten in Wittenberg die «wahre» reformatorische Lehre aus erster Hand kennenzulernen. Insbesondere Melanchthon erwies sich als überaus beliebter Lehrer. Bei ihm konnte man das theologisch-philologische Handwerkszeug eines evangelischen Schriftauslegers sehr viel nachvollziehbarer lernen als bei dem genialisch-assoziativen, charismatischen Exegeten Luther. Zwar kamen die meisten seinetwegen, schätzten ihn aber, wie es scheint, in der konkreten Begegnung weniger als Professor denn als Prediger.

Eine ähnliche Ausstrahlung, wie Wittenberg sie auf das Europa der evangelischen, später primär der konfessionell-lutherischen Christenheit ausüben sollte, ging seit 1559 von der Akademie Johannes Calvins und Theodor Bezas in Genf aus. Sie wurde für den europäischen Calvinismus genauso wichtig wie Wittenberg für das europäische Luthertum. Ab dem späteren 16. Jahrhundert entfalteten dann die niederländischen Universitäten, allen voran Leiden, eine internationale Sogwirkung, selbst über Konfessionsgrenzen hinweg. Doch das

Gros der jungen Akademiker verbrachte seine Studienzeit ganz überwiegend an seiner Landesuniversität. Die Territorialisierung und «Verstaatlichung» der Universitäten, ihre Abhängigkeit von der jeweiligen Landesherrschaft, erhielt durch die Reformation einen kräftigen Schub.

Hinsichtlich der Beziehungen zwischen den Territorien und Staaten Europas blieb die Reformation gleichfalls nicht folgenlos. Immer wieder entstanden politische Allianzen und Kooperationen aufgrund gemeinsamer konfessioneller Zugehörigkeiten oder Gegnerschaften. Dies galt etwa für Kontakte, die Heinrich VIII. nach seiner Trennung von Rom (1534) zum Schmalkaldischen Bund suchte, für den Zusammenschluss der reformierten Kurpfalz mit den calvinistisch geprägten Provinzen der Niederlande, für antihabsburgische Koalitionspläne Franz' I. und des reformierten Königs von Navarra vor seiner Konversion zum katholischen König Heinrich IV. von Frankreich sowie für dynastische Verbindungen zwischen dem dänischen und dem schwedischen Adel zu protestantischen Geschlechtern im Reich. Auch militärische Interventionen konnten nach und infolge der Reformation konfessionell motiviert werden. Die politischen Interaktionen und diplomatischen Verbindungen innerhalb und – aufgrund kolonialgeschichtlicher Zusammenhänge – auch außerhalb Europas haben sich infolge der Reformation grundlegend verändert.

Ein Europa der Händler und Kaufleute gab es vor wie nach der Reformation. Allerdings war der Besuch der an vielen Orten Europas stattfindenden Messen von den religionskulturellen Umweltbedingungen des jeweiligen Standorts mitbestimmt, zum Beispiel von der Geltung der Heiligenfeste oder ihrer Abschaffung, auch der Einhaltung bestimmter religiöser Regeln im öffentlichen Raum. Unter den europäischen Handelsregionen war die levantinische weitgehend von nicht-evangelischen Händlern dominiert, der die Nord- und Ostseeländer umspannende Wirtschaftsraum vor allem von hansischen Kaufleuten, denen im Laufe des 16. Jahrhunderts Niederländer und Engländer den Rang abliefen. Im Atlantikhandel, der vor allem von Lissabon, Sevilla, Antwerpen und Amsterdam aus betrieben wurde, überschnitten sich nationale und konfessionelle Grenzen und Konkurrenzen mannigfach. In einigen Teilen Europas wird man den Kaufleuten eine wichtige Rolle bei der Ausbreitung der Reformation zuzuschreiben haben; sie waren eine mobile Personengruppe, die auch gedruckte Schriften und Bilder mit sich führte.

Die konfessionellen Differenzen, zu denen es infolge der Reformation gekommen war, beeinflussten das Leben der Menschen, auch der Kaufleute, und sie wirkten gegebenenfalls auch auf das Konsumverhalten. Man denke nur an die Folgen der Abschaffung der Fastenvorschriften und zahlreicher Feiertage in den evangelischen Ländern; in Form von Produktionssteigerungen und Prosperitätsgewinnen traten sie direkt zu Tage. Einige Reformatoren, allen voran Luther, hatten sich zwar ausgesprochen kritisch gegenüber wucherischen Zinspraktiken, dem Fernhandel, Devisenabfluss ins Ausland, Luxusimporten, auch der hemmungslosen Profitmaximierung, also Grundzügen des frühkapitalistischen Wirtschaftssystems, geäußert; doch wird man die Wirkung ihrer Urteile nicht überschätzen dürfen. Das Europa der Händler folgte vor wie nach der Reformation in erster Linie den Handlungsmustern des Erwerbtriebs.

2. DIE FRÜHREFORMATORISCHEN BEWEGUNGEN AUSSERHALB DES REICHS

Bereits in dem Jahrzehnt zwischen 1520 und 1530 fielen in verschiedenen europäischen Ländern Vorentscheidungen für oder gegen reformatorische Entwicklungen. In Nord- und Osteuropa spielten bei der Ausbreitung der Reformation bisweilen auch deutsche Bevölkerungsgruppen, nicht selten Kaufleute, eine wichtige Rolle. Die reformatorische Literatur erreichte auch über etablierte Handelswege ihre Leser. Die ersten Personengruppen, die sich auch außerhalb Deutschlands mit Luther und seinen Parteigängern zu beschäftigen begannen, waren seine Ordensgenossen, die Augustinereremiten, und die Humanisten. Auch die Universität Wittenberg spielte bei der internationalen Ausbreitung der Reformation eine wichtige Rolle. Studenten aus dem

Ausland kamen hierher, um die reformatorische Lehre an der Quelle kennenzulernen; auch *exules Christi*, also aufgrund der «Verkündigung des Evangeliums» aus ihren Stellungen vertriebene Theologen, kamen nach Sachsen. Einerseits wollten sie sich theologisch orientieren, andererseits an Informationen über die Ausbreitung der Reformation und Stellenangebote für evangelisches Predigerpersonal gelangen, die in Wittenberg zusammenflossen wie nirgends sonst. Wittenberg war zeitweilig so etwas wie eine internationale reformatorische Jobbörse.

Außer im Reich, der deutschsprachigen Schweiz, Frankreich, den Niederlanden, Teilen des Baltikums und Dänemark wurden die reformatorischen Bewegungen wohl in keinem europäischen Land von vielen verschiedenen gesellschaftlichen Gruppen gemeinsam getragen. In der Regel folgte die Zustimmung zur Reformation dort den Interessen bestimmter ständischer Gruppierungen.

Die Niederlande

Zwei von Luthers Mitbrüdern, Jakob Propst und Heinrich von Zütphen, begannen im Antwerpener Augustinereremitenkloster mit reformatorischer Agitation; in Antwerpen und Leiden sind ab 1520 auch niederländische Übersetzungen und Nachdrucke lateinischer Schriften Luthers erschienen. Die genannten Personengruppen der Ordensmänner, Humanisten und Kaufleute sind auch als Akteure bei der Produktion, Übersetzung und Distribution des aus Wittenberg stammenden Schrifttums zu vermuten.

In keinem Land ist Luther früher und häufiger nachgedruckt worden als in Holland, in keine Sprache ist er häufiger übersetzt worden als in die niederländische. Bis in Luthers Todesjahr sind 53 verschiedene Schriften in 60 unterschiedlichen Ausgaben auf Niederländisch erschienen. In deutlichem Abstand folgten das Dänische (20 Schriften in 31 Ausgaben), das Französische (16 Schriften in 25 Ausgaben), das Tschechische (21 Schriften in 22 Ausgaben) und das Englische (12 Schriften in 14 Ausgaben);[4] insgesamt ist Luther zu Lebzeiten in elf verschiedene Sprachen übersetzt worden. Die wichtigsten Impulse

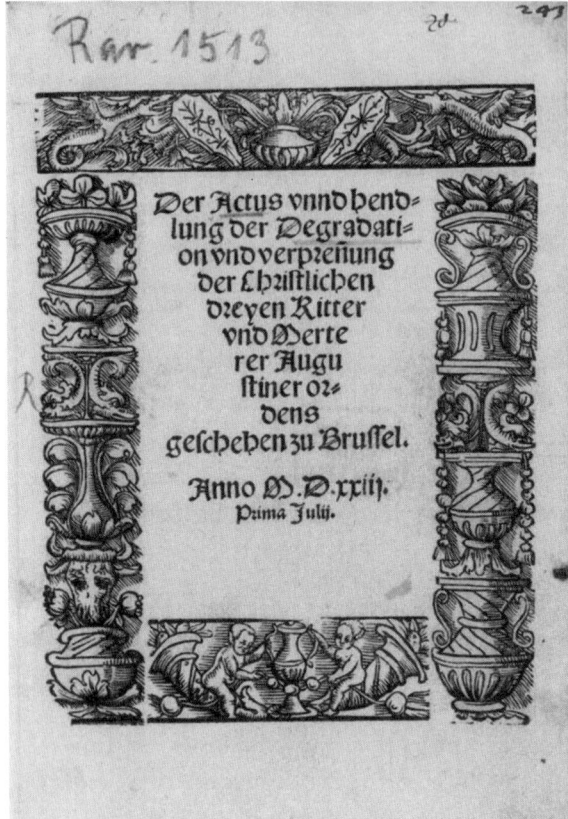

Titelblatt des Märtyrer-
buches ‹Der Actus und
hendlung der Degrada-
tion und verpennung
der christlichen dreyen
Ritter und Merterer
Augustiner ordens
geschehen zu Brussel›,
gedruckt 1523 in
Augsburg von Melchior
Ramminger.

zu seiner Verbreitung in diversen europäischen Sprachen gingen von
der Druckmetropole Antwerpen aus. Neben lateinischen und niederländischen wurden hier auch dänische, englische, französische und
spanische Übersetzungen produziert. Übertragungen in die anderen
europäischen Sprachen setzten erst in der Mitte der 1520er Jahre ein;
ihr Schwerpunkt lag auf seelsorgerlich-erbaulichen Schriften des Reformators. Den Polemiker Luther konnten des Deutschen unkundige
Leser allenfalls auf Latein kennenlernen. Lateinische Nachdrucke
Luthers, bald vor allem auch Melanchthons, erschienen in allen großen Druckorten Europas.

Die Betätigung der Antwerpener Ordensbrüder stieß bereits 1522
auf den entschiedenen Widerstand der burgundisch-habsburgischen

den hat/ todt sund hell vnd alle nott/ein kron er dir erworben hatt.

Hie lassen vns bleyben zu dieser fryst/ vnnd schreyen alle zu Jhesü Christ/ der allein vnnser tröster ist/ wonn allem vbell hat er vns erlost/ hab lob vnd danck du suesser trost.

Vnnd teyl vns mit dem teglich brodt. Ich meyne alleyne das Göttlich wordt/ du eynige speyß vnser seel/ So schadt vns nit keyn vnge fell/ vnd bleybet allein Got vnser heyll/ Amen.

Eynn hubsch Lyed von denn zcweyen Marterern Christi/ zu Brussel von den Sophisten zcu Louen verbrandt.

Martinus Luther.

Eyn newes lyed wyr heben an/ des wald got vnser herre. Zu singen was Gott hat gethan/ zu seynem lob vnd ehre. Zu Brussel in dem nies der landt/ woll durch zwen iunge knaben/ hat

Regierung. Sie ließ das Kloster schließen und einige Brüder, die nicht zum Widerruf bereit waren, inhaftieren und schließlich hinrichten. Die ersten Märtyrer der Reformation, Hendrik Voes und Jan von Essen, fanden am 1. Juli 1523 in Brüssel den Feuertod, der bald auf verschiedenste Weise literarisch verarbeitet wurde. Dies bildete den Anfang einer rasch florierenden Literaturgattung von Märtyrerbüchern, die etwa in deutscher, englischer und französischer Sprache zu Bestsellern der jeweiligen konfessionellen und nationalen Milieus und Traditionen avancierten.

In einem *Brief an die Christen im Niederland*[5] kommentierte Luther die Vorgänge in Brüssel; die hingerichteten Ordensbrüder bezeichnete er explizit als «heylige».[6] Die großen Zeichen und Wunder,[7] die Gott unter den Niederländern habe geschehen lassen, bezeugten seines Erachtens, dass jetzt die «zeyt»[8] gekommen sei, «das das reych gotts nicht ynn wortten sondern ynn der krafft stehe».[9] Der Märtyrertod der beiden Augustinereremiten war für ihn ein sichtbarer Gnadenerweis Gottes: «Denn euch ists fur aller wellt geben, das Evangeli nicht alleyne zu hören und Christum zurkennen, sondern auch die ersten zu seyn, die umb Christus willen itzt schand und schaden, angst und nott, gefengnis und ferlichkeyt leyden, und nu so voller frücht und sterck worden, das yhrs auch mit eygenem blutt begossen und bekrefftigt habt.»[10] Dass Gott die Niederländer des Martyriums gewürdigt habe, sei Ausdruck ihrer besonderen Erwählung; deshalb sollten sie sich «mit freuden dem herrn [...] schlachten»[11] lassen. Die Grundgedanken dieser Martyriologie brachte er auch in seinem *Lied von den zween Merteren Christi zu Brussel von den Sophisten … verbrant* zum Ausdruck. Es war das erste reformatorische Kirchenlied überhaupt. Im Tod der «marterer», der «heylgen Gots», bekenne der himmlische Herr seine «wunder macht», die vor allem darin bestehe, dass die Delinquenten die «peyn verachten» und sich «mit freuden» und «mit Gottes lob und singen»[12] in ihr Schicksal ergäben.

Auch das Milieu der durch die *Devotio moderna* geprägten niederländischen Bibelhumanisten setzte sich frühzeitig mit Luther und seiner Theologie auseinander. Der Jurist Cornelis Hendrix Hoen war durch den vorreformatorischen niederländischen Reformtheologen Wessel Gansfort geprägt, den – ähnlich wie Jan Hus oder Savonarola – auch die Wittenberger bald als einen Vorläufer entdeckten und dessen Schriften sie in Drucken verbreiten ließen. Hoen hatte in Auseinandersetzung mit Luthers sakramentstheologischer Schrift *De captivitate Babylonica* eine symbolische Abendmahlsdeutung propagiert, ähnlich wie später Zwingli. Eine entsprechende *Epistola* Hoens, die 1525 durch den Straßburger Reformator Martin Bucer heimlich im Druck verbreitet wurde, war wohl 1521 als Manuskript an Luther überbracht worden. Hoen wurde 1523 wegen seiner religiösen Überzeugungen verhaftet und starb ein Jahr später. Sein Anliegen war es, mit der Attacke gegen die leibliche Realpräsenz Christi im Sakrament einen besonders kräftigen Schlag gegen das Papsttum zu führen. Der Überbringer des Briefes an Luther war der Utrechter Schulrektor Hinne Rode; er machte die Abendmahlstheorie seines Landsmanns auch unter den Straßburger, Basler und Zürcher Reformatoren bekannt und beeinflusste sie stark. Im innerreformatorischen Abendmahlsstreit sind somit erste Rückkoppelungen der internationalen Luther-Rezeption wirksam geworden.

In den 1520er Jahren gerieten Anhänger der Reformation in den Niederlanden, Gelehrte wie Laien, immer wieder unter den Druck behördlicher Verfolgungen. Das antireformatorische Regiment der Habsburger schränkte das Druckwesen ein, verhaftete oder vertrieb Lutheranhänger, provozierte Martyrien oder Renitenzen im Untergrund. In reformatorisch infiltrierten stadtbürgerlichen Milieus erhielt das Täufertum deutlichen Auftrieb, als Melchior Hoffman, ein Laienprediger und prophetischer Agitator schwäbischer Herkunft und europäischen Formats, seit dem Herbst 1530 von Emden aus Impulse in die nördlichen Niederlande sandte. Der gelernte Kürschner hatte 1525 im Baltikum, insbesondere Dorpat und Livland, dann in Stockholm, später in Kiel, in Ostfriesland und auch Straßburg gewirkt. Er erhielt erheblichen Zulauf; Menschen unterschiedlicher sozialen Standes ließen sich taufen und rüsteten sich für das von ihm propagierte Reich Christi auf Erden. Nach Hoffmans Rückkehr nach Straßburg, die ihm eine Inhaftierung bis zu seinem Tod bescherte, entwickelte die täuferisch-apokalyptische Gemeinschaft in den Niederlanden eine spezifische Eigendynamik, und zwar unter der Führung des Jan Mathis, eines prophetischen Bäckers aus Harlem. Der Zug nach Münster (1534), dem «neuen Zion», und der Ausbau der westfälischen Bischofsstadt zum Zentrum eines tausendjährigen Reichs stellte das schillerndste Beispiel für die eruptive Veränderungsdynamik der Religion im frühen 16. Jahrhundert dar. Die hier zu beobachtende Radikalisierung ist vor dem Hintergrund der repressiven antireformatorischen Politik in den habsburgischen Ländern im Allgemeinen, in den nördlichen Niederlanden im Besonderen zu deuten.

Frankreich und England

Für Paris ist bereits seit Anfang 1519 der Vertrieb der in Basel gedruckten ersten Luther-Sammelausgabe bezeugt; wie es scheint, wurde sie anfangs sogar von Professoren der Sorbonne mit Zustimmung
gelesen.[13] Damals in der französischen Metropole studierende junge
Humanisten berichteten 1520 vom rasanten Absatz Luther'scher
Schriften; ein Buchhändler soll in kürzester Zeit die gewaltige Menge
von 1040 Exemplaren einer Lutherschrift verkauft haben, mehr als
von jedem anderen Buch vorher.[14] Paris fungierte schon damals als
große kommunikative Plattform gelehrter Debatten; die Rolle dieser
Metropole auch für die Ausbreitung der Reformation ist also nicht zu
unterschätzen. In einigen Fällen werden es auch aus dem Reich stammende Studenten gewesen sein, die zu der Verbreitung Luther'scher
Schriften in *Frankreich* beitrugen. So ist belegt, dass der Basler Buch-
druckersohn Bonifatius Amerbach, der zeitweilig in Avignon studierte, durch einen Lyoner Buchhändler an Lutherdrucke kam und diese
weitergab.[15] François Lambert von Avignon, der spätere Reformator
Hessens und seit 1527 erstberufener Theologieprofessor an der reformatorischen Universitätsneugründung in Marburg, hatte aufgrund
der Lutherlektüre in seinem Avignonesischen Franziskanerkloster mit
der monastischen Lebensform gebrochen und sich über Zürich nach
Wittenberg begeben. Auch das Beispiel des dominikanischen Predigers Aimé Maigret, der 1524 in Lyon und Grenoble Motive von
Luthers Kritik am monastischen Leben aus *De votis monasticis* (1522)
aufgenommen und popularisiert hatte, bezeugt, dass ein sehr enger
Zusammenhang zwischen der Lutherlektüre und ersten reformatorischen Aktionen auch in Frankreich bestand.

Der Südfranzose Guillaume Farel war der engagierteste Parteigänger reformatorischer Überzeugungen in der frankophonen Welt und
ihr wichtigstes personelles Bindeglied zwischen den Anfängen und
ihrem bedeutendsten Exponenten, dem französischen Reformator Johannes Calvin. Es besteht eine deutliche Verbindung zwischen seiner
Hinwendung zur Reformation und jenem illustren Kreis reformgesinnter, an der Bibel interessierter Humanisten um Guillaume Briçon-

net, den Bischof von Meaux, in dem Jacques Lefèvre d'Etaples (Faber Stapulensis), der Lehrer Farels, die Schlüsselfigur war. Inwiefern Faber theologische Positionen Luthers, etwa in Bezug auf die Rechtfertigungslehre, vorwegnahm, wie in der Forschung vor allem unter Rekurs auf seinen Kommentar zu den paulinischen Briefen von 1512 behauptet worden ist, harrt einer abschließenden Klärung. Luther hat Fabers Psalterkommentar bei seiner eigenen Psalmenvorlesung benutzt.

Lefèvre war seitens der Sorbonne der Ketzerei bezichtigt worden und hatte bei Briçonnet Zuflucht gefunden; 1525 musste er zeitweilig ins Straßburger Exil fliehen. Ab 1530, dem Jahr, in dem seine französische Bibelübersetzung erschien, hielt er sich am Hof Marguerites von Navarra auf, einer Förderin biblisch und reformerisch orientierter Geistlicher und Humanisten. Sie war eine Schwester König Franz' I., auf dem anfangs die Hoffnungen vieler Reformgesinnter ruhten. Aufgrund von Farels Urteil, er verdanke seinem Lehrer Lefèvre die Erkenntnis, «dass der Mensch ganz von Gottes Gnade abhängig ist»,[16] wurde es in der reformierten Historiographie seit dem 16. Jahrhundert üblich, in ihm und dem Kreis von Meaux eine eigenständige, von Luther unabhängige Quelle der Reformation zu sehen. Allerdings hat auch Faber Schriften Luthers gelesen und positiv bewertet, so dass hier unterschiedliche Traditionen und Anregungen ineinander verwoben sind.

Dauerhaftere Aktionsmöglichkeiten erreichte Farel nur außerhalb Frankreichs, vor allem in der französischsprachigen Schweiz. Bei Predigtkampagnen bei Waldensern im Piemont, in Metz und Gap bahnten sich Kooperationen mit diesen verbliebenen Elementen vorreformatorischer Ketzerei an, die später zu einer Verschmelzung von Waldensertum und reformiertem Protestantismus führen sollten. Durch den ehemaligen Johanniterritter Anémond de Coct, den Farel für die Reformation gewonnen und der in Wittenberg studiert hatte, wurde Luther 1523 veranlasst, den Kontakt zum Herzog von Savoyen zu suchen, um über ihn, wie er hoffte, das «Feuer Christi» in «ganz Frankreich»[17] zu entzünden.

Auch in den frühen reformatorischen Entwicklungen in *England* wurden nicht unerhebliche vorreformatorische häretische Einflüsse wirksam. Zwar lassen sich kaum fortlaufende Traditionen der Lollarden, der Anhänger der Theologie des Oxforder Theologieprofessors John Wyclif, oder eine ungebrochene Rezeption von dessen Theologie vom 14. bis ins frühe 16. Jahrhundert nachweisen. Aber zwischen 1520 und 1530 wurden beide Strömungen, insbesondere durch Drucke, die illegal auf dem Kontinent produziert wurden, immer wieder in eine positive Beziehung zu den reformatorischen Entwicklungen gestellt. So wurden die in der Wormser Offizin Peter Schöffers 1525 anonym herausgegebenen Sakramentsdialoge Wyclifs dem Publikum mit der Pointe präsentiert, dass der Oxforder Theologe ein Vorläufer der Reformatoren gewesen sei. Offenbar gab es ein Interesse, die reformatorischen Entwicklungen auf dem Kontinent und im Reich mit genuinen Traditionen der englischen Kirchengeschichte zu verbinden. Dahinter dürfte der englische Humanist William Tyndale gestanden haben, der 1524 nach Wittenberg gekommen war. 1526 brachte er bei Schöffer eine englische Übersetzung des Neuen Testaments heraus, die an dem von Erasmus herausgegebenen griechischen Text und an Luthers volkssprachlicher Ausgabe von 1522 orientiert war. In den späteren 1520er und frühen 1530er Jahren wurden weitere Ausgaben der Tyndale'schen Übersetzung von Antwerpen aus verbreitet, wo sich der Glaubensflüchtling niederließ. Über die Handelsbasis der deutschen Kaufleute in London gelangten reformatorische Drucke auf den englischen Markt.

Die skizzierten frühreformatorischen Entwicklungen hatten eine gewisse Parallele in der Rezeption und Diskussion Luther'scher Texte in den englischen Universitätsstädten. Diese Prozesse sind nur sehr umrisshaft greifbar. In Oxford ist für 1520 der Verkauf lateinischer Schriften des Wittenberger Reformators bezeugt, in Cambridge soll eine Kneipe namens White Horse den Spitznamen «Germany» bekommen haben,[18] weil sich dort Lutheranhänger getroffen hätten. Wie in Antwerpen und andernorts war es ein Ordensbruder Luthers, Robert Barnes, der aufgrund einer eng an Luthertexten orientierten

Titelblatt der Schrift
‹Io VViclefi Viri Undiquaque
piis. dialogorum libri quattuor›.
Bei diesem Buch aus dem Jahr
1525 handelt es sich um die
erste Schrift von John Wyclif,
die gedruckt wurde. Wie in
Bezug auf Jan Hus, Wessel
Gansfort und Hieronymo
Savonarola zeigte die Refor-
mation eine große Bereit-
schaft, Gedanken und Texte
vorreformatorischer Kirchen-
kritiker in den Druck zu brin-
gen und sie als ihre Vorläufer
zu inszenieren. Der Druck in
Worms durch Peter Schöf-
fer d. J. wurde wahrscheinlich
durch William Tyndale ver-
anlasst, der sich mit Unterstüt-
zung Londoner Kaufleute
nach Wittenberg begeben
hatte und das Neue Testament
ins Englische übersetzte.

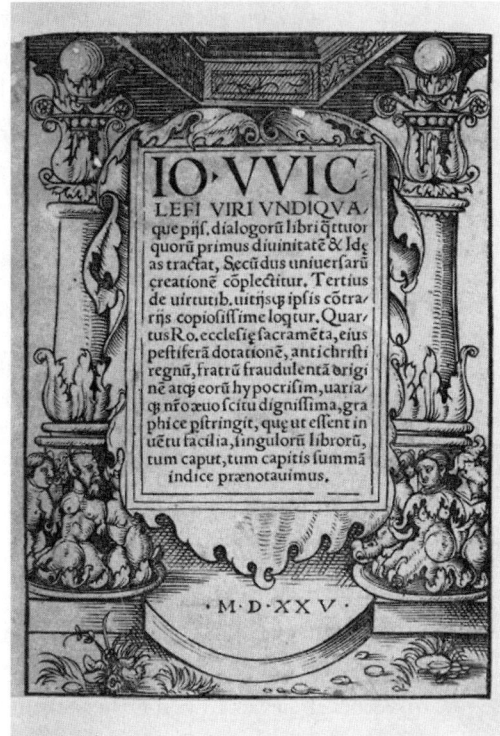

Predigt, die er in Cambridge hielt, gefangen genommen wurde. 1528 gelang ihm die Flucht nach Wittenberg.

Der englische König Heinrich VIII. hatte sich früher als andere ge-krönte Häupter gegen die Reformation und Luther positioniert. Be-reits am 12. Mai 1521 waren Schriften des Wittenbergers in London verbrannt worden; Bischof John Fisher, der sich auch publizistisch gegen den deutschen Ketzer profilierte, predigte gegen die reforma-torische Häresie. Im Folgejahr erschien unter des Königs Namen eine gegen Luthers *De captivitate Babylonica* gerichtete Schrift, die die sieben Sakramente verteidigte (*Assertio septem sacramentorum*); bis 1543 wurde sie in neun lateinischen und in den Jahren 1522/23 in vier deutschen Ausgaben gedruckt. Sie war damit eine der erfolg-reichsten altgläubigen Schriften überhaupt. Dass der Papst dem eng-lischen Monarchen dafür den Titel eines «Verteidigers des Glau-

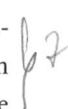

bens» (*Defensor Fidei*) verlieh und mit der Lektüre des Buches Ablassgnaden verband, war das Ergebnis eines religionsstrategischen Kalküls Heinrichs. Luther replizierte schonungslos auf des «gifftigen lügenmaul[s]»[19] Heintzens Text. Die erste Phase der Reformationsgeschichte Englands stand also ganz im Zeichen kämpferisch-katholischer Orthodoxie.

Skandinavien

Die frühen reformatorischen Entwicklungen in Skandinavien hingegen waren einerseits entscheidend von herrschaftspolitischen Auseinandersetzungen bestimmt, andererseits wurde reformatorisches Gedankengut durch einzelne Studenten, Prediger oder Schriften verbreitet. Auf den Handelswegen der Hanse erreichte es wohl zunächst vor allem deutsche Bevölkerungsgruppen, etwa in Malmö, Stockholm, Bergen oder Kopenhagen.

 Die seit 1397 unter der Vorherrschaft der dänischen Krone bestehende Kalmarer Union, die die skandinavischen Königreiche vereinigte, zerbrach in der frühen Reformationsepoche, im Jahre 1523. Auch für die Religionspolitik Nordeuropas sollte dies ein Schlüsseldatum werden. Denn mit Hilfe lübischer Finanzmittel löste sich *Schweden* unter der Führung Gustavs I. Wasa, der auf einem Reichstag zu Strägnäs zum König gewählt wurde, aus der ungeliebten Union. Aufgrund von Beschlüssen eines Reichstages von Västeras im Jahre 1527 wurde die Kirche Schwedens – und des von diesem seit 1523 kontrollierten Finnlands – der Krone unterstellt; die Kirchengüter wurden dem König übertragen. Die äußerlichen kirchlichen Rituale, auch die Kirchenverfassung, blieben weitgehend unangetastet; die Bischöfe verloren zwar an politischer Macht, wurden in ihren rechtlichen Befugnissen zunächst aber nicht weiter tangiert. Die neuerlichen Bischofsweihen wurden zwar mit einem Loyalitätseid gegenüber dem König verbunden, aber von dem mit päpstlicher Zustimmung gesalbten Bischof Peder Mansson aus Strägnäs durchgeführt; so konnte der schwedische Episkopat für sich weiterhin die apostolische Weihesukzession in Anspruch nehmen.

Als wichtigste Vermittler reformatorischer Überzeugungen in Schweden wirkten die durch ein Studium in Wittenberg geprägten Brüder Olaus und Laurentius Petri. Der eine war Prediger in Stockholm und später Kanzler des Königs, der andere trat 1531 als Erzbischof von Uppsala an die Stelle des flüchtigen prodänischen Metropoliten Gustav Trolle. Olaus Petri veröffentlichte 1526 eine schwedische Übersetzung des Neuen Testaments und trat neben dem gleichfalls an deutschen Universitäten ausgebildeten Laurentius Andreä in den folgenden Jahren mit einer Reihe reformatorischer Schriften hervor. Eine inhaltliche reformatorische Prägung des schwedischen Kirchenwesens setzte sich erst in einem längeren Prozess durch.

Die *dänische* Reformationsgeschichte unterschied sich grundlegend von der schwedischen. Der dänische König Christian II. (1513–1523), ein Schwager Karls V., zeigte frühzeitig ein Interesse an Wittenberg und Luther. Ein Sekretär des Königs soll 1521 auf Reisen eine «Kiste voller Bücher Luthers»[20] mitgeführt haben; schon im Jahr zuvor hatte der König Wittenberger Absolventen für seine Universität angeworben. Der spätere Jenenser Pfarrer und Karlstadt-Vertraute Martin Reinhard und ein Melanchthonschüler namens Matthias Gabler waren diesem Ruf im Herbst 1520 gefolgt; Gabler unterrichtete daraufhin einige Jahre lang Griechisch an der Universität Kopenhagen. Reinhard, der keinen akademischen Grad besaß, wurde in ein Predigtamt bugsiert. Vielleicht aufgrund sprachlicher Mängel und gestisch-mimischer Unzulänglichkeiten wurde er aber zum Gespött der Stadt; im Frühjahr 1521 schickte ihn der König daher nach Wittenberg zurück. Reinhard reiste nun als Emissär des dänischen Königs zum Wormser Reichstag, um Kurfürst Friedrich dessen Begehr vorzutragen: Er möge Luther und Karlstadt für seine Universität Kopenhagen freigeben.

Daraufhin reiste Karlstadt Ende Mai für zwei Wochen nach Kopenhagen; offenbar wirkte der im kanonischen Recht geschulte Wittenberger Theologe besonders an der Abfassung eines «geistlichen Gesetzes» mit. Dieses forderte eine bessere Bildung der Geistlichen insbesondere in der Heiligen Schrift, ließ die Priesterehe zu, beschränkte die Jurisdiktionsgewalt der Bischöfe auf Ehesachen, begrenzte den Bettel und das Almosensammeln und förderte die Predigt. Inwiefern einzelne Passagen dieser auf einen sehr frühen Reformationsprozess abzielenden Bestimmungen dem direkten Einfluss Karlstadts zuzuschreiben sind, ist bisher nicht eindeutig geklärt. Im Frühsommer ordnete der König an, dass die Universität die Bannandrohungsbulle *Exsurge Domine* ignorieren solle, und verbot Schriften gegen Luther.

Doch bald schon, 1522/23, lehnte sich der Adel gegen Christian II. auf; er begab sich daraufhin ins Exil in die Niederlande und verbrachte in den Jahren 1524 und 1526 auch einige Zeit in Wittenberg. Hier trat er Luther, den er aufrichtig zu bewundern schien, persönlich näher. In die Zeit seines ersten Wittenberg-Aufenthalts fällt auch die Fertigstellung einer dänischen Übersetzung des Neuen Testaments durch Hans Mikkelsen, einen Begleiter des Königs. Die Vorrede des Buches, das heimlich nach Dänemark eingeschleust wurde, agitierte zugunsten des exilierten Monarchen. Knapp zehn Jahres sollte es dauern, bis Christian II. den Versuch einer Rückeroberung Dänemark-Norwegens unternehmen konnte; als dieser 1531/32 scheiterte, wurde er in Haft genommen, wo er 27 Jahre später starb.

Auch wenn das überkommene Kirchenwesen unter dem neuen dänischen König Friedrich I. zunächst eine gewisse Stabilisierung erfuhr, ging die Ausbreitung reformatorischer Ideen – ähnlich wie im Reich – auf unterschiedlichen Ebenen weiter. Ins östliche Dänemark drangen reformatorische Vorstellungen und Texte vor allem durch die Kontakte Malmös und Kopenhagens zu den deutschen Hansestädten vor. Hier gingen die reformatorischen Entwicklungen im Wesentlichen von den Bürgerschaften aus. In den Herzogtümern Schleswig und Holstein und auf Jütland schritt die Reformation seit Mitte der 1520er Jahre auf breiter Front voran, vor allem in den Städten.

Der zuletzt in Wittenberg immatrikulierte Johannitermönch Hans Tausen begann 1525 mit reformatorischen Predigten in Viborg, der wichtigsten Stadt Nordjütlands. Als er aus dem Orden ausgewiesen und vom Bischof inkriminiert wurde, stellte sich die Bürgerschaft hinter ihn. Man erwirkte einen Schutzbrief des Monarchen, der ihn zum «königlichen Kaplan» ernannte und so der jurisdiktionellen Zustän-

Lucas Cranach, Porträt des dänischen Königs Christian II. Das Bild war einer dänischen Ausgabe des Neuen Testaments, die 1524 in Deutschland gedruckt wurde, beigegeben.

digkeit des Bischofs entzog. Um Tausen sammelte sich nun eine Gruppe gleichgesinnter Prediger; nach und nach erhielt man, teils mit königlicher Unterstützung, teils durch handgreifliche Aktionen, Zugriff auf die großen Predigtstätten, die Bettelordenskirchen und den Dom. In manchen anderen Städten liefen ähnliche Prozesse ab. Am Ende der 1520er Jahre war die Mehrheit der dänischen Städte von der reformatorischen Bewegung erfasst; man hielt Predigten und las die Messen in der Volkssprache.

Im Amt Hadersleben führte Herzog Christian von Schleswig, der älteste Sohn Friedrichs und spätere dänische König Christian III., seit 1526 eine territoriale Reformation durch, die deutliche Parallelen zu entsprechenden Vorgängen im Reich aufwies. Er ließ reformatorisches Expertenpersonal aus Deutschland kommen, das eine «Predigerschule» aufbaute, eine Institution, die auch in Viborg entstand. Hier wurde die Geistlichkeit im reformatorischen Sinne geschult; sodann setzte der Herzog eine evangelische Kirchenordnung ein und säkularisierte den Kirchenbesitz. Bereits deutlich vor der offiziellen Einführung der Reformation im gesamten Königreich Dänemark (1536) hatten sich also, ähnlich explosiv wie im Reich, innerhalb weniger Jahre unterschiedliche Typen von Reformationen, städtische und landesherrliche, durchgesetzt.

Italien und Spanien

Aufgrund des Briefes, den der Basler Drucker Johannes Froben am 14. Februar 1519 an Luther schrieb, ist bezeugt, dass die erste Sammelausgabe seiner Schriften nach Brabant und England, nach Frankreich und – von Paris aus – nach Spanien geliefert sowie durch den italienischen Buchdrucker und -händler Franciscus Iulius Calvus in «allen Städten Italiens» vertrieben worden war.[21] Wegen einschlägiger Zensurmandate aus Venedig, Bologna, Neapel, Turin und Mailand kann man folgern, dass es dort in den frühen 1520er Jahren einen lebhaften Handel mit reformatorischen Druckschriften gegeben hat. Da die italienischen Universitäten begehrte Ziele deutscher Studenten waren, liegt es nahe, auch diesen eine wichtige Rolle bei der Verbreitung reformatorischen Gedankenguts und Schrifttums zuzuschreiben.

In Bezug auf Italien und Spanien stellt sich die Verbreitung reformatorischer Ideen in besonderem Maße als Phänomen einer intellektuellen Elitenrezeption dar. Sie ist unlösbar mit den Einflüssen des Erasmus in spezifischen religiösen Bewegungen, die unter den italienischen und spanischen Humanisten begegnen, verknüpft. Im Falle Italiens spricht man von *Evangelismo*, im Falle Spaniens von der Bewegung der *Alumbrados*. Der Evangelismus stand, anknüpfend an Erasmus, in Distanz zu einem dogmatisch-doktrinären Christentum, betonte die Nachfolge Christi und zielte weniger auf eine Reform der

Kirche als auf eine Besserung des Einzelnen, eine Internalisierung der Frömmigkeit und des christlichen Ethos ab.

Einige der religiösen Motive des Evangelismus konvergierten mit reformatorischen Vorstellungen. Unter den im Untergrund verbreiteten und durch Inquisition gefährdeten insgesamt 54 italienischen Übersetzungen reformatorischen Schrifttums, die bis 1566 nachgewiesen wurden,[22] finden sich 14 Lutherschriften. Sie sparten – ähnlich wie die Übersetzungen in andere europäische Nationalsprachen – den Polemiker und Kirchenkritiker aus und stellten den Erbauungsschriftsteller und Seelsorger in den Vordergrund. Gelegentlich wurden Lutherschriften in Italien auch unter dem Namen des Erasmus verbreitet; man hatte also primär ein Interesse an den gemeinsamen Motiven von Reformation und Evangelismus.

Profiliertere Vertreter einer an Luther anknüpfenden Theologie begegneten mit Girolamo Zanchi, Petrus Martyr Vermigli, Bernardino Ochino und Paolo Vergerio seit den 1530er Jahren verstärkt in Kreisen der italienischen Ordensgeistlichkeit. Aufgrund der Verfolgung durch die Inquisition wurden sie Glaubensflüchtlinge, fanden aber innerhalb des reformierten Lagers eine Heimstatt.

In Spanien ist die Bewegung der *Alumbrados*, die unter Franziskanern und ihnen nahestehenden Laienmilieus über der Lektüre der *Imitatio Christi* entstanden sein soll und von Schriften des Erasmus beeinflusst war, als eine Art Parallelerscheinung zur *Devotio moderna* zu deuten. Die «Erleuchteten» strebten ein heiligmäßiges Leben und mystische Erfahrungen an. Seit Mitte der 1520er Jahre waren sie im Visier der spanischen Inquisition. Ihr Verhältnis zur reformatorischen Literatur, die in den frühen 1520er Jahren durch Kaufleute und Angehörige des Hofs Karls V. nach Spanien gelangt war, ist allerdings ungeklärt. Dies gilt auch für den anonym erschienenen, als Hauptwerk der Bewegung geltenden *Dialog über die christliche Lehre* (1529), hinter dem der spanische Humanist und Theologe Juan de Valdés, der Bruder eines Sekretärs Karls V., stand. Es ist kaum eindeutig zu entscheiden, ob die auf kompilatorischer Verwendung von Textpassagen Luthers, Oekolampads und Melanchthons basierenden[23] gemeinsamen theologischen Motive mit der Reformation den Rahmen eines erasmianischen Reformkatholizismus überschritten, etwa die Betonung des persönlichen Glaubens, des allgemeinen Priestertums, die Relativierung der institutionellen und sakramentalen Bedeutung der Kirche, die Rechtfertigung durch den Glauben oder die Akzentuierung der Autorität der Bibel. Die spanische Inquisition, die Valdés ins italienische Exil zwang, verhinderte den Zugang reformatorischen Schrifttums durch Kontrollen der Häfen und Handelswege und setzte eine effiziente Buchzensur durch, die es in dieser Form sonst nirgendwo in Europa gab. An Spanien zeigte sich ex negativo, welche Bedeutung dem gedruckten Wort für die Reformation zukam.

Östliches Europa

Auch im Osten Lateineuropas konnte die Reformation in dem Jahrzehnt zwischen 1520 und 1530 erste Erfolge verzeichnen. Nicht anders als in den meisten anderen Teilen des Kontinents waren es Studenten und Universitätslehrer, Humanisten, Kauf- und Ordensleute, die reformatorische Schriften und Gesinnungen übermittelten. Ähnlich wie in Skandinavien bestanden im Osten engere Zusammenhänge zwischen der Zugehörigkeit zur deutschen Sprache und Kultur einerseits und der Aufgeschlossenheit gegenüber der Veränderung andererseits.

Einen einzigartigen Fall stellt die Reformation in *Preußen* dar. Denn im Grunde handelt es sich hier um die früheste erfolgreiche Reformation eines Territoriums überhaupt. Der Hochmeister des Deutschen Ordens, Albrecht von Brandenburg, der aufgrund der Predigttätigkeit des Nürnberger Pfarrers Andreas Osiander seit 1522 für die reformatorischen Ideen gewonnen worden war, beriet sich Ende 1523 mit Luther in Wittenberg[24] und folgte dessen Empfehlung, die Ordensregeln aufzugeben, zu heiraten und Preußen in ein weltliches Herrschaftsgebilde umzuwandeln.[25] In einem Vertrag mit der polnischen Krone wurde im April 1525 vereinbart, dass Preußen als weltliches Herzogtum unter deren Lehnshoheit trat. Da sich der Bischof des ostpreußischen Samlandes Georg von Polentz der Reformation anschloss, seinerseits in den Ehestand trat, die Lektüre von Lutherschriften empfahl, seine Übersetzung des Neuen Testaments in gottesdienstlichen Gebrauch nahm und die markantesten liturgischen Änderungen wie die Taufe in der Volkssprache und das Abendmahl unter beiderlei Gestalt selbst auf den Weg brachte, kam die Reformation in Preußen im Ganzen weitgehend konfliktfrei zum Abschluss. Allerdings dürfte dies primär in den vornehmlich von Deutschen bewohnten Städten der Fall gewesen sein. Da der Deutsche Orden nur geringe missionarische Aktivitäten entfaltet hatte, kam es in ländlichen Gebieten Preußens im Laufe der kommenden Jahrzehnte zu direkten Interaktionen zwischen evangelischem Christentum und vorchristlichem prussischem Heidentum – eine Konstellation, die ansonsten nur noch in Bezug auf die Lappen im hohen Norden bestand.

Livland, Kurland und *Estland* wurde von sechs geistlichen Fürsten regiert: dem Erzbischof von Riga, den Bischöfen von Reval, Ösel-Wiek, Kurland und Dorpat sowie Walter von Plettenburg, dem romtreuen Herrenmeister des Deutschen Ordens. Die florierenden Städte Riga, Reval und Dorpat, die sprachlich, kulturell und politisch weitgehend von deutschen Hansekaufleuten geprägt waren, verdankten ihren Wohlstand dem Transithandel zwischen Ost und West. Sowohl Polen-Litauen und Schweden als auch und besonders Russland zeigten Begehrlichkeiten, da sie in den Gewinnen der Hanseaten eine Schwächung ihrer eigenen Wirtschaft sahen.

Die reformatorische Entwicklung in der Region war dadurch geprägt, dass die Städte sehr frühzeitig die Option verfolgten, Livland, Kurland und Estland analog zu Preußen in weltliche Herzogtümer zu verwandeln. Die Reformation sollte also dazu dienen, die geistliche Fürstenherrschaft zu beenden und die der Heiligen Schrift gemäße Trennung von weltlicher und geistlicher Herrschaft durchzuführen.[26] Allerdings schlugen die Versuche der Städte, sich mit dem Adel gegen die Bischöfe zu verbinden, nach und nach fehl. In Riga wurde bereits 1522 über die Bilderfrage disputiert; auch installierte der Rat gegen Bischof und Domkapitel reformatorische Prediger. Wie es scheint, orientierte man sich in dieser Phase vornehmlich an der Wittenberger Stadtordnung von 1522. Konflikte mit dem Erzbischof eskalierten zwischen 1524 und 1526 in verschiedenen Städten in dramatischen Bilderstürmen. Da man befürchtete, die reformatorischen Impulse könnten auch zu einer Bauernerhebung führen, schloss sich der weitgehend aus Deutschen bestehende Adel den reformatorischen Tendenzen in den Städten nicht an.

Ausgehend von Riga stellten auch andere Städte evangelische Pfarrer an; im Laufe des Jahres 1524 kam Luther der Bitte des Bürgermeisters und der Ratmannen von Riga nach und ließ ihnen sogleich eine gedruckte Auslegung eines Psalms zukommen.[27] Im Juni 1525 stellte der Reformator gemeinsam mit seinem Kollegen Johannes Bugenhagen ein seitens des Dorpater Stadtrates erbetenes Rechtgläubigkeitszeugnis für den apokalyptischen Laienprediger Melchior Hoffman aus, der seit 1523 in Wolmar, Dorpat, Riga und Reval agitierte. Hoffman war dafür eigens nach Wittenberg gereist. Im Januar 1525 war es nämlich seinetwegen zu einem blutigen Zusammenstoß zwischen Dorpater Bürgern, die ihn verteidigten, und Söldnern des Erzbischofs, die ihn unschädlich machen wollten, gekommen. Der Konflikt hatte mit einem Bildersturm geendet, dem größten in ganz Livland. In einem Appell Hoffmans, der gemeinsam mit Sendschreiben Luthers und Bugenhagens gedruckt wurde, spielte seine apokalyptische Botschaft, die auch für seine künftige Tätigkeit und Wirkung – bis hin zum «Täuferreich» zu Münster – entscheidend blieb, eine wichtige Rolle. Offenbar nahmen die Wittenberger an seiner Ankündigung, dass Christi Wiederkunft «uns neher ist, dan wyr glawben»,[28] keinen Anstoß. Im Gegenteil: Im Angesicht des Bauernkrieges teilten sie diese zugespitzte Endzeiterwartung. Hoffmans Verbannung aus Livland (1526) hatte allerdings nicht primär mit seinem apokalyptischen Kerygma zu tun; ihm war zum Verhängnis geworden, dass er dem Dorpater Bürgermeister vorwarf, säkularisiertes Kirchengut veruntreut zu haben.

1525 sah sich der Deutschordensmeister von Plettenburg genötigt, der Stadt Riga den evangelischen Gottesdienst zuzugestehen. Schon bald, 1530, erhielt die Stadt, in der der Luthervertraute Johannes Brießmann Domprediger geworden war, eine Kirchenordnung. Die evangelischen Städte Dorpat, Riga und Reval kooperierten auch fortan; zu einer Stadt und Land verbindenden, einheitlichen Kirchenverfassung aber kam es bis auf Weiteres nicht. Die Reformation in Livland, Estland und Kurland dürfte die tiefgreifenden kulturellen und politischen Differenzen zwischen Stadt und Land verstärkt haben.

Auch in *Polen* waren es Studenten und Kaufleute, die reformatorisches Gedankengut und Schrifttum aus Deutschland mitbrachten. Aus einem königlichen Einfuhrverbot für Bücher Luthers vom Juli 1520 lässt sich schließen, dass die entsprechende Literatur auf den gängigen Handelswegen eingedrungen war und Wirkungen zeitigte. In den frühen 1520er Jahren sind reformatorisch und humanistisch gesinnte Professoren und Studenten an der Universität Krakau nachgewiesen. In Posen, Danzig und in den drei weitgehend von Deutschen geprägten westpreußischen Städten Thorn, Elbing und Marienburg traten frühreformatorische Bewegungen auf, die dem entsprachen, was vielfach in Europa, im Reich, auch in Livland oder Dänemark geschah: Prediger verbreiteten evangelisches Gedankengut, und Übergriffe auf Klosterbesitz führten zu Radikalisierungen, die den Rat zu ersten proreformatorischen Entscheidungen veranlassten. In Polen aber setzte König Sigismund I. (1506–1548) allen reformatorischen Bestrebungen seinen entschiedenen Widerstand entgegen; im Jahre 1526 verhinderte er einen mit reformatorischen Motiven verbundenen politischen Umbruch in Danzig.

Nach und nach gewann die Reformation außer unter den deutschen Stadtbürgern und den universitätsnahen Kreisen auch in adligen Milieus Rückhalt; sie entdeckten die neue religiöse Option als Möglichkeit, ihren politischen Einfluss gegenüber der Krone zu steigern und den des Klerus zu brechen. Die starke Verwurzelung der Reformation im Adel wurde zu einem Spezifikum der Reformation in Polen.

Aufgrund der hussitischen Tradition war auch die Wirkung der reformatorischen Botschaft in *Böhmen* besonderer Art. Sie war zum einen durch frühzeitig einsetzende, besonders enge Kontakte geprägt, die Luther zu den Utraquisten einerseits, zur friedlich-radikalen Gruppie-

Paul Phrygio (Paul Constantius), Pfarrer in Schlettstadt, fordert auf der Titelseite seiner Schrift ‹De causa Boemica› von 1520 die Leser auf, sich eine eigene Meinung zu Jan Hus und den Hussiten, insbesondere zu dem im Folgenden abgedruckten Traktat des in Konstanz verurteilten Prager Magisters über die Kirche zu bilden. Luther wurde ein Manuskript dieser Schrift zugesandt; er dürfte daraufhin für die Drucklegung in Hagenau durch Thomas Anshelm gesorgt haben. Die Wittenberger Druckereien waren zu diesem Zeitpunkt mit der Produktion des Werkes überfordert. Im März 1520 versandte Luther ein Exemplar der in 2000 Stück gedruckten ersten Hus-Schrift.

rung der Böhmischen Brüder (*Unitas Fratrum*) andererseits unterhielt. Tschechische Übersetzungen Luther'scher Schriften setzten bereits 1520 ein und waren in den ersten Jahren besonders zahlreich; bis 1523 kamen zehn verschiedene Drucke heraus,[29] doch dann brach das Interesse für über ein Jahrzehnt ab. Die in den 1520er Jahren stetig wachsende Zahl tschechischer Studenten in Wittenberg förderte die Interaktionen. Zu keinem anderen Land unterhielt der Wittenberger Reformator so enge Kontakte wie nach Böhmen. Seit der Leipziger Disputation fehlte es nicht an wechselseitigen Bekundungen der Solidarität und der theologischen Gemeinsamkeiten. Thomas Müntzers Reise nach Prag im Jahre 1521 und sein programmatisches Sendschreiben (das sogenannte *Prager Manifest*), in dem er verkündet hatte, dass die endzeitlichen Wundertaten Gottes, auch «dye new kirche» der «auserweleten»,[30] in Böhmen ihren Anfang nehmen würden, war zwar ohne weitergehende positive Resonanz geblieben. Das Verhältnis Wittenbergs zu den Böhmen tangierte dies aber nicht.

Aufgrund von Nachrichten aus dem Lager der Utraquisten wandte sich Luther im Juli 1522 in einem offenen Brief an die Landstände Böhmens und versuchte auf deren Diskussionen über eine geplante Aussöhnung mit Rom Einfluss zu nehmen. Seit Christus ihm offenbart habe, dass der Papst der Antichrist sei, habe er den Ungehorsam der Böhmen gegen den Papst unablässig gelobt und wolle sie nun darin bestärken.[31] Im folgenden Jahr legte er gegenüber den Utraquisten dar, dass eine Legitimation der Ordination durch den römischen Papst vermieden werden müsse; dies könne auch durch qua Wahl autorisierte Bischöfe geschehen.[32] Über den zeitweilig im mährischen Iglau (Jihlava) tätigen evangelischen Prediger Paul Speratus, der spä-

DE CAVSA
BOEMICA.

PAVLVS CON
STANTIVS.

Vulgo refragari quofdam celeberrimi
Conftantienfis Concilii fententiæ, qua
HVSSITAE
damnati funt, conftat. Quare uifum eft
mihi hûc ea de re in lucem edere librum
ut uidetur a doctis quibufdam fcriptum
Quo palam fiat uniuerfo orbi, qua ex
caufa Huffitæ damnati fint, & Sanctæ
Romanæ Ecclefiæ, celeberrimicꝗ Con
cilii illibata maneat auctoritas.

¶ Lector animum affer liberum, ron
chos, fupercilium & rugas ablega
ad Hæreticorum Inqui
fitores.

ter als Königsberger Hofprediger einer der Reformatoren Preußens
werden sollte, hatte Luther im Sommer 1522 von Lehrartikeln der
Böhmischen Brüder Kenntnis erhalten. Im direkten theologischen
Austausch mit Repräsentanten der Unität hatte er dann erkannt, dass
es keine gravierenden theologischen Missverhältnisse zwischen seiner
und ihrer Lehrart gebe.[33] In Bezug auf die Rechtfertigungslehre sah
der Brüdersenior Lukas von Prag, der sich in zwei Schriften an Luther
wandte, deutliche theologische Konvergenzen. Unüberwindliche
Schwierigkeiten gab es aber auf dem Gebiet der politischen Ethik,
denn Luthers Überzeugung, dass Krieg zu führen ein christliches Werk
sein könne, war mit dem brüderischen Pazifismus nicht vereinbar.
Gleichwohl brachen die Kontakte nicht ab. Unter der städtischen
deutschen Bevölkerung im Norden und Nordwesten Böhmens, die

bisher ein Bollwerk des Katholizismus gewesen war, gab es eine partielle Öffnung für die Wittenberger Theologie. Notorische Spannungen zwischen Tschechen und Deutschen begünstigten eine Affinität zur Reformationstheologie aus Deutschland auf Dauer aber nicht. Auch in den Kreisen des Adels gab es Sympathien für die Wittenberger Theologie. Die Grafen von Schlick, deren Herrschaft das böhmische Bergbaugebiet an der sächsischen Grenze umfasste, waren der Wittenberger Reformation frühzeitig zugetan. Luther widmete Sebastian von Schlick die lateinische Version seiner Schrift gegen Heinrich VIII. unter demselben Datum des 15. Juli 1522, an dem er seinen Sendbrief an die böhmischen Stände abgefasst hatte, und verband dies mit der Hoffnung, durch Schlick einen Zugang zum ganzen Land zu finden.[34] Auch Karlstadt widmete 1522 seine Bilderschrift einem Grafen von Schlick, Wolfgang, und unterhielt intensive Kontakte zur Bürgerschaft von Joachimsthal, die zur Herrschaft der Schlicks gehörte. Söhne der Familie studierten regelmäßig in Wittenberg. Die frühe Hinwendung dieses Grafengeschlechts zur Reformation weckte bei den Wittenbergern Hoffnungen auf einen durchschlagenden Erfolg in Böhmen, die sich allerdings nicht erfüllten.

Auf den Besitzungen des Adligen Hans von Salhausen im nordböhmischen Tetschen (Děčín) wirkte der ehemalige Dominikanermönch Dominikus Beyer seit 1522 im Sinne der Reformation. Salhausen wurde daraufhin vom Administrator des Prager Erzbistums Johann Zack unter Vorlage von 40 Lehrartikeln, die die in Tetschen verbreitete Irrlehre dokumentieren sollten, bei König Ludwig von Böhmen verklagt. Ein in Wittenberg erschienener Druck zog den Vorgang in die Öffentlichkeit und verglich das Urteil der böhmischen Klerisei mit den antireformatorischen Gutachten der Universitäten Paris, Löwen und Köln.

Aufgrund eines Mandats König Ludwigs II. von Böhmen und Ungarn musste der Rat des mährischen Iglau im Juli 1522 den evangelischen Prediger Paul Speratus ausweisen. Ein Jahr später bekämpfte der Monarch die reformatorischen Neigungen im siebenbürgischen Hermannstadt (Sibiu). In beiden Fällen wird man von weitgehend reformationsaffinen Bürgerschaften und Magistraten auszugehen ha-

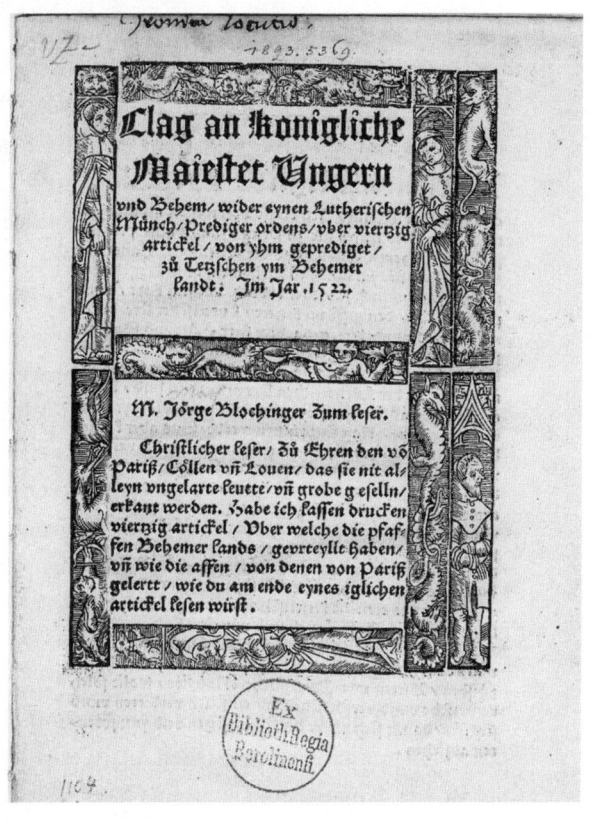

Titelblatt der von Mathis Blochinger herausgegebenen Schrift ‹Clag an konigliche Maiestet Ungern und Behem wider einen lutherischen Mönch Prediger ordens uber viertzig artickel von yhm gepredigt zu Tezschen ym Behemer land …,› gedruckt 1523 in Wittenberg durch Nikel Schirlentz.

ben. Bereits in den 1520er Jahren führten die deutschen Bürgerschaften von Ödenburg (Sopron) und Leutschau die Reformation ein. In Opposition zum scharf antireformatorischen religionspolitischen Kurs ihres Gatten neigte Königin Maria von Ungarn, eine Schwester Karls V., der evangelischen Seite zu und bemühte sich, Speratus als Hofprediger in den Dienst zu nehmen, jedoch ohne Erfolg. Speratus wurde in Olmütz (Olomouc) inhaftiert und zum Tode verurteilt, kam nach drei Monaten wieder frei und begab sich nach Wittenberg.

Infolge von König Ludwigs Tod in der Schlacht von Mohács (1526) und unter dem Druck der osmanischen Supermacht vergrößerten sich die Handlungsspielräume des Adels. Nun, 1526, machten die Stände der mit der böhmischen Krone verbundenen Markgrafschaft Mähren ihre Anerkennung Ferdinands von Österreich als König davon abhängig, dass ihnen auch religiöse Freiheitsrechte zugestanden würden. Dies bildete die Grundlage für eine spezifische konfessionelle Koexistenz, die andernorts undenkbar gewesen wäre. Im südmährischen Nikolsburg (Mikulov) führte der aus dem Reich geflohene Täuferführer Balthasar Hubmaier mit Unterstützung des Landesherrn Leonhard von Liechtenstein eine täuferische Stadt- beziehungsweise Territorialreformation durch. Dass ein ganzes Gemeinwesen zum Täufertum überging, blieb neben dem sogenannten «Täuferreich» zu Münster ein singulärer Vorgang. Einige Dissidenten der Liechtensteiner Gemeinde, die Kriegsdienste und -steuern verweigerten, verbanden sich mit Täufern, die sich seit 1528 im mährischen Austerlitz (Slavkov) angesiedelt hatten und in Gütergemeinschaft lebten. Durch den Zustrom von Glaubensbrüdern, die in Tirol verfolgt wurden, blühte die Gemeinschaft auf. Jakob Hutter war das organisatorische Haupt dieser später nach ihm als Hutterische Brüder, oder kurz: Hutterer, bezeichneten Gruppierung. Trotz zeitweiliger Verfolgungen bot ihnen der mährische Adel Schutz.

Die frühen Entwicklungen der Reformation in *Ungarn* weisen manche Gemeinsamkeiten mit denen in anderen Ländern auf. Zum einen spielte der Humanismus hier eine Schlüsselrolle und begünstigte die Aufnahme reformatorischer Vorstellungen. Junge Gelehrte wie Simon Grynaeus, Conrad Cordatus und Veit Örtel, die als Priester und Lehrer in der Hauptstadt Ofen (Buda) wirkten, waren mit Melanchthon freundschaftlich verbunden, korrespondierten mit ihm und standen Luther positiv gegenüber. Als im Mai 1523 der ungarische Reichstag die Todesstrafe für Lutheranhänger verhängte, kehrten diese Humanisten Ungarn den Rücken und begaben sich nach Wittenberg. Zwischen 1522 und 1530 studierten hier dreißig Ungarn. Wohl auf Intervention des dänischen Exilkönigs Christian II., dessen Schwägerin Maria von Ungarn mit der Reformation zu sympathisieren schien, widmete Luther ihr eine Trostschrift.[35] Von einer Reaktion aus Ungarn ist jedoch nichts bekannt.

Nach der Schlacht von Mohács fiel Siebenbürgen an die Osmanen; Sultan Suleiman I. setzte den ungarischen Magnaten Johann Zápolya als Verweser ein, während den Habsburgern Oberungarn blieb. Infolge des türkischen Sieges wurde die Stellung des Adels gegenüber der Krone gestärkt. Dies begünstigte die Ausbreitung der Reformation in den unterschiedlichsten Ausprägungen.

Zusammenfassend kann man feststellen: In dem bewegten Jahrzehnt zwischen 1520 und 1530 hatte die vom Reich ausgehende reformatorische Bewegung weite Teile Lateineuropas erreicht und in unterschiedlichem Maße durchdrungen. Den Städten war dabei durchweg und überall eine Vorreiterrolle zugekommen. Städtische Kaufleute und Studenten, auch Bettelmönche, also besonders mobile Personengruppen, sind die wichtigsten Akteure dieses komplexen, gesamteuropäischen Kommunikationsprozesses. Sie waren es auch, die jene Druckschriften verbreiteten, die die Menschen bewegten und die sich durch Zensurmandate zwar einschränken, aber nicht unwirksam machen ließen. Nationalsprachliche Übersetzungen des Neuen Testaments standen vielfach am Anfang der eigenen reformatorischen Druckproduktion eines Landes.

Nie zuvor hatte die lateineuropäische *Christianitas* Grundfragen des christlichen Glaubens in so kurzer Zeit und mit einer solchen Intensität so kontrovers überdacht wie in dem Jahrzehnt zwischen 1520 und 1530. In dieser medien- und kommunikationsgeschichtlichen Dynamik der Reformation einen «modernen» Zug zu sehen, ist angemessen und unabweisbar.

3. JOHANNES CALVIN UND DIE REFORMIERTE INTERNATIONALE

Im Laufe der späteren 1520er und frühen 1530er Jahre breitete sich die reformatorische Bewegung auch in Frankreich allmählich, aber stetig aus. In den Städten der Normandie war der Übergang der Reformation von den Gelehrten ins Handwerker- und Handelsbürgermilieu schon in den 1520er Jahren vollzogen. Die entscheidenden Gegenkräfte waren die Theologische Fakultät der Sorbonne, die Gerichtshöfe – «Parlamente» genannt – und, in wachsendem Maße, auch die Krone. Im Unterschied zu den Verhältnissen im Reich, wo der größte und wichtigste Teil der sogenannten «Reformatoren» dem geistlichen Stand entstammte, hatte der französische Protestantismus einen besonders starken Rückhalt unter den Laien.

Als die französische Königsmutter Luise nach der Schlacht von Pavia (24. Februar 1525), bei der Franz I. in die Gefangenschaft seines Erzrivalen Karl V. geraten war, die Regierungsgeschäfte führte, setzte sie unter dem Einfluss der alten theologischen und juristischen Eliten ein Verbot volkssprachlicher Bibeln durch. 1528 kam es zu ikonoklastischen Aktionen in Paris; Reformationsaktivisten zerstörten eine Marienstatue. Die Verteidiger des alten Glaubens, die von der Krone unterstützt wurden, machten nun in Aufmärschen gegen die Protestanten mobil. Als definitiver Wendepunkt hin zu einer antiprotestantischen Religionspolitik Franz' I. gilt gemeinhin die Nacht des 17. auf den 18. Oktober 1534, als in den Straßen von Paris, Amboise, Blois, Tours und Orléans 37 x 25 cm große Flugblätter angeheftet wurden, in denen im Namen der himmlischen Wahrheit die «Blasphemie» der Messe und ihrer klerikalen Zelebranten in schärfstem Ton attackiert wurde.[36] Die Blätter waren bei dem Drucker Pierre de Vingle im grenznahen Neufchâtel hergestellt worden, jener Offizin, in der ein Jahr später auch die erste reformatorische Bibelübersetzung ins Französische erscheinen sollte, abgefasst von Pierre-Robert Olivétan, einem Verwandten Calvins, auf Anregung Farels und der Waldenser. Hinter dem Blatt standen französische «Réfugiés» um Guillaume Farel, Pierre und Antoine Marcourt, den mutmaßlichen Verfasser des feurigen Pamphlets.

Die Flugblätter waren bis an die Schlafzimmertür des königlichen Schlosses in Amboise, ja bis unter jene Tasse, in der der Monarch sein Schnupftuch abzulegen pflegte, vorgedrungen. Diese *Affaire des placards* (Plakataffäre) führte Franz I. vor Augen, wie stark die Reformation bereits geworden war und wie bedrohlich nahe sie ihm kommen konnte. Er reagierte mit einigen Hinrichtungen; insbesondere junge Intellektuelle, die für die Reformation gewonnen worden waren, verließen nun Frankreich. Gelegentlich gab es zwar noch ein Dissimulieren im religionspolitischen Kurs des Königs: eine Einladung Melanchthons nach Paris etwa;[37] antihabsburgisch motivierte Kontakte zu den Schmalkaldischen «Achsenmächten» Sachsen und Hessen, die den König mahnten, sich das Schicksal der französischen Glaubensflüchtlinge in Deutschland angelegen sein zu lassen;[38] einige Begnadigungen von Feinden der Messe. Die antireformatorische Grundtendenz der französischen Politik stand jedoch seit Mitte der 1530er Jahre fest.

Calvins intellektueller Hintergrund

Dem Milieu humanistisch gebildeter junger französischer Intellektueller, die sich der Reformation zugewandt hatten und nun ins Exil gedrängt wurden, gehörte auch der 1509 im nordfranzösischen Noyon geborene Johannes Calvin an. Sein Vater, ein in bischöflichen Sekretariatsdiensten tätiger Anwalt, der infolge des Rechtsstreits wegen des Erbes zweier Priester exkommuniziert worden war, hatte für ihn ein geistliches Amt vorgesehen. Priester wurde Johannes Calvin nicht, wohl aber der einflussreichste Theologe der zweiten Reformatorengeneration. Der reformierte Protestantismus hat durch die theologische und kirchenorganisatorische Lebensleistung dieses brillanten Denkers eine nachhaltige Prägung und internationale Ausstrahlung und durch den Schulterschluss seines von Genf ausstrahlenden Reformationswerkes mit der Zürcher Reformation und ihrem Repräsentanten Heinrich Bullinger eine dauerhafte Konsolidierung und gesamteuropäische Ausstrahlung erfahren.

Verschiedene von Vikaren versehene geistliche Pfründen, die sein Vater für Johannes Calvin besorgt hatte, ermöglichten diesem seit 1523 eine solide Ausbildung in den artistisch-sprachlichen Grundfächern an der Universität von Paris. Einen Teil des Studiums brachte er im Collège de Montaigu zu, einem der erbärmlichen hygienischen Zustände und seiner scharfen Disziplin wegen berühmt-berüchtigten Institut, an dem auch Erasmus und Rabelais vor, Ignatius von Loyola vermutlich nach Calvin gelebt haben.

In seiner ersten Pariser Studienzeit setzte bereits die Beschäftigung

Jean Clonet, Porträt des
französischen Königs
Franz I., um 1530.

mit dem Humanismus und mit reformatorisch-theo-
logischer Literatur aus Deutschland ein, wobei Calvin zeitlebens keinen Zugang zu deutschen Texten
suchte, sondern allein lateinische oder französische
Ausgaben benutzte. Entgegen seiner starken Neigung zur Theologie
gehorchte er nach dem Abschluss der artistischen Studien seinem Vater und begann mit einem Studium der Rechtswissenschaften in Orléans. Zeitweilig zog es ihn auch nach Bourges, wo die reformatori-

sche Bewegung bereits die Oberhand gewonnen hatte. Nach dem Tod des Vaters kehrte er 1531 nach Paris zurück, um sich an dem von Franz I. neu gegründeten Collège Royal humanistisch-philologischen Studien zuzuwenden. Die Kenntnisse des Griechischen und auch des Hebräischen, die er hier erwarb und später vor allem in Basel, bei Sebastian Münster, erweiterte, sollten seine künftige exegetische Arbeit an der Heiligen Schrift ermöglichen. In einem 1532 erschienenen Kommentar zu Senecas ethischer Schrift Über die Sanftmut (*De clementia*) dokumentierte Calvin seine breiten Kenntnisse der antiken paganen und christlichen Literatur und führte seine Fähigkeit zu grammatischer Analyse, historisch-philologischer Interpretation und philosophischer Deutung vor.

Im Kontext des humanistisch-reformatorisch geprägten Pariser Gelehrtenmilieus erlebte Calvin wohl in den Jahren 1533/34 eine als «unerwartete Bekehrung» (*subita conversio*)[39] gedeutete Hinwendung zur «wahren, reinen Lehre des Evangeliums», die er, in Analogie zur Berufung des Apostels Paulus, als Beauftragung zum Dienst am Worte Gottes – als Prediger und Schriftausleger – und zur entschiedenen Parteinahme für die reformatorische Wahrheit empfand. Als frühestes sicheres Quellenzeugnis einer reformatorisch-theologischen Gesinnung Calvins gilt eine wohl unter seiner Mitwirkung entstandene Rede, die der Rektor der Sorbonne, Nicolas Cop, am 1. November 1533 hielt. Offensichtlich wurde hier eine Auslegung der Predigtperikope zum Allerheiligenfest (Matthäus 5,1–12) verwendet, die Luther in seiner Postille vorgelegt hatte. Calvin kannte die Postille aus der Übersetzung des Straßburger Reformators Martin Bucer. Dass dieser der erste Reformator aus dem Reich werden sollte, mit dem Calvin dann korrespondierte und bei dem er in Straßburg eine Zeitlang Zuflucht fand, entsprach der herausragenden Vermittlungsfunktion, die der Elsässer für reformatorische Literatur vor allem nach Frankreich und Westeuropa ausübte.

Bereits Calvins früheste theologische Texte sprachen denen das Heil zu, die um Gottes Willen litten. Diese Akzentuierung korrespondierte mit der bedrängten Situation, in die die französischen Protestanten seit der «Plakataffäre» zusehends geraten waren. Ab Januar

1535 wird Calvin als Glaubensflüchtling in Basel greifbar. Die Stadt hatte sich im Jahre 1525 definitiv der Reformation geöffnet und sie 1529 eingeführt. Als florierende Metropole des humanistischen Buchdrucks war sie ein wichtiges Ziel protestantischer Dissidenten aus ganz Europa, insbesondere aus den romanischen Ländern. In Basel flossen auch viele Informationen über die Entwicklungen in seiner französischen Heimat zusammen, die Calvin zeitlebens genauestens beobachtete. In einer ihm zuzuschreibenden Vorrede zur Olivétanbibel von 1535 entfaltete er in engstem terminologischen Anschluss an Luthers *De captivitate Babylonica* und dessen auch auf Latein erschienenen Traktat *Dass Jesus Christus ein geborener Jude sei* die Überzeugung, dass Gott sein Verhältnis zur Welt seit dem Sündenfall durch «Verheißungen» (*promesse*) beziehungsweise sein «Testament»[40] gestaltet habe. «In solchen Verheißungen [...] haben die Kinder und Erwählten Gottes Ruhe und Trost gefunden, und damit haben sie ihre Hoffnung genährt, gestützt und aufrechterhalten, darauf wartend, daß es der Wille des Herrn sei, das sehen zu lassen, was er ihnen versprach.»[41] Die Verheißungen der Bibel, auch die Verheißung des Messias Jesus in den Schriften des Alten Testaments, bildeten die Basis der Heilgewissheit und des Trostes der angefochtenen und verfolgten Glaubensbrüder in Frankreich.

Im März 1536 erschien die erste Ausgabe von Calvins bald berühmtestem Buch, der *Unterweisung in der christlichen Religion* (*Christianae religionis Institutio*). Diese noch stark katechetisch geprägte Erstfassung der später voluminösen Dogmatik ist deutlich von den lateinischen Versionen von Luthers *Kleinem Katechismus*, seiner *Freiheitsschrift, De captivitate Babylonica*, der *Kirchenpostille* u. a. m. geprägt. Für Calvins theologische Anfänge und seine frühe Sicht Luthers war in der Tat charakteristisch, dass er die abendmahlstheologischen Kontroversen zwischen dem Wittenberger und den Zürcher, Basler und Straßburger Theologen, die das theologische Feld im Reich gründlich umgepflügt hatten, zunächst kaum wahrnahm oder kannte. Diese primär auf Deutsch geführten Debatten wurden im europäischen Ausland mit erheblichen Verzögerungen und teilweise auch Verkürzungen registriert.

Calvins dauerhafte Wertschätzung Luthers, die gleichwohl die menschlichen Grenzen des Wittenbergers erkannte, hatte einen wesentlichen Grund darin, dass es der «junge» Luther und seine rasch auch in Frankreich verbreiteten frühreformatorischen Schriften waren, die Calvins Bild des deutschen Reformators auf Dauer prägten. Sein wichtigster zeitgenössischer Korrespondenzpartner in Wittenberg, Philipp Melanchthon, stand überdies für eine humanistisch moderate, unpolemische, das Gemeinreformatorische betonende theologische Lehrart, die der Calvins ähnlich war.

Nach verschiedenen Reisen, die der Stabilisierung der reformatorischen Bewegung in Frankreich dienten, traf Calvin im Mai 1536 bei einer Übernachtung in Genf auf Guillaume Farel. Der Pfarrer der Stadt, die soeben die Reformation einführte, veranlasste den jungen Gelehrten, der wegen seiner *Institutio* rasch weithin bekannt geworden war, «aufgrund einer schrecklichen Beschwörung, als ob Gott selbst mir mit Gewalt seine Hand auferlegte»,[42] zum Bleiben. Genf und das Waadtland waren kurz zuvor von Bern erobert worden; die Stadt an der Rhône blieb aber politisch relativ unabhängig. Für den Aufbau eines reformatorischen Kirchenwesens brauchte man dringend Personal, und so hatte Farel es für angemessen gehalten, Calvins Berufung als unabweisbare göttliche Forderung vorzutragen; leiste er ihr nicht Folge, werde er in alle Ewigkeit keine Ruhe finden. Ab August 1536 legte der junge Franzose nun als Lektor an St. Pierre die Briefe des Apostels Paulus aus; zum Jahresende begann er auch als Prediger zu wirken. Eine amtliche Ordination hat er nie erhalten.

Kirchenordnung und Gemeindedisziplin

Die *erste Genfer Periode* Calvins (1536–1538) war durch den gescheiterten Versuch gekennzeichnet, in der stolzen Stadt, die sich soeben von ihrem Bischof und vom Herzog von Savoyen befreit hatte, ein evangelisches Kirchenwesen mit hohen Verbindlichkeiten einzuführen. Der studierte Jurist Calvin spielte bei der Abfassung der einschlägigen Regularien, der *Ordonnances ecclésiastiques* (1537), eine maßgebliche Rolle. Sie sahen eine strenge Gemeindedisziplin insbesondere im Zusammenhang mit den monatlich geplanten Abendmahlsfeiern vor, die von einem Ältesten überwacht werden sollten. Jeder Bewohner sollte sich durch Unterschrift auf das Bekenntnis verpflichten; auch die liturgischen Formen und die Katechese der Kinder waren genauestens geregelt. Als einige Bürger die Unterschrift unter das Bekenntnis verweigerten und im Rat Zweifel daran aufkamen, ob die von den Pastoren vorgesehene Sittenzucht angemessen sei, geriet das Reformationsprojekt ins Stocken. Ähnlich wie Bucer in Straßburg und Oekolampad in Basel und im Unterschied zu den Organisationsstrukturen der Zürcher, der Schaffhausener und der Berner Reformation vertrat Calvin nachdrücklich die Überzeugung, dass die Sittenzucht eine Aufgabe der Kirche, nicht der zivilen Behörden sei. Unter dem Druck pro-bernischer Kräfte und nach kleineren Konflikten mit dem Stadtrat wurden Farel und Calvin kurz nach Ostern 1538 aus Genf ausgewiesen.

Farel ließ sich nun dauerhaft in Neufchâtel nieder und verwirklichte hier seine und Calvins Vorstellungen einer schriftgemäßen Kirchengestalt. Nach einem mehrmonatigen Aufenthalt in Basel kam Calvin der Bitte Bucers nach, die Betreuung der französischen Flüchtlingsgemeinde in Straßburg zu übernehmen. Neben dem Pfarrdienst wirkte er als Dozent für Neues Testament am dortigen Gymnasium. Ähnlich der Zürcher Prophezei hatte man in Straßburg seit Mitte der 1520er Jahre eine semi-universitäre Lehranstalt aufzubauen begonnen, die nicht nur jungen Leuten die artistischen Fächer nahebrachte, sondern auch interessierten Bürgern die biblischen Schriften exegetisch erschloss. Diese enge Verbindung von gelehrter und pastoraler Tätigkeit sollte Calvin auch weiterhin beibehalten. In der von politischen Einflussnahmen weitgehend freien, kleinen französischen Gemeinde konnte er seine Vorstellungen einer evangelischen Kirchenorganisation erproben und umsetzen. In liturgischer Hinsicht adaptierte er für seine französische Exulantengemeinde viele Elemente aus der Straßburger Kirche; die Abendmahlsdisziplin realisierte er in Gestalt von Einzelgesprächen mit den Kommunikanten.

In der Straßburger Zeit erschien auch die erste Neubearbeitung seiner *Institutio* von 1539, die nun in Umfang und Textcharakter zu ei-

René Boyvin, Porträt Johannes Calvins im Alter von dreiundfünfzig Jahren, das heißt um 1562; kolorierter Kupferstich.

PROMPTE ET SINCERE ·

IOHANNES · CALVINVS ·
ANNO · ÆTATIS · 53 ·
· B ·

nem umfassenden, bis zur letzten Auflage 1559 immer weiter wachsenden Kompendium der Glaubenslehre geworden war. Für Calvins prägenden Einfluss auf den frankophonen Protestantismus war entscheidend, dass den jeweiligen Neuausgaben rasch französische Übersetzungen folgten. Auch als gelehrter Exeget, der nach allen Regeln humanistisch-philologischer Kunst verfuhr, trat Calvin in seiner Straßburger Zeit hervor (Römerbriefkommentar 1540). Überhaupt ist diese Zeit, in der Calvin vor allem Martin Bucer nahestand und in Bezug auf die Prädestinationslehre, das Abendmahlsverständnis, die Lehre von der Kirche und vom Geist, auch die Bundestheologie wesentliche Anregungen von ihm aufnahm, für die Formierung seiner reformatorischen Persönlichkeit entscheidend gewesen.

In Straßburg baute er auch Kontakte zu wichtigen Repräsentanten des Protestantismus im Reich auf. Begegnungen mit Melanchthon, dem «zweiten Mann» der Wittenberger Reformation, bei Religionsgesprächen zwischen evangelischen und römisch-katholischen Theologen in Frankfurt, Worms und Regensburg vertieften seine religionsdiplomatischen Kenntnisse des Reichs und begründeten eine rund zwei Jahrzehnte während freundschaftliche Beziehung zu Melanchthon. Calvin hoffte zudem, über Kontakte zu evangelischen Reichsfürsten auf den religionspolitischen Kurs Franz' I. Einfluss nehmen zu können. Das Schicksal des evangelischen Christentums in seiner Heimat beschäftigte ihn unablässig.

Die *zweite Genfer Periode* (1541–1564), die Calvins berufliches Schicksal besiegelte, zeichnete sich ab, nachdem seine und Farels Anhänger dort im Herbst 1540 an Einfluss gewonnen und ihn um seine Rückkehr gebeten hatten. Nach längerem Zögern folgte er im September 1541 dem Ruf und legte dem Rat umgehend eine an Vorstellungen Bucers orientierte Kirchenordnung vor. Sie war bereits auf die Genfer Verhältnisse abgestimmt, wobei sie ein möglichst hohes Maß an Freiheit der Kirche gegenüber der politischen Obrigkeit anstrebte. In Bezug auf die Besetzung der kirchlichen Ämter, den auch in Bern üblichen Rhythmus einer lediglich viermaligen Abendmahlskommunion im Jahr und die Rolle des Rates bei der Exkommunikation wurden nach längeren Verhandlungen Regelungen festgehalten, die von den ursprünglichen Ideen Calvins abwichen und eine Quelle stetiger Auseinandersetzungen blieben. Immerhin konnte in der Fassung der *Ordonnances ecclésiastiques* von 1561 der Einfluss des Rates auf das Kirchenregiment ein wenig eingeschränkt werden.[43]

Die theologische Basis der Kirchenorganisation im Sinne Calvins bildete die Lehre von den vier aus dem Neuen Testament bekannten und abgeleiteten Ämtern, die als unveräußerliche Funktionen der einen Kirche dem Wort Gottes untergeordnet seien: Das *Pastorenamt* diente der Verkündigung und der Sakramentsverwaltung und berührte sich in Bezug auf Lehr- und Zuchtaufgaben mit den Ämtern des Doktors und des Ältesten. Den Kern des *Doktorenamtes* bildete die Schriftauslegung beziehungsweise die Katechese, konkret vor allem der Schulunterricht. Die *Diakone* waren für die Speisung der Bedürftigen und die Verwaltung der Armenkasse zuständig. Die Ältesten sollten sittlich unbescholtene Aufseher einzelner Quartiere und Ortsteile sein; sie bildeten zusammen mit den Pastoren das Konsistorium und sorgten für die Kirchendisziplin. Calvin dachte bei diesen «Presbytern» vornehmlich an bibelkundige, erfahrene Männer; das Konsistorium sollte ein *kirchliches* Gremium sein, das allein nach Maßgabe des Wortes Gottes handelte. Der Genfer Rat, der eine Dominanz der Kirche fürchtete, verstand die Ältesten primär als Repräsentanten der *weltlichen* Obrigkeit selbst und bevorzugte Mitglieder der politischen Körperschaften der städtischen Administration. Bei den Ratswahlen der Jahre 1554 und 1555 änderten sich die Mehrheitsverhältnisse definitiv zugunsten der Anhänger Calvins; nun erhöhte sich der Einfluss der Geistlichkeit im Konsistorium und machte ein selbständigeres Agieren des Gremiums möglich.

In dieser Zeit entwickelte sich Genf zu jener sittenstrengen, gottgefälligen Tugendrepublik, die das kollektive und individuelle Verhalten in vieler Hinsicht regulierte und kontrollierte – ein Image, dessentwegen die Stadt in der Frühen Neuzeit vielfach bewundert, seit der Aufklärung allerdings beargwöhnt wurde. Unter Strafe standen im Genf Calvins unter anderem: das Fernbleiben vom Gottesdienst, sexuelle Betätigungen außerhalb der Ehe, Fluchen und Blasphemie, Gewalt oder heftiger Streit unter Ehegatten, Bettel, Müßiggang und Zeitvergeudung aller Art sowie die Anstiftung dazu, Alkoholmissbrauch, Tanz und das Singen «unzüchtiger» Lieder, Glücksspiele aller Art, magische Praktiken, der Besitz katholischer Bücher oder der Gebrauch altgläubiger Devotionalien sowie jedwede Verehrung von «Götzen».

Wie weit die Sozialkontrolle durch das Konsistorium in das tägliche Leben der Genfer Altbürger und der mehrheitlich französischen Einwanderer eingriff, wird daran deutlich, dass ab etwa 1560 jeder achte der rund 20 000 Einwohner mindestens einmal im Jahr vorgeladen und hinsichtlich spezifischer Beanstandungen seiner Lebensführung befragt wurde; durchschnittlich etwa 200 Exkommunikationen vom Abendmahl jährlich waren üblich. Der fortschreitende erzieherische Erfolg der sittlichen Propaganda der Genfer Geistlichkeit lässt sich daran erkennen, dass die Delikte gegen Blasphemie und katholisierenden Aberglauben nurmehr eine verschwindend geringe Rolle spielten; auch Anzeigen wegen Tanz, Glücksspiel und Ähnlichem gingen deutlich zurück. Bezeichnenderweise wurden auch die Heiligennamen seltener, denn die Kinder wurden vornehmlich nach neutestamentlichen, bald auch verstärkt nach alttestamentlichen Personen benannt, und der Anteil der unehelichen Geburten fiel zwischen 1560 und 1570 auf 0,12 Prozent.

Den allergrößten Teil der Disziplinierungsfälle machten Streitigkeiten im häuslichen oder öffentlichen Raum aus. Seit 1566 galt für Ehebruch die Todesstrafe; längere Zeit Unverheiratete wurden vor das Konsistorium zitiert und nach ihren Gründen befragt. Das Ziel dieser «teilnehmenden Beobachtung» durch das Konsistorium bestand darin, die Verantwortung jedes Gliedes des Gemeinwesens für das Ganze zu fördern und den strafenden Zorn Gottes von der Stadt abzuwenden. Da sich die Pastoren Genfs – im Unterschied zur traditionellen Doppelmoral des Klerus des Ancien Régime – den Sittlichkeitsstandards, die sie auf ihre Gemeindeglieder anwandten, ihrerseits selbst unterwarfen, führten sie ein tugendhaftes, gelehrtes, innerweltlich-asketisches und diszipliniertes Leben. So repräsentierten sie, wohl noch stärker als ihre weltlichen Freuden weniger abholden lutherischen Kollegen, einen neuen, bürgerlichen Typus des vorbildlichen Christenmenschen. Calvin, der für sich keinerlei Privilegien in Anspruch genommen, seiner Kirche bis zu seinem Tod 1564 als Kanzlerredner und theologischer Lehrer unablässig gedient hatte und sich verbat, dass irgendein Monument an seine Grabstätte erinnerte, repräsentiert diesen Typus des bürgerlich-gelehrten reformatorischen Christenmenschen wie kein zweiter.

Der Flammentod des Michael Servet

An Calvins Namen haftet auch die Erinnerung an einen spektakulären Ketzerprozess, der auf einem Scheiterhaufen Genfs endete. Schon zu Lebzeiten war der Genfer Reformator deswegen scharf kritisiert worden, an vorderster Front von Sebastian Castellio, einem in Basel *Castellio* wirkenden Gelehrten, dessen Aufnahme in das Ministerium der Pastoren Calvin verhindert hatte. Seit Pietismus und Aufklärung gilt der Flammentod des Trinitätsleugners Michael Servet als Symbol des konfessionellen Glaubenseifers, Castellios 1554 pseudonym erschienene Schrift über die Verfolgung der Ketzer (*De haereticis an sint persequendi*) hingegen als Manifest moderner Toleranz. Unter Rekurs auf altkirchliche und zeitgenössische Autoritäten, Sebastian Franck, Johannes Brenz, Erasmus und vor allem Luther, hatte Castellio der Tötung von Ketzern widersprochen. Dass der Savoyarde allerdings in einer anschließenden literarischen Auseinandersetzung mit Calvin zugab, die Schriften Servets nicht gelesen zu haben, und erklärte, dass die Todesstrafe berechtigt gewesen sei, wenn der Vorwurf der Gotteslästerei zuträfe, wurde bei seiner neuzeitlichen Bewertung in der Regel übergangen. In den zeitgenössischen Gesellschaften aller Konfessionen, in allen Rechtskodifikationen der Epoche, auch in dem bei Servets Verurteilung zugrunde gelegten *Corpus iuris civilis* und in der *Peinlichen Gerichtsordnung* Karls V., herrschte ein breiter, selbstverständlicher Konsens darüber, dass Blasphemie ein todeswürdiger Straftatbestand sei. Eben dieser bildete den Kern der gegen Servet erhobenen Anklage; er hatte die Trinität als «Monstrum mit drei Köpfen»[44] bezeichnet. Selbst der gemeinhin seiner Milde wegen geschätzte Straßburger Reformator Martin Bucer war der Meinung, Servet «verdiene, dass man ihm bei lebendigem Leib die Eingeweide herausreiße».[45]

In den humanistisch gebildeten Milieus des frühen Täufertums waren schon Mitte der 1520er Jahre Zweifel an der altkirchlichen Trinitätslehre laut geworden. Erasmus von Rotterdam hatte in der ersten Ausgabe seines griechischen Neuen Testaments von 1516 eine in den 1. Johannesbrief eingeschobene Glosse (5,7b-8a), das sogenannte *Comma Johanneum*, das traditionell für einen Beleg des trinitarischen Dogmas von 381 (im Glaubensbekenntnis Nicaeno-Constantinopolitanum) gehalten wurde, als textgeschichtlich sekundär ausgeschieden.[46] Eine Reihe ungeduldiger junger Geister wie der Nürnberger Schulmeister Hans Denck und der ehemalige schweizeri-

Comma Johanneum

sche Priester Ludwig Hätzer schritten auf diesem Weg fort. Neben dem Dogma von den drei göttlichen Personen wurde ihnen die christologische Lehre von den beiden Naturen der einen gottmenschlichen Person Christi vom Jesusbild des Neuen Testaments her fraglich und als grundlegendes Hindernis einer Ethik der Nachfolge zweifelhaft.

Der gebürtige Spanier Michael Servet, der um 1528 in Toulouse zu studieren begonnen und Anfang der 1530er Jahre Basel und Straßburg besucht hatte, formulierte in zwei 1531 und 1532 erschienenen Schriften radikale Zweifel an den altkirchlichen Dogmen: Der eine Gott habe sich in den Schriften des Alten und des Neuen Testaments unter verschiedenen Namen und Erscheinungsweisen offenbart; der eine Gott erscheine im Neuen Testament als Sohn und Geist, sei aber kein in sich differenziertes Wesen, wie es die Trinitätslehre behauptet. In seinem 1553 anonym erschienenen Hauptwerk, der *Christianismi Restitutio*, knüpfte Servet, inzwischen als Arzt und Editor in Lyon und Vienne tätig, an die Lehren seiner Jugend an, verschärfte sie aber zu einer dualistischen Religionsphilosophie, die die ganze Weltgeschichte als Kampf zwischen Gott und Satan verstand. Er kombinierte diese Lehre mit seinen anatomischen Beobachtungen zum Blutkreislauf: Durch die Luft nehme der Mensch die Gnade des einen Gottes auf und schreite durch Vergeistigung auf dem Weg der Vergöttlichung fort. Die ganze Schöpfung habe an der göttlichen Essenz teil; Christus und die Heilsgeschichte des Neuen Testaments seien lediglich symbolische Modifikationen des allgemeinen Weltverhältnisses Gottes. Eine grundsätzlichere Bestreitung des Christentums als Erlösungsreligion ist im 16. Jahrhundert nicht formuliert worden.

Calvin war, nicht zuletzt aufgrund von Briefen Servets, lange vor 1553 mit dessen Auffassungen bekannt. Er hielt sie für überaus gefährlich; wenn sie weitere Verbreitung fänden, so seine Überzeugung, würden sie irreparable Schäden anrichten. In die Verhaftung Servets in Vienne war Calvin involviert: Er spielte dem zuständigen Generalinquisitor belastendes handschriftliches Material zu, offenbar in der sicheren Erwartung eines Todesurteils. Doch Servet konnte aus dem

Karl von Sichem, Porträt von Michael Servet, Kupferstich. Ob das postum 1608 angefertigte Porträt Ähnlichkeit mit dem 1553 in Genf als Ketzer verbrannten Arzt und Theologen aufweist, ist ungewiss.

MICHAEL SERVETVS HISPANVS DE ARAGONIA.

Sichem fecit.

Gefängnis entkommen und floh – nach Genf. Dort nahm er an einem Gottesdienst Calvins teil, wurde prompt von diesem erkannt und gegenüber den zivilen Behörden denunziert. Die Anklage warf Servet die Leugnung und Schmähung der Trinität, die Bestreitung der göttlichen Natur Christi und eine Infragestellung der Kindertaufe vor. Im Laufe des Prozesses entstand der Eindruck, dass er jüdische und muslimische Einwände gegen die christlichen Dogmen aufgenommen habe.

Vor der Vollstreckung des Urteils wurden verschiedene protestantische Orte der Schweiz nach ihrer Einschätzung gefragt; alle stimmten der Todesstrafe zu; auch Melanchthon billigte sie. Zeitgenössischer

Mentalität entsprach es, das Gemeinwesen vor verwerflicher Lehre, die seinen Bestand aufzulösen drohte, zu schützen – um des Seelenheiles der Bürger wie der verantwortlichen Obrigkeiten willen. In dieser Hinsicht war sich Europa über die Konfessionsgrenzen hinweg einig. Die Inseln der Toleranz gegenüber Antitrinitariern, die es während des 16. Jahrhunderts zeitweilig in Ungarn und Polen geben sollte, existierten zum Zeitpunkt der öffentlichen Verbrennung Servets am 27. Oktober 1553 noch nicht. Luthers These, Ketzer zu verbrennen sei gegen den Heiligen Geist,[47] wurde seitens der zivilen Behörden Genfs missachtet – übrigens gegen Calvins Versuch, eine «mildere» Form der Exekution zu erwirken.

Schulterschluss mit Heinrich Bullinger und der Zürcher Reformation

Für die weitere Gestaltung des internationalen reformierten Protestantismus hatten Calvins vielfältige Korrespondenzen mit zahlreichen europäischen Gemeinden und Einzelpersonen und die Gründung der Genfer Akademie als Ausbildungsstätte des Calvinismus eine wesentliche Bedeutung. Wegweisend war auch die theologische Verständigung mit Zürich und Heinrich Bullinger: In dem zu Bern gehörigen Waadtland hatte Calvin einige engagierte Anhänger, etwa Pierre Viret in Lausanne. Sie betonten die kirchliche Freiheit im Unterschied zum an Zwingli orientierten Staatskirchentum, das in Bern dominierte. Auch in einigen anderen Fragen, insbesondere der Kirchenzucht und dem Abendmahl, bestanden deutliche Differenzen zwischen der Calvin'schen und der Zwingli'schen Lehrart. Deswegen, aber auch um weitergehender politischer Perspektiven willen, für die Genf Zürichs Unterstützung suchte, erschien es Calvin sinnvoll, einen Ausgleich mit dem in Bern hoch geachteten Zürcher Kirchenführer Heinrich Bullinger zu suchen. Zwei Jahre lang korrespondierte er mit Bullinger, bis es zu dem Konsens in der Abendmahlsfrage kam, der als *Consensus Tigurinus* (1549) in die Theologiegeschichte eingegangen ist.

Luther hatte mit seinem *Kurzen Bekenntnis vom Abendmahl* (1544)[48] jede Kirchengemeinschaft mit seinen abendmahlstheologischen Gegnern, insbesondere den Zürchern, definitiv aufgekündigt; die Chancen einer breiten innerreformatorischen Annäherung standen schlechter denn je. Calvin, der weitreichende gesamteuropäische reformationsstrategische Perspektiven suchte, hoffte vielleicht auch, durch eine abendmahlstheologische Verständigung mit Zürich Annäherungen an die Lutheraner im Reich den Weg zu bereiten. Doch das Gegenteil trat ein.

In theologischer Hinsicht bildeten die Kernaussagen des *Consensus Tigurinus* zu den Sakramenten einen Kompromiss, kaum eine kohärente Lehrposition: Die Sakramente seien, wie Zwingli gelehrt hatte, Zeichen des christlichen Bekenntnisses; Gott versichere uns durch sie (*per ea*),[49] wie es eher der Position Calvins entsprach, seiner Gnade und vergegenwärtige uns das Bild der Leidenshingabe, bediene sich also ihrer als Mittel; gleichwohl sei ihnen nichts Heilsames, alles aber Gott beziehungsweise seinem Geist zuzuschreiben. Diese Formel synthetisierte die Zürcher und die Genfer Abendmahlslehre und bekundete den Gemeinschaftswillen[50] – ihre Spannungen konnte sie theologisch nicht auflösen. Eindeutig war der *Consensus* vor allem in Bezug auf die Absage an die römische und lutherische Abendmahlslehre. Insofern stellt er einen entscheidenden Beitrag zur konfessionellen Formierung des Reformiertentums dar.

Auch die erstmals hier praktizierte Form des theologischen Arrangements, eine kirchliche Zusammengehörigkeit anzuerkennen, ohne die dogmatischen Differenzen en detail auszuräumen, sollte für die Bekenntnisbildung des reformierten Protestantismus charakteristisch werden. Selbst tiefgreifende Differenzen, etwa zwischen Calvins Lehre von der doppelten göttlichen Vorherbestimmung (*gemina praedestinatio*) – zum Heil, wie zum Unheil – und Bullingers Absage an Spekulationen dieser Art, haben im Kontext des Reformiertentums den kirchlichen Zusammenhalt lange Zeit nicht unmöglich gemacht. Im Verhältnis zu den Lutheranern aber wurde der *Consensus Tigurinus* zum Auslöser einer langwierigen theologischen Kontroverse, dem sogenannten *Zweiten Abendmahlsstreit*. In diesem war Calvin zentral involviert. Faktisch vertiefte der theologische Schulterschluss zwischen Zürich und Genf also die konfessionelle Differenz zwischen

Luthertum und Reformiertentum, die sich während des folgenden Jahrhunderts in endlosen Polemiken entlud.

Die Internationalisierung des reformierten Protestantismus

Im Laufe der 1540er und 1550er Jahre wurden Bullinger und Calvin zu gesuchten Korrespondenzpartnern des allenthalben expandierenden internationalen Reformiertentums. Die Briefwechsel beider Reformatoren einschließlich der Vorreden ihrer gedruckten Werke, die sie vor allem den politischen Obrigkeiten widmeten, umspannten weite Teile Europas; es ging darin um theologische Lehr-, kirchliche Ordnungs- und politische Orientierungsfragen oder um die Initiierung reformatorischer Veränderungen. Unter den deutschen Reformatoren erreichten nur Bucers und Melanchthons Korrespondentennetzwerke eine qualitativ und quantitativ vergleichbare Reichweite und Dichte.

Ein weiterer wichtiger Faktor der Internationalisierung besonders der Genfer Reformation wurde die 1559 gegründete *Akademie*, die rasch eine internationale Ausstrahlung insbesondere bei der Schulung des reformierten theologischen Nachwuchses entfaltete. Die siebenklassige Vorschule (*schola privata*) vermittelte Grundkenntnisse in den freien Künsten und im Griechischen. Wie in den zeitgenössischen Universitäten auch der anderen Konfessionen waren nach wie vor die einschlägigen Werke des Aristoteles maßgeblich; in Genf blieb die heidnische Antike ein unentbehrliches Bildungselement. In der anschließenden Hochschule für Fortgeschrittene (*schola publica*) gab es zunächst vier Lehrstühle: für Theologie, Hebräisch, Griechisch und die artes liberales; später kam ein juristischer hinzu. Für das Jahr 1564 wird die Zahl der Schüler auf insgesamt 1500 geschätzt; 300 davon sollen der höheren Schule angehört haben.

Von 160 Schülern, die in den unvollständig überlieferten Listen der ersten vier Jahre registriert sind, stammten nur drei aus der Eidgenossenschaft, 13 hingegen aus Italien, überwiegend aus Piemont, je zehn aus Deutschland und den Niederlanden und 114 aus Frankreich. Die Lehrer der ersten Generation wurden überwiegend aus dem Personal der Akademie im waadtländischen Lausanne rekrutiert, gegen die die Regierung Berns vorging. Unter ihnen war auch der Griechischprofessor *Theodor Beza*, der erste Rektor der Genfer Hochschule, der hier kurzfristig gemeinsam mit Calvin die Professur für Theologie wahrnahm. Von 1560 bis 1563 war er in seiner Heimat theologischer Berater der politischen Führer des französischen Protestantismus, Louis de Condé und Gaspar de Coligny. Beza wurde einer der maßgeblichen Theologen des reformierten Protestantismus. Trotz des Verbots des Berner Magistrats äußerte er sich seit 1555 zur Prädestinationslehre profiliert im Sinne Calvins. Beza folgte Calvin, der vier Jahre vor seinem Tod zum Genfer Bürger wurde, als Moderator der Genfer Pastoren noch zu dessen Lebzeiten nach; am 28. Mai 1564 war er es, der dem verstorbenen Calvin die Augen schloss.

Gegenüber der geläufigen Rede vom «Calvinismus» als Bezeichnung für jenen reformierten Protestantismus, der von Johannes Calvin seine wichtigsten Impulse erhalten hat, ist Zurückhaltung angebracht. Denn dieser von den Lutheranern aufgebrachte polemische Kampfbegriff entsprach weder dem Selbstverständnis Calvins noch seiner Anhänger, die sich als Ausleger der biblischen Wahrheit im Kontext der «nach Gottes Wort reformierten Kirche» sahen. Jeder Personenkult war ihnen unheimlich oder gar zuwider – im Unterschied etwa zu den Lutheranern, die den Begriff «Luthertum» seit den 1560er Jahren als positive Selbstbezeichnung verwendeten. Zum anderen war der Einfluss Calvins etwa in den Niederlanden, England, Polen, Ungarn sowie einzelnen Territorien des Reichs wie Anhalt, Kurpfalz, Bremen und Emden kaum entwirrbar verflochten mit Wirkungen Zwinglis, Bucers, Bullingers, Melanchthons oder anderer reformierter Theologen und international rezipierter Bekenntnisse wie der Zweiten Helvetischen Konfession oder dem Heidelberger Katechismus. Es entspräche kaum der binnenkonfessionellen Pluralität und relativen Weite der reformierten Theologie insbesondere des 16. Jahrhunderts, sie ausschließlich am Maßstab der Lehre Calvins zu messen.

Auch die zahlreichen Flüchtlingsgemeinden spielten eine Rolle bei der Internationalisierung des Protestantismus. In London und in ver-

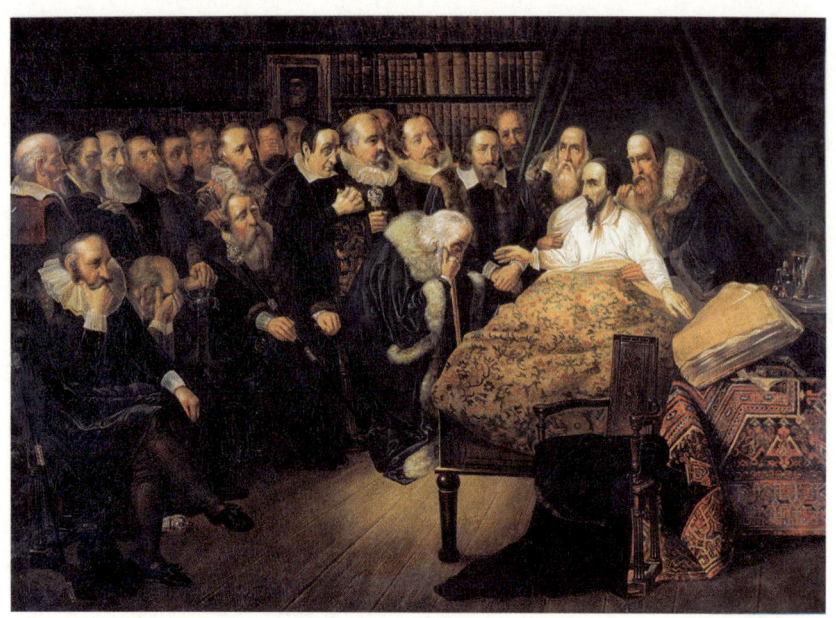

Joseph Hornung malte um 1830 den ‹Abschied Calvins› im Kreise Genfer Pastoren und Ratsherren. Rechts hinter Calvin steht Theodor Beza, im Bildvordergrund ist der Stuhl Calvins zu sehen, der noch heute in St. Peter in Genf gezeigt wird.

schiedenen deutschen Städten – vor allem Frankfurt am Main, Köln, Emden, Wesel und Aachen – entstanden reformierte Flüchtlingsgemeinden, die zumeist mehrere Hundert oder gar Tausend Mitglieder umfassten und untereinander und mit dem Untergrundprotestantismus in der Heimat vernetzt waren. In ihren Wirtsgesellschaften erfuhren sie unterschiedliche Schicksale: von der Integration der wirtschaftlich agilen Exulanten bis zum offenen Konflikt mit einer anderskonfessionellen, auch ihren ökonomischen Einfluss fürchtenden lutherischen oder katholischen Umwelt und sogar ihrer Vertreibung. Bloße Opfer waren die Reformierten aufgrund der ihnen eigenen Aktivitätspotentiale selten.

Einzelne Prediger und Gemeindeleiter spielten als kommunikative Knotenpunkte innerhalb und zwischen den Gemeinden eine wichtige Rolle: Der weltläufige, humanistisch gebildete, zusehends von Calvin beeinflusste polnische Weltpriester und Adlige Johannes a Lasco etwa wirkte als Superintendent der evangelischen Flüchtlingsgemeinden in London und als Pfarrer in Emden und versuchte schließlich die reformatorische Bewegung in seiner Heimat zu stärken. Der schottische Priester John Knox betreute zeitweilig englische Flüchtlinge in Frankfurt am Main und studierte danach in Genf. Der wallonische Glasbläser Guy de Brès organisierte nach seiner Flucht nach London, einer subversiven Predigt- und Missionstätigkeit in Lille und einem Aufenthalt mit gründlichen theologischen Studien im Genf Calvins den reformierten Protestantismus in seiner Heimat, wobei er sich mit der *Confessio Belgica* (1561) konfessionell an der *Confessio Gallicana* orientierte. Der flandrische Karmelitermönch Petrus Dathenus, ein notorischer Vagant und konfessioneller Wandermissionar, leitete zunächst Flüchtlingsgemeinden in London, danach in Frankfurt, schließlich in Frankenthal, wurde dann in der inzwischen zum reformierten Protestantismus übergegangenen Pfalz, in Husum, Stade, Danzig und Elbing als Prediger und Pfarrer der «calvinistischen Internationale» tätig. Die konfessionell erzwungene Migration, die phasenweise Anhänger der reformierten Tradition in den Niederlanden, Frankreich und im England Maria Tudors mit besonderer Härte traf, beförderte die Internationalisierung des Reformiertentums und steigerte die theologische Attraktivität des aus seiner Heimat vertriebenen Glaubenslehrers Johannes Calvin.

Von der Pariser Bluthochzeit zum Edikt von Nantes

Die unmittelbarsten kirchlich-organisatorischen und theologischen Breitenwirkungen erzielte Calvin in der «Kirche unter dem Kreuz» in *Frankreich;* auf seine Heimat blieb der Glaubensflüchtling lebenslang bezogen. Trotz der Verfolgungen durch Franz I., der 1539 die bürgerlichen Gerichte autorisiert hatte, gegen die Protestanten vorzugehen, und in einem weiteren Friedensschluss mit Karl V. 1544 die Ausrottung der Ketzerei zugesagt hatte, wuchs der Protestantismus in seinem Reich nach und nach heran. Zunächst waren es kleine Gruppen, die sich heimlich, meist zu nächtlicher Stunde, versammelten. Durch Wanderprediger oder einige «Presbyter» wurde ihnen das biblische

Wort ausgelegt; illegal eingeführtes Schrifttum, meist aus Genf oder dem Waadtland, wurde im Untergrund verbreitet. Bald entstanden aus den *Eglises plantées* organisierte Gemeinden, die *Eglises dressées,* etwa 1541 in Meaux, 1555 in Paris. Trotz massiven Drucks und zahlreicher Hinrichtungen, die Heinrich II. (1547–1559) vollziehen ließ, stieg die Anziehungskraft der reformierten Kirche.

Die organisatorische Struktur der evangelischen Gemeinden Frankreichs folgte in ihren Grundzügen dem Modell der *Ordonnances ecclésiastiques* des Stadtstaates Genf. Darüber hinaus wurde in Frankreich ein System regionaler und nationaler Synoden etabliert, deren Aufgabe darin bestand, gemeinsame Lehr- und Ordnungsentscheidungen zu treffen, die Rekrutierung der Pfarrer zu regulieren und die lokale Autonomie mit translokalen Elementen zu verbinden. Die erste nationale Synode der französischen Hugenotten – ein wohl nach dem Lehnwort *eyguenot* = Eidgenosse geformter Begriff – trat im Mai 1559 mit etwa 70 Abgeordneten aus 40 Gemeinden im Quartier St. Germain des Prés in Paris zusammen. Dort wurde erstmals in der Geschichte des Reformiertentums ein gemeinsames Bekenntnis, die *Confession de Foi*, verabschiedet. Bei dem in verschiedenen Versionen überlieferten Text ist nicht abschließend geklärt, ob Calvin an seiner Entstehung beteiligt war. Ein Artikel vom Worte Gottes und eine ausführliche Behandlung der Lehre von der Kirche sind dem Bekenntnis vorgeordnet;[51] charakteristische Elemente der Kirchenverfassung wie die vierfache Gliederung des Amtes und die Kirchenzucht sind in einen Bekenntnisrang erhoben. Nicht zuletzt unter den Bedingungen der Verfolgung konsolidierte sich das reformierte Bewusstsein, dass die Gestalt der Kirche innerlich mit dem Glauben derer zusammenhängt, die sich bei Todesgefahr zu ihr bekennen.

Nach dem Tode Heinrichs II. folgten dessen Söhne Franz II. (1559–1560) und Karl IX. (1560–1574), der erste als Fünfzehn-, der zweite als Zehnjähriger, auf dem französischen Thron. Die Regierungsgeschäfte führte ihre Mutter Katharina de Medici. Dem entschieden katholischen lothringischen Fürstengeschlecht der Guise gelang in dieser Epoche ein weitreichender Einfluss auf das Königshaus. In Verbindung mit Spanien und Rom suchten sie den stetig gewachsenen Einfluss des Protestantismus in Frankreich, in dem auch hier die gelehrten und adligen Eliten dominierten, mit allen Mitteln zurückzudrängen. Die Schwäche der Krone und die Rivalität sich konfessionell formierender Adelsparteien um die katholischen Guise auf der einen, das reformierte Herrscherhaus von Navarra und Admiral Gaspar de Coligny auf der anderen Seite bestimmten die Konstellationen und Konflikte in der zweiten Hälfte des Jahrhunderts. Zwar sah ein 1562 zwischen der protestantischen Partei und Katharina de Medici ausgehandeltes Toleranzedikt eine bedingte Koexistenz beider Konfessionen vor. Doch es wurde von den Guise nicht anerkannt und durch Gewaltakte gegen evangelische Gemeinden – Massaker an evangelischen Gottesdienstbesuchern in Wassy (Haute-Marne) und an anderen Orten im Frühjahr 1562 – faktisch sabotiert. Daraufhin formierte sich ein militärischer Widerstand unter der Führung Louis de Condés und Colignys. Zwischen 1562 und 1598 wühlten acht Religionskriege, die immer wieder von fragilen Friedensschlüssen unterbrochen waren, das Land auf. Dabei ging es nicht nur um die Erringung der Glaubens- und Gottesdienstfreiheit, sondern auch um die Sicherung des französischen Königshauses in Navarra.

Seit 1571 hatte Coligny entscheidenden Einfluss auf die Politik Karls IX. gewonnen, und die Vermählung Heinrichs von Navarra mit Marguerite de Valois, der Schwester Karls IX., schien Versöhnung zu stiften. Der protestantische Adel kam aus Anlass der Eheschließung nach Paris. Katharina de Medici nutzte diese Gelegenheit, um Coligny und weitere führende Protestanten in der Frühe des 24. August 1572, dem Bartholomäustag, ermorden zu lassen. In Paris sollen dreitausend, in ganz Frankreich mehrere Zehntausend Protestanten Opfer der Massaker geworden sein. Die «Pariser Bluthochzeit» wurde zum Sinnbild für den blutigen Fanatismus, zu dem das sogenannte «konfessionelle Zeitalter» fähig war.

Die Guise erstrebten eine eigene Krondynastie. Dem Kampf gegen Heinrich von Navarra diente auch eine militärische Allianz mit Spanien, die seit 1584 eine besonders blutige Phase der Religionskriege eröffnete. Nach der Ermordung des letzten Valois Heinrich III. (1574– 1589) durch den fanatisierten Guise-Anhänger Jacques Clément fiel

François Dubois, ein in die Schweiz übergesiedelter Hugenotte aus Amiens, malte zwischen 1572 und 1584 ‹Das Massaker des St. Bartholomäustags›. Aus dem Fenster hängt der Leib des Hugenottenführers Coligny. Auf der linken Seite verlässt Katharina de Medici den Louvre. Da Dubois selbst nicht Augenzeuge der Pariser Vorgänge war, gibt seine Darstellung nicht einfach wieder, was tatsächlich geschah.

das Königtum an den Bourbonen Heinrich von Navarra, der als Heinrich IV. (1589–1610) den französischen Thron bestieg. Allerdings zog sich die Durchsetzung seiner Herrschaft noch einige Jahre hin. Nach seiner für viele Protestanten überaus schmerzlichen Konversion zum Katholizismus und der Krönung in Chartres im Juli 1593 öffnete sich ihm Paris erst im März 1594.

Damit war die Grundlage einer dauerhafteren religionspolitischen Befriedung der französischen Nation geschaffen, die in Jahrzehnten von konfessionellem Hass und blutiger Feindschaft aufgerieben worden war. Mit dem am 13. April 1598 erlassenen *Toleranzedikt von Nantes* bahnte Heinrich IV. einer religionspolitischen Lösung den Weg, die sich für mehrere Jahrzehnte als tragfähig erweisen sollte

TEMPLE DE LYON, NOMMÉ PARADIS.

und den Protestanten elementare Rechte sicherte. Diese waren im Einzelnen: eine Garantie der persönlichen Gewissensfreiheit; die Zulassung eines öffentlichen reformierten Gottesdienstes an zahlreichen, eigens definierten Orten, außer etwa in Paris am Hof und in einigen Bischofsstädten; die Erlaubnis zum Bau von Gotteshäusern (*temples*) und eigenen Friedhöfen; der Zugang zu Fürsorgeeinrichtungen – unter Respektierung bestimmter katholischer Festregeln – und zu Beamtenstellen beziehungsweise Diensten in der staatlichen Administration, beim Militär, im Gerichtswesen etc.; die

Der protestantische Temple von Lyon «Le Paradis» in der Rue de Estableries wurde 1564 erbaut und drei Jahre später, zu Beginn des zweiten Religionskriegs, zerstört. Das Gemälde von Jean Perrissin erlaubt einen der ganz wenigen Einblicke in das Innere der frühen hugenottischen Kirchen.

Freilassung protestantischer Galeerenhäftlinge; schließlich das Recht, Schulen und vier Akademien zu errichten, unter Zustimmung des Königs Synoden abzuhalten und für acht Jahre 150 militärisch ausgestattete «Sicherheitsplätze» zu unterhalten.

Das Bemerkenswerte am Edikt von Nantes bestand darin, dass es in einer als dauerhaft und unwiderruflich ausgewiesenen Ordnung zwei unterschiedliche religiöse Bekenntnisse innerhalb eines Staatsgebietes zuließ. Damit stellte es den Rahmen für eine sich nun rasch entwickelnde reformierte Konfessionskultur dar.

In Montauban, Saumur und Sedan entstanden unterschiedlich geprägte theologische Schulen, die auch international hohes Ansehen erwarben, die strenge calvinistische Prädestinationslehre vertraten oder diese stärker in Richtung auf heilsuniversalistische Vorstellungen hin weiterentwickelten und auch in der Schriftexegese und biblischen Philologie Maßstäbe setzten. Der Kirchenbau nahm überall dort, wo er zulässig war, einen großen Aufschwung. Die einfachen, turmlosen Bauten waren auch architektonisch ganz auf das Hören des Wortes ausgerichtet; weder Altar noch Taufstein, Kreuz oder Bilder lenkten vom geistigen Gottesdienst ab. Tafeln mit den Zehn Geboten, dem Vaterunser, gelegentlich auch mit Bibelworten waren der einzige Schmuck. Orgeln gab es nicht, gesungen wurden nur Psalmen, diese allerdings in sehr variantenreichen, auch polyphonen Melodien. Das Abendmahl wurde nur vier Mal im Jahr gefeiert: zu Weihnachten, Ostern, Pfingsten und im Herbst. Das Katechismusexamen galt als hinreichende Teilnahmevoraussetzung. Die Kommunikanten hatten vor dem Mahl einem Ältesten ein *méreau* oder *maille* genanntes münzartiges Objekt abzugeben, durch das sie ihre Gemeindezugehörigkeit und sittliche Würdigkeit dokumentierten.

Die diakonische Betreuung war ein zentrales Element des Gemeindelebens; Beisetzungen fanden ohne Pfarrer statt. Die häusliche Frömmigkeit, in der Psalmengesang, Bibellektüre und der Katechismus eine wichtige Rolle spielten, wurde lebhaft gepflegt. Die Gemeindeleitung oblag dem Konsistorium, das aus etwa einem Dutzend Ältester gebildet wurde und dem der Pfarrer vorstand. Die Ältesten sollten angesehene, sittlich unbescholtene Gemeindeglieder sein; durch ein vitales

System wechselseitiger Sozialkontrolle war dies in hohem Maße überprüfbar. Übergemeindliche Regelungen wurden durch Kolloquien mit Gemeindevertretern aus zehn bis zwölf Gemeinden getroffen. Auch bei den Provinzialsynoden spielten Älteste und Pfarrer eine gleichermaßen wichtige Rolle; Ordinationen, Examinationen und Versetzungen von Pfarrern wurden auf dieser Ebene geregelt. Die 16 Provinzsynoden entsandten je zwei Pfarrer und zwei Älteste in die Nationalsynode – das oberste Leitungsgremium der reformierten Kirchen Frankreichs, das auf Zustimmung des Königs und unter Teilnahme eines königlichen Kommissars tagte.

Das presbyterial-synodale Organisationsmodell des französischen Protestantismus verband in einzigartiger Weise ortsgemeindliche Autonomie mit gesamtkirchlichen Strukturen. Für ein gutes halbes Jahrhundert sicherte das Edikt des ehemaligen Glaubensbruders Heinrich von Navarra, dass die Reformierten als tüchtige Handwerker, produktive Unternehmer, erfolgreiche Finanzakteure und geistreiche Gelehrte zu nützlichen, der Krone loyal ergebenen Gliedern der französischen Gesellschaft avancierten.

Politische Befreiung in den Niederlanden

Auch in anderen europäischen Ländern entfaltete das reformierte Bekenntnis calvinistischer Prägung in der zweiten Hälfte des 16. Jahrhunderts eine eminent politische Wirkung. Dies galt zunächst für die unter der Herrschaft der spanischen Habsburger stehenden Niederlande. Die reformatorischen Einflüsse waren hier ursprünglich ausgesprochen heterogen gewesen: Neben denen der *Devotio moderna*, des Humanismus, Luthers, Zwinglis, Karlstadts, auch des Täufertums drangen seit den 1550er Jahren über die französischsprachigen, wallonischen südlichen Landesteile vor allem von Calvin und Genf beeinflusste Strömungen ein.

Karl V. und sein Sohn Philipp II. (1556–1598), der die Niederlande zu einem ganz von Spanien geprägten und abhängigen Territorialstaat formen wollte, betrieben in ihrem Territorium eine konsequent antireformatorische Religionspolitik.

In den Kämpfen gegen die habsburgische Fremdherrschaft wirkten nun Impulse Calvins nach. Seine Theologie, die an die Konzeption des legitimen Widerstandes eines von geistlichen Amtspersonen geführten Volkes gegen einen das Evangelium bekämpfenden Tyrannen anknüpfte, lieferte Motive für den Freiheitskampf. Der Widerstand des in ihren Mitbestimmungsrechten berührten Adels und des durch Steuern belasteten Handelsbürgertums wuchs. Als Repräsentant einer zunächst jenseits der konfessionellen und politischen Extreme operierenden Mittelgruppe versuchte Wilhelm von Oranien, der religiös indifferente Statthalter von Holland und Seeland, eine allgemeine Toleranz der verschiedenen Konfessionen durchzusetzen. Doch seit 1566 verschärften sich die Verhältnisse dramatisch: Von Süden her drang ein militanter Calvinismus in die nördlichen Provinzen ein; vielerorts kam es zu Bilderstürmen und bürgerkriegsartigen Aufständen, die Philipp II. durch ein drakonisches Schreckensregiment seines Landvogtes, des Spaniers Fernando von Alba, niederschlagen ließ. Ein Sondergericht, der sogenannte Blutrat, führte zur Verurteilung Tausender «Ketzer» aller Art; massive Verfolgungen und zahllose Hinrichtungen waren an der Tagesordnung. Drückende Steuerlasten steigerten Not und Armut und fachten den Widerstandsgeist weiter an.

Wilhelm von Oranien suchte den politischen Kontakt zur reformierten Kurpfalz, auch zu Frankreich und England, und öffnete sich dem Calvinismus. Ab 1572 behaupteten sich die Provinzen Seeland und Holland unter seiner Führung als Widerstandszentren gegen die spanische Unterdrückung. Im Süden gelang es Philipp II. hingegen, seinen Einfluss zu festigen; in der Union von Arras wurden den Südprovinzen ständische Freiheiten zuerkannt. Im selben Jahr schlossen sich die Nordprovinzen in der Union von Utrecht zu einem antispanischen Verteidigungsbündnis zusammen. Protestantische Flüchtlinge aus den konsequent rekatholisierten Südprovinzen trugen zum wirtschaftlichen Aufschwung der Niederlande erheblich bei.

Im Jahre 1581 sagten sich die sieben vereinigten Nordprovinzen, die sogenannten Generalstaaten, unter der Führung Wilhelms von Oranien von Spanien los. Der Unabhängigkeitskrieg sollte – unter-

brochen von einem zwölfjährigen Waffenstillstand (1609–1621) – bis zum Abschluss des Westfälischen Friedens 1648 dauern. Indem die spanischen Truppen sukzessive militärisch verdrängt wurden, verselbständigten sich die Nordprovinzen politisch-administrativ und konfessionell. Mit der durch eine Synode in Antwerpen 1566/67 eingeführten *Confessio Belgica* und einer an Genf orientierten presbyterial-synodalen Kirchenorganisation vollzog sich parallel zum staatlichen ein kirchlicher Konsolidierungsprozess.

Franz Hogenberg, Der Bildersturm in Antwerpen am 20. August 1566, Kupferstich 1570. Anhänger der «calvinischen Religion» zerschlagen Glasfenster und reißen Heiligenfiguren von Säulenkapitellen herab.

Der Calvinismus wurde politisch durch die Republik privilegiert und durch den Zuzug von Exulanten immer mehr gestärkt; er war die einzige öffentlich ausgeübte Religion. Der Katholizismus wurde in einzelnen Provinzen verboten, aber privat geduldet. Ähnliches galt für Täufergemeinden, für lutherische Immigranten aus Deutschland, für ins holländische Exil gedrängte englische Puritaner, für sephardische Juden. Faktisch wurden die Niederlande zur am stärksten multikonfessionell geprägten Gesellschaft des frühneuzeitlichen Europa. Die Einwirkung des Calvinismus auf die Gesellschaft erfolgte – anders etwa als in den konfessionellen Territorialstaaten im Reich – nicht mit staatlichen, sondern ausschließlich mit kirchlichen Mitteln. Die Nationalsynode spielte nur zeitweilig eine Rolle. Die spezifische gesellschaftliche Stellung der reformierten Öffentlichkeitskirche in den Niederlanden basierte auf dem Grundsatz persönlicher Gewissensbindung, den die Menschen bejahten; mit dem Calvinismus verbanden sie die elementare Erfahrung ihrer politischen Befreiung.

John Knox und die schottische Reformation

Eine mit den Niederlanden zum Teil vergleichbare politische Wirkung entfaltete das reformierte Bekenntnis in Schottland. Hier entsprang die Reformation einer militärisch-politischen Opposition des Adels gegenüber der legitimen königlichen Herrscherin. Dabei spielten die internationalen politischen Konstellationen eine entscheidende Rolle. Die traditionelle anti-englische Grundorientierung der schottischen Politik hatte zu einer engen dynastischen Verbindung mit Frankreich geführt. Nach dem Tode des schottischen Königs Jakob V. im Jahre 1542 wurde seine und seiner Gattin Maria de Guise erst wenige Wochen alte Tochter Maria Stuart die Königin Schottlands. James Hamilton, der Graf von Arran, ein Verwandter der Stuarts, führte die Regierung zunächst auf einem proenglischen und protestantischen Kurs. So wurde etwa 1543 der Vertrieb einer englischen Bibelübersetzung gestattet; auch Verhandlungen über eine dynastische Verbindung der beiden Königreiche, also eine Heirat des englischen Prinzen Edward und der schottischen Königin Maria Stuart, gingen voran. Doch dann gewann die Mutter der Königin, Maria de Guise, unterstützt von Bischöfen und Adligen, den maßgeblichen Einfluss auf den politischen Kurs des Landes, setzte Arran matt und die pro-französische Politik fort. Maria Stuart wurde nun mit dem jugendlichen französischen Thronfolger Franz vermählt; zwei Jahre nach dessen Tod (1559) kehrte die junge Monarchin, die in Frankreich aufgewachsen und erzogen worden war, in ein ihr fremdes Königreich zurück.

Im schottischen Adel bestanden erhebliche Vorbehalte gegen die französische Ausrichtung der Krone und den Episkopat, der diese stützte. Nicht zuletzt die Rückkehr des charismatischen Predigers John Knox, der als maßgeblicher Reformator Schottlands gilt, führte die Adelsopposition stärker an die theologischen Vorstellungen Calvins heran.

Knox hatte dem 1546 durch den Erzbischof David Beaton von St. Andrews zum Ketzertod verurteilten schottischen Prediger George Wishart nahegestanden. Deshalb hatte er sich Aufständischen angeschlossen, die den Erzbischof ermordeten und sich in der Bischofsveste verschanzten. Nachdem St. Andrews von französischen Truppen erobert worden war, geriet Knox als Galeerensträfling in Gefangenschaft; nach seiner Befreiung mit englischer Hilfe wirkte er als religiöser Agitator im englisch-schottischen Grenzgebiet. Infolge des Herrschaftsantritts der englischen Königin Maria Tudor (1554), die eine blutige Rekatholisierung ihres Reiches einleitete, floh Knox auf den Kontinent, zunächst nach Frankfurt am Main, dann nach Genf (April 1555 bis Mai 1559), wo er eine tiefe theologische Prägung durch Johannes Calvin erlebte.

Die mit Elisabeths Regierungsantritt eingeleitete religionspolitische Wende lockte neben anderen *Marian exiles* auch Knox in die Heimat zurück. Er schloss sich einem Bund opponierender Adliger an, die nun die Chance sahen, zu einer pro-englischen Religionspolitik zurückzukehren; unter ihrem Druck folgten auch die Städte. In den Widerstand des Adels flossen Motive calvinistischen Notstandsdenkens gegen die Krone beziehungsweise die Regentin Maria de Guise ein. Nachdem diese im Juni 1560 verstorben war, forcierte die Adelsopposition ihre Bemühungen um den Aufbau eines evangelischen Kirchenwesens und trat in einen offenen Aufstand; dabei kam es auch zu Übergriffen auf Kirchenbesitz und zu Bilderstürmen. Erstmals, so scheint es, wird nun auch der «gemeine Mann» als Akteur religionspolitischer Veränderungen erkennbar, doch die wichtigsten sozialen

Das sogenannte Blairs Memorial Porträt von Maria, der Königin von Schottland. Das Ölgemälde eines unbekannten Künstlers aus dem frühen 17. Jahrhundert lässt die Tendenz erkennen, Marias Tod als katholisches Martyrium zu deuten.

Träger der schottischen Reformation stammten aus dem Adel. Über das Parlament wurde ein evangelisches Bekenntnis beschlossen, das in der Verwerfung einer leiblichen Realpräsenz im Abendmahl und in der Betonung der Erwählung calvinistische Züge erkennen ließ – die *Confessio Scotica* (1560). Bald darauf folgte ein durch den Adel bestätigtes *Book of Discipline* (1561), in dem eine ganz auf das Pastoren- und das Ältestenamt begründete Kirchenkonzeption vorgesehen war. Die 1564 eingeführte Gottesdienstordnung knüpfte an das liturgische Formular der englischen Exilgemeinde in Genf an und war entscheidend von Knox beeinflusst.

Nach Maria Stuarts Rückkehr nach Schottland kam es nicht zu einem katholischen Gegenschlag; vielmehr ordnete die Königin an, dass in der Religion nichts verändert werden sollte. Nach nur sechs Jahren musste sie jedoch abdanken; sie hatte den Mord an ihrem zweiten Mann und Vater ihres Sohnes, des späteren Jakob VI., ungestraft gelassen, ja den Mörder, James Hepburn, einen Grafen von Bothwell, geheiratet und damit einen Bürgerkrieg provoziert. Durch Flucht in das Herrschaftsgebiet ihrer Cousine Elisabeth rettete sie für knapp zwei Jahrzehnte (1587) ihr Leben. Sie blieb aber in Haft und wurde schließlich wegen des Verdachts, Erbansprüche auf die englische Krone zu erheben und einen Umsturz vorzubereiten, hingerichtet.

Die Regierungen für den protestantisch erzogenen schottischen Thronerben Jakob VI. verfolgten den reformatorischen Kurs weiter; strittig blieben jedoch Fragen der Kirchenverfassung. Presbyterianisch-kongregationalistische Ordnungsvorstellungen der Genfer Tradition konkurrierten mit den vom König favorisierten episkopalistisch-staatskirchlichen Tendenzen. In den mit Leidenschaft geführten, nach England ausstrahlenden Kirchenverfassungsdebatten ging es im Kern um ständische Partizipationsrechte.

Im Unterschied zur Entwicklung in England war die schottische Reformation gegen die Krone erstritten. Ähnliche Verbindungen von Adel und Reformiertentum wie in Schottland wurden auch für die Entwicklung in den Niederlanden, in Frankreich, Böhmen, Polen-Li-

tauen, Siebenbürgen, in der Kurpfalz und anderen Territorien im Reich charakteristisch. Die landläufige Meinung, der «Calvinismus» habe primär eine Affinität zum Bürgertum besessen, wird seinen komplexen sozialen und politischen Wirkmechanismen in der zweiten Hälfte des Reformationsjahrhunderts kaum gerecht. Lediglich in den

Niederlanden gelang es mit Unterstützung reformierter Impulse, das monarchische System auf Dauer durch eine republikanische Ordnung zu ersetzen.

In *Polen-Litauen* und *Böhmen* war das reformierte Bekenntnis ein zeitweilig wirkungsvolles Moment adelsrepublikanischer Emanzipationsbestrebungen; partikulare, kleinräumige Kirchenstrukturen ließen sich von theologischen Motiven Calvins und Bullingers her begründen. Mit der Stärkung der Monarchien in Ostmitteleuropa im späten 16. und im 17. Jahrhundert aber siegte der Katholizismus auf breiter Front. Die multikonfessionellen Verhältnisse, die in Polen-Litauen und Böhmen für einige Jahrzehnte, im ungarischen Siebenbürgen noch länger bestanden und diesen Ländern die blutigen Religionskonflikte Mittel- und Westeuropas ersparten, ergaben sich im Prinzip nur, weil eine einheitliche Religion aufgrund konkreter Machtverhältnisse nicht durchzusetzen war. Auf staatlicher Ebene ging es im Europa der Reformationszeit nicht um Toleranz, um die prinzipielle Akzeptanz des Anderen oder gar eine Affirmation von Unterschiedlichkeit. Dennoch waren in den kommunikativen Mikrowelten vieler europäischer Städte und Handelsplätze mannigfache internationale, interkonfessionelle und interreligiöse Begegnungen, nicht zuletzt unter Reisenden, Migranten oder Glaubensflüchtlingen, eine Realität.

4. DIE KÖNIGSREFORMATIONEN IN SKANDINAVIEN UND ENGLAND

Es gibt einige Gemeinsamkeiten zwischen den lutherisch geprägten Reformationsprozessen in Dänemark, in den mit Dänemark verbundenen Ländern Norwegen und Island sowie in Schweden und dem dazu gehörenden Finnland einerseits und der in doktrinaler Hinsicht «reformiert» orientierten Reformation in England andererseits: Die entscheidenden Schritte zur Ein- und Durchführung der Reformation gingen von den Monarchen aus, die sie nutzten, um eine hoheitliche Stellung gegenüber der Kirche zu erringen oder auszubauen, ihre Herrschaft zu konsolidieren und die Staatsfinanzen zu sanieren. Theologische Lehrfragen blieben gegenüber Aspekten der Kirchenorganisation und Liturgie im Hintergrund – ganz im Unterschied zum kontroverstheologisch notorisch aufgewühlten deutschen Reich. Alte institutionelle und rechtliche Formen wurden zum Teil sehr viel treuer konserviert als bei den Reformationen Mittel-, West- und Osteuropas. Da das Kirchentum als Ganzes der jeweiligen reformatorischen Veränderung von oben ausgesetzt wurde, unterblieben Spaltungen der Kirche wie auch interne kriegerische Auseinandersetzungen um der Religion willen. Die skandinavischen und die englischen Gesellschaften erlebten durch die lutherische beziehungsweise die anglikanische Staatskirche eine nationale konfessionskulturelle Prägung, die Mentalität, Lebens- und Umgangsformen, Kunst und Literatur, Wissenschaft und Bildung mittelbar tiefgreifend und dauerhaft beeinflusste.

Das lutherische Nordeuropa

Unter den Königsreformationen weist die dänische die deutlichsten Gemeinsamkeiten mit den Reformationsprozessen im Reich auf: Eine sich über die Städte ausbreitende reformatorische Bewegung, die in einer engen Verbindung mit humanistischen Kräften stand, wurde von Seiten König Friedrichs I. (1523–1533) behutsam gefördert, rechtliche Abhängigkeiten von Rom in der Besetzung der Bischofsstühle wurden frühzeitig, seit 1526/27, gelöst. Sein Nachfolger Christian III. (1534–1559), der zwar vom Reichsrat gewählt war, sich aber erst in bürgerkriegsartigen Kämpfen durchsetzen musste, nutzte die konsequente Einführung der Reformation, um seine Herrschaft zu konsolidieren. Der Zugriff auf das Kirchengut, das er zwischen der Krone, den Städten und dem Adel aufteilte, trug dazu entscheidend bei. Das Klosterwesen und die Domkapitel blieben bestehen, sollten aber das evangelische Bekenntnis annehmen; lediglich die Bettelorden wurden verboten. Zu diesem Zweck entmachtete er den Episkopat und ersetzte ihn – analog zu den Strukturen des landesherrlichen Kirchenregiments in den evangelischen Territorien des Reichs – durch Superintendenten. Mit Hilfe einer von dem Wittenberger Reformationsexperten und Kirchenorganisator Johannes Bugenhagen verfassten Kirchenordnung reorganisierte er das Kirchenwesen im gesamten Herrschaftsgebiet, einschließlich der Universität Kopenhagen. Die Umstrukturierungen waren im Wesentlichen zwischen 1536 und 1539 abgeschlossen.

Die nun einsetzende sukzessive religionskulturelle Umformung zielte auf eine umfassende evangelisch-lutherische Bildung der Dänen ab. Vom König geförderte Theologen – zunächst die Reformatoren Hans Tausen, Christiern Pedersen, Peder und Niels Palladius, später der Kopenhagener Theologieprofessor und Melanchthonschüler Niels Hemmingsen – legten grundlegende reformatorische Werke in dänischer Sprache vor: das Neue Testament, ein Gesangbuch, einen Visitationsalmanach, eine dänische «Vollbibel», ein liturgisch eher konservatives Altarbuch, Erbauungsschriften aller Art, katechetische und homiletische Literatur, auch theologische Lehrbücher, die die «wahre Lehre» in einer für die Domkapitelschulen und die Universität nützlichen Weise artikulierten.

Die lutherische Konfessionskultur insgesamt fand zu einem Großteil im Buch ihren Ausdruck und das Mittel ihrer Durchsetzung; dies wird auch an der dänischen Reformationsgeschichte deutlich. Selbst für die Reformation in *Island*, die gleichsam von oben und gegen Widerstände des einheimischen Episkopats oktroyiert wurde, bildeten reformatorische Übersetzungen der Bibel und eine Predigtpostille des niedersächsischen Reformators Antonius Corvinus entscheidende Vehikel ihres Erfolges. Auf der spärlich besiedelten Insel war eine flächendeckende pfarramtliche Versorgung nicht zu leisten; hier lebte und entfaltete sich das lutherische Christentum vornehmlich über eine häusliche Lesekultur.

Anders verhielt es sich in *Norwegen*: Dass hier keine reformationszeitliche Bibelübersetzung entstand, ist für ein lutherisch werdendes Land ein bemerkenswerter Sonderfall. In Norwegen trug die Einführung der Reformation eher Züge einer kolonisatorischen Zwangsmaßnahme; im Gottesdienst wurde das den Einwohnern fremde Dänisch verordnet. Aktivitäten, um bei den Menschen besonders auf dem Land das evangelische Christentum populär zu machen, setzten beinahe erst ein Jahrhundert nach der Übernahme der dänischen Kirchenordnung (1539) ein.

In den ersten Jahrzehnten nach der Einführung der Reformation dominierte im Mutterland des dänischen Reiches eine Orientierung an Wittenberg – auch als Ausbildungsort der kirchlichen und administrativen Eliten –, nach und nach gewann aber das geographisch näher gelegene Rostock an Bedeutung. Für die dänische Reformation im Ganzen war Melanchthon nicht weniger wichtig und prägend als Luther. Die *Confessio Augustana* von 1530 und Luthers *Kleiner Katechismus* blieben die maßgeblichen doktrinalen Referenzwerke; sie definierten den dänischen Bekenntnisstand. Die Polarisierungen zwischen Luthers und Melanchthons Theologien,

Predigt, Taufe und Abendmahl unter beiderlei Gestalt: Die Darstellung auf dem Altarretabel der Kirche von Torslunde, Seeland, konzentriert sich auf die für den lutherischen Gottesdienst maßgeblichen religiösen Vollzüge. Sie nimmt Motive auf, die in der Druckgraphik der Reformation, auch der Cranachschule, verbreitet waren. Die Inschrift weist darauf hin, dass das Bild 1561 auf Betreiben des Pastors von Torslunde Johannes Jakobsen angefertigt wurde.

die die innerreformatorischen Kontroversen im Reich und in Preußen seit den späten 1540er Jahren bestimmt hatten, blieben in Dänemark ohne nennenswerte Resonanz. Denn Kontroverstheologie beunruhigte die Gesellschaft und drohte sie zu spalten; daran konnte der König kein Interesse haben.

Die Reformation in *Schweden* bildet insofern einen Sonderfall, als sie sehr früh eingeführt, erst mit erheblichen Verzögerungen umgesetzt und schließlich in besonders konservativen Formen gestaltet wurde. Die Entscheidung zugunsten der Reformation war in zeitlich nächster Nähe zur Konstitution Schwedens als ein von Dänemark losgelöstes eigenes Staatswesen (1523) gefallen. Dass der flüchtige Erzbischof Gustav Trolle Dänemark die Treue hielt, veranlasste König Gustav Wasa zum Bruch mit Rom. 1531 setzte er einen neuen Erzbischof ein – den in Wittenberg ausgebildeten Theologen Laurentius Petri. Bis zu seinem Tod im Jahre 1573 leitete er die schwedische Kirche; auch die 1571 eingeführte Kirchenordnung geht auf ihn zurück. Bereits 1527 übertrug der Reichstag dem König das Recht, Kirchengut einzuziehen; für den Aufbau der schwedischen Eigenstaatlichkeit war dieser fiskalische Aspekt entscheidend. Einige reformatorische Basistexte – die Übersetzung zunächst des Neuen Testaments, dann der ganzen Bibel, volkssprachliche Liturgien, einige Erbauungsschriften – entstanden bereits in den 1520er und 1530er Jahren. Ihre Wirkungen strahlten kaum wesentlich über den städtischen Bereich hinaus. Dass erst auf einem Reichstag von 1544 die Heiligenverehrung, Pilgerfahrten und Votivmessen abgeschafft wurden, deutet darauf hin, dass sich elementare religiöse Praktiken auch rund zwei Jahrzehnte nach der Richtungsentscheidung zugunsten der Reformation nicht wirklich verändert hatten. Über ein reformatorisches Bekenntnis verfügte die schwedische Kirche damals noch nicht.

Ein religionspolitischer Kurswechsel, der in engem Zusammenhang mit einer ehelichen Verbindung König Johanns III. zur polnischen Krone stand, bestimmte den konfessionellen Kurs im letzten Drittel des 16. Jahrhunderts. Offenbar schwebte dem König eine auf den katholischen schwedischen Adel gestützte reformkatholische Vision vor, die zwar die Priesterehe und die Abendmahlskommunion unter beiderlei Gestalt beibehielt, ansonsten aber altgläubige Formen wahrte oder in einer 1576 eingeführten Liturgie restituierte. Johann pflegte auch Kontakte zu den Jesuiten, den wichtigsten Akteuren der Gegenreformation, die in Polen zum Erfolg geführt hatte; dies verdeutlicht, dass das innerlich wenig gefestigte reformatorische Kirchentum Schwedens auf der Kippe stand.

Unter Johanns katholischem Sohn Sigismund, der in Personalunion König von Polen und Schweden war, spitzte sich die Gefahr einer Rückkehr zum Katholizismus zu. Deshalb suchten die Bischöfe Schwedens Rückhalt bei Johanns Bruder Herzog Karl, dem Onkel des Monarchen. Zusammen mit dem Reichsrat berief dieser 1593 eine Nationalsynode nach Uppsala ein, der für die weitere Konfessionsgeschichte Schwedens eine zentrale Rolle zukam. Man verwarf dort nämlich die neue Liturgie, bekräftigte die Kirchenordnung von 1571 und distanzierte sich von «Papisten», «Wiedertäufern» und «Calvinisten». Erstmals in der Reformationsgeschichte Schwedens erklärte man die *Confessio Augustana* nebst den drei altkirchlichen Symbolen (Apostolikum, Nicaeno-Konstantipolitanum, Athanasianum) zur Lehrgrundlage der schwedischen Kirche. Auf einer Ständeversammlung von Söderköping (1595) wurde festgestellt, dass der Abfall von der evangelischen Lehre mit Landesverweisung bestraft werden sollte. 1599 sagten sich die Stände von Sigismund los und wählten Herzog Karl zum schwedischen König (Karl IX., 1599–1611). Ab 1604 war Katholiken der Aufenthalt in Schweden verboten. Der lange Weg zum lutherischen Staatskirchentum war als nationaler Klärungsprozess durch die Herausforderung des Katholizismus und die Konkurrenz zu Polen forciert worden; theologische Selbstverständigungsdebatten hatten ihn kaum begleitet.

Die Anglikanische Kirche und die Puritaner

Die Paradebeispiele für einen engen Zusammenhang zwischen Thronwechseln und Umbrüchen in der Religionspolitik bietet die *englische* Reformationsgeschichte. Die Problematik des um 1600 belegten religionsrechtlichen Programmsatzes *Cuius regio, eius religio* (Wer die

Herrschaft innehat, bestimmt über die Religion) wird an kaum einem Phänomen so deutlich wie an den raschen religionspolitischen Kurswechseln zwischen Heinrich VIII. (1509–1547), Edward VI. (1547–1553), Maria Tudor (1553–1558) und Elisabeth (1558–1603). Dies mag auch damit zusammenzuhängen, dass die Motive, die für eine Einführung der Reformation zu sprechen schienen, nirgendwo von so persönlicher Art waren wie bei Heinrich VIII., dem einstmals von Papst Leo X. als «Verteidiger des Glaubens» (Defensor Fidei) geehrten Monarchen aus der Tudordynastie.

Heinrich hatte sich in seiner Verteidigung der sieben Sakramente gegen Luthers Schrift De captivitate Babylonica als ein treuer Anhänger der römischen Kirche inszeniert. Den Ketzer Luther verachtete er aus tiefer Seele, und auch in der Verfolgung und Bestrafung seiner Lehre, die über vom Kontinent eingeschmuggelte Druckschriften das Inselreich erreichte, ließ sich Heinrich von keinem gekrönten Haupt Europas übertreffen. Allerdings bekümmerte ihn eine persönliche Not, und angesichts seiner Lage wird man ihm eine gewisse sorgenvolle Redlichkeit nicht absprechen können, auch wenn das im Lichte seines späteren sitten- und zügellosen Verhaltens verwundern mag. Mit Hilfe eines päpstlichen Dispenses hatte Heinrich bald nach Antritt seiner Herrschaft (1509) Katharina von Aragon, die Witwe seines Bruders, eine Tante Karls V., geheiratet – ein Akt der Staatsräson, denn England setzte gegen seinen französischen Erzfeind auf eine feste Koalition mit Spanien. Als jahrelang ein männlicher Thronerbe aus dieser Ehe ausblieb, sah Heinrich darin eine göttliche Strafe, stand doch geschrieben: «Wenn jemand die Frau seines Bruders nimmt, so ist das eine abscheuliche Tat. Sie sollen ohne Kinder sein, denn er hat damit seinen Bruder geschändet.» (3. Mose 20,21)

Heinrich erbat, ja forderte nun vom Papst, diese illegitime und vermeintlich unter Gottes Zorn stehende Ehe zu annullieren, und hatte dabei die Unterstützung des gesamten englischen Episkopats – mit Ausnahme des antireformatorischen Bischofs John Fisher von Rochester, der ebenso wie der große Gelehrte und Lordkanzler Thomas More seinen Widerstand in der Ehefrage mit dem Leben bezahlte. Schon ein Zeitgenosse notierte: «Es ist nicht sicher, ob die Zuneigung

König Heinrichs zu einer anderen Dame der Grund für diese Maßnahme gewesen ist, aber wie es auch sein mag: sicher ist, daß er um diese Zeit seiner Zuneigung zu Anne Boleyn freien Lauf ließ.»[52] Rom zögerte eine Entscheidung lange hinaus und weigerte sich schließlich, die Ehe zu annullieren, wobei politische Rücksichten auf das Haus Habsburg und den Kaiser den Ausschlag gaben.

Im Gegenzug suchte Heinrich VIII. nun mit Hilfe gelehrter Berater, unter anderem Thomas Cromwell, der den evangelischen Ideen vom Kontinent zuneigte, nach einer anderen Lösung. Sie fand sich in der staatstheoretischen Legitimierung Englands als eines Imperiums, das unmittelbar zu Gott sei und daher von keiner äußeren Macht, ob Papst oder Kaiser, bestimmt werden dürfe und allein seinem König Gehorsam schulde. Der König sei deshalb auch das Oberhaupt der englischen Kirche; dem Papst als einer ausländischen Macht loyal zu sein, bedeute Hochverrat gegenüber dem König. Im Mai 1533 ließ der neu ins Amt gekommene Primas von Canterbury, Thomas Cranmer, durch ein kirchliches Gericht verkündigen, dass die Ehe Heinrichs und Katharinas ungültig sei. Ihre Tochter Maria habe als unehelich zu gelten und sei nicht erbberechtigt.

Im Frühjahr 1534 verwarf die englische Geistlichkeit die päpstliche Autorität; ihrer Unterwerfung unter die Krone stimmte die Kirche also in vorauseilendem Gehorsam zu. In einem Gesetzgebungsakt vom November des Jahres, dem *Act of Supremacy*, stellte das englische Parlament fest, dass der König von England «als das alleinige Oberhaupt (*supreme head*) der Kirche von England, genannt *Anglicana Ecclesia*, gelten und angesehen werden»[53] solle. Damit war das kanonische Recht in England aufgehoben, das Inselreich als ein einheitlicher Rechtsbereich definiert und die Verselbständigung einer Nationalkirche von Rom beschlossene Sache.

Heinrich VIII. hielt zunächst an allen entscheidenden Lehraussagen und Praktiken der römisch-katholischen Tradition fest; Lutheraner wurden weiterhin als Ketzer verfolgt und verbrannt. Auch William Tyndale, der Schöpfer des englischen Neuen Testaments, das bis in die Mitte der 1530er Jahre in mehr als 15 000 Exemplaren heimlich vertrieben worden sein soll, war unter den Opfern. Unter dem Einfluss

Thomas Cromwells und mit Unterstützung Cranmers kamen jedoch nach und nach Maßnahmen zum Tragen, die eine «Reinigung» des bestehenden Kirchenwesens anstrebten: Die Zahl der Feiertage wurde drastisch reduziert, gegenüber den bisher üblichen rund hundert auf fünfundzwanzig im Jahr, Wallfahrten, Bilder, Reliquien und der Glaube an Wunder wurden verboten, die Anschaffung der Bibel in englischer Sprache in jeder Pfarrei zur Pflicht gemacht. 1539 erschien eine obrigkeitlich sanktionierte Bibelausgabe, doch vier Jahre später verfügte das Parlament auf Drängen des Königs hin, dass nur höhergestellte Personen sie lesen dürften. Offenbar fürchtete Heinrich, dass eine breite gesellschaftliche Bibelrezeption zu Aufruhr führen könnte. Auch vor dem Klosterwesen machte der König nicht halt. Zwischen 1536 und 1540 schaffte er schrittweise das Mönchtum ab, seine Besitztümer wurden der Staatskasse zugeschlagen; Letzteres galt auch für mancherlei Stiftungen. Am Zölibat, der Transsubstantiationslehre, Seelenmessen und der Ohrenbeichte – konventionellen Zielpunkten reformatorischer Kritik – hielt die königlich verordnete Kirchenlehre vorerst fest.

Die Sicherung der Dynastie galt als einzige Möglichkeit, England vor dem Chaos jener bürgerkriegsartigen Zustände zu bewahren, die die Herrschaft der Tudors beendet hatte. Doch Anne Boleyn gebar nur eine Tochter: Elisabeth. Der König verlor die Lust an seiner zweiten Frau, ließ sie wegen angeblichen vielfachen Ehebruchs verurteilen und hinrichten und ging eine dritte Ehe ein. Jane Seymour gebar den so lange gewünschten Thronfolger Edward im Oktober 1537 und verstarb im Kindbett. Drei weitere Ehen, auch bündnispolitisch kalkuliert, folgten: eine Scheidung (Anna von Kleve), eine Hinrichtung (Catherine Howard), die letzte (Catherine Parr) gebar eine Tochter und erreichte den Witwenstand. Bei der Zahl der Nachkommen blieb es; durch ein Gesetz von 1543 wurde die Erbfolge geregelt: Edward, Maria, Elisabeth. Als Heinrich VIII. 1547 starb, war sein protestantisch erzogener Sohn neun Jahr alt.

Eine theologisch reflektierte und praktisch konsequente reformatorische Umgestaltung der englischen Staatskirche setzte in der kurzen Regierungszeit Edwards VI. (1547–1553) ein. Sie wurde aber durch die brutale Rekatholisierungspolitik Maria Tudors (1553–1558) vollständig rückgängig gemacht und erst mit dem Regierungsantritt Elisabeths (1558) zu einem dauerhaften Ziel geführt. Im Privy Council, dem aus sechzehn Räten bestehenden Regierungsrat des kindlichen Monarchen Edward, in dem ein Onkel des Königs, Edward Seymour, als Lord Protector den Ton angab, dominierten die protestantischen Tendenzen. Das Parlament hob Verbote gegen protestantisches Schrifttum auf; außer lutherischen kamen nun auch verstärkt reformierte, insbesondere calvinistische Texte in Umlauf. Qua Parlamentsgesetz wurden die Seelenmessen eingestellt und die entsprechenden Stiftungsgelder kassiert. Bei Visitationen in den Pfarreien zog man systematisch Kirchengerät aus Edelmetall ein und schlug es der Krone zu. Der englische Staat steigerte seine Macht durch die Ausbeutung der Kirche. Gelegentliche Widerstandsregungen kamen vor allem von Seiten derer, die – anders als die Großgrundbesitzer und der Adel – nicht zu den Profiteuren der Entwicklung zählten, aber nur geringen Einfluss besaßen.

Durch ein Uniformitätsgesetz von 1549 wurde das von Erzbischof Thomas Cranmer verfasste *Book of Common Prayer* in seiner ersten Version als verbindliche liturgische Form der englischen Nationalkirche eingeführt. Anstelle der lateinischen wurde nun eine englische Messe gelesen. Bei der Eucharistie war der Opfercharakter getilgt, die Transsubstantiationsvorstellung aber beibehalten, den Gläubigen wurde Brot und Wein gereicht. Der Priester agierte weiterhin in den traditionellen Messgewändern.

Nur drei Jahre später, in einer 1552 veröffentlichten und gesetzlich verbindlich gemachten Fassung des *Book of Common Prayer*, legte Cranmer eine deutlich reformiert geprägte Agende vor. Darin spiegelten sich Vorstellungen des 1547 nach Oxford berufenen italienischen Reformierten Petrus Martyr Vermigli und des Reformators Martin Bucer, der wegen der kaiserlichen Religionspolitik im Reich ins Exil geflüchtet und Professor in Cambridge geworden war. Die Transsubstantiationsvorstellung war nun aufgegeben, der Altar wurde – wie bei den Reformierten üblich – durch einen Holztisch im Kirchenschiff ersetzt, die Priestergewandung abgeschafft. Der Erzbischof von Can-

Der Zustand der Kirche in England: Im Zentrum des illustrierten Flugblattes steht die Pervertierung des Abendmahls durch die Opfermesse. Einzelne mit Buchstaben gekennzeichnete Personen (Gruppen) werden durch kurze Reimverse charakterisiert. Für die vom Papstteufel angeführten Kleriker wird die biblische Metapher der Wölfe im Schafspelz verwendet. Die Schafe sind die dahingerafften Märtyrer. Aus dem Namen des im Zentrum zelebrierenden Bischofs Stephen Gardener von Wichester, den Maria Tudor zum Kanzler berief, den Namen der Märtyrer sowie dem Hinweis auf die acht Jahre der Regierung Edwards VI. ergibt sich die Datierung auf 1555.

terbury hatte auch ein dem protestantischen Ritus entsprechendes Bekenntnis ausgearbeitet, die sogenannten 42 Artikel. Es wurde infolge von Edwards Tod im Sommer 1553 nicht mehr eingeführt. Cranmer starb als Opfer der unverzüglich einsetzenden marianischen Gegenreformation. Seine 42 Artikel bildeten aber später die Grundlage der 39 Glaubensartikel, die 1563 als anglikanisches Glaubensbekenntnis eingeführt und 1571 durch das Parlament bestätigt und veröffentlicht wurden. Darin war in der Abendmahlslehre ein dezidierter Anschluss an Bucer und Calvin und eine Distanzierung von Luther vollzogen. Der Glaube galt als das Medium, durch das die spirituelle Nießung des in geistlicher Weise gegenwärtigen Leibes Christi erfolge.[54]

Viel mehr als ein Intermezzo war die Regierungszeit der katholischen Maria, die bereits 1558 kinderlos starb, nicht. Mit ihrem Namen hat sich die Erinnerung an eine gewaltige Anzahl von protestantischen Martyrien verbunden, die vor allem durch John Foxes *Book of Martyrs* popularisiert und präsent gehalten wurden. Wahrscheinlich lag die Zahl der Blutzeugen in der Ära ihrer Herrschaft bei rund dreihundert, wobei neben führenden Geistlichen vor allem «kleine Leute», kaum aber die politischen Eliten, die sich vorher protestantisch geriert hatten, betroffen waren. Etwa achthundert evangelische Bekenner wählten das Exil; bevorzugte Zielorte waren Straßburg, Frankfurt am Main, Zürich und Genf.

Die erheblichen Gewinne, die der Adel durch die Säkularisierung des Kirchenguts in der Zeit Heinrichs VIII. und Edwards VI. eingestrichen hatte, wurden auch unter Maria nicht zurückgefordert. Selbst führende Politiker aus der Vorgängerregierung integrierte sie. Religionspolitisch lenkte die Königin mit Unterstützung des Parlaments auf

Der Kirchen in Engelandt gelegenheit.

Die gefangē Predickantē in Engelandt
Mit namen Cramerus. Hopperus.
Rydleius. Rogerus.
Brabfoldus. Latimerus.

Vorrede.

Wirdt ein Prophet vermessen sein
Vnd reden in den Namen mein/
Da ich im nichts geporten han/
Oder ruffe frembde Götter an.
Ein solch prophet verwurcket hat
Sein leben/dis ist Gots gebot. Deu. 18.
A   Der Teuffel Spricht Joan. 8.
Ihr trawte liebe Kinder mein/
Des euch artet nach mir sein/
Vnd wurget die Propheten mir/
Von anfang ich ein Mörder bin/
B   Das Lamb Spricht.
Was mache ir? O wie nerrichte leut/
Das ir mich widerumb creutziget heut/
Mit einem Opffer in ewigkeit/
Ich alle erwelte hab bereidt/
C   Die Fürsten Sprechern Luce. 19.
Was gibt vns dieser Beerwolff an?
Wir wollen in nicht zum herscher han.

D   Die Bischoffe vn die Paffē Sprechē
Wir Schlucken dieses Lemlins Blut/
Vnd han do hay ein leichten mut.
E   Der Beerwolff von Wintonien
                        Spricht.
Ein tuckischer/listiger fuchs gar klug
War ich vorzeitten vol betrug/
Nun aber/da ich worden alt/
Brauch ich/gleich wie ein Wolff/gewalt/
Vorhin wurget ich die Lemlin klein/
Gäns/enten/hüner/ingemein/
Jetz morde ich schaff/böck/vn die widet/
Was ich antreff leg ich darnider.
F   Das gemein pöbel in volck Spriche.
O heyliger vnd gelerter Man/
Allein vnstrefflich lobensan.
G   Die gefangen Sprechen.
Vmb deine willen wir viel tag
O Christe leiden vngemach/
Gleich wie vnschuldige lemmerlin
Zu wurgen vns sice al ir sinn.

Zum Leser.

Dis bildnuß lehrt dich frommer Christ/
Des Satans haß vnd arge list/
Wie er von anfang hat gethon/
Mit mörden vnd mit falscher lehr/
Der mörder vnd ertz lügener
In Engelande an allem ort/
Acht Jar leuchtet das Götlich wort/
Vndanckbarkeit die vrsach war
Darumb es ist verloschen gar/
Nun höret es den wider Christ
Der zu Wintonien Bischoff ist.
Diß Gost gericht/O Teuscher Man
Solen alltzeit vor augen han
Vnd Gott für sein wort danckbar seit
So wurtt er dirs auch lassen rein.
Darumb wer oren hat der höt/
Vonn lugen sich zur Warhait kere.

den Status quo am Ende der Regierungszeit ihres Vaters Heinrichs VIII. zurück: Das Messopfer, die Transsubstantiationslehre und die sieben Sakramente wurden restituiert, der Laienkelch abgeschafft, verheiratete Priester entlassen. Ansonsten verfolgte sie politisch wieder einen vom Papsttum unterstützten, entschieden pro-spanischen Kurs. Aus Anlass der Eheschließung mit Philipp von Burgund, dem Sohn Karls V., der seit 1556 als Philipp II. das spanische Weltreich regierte, wurde vereinbart, dass ihrem Gemahl keinerlei königliche Rechte in England zufallen sollten und die seit 1543 geltende Erbfolgeregelung im Falle ihres kinderlosen Todes in Geltung blieb. So kam es auch: Ab 1558 regierte ihre Halbschwester Elisabeth aus der Ehe mit Anne Boleyn. Sie vollendete die zunächst abgebrochene Reformation.

Während der langen *Herrschaft Elisabeths (1558–1603)*, nach der man ein eigenes Zeitalter, das elisabethanische, benannte, vollzog sich der definitive Übergang Englands zu einer protestantischen Nation. Dieser ging nach dem Sieg über die spanische Armada (1588) mit Englands Aufstieg zu einer europäischen, ja globalen Führungsmacht und der tiefgreifenden Umformung der englischen Gesellschaft zu einem Gemeinwesen einher, das sich an protestantischem Arbeitsethos orientierte, tätige Selbsthilfe statt Almosen förderte und zu praktischer Lebensbewältigung ermunterte. Die Unterwerfung und Instrumentalisierung des Kirchentums war ein wichtiges Mittel dazu: Das Wappen der Tudors prangte an allen Pfarrkirchen, die Gottesdienstteilnahme wurde bei Strafe als Untertanenpflicht eingeschärft und von der anglikanischen Staatskirche abweichende religiöse Optionen wurden sanktioniert und verfolgt.

Titelblatt von John Foxes Schrift ‹Acts and Monuments ... Touching ... Great Persecutions ...›, gedruckt 1563 in London von John Day. Der Holzschnitt stellt das Schicksal der Protestanten und der Katholiken auf Erden und im Himmel dar. Während erstere auf Erden verbrannt werden, doch im Himmel triumphieren (linke Seite mittleres und oberes Bildfeld), zelebrieren letztere einen triumphalistischen eucharistischen Kult auf Erden, leiden aber hernach ewige Höllenpein (rechte Seite, mittleres und oberes Bildfeld). Die unteren Bildfelder zeigen (links) mit Büchern die Predigt hörende und den Heiligen Geist empfangende protestantische Gläubige und (rechts) Katholiken, die sich während der Predigt mit Rosenkränzen beschäftigen und eine Prozession vollführen.

Krönungsporträt Königin Elisabeths I. von England. **Elisabeth wird um 1600 von einem unbekannten Künstler in dem traditionellen goldenen, hermelinbesetzten Krönungshabit in Szene gesetzt, den sie am 15. Januar 1559 trug. In der rechten Hand hält sie das Zepter, in der linken den Reichsapfel, auf dem Haupt trägt sie die Krone. Als sie am Krönungstag Westminster Abbey verließ, wurde sie von enthusiastischem Beifall begrüßt.**

Die jungfräuliche Königin, die sich selbst als Mutter der Nation und zweite Maria zu inszenieren wusste, stand der Kirche von England als «the only Supreme Governor of the realm» (die einzige höchste Herrscherin des Reichs)[55] vor. Dem eigenen Anspruch nach restaurierte sie kraft des Parlaments eine von Gott selbst der englischen Krone übertragene Ordnung. Faktisch aber symbolisierte Elisabeth in ihrer Person analogielos deutlich, dass die «Verstaatlichung» der Religion im Zuge der Reformation einen fundamentalen und dramatischen religionskulturellen Umsturz bedeutete. Denn nun thronte eine Frau an der Spitze der Kirche. Als *Queen in Parliament* war sie durch ein weltliches Parlament autorisiert; jede Legitimation durch die Kirche Roms oder eine selbständige geistliche Gewalt fehlte ihr. In einzelnen Momenten des elisabethanischen Herrscherkultes – dem Gedenktag ihrer Thronbesteigung mit gottesdienstlichen Handlungen, den Feiern ihres Geburtstages, ihrer Siege usw. – wurde die Überlegenheit der evangelischen Religion weithin sichtbar inszeniert und die Monarchin als irdisches Werkzeug der göttlichen Vorsehung in Anspruch genommen und proklamiert.

Die junge Herrscherin war am Hof der Königinwitwe Catherine Parr protestantisch erzogen worden, umfassend gebildet und ungemein klug. Seit 1558 leitete sie maßgebliche religionspolitische Schritte ein, die an die Regelungen ihrer beiden protestantischen Vorgänger anknüpften und Marias gegenreformatorisches Zwischenspiel beendeten. Dabei bediente sich die Königin ihres Beraters William Cecil und seiner «*Cambridge Connection*», eines Netzwerks humanistisch gebildeter Protestanten, die auch zu den *Marian exiles* Verbindungen unterhielten, welche rasch nach dem Herrscherwechsel in ihre Heimat zurückströmten. Viele dieser Exulanten waren von den konsequent nach den ethischen und theologischen Regeln Calvins gestalteten reformierten Kirchentümern des Kontinents tief beeindruckt, und über sie floss ein radikales, auf evangelische «Reinheit» abzielendes, *puri-*

tanisches Moment in das englische Kirchenwesen ein. Diese Puritaner praktizierten eine strenge Sonntagsheiligung, trafen sich zu gemeinsamen religiösen Lektüreversammlungen, ächteten weltliche Lustbarkeiten aller Art und drangen darauf, das kirchliche Leben Englands nach Genfer Manier zu regulieren. Bald traten die puritanischen Vorstellungen in Spannung zu dem katholisierenden Wesen, das das anglikanische Staatskirchentum in Bezug auf Liturgie, Gewänder, Hostien und Kirchenmusik bewahrt hatte.

Obschon die Mehrheit des Parlaments zur Zeit des Regierungsantritts Elisabeths katholisch war, hatte sie ihrer Suprematsakte zugestimmt. Das war wohl vor allem darin begründet, dass der Adel, der von den Säkularisierungen des Kirchenguts unter Heinrich VIII. und Edward VI. profitiert hatte, von Restitutionsforderungen nur dann dauerhaft frei zu bleiben hoffte, wenn eine rechtliche Einmischung des Papstes definitiv ausgeschlossen war. Die Königin verlangte sodann von jedem geistlichen und weltlichen Amtsträger und allen Promovierenden an den Universitäten einen Treueeid, der ihre Anerkennung als Oberhaupt der englischen Staatskirche einschloss. Die Pastoren mussten zeitweilig zwei Mal im Jahr ihre Loyalität gegenüber ihrer Königin durch Unterschrift unter eine Bekenntnisformel bekunden. 17 der 18 von Maria Tudor eingesetzten Bischöfe verweigerten den Eid und wurden abgesetzt; einige der neu installierten geistlichen Hirten rekrutierte man aus den *Marian exiles*.

Die 1559 erlassene Uniformitätsakte führte Cranmers in Bezug auf die Abendmahlslehre in ihrem reformierten Gehalt abgeschwächtes zweites *Book of Common Prayer* von 1552 als verbindliche liturgische Norm ein; fortan wurde die Nichtteilnahme am Gottesdienst mit einer Geldstrafe geahndet. Diesen religionspolitischen Kurs praktizierte man analog auch in der englischen Kolonie Irland, doch unter den gälischsprachigen Landbewohnern und dem anglonormannischen Bevölkerungsteil blieb der Katholizismus – auch als Moment der Resistenz gegen die englischen Okkupatoren – vital; einzig die englischen Immigranten Irlands waren protestantisch.

Eine eindeutig moderat reformierte Lehre enthielten die 1563 kirchlich approbierten, 1571 staatsrechtlich eingeführten 39 *Artikel* der Church of England. In Bezug auf die Lehre von der Prädestination verzichtete man hier auf die Schroffheiten einer ewigen doppelten Vorherbestimmung (Erwählung und Verwerfung); die Abendmahlslehre schloss eine Nießung des wahren Leibes Christi durch Ungläubige (*manducatio impiorum*) – die Pointe der lutherischen Position –

aus.[56] Elisabeth, der *Supreme Governor*, soll eine Drucklegung dieses Bekenntnisses verhindert haben, solange sie Bündnispläne mit deutschen lutherischen Fürsten hegte; die konfessionsdogmatische Unschärfe hatte also Prinzip. Generell sollten theologische Kontroversen, wie sie in Deutschland florierten, religiöser Eifer, wie er sich in ikonoklastischem Furor austobte, Maßlosigkeiten aller Art im Umgang mit der ehrwürdigen kirchlichen Überlieferung unterbleiben. Elisabeth gestaltete eine traditionsbewusste, auf trennscharfe dogmatische Abgrenzungen verzichtende, integralistisch orientierte anglikanische Kirche. Selbst katholisch empfindende, doch Rom gegenüber distanzierte Untertanen sollten hier eine religiöse Heimstatt finden. Dass Elisabeth von Gottes Gnaden regierte und nur eine einheitliche Gottesverehrung das Gemeinwesen stabilisierte, war ihr und ihren Zeitgenossen weithin selbstverständlich.

Seit den 1570er Jahren verstärkten sich die Konflikte mit den Puritanern einerseits, den Katholiken andererseits. Unter Ersteren hatte sich die Überzeugung durchgesetzt, dass «die Kirche» im Kern die *congregation*, die Ortsgemeinde, sei, die nahe Versammlung der Prädestinierten, die aus ihrer Mitte die Inhaber der kirchlichen Ämter (Pastoren, Diakone, Presbyter) zu wählen habe. Folglich geriet die episkopalistisch verfasste elisabethanische Staatskirche ins kritische Visier der Puritaner beziehungsweise Presbyterianer oder Kongregationalisten, die sich an genuinen Traditionen des Calvinismus orientierten. Einige Gemeinden separierten sich, auch Synoden traten zusammen; man bemühte sich sogar im englischen Parlament um eine Legitimierung dieses Weges. Doch Elisabeth erkannte in all diesen Entwicklungen nichts anderes als Insubordination; durch Inhaftierungen entzog sie allen Bemühungen um eine alternative Kirchengestalt die Grundlage. Damit zwang sie die Puritaner in den Untergrund.

Nachdem der Papst die englische Königin 1570 exkommuniziert und ihre Untertanen vom Treueeid entbunden hatte, sah sich Elisabeth einer wachsenden Gefahr durch die katholische Welt, besonders Spanien, ausgesetzt. Allenthalben drohten reale oder imaginierte Verschwörungen und Intrigen; Maria Stuart stand bis zu ihrer Hinrichtung (8. Februar 1587) in deren Zentrum. Seit den späten 1560er

Jahren existierte ein katholisches Priesterseminar in Douai, das für die Insel ausbildete und seit 1574 heimlich Kandidaten über die langen Küsten einschleuste. Ab 1578 kamen Jesuiten hinzu, die in einem neu gegründeten englischen Kolleg in Rom ausgebildet waren. Um 1580 sollen bereits hundert katholische Priester nach England gelangt sein, bis 1600 über sechshundert. Sie wirkten subversiv in privaten Räumen und fanden besonders in Teilen des Adels Rückhalt. Ein Viertel von ihnen starb den Märtyrertod, über die Hälfte wurde zeitweilig inhaftiert. Scharfe Reaktionen der Krone, die drakonische Strafen für das Versäumen des Gottesdienstes, für die Unterstützung katholischer Priester oder für dingfest gemachte Kleriker verhängte, sollten einschüchtern und jede Form der religiösen Inobödienz als politischen Verrat diskreditieren.

So werden in der englischen Königsreformation Elisabeths die extremsten Möglichkeiten des reformatorischen Umbruchs wie unter einem Brennglas sichtbar: Die Befreiung vom kanonischen Recht sicherte der Krone Zugriffe auf das Kirchengut und stiftete neue Loyalitäten zwischen der regierenden Dynastie und dem profitierenden Adel, stärkte insofern die Ausformung von Staatlichkeit. Der «gemeine Mann» sah sich einer in Kirche und Staat identischen, göttlich legitimierten, ja metaphysisch überhöhten Autorität gegenüber und war dieser stärker ausgeliefert, als seine Vorfahren es je gewesen waren. Der Kirche kam keine eigenständige Rolle, etwa gegenüber dem Staat, zu, im Gegenteil: Bis in die Regulierung von Lehre und Liturgie hinein erstreckte sich die königliche Macht, die somit weit über die Zugriffsmöglichkeiten mittelalterlicher Herrscher hinausging. Das Modell der obrigkeitlich definierten Einheitskonfession setzte die religionskulturelle Grundstruktur des mittelalterlichen Lateineuropa fort. Alternativen zum öffentlichen Kult gab es, allenthalben bedroht, nur in Räumen, die der Staatsgewalt nicht zugänglich waren.

5. DAS BEFRIEDETE, DAS RUHELOSE REICH

Im Unterschied zu beinahe allen anderen lateineuropäischen Ländern – mit Ausnahme der Schweiz – war die religionspolitische und -kulturelle Entwicklung in Deutschland grundlegend davon geprägt, dass die Anhänger der neuen und die Verteidiger der alten Lehre in etwa gleich an Zahl waren, zwischen beiden Obödienzen also ein machtpolitisches Patt bestand. Jedenfalls stellte sich die Entwicklung im Ergebnis so dar, auch wenn es zwischenzeitlich so ausgesehen hatte, als ob das «katholische Deutschland» definitiv ins Hintertreffen geraten würde. Denn in den 1530er Jahren waren mit Brandenburg, dem albertinischen Sachsen und Württemberg große Flächenstaaten zur Reformation übergegangen. In den frühen 1540er Jahren schienen das Herzogtum Braunschweig-Wolfenbüttel und das Erzstift Köln unter seinem Kurfürsten Hermann von Wied vor einer definitiven Hinwendung zur Reformation zu stehen, und auch in der Kurpfalz setzte mit dem Regierungsantritt Friedrichs III. ein Reformationsprozess ein. Die katholische Mehrheit im Kurkollegium und damit der katholische Charakter des Reiches standen zeitweilig auf Messers Schneide.

Die Politik des Reichsoberhauptes war nach wie vor an der Grundentscheidung von 1521, dem Wormser Edikt, orientiert. Mit großer Beharrlichkeit verfolgte Karl V. das Ziel eines Konzils, das die Wiederherstellung der Kircheneinheit durch die Rückkehr der abtrünnigen Protestanten und die Einleitung eines substantiellen Reformprozesses innerhalb der römischen Kirche bewerkstelligen sollte. Doch immer wieder hielten ihn die Päpste hin oder bestanden darauf, dass das Konzil in einer ihrem Machtbereich unterworfenen Stadt stattfinden müsse. Die Furcht vor einem Erstarken des Konziliarismus dominierte an der Kurie lange Zeit über die Einsicht in die Notwendigkeit einer Reform. Die Protestanten hingegen machten zur Bedingung ihrer Konzilsteilnahme, dass die Kirchenversammlung frei zu sein habe, also nicht unter päpstlicher Prärogative stehen dürfe und allein dem Worte Gottes verpflichtet sein müsse – Forderungen, die für die römische Seite inakzeptabel waren. Bald nach seinem Amtsantritt berief Papst Paul III. (1534) ein Konzil in Mantua ein (1537), dem sich aber nicht nur die Protestanten im Reich, sondern auch der französische König verweigerte – es fand am Ende nicht statt.

In den frühen 1540er Jahren setzte der Kaiser auf eine religionsdiplomatische Verständigung innerhalb des Reiches; in den Religionsgesprächen von Hagenau, Worms und Regensburg (1540/41) traten Theologen und Politiker beider Konfessionsblöcke zur Erörterung der theologischen Differenzen zusammen. Die Gesprächsgrundlage bildete zunächst die von Melanchthon in einer Neubearbeitung vorgelegte *Confessio Augustana* (sogenannte *Variata*), später ein in einer Geheimkommission unter Beteiligung Martin Bucers verfasstes theologisches Konsensdokument zu zentralen Fragen der Rechtfertigung, der Erbsündenlehre, des Verhältnisses von Schrift und Tradition, der Abendmahlslehre und der Zeremonien. Auch wenn diese Religionsgespräche, auf die der Kaiser zeitweilig gehofft hatte, am Ende ergebnislos verliefen, verdeutlichen sie doch, dass die theologischen Positionen zum Teil noch erstaunlich elastisch waren und dass die Verhärtung der theologischen Fronten nicht allein theologisch-doktrinal, sondern auch politisch bedingt war.

Karls V. Suche nach einem Ausgleich mit den protestantischen Ständen im Reich war in dieser Phase der frühen 1540er Jahre der Not geschuldet, dass ihm die militärisch-politische Gesamtsituation – Kriege mit Frankreich und dem Osmanischen Reich – keine Alternative ließ. Seit dem Regensburger Reichstag von 1531 drangen die Protestanten darauf, dass der Reichsabschied des Augsburger Reichstages von 1530 aufgehoben oder sistiert werde; ganz unverhohlen banden sie ihre Bereitschaft zu militärischen und finanziellen Opfern bei der Türkenabwehr an die Duldung ihrer Religion. In die jeweils befristeten «Friedstände», die in Nürnberg (1532) und Frankfurt (1539) abgeschlossen wurden, bezog man neben den bereits evangelischen auch die künftig zur Reformation übergehenden Reichsstände ein; die wegen des enteigneten Kirchengutes anstehenden Restitutionsprozesse wurden suspendiert. Diese zeitweiligen Friedensregelungen, bei denen der Kaiser nicht als direkter Vertragspartner der «Ketzer» auftrat, ermöglichten die expansive Ausbreitung der Reformation während eines guten Jahrzehnts.

Schmalkaldischer Bund und Schmalkaldischer Krieg

Das militärisch-politische Bündnis der Protestanten, der von den Achsenmächten Kursachsen und Hessen geleitete *Schmalkaldische Bund*, avancierte zu einem zentralen Machtfaktor im Reich und in Europa. Während sich Verhandlungen mit den Kronen Frankreichs und Englands im Ergebnis als folgenlos erwiesen hatten, kam zwischen dem dänischen König Christian III. und den meisten Schmalkaldischen Bundespartnern ein Vertrag über wechselseitige Militärhilfe zustande. Innerhalb Deutschlands war der Schmalkaldische Bund ein wichtiger Faktor zur Förderung der Ausbreitung der Reformation.

So waren etwa Truppen des Schmalkaldischen Bundes unter Führung Landgraf Philipps von Hessen an der Eroberung Württembergs beteiligt. Der württembergische Herzog Ulrich, der 1519 wegen eines Angriffs auf die Reichsstadt Reutlingen mit militärischen Mitteln außer Landes getrieben worden war und einen Teil seines Exils in Kassel zugebracht hatte, führte seit 1534 die Reformation in seinem Herzogtum ein. Das evangelische Württemberg wurde zu einem wichtigen Vorposten des Protestantismus im Süden – sehr zum Leidwesen Bayerns und der Habsburger.

Die Stärke des Schmalkaldischen Bundes wuchs bis in die späten 1530er Jahre hinein stetig. Neben einigen Städten (u. a. Braunschweig, Goslar, Einbeck, Esslingen, Göttingen, Hannover, Augsburg, Hamburg, Kempten, Minden, Heilbronn, Schwäbisch-Hall) traten auch mehrere Fürstentümer (Anhalt-Dessau, Pommern, Württemberg, Nassau-Saarbrücken, Schwarzenburg-Arnstadt, albertinisches Sachsen, Brandenburg-Küstrin) dem Bündnis bei.

Eine erhebliche Schwächung des Schmalkaldischen Bundes ergab sich durch eine Affäre, in die einer seiner Hauptleute, Philipp von Hessen, geriet. Er begehrte das Hoffräulein Margarete von der Saale, die sich aber auf Insistieren ihrer Mutter nur um den Preis einer regulären Eheschließung mit ihm einzulassen bereit war. Allerdings war

Philipp mit einer Tochter Herzog Georgs von Sachsen verheiratet. Der hessische Landgraf ging im März 1540 eine zweite Ehe ein, was einige Theologen in seinem Umfeld theologisch mit der Polygamie der alttestamentlichen Patriarchen zu rechtfertigen suchten. Die Wittenberger Theologen und Martin Bucer hatten dieser Doppelehe aus seelsorgerlichen Gründen zugestimmt, denn des Landgrafen außereheliche Kontakte waren notorisch. Die Theologen verbanden dies mit der zweifelhaften Empfehlung, die zweite Ehe geheimzuhalten und sie nach außen, einer verbreiteten Sitte entsprechend, als Konkubinat auszugeben. Angesichts des «urreformatorischen» Kampfes gegen die Doppelmoral des Klerikerkonkubinats zwei Jahrzehnte zuvor kam dies einer ethisch-theologischen Kapitulation gleich! Nach der 1532 eingeführten kaiserlichen Gerichtsordnung, der *Constitutio Criminalis Carolina*, stand auf das von Philipp begangene Verbrechen die Todesstrafe, und so war der hessische Hauptmann des Schmalkaldischen Bundes, als sein Fall ruchbar wurde, erpressbar. Kaiser Karl ließ sich die Amnestie für die Doppelehe damit vergelten, dass er Philipp unter anderem dazu verpflichtete, einer Erweiterung des Schmalkaldischen Bundes – etwa durch den Beitritt Englands oder Frankreichs – entgegenzuwirken.

Die bekenntnismäßige Lehrgrundlage des Schmalkaldischen Bundes bildete die *Confessio Augustana*. Luthers ursprünglich zu diesem Zweck abgefasste *Schmalkaldischen Artikel*, die eine besonders pointierte und profilscharfe Zusammenfassung seiner Lehre enthielten, fanden die Zustimmung vor allem der oberdeutschen Bundesmitglieder nicht. Die Differenzen in der Abendmahlsfrage wurden durch die *Wittenberger Konkordie* von 1536 entschärft. Darin bestätigten die Wittenberger der von einigen oberdeutschen Theologen vertretenen Lehrauffassung, dass Leib und Blut Christi «mit dem Brot und Wein» (*cum pane et vino*)[57] gegenwärtig seien, sich im Rahmen der für die Schmalkaldener Bundespartner geltenden Lehrdoktrin zu bewegen. Auf eine nähere kausative oder instrumentelle Bestimmung zwischen beiden Wirklichkeiten, der irdischen und der himmlischen, verzichtete man. Dieser theologische Kompromiss wäre ohne den durch den Schmalkaldischen Bund bestehenden politischen Druck schwerlich

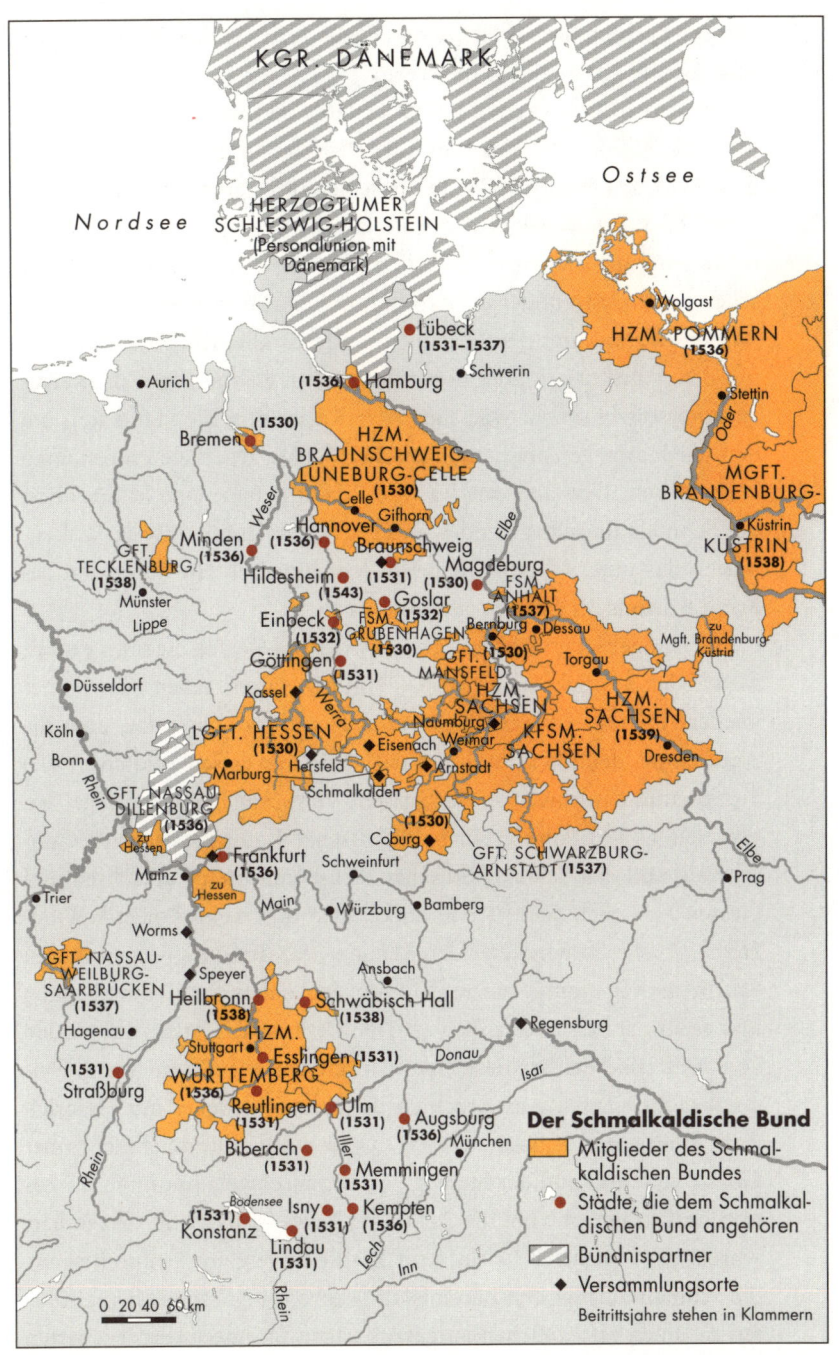

KGR. DÄNEMARK

Ostsee

Nordsee

HERZOGTÜMER SCHLESWIG-HOLSTEIN
(Personalunion mit Dänemark)

• Wolgast

HZM. POMMERN (1536)

• Lübeck **(1531–1537)**

• Schwerin

• Stettin

(1536) Hamburg

• Aurich

(1530) Bremen

HZM. BRAUNSCHWEIG-LÜNEBURG-CELLE

Celle **(1530)**

Gifhorn

MGFT. BRANDENBURG-KÜSTRIN (1538)

• Küstrin

Oder

Hannover

Minden **(1536)**

GFT. TECKLENBURG (1538)

Braunschweig

Magdeburg

zu Mgft. Brandenburg-Küstrin

Münster

Hildesheim **(1531)**

(1543)

Goslar **(1530)**

ANHALT FSM. (1537)

Lippe

Einbeck **(1532)**

FSM. (1532)

Bernburg • Dessau

GRUBENHAGEN (1530)

• Düsseldorf

Göttingen **(1531)**

GFT. (1530) MANSFELD

Torgau

Elbe

Köln •

Kassel

LGFT. HESSEN (1530)

Werra

Naumburg

Weimar

HZM. SACHSEN

HZM. SACHSEN (1539)

• Bonn

Eisenach •

KFSM. SACHSEN

• Dresden

Rhein

Marburg

Hersfeld

Schmalkalden

Arnstadt

GFT. NASSAU-DILLENBURG (1536)

zu Hessen

(1530)

Coburg

GFT. SCHWARZBURG-ARNSTADT (1537)

Elbe

Frankfurt **(1536)**

Schweinfurt

zu Hessen

Mainz •

Main

• Würzburg

• Bamberg

• Prag

• Trier

Worms

GFT. NASSAU-WEILBURG-SAARBRÜCKEN (1537)

• Speyer

• Ansbach

Heilbronn **(1538)**

Schwäbisch Hall **(1538)**

• Regensburg

• Hagenau

Stuttgart

HZM. WÜRTTEMBERG (1536)

Esslingen **(1531)**

Donau

Isar

(1531) Straßburg

Reutlingen **(1531)**

Ulm **(1531)**

Augsburg **(1536)**

• München

Biberach **(1531)**

Memmingen **(1531)**

Bodensee

Isny **(1531)**

Kempten **(1536)**

(1531) Konstanz

(1531)

Lindau **(1531)**

Iller

Lech

Inn

Rhein

0 20 40 60 km

Der Schmalkaldische Bund

▮ Mitglieder des Schmalkaldischen Bundes

● Städte, die dem Schmalkaldischen Bund angehören

▨ Bündnispartner

◆ Versammlungsorte

Beitrittsjahre stehen in Klammern

zustande gekommen. Gleichzeitig bedeutete er die definitive theologische Trennung von den Schweizern.

Seit den frühen 1540er Jahren spitzten sich die Beziehungen des Schmalkaldischen Bundes zum Kaiser zu, der aufgrund der außenpolitischen Umstände neue Handlungsspielräume gewann: Nach einem neuerlichen Friedensschluss mit Frankreich (1544), das sich zur Unterstützung der Konzilspläne bekennen musste, dem Sieg im Geldrischen Erbfolgestreit, der die habsburgischen Ansprüche sicherte, dem Waffenstillstand mit den Osmanen (1545) und einem Kriegsbündnis mit dem Papst (1546), der den militärischen Kampf gegen die Ketzer zu unterstützen bereit war, hatte der Kaiser nun die Hand frei, um den seit Jahren geplanten militärischen Schlag gegen die Protestanten auszuführen. Den äußeren Vorwand dazu lieferte eine Intervention des Schmalkaldischen Bundes im Herzogtum Braunschweig-Wolfenbüttel, das unter Herzog Heinrich dem Jüngeren ein Vorposten des Katholizismus im Norden gewesen war.

Die evangelischen Städte Braunschweig und Goslar, die seit 1531/32 Mitglieder des Schmalkaldischen Bundes waren, sahen sich immer wieder An- und Übergriffen Herzog Heinrichs ausgesetzt, dem die Autonomie, der Wohlstand und das stetig aus diesen Städten in sein Territorium eindringende «lutherische Gift» ein Dorn im Auge waren. Seit 1539 brandete ein publizistischer Kampf zwischen Braunschweig und den Schmalkaldischen Achsenmächten Kursachsen und Hessen auf. Auch der alternde Luther griff durch eine Polemik *Wider Hans Worst* – so nannte er den «Heinz» von Braunschweig – in den Schriftenstreit munter ein und fühlte sich dabei noch einmal «jung und frisch, starck und frölich».[58] Die literarischen Attacken wurden von militärischen flankiert; Brandanschläge auf Städte im thüringisch-sächsischen Raum brachten die Schmalkaldener mit Heinrich dem Jüngeren in Zusammenhang. 1540 wurde die Reichsacht über Goslar verhängt und der Herzog von Braunschweig mit ihrer Exekution beauftragt; obwohl die Acht vom Kaiser kurzfristig suspendiert wurde, griff Heinrich Goslar und Braunschweig an. Dadurch sahen die Schmalkaldener den Bündnisfall gegeben. Im Sommer 1542 führten sie einen erfolgreichen Kriegszug gegen Braunschweig, eroberten das Land, vertrieben den Herzog und leiteten den Prozess einer reformatorischen Umgestaltung des Territoriums ein. Bei einem Versuch Heinrichs, sein Herzogtum zurückzuerobern, konnte er im Herbst 1545 ergriffen und in hessische Gefangenschaft genommen werden. Im Sommer 1546 diente dieser «Braunschweigische Krieg» Karl V. als Anlass, die Hauptleute des Schmalkaldischen Bundes, Johann Friedrich von Sachsen und Philipp von Hessen, als Landfriedensbrecher zu ächten und gegen sie in den Krieg zu ziehen. Dieser Krieg ist als *Schmalkaldischer Krieg* in die Geschichte eingegangen.

Karls V. Hauptanliegen bestand darin, den Protestantismus empfindlich zu schwächen und einen weiteren Vormarsch der Reformation zu bremsen. Eben um dieses Zieles willen aber versagte er es sich, den Krieg, den der Papst mit Ablassgnaden in der Weise der Kreuzzüge segnete, als einen Religionskrieg zu führen; denn es galt, auch protestantische Bündnispartner zu gewinnen. Dies gelang ihm vor allem in Bezug auf Moritz, den protestantischen Herzog des albertinischen Sachsen, der den seit Generationen gehegten Wunsch seiner Dynastie, die Kurwürde der ernestinischen Verwandten an sich zu bringen, endlich erfüllen wollte. Für die Gesamtsituation im Reich aber war bezeichnend, dass der Kaiser für seine Feldzüge in den Norden auch von Seiten katholischer Reichsstände kaum Unterstützung erhielt. Trotz der konfessionellen Differenzen wirkten weiterhin gemeinsame ständische Interessen gegenüber dem habsburgischen Kaisertum, das zu stark zu werden drohte.

Der militärische Erfolg gegen den Schmalkaldischen Bund wurde am 24. April 1547 bei Mühlberg an der Elbe und in einer anschließenden Schlacht auf der Lochauer Heide besiegelt. Der Papst hatte Karl für die Dauer von vier Monaten 12 500 Soldaten zur Verfügung gestellt und diese noch während des Feldzuges wieder abgezogen; auch ihm war an einem übermächtigen habsburgischen Kaiser nicht gelegen. Es zielte gleichfalls auf eine Schwächung Karls V. ab, dass das Trienter Konzil, das 1545 seine Arbeit aufgenommen und – gegen den Willen des Kaisers – nicht mit den Reform-, sondern den Lehrfragen begonnen hatte, im Frühjahr 1547 aus dem Reichsgebiet abgezogen und ins päpstliche Bologna verlegt wurde. Weder im Reich noch in

Rom oder in irgendeiner anderen europäischen Haupt- oder Residenzstadt gab es Sympathien für den imperialen Universalismus, dessen Verwirklichung sich Karl V. nach seinem Triumph über die deutschen Ketzer näher wähnte denn je. Die Hauptleute des Schmalkaldischen Bundes, Johann Friedrich von Sachsen und Philipp von Hessen, gerieten in kaiserliche Gefangenschaft und wurden entwürdigend behandelt – ein Umstand, der nach und nach auch Moritz von Sachsen, der seine ersehnte Kurwürde bekommen hatte, gegen Karl einnahm. Zwar hatte sich Karl V. bei seinem Besuch des «Ketzernestes» Wittenberg und am Grabe Luthers in der Schlosskirche besonnen und staatsmännisch verhalten – er ließ den Gottesdienst und die Leiche Luthers unangetastet – , aber gegenüber den beiden Führern des Schmalkaldischen Bundes gebärdete er sich hochfahrend und triumphierend. Die vom 1. September 1547 bis zum 30. Juni 1548 in Augsburg abgehaltene, unter dem Namen «Geharnischter Reichstag» in die Geschichte eingegangene Reichsversammlung ließ Karl V. zur Demonstration seiner Macht von spanischen Truppen belagern. Dennoch: Die ehrgeizigen Ziele, die er bei der politischen Neuordnung des Reiches verfolgte – die Reorganisation des Reiches als Bund unter alleiniger kaiserlicher Führung, die Stärkung des von den Protestanten sabotierten Reichskammergerichts, die Beseitigung zünftischer Partizipationsrechte –, scheiterten sicher auch deshalb, weil die Stände nichts so sehr fürchteten wie ein monarchisches Dominat des Habsburgers.

Tiziano Vecellios Bildnis Karls V. entstand während des Augsburger Reichstags von 1548. Wahrscheinlich waren bei diesem Werk verschiedene Hände im Spiel; auf den Meister selbst dürfte das fein ausgearbeitete Gesicht zurückgehen.

Augsburger Interim und das Vakuum nach Luthers Tod

An der Spitze der politischen Agenda im Reich stand die Religionsfrage. Da sich das Konzil in Bologna im politischen Kontext der Jahre 1547/48 kaum in die kaiserliche Politik einfügen ließ, versuchte Karl sein Hauptziel, die Einheit der Religion wiederherzustellen, durch eine allein auf das Reich bezogene religionspolitische Strategie zu erreichen. Eine Theologenkommission, der mit dem brandenburgischen Hofprediger Johann Agricola auch ein – allerdings sehr umstrittener – evangelischer Theologe angehörte, verfasste ein Dokument, in dem die Form der im Reich bis zum Abschluss des Konzils geltenden Religion festgelegt wurde. Wegen der Vorläufigkeit dieses Dokuments bürgerte sich dafür die Bezeichnung *Augsburger Interim* ein (von lat. *interim* = inzwischen). An diesem Rechtstext schieden sich die Geister; er löste gravierende Verwerfungen im deutschen Protestantismus aus, die sich in den lebhaftesten publizistischen Kontroversen niederschlugen, die es seit den Anfängen der Reformation gegeben hatte.

Seinem Lehrgehalt nach war das *Interim* ein ziemlich katholisches Dokument. Bei der Darlegung der Rechtfertigungslehre, dem identitätsbildenden Kernartikel der Wittenberger Theologie, lag aller Nachdruck auf der «eingegossenen» göttlichen Gnade (*gratia infusa*), die zu «guten Werken» stimuliere, also jene Handlungsakte freisetze, die nach der Auffassung Luthers das gesamte Gottesverhältnis verdorben hatten. In der Lehre von der Kirche kam der römischen Hierarchie – und mit ihr dem sie stabilisierenden kanonischen Rechtssystem – eine wichtige Bedeutung zu. Lediglich in einer gewissen Zurückhaltung gegenüber Privatmessen und der Anerkennung der Priesterehe und des Laienkelchs wurden eindeutig protestantische Motive berücksichtigt. Gegen erhebliche Widerstände von katholischer wie von protestantischer Seite setzte der Kaiser dieses unzureichend legitimierte Dokument in den Reichsabschied und erklärte es zu einem für die evangelischen Reichsstände verbindlichen Religionsgesetz. Dieser Anspruch des Reichsoberhauptes, aus eigener Machtvollkommenheit die Religionsfrage im Reich verbindlich zu klären, konnte niemanden, dem an der «teutschen Libertät» gelegen war, ungerührt lassen.

In gewisser Weise verhielt sich Karl V. mit dem *Interim* in Bezug auf das Reich wie die protestantischen Territorialherren oder die skandinavischen und die englischen Könige in Hinblick auf ihre jeweiligen Territorialherrschaften, nämlich so, als ob es allein seiner Herrschaft unterläge. Auch wenn das *Interim* nur für die protestantischen Reichsstände gelten sollte, so stellte doch der Vorgang als solcher, also die

Promulgation einer das Kirchenwesen regulierenden Ordnung durch einen Repräsentanten des *ordo politicus*, einen flagranten Verstoß gegen das kanonische Recht dar. Dass der Papst dem *Interim* den Anschein der Legalität verlieh, indem er Dispense für die mit dem Kirchenrecht unvereinbaren Regelungen, insbesondere den Laienkelch und die Aufhebung des Pflichtzölibats, anbot, machte die Sache für rechtlich ernsthaft empfindende Zeitgenossen kaum besser. Die angestrebte Einheit in der Religionsfrage jedenfalls stellte das *Interim* nicht her. Im offenen oder verdeckten Widerstand, der dem Kaiser auf breiter Front entgegenschlug, zeigte sich, dass er den Bogen überspannt und die überkonfessionellen Beharrungskräfte der Stände unterschätzt hatte. Es gelang ihm am Ende nicht, den militärischen Erfolg von Mühlberg in eine dauerhafte Stabilisierung seiner Herrschaft zu überführen.

In einigen protestantischen Territorien und Städten – Württemberg, den meisten oberdeutschen Reichsstädten, der Pfalz, Nürnberg und Brandenburg – wurde das kaiserliche *Interim* weitgehend umgesetzt oder doch ein entsprechender Eindruck erzeugt. Flüchtige Pfarrer, nicht unpathetisch als «Vertriebene Christi» (*exules Christi*) bezeichnet, wurden zu einem nun vermehrt auftretenden Phänomen. Wichtige Fluchtziele waren das außerhalb des Reiches gelegene Preußen, besonders die Hauptstadt Königsberg, das sich soeben der Reformation öffnende England Edwards VI., die Schweiz und die renitente Elbmetropole Magdeburg.

Ein Konfliktherd besonderer Art entstand in Kursachsen. Der neue protestantische Kurfürst Moritz war einerseits nicht bereit, die mit dem *Interim* verbundene Rekatholisierung seines Territoriums, des albertinischen Sachsen, durchzuführen; andererseits sah er sich außerstande, dem Drängen des Kaisers offen und grundsätzlich zu widerstehen. Um den innenpolitischen Druck zu reduzieren, bezog er die Landstände in den Entscheidungsprozess um die abgemilderte Form des kaiserlichen Religionsoktroys ein, das polemisch so bezeichnete *Leipziger Interim*. Das entsprechende Dokument war unter prominenter Beteiligung Melanchthons entstanden, der nach Luthers Tod am 18. Februar 1546 wie selbstverständlich zum führenden theo-

Das Doppelporträt Luthers und Melanchthons von Lucas Cranach d. J. befindet sich auf den Außenflügeln des Weinberg-Altars, der 1582 für die sogenannte Mönchskirche von Salzwedel entstand. Auf dem von Luther gehaltenen Buchblock sind Zitate aus Johannes 3 und 1. Timotheus 1 zu lesen. Melanchthon hält in seiner Hand einen Text aus Römer 8. Doppelbildnisse dieser Art waren insbesondere in Regionen verbreitet, in denen Melanchthon auch weiterhin theologisches Ansehen besaß.

logischen Lehrer der Universität Wittenberg avanciert war. Im Nachgang des Schmalkaldischen Krieges hatte er seiner langjährigen Wirkungsstätte die Treue gehalten und war in die Dienste des neuen Landesherrn Moritz gewechselt.

In den literarischen Schlachten und theologischen Auseinandersetzungen, die mit dem Schmalkaldischen Krieg und dem Interimsstreit einsetzten, zeigte sich in fataler Weise, dass das Autoritätsvakuum, das durch Luthers Tod entstanden war, nicht ohne Weiteres ausgefüllt werden konnte. In seiner Rolle als prophetischer Schriftausleger, der wie kein zweiter die Herrschaft des «antichristlichen» Papsttums erschüttert hatte, konnte Luther von niemandem ersetzt werden. Nur er galt im Luthertum als singulär begabter «erwählter Zeuge» Gottes, und nur ihm sah man seine polemische Maßlosigkeit nach, wie er sie zuletzt noch gegen die «Abtrünnigen» in der Schweiz, gegen das Papsttum und vor allem gegen die Juden an den Tag gelegt hatte. Nur aufgrund der heroisierenden Wertschätzung, die dem jungen, bahnbrechenden Exegeten und revolutionären Kirchenreformator der frühen 1520er Jahre zuteil geworden war, versagte man sich gegenüber dem verbitterten alten Haudegen Einsprüche. Seine Wittenberger Umgebung einschließlich des Kollegenkreises um Melanchthon stellte ihn in seinen Obsessionen nicht direkt infrage und ließ manche Informationen an den von persönlichem Kummer – 1542 starb seine dreizehnjährige Tochter Magdalena –, Krankheit und Altersdepressionen Gezeichneten nicht heran und versagte sich Kritik aller Art, auch aus Angst vor seinem Jähzorn. War auch der alte Luther kaum mehr als ein Denkmal seiner selbst, so konnte doch die durch den Tod dieses «Heiligen»[59] gerissene Lücke durch nichts und niemanden ausgefüllt werden. Die autoritative Stellung, die er im deutschen Luthertum besaß, war – auch im Vergleich mit den anderen Konfessionen – ohne Analogie.

Bei der Leitung der Wittenberger Universität und der Beratung der Fürsten war der sehr viel weniger charismatische Melanchthon schon lange vor Luthers Tod zur Schlüsselfigur herangewachsen. An persönlicher Autorität erreichte der gelehrte Mann und weithin geschätzte Lehrer, ohne den der Protestantismus akademisch kaum auf Dauer lebensfähig geworden wäre, Luther allerdings bei weitem nicht. In seiner dem zweiten Band der lateinischen Werke Luthers vorangestellten *Historia Lutheri*, die den verstorbenen Kollegen, unter dem Melanchthon bisweilen auch gelitten hatte, umfassend würdigte, bestätigte er das heilsgeschichtliche Narrativ, nach dem Gott durch Doktor Martinus «das Licht des Evangeliums wiederhergestellt»[60] habe. Zugleich betonte Melanchthon in engem Anschluss an Luthers Selbstverständnis, dass vor allem seine «Lehre [...] im Bewußtsein bleiben und verbreitet werden»[61] müsse. Die entscheidenden Eckpunkte der Deutung und Wertung, die Luther im konfessionellen Luthertum zuteilwerden sollten – er sei der Gesandte Gottes und habe die reine Lehre wiederhergestellt –, waren damit gesetzt.

Das sogenannte *Leipziger Interim* versuchte einen Kompromiss: In der Rechtfertigungslehre vertrat man eine eindeutig reformatorische Lehrauffassung, während man in den sogenannten Adiaphora, äußerlichen Zeremonien, an denen das Heil nicht hing und die man deshalb so oder anders behandeln konnte, Konzessionen an eine katholisierende Praxis machte. Einige von Melanchthons engsten Schülern, besonders Matthias Flacius Illyricus und Nikolaus Gallus, sahen darin einen Verrat an der genuinen Wittenberger Tradition und an Luthers Erbe. Nicht zufällig profilierten sich diese dann vor allem in Magdeburg sesshaft werdenden Kritiker des *Interim* und des «kompromisslerischen» Kurses Melanchthons dadurch, dass sie Texte und emsig gesammelte Zitate Luthers in die zeitgenössischen Debatten einschleusten. So stilisierten sie ihn quasi zum wichtigsten Kombattanten in den lodernden Auseinandersetzungen. Florilegien mit Lutherzitaten kamen als neue Literaturgattung auf; einzelne seiner Schriften, Predigten und Briefe wurden hier nach- oder erstmals gedruckt. Erst jetzt avancierte der tote Luther zu einer gleichsam unfehlbaren Wahrheitsinstanz. Die Entstehung der lutherischen Orthodoxie hatte in den binnenkonfessionellen Auseinandersetzungen der späten 1540er und frühen 1550er Jahre eine wesentliche Ursache.

Widerständiges Magdeburg

Ähnlich wie in der Publizistik des Schmalkaldischen Krieges entwickelte sich in dieser Zeit auch ein besonderes Interesse an widerstandstheoretischen Überlegungen Luthers, der für den Fall, dass der vom antichristlichen Papst aufgestachelte Kaiser das Evangelium angriffe, den «niederen Magistraten» ein Notrecht des Widerstands zuerkannt hatte. In Magdeburg nahm man diese Widerstandstheorie vonseiten der Theologen und des Rates, der sich als ein solcher «niederer Magistrat» verstand, begierig auf. Sowohl aus Genf als auch aus dem Kreis der englischen Protestanten sind positive Bezugnahmen auf diese Magdeburger Tradition bezeugt. Sie belegen, dass die These, das Luthertum sei grundsätzlich und bedingungslos obrigkeitshörig gewesen, dem historischen Befund nicht standhält.

In Magdeburg war seit 1524 in engem Anschluss an Wittenberg durch Luthers Vertrauten, den Superintendenten Nikolaus von Amsdorf, die Reformation eingeführt worden – mit ausstrahlenden Wirkungen in den norddeutschen Raum hinein. Immer wieder hatte sich die Stadt gegen ihren Stadtherrn, den Erzbischof, gestellt und hierin Rückhalt im ernestinischen Sachsen gefunden. Im Zuge des Schmalkaldischen Krieges hatte sich die hochgerüstete und bewehrte Stadt erfolgreich den kaiserlichen Truppen widersetzt und dem Erzbischof aus dem Hause Brandenburg sowie dem überwiegend altgläubig gebliebenen Domkapitel, wo immer möglich, Güter entfremdet. Bei der Entsetzung der von kaiserlichen Truppen belagerten Hansestadt Bremen, die – wie die Elbmetropole selbst auch – die Annahme des *Augsburger Interim* verweigert hatte, wirkten Magdeburger Truppen entscheidend mit. An Gründen, die Reichsacht über die Stadt zu verhängen (Juli 1547), fehlte es Karl V. also nicht.

In Magdeburg formierte sich in den Jahren 1549/50 eine produktive Gruppe lutherischer Publizisten, die im Anschluss an ihre Selbstbezeichnung als «Herrgotts Kanzlei» in die protestantische Erinne-

<‹Der unschuldigen Adiaphoristen Chorrock›: Die undatierte, anonyme Schrift wurde um 1549/50 von Matthias Flacius verfasst und in Magdeburg bei Pankratius Kempff gedruckt. Der Chorrock als Symbol eines katholischen Ritus ist aufklappbar und gibt den Blick auf den Teufel frei. Die linke Personengruppe steht für die wahre, in Magdeburg vertretene Lehre, die rechte für den Verrat durch die Annahme des ‹Interims›. Bei den vier Personen links könnte es sich um Darstellungen von Nikolaus von Amsdorf, Matthias Flacius, Erasmus Alber und Nikolaus Gallus handeln.*

rungskultur eingegangen ist. Eines der wichtigsten Mitglieder dieser Gruppe war der frühere Superintendent Nikolaus von Amsdorf, der von 1542 bis 1547 Bischof von Naumburg gewesen war – einer der seltenen, durchweg gescheiterten Versuche, im Luthertum der Frühneuzeit ein evangelisches Bischofsamt zu installieren. Nach seiner Absetzung war Amsdorf an seine alte Wirkungsstätte Magdeburg zurückgekehrt und dort rasch zum Kristallisationskern des Widerstandes gegen das Interim geworden. Als enger Freund Luthers und treuer Anhänger der ernestinischen Dynastie erkannte man ihm eine besondere Autorität in der Auslegung von Luthers Erbe zu. Neben Nikolaus von Amsdorf und dem Lutherschüler Erasmus Alber, der wegen des Interim nach Magdeburg geflohen war, spielten die jüngeren Theologen Nikolaus Gallus und Matthias Flacius eine besondere Rolle im literarischen Kampf der «Herrgotts Kanzlei».

Die Magdeburger Publizisten agierten zeitweilig in engster Verbindung mit dem städtischen Magistrat und unterstützten dessen emanzipative Bestrebungen gegenüber dem Erzbischof und seiner Regierung. Unter dem Druck der Verfolgung, die Magdeburg widerfuhr, stilisierte man die Stadt zum auserwählten Ort der letzten treuen Bekenner, die sich dem teuflischen Interim nicht gebeugt hätten. Man identifizierte Magdeburg, auch aufgrund etymologischer Überlegungen (hebr. Bethula = Mädchen, Magd), mit dem biblischen Betulia, das den Assyrern widerstanden hatte, oder – noch gewagter – mit dem Austragungsort der apokalyptischen «Endschlacht» (Magdeburg – Harmagedon) nach Apokalypse 16,16. Nur von Magdeburg aus konnte in der Zeit der Interimskrise noch freimütige Kritik an der kaiserlichen Religionspolitik und am päpstlichen Antichristen geäußert werden; auch zahlreiche Autoren von außen wandten sich hierher. Rund 450 Drucke sandte die «Herrgotts Kanzlei» in den Jahren zwischen 1548 und

1552 in die Welt und sorgte dadurch für eine europaweite Wahrnehmung ihres Kampfes.

Unter dem wachsenden militärisch-politischen Druck radikalisierten sich auch die theologischen Positionen. Jeder Kompromiss zwischen der Wahrheit der eigenen Lehre und den «Verwässerungen» der Adiaphoristen, also der Wittenberger, Dresdner und Leipziger Theologen um Melanchthon, die in Bezug auf bestimmte rituelle Praktiken Zugeständnisse für möglich hielten, erschien den Magdeburger Propagandisten als Verrat an der Wahrheit des Evangeliums und an dem genuinen Wittenberger Erbe. Dualistische Gedankenfiguren, die zur Entscheidung zwischen Licht und Finsternis, Christus und Belial, der wahren Gemeinde des Herrn und den Kohorten des Antichristen zu wählen drängten, beherrschten in ihrem Kreis Wort und Schrift. Die Reformation erschien ihnen elementar bedroht; im Kampf um ihre Rettung veranstalteten sie einen ähnlichen Schriften- und Bilderkrieg, wie er eine Generation zuvor, in den frühen 1520er Jahren, geführt worden war.

Im Herbst 1550 begann Kurfürst Moritz von Sachsen mit der Exekution der Reichsacht gegen die renitente Stadt und belagerte sie. Bereits im Februar des Jahres aber hatte sich ein Bündnis protestantischer Fürsten gebildet, das sich der Religionspolitik des Kaisers widersetzen wollte. Moritz knüpfte Kontakte. Über Hessen stellte er diplomatische Verbindungen nach Frankreich her. Während er im Auftrag und auf Kosten des Kaisers Truppen vor der Elbmetropole lagern und gelegentliche Scharmützel führen ließ, fädelte er eine Koalition gegen den Kaiser ein. Die Beteiligung des seit 1547 von König Heinrich II. geführten Frankreich wurde im Januar 1552 im Vertrag von Chambord geregelt. Dass Moritz – ohne jede Legitimation – bereit war, im Gegenzug Cambrai und die lothringischen Bischofsstädte Metz, Toul und Verdun preiszugeben, zielte wohl weniger auf eine Schwächung des Reiches ab als darauf, die habsburgische Herrschaft zu treffen. Denn nun schob sich ein Sperrgürtel, den der französische König als Reichsvikar verwaltete, zwischen den oberdeutschen und den niederländischen Territorialbesitz des Hauses Habsburg. Außerdem widersetzten sich Moritz und seine Mitverschwörer den Plänen Karls, seinem Sohn Philipp in der Nachfolge seines Bruders Ferdinand das Kaisertum zu sichern. Diese «spanische Sukzession» hätte das Wahlrecht der Kurfürsten ausgehöhlt und das Kaisertum in eine Monarchie verwandelt. Darin, dass die Verschwörer in Karl, nicht aber auch in Ferdinand, ihren Gegner sahen, hielten sie diplomatische Spielräume offen, die eine definitive Lösung der Religionsfrage ermöglichen sollten.

Während Moritz die Belagerung Magdeburgs fortsetzte, führte er heimliche Kapitulationsverhandlungen mit dem Rat der Stadt; er präsentierte sich den aufmüpfigen Protestanten als einer der Ihren und sicherte ihnen gegen die Anerkennung als Erbherr den religiösen Status quo zu. Wenn auch die Theologen einen Pakt mit dem für das *Leipziger Interim* verantwortlichen «Judas von Meißen» rigoros und aus Prinzip ablehnten, siegte doch schließlich der kühle Pragmatismus der Magdeburger Juristen und Politiker, denen das Wohl der Stadt und seiner Bürger am Ende näherlag.

Im Frühjahr 1552 begann der sogenannte «Fürstenkrieg» und war rasch entschieden: Die Truppen der opponierenden protestantischen Fürsten drangen in den Süden vor, ohne dass ihnen die katholischen Länder nennenswerten Widerstand entgegensetzten. Auch diesen waren die Dominanzansprüche des spanischen Kaisers und dessen Vorstellungen über seine Nachfolge zuwider. Karl V. hielt sich in Innsbruck auf. Ihn in Bedrängnis zu bringen, war Moritz' erklärtes militärisch-politisches Ziel. Als dessen Truppen in Tirol einfielen, musste sich der Kaiser in einer Sänfte über den Brenner bringen lassen und nach Villach fliehen. Es war dies die tiefste Demütigung, die ihm in den dreieinhalb Jahrzehnten seiner Herrschaft über das Reich zuteilgeworden war.

Der Augsburger Religionsfrieden

Die nun anstehenden religionspolitischen und -rechtlichen Verhandlungen mit den Protestanten führte König Ferdinand in Passau. Karl war nicht bereit, seine Vorstellungen von religiöser Einheit aufzugeben und der nun unabwendbaren Notwendigkeit einer dauerhaften

‹Unterscheid zwischen der wahren Religion Christi / und falschen Abgötte-
rei des Antichrists›: Das undatierte, anonyme Blatt wurde 1550 in Magdeburg bei Pankratius Kempff gedruckt; der Text stammt von Matthias Flacius.
Eine Säule teilt den kolorierten Holzschnitt in zwei Hälften; zwei rückseitig
verbunden Kanzeln mit Luther auf der linken und einem Bettelordenspredi-
ger auf der rechten öffnen sich in zwei gegensätzliche konfessionelle Räume,

die lutherische und katholische Gottesdienste bzw. die entsprechenden Rituale zeigen. Im Bildvordergrund der linken Hälfte ist der im Schmalkaldischen Krieg gefangengenommene ehemalige Kurfürst Johann Friedrich I. zu sehen. Der lutherische Gottesdienst führt in den Himmel, der katholische führt den Zorn Gottes herauf.

Friedensregelung mit den «Ketzern» im Reich zuzustimmen. Nicht zuletzt unter dem Eindruck des Schmalkaldischen und des «Fürstenkrieges» war das Bedürfnis unter den Reichsständen beider Konfessionen gewachsen, einen dauerhaften Landfrieden zu sichern. In einem auf Drängen Ferdinands schließlich vom Kaiser ratifizierten Vertrag vom 15. August 1552 wurde endlich die Freilassung Landgraf Philipps und die definitive Verhandlung einer dauerhaften Lösung der Religionsfrage auf einem bald einzuberufenden Reichstag vereinbart. Bis dahin kehrte man einvernehmlich zu den befristeten Friedständen zurück, beendete also den mit dem Schmalkaldischen Krieg und dem *Interim* eingetretenen religionspolitischen Paradigmenwechsel.

Nach einem gescheiterten Versuch, mit Hilfe spanischer und italienischer Truppen Lothringen zurückzuerobern, zog sich Karl V. zunächst in die Niederlande, später nach Spanien zurück. Zwar weckte die dynastische Verbindung zum Hause Tudor, die durch die Eheschließung von Karls Sohn Philipp II. im Juli 1554 entstand, neuerliche Hoffnungen auf eine Umsetzung seiner imperialen Phantasien; doch für eine religiöse Einheitskonzeption, wie sie Maria und Philipp mit blutigen Mitteln verfolgten, war es im Reich zu spät.

Bis zuletzt hatte Karl versucht, den Religionsfrieden im Reich zu verhindern; sogar das Mittel der Abdankung erschien ihm dazu recht. Doch sein Bruder Ferdinand verfolgte die Friedensoption; die Nachricht von der Abdankung seines Bruders, die erst eine Stunde vor dem Ende des Reichstages eintraf, unterdrückte er. Ferdinand erkannte die verfassungspolitischen Realitäten des Reiches an und gab die mittelalterlichen Ideale des Kaisertums definitiv preis. Der Reichsabschied des 25. September 1555, der den sogenannten *Augsburger Religionsfrieden* beinhaltete, erschien noch unter der Autorität jenes Kaisers, der sich ihm bis zuletzt mit allen ihm zu Gebote stehenden Mitteln widersetzt hatte.

Unter den rechtlichen und politischen Regelungen der Religionsfrage in Europa nimmt der *Augsburger Religionsfrieden* eine Sonderstellung ein, die der spezifischen Verfassungsstruktur des Reiches entspricht. Denn er verband eine allgemeine, das Reich betreffende Friedensordnung und die perpetuierte Vorstellung der Einheit der

Reichskirche mit einem ständischen Selbstbestimmungsrecht in der Frage der Religion. Er beendete damit die im Wormser Edikt, im Rekatholisierungsprogramm des *Interim* und der Konzilspolitik des Kaisers kulminierenden Versuche, eine einheitliche Religionsform für das Reich festzulegen. Der Frieden entsprach der faktischen Kräfteparität beider konfessionellen Lager. Er basierte nicht auf einer prinzipiellen Anerkenntnis des Anderen, also einer Haltung der Toleranz, sondern war eine Folge der pragmatischen Einsicht, dass keine Seite der anderen ihren Willen aufzuzwingen imstande war. Er entsprang auch gemeinständischen, transkonfessionellen Interessen, die sich im Appell an die «teutsche Freiheit» und in der Agitation gegen die «spanische Servitut» und das kaiserliche Dominat artikulierten.

Durch den Augsburger Religionsfrieden wurde neben der katholischen die protestantische Religion anerkannt, so wie sie theologisch mittels der *Confessio Augustana* definiert worden war. Davon abweichende christliche Bekenntnisse – etwa die Reformierten – oder gar andere Religionen blieben außen vor. Durch den Frieden war festgelegt, dass weder der Kaiser noch irgendwer sonst gegen einen der Religion der *Confessio Augustana* anhängenden Reichsstand und ein bestehendes evangelisches Kirchenwesen als solches Gewalt anwenden durfte. Die «streitige Religion» sollte fortan «nicht anderst, dann durch Christliche freundliche, friedliche Mittel und Wege zu einhelligem, Christlichem Verstand und Vergleichung gepracht werden».[62] Einer religiös motivierten Aggression unter den Reichsständen war damit die Legitimation entzogen.

Der Religionsfrieden sanktionierte die Säkularisationen geistlicher Institutionen und suspendierte die protestantischen Territorien und Städte von der geistlichen Gerichtsbarkeit, solange die Kirchenspaltung anhielt. Untertanen, die aus Gründen der Religion aus einem Territorium auswandern wollten, wurde das Recht zugestanden, Hab und Gut zu veräußern. Durch den «Geistlichen Vorbehalt» (*Reservatum ecclesiasticum*), den die Protestanten bis zuletzt bekämpft hatten, war jedoch ein Übertritt der geistlichen Reichsstände zur Reformation faktisch verhindert; denn der katholische Charakter des entsprechenden Benefiziums blieb unveränderlich.

Die religionsrechtliche Grundstruktur, die fortan in Deutschland bestand, basierte auf dem Grundsatz des reichsständischen Reformationsrechtes (*ius reformandi*); in der juristischen Literatur aus der

Johann Bocksberger d. Ä., Kaiser Ferdinand I., ca. 1550–1555.

Zeit um 1600 wurde es in der kompakten Formel *Cuius regio, eius religio* verdichtet: Wem das Land gehört, der bestimmt über die Religion. Dem Landesherrn – beziehungsweise im Falle der Reichsstädte: dem Magistrat – allein kam das Recht zu, über die Konfession in seinem Herrschaftsgebiet zu entscheiden – entweder zugunsten der katholischen oder der der *Confessio Augustana* entsprechenden Religion. Auf der Ebene des Territoriums oder der Stadt galt somit weiterhin der in Bezug auf das Reich als Ganzes sistierte Grundsatz einer einheitlichen Religion. In den Reichsstädten allerdings, in denen beide Konfessionen anerkannt waren, wurde ein paritätisches Verfahren verbindlich. Obschon der Friede dauerhaft gelten sollte, unterlag er dem Wiedervereinigungsgebot; denn den Zeitgenossen erschien es unvorstellbar, dass zwei miteinander konkurrierende und sich hinsichtlich ihrer Wahrheitsansprüche ausschließende Lebens- und Auslegungsgestalten der christlichen Religion für alle Zeiten nebeneinander her bestehen könnten. Im Friedenswerk umstritten blieb das *ius reformandi* der Ritterschaften und Städte in den katholischen Gebieten; die protestantischen Reichsstände forderten ein solches, die Katholiken widersetzten sich. Ferdinand gewährte es in einer Erklärung, die nicht in den Reichsabschied aufgenommen wurde, der *Declaratio Ferdinandea*, deren Verbindlichkeit umstritten blieb und die zum Anlass vielfältiger Auseinandersetzungen wurde.

Aufs Ganze gesehen aber brachte der Augsburger Religionsfrieden, den die lutherischen Theologen bald euphorisch anerkannten, die Vertreter der Papstkirche aber auf breiter Front in seiner Legitimität bestritten, eine erhebliche Stabilisierung des politischen Systems «Reich». Mit kühler Sachlichkeit suspendierte dieses Vertragswerk jegliche religiösen Wahrheitsansprüche. Welche Kraft ihm innewohnte, zeigte sich endgültig, als es ein knappes Jahrhundert später, nach dreißig blutigen Kriegsjahren und ihren verheerenden menschlichen, sozialen, gesellschaftlichen und zivilisatorischen Folgen, im Frieden

DAS BEFRIEDETE, DAS RUHELOSE REICH 301

von Münster und Osnabrück (1648) zum Kern einer europäischen Friedensordnung wurde. Die politischen und kulturellen Fernwirkungen des zu den Reichsgrundgesetzen gezählten Augsburger Religionsfriedens sind kaum übersehbar; noch im Religionsrecht der Weimarer, der Bonner und der Berliner Republik wirkt er nach. Er setzt der Religion Grenzen und eröffnet ihr innerhalb derselben Entfaltungsmöglichkeiten.

Luther hatte zweifellos mehr gewollt, nämlich den vollständigen Sieg des Evangeliums über die seines Erachtens ohnehin dem Untergang geweihte Papstkirche. Und Kaiser Karl war zu weitaus weniger Zugeständnissen bereit gewesen; die dauerhafte Anerkennung einer rechtmäßig verurteilten Ketzerei kam für ihn nicht in Betracht. Der Kompromiss aber erwies sich als unumgänglich und blieb es.

Lutherischer Theologenstreit

Das System des Augsburger Religionsfriedens regulierte die äußeren Beziehungen zwischen den beiden großen Konfessionsblöcken. Die *Confessio Augustana*, die die Basis der reichsrechtlichen Anerkennung der Protestanten bildete, wurde in den kommenden Jahrzehnten jedoch immer wieder auch von Seiten reformierter Reichsstände als Grundlage ihrer Existenzberechtigung in Anspruch genommen. Dabei beriefen sie sich vornehmlich auf die Version von 1540 (*Confessio Augustana variata*), in der Melanchthon für die Abendmahlslehre eine Formulierung[63] gefunden hatte, die auch für Kritiker einer leiblichen Realpräsenz akzeptabel sein konnte. Das Verhältnis der reformierten und der lutherischen Theologen wurde dadurch aber erheblich belastet, denn insbesondere die Lutheraner bestritten den Reformierten das Recht, sich auf «ihre» Bekenntnisschrift zu berufen. Die ambivalente politisch-rechtliche Funktion, die die *Confessio* innerhalb des Systems des Augsburger Religionsfriedens innehatte, führte zu intensiven Anstrengungen der lutherischen Theologen, ihren theologischen Gehalt zu vereindeutigen. Als sich, ausgehend von der Kurpfalz (1566), nach und nach einige Reichsstände dem Reformiertentum zuwandten (Bremen 1581; Nassau 1586; Anhalt 1596;

Baden-Durlach 1599; Lippe 1602; Hessen-Kassel 1605; Brandenburg 1613), nahm die lutherisch-reformierte Kontroverstheologie deutlich zu. Der äußerliche politische Frieden, den der Augsburger Reichsabschied von 1555 bescherte, ging mit einer wachsenden Friedlosigkeit im Inneren einher; die Wahrheitsfrage schwelte in den Territorien und Städten weiter. Polemiken zwischen den Theologen aller drei Konfessionen bildeten eine Art *Cantus firmus* des Zeitalters, wobei die Lutheraner, die sich von einem Vormarsch der Reformierten und der Katholiken bedrängt sahen, besonders engagiert waren. Der Theologenstreit blühte im Reich wie nirgends sonst in Europa.

In den innerlutherischen Schlachten um *Interim* und *Adiaphora*, dem sogenannten *Interimistischen und Adiaphoristischen Streit*, ging es um kirchliche Ordnungsfragen, die keine dogmatisch verbindliche Bedeutung besaßen. Die Fronten in diesen Konflikten änderten sich unablässig; kaum einer der Beteiligten stimmte in allen strittigen Fragen mit einem anderen überein. Die Epigonen spielten in den literarischen Auseinandersetzungen nun auch theologische Differenzen hoch, die zwischen Luther und Melanchthon bestanden hatten, aber unter der Decke der kollegial-freundschaftlichen Verantwortung für die evangelische Kirche geblieben waren. Im Ganzen kreisten die Diskussionen jedoch um zentrale Sachverhalte des reformatorischen Glaubensverständnisses; auch dies sicherte ihnen ihre Brisanz. Weil Luther und seinen Nachfolgern die «wahre Lehre» so ungemein wichtig gewesen war – als Identitätsmerkmal nach innen und als entscheidender Abgrenzungsfaktor nach außen, gegenüber den «Schwärmern» und Täufern, Katholiken und «Sakramentierern», also den Reformierten –, kam auch den innerlutherischen Kontroversen eine kirchen- und gesellschaftsgeschichtliche Wirkung zu. Einige von ihnen seien exemplarisch aufgeführt.

Im *Majoristischen Streit*, benannt nach dem Wittenberger Theologieprofessor Georg Major, einem engen Vertrauten Melanchthons, stand ein gleichsam urreformatorisches Thema erneut auf der Tagesordnung: Sind gute Werke als Früchte der Rechtfertigung zur Seligkeit nötig, wie Major um der sittlichen Ernsthaftigkeit des reformatorischen Glaubensverständnisses willen meinte? Oder ist darin ein Rückfall in die katholisierende Vorstellung einer Mitwirkung des Menschen bei seiner Erlösung zu sehen? So argwöhnte Nikolaus von Amsdorf, der sich zu der massiven Gegenthese verstieg, die guten Werke seien der Seligkeit abträglich.

Unter veränderten Konstellationen wurde eine ähnliche Frage dann später in Bezug auf das Menschenbild gestellt. Im *Synergistischen Streit*, der die zwischen Erasmus und Luther geführte Debatte über den freien Willen aufnahm, ging es im Kern darum, ob dem Menschen nach dem Sündenfall noch etwas von einer ursprünglichen geschöpflichen Güte verblieben oder – wie Flacius meinte – die Sünde zur «Substanz» des Menschen geworden sei. Damit wäre also die Gottes- zu einer Teufelsebenbildlichkeit pervertiert, und der Sünder hätte sich bei seiner Erlösung ähnlich passiv zu verhalten wie ein Holzklotz, der behauen wird.

Auch andere Scharmützel gingen jeweils mit einer stattlichen Flut an Flugschriften, zumeist in der Volkssprache, einher und strahlten deutlich über den engen Kreis gelehrter Theologen aus. Ein Thema war zum Beispiel die Stellung und Geltung des Gesetzes für das Heil des Sünders. Beschränkte sich die Wirkung des Gesetzes darauf, den Sünder seiner Sünde zu überführen (*usus elenchticus seu theologicus legis*) und seine äußere Lebensführung zu normieren (*usus politicus*), oder sollte ihm auch eine positive Bedeutung bei der sittlichen Lebensführung als Gerechtfertigtem zukommen, die in einem «dritten Gebrauch» (*tertius usus legis*) konkretisiert würde? Diese schon zu Luthers Lebzeiten kontrovers diskutierte Frage, die als *Antinomistischer Streit* in die Theologiegeschichte eingegangen ist, war für die Verkündigung und die religiöse Erziehung keineswegs belanglos. Im Grunde ging es um das elementare Problem einer christlichen Lebensführung aus dem Glauben heraus.

Das Luthertum jener Zeit, das – ohne integrierende und konfliktbegrenzende Organisationsstrukturen – durch politische Spannungen, Konkurrenzen und konfessionelle Kurswechsel im eigenen Lager aufgerieben war, erreichte erst in den 1570er Jahren eine Konsolidierung seiner konfessionellen Lehrgestalt. Möglich wurde dies, als sich der kursächsische Herzog August (1553–1586) nach 1574 einer von

Braunschweig-Wolfenbüttel und Württemberg ausgehenden innerlutherischen Verständigungspolitik zuzuwenden begann. Der Tübinger Theologieprofessor Jakob Andreä und der Braunschweiger Superintendent Martin Chemnitz hatten bei der Einführung der Reformation in Braunschweig-Wolfenbüttel zusammenzuarbeiten begonnen und sich um eine Verständigung in den seit 1548 geführten innerlutherischen Lehrdebatten bemüht. In einem komplizierten Prozess konnte zunächst eine schwäbisch-sächsische Konkordie erreicht werden, die schon alle wesentlichen Themen der späteren Konkordienformel (*Formula Concordiae*) enthielt, nämlich Rechtfertigung, Erbsünde, gute Werke, Willensfreiheit, Adiaphora, Gesetz und Evangelium, dritten Brauch des Gesetzes, Christologie und Abendmahl. Als sich Brandenburg und Kursachsen 1576 diesen Bemühungen anschlossen, nahm das Konkordienprojekt Fahrt auf. Schließlich gelang im Mai 1577 im Kloster Berge bei Magdeburg einer sechsköpfigen Theologenkommission, bestehend aus Chemnitz, Andreä, Nikolaus Selnecker, David Chytraeus, Andreas Musculus und Christoph Cornerus, eine redaktionelle Schlussbearbeitung, das sogenannte *Bergische Buch* (*Solida Declaratio*). Diesem Hauptstück der *Formula Concordiae* fügte Andreä noch die *Epitome*, eine prägnante Zusammenfassung der entscheidenden Lehraussagen, bei. Nach der Annahme der *Formula Concordiae* durch zahlreiche Territorien und Städte und ihrer Unterzeichnung durch rund achttausend Pfarrer und Schulmeister wurde sie zum fünfzigsten Jubiläum der *Confessio Augustana* im Jahre 1580 im Rahmen des *Konkordienbuchs*, einer Sammlung der geltenden lutherischen Lehrbekenntnisse, publiziert.

Die *Formula Concordiae* bietet ihrem Anspruch nach eine Zusammenfassung der *Confessio Augustana* im Horizont der seither aufgetretenen strittigen Lehrfragen; sie will insofern kein neues Bekenntnis sein – eine angesichts der reichsrechtlichen Bedeutung der *Confessio* unverzichtbare Position. Die Lehrtendenz der *Formula* war integrativ, schied Extrempositionen aus. Luther wurde sehr deutlich als wichtigster Referenzautor in den Vordergrund gerückt, Melanchthon, auf den sich ja auch die Reformierten zu berufen pflegten, mit einer *Damnatio memoriae* belegt. Die Dramatisierung der menschlichen Sünde durch Flacius wurde genauso zurückgewiesen wie ihre Relativierung bei den «Philippisten» genannten Melanchthon-Anhängern. In der Christologie wurde die Begründung des Heils in der göttlichen und menschlichen Natur der einen Person Christi zugleich eingeschärft – ein Proprium der Lehre und Frömmigkeit Luthers und des württembergischen Reformators Johannes Brenz, das fortan zu einem zentralen Thema lutherischer Identität werden sollte. Auch in Bezug auf die Verhältnisbestimmung von biblischer und kirchlicher Lehre setzte die *Formula* Maßstäbe: Allein die Bibel sei die «normierende» (*norma normans*), altkirchliche und reformationszeitliche Bekenntnisse hingegen die «normierte» Norm (*norma normata*).

Die *Formula Concordiae* fand in der Frühen Neuzeit außerhalb Deutschlands nur in Schweden, wo sie im späten 17. Jahrhundert eingeführt wurde, Resonanz. Überhaupt haben die innerlutherischen Kontroversen jenseits der Grenzen des Alten Reichs wenig Beachtung oder Verständnis gefunden; von den konfessionellen Gegnern wurden sie als Ausweis der Inkohärenz und Unwahrheit des Luthertums identifiziert. Auch innerhalb Deutschlands zogen sich bald einige Unterzeichner zurück (Pfalz, Braunschweig-Wolfenbüttel), andere nahmen *die Formula* nie an (Hessen, Pommern, Schleswig, Holstein, Anhalt, Lippe, Magdeburg und Nürnberg). Das Luthertum blieb, anders als die anderen Konfessionen, eine in sich spannungsreiche, polyzentrische und polymorphe Einheit.

Die Koexistenz dreier Konfessionen im Reich, deren Gebiete zum Teil dicht beieinander lagen, prägte die deutsche Geschichte tiefgreifend und nachhaltig. Sie förderte eine Mentalität der Distanzierung vom «Fremden», die bestrebt war, eigene Ansprüche zu wahren und einzuklagen, die Ansprüche anderer hingegen zu begrenzen. Während das religiös inhomogene Reich äußerlich befriedet wurde, gingen im Inneren seine konfessionell homogenen kleineren Einheiten in kämpferische Opposition zueinander; in dieser Struktur lag ein stets aktualisierbares Konfliktpotential. Die konfessionelle Spaltung Deutschlands begünstigte eine Orientierung an kleinräumigen regionalen oder territorialen Identitäten; nationale Sachverhalte begegneten im Reich der

Frühen Neuzeit nicht selten in spezifisch konfessionellen Ausprägungen. Im Vergleich mit den «internationalistischen» Calvinisten und den global orientierten Katholiken verstanden sich die Lutheraner in besonderer Weise als Sachwalter der deutschen Nation. Damit leisteten sie auch einer Politisierung Luthers Vorschub, die die weitere deutsche Geschichte begleiten sollte; in den lutherisch geprägten skandinavischen Ländern findet sich dazu aber kaum eine Analogie.

6. DIE TRANSFORMATION DES RÖMISCHEN KATHOLIZISMUS

Zur Bezeichnung der Entwicklungen innerhalb des römischen Katholizismus im Zeitalter der Reformation, so wie sie hier verstanden wird, kommt traditionell das Begriffspaar «Gegenreformation und katholische Reform» zur Anwendung. Es beinhaltet, dass neben dem Moment der Abwehr der als bedrohlich empfundenen reformatorischen Entwicklungen der Aspekt der innovativen Erneuerung aus der Kraft älterer Traditionen Aufmerksamkeit verdient. Der römische Katholizismus geriet etwa seit den 1530er Jahren in einen mehrere Jahrzehnte während Transformationsprozess hinein, an dessen Ende die römisch-katholische Konfessionskirche der Frühen Neuzeit stand.

Diese Kirche hatte in wesentlichen Fragen der theologischen Lehre und der kirchlichen Disziplin manche Uneindeutigkeiten beseitigt, striktere Regeln etabliert und einen normativen Zuschnitt erhalten, der sie von der pluraleren Papstkirche des Mittelalters unterschied. Sie veränderte sich also sowohl aufgrund in ihr selbst wirksam werdender Kräfte als auch infolge der Herausforderungen der Reformation. Die römische Kirche, die die Beschlüsse des Trienter Konzils (1546–1563) umsetzte, unterschied sich also in mancher Hinsicht von jener, gegen die Luther aufbegehrt hatte.

Der Weg zu wirksamen Schritten einer katholischen Reform war beschwerlicher als die Maßnahmen der Gegenreformation. Dort, wo entschieden katholische Herrscher die Territorialherrschaft ausübten – die Habsburger in Österreich, den Niederlanden und Spanien etwa, der bayerische und der sächsisch-albertinische Herzog je in ihrem Land –, versuchten sie die Regungen der Reformation niederzuringen. Doch die bekannten Instrumente der Ketzerbekämpfung funktionierten kaum; die Inquisition war vielfach aus der Mode gekommen, die bischöfliche Visitationspraxis und die Sendgerichtsbarkeit ebenfalls. Die Zensur, die auch auf Reichsebene gelten sollte, blieb weitgehend wirkungslos; sie scheiterte an der mangelnden Exekutivgewalt des Reiches beziehungsweise der unzureichenden Kooperationsbereitschaft der reformationsgesinnten Fürsten und Städte. Zum Teil mit Unterstützung weltlicher katholischer Obrigkeiten bemühte man sich zwar, auf die reformatorische Publizistik mit geeignetem gegenreformatorischem Schrifttum zu reagieren – etwa in Gestalt der Emserpresse in den Diensten Georgs von Sachsen in Dresden –, aber die Nachfrage nach «altgläubiger» Literatur blieb bis auf Weiteres überall dort, wo die Reformation vordrang, gering.

Dass es durchweg, in allen europäischen Ländern, mehrheitlich die jungen, geistig mobilen, humanistisch gebildeten Intellektuellen waren, die – zumindest zeitweilig – mit der Reformation sympathisierten, belastete die personelle Ausgangslage für eine katholische Reform. Überdies waren manche Praktiken etwa der Pfründenvergabe, der Rekrutierung des geistlichen Führungspersonals in den verschiedenen Ländern oder der Kurienkardinäle in Rom so dauerhaft angelegt, dass es selbst gutwilligen Päpsten kaum möglich gewesen wäre, dies zu ändern. Die Päpste der 1520er bis 1540er Jahre, Hadrian VI., Clemens VII., Paul III., die tief in nepotistische und klientelistische Strukturen verstrickt waren, hatten nur wenig Verständnis für die Reformbedürftigkeit der Kirche. Nur mühsam und halbherzig gaben sie der kaiserlichen Forderung nach einem Generalkonzil nach.

Das Konzil von Trient

Das notorische Misstrauen, das die beiden Häupter der lateinischen Christenheit, Papst und Kaiser, voneinander trennte und miteinander verband, wirkte auch in Bezug auf das Konzil lähmend. Dem Kaiser war vor allem an einem Konzil gelegen, das die Einheit der Kirche

wiederherstellte und ihre Reform entschieden vorantrieb. Und es sollte an einem Ort im Reich stattfinden, auf den er gegebenenfalls Einfluss ausüben
konnte. Je länger das Konzil auf sich warten ließ,
desto irrealer wurde es jedoch, das an die Reformation verlorene Terrain zurückzugewinnen. Der Papst

*Das Konzil von Trient,
zeitgenössische Dar-
stellung der 23. Sessio
in der Kathedrale
S. Virgilio, um 1550.*

hingegen schien eine Restitution der vorreformatorischen Einheit der
lateinischen Christenheit nicht mehr zu erwarten. Für ihn war es es-
sentiell, dass er über dem Konzil stand, seine Agenda bestimmte und
durch die Entscheidung über den Austragungsort eine Eingriffspräro-
gative behielt.

Für die Protestanten schließlich wäre nur ein *freies*, nicht vom
Papst reglementiertes, *allgemeines*, das heißt Geistliche und Laien,
insbesondere die Fürsten, gleichberechtigt beteiligendes, und *christliches*, also allein an der biblischen Norm orientiertes Konzil akzeptabel gewesen. Da sie überzeugt waren, die Wahrheit der christlichen
Lehre «wiederentdeckt» zu haben, wäre ein Konzil im skizzierten Sinne auch ein Forum ihres Bekennens geworden.

Das am 13. Dezember 1545 in Trient, unweit des päpstlichen Herrschaftsgebietes, eröffnete Konzil, das sich zunächst mit der Lehre, erst später mit der Kirchenreform befasste, entsprach weder den Vorstellungen des Kaisers noch den Forderungen der Protestanten; es war ein päpstliches Konzil und sollte es bleiben. Damit setzte sich das Papsttum an die Spitze des katholischen Erneuerungsprozesses.

Die Beratungen des Trienter Konzils zogen sich in drei Perioden (1545–1547; 1551–1552; 1562–1563) über mehr als eineinhalb Jahrzehnte hin. Im März 1547 siedelte die Mehrheit der italienischen Konzilsteilnehmer ins päpstliche Bologna über. Karl V. protestierte dagegen und erreichte die Suspendierung des Konzils. Nach seinem Sieg im Schmalkaldischen Krieg wollte er die Protestanten zu einer Teilnahme am Konzil zwingen; ein Reichsabschied vom Februar 1551 verpflichtete sie dazu. Erst unter Papst Julius III. (1550–1555) wurde die zweite Konzilsperiode eröffnet; sie endete wegen des «Fürstenkrieges» und der Bedrängnis Karls durch Moritz von Sachsen.

Die letzte Tagungsperiode war bereits von den europäischen Religionskonflikten geprägt; in Frankreich tobten die Auseinandersetzungen mit den Calvinisten. Kaiser Ferdinand wollte das Konzil zu Ausgleichsverhandlungen mit den Protestanten im Reich nutzen. Beide Kronen traten deshalb dafür ein, die künftige Kirchenversammlung nicht als Fortsetzung der ersten beiden Trienter Konzilsperioden zu behandeln, sondern eine neue, offene Beratungsphase zu beginnen. Spanien aber bestand darauf, die getroffenen Beschlüsse nicht erneut zur Diskussion zu stellen. In der finalen Phase des Konzils wurden auch die Spannungen zwischen kurialistischen und episkopalistischen Tendenzen in der römischen Ekklesiologie deutlich. Während mit der Einschärfung der Residenz- und der Visitationspflicht, der obligatorischen Abhaltung von Diözesansynoden und der Durchführung von Gottesdiensten eine Reform der bischöflichen Amtsführung in Angriff genommen wurde, sind Schritte einer Kurienreform unterblieben.

Die wichtigsten Lehrentscheidungen traf das Trienter Konzil während seiner ersten Tagungsperiode. In Lehrdekreten zum Verhältnis von Schrift und Tradition und zur Sünden- und Rechtfertigungslehre vollzog die römisch-katholische Kirchenversammlung eine dogmatisch präzise Abgrenzung von der reformatorischen Position. Zugleich delegitimierte sie die dem «Evangelismus» zugeschriebenen, humanistisch-irenischen Tendenzen, wie sie bis in höchste Kirchenkreise hinein, etwa von den Kardinälen Richard Pole oder Gasparo Contarini oder dem Generalvikar des Kapuzinerordens Bernardino Ochino, vertreten wurden. Auch wenn die genannten Theologen schwerlich protestantische Auffassungen vertraten, so schrieben sie doch – nicht selten in engem Anschluss an Augustin – der Gnade eine Bedeutung zu, die alle menschlichen «Werke» verblassen ließ. Die verbindliche Definition des «Katholischen» durch das Konzil von Trient ging also mit der definitiven Ausgrenzung von Lehrauffassungen, Haltungen und Frömmigkeitsstilen einher, die vorher einen legitimen Ort in der römischen Kirche innehatten.

Bereits in der vierten Session (8. April 1546) traf das Konzil eine wichtige Entscheidung hinsichtlich der Glaubensfundamente. Es stellte fest, dass die göttliche Wahrheit und Lehre gleichermaßen «in geschriebenen Büchern und ungeschriebenen Überlieferungen» enthalten sei; letztere sollten «mit dem gleichen Gefühl der Dankbarkeit und der gleichen Ehrfurcht»[64] anerkannt werden wie die biblischen Schriften selbst. Niemand solle es wagen, «die heilige Schrift nach eigenen Ansichten zu verdrehen» und in einem Sinn zu deuten, der jenem der heiligen Mutter Kirche zuwiderlaufe. Die Aufgabe der Kirche, nicht eines Einzelnen, sei es, «über den wahren Sinn und die Auslegung der heiligen Schriften zu urteilen».[65] Die Superiorität der römischen Kirche gegenüber der Bibel fand darin einen pointierten Ausdruck, dass das Konzil ein vollständiges Kanonverzeichnis beifügte, abweichende Kanonsordnungen mit dem Kirchenbann belegte und die lateinische Vulgata zur verbindlichen Version der Heiligen Schrift erklärte. Damit wurde ausgeschlossen, dass die Vulgata in einzelnen Passagen von den durch Humanismus und Reformation aufgewerteten hebräischen und griechischen Textgestalten her infrage gestellt werden konnte. Auch die nun europaweit florierenden volkssprachlichen Bibeln wurden als für den öffentlichen Gebrauch in der römisch-katholischen Kirche nicht akzeptabel ausgegrenzt.

In Bezug auf die Sünden- und Rechtfertigungslehre beseitigte das

Das Gemälde ‹Die Lehre von der Kirche und ihren Sakramenten› eines unbekannten Meisters (um 1580) enthält eine katechetisch präzise Lehrzusammenfassung der römisch-katholischen Ekklesiologie und der sieben Sakramente als der zentralen Heilsmittel der Kirche. Die in der Mitte des Bildes thronende Kirche steht auf dem Fundament der Apostel; neben ihr sind ein siebenarmiger Leuchter und das kirchliche Gesetzbuch, das Decretum Gratiani, platziert. Durch ihre Ketten verbindet die Kirche Himmel und Erde; von den Ketten gehen auch sechs der Sakramente aus. Die Taufe, die als einziges Sakrament im Notfall auch von einem Nicht-Priester, gar einem Heiden, gespendet werden kann, stellt eine direkte Verbindung zum Ewigen her. Im Höllenstrom des Bildvordergrundes schwimmen namentlich bezeichnete Ketzerbücher sowie, in Kanzelfässern, Luther, Calvin und Zwingli.

Trienter Konzil nun jene dogmatischen Uneindeutigkeiten, die Luthers Widerspruch gegen die Lehre seiner Kirche überhaupt erst nötig und möglich gemacht hatten. Gegen das radikale Luther'sche Verständnis der Sünde als aktiver Feindschaft gegen Gott knüpften die Trienter Konzilsväter an das scholastische Konzept eines mit dem Fall Adams eingetretenen Verlustes der Urstandsgerechtigkeit an. Durch die Taufe werde «all das, was den eigentlichen Charakter von Sünde besitzt, hinweggenommen».[66] Die reformatorische Vorstellung, die Sünde sei auch nach der Taufe noch mächtig, werde aber nicht angerechnet, wurde verworfen. In den durch die Taufe Wiedergeborenen sei nichts, was Gott hasse. Die im Getauften zurückbleibende «Begehrlichkeit oder der Zündstoff» (*concupiscentiam vel fomitem*)[67] sei aber keine Sünde im eigentlichen Sinne, sondern mache lediglich zu dieser geneigt. Die Kraft des Sakraments war über jeden durch die Macht der Sünde erzeugten Makel erhaben.

Der besonders ausführliche, nach einer sechsmonatigen Beratungsphase entstandene Rechtfertigungsartikel beseitigte die in dieser Lehrfrage bestehenden Unklarheiten definitiv. Ausgehend von Gottes in Christus vermittelter «zuvorkommender Gnade»[68] legte das Dekret den Heilsweg der Hinwendung des Menschen zur Gerechtigkeit kraft seines freien Willens dar: Gottes Gnade und die menschliche Freiheit wirkten zusammen und begründeten die Erneuerung des die Gnade willentlich annehmenden und ihr tathaft entsprechenden Menschen. Im Unterschied zur Luther'schen Rechtfertigungslehre lag der Akzent in der Trienter Lehre darauf, dass der Mensch als wirklich Gerechtfertigter, substantiell Gewandelter vor Gott steht. Nach reformatori-

schem Verständnis wird ihm allein aufgrund des Glaubens, nicht wegen einer ihm anhaftenden Qualität die Gerechtigkeit im Modus des Zuspruchs zuteil. Die exklusive reformatorische Begründung des Heils allein im Glauben (*sola fide*) stellt eine für die römische Sakralinstitution nicht akzeptable Einseitigkeit in der Gottesbeziehung dar, der das Trienter Rechtfertigungsdekret entgegentritt.

Das tridentinische Rechtfertigungsverständnis stand in einem engen Zusammenhang mit der Sakramentenlehre. Denn die Sakramente, nicht der Glaube der einzelnen, vor Gott stehenden Person, sind die Mittel, durch die im Menschen die Gerechtigkeit beginnt und gemehrt wird. Anknüpfend an die mittelalterliche Tradition bekräftigte das Trienter Konzil, dass nicht nur – wie die Reformatoren lehrten – Taufe und Abendmahl, sondern sieben heilige Handlungen als Sakramente zu gelten haben, also außerdem noch die Beichte, die Firmung, die Letzte Ölung, die Priesterweihe und die Ehe. Sie seien durch ihren bloßen Vollzug (*ex opere operato*) wirksam. Die etwa von Luther vertretene These, die Sakramente «nährten» den Glauben, verurteilte man explizit.[69]

In der Abendmahlslehre bestätigte das Konzil, dass die Doktrin von der Transsubstantiation, vom Wandel der Substanz des Brotes und Weines in die des Leibes und Blutes Christi kraft der Konsekrationsworte des Priesters, unaufgebbar sei. Die Nießung unter beiderlei Gestalt (*communio sub utraque*), Brot und Wein, wurde verworfen; die Messopferlehre, nach der sich Christus im liturgischen Vollzug des Altarsakraments durch den Dienst des Priesters immer wieder neu opfere, wurde bestätigt. In der Sakramentenlehre fand das Kirchenverständnis des Trienter Konzils seinen prägnanten Ausdruck; allein die das Heilsmysterium Christi verwaltende und austeilende römische Kirche bewahre durch die Sakramente vor dem Unheil alter und neuer Ketzereien.

Gegen die Inkriminierung der Heiligen- und Reliquienverehrung im Zuge der Reformation bekräftigte das Konzil diese als guten katholischen Brauch. In einigen Fragen suchte es aber auch auf moderate Weise ausfernde Frömmigkeitspraktiken zu reformieren und zu begrenzen: In Bezug auf die Verehrung der Bilder setzte es fest, die Anbetung, das Küssen, Niederknien, Entblößen des Hauptes etc. hätten sich auf die Dargestellten selbst, die «Urbilder» (*prototypa*),[70] nicht auf ihre materiellen Repräsentationen zu beziehen. Abergläubische Missbräuche, auch im Umgang mit Reliquien, sollten durch die Bischöfe beseitigt werden. Ähnlich stellte sich die Ablasslehre des Trienter Konzils dar: Unter prinzipieller Aufrechterhaltung der bisherigen Praxis mahnte es zur «Mäßigung» und schaffte «alle unrechten Gewinne»[71] im Zusammenhang der Gewährung von Ablässen ab.

Das Konzil hatte sich die doppelte Aufgabe gestellt, die «Häresien auszurotten und die Sitten zu erneuern».[72] Dem ersten Teil dienten die Lehrdekrete der ersten, zweiten und dritten Konzilsperiode; in Bezug auf die konkreten Reformthemen spielte die Feststellung, dass die bischöfliche Residenzpflicht in ihren Diözesen göttlichen Rechts sei, eine wichtige Rolle. Eine Reihe von Einzelvorschriften zielte darauf ab, die geistliche Amtsführung der Bischöfe und Priester zu verbessern; die Pfründenkumulation wurde verboten; ein Dekret über die Einrichtung von Priesterseminaren schuf die entscheidende Grundlage für die Standardisierung des Ausbildungsniveaus des katholischen Klerus. Auch wenn sich die Umsetzung der Beschlüsse des Trienter Konzils je nach Haltung der einzelnen Bischöfe im Ganzen über lange Zeiträume hinzog, ist ihre Bedeutung als epochal zu bewerten. Die frühneuzeitliche und neuzeitliche katholische Kirche ist von ihren Wurzeln her tridentinisch, das heißt, sie setzte in allen Phasen ihrer neueren Geschichte die theologischen und pastoralen Normen des Trienter Konzils voraus. Der durch die machtvolle Häresie der Reformation erzwungene Konsolidierungsprozess hat die römische Kirche seit der zweiten Hälfte des 16. Jahrhunderts nach und nach dazu befähigt, konsequent den Weg der Globalisierung zu beschreiten und zur Weltkirche zu werden.

Erst durch eine Bestätigungsbulle Papst Pius' IV. wurden die Entscheidungen der Konzilsväter von Trient in Kraft gesetzt; das Autoritätsgefälle zwischen dem Papst und dem Konzil unterlag keinem Zweifel. Die Durchsetzung der Beschlüsse des Trienter Konzils zog sich innerhalb Europas, entsprechend der jeweiligen Haltung des Episkopats und der weltlichen Stände, teilweise bis ins 18. Jahrhundert hin; auf den außereuropäischen Missionsfeldern hingegen gelangten sie unmittelbarer zur Wirkung. Den frühneuzeitlichen und neuzeitlichen römischen Katholizismus prägte das Tridentinum tiefgreifend und nachhaltig.

Für die Reformprozesse an der Kurie wurde es entscheidend, dass nach Pius IV. drei weitere Reformpäpste – Pius V. (1566–1572), Gregor XIII. (1572–1585) und Sixtus V. (1585–1590) – gewählt wurden. Für kirchliche Würdenträger und Universitätslehrer wurde ein Konfessionseid, die *Professio fidei Tridentina*, verbindlich, in dem das altkirchliche Nicaeno-Constantinopolitanum, eine konzise Wiedergabe der Konzilsbeschlüsse und ein Bekenntnis zum «wahren Gehorsam» gegenüber dem Papst als Nachfolger Petri und Stellvertreter Christi enthalten waren.

Auch weitere Maßnahmen der römischen Kapitale machten es unübersehbar, dass der Papst zum entscheidenden Motor einer zentralistisch-hierarchischen Reform des Kirchenwesens wurde. Mittels eines verbindlichen katechetischen Lehrwerks für die gesamte römische Kirche weltweit, dem *Catechismus Romanus* (1566), sollten Predigt und Katechese gemäß den Trienter Lehrgrundlagen auf der Ebene der Pfarrgemeinde normiert werden. Auch ein einheitliches Gebetbuch, ein verbindliches Messformular, ein *Rituale Romanum*, das sämtliche Amtshandlungen eines Priesters beschrieb, Neuausgaben des zentralen kirchenrechtlichen Textkorpus *Decretum Gratiani* sowie des römischen Märtyrerverzeichnisses, schließlich eine revidierte Ausgabe des Vulgatatextes der Bibel standen für den römischen Normierungsdrang in Bezug auf zentrale Texte der kirchlichen Tradition. Ein tridentinischer Index der verbotenen Bücher (*Index librorum prohibitorum*, 1564) schrieb die während der spanischen und portugiesischen Inquisition entstandenen Verbotslisten fort. Eine 1571 an der Kurie eingerichtete Indexkongregation sollte über die Vereinbarkeit der gesamten Literaturproduktion mit den Glaubensgrundsätzen der römischen Kirche wachen; nicht nur Druck und Verbreitung, sondern der bloße Besitz inkriminierter Texte war verboten.

Die Administration an der Kurie wies unter der Ägide der Reformpäpste seit Pius IV. Merkmale staatlicher Verdichtung auf. Sie verfügte über ein stehendes Heer, zog direkte Steuern ein, baute ein diplomatisches Gesandtschaftswesen in Gestalt von Nuntiaturen auf, zentralisierte die Administration durch ressortmäßige Zuständigkeiten einzelner Kardinalskongregationen und stärkte mit alledem die Stellung des absolutistischen Monarchen, der der Kirche und dem Kirchenstaat vorstand. Wie weit die Herrschaftsansprüche des tridentinisch regenerierten Reformpapsttums gingen, zeigte sich, als sich der Papst bei der Durchführung der *Gregorianischen Kalenderreform* im Jahre 1582 gleichsam zum Herrn über die Zeit erklärte. Es galt, die Differenz zwischen dem von Julius Caesar eingeführten sogenannten Julianischen Kalender und dem kürzeren astronomischen Sonnenjahr auszugleichen. Diese Differenz ergab in 128 Jahren immerhin einen ganzen Tag; seit der Antike hatte sie sich auf zehn Tage erhöht; der Frühjahrsanfang, nach dem das Osterfest errechnet wurde, war auf den 11. März gerückt. Die päpstliche Lösung dieses gewichtigen Problems bestand darin, den Zeitraum zwischen dem 5. und 14. Oktober 1582 zu streichen; außerdem sollten inskünftig alle vierhundert Jahre drei Tage ausfallen. Mittels dieser Entscheidung konnten Sonnen- und Kalenderjahr weitestgehend angeglichen werden. Die protestantischen Gebiete verweigerten die Einführung des päpstlichen Kalenders, in Deutschland teilweise bis 1700, in England und Schweden bis zur Mitte des 18. Jahrhunderts; in einigen orthodox geprägten Ländern galt der Julianische Kalender bis ins 20. Jahrhundert fort. In gemischtkonfessionellen Städten wie Augsburg belastete die kalendarische Spaltung der Gesellschaft den sozialen Frieden, die Festkultur und die Ökonomie tiefgreifend. Beide Zählweisen mit Trenn- oder Bruchstrich zu verwenden, blieb bis ins 18. Jahrhundert hinein üblich.

Neue Orden, neue Ordnungen

Ein wesentliches Merkmal der inneren Erneuerung des Katholizismus wurde das Ordenswesen. Dies entsprach der spirituellen und kulturellen Innovationskraft, die das Mönchtum während seiner gut tausendjährigen Geschichte immer wieder in Bezug auf die Kirche als Ganze ausgeübt hatte. In den Ländern, in denen die Reformation siegreich geworden war, hatte man es abgeschafft. Einige Orden – der Augustinereremitenorden, dem Luther entstammte, die Benediktiner und die Franziskanerkonventualen – hatten europaweit zum Teil schwerste Einbußen hinnehmen müssen, während sich der Dominikanerorden als wichtigster Akteur der Inquisition und intellektueller Garant kirchlicher Rechtgläubigkeit in den Irrungen und Wirrungen der Reformation als bemerkenswert stabil erwiesen hatte. Unter den Theologen und Bischöfen des Trienter Konzils sollen 130 Dominikaner gewesen sein.

Neben den zum Teil kräftig vitalisierten alten entstanden eine ganze Reihe neuer Orden für Regularkanoniker oder Mönche und Nonnen. Hier gingen die entscheidenden Impulse von den romanischen Ländern aus, die von der Reformation am wenigsten erreicht worden waren: Italien und Spanien. Kennzeichnend war eine neuartig intensivierte Hinwendung zu den Menschen in den Gemeinden. Neben den Jesuiten (*Societas Jesu*) und den Kapuzinern als den beiden wichtigsten Neubildungen waren dies die Theatiner, die vor allem als Gemeindepriester im Sinne des Tridentinums wirkten; die Barnabiten, in Mailand entstanden, die sich besonders der Predigt und der Beichte annahmen; die Somasker, die sich der Jugendarbeit widmeten, sowie die Lazaristen, die sich der innereuropäischen Volks- und der außereuropäischen Heidenmission verschrieben. Unter den weiblichen Orden waren es die Englischen Fräulein, die Ursulinen, die Visitantinnen und die Angeliken. Ihnen allen eignete ein Zug zur karitativen Hinwendung zu den Mühseligen und Beladenen. Gemeinsam war auch ihre strikte, kämpferische Loyalität gegenüber dem Papsttum und der rechtgläubigen Tradition der Kirche, eine Bereitschaft zur Markierung klarer Trennungen zwischen der Sphäre des Heiligen und des Profanen, ein Abscheu gegenüber aller Ketzerei und der Wille, «ihre» Kirche zu erneuern und zu stärken. Auf all den Feldern frommer Betriebsamkeit, auf denen schon die spätmittelalterliche Kirche produktiv gewesen war, trieb der römische Katholizismus neue Blüten hervor: im Wallfahrts- und Bußwesen, in der betörend sinnlichen bildenden Kunst, im Kirchenbau, in der mystischen Literatur. Die beiden bedeutendsten neuen Orden seien etwas näher vorgestellt.

Als besonders wichtige Kraft der katholischen Reform können die *Kapuziner* gelten, die als Abspaltung aus den observanten Franziskanern hervorgingen. Der Name stammt von dem italienischen Wort *Scapuccini* (= Kapuzen tragende Eremiten) und spiegelt die Lebensweise jener Brüder, die sich von der laxen Observanz der städtischen Franziskanerkonvente abgewandt und ein Leben in der Wildnis Kalabriens und Anconas begonnen hatten. Wandernd und Buße predigend lebten sie vom Bettel; dank der Unterstützung adliger Förderer erlangten sie 1528 die päpstliche Anerkennung. Am radikalen Lebenszeugnis des Heiligen Franziskus orientiert, lebten die Kapuziner in größter Armut, hausten in Einsiedeleien, pflegten Kranke, versorgten Arme und predigten das Evangelium von der Nachfolge, versenkten sich in mystische Tiefen. Die inbrünstigsten und edelsten Elemente spätmittelalterlicher Frömmigkeit lebten in ihnen wie in den anderen neuen Orden noch einmal auf. Eine Erschütterung bedeutete für die Kapuziner, dass ihr Ordensgeneral Bernardino Ochino, der 1542 des Protestantismus verdächtigt und vor die Inquisition nach Rom zitiert wurde, nach Genf floh und mit seiner monastischen Lebensweise brach. Doch den Erfolg der Kapuziner verhinderte dies auf Dauer nicht, erlebten sie doch zwischen 1580 und 1650 einen gewaltigen Zulauf. Aus allen Gesellschaftsschichten strömten ihnen Mitglieder zu. In Italien machten sie als Pfleger der Pestkranken an der Seite Karl Borromäus' von sich reden, und in Frankreich profilierten sie sich als Prediger gegen die Reformation. In verschiedenen Ländern des protestantischen Europa wirkten sie subversiv und klandestin für ihre Kirche.

Der ohne Zweifel bekannteste und erfolgreichste der neuen Orden war die Gesellschaft Jesu, die *Jesuiten*. Charakter und spirituelle Prägung des Ordens wurzeln in der religiös enthusiastischen Persönlichkeit ihres Gründers, des baskischen Ritters Iñigo de Oñaz y Loyola, genannt Ignatius. Nach einer höfisch-ritterlichen Erziehung diente der 1491 geborene Generationsgenosse der Reformatoren im Heer des Vizekönigs von Navarra. Infolge einer schweren Verletzung erlebte er während eines langen Krankenlagers eine Bekehrung. Maßgeblichen Einfluss hatte hier die Lektüre von Heiligenlegenden und der zur

Jacopino del Contes Bildnis des Ignatius von Loyola, Rom 1556, gilt als das authentischste Porträt des Ignatius und wurde als nachweislich frühestes Bildnis bei seinem Kanonisationsprozess verwendet. Ignatius hatte sich aus Gründen der Demut ein Porträt zu Lebzeiten verbeten; es dürfte also unmittelbar nach seinem Tod, wohl aufgrund von Skizzen oder der Totenmaske, gefertigt worden sein. Die ‹vera effigies› des Ignatius wurde im römischen Professhaus des Ordens, im Zimmer des Generaloberen, aufbewahrt.

Nachfolge stimulierenden *Vita Christi* des spätmittelalterlichen Ordensschriftstellers Ludolph von Sachsen. Ignatius' weiterer Weg führte ihn zu einem Marienheiligtum bei Monserrat, wo er seine Waffen niederlegte und die vornehme Kleidung des Edelmanns gegen das raue Gewand eines Pilgers eintauschte. 1522/23 befiel ihn in Manresa ein schweres Fieber. Eine Vision rettete den in die Lektüre der *Imitatio Christi* des Thomas von Kempen versenkten Ignatius, und es eröffneten sich ihm ein neuer Lebensplan und die Leitideen seiner «Geistlichen Exerzitien»: Fortan wollte er Christus aktiv in der Welt dienen und dem Heiland Seelen retten. Nach einer Wallfahrt nach Jerusalem begann Ignatius ab 1524 mit Studien in seiner spanischen Heimat. Seine mystischen Neigungen und seine Nähe zu den *Alumbrados* brachten ihn mit der Inquisition in Berührung. Ab 1528 studierte er in Paris. 1534 schlossen sich dem Charismatiker sechs spanische Kommilitonen durch ein Gelübde an, und gemeinsam empfingen sie

1537 in Venedig die Priesterweihe. Im selben Jahr gründeten sie in Rom einen Orden mit dem Namen *Societas Jesu* (Gesellschaft Jesu), der 1540 die päpstliche Anerkennung erlangte. Der Gehorsam gegenüber dem Papst war mit dem speziellen Gelübde verbunden, «ohne jede Verzögerung oder Entschuldigung [...] sofort alles auszuführen, was der [...] Papst zum Nutzen der Seelen und zur Ausbreitung des Glaubens (*profectum animarum et fidei propagationem*) befiehlt».[73] Wohin auch immer der Papst die Jesuiten zu senden beliebte – ob zu den Türken, den Indern, den Häretikern oder Schismatikern –, die treueste Miliz des Heiligen Vaters würde aufbrechen.

Die Mobilität und das Wirken innerhalb des Gemeinwesens – in Schulen, Krankenhäusern, Gefängnissen, auf der Straße – wurden für die Gesellschaft Jesu kennzeichnend; sie trugen keine Ordenstracht und waren insofern unauffällig tätig. Im Unterschied zur Ortsgebundenheit (*stabilitas loci*) der älteren Orden spielte das liturgische Gemeinschaftsleben im Kloster für sie keine Rolle. Die spirituelle Rekreation des Einzelnen mittels der «Geistlichen Exerzitien», aber auch die gemeinsame Verehrung für Ignatius prägten – auch nach seinem Tod – die religiöse Kultur des Ordens. Die Leitungsstruktur der von einem «General» in Rom – zunächst Ignatius selbst – geführten Gemeinschaft war zentralistisch, bot aber auch flexible Anpassungsmöglichkeiten vor Ort. Dem General oblag es, die Leiter der Provinzen und die Vorsteher der einzelnen Häuser der Gesellschaft, die Rektoren, einzusetzen. Durch Korrespondenzen und ein aufwändiges Berichtswesen standen die bald weltweit operierenden Brüder in ständigem Kontakt mit der Ordensleitung.

Zur kleinen Schar der ersten Brüder gehörte Franz Xavier, der 1540 als erster jesuitischer Missionar nach Indien aufbrach. In Japan gelangen zeitweilig große Missionserfolge, in China drang man in kaiserliche Hofkreise vor und wirkte – angepasst an Gebräuche und Lebensformen – unter den gelehrten einheimischen Eliten. In Lateinamerika setzten sich die Jesuiten für die Belange der autochthonen Bevölkerung ein und suchten sie vor willkürlicher Ausbeutung zu schützen. Wo immer sie tätig waren, bemühten sie sich, die Sprachen derer, die sie gewinnen wollten, zu lernen und ihre Kultur, auch die Natur in der

Fremde, zu erforschen. Selbst die sie fürchtenden und literarisch pausenlos bekämpfenden Lutheraner im Reich mussten zugeben, dass sie das Reich Christi im Geiste der Apostel ausbreiteten. Bei Schul- und Kirchengründungen verhielten sich die Jesuiten, so der Hamburger Pastor Philipp Nicolai, nämlich außerhalb Europas «ohn allen zweiffel»[74] so, dass sie «bey den Spaniern für Lutheraner gehalten und dem Fewer schwerlich entfliehen würden: Denn sie fangen nicht alsbald an von der Römischen Kirchen Authoritet/ von den Menschen= Satzungen/ von der Meß/ Fegfewer/ guten Wercken und Römischen Ablaß=kram/ sondern sie predigen anfänglichs schlecht von dem Fall der ersten Eltern/ und ewiger Verdambnuß […]/ darnach von der gnädigen Erlösung vom Tod unnd ewigen Verderbung der menschen/ so durch christum geschehen/ welchen man mit Glauben müsse annehmen/ und darauff sich im Nahmen der H. Dreyfaltigkeit tauffen lassen.»[75]

Innerhalb Europas waren die Jesuiten als Katecheten und Seelsorger in ländlichen Gebieten Italiens und Frankreichs ebenso umtriebig wie als Schulmeister, Kontroverstheologen, Professoren oder subversive Glaubensagitatoren, die versprengte katholische Seelen in protestantischen Ländern versorgten, etwa in den Niederlanden, Norddeutschland und auf den britischen Inseln. Nach und nach fassten sie an verschiedenen Universitäten Fuß, und mit der Gründung des *Collegium Romanum* in Rom (1551) entstand eine Schule, die modellbildend wurde. Das gleichfalls in Rom aufgebaute *Collegium Germanicum* wurde zum Muster einer Ausbildungsstätte für Priester, die speziell auf den Einsatz in protestantisch geprägten Ländern vorbereitet wurden. Bei den Kämpfen gegen die Reformation in allen europäischen Ländern fiel den Jesuiten nach und nach die führende Rolle zu. In der Furcht der Protestanten vor ihnen, die sich in Gräuelgeschichten austobte, spiegelte sich wohl auch die heimliche Bewunderung für ihr Geschick und ihre Zähigkeit.

Die Jesuitenkollegien, in denen – kostenlos – das humanistische Erbe gepflegt und ein christliches Tugend- und Dienstethos vermittelt wurde, fanden in ganz Europa und in allen Ständen großen Zuspruch. Im Todesjahr des Ignatius, 1556, waren 35 Kollegien in Betrieb, 1579 sollten es bereits 144 sein. Das Bildungswesen stand bald ganz im Zentrum des europäischen Aktionsfeldes des Ordens. In den paritätischen Reichsstädten setzte diese Konkurrenz auch protestantischen Gymnasien zu. Durch die Bildungs- und Erziehungsarbeit gewannen die Jesuiten einen entscheidenden Einfluss auch auf die politischen Eliten; an allen katholischen Höfen Europas waren Jesuiten als Beichtväter gefragt. Der Argwohn, ja die Feindschaft, mit der man den Jesuiten zuerst von Seiten der Protestanten, bald aber auch in einzelnen katholischen Ländern begegnete, gründete sich auch auf den unübersehbaren Einfluss, den diese treuesten und gebildetsten Vorkämpfer des Papsttums, die nicht davor zurückschreckten, Untertanen «ketzerischer» Obrigkeiten zum Aufruhr zu ermutigen, bei den herrschenden Eliten besaßen.

In der Geschichte des *weiblichen Ordenswesens* stellte das Trienter Konzil insofern eine Zäsur dar, als es die Klausur aller weiblichen Religiosen festschrieb. Im Wirken der Teresa von Ávila, der Reformerin des Karmeliterinnenordens, wurde die normative Vorgabe des Konzilsdekrets, das auf eine klare Trennung des heiligen monastischen Raumes von der Welt abzielte, exemplarisch realisiert. Legitimiert durch Visionen setzte die Mystikerin ein Leben in absoluter Klausur, strikter Armut und strenger Askese, unter Einschluss wöchentlicher Geißelungen, durch. Mit Unterstützung des Generals des Karmeliterordens gründete Teresa insgesamt 18 neue Klöster der «Unbeschuhten Karmeliterinnen»; über den Mystiker Johannes vom Kreuz wirkten ihre Impulse auch auf den männlichen Ordenszweig ein. Das Herzensgebet galt ihr als Instrument der Vereinigung mit Gott. Virtuose Selbstbeobachtung und Versenkung in die Gnade Gottes prägten ihren Einsatz für die Klosterreform.

Ähnlich wurden auch die Angeliken, ein in den 1530er Jahren in Mailand gegründeter, zunächst nichtklausurierter Orden, nach und nach einer männlichen Leitungsstruktur unterworfen und hinter Mauern und Gitterfenster gebannt. Im Unterschied zu den anderen Orden rekrutierten sich die Ursulinen, die Dienerinnen der heiligen Ursula, aus bescheideneren Gesellschaftskreisen. Sie nahmen sich der

armen, verwaisten, von Prostitution bedrohten Mädchen an, betrieben entsprechende Hilfs- und Krankenhäuser und unterrichteten auch. Den Ursulinen gelang es, sich dem Klausurgebot zu entziehen; im 17. Jahrhundert breiteten sie sich auch in Frankreich aus. Zusehends orientierten sie sich nun an der jesuitischen Tradition und boten unentgeltliche Ausbildungsangebote für Mädchen an. Ähnliches gilt auch für die aus England geflohene Katholikin Mary Ward, die – orientiert am jesuitischen Vorbild, allerdings auch gegen massive Widerstände aus der Gesellschaft Jesu – ein nichtklausuriertes Gemeinschaftsleben zur höheren Erziehung von katholischen Engländerinnen, die auf den Kontinent geflohen waren, aufbaute. Nach und nach entstanden päpstlich approbierte, an jesuitischen Standards orientierte Lehrhäuser der «Englischen Fräulein» in ganz Europa. Ein «Jesuitinnenorden» wurde Mary Ward allerdings verwehrt, so dass sie zusehends darauf setzte, ihren Mädchen und Frauen Bildung für den Verbleib *in* der Welt zu vermitteln.

In der Spannung zwischen normativ geforderten klausurierten und faktisch etablierten nichtklausurierten Lebensformen kam das dem frühneuzeitlichen Katholizismus eigene Weltverhältnis zum Ausdruck. Gab es für die Protestanten keinen religiösen Dienst jenseits der Gesellschaft aller Menschen, so erneuerte der tridentinische Katholizismus einerseits die Unterscheidung zwischen «Geistlichen» und «Laien», zwischen monastischem Heils- und weltlichem Lebensraum, intensivierte andererseits aber auch die Hinwendung der Religiosen zum Dienst an den Laien – durch Werke der Nächstenliebe und der Erziehung. Der frühneuzeitliche und neuzeitliche Katholizismus trug und trägt neben, in und mit seinen spezifischen nationalen und regionalen Ausprägungen einen tiefgreifend römischen Charakter.

‹Des Ehrwürdigen Herrn Doctoris Martini Lutheri / gottseligen Triumph›, undatiertes illustriertes Flugblatt aus dem Jahr 1568. Im Zentrum des kolorierten Holzschnitts stehen Papst Leo X. und Luther, der ihm drohend eine Bibel entgegenhält. Der Papst sitzt auf einer Cathedra, die nach hinten kippt; einige Jesuiten stützen den Papstthron mit Mistgabeln und verhindern so seinen Niedergang. In wüster Unordnung stehen Kleriker und Ordenspersonen aller Art hinter dem Papst. Unterhalb Luthers befindet sich eine Gruppe von Reformatoren, angeführt von Melanchthon und – im Vollprofil Jan Hus.

7. DISSENTER UND NONKONFORMISTEN

Ein wesentliches Antriebsmotiv derer, die sich von der Papstkirche distanziert, aber auch von den entstehenden evangelischen Kirchentümern lutherischer oder reformierter Prägung abgewandt hatten und in eine offene oder verdeckte Opposition zu diesen getreten waren, erwuchs aus Enttäuschung und Unbehagen darüber, dass der Erneuerung der «Lehre» in der Regel keine Besserung des «Lebens» entsprach. Diejenigen, die mit Ernst Christen sein wollten, empfanden es als inakzeptabel, dass sich die evangelischen Glieder der Großkirchen hinsichtlich ihrer sittlichen Lebensführung kaum nennenswert von den Anhängern des alten Glaubens unterschieden und dass die weltlichen Obrigkeiten auch bei der Leitung der Kirche eine maßgebliche Rolle spielten. So entstand der Wunsch, sich von der «Kirche der Vielen» zu trennen und eine fromme Heiligungsgemeinschaft zu bilden.

Die Radikalen auf dem «linken» Flügel der Reformation – ein nicht unproblematischer Begriff, der sich in Analogie zu den Sitzordnungen moderner Parlamenten eingebürgert hat – waren die ersten, die die notorische Staatsnähe des kirchlichen Protestantismus problematisierten. Sie setzten auf die kleine Überzeugungsgemeinschaft und verbanden den Begriff der «Veränderung» mit positiven Erwartungen. Für Reformatoren wie Luther dagegen war «Veränderung» mit Aufruhr konnotiert; die Restitution der Kirche, die sie anstrebten, stellte das bestehende Gesellschaftsgefüge nicht in Frage. Bei den meisten der Radikalen war das anders.

Die prägnanteste Gemeinsamkeit all derer, die in den anstaltlich organisierten Konfessionskirchen keine Heimstatt fanden und nach alternativen religiösen und sozialen Lebensformen suchten, war ihre Nichtkonformität, ihr Dissentieren gegenüber der Mehrheitsgesellschaft. Deshalb hat sich in der neueren Forschung vielfach die Sammelbezeichnung «Dissenter» oder «Nonkonformisten» eingebürgert. Unbefriedigend an dieser Terminologie bleibt, dass auf diese Weise ein äußeres Merkmal als bestimmend gesetzt ist, die Heterogenität der Abweichler aber nicht in den Blick gerät. Offene Diskonformität duldeten die Konfessionsgesellschaften nicht; außer in Teilen Osteuropas und den Niederlanden, in denen Täufer und Antitrinitarier zeitweilig offiziell oder faktisch geduldet waren, unterlagen sie überall sonst der Verfolgung.

Wie verbreitet das Phänomen des Nonkonformismus in den nachreformatorischen Konfessionsgesellschaften der Frühen Neuzeit tatsächlich war, lässt sich nicht eindeutig feststellen; auch die europäischen Dimensionen sind bisher erst in Umrissen sichtbar. Dort, wo es zu separierten täuferischen Gemeinschaftsbildungen kam, wurden sie gelegentlich aktenkundig. Sofern aber Menschen mit abweichenden religiösen Überzeugungen – ähnlich den Überlebensstrategien dissimulierender mittelalterlicher «Ketzer» – in äußerlicher Konformität mit den Konfessionskirchen lebten, ihre Kinder taufen ließen und regelmäßig an den Gottesdiensten, an Messe und Abendmahl teilnahmen oder gar als Taufpaten fungierten, werden sie kaum je als «Abweichler» greifbar.

Die Frage nach den Nichtkonformen ist insofern ein wichtiger Aspekt im Verständnis der vormodernen Konfessionsgesellschaften im Ganzen. Äußerlich waren diese zumeist als religiös homogene Gebilde definiert; über die Instrumente und Strategien moderner totalitärer Gesellschaften, ihre Mitglieder umfassend zu kontrollieren, verfügten sie aber nicht. Daher gehörten Dissimulation, Ambiguität und unterschiedliche Grade der Identifikation mit Lehre und Ritus der «öffentlichen Religion» eines Gemeinwesens zur religionskulturellen Signatur dieser Epoche. Ja, man wird ein gewisses Maß an nicht-öffentlich artikulierter Nonkonformität als integrales Moment dieser sozialen Gebilde voraussetzen können. Was das Zeitalter jedoch nicht ertrug, war die *öffentliche* Infragestellung der religiösen Wahrheit, die in einer Stadt oder einem Territorium galt.

Die Täufer und das Experiment von Münster

Auf den sogenannten Täufern lastete nach dem Bauernkrieg und dem Speyrer Reichstagsmandat, das die «Wiedertaufe» unter Todesstrafe stellte (1529), ein enormer Verfolgungsdruck, der auf ihr Selbstverständnis und ihre Verhaltensstrategien zurückwirkte: Man versuchte nun, sich unsichtbar zu machen, man dissimulierte, man existierte gegebenenfalls in äußerer Anpassung in, mit und unter den konfessionellen Großgruppen und setzte die Taufpraxis aus, um der Gefahr von Verfolgung zu entgehen. Der in der wissenschaftlichen Diskussion verworfene, in den Quellen aber belegte Begriff der «Wiedertäufer» unterstellt den damit Bezeichneten ein Verständnis der Sache, das ihnen fremd war; denn die Taufe Neugeborener verdiente ihres Erachtens diese Bezeichnung nicht. Auch der als Ersatzbegriff üblich gewordene Terminus des «Täufertums» dürfte ihrem Selbstbild kaum entsprochen haben; sie nannten sich anfangs «Brüder in Christo». Für sie stand nicht die Kritik an der Säuglingstaufe oder die Etablierung einer Mündigen- oder Entscheidungstaufe im Zentrum, sondern die Heiligung der Gemeinschaft. Sie sollte durch eine scharfe gemeindliche Zucht, der sich ihre Mitglieder freiwillig unterzogen, sichergestellt werden. Die Tauffrage war also ein wichtiges, aber keineswegs das einzige Element eines Gemeindeverständnisses, das sich in besonderer Weise an den komplexen Idealen der Gemeinde im Neuen Testament orientierte. In Bezug auf die strenge Kirchendisziplin sind die Ähnlichkeiten zwischen täuferischen Gemeinschaften und reformierten Kirchentümern unübersehbar; was sie trennte, war vor allem der Allgemeinheitscharakter sowie die Staatsnähe der Kirchen Zwinglis und Bullingers, aber auch Bucers und Calvins.

Das Täufertum erlebte in den Jahren nach dem Bauernkrieg eine dramatische Transformation und tiefgreifende Pluralisierung; insbesondere an der Frage der Gewalt und der Bereitschaft zum Arrangement mit den weltlichen Obrigkeiten schieden sich die Geister. Nach der Hinrichtung des ersten Täufers – Felix Mantz wurde am 5. Januar 1527 in Zürich ertränkt – wurden in katholischen, lutherischen und reformierten Ländern und Städten immer wieder Todesstrafen verhängt. 80 Prozent aller Täufermartyrien fanden bereits in den späten 1520er und frühen 1530er Jahren statt, davon die überwiegende Mehrheit (85 Prozent) in «altgläubigen» Territorien. Allein für den schweizerisch-oberdeutschen Raum sind 845 Hinrichtungen gezählt worden. Unter den etablierten Reformatoren variierten die Meinungen, ob man die Täufer gemäß dem geltenden Reichsrecht hinrichten oder «nur» außer Landes jagen sollte.

Für die Verfolgung der Täufer und anderer Dissidenten wurde ihr Image als Aufrührer entscheidend. In der Tat, einige von Thomas Müntzer und der Erfahrung des Bauernkriegs nachhaltig apokalyptisch geprägte Laienakteure wie der fränkische Buchführer Hans Hut oder der thüringische Kürschner Hans Römer, die die Wiederkunft Christi, die Parusie, in der allernächsten Zukunft erwarteten, propagierten militärische Kooperationen mit dem Osmanischen Reich oder verfolgten chiliastische Vorstellungen und auch recht reale Umsturzpläne – so Römer für die Stadt Erfurt. Der Augsburger Augustin Bader, ebenfalls ein Kürschner, scharte eine kleine Gruppe von Anhängern um sich, die eine Verbindung zu einzelnen Juden und ihrer mystischen Geheimwissenschaft, der Kabbala, suchten, den Messias in den eigenen Reihen erwarteten und sein kommendes Reich durch symbolische Kleidung antizipierten.

Seit Jahrhunderten uneingelöste theokratisch-utopische Hoffnungen, in denen Engelspäpste und endzeitliche Friedenskaiser die gesamte Menschheit sammelten und Christus zuführten, fielen auch unter den nonkonformistischen Randsiedlern der christlichen Religionskultur auf fruchtbaren Boden. Führungsverhältnisse im Sinne einer herrschaftlichen Vorrangstellung gemeindeleitender Personen bildete das Täufertum zunächst aber nicht aus. Nur in der Frühzeit der Bewegung, vor dem Druck der Verfolgung und der Martyrien, spielten ehemalige Kleriker und Intellektuelle wie der Nürnberger Schulmeister Hans Denck, der frühere Priester Ludwig Hätzer, der humanistisch geprägte Patriziersohn Konrad Grebel sowie der theologische Doktor Balthasar Hubmaier eine prominente Rolle.

Einige der oberdeutschen Täufer wie Melchior Sattler und die sich um ihn sammelnden Unterzeichner des *Schleitheimer Bekenntnisses* (1527) distanzierten sich von jeder Gewalt und suchten als «Stille im Lande» in kleinen, trauten Gemeinschaften vor dem nahen Ende der Zeiten in entschiedener Nachfolge Christi zu leben. Sie wurden später zu maßgeblichen Identifikationsfiguren eines neuzeitlich pazifistischen Täufertums stilisiert, auch in Opposition zu den offenkundig revolutionären Tendenzen, die im sogenannten Münsteraner Täuferreich gipfelten. In dem unweit von Schaffhausen gelegenen Dorf Schleitheim hatte eine *Brüderliche Vereinigung* unter Führung des ehemaligen Benediktinerpaters Sattler ein Bekenntnis formuliert, das die klare Trennung von der Welt, die Verweigerung des Eides, einen Verzicht auf jede Gewalt und eine entschiedene, ganz an der Bibel orientierte Nachfolge Christi propagierte. Motive dieses martyriumsbereiten Täufertums lebten später bei den *Schweizer Brüdern* oder den *Hutterern* fort. Auch ein Phänomen wie der mährische *Sabbatarismus*, der aus dem apokalyptischen Täufertum hervorging und die Heiligung des 7. Wochentages, des Samstags, als religiöse Pflicht propagierte, ist als Folge einer strikten Bindung an die Bibel zu deuten.

Bereits in den späten 1520er Jahren, als die mitteleuropäischen Gesellschaften in besonderem Maße apokalyptisch affiziert waren – im Frühherbst 1529 standen die Türken vor Wien –, trugen Wandermissionare aus der Zürcher Urgemeinde der Täufer wie die ehemaligen Priester Jörg Blaurock und Wilhelm Reublin täuferische Vorstellungen in unterschiedliche schweizerische und süddeutsche Territorien und ins habsburgische Tirol. Bisweilen stand die Verkündigung der gewaltfreien schweizerischen Täufer in einer Spannung zur recht erfolgreichen Mission Hans Huts, der im Süden Vorstellungen Thomas Müntzers weiter verbreitete und eine Datierung des Weltendes auf das Jahr 1528 propagierte. Auch der aus Waldshut geflohene täuferische Reformator Balthasar Hubmaier, dem im mährischen Nikolsburg zeitweilig die Unterstützung der adligen Herrschaft zuteilgeworden war, wandte sich gegen den Hutschen Radikalismus. À la longue erwiesen sich in der Geschichte des Täufertums Tendenzen der «Entweltlichung», das heißt der Verzicht darauf, die eigenen Vorstellungen von einer angemessenen christlichen Lebensform gewaltsam durchzusetzen, als stärker. Insbesondere jene Gruppierungen, die eine konkrete Naherwartung, wie sie Hut oder Hoffman vertreten hatten, ablehnten, betonten diese Absonderung von der Welt.

Eine Art Wendepunkt in der Geschichte der Bewegung markiert das täuferische «Sozialexperiment» von Münster. Seine Anfänge sind untrennbar mit der Agitation Melchior Hoffmans verbunden. In den frühen 1530er Jahren bildete er von Ostfriesland aus eine Anhängerschaft, die seine Vorstellung eines finalen Triumphes der wahrhaft Glaubenden über «Babylon» aufnahm und weiterentwickelte. Hoffman prophezeite als Ort, von dem diese endzeitlichen Ereignisse ihren Ausgang nehmen würden, Straßburg, als Zeitpunkt des Offenbarwerdens des Neuen Jerusalem das Jahr 1533. Er kehrte in dieser Hoffnung in die elsässische Reichsstadt zurück, wurde dort durch eine Synode verurteilt und bis zum Ende seines Lebens im Jahr 1543 gefangengesetzt. Im Nordwesten des Reiches aber wirkten seine Ideen unter den *Melchioriten* nach, seinen Anhängern, die er vor allem in der Amsterdamer Gemeinde gewonnen hatte.

Anfang 1534 entsandte der Bäcker Jan Matthijs, der die Amsterdamer Gemeinde leitete, Boten in die westfälische Bischofsstadt Münster, in der eben erst, unter dem maßgeblichen Einfluss des Kaplans am Chorherrenstift St. Mauritius Bernhard Rothmann und in enger Zusammenarbeit mit einer lutherischen Ratsmehrheit die Wende zur Reformation erfolgt war. Durch vorläufige vertragliche Regelungen mit dem Stadtherrn, dem Bischof Franz von Waldeck, konnte die Reformation im Frühjahr 1533 politisch abgesichert werden. Zeitweilig sah es so aus, als vollziehe Münster einen geordneten Übergang zur lutherischen Reformation, wie er – gegenüber Oberdeutschland phasenverschoben – in den 1530er Jahren in zahlreichen nord- und nordwestdeutschen Hansestädten vonstattenging. Doch Rothmann öffnete sich unter dem Einfluss der niederländischen Melchioriten und evangelischer Prediger, die aus dem Jülicher Land nach Münster geflohen waren, radikaleren Anschauungen. Die Polarisierung innerhalb der westfälischen Stadt nahm erheblich zu, auch weil diese von Franz von Waldeck und seinen Verbündeten militärisch bedroht wurde.

Bei Ratswahlen am 23. Februar 1534 errangen die Täufer einen Sieg, und Ende Februar 1534 kam der «Prophet» Jan Matthijs persönlich in die Stadt. Nun setzte ein komplexer Prozess der Umformung Münsters in ein endzeitliches, an alttestamentlichen Gemeindevorstellungen orientiertes theokratisches Stadtwesen ein, dem man durch die Bekenntnistaufe beitreten konnte oder das man unter Verlust seiner Vermögenswerte zu verlassen hatte. Die Spuren des alten Kirchenwesens wurden in Münster konsequenter und kompromissloser beseitigt, als dies insbesondere im Luthertum üblich war.

Nachdem Matthjis bei einer militärischen Aktion vor den Toren Münsters ums Leben gekommen war, übernahm der charismatische Schneiderknecht Jan Beukelszoon, genannt Jan van Leiden, die Führung in der Stadt und wandelte sie von einem bisher von zwölf Presbytern geleiteten prophetisch-republikanischen in ein königliches Gemeinwesen um. Allerdings schuf man Elemente des politischen Ausgleichs zwischen den niederländischen Immigranten und den alten Münsteraner Eliten; der zweite Mann hinter dem «König» war der Bürgermeister Knipperdolling. Man führte ein Hofzeremoniell des endzeitlichen Heilskönigtums ein, entsandte täuferische Apostel missionierend in die Umgegend, führte um der allgemeinen Ehepflicht

Diß ist die warhafftige gestalt vnd figur des Münsterischen Königs/des hand-
wercks ein Schneyder/seines alters im.xxvj.jar/Mit person/farß/kleydung vnd wappen/wie hie steet/Welchen der
Bischoff gefangen vnd noch gefengklich enthelt/denselben auch also hat abconterfeen lassen/auch etlichen
Fürsten vnd Herren zü geschickt/Ist gemelter König seer trutziger wort ꝛc. Es waiß auch noch
niemandt wie es jm ergeen oder was mit jm angefangen werden würdt.

Wer sich erhöcht in diser welt
Got achtet weder güt noch gelt

Auß dem stül würdt er gestossen
Bald müß er legen ein Glossen.

Hans Guldenmundt.

willen die auch wegen eines Frauenüberschusses (70 Prozent) notwendige Polygamie ein, enteignete Geld und Edelmetalle, entwickelte
ein Verteilungssystem im Sinne der Gütergemeinschaft und organisierte auch die unter der Belagerung immer prekärer werdende Nah-
rungsmittelversorgung gemeinschaftlich.

Nach knapp einem Jahr war Jan van Leidens Stern im Sinken begriffen; seine prophetische Ankündigung, zu Ostern 1535 werde Münster entsetzt, verlief folgenlos. Auch seine Appelle an niederländische Glaubensbrüder, die habsburgische Herrschaft abzuschütteln und nach Münster zu kommen, zeigten kaum noch Wirkungen. Als die Stadt im Juni 1535 endgültig in die Hände der Belagerer fiel, geschah dies aufgrund von Verrat und in einem Zustand der völligen Erschöpfung.

Für die konfessionsübergreifende Fürstenkoalition, die sich gegen das Reich der Täufer gebildet hatte, auch für die etablierten Reformatoren, wurden die Ereignisse in der westfälischen Stadt zum Inbegriff revolutionären Aufruhrs. Die Missachtung der überkommen Herrschaftsverhältnisse katapultierte die Täufer in eine Sphäre, die nurmehr als «teuflisch» oder dämonisch zu qualifizieren war. In Gräuelgeschichten vom verblendeten König und seinen verführten, von Hunger ausgezehrten und unterdrückten Untertanen, die sich von Katzen, Hunden und Mäusen ernährt

‹Diß ist die warhafftige gestalt und figur des Münsterischen Königs›: Nach der Niederschlagung der Täuferherrschaft setzte ein großes Interesse am Bild des «Königs von Münster» ein, das umtriebige Drucker – in diesem Fall Hans Guldenmundt 1535 in Nürnberg – durch einschlägige Erzeugnisse befriedigten. Den Ausgangspunkt stellt ein Porträt Jan van Leidens dar, das Hans Aldegrever im Auftrag des Münsteraner Bischofs hergestellt hatte. Das unten abgedruckte Wappen ist das Jan van Leidens; es symbolisiert die in seiner Herrschaft verbundene geistliche und weltliche Gewalt.

hätten, tobte sich der Triumph der Sieger publizistisch aus. Die im Lambertiturm aufgehängten Käfige, in denen sich die Leichen der Täuferführer weithin sichtbar zersetzten, symbolisierten ein Ancien Régime, dem die Zukunft gehören sollte. Während und nach der Belagerung erhob sich über das täuferische Projekt Münster in den Jahren 1534/35 eine von Autoren aller Konfessionen produzierte literarische Erregung, die verdeutlicht, dass die beherrschenden Kräfte der Zeit für religiöse Experimente und alternative Konzepte wenig empfänglich waren.

Die Nachwirkungen des Münsteraner Experiments waren vielfältig. Für die kleine radikale Gruppe der *Batenburger* – benannt nach einem unehelichen Adelsspross dieses Namens, Jan van Batenburg – war der König von Münster ein falscher Prophet gewesen. Sie proklamierten, dass die Zeit des Taufens zu Ende sei. Die terroristischen Praktiken, derer sie sich bedienten – Mord, Brandschatzung, Raub –, stießen innerhalb des Täufertums aber auf Abscheu. Die fortan einflussreichsten Kräfte des melchioritischen Täufertums, die Anhänger des Glasmalers David Joris und die pazifistische Gruppierung der niederländischen Melchioriten um den ehemaligen Priester Menno Simons, waren sich hinsichtlich des Gewaltverzichts einig.

David Joris wirkte als Vermittler bei den Melchioriten, die über der Frage der Berechtigung von Gewalt und der Polygamie zerstritten waren. Er mahnte dazu, vor allem die Gemeinsamkeiten stärker hervortreten zu lassen: Hofmanns monophysitische, eine himmlische Abkunft auch der Menschheit Jesu postulierende Christologie, die Bekenntnistaufe und – in der Rückkehr zu Hoffmans genuiner Lehre – den Verzicht auf Gewalt in der Zeit vor der Parusie. Durch eine mit Visionen verbundene ekstatische Berufung, die er im Dezember 1536 erlebte, fühlte sich Joris nach Christus als dritter David der letzten Tage. Unmittelbare Geisterfahrungen wurden bei ihm wie in anderen Kreisen des Täufertums als unverzichtbarer Erkenntnisquell in den Wirren der Endzeit verstanden. Bei einigen stärker an der Bibel orientierten Melchioriten in Straßburg stieß er auf Skepsis; sie monierten die mangelnde biblische Fundierung seiner Lehren. Gleichwohl entfaltete Joris in Antwerpen und später im Basler Exil eine reiche literarische Tätigkeit: Er selbst praktizierte sein Täufertum nicht öffentlich, gab die Glaubenstaufe auf und ermutigte seine Anhänger, sich äußerlich den jeweiligen öffentlichen Konfessionskirchen zu unterwerfen.

In scharfer Opposition dazu betrieb *Mennon Simons* den Aufbau einer sichtbaren kirchlichen Organisation, hielt das täuferische Zeugnis vor der Welt für unverzichtbar, drängte spiritualistische Tendenzen zugunsten biblischer Begründungen zurück und verstand die Kirchenzucht als ein unverzichtbares Element der Heiligung der Gemeinde. Mit der apokalyptischen Naherwartung Hoffmans und der Münsteraner brach er definitiv. Durch eine ausgedehnte Reisetätigkeit trug Menno Simons entscheidend zur Konsolidierung des Täufertums bei. Trotzdem wurden Fragen des Verhältnisses zur Welt, der

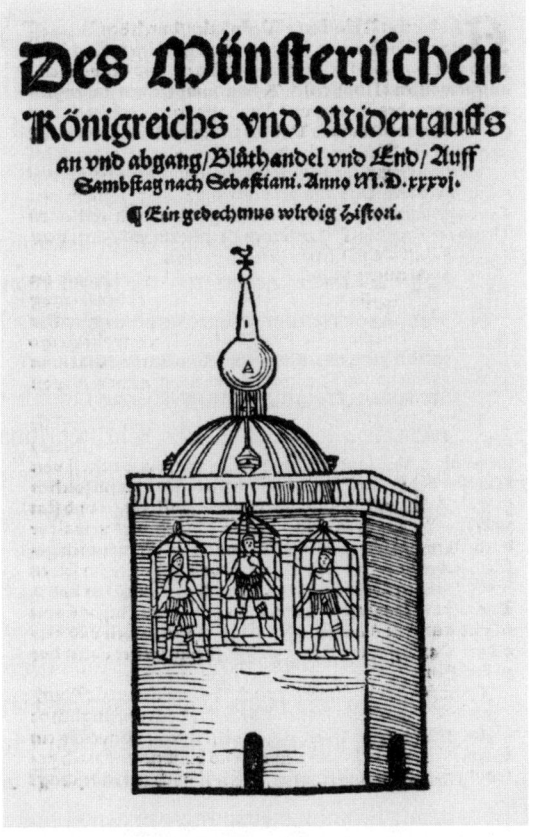

‹Des Münsterischen Königreichs und Widertauffs an und abgang / Bluthendel und End ... Ein gedechtnus wirdig Histori›: Die anonyme undatierte Flugschrift aus dem Jahr 1536 berichtet über die Hinrichtung von drei Anführern, darunter Jan van Leiden und Knipperdolling, und der Zurschaustellung ihrer Leichen in den eisernen Körben. Das Bild zeigt die drei Gitterkäfige, die unterhalb der Haube des Kirchturms von St. Lamberti in Münster hingen.

Akzeptanz «ungläubiger» Ehepartner und der Intensität der Kirchenzucht unter den *Mennoniten* permanent diskutiert und führten immer wieder zu Spaltungen. Auf die Dauer wurden die Mennoniten, die sich in den nördlichen Niederlanden, in Nordwestdeutschland, im Ostseeraum, in Polen und Russland ausbreiteten, von den weltlichen Obrigkeiten geduldet und sogar geschätzt. Denn sie lebten ein praktisches Christentum, hielten sich von Krieg und Gewalt fern und reüssierten wegen ihres Fleißes und ihrer Anspruchslosigkeit vielfach auch wirtschaftlich. Sie waren die erfolgreichste Gruppierung des aus der Reformation hervorgegangenen Täufertums.

Mystiker und Spiritualisten

Trennscharfe Abgrenzungen zwischen Täufern und *Spiritualisten* sind kaum möglich; letztere neigten zum Teil individualistischen Vorstellungen zu, die stabileren Gemeindebildungen im Wege standen. Da, wo sich religiöses Einzelgängertum nicht literarisch mitteilte oder in die Fänge konfessioneller Disziplinierung geriet, blieb es ganz unsichtbar. Insgesamt traten im Kontext *mystischer Frömmigkeitsformen* Aspekte der religiösen Vergemeinschaftung mit anderen Menschen gegenüber der mit dem Göttlichen zurück. Dies galt schon für die spätmittelalterliche mystische Literatur. Das durch den Buchdruck gestiegene Interesse an den Schriften Johannes Taulers, die zunächst von Luther geförderte Beschäftigung mit der anonymen *Theologia deutsch*, auch Motive der *Devotio moderna* deuten darauf hin, dass sich ein individualisierter, institutionenunabhängiger Frömmigkeitsstil um 1500 großer Beliebtheit erfreute. Er beeinflusste auch die Generation der Reformatoren, ja prägte sie – im Falle Müntzers oder Karlstadts – sogar tiefgreifend. Auch bei Spiritualisten der frühen Reformation wie Hans Denck, Ludwig Hätzer, Hans Bünderlein oder Christian Entfelder, die zeitweilig dem Täufertum nahegestanden hatten, wirkten mystische Traditionen fort und traten gemeinschaftsbildende Frömmigkeitsmotive in den Hintergrund. Die physische Bedrohung, die die deviante Taufpraxis seit den 1520er Jahren begleitete, trug das Ihre dazu bei, zu allem Äußeren in der Religion auf Distanz zu gehen.

Ein wichtiger Exponent eines radikalen religiösen Individualismus war *Sebastian Franck*, ein ehemaliger Priester, der nach einer kurzen Tätigkeit als reformatorischer Prediger im Fürstentum Ansbach an der «neuen», evangelischen Kirche verzweifelt war. Die Wirkungslosigkeit seiner Predigt in Bezug auf das sittliche Verhalten seiner Gemeinde ließ ihm fortan alle äußeren Sozialgestalten des Christentums sinnlos erscheinen. Franck suchte die Nähe zum Buchgewerbe, schlug sich zeitweilig aber auch mit anderen Tätigkeiten, etwa als Seidensieder, durch. Stark von Erasmus beeinflusst, war er der Überzeugung, dass wahrer Glaube sich in einer entsprechenden Lebensführung auszuweisen habe. In seinem zuerst 1531 in Straßburg erschienenen Werk *Chronica, Zeitbuch und Geschichtsbibel*, das zu seiner Ausweisung aus der elsässischen Reichsstadt führte, setzte er historiographische Maßstäbe. Insbesondere seine um Objektivität bemühte Darstellung der «römischen Ketzer», in der er zahlreiche Zeitgenossen porträtierte, aber auch seine am Leitgedanken der individuellen Frömmigkeit orientierte Kritik an allen institutionellen Erscheinungen der Kirche und an der Alleingeltung der Schrift ließen ihn als subversiv erscheinen. 1540 wurde er von den Theologen des Schmalkaldischen Bundes zwar verurteilt, in Basel aber konnte er als Buchdrucker und Publizist überleben. Dass Francks Schriften großes, auch internationales Echo fanden – er ist einer der wenigen deutschen Schriftsteller, die im 16. Jahrhundert in andere europäische Sprachen übersetzt wurden –, deutet darauf hin, dass seinem Werk in der Geschichte der frühneuzeitlichen Toleranzvorstellungen eine prominente Rolle zukommt.

Als weiterer Exponent einer spiritualistischen Denkungsart sei der religiöse Schriftsteller *Caspar von Schwenckfeld* erwähnt, ein Schlesier aus dem niederen Adel, der unter dem Eindruck reformatorischer und mystischer Schriften mit seiner Existenz als Hofrat brach. Auch er fand an den sich bildenden Reformationskirchen bald ein tiefes Unbehagen, da es ihnen an ernsthafter sittlicher Besserung fehle. Den heraufziehenden konfessionellen Gegensätzen wollte er mit einem Konzept des «mittleren Weges» (*via media*) begegnen. Schwenckfelds Denken war stark dualistisch geprägt: Der Mensch gehöre der weltlichen wie der geistlichen Sphäre an und könne deshalb vom Leiblichen ins Geistige übergehen. Gegenüber der traditionellen kirchlichen Lehre von den beiden Naturen Christi, einer göttlichen und einer menschlichen, lehrte Schwenckfeld, dass Christus ein wahrer Gott sei, der das menschliche Fleisch nur angenommen habe, um es zu vergotten. Insofern sei in Christus archetypisch verwirklicht, was auch unsere Bestimmung sei: das völlige Einswerden mit Gott, das nicht durch sakramentale Vermittlung oder das äußere – gesprochene oder geschriebene – Wort, sondern allein und unmittelbar durch den Heiligen Geist verwirklicht werde.

Schwenckfeld, seit 1528 im Exil lebend, wurde von einem großen Unterstützerkreis im Südwesten des Reiches getragen. Er publizierte rastlos und unterhielt ein großes Korrespondentennetzwerk. Insbesondere religiösen Frauen diente der schwerhörige Laientheologe als brieflicher Seelsorger. Eine Gemeinde in einem organisatorischen Sinne begründete er nicht; die wahren Christen seien unsichtbar und über alle Kirchen, ja die ganze Welt verstreut. Daraus ergab sich seine grundsätzliche Distanz zu allen Sozialgestalten des Christentums, zugleich aber auch eine Bereitschaft, diese zu tolerieren. *Schwenckfelder* lebten insofern in, mit und unter den verfassten Kirchen; ihre unsichtbare Existenzweise macht es nahezu unmöglich, ihre historische Bedeutung angemessen einzuschätzen. Die überkonfessionellen Impulse des Schwenckfeldschen Spiritualismus dürften aber – wie entsprechende Motive im Humanismus – dazu beigetragen haben, neuzeitliche Toleranzvorstellungen zu befördern.

Antitrinitarier

Auch in der reformatorischen Kritik an den altkirchlichen Dogmen, insbesondere an der Trinitätslehre (Nicaeno-Constantinopolitanum 381), der christologischen Zwei-Naturen-Lehre (Chalcedonense 451) und der Erbsündenlehre Augustins, wirkten humanistische Impulse fort. Dies gilt für Ludwig Hätzer nicht weniger als für Johannes Campanus, den beiden frühesten Vertretern einer antitrinitarischen Theologie, von denen sich allerdings nur indirekte Nachrichten, keine ausführlichen Texte erhalten haben. Der solitär agierende spanische Arzt Michael Servet bestritt die kirchliche Trinitätslehre einerseits mit biblischen, andererseits mit religionsstrategischen Argumenten: Die wirre Lehre von den drei Personen sei dafür verantwortlich, dass Juden und Muslime dem Christentum fernblieben.

Zu einer gemeindlichen Formation und einflussreichen Gestalt kam der Antitrinitarismus erst im Wirken einiger aus Italien geflohener Humanisten, die sich vor allem in Basel sammelten. Unter ihnen nahm der aus Siena stammende *Lelio Sozzini* eine besonders prominente Rolle ein. Er versuchte, aus dem Neuen Testament heraus die traditionellen dogmatischen Vorstellungen der Inkarnation, der Zwei-Naturen- und der Trinitätslehre zu widerlegen. Die Bezeichnung «Sohn Gottes» etwa sei lediglich der vorbildlichen Menschlichkeit Jesu geschuldet; auch die Ideen einer Präexistenz und einer leiblichen Auferstehung lehnte er ab.

Lelios Neffe, *Fausto Sozzini*, führte diese Anregungen weiter und griff auch die traditionelle Satisfaktionslehre an – die Vorstellung einer durch das Kreuzesleiden des Sohnes gewirkten Versöhnung des Vaters. Mit der Bestreitung der Versöhnungsbedürftigkeit des Menschen aber stand auch die augustinische Erbsündenlehre, die in der Reformation weitestgehend erhalten beziehungsweise restituiert worden war, zur Disposition. Hier tritt bei den zutiefst humanistisch geprägten *Sozinianern* ein neuzeitliches Verständnis des Menschen als einer an sich guten Natur zutage, die durch Erziehung und Bildung noch vervollkommnet werden kann und muss. In der Theologie des Sozinianismus rückten der Prediger und das sittliche Vorbild Jesus ins Zentrum einer unitarischen Theologie, die allein einen, in sich ununterschiedenen Gott anerkennt. In mancher Hinsicht nahm sie die Dogmenkritik der Aufklärung vorweg.

Aufgrund der Unterstützung einiger polnischer Adliger gelang es dem zum Unitarismus konvertierten reformierten Pastor *Gregor Pauli*, die Gegner der Trinität, die sich in Kleinpolen um Rakow sammelten, als eigene kirchliche Formation zu etablieren. In Siebenbürgen konnte der von adligen Patronen unterstützte Sozinianismus zeitweilig als eigene Konfessionskirche etabliert werden. In Klausenburg entstand ein Kolleg, das den theologischen Nachwuchs ausbildete; der Rakower Lehrkatechismus (1605 polnisch; 1608 deutsch; 1609 lateinisch) fixierte die Bekenntnisgrundlagen der unitarischen Kirche. Wie allen aus der Reformation hervorgegangenen kirchlichen Gestalten blieben auch den Unitariern Lehrstreitigkeiten nicht erspart: Der Gegensatz zwischen Theologen, die Jesus anzubeten für berechtigt hielten – den sogenannten Adorantisten –, und denen, die dies verweigerten – den Nonadorantisten –, wühlte sie auf. Die Gegenreformation in Polen verfolgte die Sozinianer blutig und effizient. Für die Theologen der lutherischen Orthodoxie waren sie eine besonders verachtete, wegen ihrer Attraktivität für die Gebildeten aber auch eine besonders gefürchtete und heftig bekämpfte Ketzerei. Nicht zuletzt im Modus der zahllosen Gegenschriften gegen den Sozinianismus blieb sein dogmenkritisches Potential präsent.

Dissenter und Nonkonformisten siedelten am Rande der konfessionell dominierten christlichen Religionskultur Lateineuropas. Ihre Existenzbedingungen unterlagen vielfältigen Konjunkturen und hingen im Kern davon ab, dass sie klandestin und unsichtbar zu leben vermochten, in stetiger Migration zwischen den Territorien und Ländern wechselten oder durch einzelne Obrigkeiten zeitweilig geschützt waren; in mancher Hinsicht teilten die Dissenter das Schicksal der Juden. Im späteren 16. und im 17. Jahrhundert wurden dann die nördlichen Niederlande zu einem Hort der Duldung und zu einer Art Laboratorium religiöser Pluralität.

In den außerordentlich vielschichtigen Milieus der Dissenter wurden Vorstellungen religiöser Toleranz früher und nachdrücklicher formuliert als irgendwo sonst. Auch Motive der Bibel-, der Traditions- und der Dogmenkritik begegnen hier zu einer Zeit, als in den drei Konfessionen Lehrzitadellen der Rechtgläubigkeit errichtet und im Zusammenspiel staatlicher und kirchlicher Kräfte Strategien religiöser Sozialdisziplinierung implementiert wurden, die jede Aufweichung der öffentlich geltenden wahren Lehre verhindern sollten. Auch wenn es unangemessen wäre, die Dissenter pauschal zu Bannerträgern moderner Geistesfreiheit zu stilisieren, so repräsentieren sie doch im Ganzen ein Reservoir an religiösen, kulturellen und intellektuellen Alternativen, das für die weitere Entwicklung Lateineuropas als Provokation und als Moment der Transformation wichtig werden sollte. Die wirkungsgeschichtliche Bedeutung der Dissenter geht weit über die marginale Rolle hinaus, die ihnen im Jahrhundert der Reformation zu spielen möglich und auferlegt war.

8. LATEINEUROPA NACH DER REFORMATION

Für die aus der Reformation hervorgegangenen Varianten des lateineuropäischen Christentums hat sich der Sammelbegriff «Protestantismus» eingebürgert. Er integriert all jene kirchlichen oder sonstigen Organisationsgestalten des nicht-katholischen lateinischen Christentums, die infolge der Reformation seit dem 16. Jahrhundert entstanden sind. Globale Wirkungen des Protestantismus ergaben sich während der Frühen Neuzeit forciert aufgrund der europäischen Kolonisation. Dort, wo sich protestantisch geprägte Nationen – vor allem England und die Niederlande – auf den kolonialen Aktionsfeldern durchsetzten, brachten sie auch ihre Religion ins Spiel. Dies geschah zum einen durch die Ansiedlung von Kolonisten, zum anderen durch Alltagskontakte zu den Einheimischen. Vielfach war der Aufbau eines Bildungssystems ein entscheidendes Moment der Christianisierung im Geiste einer bestimmten lateineuropäischen Konfession. Missionsstrategische Operationen, wie sie die römische Kirche etwa durch die Propaganda-Kongregation oder die Orden betrieb, gab es im frühneuzeitlichen Protestantismus im Grunde nicht; sie spielten in den gegenüber staatlichen Akteuren weithin unabhängigen Missionsgesellschaften späterer Jahrhunderte eine Rolle.

Im 16. und 17. Jahrhundert waren Art und Ausmaß der Ausbreitung der reformatorischen Varianten des lateineuropäischen Christentums in Übersee durch die einzelnen Personen und kleineren Gruppen bestimmt, die das Europa der Glaubenskriege und Religionskonflikte verließen. Die 41 puritanischen Siedler, die nach ihrer Trennung von der englischen Staatskirche über Holland nach Amerika übersiedelten und die Plymouth-Kolonie gründeten, handelten – auch in ihrem auf Ausgleich bedachten Umgang mit den Ureinwohnern – nach Maßgabe einer eigenen Agenda. À la longue prägte die Übersiedlung in Europa verfolgter religiöser Minderheiten Nordamerika ähnlich nachhaltig protestantisch, wie die portugiesisch-spanische Kolonisation Südamerika zu einem katholischen Kontinent hatte werden lassen.

Die europäischen Reformatoren versammeln sich um einen mit einer brennenden Kerze bestückten Kandelaber. Der besonders im frühen 17.Jahrhundert von den Niederlanden aus verbreitete Bildtypus zielte auf die Stärkung des «gemeinprotestantischen» Zusammengehörigkeitsbewusstseins ab. Die nebeneinander sitzenden Reformatoren Luther und Calvin sind ins Zentrum gerückt; erkennbar sind auch Jan Hus, Johannes Oekolampad, Ulrich Zwingli, Philipp Melanchthon, Heinrich Bullinger, Johannes Brenz, Martin Bucer und John Wyclif. Im Vordergrund sind die verschreckten Repräsentanten der Papstkirche zu erkennen. Kupferstich, frühes 17.Jahrhundert.

Die Diversifizierung der reformatorischen Christentumsvarianten setzte sich außerhalb Europas zumeist forcierter fort, da europäische religionsrechtliche und staatliche Regulationsmechanismen in der Neuen Welt zunächst oder gar auf Dauer keine Rolle spielten. Alles «Mittelalterliche», das der lateineuropäische Protestantismus an und mit sich trug – die Identität von politischer und kirchlicher Gemeinde; die durch Geburt oder Taufe begründete Zugehörigkeit zu einer Gemeinde; die Prägung einer städtischen oder ländlichen Siedlung durch einen zumeist alten Kirchbau; die regulierten Verpflichtungen der Gemeindemitglieder, bestimmte finanzielle Leistungen für ihre Kirche beziehungsweise den Pfarrer zu erbringen; die Rechtsförmigkeit der Beziehung zwischen der Kirche und ihren Gliedern; eine durch die konfessionelle Polemik geschärfte akademische und rationale Theologie –, all dies gab es außerhalb Europas nur dort, wo man es aus eigener Entscheidung importierte, nicht aus Tradition, nicht als Erbe und Bürde.

Die Grundform des lateineuropäischen Christentums auch nach der Reformation war die Monokonfessionalität einer bestimmten politischen Einheit – einer Stadt, eines Territoriums, einer Nation. Die altrömisch-konstantinische Überzeugung, die Religion stelle ein unverzichtbares Einheitsband des Gemeinwesens dar und integriere Staat und Gesellschaft, galt in der Reformationszeit und in der sich ihr anschließenden Epoche, dem konfessionellen Zeitalter, weithin ungebrochen; grundsätzlich in Frage gestellt wurde sie eigentlich nur von den Dissentern.

Aufs Ganze gesehen stellt die Reformation auch in Bezug auf den Umgang mit den Juden keinen tiefgreifenden Einschnitt dar. Die im späten Mittelalter ausgebildeten Rechtsformen einer staatlich ver-

'tLicht is op den Kandelaar gesteld

bürgten, von Schutzgeldzahlungen abhängigen und auf wenige Jahre befristeten Duldung blieben grundsätzlich intakt. Luthers frühreformatorischer Appell zugunsten einer Duldung der Juden, eines freundlichen Werbens unter ihnen für den geborenen Juden Jesus Christus (1523), von dem er sich, mit antirömischem Kalkül, nennenswerte Konversionserfolge versprach, war in den späteren Jahren der rüden Aufforderung an die protestantischen Obrigkeiten gewichen, die Juden fortzujagen und die Grundlagen ihrer Existenz zu vernichten. Luther hatte dies unter anderem damit begründet, dass die Juden angeblich unablässig auf die Zerstörung der christlichen Gemeinwesen und die Schmähung des einzig wahren Gottes sannen. Auf seine Weise hatte der Wittenberger Reformator damit das Modell einer monoreligiösen Gesellschaft, eines geschlossenen *Corpus christianum* en miniature, restituiert. Die panischen Ängste vor den «bösen Juden», die Luther teilte und zugleich schamlos schürte, basierten auf der allgemeinen, für das Zeitalter charakteristischen Gewissheit, dass eine einheitliche Religion gesellschaftlich unverzichtbar sei und das Fremde ausgegrenzt werden müsse. Andernfalls, so war der Wittenberger Reformator gewiss, drohe der Zorn Gottes. Nicht in seiner Verachtung der Juden als solcher, doch in der Maßlosigkeit seiner Polemik, der Gemeinheit seiner Sprache und der Abgründigkeit seiner judenpolitischen Maßnahmen fällt Luther aus dem Rahmen seiner Zeit heraus.

Eine Duldung der islamischen Religion, des Glaubens der «Erbfeinde» der Christenheit, lag jenseits dessen, was auch dem reformatorischen Europa vorstellbar gewesen wäre. In den von den Osmanen besetzten Gebieten dagegen existierten Christentum und Judentum, die beiden «Schriftbesitzer» *(Dhimmis)*, in der Regel fort. Da das Millet-System den Anhängern nichtislamischer Religionen gegen besondere Steuerleistungen den Rechtsschutz des Sultans bot, konnte die Reformation auch in das Herrschaftsgebiet der türkischen Großmacht vordringen. Einige Versuche reformatorischer Theologen, einen intensiveren theologischen Kontakt zu Vertretern der unter dem Halbmond lebenden griechischen Orthodoxie aufzubauen und durch katechetische und Bekenntnistexte für die eigene Lehre zu werben, blieben Episode. Die Trennung zwischen der lateineuropäischen Christenheit und den Kirchen des Ostens wurde durch die Reformation nur wenig überbrückt.

Multikonfessionelle Verhältnisse gab es im Europa der Reformation sehr wohl, aber in der Regel nicht aus prinzipiellem Respekt gegenüber dem Anderen, also der heute üblichen Vorstellung von Toleranz, sondern wenn sie aufgrund politischer Konstellationen unvermeidlich waren. Dies gilt letztlich auch für all jene religionsrechtlichen und -politischen Friedenssysteme der Epoche, die mehr als eine Konfession zuließen. Denn sie suspendierten die religiösen Wahrheitsansprüche der jeweiligen Konfession und schufen neutrale rechtliche Plattformen, die zumeist machtpolitische Pattsituationen abbildeten. Innerhalb der rechtlich-politisch austarierten Spielräume aber erhielten die Konfessionen ihre religiösen Wahrheitsansprüche aufrecht. Gleich-Gültigkeit in der religiösen Wahrheitsfrage war in der Reformationsepoche keine gesellschaftlich konsensfähige Haltung.

Der Augsburger Religionsfriede (1555) moderierte die konfessionelle Pattsituation im Reich, um eine drohende politische Dauerblockade der Reichsinstitutionen zu verhindern. Die reichsrechtlich gesicherte Bikonfessionalität bildete die Basis für die Ausformung monokonfessioneller Territorial- oder Stadtgesellschaften. In den paritätischen Reichsstädten waren die jeweiligen Ansprüche der einzelnen Konfessionspartei genau definiert. Dies beförderte eher eine Atmosphäre der peinlich genauen Beobachtung, der übertriebenen Achtsamkeit, um ja nicht zu kurz zu kommen, als dass es Verständnis und Toleranz eröffnete.

Das Edikt von Nantes (1598) entsprach dem faktischen Machtgewinn des französischen Königs Heinrich IV., spiegelte die Kräfteverhältnisse zwischen den Konfessionsblöcken und beendete eine jahrzehntelange Periode blutigster Religionskriege. Dass Ludwig XIV. es 1685 im Edikt von Fontainebleau aufhob, war Ausdruck der absolutistischen Herrschaftssteigerung, die dem französischen Königtum inzwischen gelungen war.

In der Warschauer Konföderation (1573) setzte der durch die Bartholomäusnacht alarmierte polnische Adel aufgrund seiner starken Position gegenüber der Krone die Tolerierung aller Konfessionen einschließlich der Böhmischen Brüder und der Sozinianer durch. 1570 war es auf Betreiben polnischer Magnaten im Konsens von Sendomir zur Erklärung der Kirchengemeinschaft zwischen Lutheranern, Reformierten und Böhmischen Brüdern gekommen – gegen die Antitrinitarier. Als sich die polnische Königsmacht im späteren 16. und frühen 17. Jahrhundert konsolidierte, wich die Multikonfessionalität einem jesuitisch geprägten, gegenreformatorischen Katholizismus.

Ähnliches gilt für die zeitweiligen multikonfessionellen Verhältnisse in Siebenbürgen. Die nach der Schlacht von Mohács eingetretene Unabhängigkeit von der habsburgischen Herrschaft ließ ständerepublikanische Verhältnisse entstehen. Aufgrund der Beschlüsse des siebenbürgischen Landtages von 1557 entstand ein System der rechtlichen Anerkennung von vier christlichen Konfessionen (Luthertum, Reformiertentum, Katholizismus, Unitarismus), das der politischen Machtverteilung zwischen Adel und Städten entsprach. Es existierte so lange fort, bis die habsburgische Herrschaft auch in Ungarn der Gegenreformation wirksam eine Bahn brechen konnte.

Auch wenn es unter den Bedingungen unserer Gegenwart einleuchtet, die genannten Konstrukte bi- oder multikonfessioneller Gesellschaften als vorbildlich und wegweisend zu bewerten, blieb doch die Monokonfessionalität die religionskulturelle Grundsignatur Lateineuropas bis in die Neuzeit hinein. In der Perspektive der langen Dauer setzte sich die religiöse Einheitswelt des Mittelalters im Modus pluraler Monokonfessionalität fort.

Im 17. Jahrhundert verbreitete sich unter den politischen und kulturellen Eliten zusehends die Überzeugung, dass im Rahmen einer stabilen staatlichen Ordnung auch das friedliche Zusammenleben von Menschen unterschiedlicher Religionen möglich sein könne. Vielleicht spielte hier unter anderem die formalistische Entscheidung über konfessionelle Zugehörigkeiten ganzer Länder nach Maßgabe des Normaljahres – dem konfessionellen Zustand am 1. Januar 1624 – im Westfälischen Frieden (1648) eine Rolle, möglicherweise auch die Erfahrungen einer lebensfähigen multikonfessionellen Gesellschaft in den Niederlanden und gewiss die ökonomisch bedingten Migrationen, die die religiöse Zusammensetzung vieler städtischer Gemeinden der frühen Neuzeit durchmischten. Vorgänge wie die Aufhebung des Edikts von Nantes (1685) oder die Austreibung der Salzburger Protestanten (1728–1732) wurden seitens der protestantischen Obrigkeiten Europas scharf kritisiert; sie zeigten allerdings auch, dass die Monokonfessionalität bis an die Schwelle der Neuzeit als probates Herrschaftsmittel galt. In Gestalt einer Beschwörung des «christlichen Abendlandes» ist sie noch heute als ideenpolitische Ressource aktivierbar.

Die im Nachgang der amerikanischen und der französischen Revolution im 19. Jahrhundert auf breiter Front in den europäischen Verfassungen verankerte allgemeine Religionsfreiheit, die nach und nach auch das Judentum und die in Europa bisher nicht vertretenen Religionen einbezog, basiert darauf, dass der Staat diese Rechtsordnung dauerhaft gewährleistet. Die Protestanten, denen nach der Abschaffung des kanonischen Rechts ein eigenes autonomes Rechtssystem nicht mehr zur Verfügung stand, haben diese neuzeitliche «Verstaatlichung» zumeist euphorisch bejaht, bei den Anhängern der römischen Kirche herrschte eher Skepsis vor.

In der frühen Neuzeit waren es meist die Theologen, denen bei der konfessionellen Identitätsarbeit eine besondere Bedeutung zukam. Sie hatten zu begründen, dass die Zugehörigkeit zu ihrer jeweiligen Kirche alleinseligmachend sei. Häufig steigerte die räumliche Nähe zur konfessionellen Konkurrenz das Abgrenzungsbedürfnis in Form von verstärkter Konfessionspolemik, jedenfalls gilt dies für die Verhältnisse im Reich.

Außerhalb der Dissentermilieus war die Vorstellung, ein Gemeinwesen könne mehrere Religionen dulden, sehr ungewöhnlich. Der Nürnberger Kanzleischreiber Georg Frölich gehörte zu den wenigen, die sie vertraten: Unter Rekurs auf Luthers Unterscheidung zweier Regimente beziehungsweise Reiche trug er 1530 dem Luthervertrauten und Stadtschreiber der fränkischen Reichsstadt, Lazarus Spengler, die These vor, eine weltliche Obrigkeit könne diverse «heuflin oder sect», «cristen, Juden, widertauffer etc.»[76] dulden und ihnen eine freie, ungehinderte Lehr- und Kultpraxis zugestehen, natürlich in je eigenen Gebäuden. Diese Idee war in seiner Zeit unerhört; Zustimmung fand sie nicht. Frölich berief sich allerdings auf ein älteres Beispiel: das Königreich Böhmen, in dem außer Juden «dreyerlei Glauben»[77] – der der Katholiken, der Utraquisten und der Böhmischen Brüder – zugelassen gewesen seien, «und haben dannoch ire konig eusserlich fried erhalten und aufrur von des glaubens wegen verhütet».[78]

In Frölichs Vorschlag blitzte das Potential von Luthers sogenannter Zwei-Reiche-Lehre auf, die klar zwischen kirchlicher und weltlicher Sphäre unterscheidet, einer Vermischung von irdischem Wohl und himmlischem Heil entgegentritt und die metaphysische Überhöhung des Staates ebenso zu verhindern sucht wie einen herrschaftlichen Missbrauch der Religion. Das Potential dieser Lehre ist jedoch in der Reformation nicht ausgeschöpft worden.

V.

DIE REFORMATION UND DIE NEUE ZEIT

1. DIE BESCHLEUNIGTE ZEIT – UMBRUCH ODER APOKALYPSE?

Die Zeitgenossen begleiteten das Ereignissyndrom, das wir Reformation nennen, mit lebhaften, ganz unterschiedlichen Wertungen. Dass deren Intensität und die Dichte in den 1520er Jahren am größten waren, hängt mit der betörenden Rasanz der Umbrucherfahrungen und der Schärfe der Konflikte zusammen, in die die Menschen hineingeraten waren. In protestantischen Geschichtsdarstellungen rückte man diese Umbrucherfahrungen häufig in einen heilsgeschichtlichen Horizont ein, etwa in Wendungen wie der folgenden: «Als aber der Allmächtige Barmhertzige Gott/ auß sonderlicher gnädiger fuersehung durch den glantz seines von ihm wider angezündeten und in Teutschland hell scheinenden göttlichen worts von der betrieglichen finsterniß des Bapsthums unser gemein Vatterland errettet [...].»[1] Auch das seit dem 16. Jahrhundert gültige historiographische Konzept der Reformation als einer geschichtlichen Epoche eigener Art verdankt sich im Kern der heilsgeschichtlichen Vorstellung, dass Gott durch das Wirken Luthers, seiner Nachfolger und Anhänger einen tiefgreifenden Umbruch in der Geschichte der Kirche herbeigeführt habe.

Nicht wenige Zeitgenossen der Reformatoren hatten das Gefühl, in einer Welt beschleunigten Wandels zu leben. Luther selbst etwa stellte fest, dass er mit seiner Kritik am Ablass den «Himmel zu stürmen» und die «Welt zu entflammen»[2] begonnen habe. Bei Johannes Cochläus, seinem sinistren, von tiefer Feindschaft angetriebenen, in Hinblick auf die Kenntnis Luthers aber überaus beschlagenen Biographen, der das katholische Lutherbild für Jahrhunderte prägen sollte, hieß es am Ende der 1540er Jahre, dass durch Luthers «rebellische und aufrührerische Leidenschaft so viele Tausend Menschen an Leib und Seele in Ewigkeit zugrunde gegangen» seien wie niemals zuvor: «Ganz Deutschland ist von ihm in Unordnung gebracht und verwirrt worden».[3] Das Heilige Römische Reich sei völlig durcheinandergeraten, selbst vor einem friedensstiftenden Konzil schrecke es zurück. Durch den Wittenberger seien «Ketzerei und Verbrechen fast in ganz Sachsen, Pommern, Dänemark, Schweden und Norwegen»[4] eingerissen; «Klöster, Stifte, Kirchen und auch Kathedralen (nachdem die Messe und die kanonischen Gebete nicht nur aufgegeben, sondern auch mit öffentlicher Gewalt behindert und verboten worden sind)»[5] seien vernichtet, entleert, entwertet worden; die heiligen Gemäuer schwiegen von den ehrwürdigen Kulten und alten Festen.

Schon zu Beginn der reformatorischen Bewegung hatten Anhänger und Gegner darin übereingestimmt, dass sie Zeugen einer ganz ungeheuren, nie dagewesenen Umwälzung seien. Für Hieronymus Emser, den Dresdner Hoftheologen Georgs des Bärtigen, war Luther der schlimmste Ketzer, den die Kirche seit tausend Jahren gesehen hatte. Der elsässische Literat und Franziskanermönch Thomas Murner sah in dem Wittenberger nichts anderes als einen Aufrührer vom Schlage Catilinas, des von Cicero rhetorisch vernichteten Verbrechers. Ulrich Zwingli in Zürich und Katharina Zell in Straßburg hingegen priesen Luther als den größten Schriftausleger seit tausend Jahren, also seit der Epoche der Kirchenväter. Und als Albrecht Dürer bald nach dem Wormser Reichstag von Luthers Entführung erfuhr, vertraute er seinem Tagebuch an: «Und so wir diesen Mann verlieren, der do klärer geschrieben hat dann nie keiner, der in 140[0] Jahren gelebt, den du einen solchen evangelischen Geist geben hast, bitten wir dich, bitten wir dich, o himmlischer Vater, daß du deinen heiligen Geist wiederum gebest einem andern.»[6] Ähnlich elementare Empfindungen hatte auch der anonyme Anhänger der Reformation, der einem Bürger von Konstanz im Jahre 1524 einen Text mit der Bitte zuschickte, er solle «eyne Cronica von dißen seltzamen leufften [kompilieren], die

Abrecht Dürer, Die Eröffnung des fünften und sechsten Siegels, Apokalypse, Figur IV, um 1497/98. Der Holzschnitt fasst die in Apokalypse 6,9–11 geschilderte Verteilung der Gewänder an die Blutzeugen (obere Bildhälfte) und das Herabfallen der Sterne nach Apokalypse 6,12–17 (untere Bildhälfte) zusammen. Die Opfer des Sternenregens reichen vom einfachen Volk (unten links) bis zu den Spitzen der Gesellschaft: Bischof, Kaiser, Papst. Im Bildvordergrund ist ein Türke erkennbar, der sich an seinem Turban aus einer Erdspalte herauszuwinden versucht.

zu unsern tzeytten sich begeben, mit verenderung fast alles dings auff erden, Sonderlich der lere und Gottes diensts, wilche wol wirdig sein sie auff unsere nachkomen zu verfassen».[7] Für die Menschen, die die Reformation erlebten, erlitten und erstritten, war unzweifelhaft, dass in allerkürzester Zeit grundlegendste Wandlungen eingetreten, «beinahe ein neues Zeitalter» (*fere novum saeculum*)[8] entstanden war.

Das Bewusstsein, Zeuge eines rasanten Umbruchs zu sein, war für die meisten Zeitgenossen jedoch nicht der Anfang einer neuen Zeit, sondern das Ende aller Zeiten. Was sie im Zuge der 1522 einsetzenden Klosteraustrittswelle erlebten, erschien vielen Anhängern des «alten Glaubens» als die Realisierung einer apokalyptischen Ankündigung des Neuen Testaments: «Wer vor ein wolff ist gewesen der wirt nun [da er das Kloster verlässt] ein trach der das hellisch feyer speyet [...] wie sprach Gott im Euangelio/ es werden reissende wolff [...] uffstehen [...] (Apostelgeschichte 20,29) und haben sich aller ding verkert im newen glauben. Darumb wollen wir gott und maria die mutter gotz und alle gottes helgen an ruffen, dass sie unß nit lassen sterben dan im heiligen christlichen Glauben.»[9]

Das apokalyptische Weltbild der Bibel war im späten Mittelalter als Drohkulisse und Stimulans emsiger Heilssicherungsstrategien wie des Stiftungswesens, der Wallfahrten, des Ablasses medial allgegenwärtig – im gemalten und gedruckten Bild, im gepredigten und geschriebenen Wort. Denn Christus hatte auf die «Zeichen der Zeit» (Matthäus 16,3) zu achten gelehrt und angekündigt, dass eine Zeit kommen werde, da «nicht ein Stein auf dem andern bleibe» (Matthäus 24,2). Geschah nicht eben dies jetzt, in der eigenen Gegenwart, wo Priester ihre Gelübde brachen und heirateten, Juden sich zum christlichen Glauben bekehrten, Mönche ihre Klöster verließen, Frauen öffentlich weissagten, Jünglinge und Alte Träume und Visionen hatten (Joel 3,1–5; Apostelgeschichte 2,17–21), der «gemeine Mann» den Aufstand probte, der bisher als so unverzichtbar geltende Klerus entmachtet und in den Staub getreten und der Heilige Vater in Rom als Antichrist, der sich im Tempel Gottes niedergelassen habe (2. Thessalonicher 2,3 f.; Daniel 11,36), offenbart wurde, wo kosmologische

Anomalien, die man in einer florierenden astrologischen Publizistik bekannt machte, auftraten und die endzeitlichen Chaosmächte Gog und Magog (Hesekiel 38 f.) in Gestalt der mordenden und brandschatzenden Osmanen als Buß- und Zuchtrute Gottes über Europa hinwegfegten?!

Diese Glut apokalyptischer Weltdeutung wurde auch und vor allem durch die neuen Kommunikationsmöglichkeiten angefacht, die das Fühlen und Denken der Menschen bewegten und sukzessive wohl auch veränderten. Nie zuvor waren so viele Nachrichten aus fernen Weltengegenden in den eigenen Wahrnehmungshorizont gerückt wie im frühen 16. Jahrhundert. Man erfuhr von neu entdeckten Ländern, monströsen Lebewesen, die sie bevölkerten, Eroberungen der rastlosen und unbesiegbaren Türken, von Menschenfressern, geheimnisvollen jüdischen Heeren, die sich nach Palästina aufmachten, von missgebildeten Geburten, Unwetterphänomenen, Pestepidemien, Heuschreckenplagen, Kometen und allerlei sonstigen Begebenheiten, die von den Schreibern und «Berichterstattern» in den Flugblättern und Flugschriften, häufig in Bußappelle gekleidet, als Drohzeichen des zürnenden Gottes verbreitet und vermarktet wurden. Auch wenn die Zahl der lesekundigen Zeitgenossen außerhalb der Städte aufs Ganze gesehen gering gewesen sein mag, so drangen im Zeitalter der revolutionären Reproduktionstechnik des Buch- und Schriftendrucks doch unendlich mehr Informationen und neue «Zeitungen» an die Menschen als jemals zuvor.

Das durch die christliche Tradition tief eingeprägte apokalyptische Welt- und Geschichtsbild bot eine Möglichkeit, die bedrückende und aufwühlende Informationsflut zu kanalisieren, sinnhaft zu integrieren und in Bezug auf sein eigenes Leben praktisch zu bewältigen. Denn es galt, angesichts all der von Gott gesandten «Zeichen der Zeit», die das nahe bevorstehende Ende ankündigten, Buße zu tun und gerüstet zu sein, wenn das eigene Stündlein schlug. Dazu hatte das gewaltige Heilsangebot der römischen Kirche gedient; dazu diente nun auch jener Glaube, den die Reformatoren lehrten. Nur, weil die Reformation plausible Hilfen für die Sorgen und Nöte der Menschen am Ende der Zeiten anzubieten hatte, drang sie durch.

Die Reformation war die erste religiöse Bewegung seit der Erfindung des Buchdrucks, die sich der Chancen des neuen Mediums konsequent und rückhaltlos bediente. Und Luther war der erste rechtskräftig verurteilte Ketzer, der sein Überleben dem Printmedium verdankte. Der elementare Sachverhalt, dass verbotene Gedanken, die einmal in den Druck gelangt waren, in der Welt blieben und sie – ungeachtet aller Repressionsversuche – sogar verändern konnten, fand in der Reformation seine erste nennenswerte Bestätigung. Ohne Gutenbergs Erfindung wäre Luther nicht möglich gewesen; ohne Luthers Sprachkraft aber wären die geschichtsverändernden Potentiale, die der Erfindung des Mainzer Meisters innewohnten, bis auf Weiteres unentdeckt geblieben.

Den Kern der «Modernität» der Reformation bildet also ihre die Erfahrungen zweier Generationen fortführende Nutzung des Printmediums. Die wohl wichtigste Leistung der frühen reformatorischen Buchproduktion bestand in ihrer immensen Beschleunigung; in der manufakturiellen Steigerung der Bildproduktion in der Cranach'schen Werkstatt hatte sie eine Parallele. Im Laufe eines Jahres – dem Jahr des päpstlichen Ketzerurteils 1520 – erreichten die Wittenberger eine immense Steigerung der Menge der produzierten Bücher und der Geschwindigkeit, mit der dies geschah. Auf diese Weise erhöhten sich nicht nur die Gewinne und die Reinvestitionsmöglichkeiten der Druckoffizinen, sondern es vergrößerten sich auch die Verbreitungsradien der gedruckten Texte. Diese Innovationen bildeten die logistischen Voraussetzungen für den ersten Wittenberger Bibeldruck von 1522. Die Beherztheit, Experimentierfreudigkeit und wachsende Virtuosität, mit denen sich vor allem Luther, aber auch die anderen Reformatoren der Möglichkeiten der Drucktechnik bedienten, sicherte ihren Erfolg. Im Unterschied zu den Vertretern der römischen Kirche, die Vorbehalte hatten, theologische Fragen vor einem Laienpublikum und in der Volkssprache zu verhandeln, bezogen die Reformatoren potenziell alle Christenmenschen in ihre Belehrungen und ihre Kämpfe ein.

Die Phase forcierter Reformationsprozesse in den einzelnen Städten und Ländern wies zu Beginn meist ein hohes Tempo auf. Man wollte

Anhängern wie Gegnern der Reformation sichtbar vor Augen führen, dass ein grundlegender Wandel stattfand. Und da es schließlich um das «Heil der Seelen» ging, das – wie man überzeugt war – durch den «falschen» Kult gefährdet werde, kam ein abwägendes, angepasstes Vorgehen für all jene, denen es ernst war um die Religion, nicht in Betracht.

Allerdings verloren sich einzelne Erscheinungen des frühreformatorischen Veränderungsprozesses, die bisweilen revolutionäre Züge trugen, in dem Maße wieder, in dem die weltlichen Obrigkeiten und ihre theologischen Vertrauten, die Reformatoren, das Feld dominierten. Laienakteure, auch predigende Frauen, die in den Inaugurationsphasen vor allem der städtischen Reformationsprozesse eine gewisse Rolle spielen mochten, wurden nun wieder in den Hintergrund gedrängt. Die im Anschluss an Gal 3,26–28 gelegentlich enthusiastisch in Frage gestellte Ordnung der Geschlechter wurde patriarchalisch restituiert. Spontane Aktionen gegen Kirchenschmuck und Symbole klerikaler Herrschaft waren jetzt unerwünscht; unkontrollierte Druckprozesse wurden durch Zensurmaßnahmen diszipliniert. Den Juden gewährte Freiheiten scheinen rasch wieder eingeschränkt und im Sinne des Ancien Régime rückgängig gemacht worden zu sein. Auf die bewegten Jahre des Aufbruchs folgte – im Reich spätestens nach dem Bauernkrieg – eine Etablierungsphase, in der Kirchenordnungen erstellt, Institutionen gegründet und Kontrollmechanismen der weltlichen Obrigkeiten über Pfarrer und Gemeinden geschaffen und umgesetzt wurden. In Teilen nahm man sogar das kanonische Recht, das Luther einst demonstrativ verbrannt hatte, wieder in Gebrauch. In dem Maße, in dem die Reformation «verstaatlicht» wurde, wurde sie restaurativ. Nach einer heißen Phase beschleunigten Wandels verlangsamte sich das Tempo der Veränderung; bald dominierte die Ordnung.

2. IMPULSE FÜR DIE WESTLICHE MODERNE

In Bezug auf die Frage nach den langfristigen, gar welthistorischen Folgen der Reformation ist es sinnvoll, zwischen direkten und indirekten, primären und sekundären Wirkungen zu unterscheiden. Das klassisch protestantische Meisternarrativ einer gleichsam aus der Reformation entsprungenen Neuzeit wird der Komplexität der Transformationsprozesse seit dem 16. Jahrhundert, aber auch der Dynamik des späten Mittelalters nicht gerecht. Zahlreiche Faktoren kultureller, sozialer, politischer, philologischer, ökonomischer, wissenschaftlicher, auch klimatischer Art ließen aus der Einheit des lateineuropäischen *Corpus christianum*, unter dem römischen Papst gesammelt und durch das kanonische Recht integriert, das Europa der Nationen werden. Die direkten und die indirekten Folgen der Reformation sind in unterschiedlichen, zum Teil lang gestreckten Prozessen zur Wirkung gelangt. Auf diese Weise hat die Reformation das Ihre dazu beigetragen, dass jene Zivilisation entstand, die man gewöhnlich als westliche Moderne bezeichnet.

Konfessionskulturen und die Rolle der Laien

Eine primäre Folge der Reformation war die Ausbildung protestantischer *Konfessionskulturen*, die nach Lehre, Bekenntnis, Gottesdienstform und religiös motivierten Lebensstilen relativ einheitliche Gebilde darstellten. Die Intensität konfessionskultureller Prägung betraf nicht alle Bereiche des Lebens gleichermaßen und total. Wissenschaft, Recht, Kunst und Literatur konnten sich im reformatorischen Teil Europas relativ unabhängig von der Religion entwickeln. In Bildung und Unterricht, Arbeitsethos, Ehe und Familie dagegen vermittelten die protestantischen Konfessionskulturen ein an Bibel und Katechismus orientiertes, konservativ normierendes Gesellschafts- und Menschenbild. Für die Lutheraner entsprach die überkommene ständische Ordnung (weltliche Herrschaft, Pfarrstand, Ökonomie) der biblischen Schöpfungsordnung. Meist stabilisierten die protestantischen Konfessionskulturen also die jeweils geltende politische Ordnung.

Die Reformation als mediales Ereignis hatte Konsequenzen mit unabsehbaren Wirkungen, denn in allen europäischen Ländern, die sie erreichte, ging sie mit der Förderung *nationalsprachlicher Text- und Druckproduktionen* einher. Bisweilen waren die ersten Schriftzeugnisse beziehungsweise Druckschriften in einer Nationalsprache die biblischen oder katechetischen Texte, die im Zuge der Reformation entstanden oder übersetzt wurden; bei den finnischen Übersetzungen Michael Agricolas, den slowenischen Primus Trubars, den kroatischen Matthias Flacius' etwa war dies der Fall.

Die nun geschaffene Möglichkeit, die Bibel in der eigenen Muttersprache zu lesen oder zu hören, aufgrund volkssprachlicher Gottesdienste an den einzelnen Akten der Liturgie, durch die Predigt an der christlichen Lehre Anteil zu nehmen, durch das Singen in der eigenen Sprache die emotionale Beteiligung und den Gemeinschaftsbezug der religiösen Vollzüge zu intensivieren, veränderte zunächst das evangelische, mittelbar und nach und nach aber das ganze lateinische Europa. Denn nun konnten, wollten und sollten die Menschen verstehen, was in den heiligen Überlieferungen des Christentums enthalten war. Auch die Entstehung nationaler Literaturen hat in dieser religiösen Aufwertung der Volkssprache einen wesentlichen Grund. Das Europa der sprachkulturellen Vielfalt ist auch eine Folge der Reformation. Die Partizipation machte aus Menschen, die vorher bloße Objekte sakramentaler Pastorisation gewesen waren, religiöse Subjekte.

Intensive Bemühungen um eine authentische Vermittlung der Kerngehalte des christlichen Glaubens in Gestalt der *Katechetik* gab es bald in allen Konfessionen. Die Konkurrenz belebte das Geschäft. Impulsgebend waren dabei die zahlreichen reformatorischen Katechismen, die seit den 1520er Jahren verfasst wurden. Dadurch, dass die Volkssprache – forciert durch die Reformation – religionsfähig wurde, erhielt auch die Förderung der Lese- und Schreibfähigkeit, des niederen und des höheren Schulwesens, eine religiöse Bedeutung. Die auf diese Weise induzierte *Bildungsdynamik* des protestantischen Europa, die sich seit der zweiten Hälfte des 16. Jahrhunderts abzuzeichnen begann und auch die Gegenanstrengungen der katholischen Orden provozierte, trug entscheidend dazu bei, dass ein Mindestmaß an Bildung für jedermann selbstverständlich wurde, nicht nur für wissenschaftliche, administrative und religiöse Eliten wie im östlichen Europa oder in den übrigen Kulturen der Welt.

Dadurch, dass die zentralen Lehrinhalte und Traditionen des Christentums in Form von kompakten konfessionsspezifischen Lehrzusammenfassungen in allen Regionen Europas verbindlich vermittelt wurden, eröffneten sich auch Möglichkeiten der Distanzierung und der Abkehr vom Christentum, also der *Religionskritik*, für die es – wie es scheint – in anderen Kulturen kaum Parallelen gibt. Die Religionskritik wurzelte in der gelehrten Skepsis einzelner Renaissancehumanisten, wurde bald mit inquisitorischen und disziplinatorischen Mitteln unterdrückt, entwickelte sich aber im Laufe des 17. Jahrhunderts immer stärker. Einer ihrer Vorreiter war Baruch de Spinoza. In der Epoche der Aufklärung brachen religions- und bibelkritische Tendenzen in der ganzen gesellschaftlichen Breite durch; seither begleiten sie die Religionsgeschichte des Abendlandes.

Im Verhältnis zur kirchlichen Tradition barg die Reformation ein erhebliches Konfliktpotential. Im Rückgriff auf *historisch-philologische Arbeitsweisen* des Humanismus bemühten sich Anhänger der Reformation vielfach darum, die textlichen Grundlagen theologischer Urteilsbildung zu klären; sie lernten die alten Sprachen, um die biblischen Texte, aber auch andere Quellen der jüdischen, christlichen und paganen Überlieferung zu studieren. Insofern finden sich in der Reformation bereits Ansätze eines historisch-kritischen Umgangs mit einigen Traditionsbeständen. Auch Luther konnte gegenüber Texten, an denen ihm theologisch wenig gelegen war, freimütig verfahren. Das Spektrum biblischer Hermeneutiken innerhalb des reformatorischen Lagers war breit und ist es geblieben.

Indem die Bibel in der Reformation zur einzigen als unfehlbar anerkannten Wahrheitsinstanz wurde, steigerte sich der Anspruch, der mit ihrer Auslegung verbunden war. Scharfe Köpfe wie Sebastian Franck rügten die «Bibliokratie», die Herrschaft des «papierenen Papstes», sensibilisierten für die Ambivalenzen des reformatorischen

Schriftprinzips. Denn so schlagkräftig es auch in Bezug auf die Be-streitung «unbiblischer» Lehrnormen der römischen Kirche gewesen sein mag, so schwierig wurde seine Handhabung angesichts divergie-render Interpretationen. Entgegen dem, was die Reformatoren beab-sichtigten und selbst praktizierten, hat das Schriftprinzip einer Relati-vierung exegetisch begründeter religiöser Wahrheitsansprüche den Weg gebahnt; dies kann Indifferenz oder Toleranz befördern, Zweifel oder Weitherzigkeit evozieren.

Natürlich haben die Reformatoren, denen es um eine Vertiefung und Erneuerung des Christentums ging, solche Entwicklungen zu Dis-tanz oder gar Abkehr keineswegs gewollt. Nicht also die Reformation als solche, wohl aber die mit der Reformation eingetretene Pluralisie-rung des lateineuropäischen Christentums und die konfessionelle Konkurrenz haben säkularistischen, laizistischen und atheistischen Tendenzen Vorschub geleistet. Das heutige religionskulturelle Bild des lateinischen Europa, dessen Säkularität sich im globalen Vergleich als Sonderfall darstellt, ist auch das Ergebnis der durch die Reformation in Gang gesetzten Langzeitentwicklungen auf diesem Kontinent.

Die Volkssprache eröffnete die Möglichkeit und Verpflichtung, an re-ligiösem Wissen zu partizipieren, und dies hat in der Geschichte des Protestantismus immer wieder dazu geführt, dass Laien, also Christen, die nicht Inhaber eines geistlichen Amtes waren, eine aktive Rolle in Kirche und Gemeinde übernahmen. In einigen städtischen Kirchen-ordnungen lutherischer Couleur war die Teilnahme von Laien in po-litischen Ämtern bei der Wahl und Einsetzung der Pfarrer obligato-risch. Der reformierte Protestantismus sah im Amt des Presbyters und in den Synoden ein ausgesprochen starkes Laienelement vor. Von den englischen Puritanern wurden autonome, von höheren kirchlichen In-stanzen unabhängige Gemeindeleitungsmodelle erprobt. Das Phäno-men des Laienprophetismus, dem auch gelehrte Theologen ein prinzi-pielles Recht zuerkannten, war im Luthertum des konfessionellen Zeitalters verbreitet. Ab der zweiten Hälfte des 17. Jahrhunderts hat sich die religiöse Bewegung des Pietismus im Luthertum um eine in-tensive Partizipation von Laien bemüht und dabei direkt an die Reformation angeknüpft; er bot Frauen und Personen aus unteren Ständen Artikulationsmöglichkeiten, die sie außerhalb religiöser Schutzräume niemals gehabt hätten. Es dürfte angemessen sein, in all diesen Erscheinungen ein emanzipatives Potential wahrzunehmen, das auf Dauer auch gesellschaftsgeschichtlich wirksam geworden ist.

Luther hatte in seiner Schrift *An den christlichen Adel deutscher Nation* im Sommer 1520 die revolutionäre Aufhebung des ständisch-religiösen Unterschiedes zwischen Klerikern und Laien vollzogen: Daraus folgte aber nicht, dass es kein autoritatives Amt der Wortverkündigung und Sakramentsverwaltung mehr geben solle. Doch dieses Amt war nicht durch eine Weihe qualifiziert, machte seinen Inhaber nicht «unberührbar» und hob ihn auch nicht aus der sozialen Lebenswelt seiner Gemeindeglieder heraus. Als verheirateter Familienvater hatte der evangelische Pastor elementar an Erfahrungen teil, die auch seine «Schäfchen» bestimmten.

In seinen vielfältigen Erscheinungen brach der Protestantismus definitiv mit der römisch-katholischen Sexualmoral. Indem die hierarchische Unterscheidung von Klerikern und Laien hinfällig wurde, entfiel auch das Modell einer Zwei-Stufen-Ethik, deren höhere Form die Virginität des Priesters und der Religiosen darstellte. Von seinem Lebensstil her bekannte sich der evangelische Pastor zur Sexualität als Teil seiner Geschöpflichkeit, der in der gottgewollten Ordnung der Ehe zu gestalten war. Außereheliche Sexualität wurde auch im Protestantismus jahrhundertelang scharf verurteilt. Da die Ehe nicht als Sakrament galt, waren Scheidungen im Protestantismus im Prinzip leichter möglich als in der römisch-katholischen Welt; auch aufgrund theologischer Einsichten war für Protestanten das mögliche Scheitern eines menschlichen Lebensentwurfs selbstverständlich.

Die Pfarrfrau an der Seite des Pastors war eine quasi-amtliche Person. Ohne sie wäre das ganze Haus der exemplarisch christlich lebenden, zumeist kinderreichen Pfarrfamilie nicht zu führen gewesen. Stärker als bei anderen bürgerlichen Professionen hatte die «Frau Pastor» am Beruf ihres Mannes teil; sie unterrichtete Mädchen oder leitete Gemeindekreise, wirkte also quasi amtlich im öffentlichen Raum. Insofern verkörperte sie früh eine bürgerliche weibliche Berufstätigkeit unter den Bedingungen patriarchalischer Ordnung. Das von der Pfarrfrau geführte Pfarrhaus wurde im protestantischen Europa zur Keimzelle bürgerlicher Kultur und höherer Bildung. Die hohe Zahl führender Gelehrter, Künstler, Wissenschaftler und Politiker, die aus Pfarrhäusern hervorgegangen sind, dokumentiert, dass die Anregungen, aber auch die Herausforderungen, die vom Leben im Pfarrhaus ausgingen, in Anknüpfung und Widerspruch produktiv geworden sind.

In Bezug auf die *bildende Kunst* mag man sich fragen, ob die Reformation nicht indirekt zu ihrer Autonomisierung beigetragen hat. Denn dadurch, dass die Bilder nicht mehr als Gegenstand der Anbetung in Betracht kamen und ihnen auch keine kultische Funktion mehr zufiel, wurde die Möglichkeit eröffnet, sich um ihrer selbst willen auf sie einzulassen. Die rasante Entwicklung der Kunst und des Kunstmarktes in den reformiert geprägten Niederlanden zielte vornehmlich auf die ganz private, ästhetische Freude am Bild außerhalb eines religiösen Nutzungszusammenhanges. Dies dürfte eine der nicht-intendierten Wirkungen der Reformation gewesen sein.

Die Vertreter der lutherischen Reformation hatten ein anderes Verhältnis zum Bild als die Reformierten. Nach einer Phase des tastenden Übergangs, während derer es auch im lutherischen Bereich immer wieder zu Bildentfernungen aus Kirchenräumen gekommen war, wurde es seit dem letzten Drittel des 16. Jahrhunderts primär als Medium zur Vergegenwärtigung des biblischen Wortes verstanden. Besondere Produktivität entfaltete das Luthertum deshalb nicht nur auf dem Feld der Bibelillustrationen im gedruckten Buch, sondern auf Altarretabeln (vor allem Abendmahlsdarstellungen) und auf Emporenzyklen, die die Perikopen der Sonntagsevangelien zum Zweck einer besseren Memorierung darstellten. In einigen lutherischen Gebieten wurden aber auch die überkommenen Bildausstattungen in den Kirchen beibehalten; keine Konfession hat in Deutschland so viel an mittelalterlicher Kunst bewahrt wie die lutherische. Auf der anderen Seite öffnete sich das Luthertum der barocken Sinnenfreude und erneuerte die Kirchenausstattungen vielerorts. Es bot vielen bildenden Künsten eine Heimstatt, auch wenn die lutherische Konfessionskultur, die in der geistlichen Dichtung Paul Gerhardts und in der Kantatenvertonung Johann Sebastian Bachs ihre reifsten hochkulturellen Früchte hervorbrachte, im Ganzen stärker am Wort als am Bild orientiert war. Insofern dürfte jede der beiden großen evangelischen Konfessionen auf je ihre Weise die Kunst befördert und ihre Verselbständigung gegenüber der Religion begünstigt haben.

Wirtschaft und Recht

Die Folgen der Reformation in Bezug auf die Entwicklung der Wirtschaft zu identifizieren, ist nicht einfach. Die von Max Weber aufgeworfene Frage, ob ein kausaler Zusammenhang zwischen der religiösen Mentalität des reformierten Protestantismus (Calvinismus) und einer kapitalistischen Wirtschaftsgesinnung bestehe, wird von der einschlägigen Forschung kaum mehr bejaht. Das hängt auch damit zusammen, dass das Reformiertentum als ein Phänomen begriffen wird, das sich in unterschiedlichen historischen Kontexten unterschiedlich entwickelte. Überdies dürfte Weber die Bedeutung der Prädestinationslehre beziehungsweise der Selbstvergewisserung des Glaubenden mittels seiner Lebens- und Wirtschaftserfolge (sogenannter *syllogismus practicus*) überschätzt haben. Zudem herrschte unter den Reformatoren beider evangelischer Konfessionen ein gewisser Konsens darüber, dass Eigentum soziale Verantwortung impliziere. Eine hemmungslose Kapitalakkumulation um ihrer selbst willen kann sich schwerlich auf wirtschaftsethische Vorstellungen der Reformatoren berufen. Luthers skeptische Haltung gegenüber dem Handelskapitalismus seiner Zeit wirkte in Teilen des Luthertums nach. Das stadtbürgerlich geprägte Reformiertentum etwa der Schweiz oder der Niederlande dürfte der Entwicklung einer kapitalistischen Ökonomie im Ganzen positiver gegenübergestanden haben.

Eine direkte ökonomische Folge der Reformation ergab sich schlicht aus der drastischen Reduktion der Feiertage: Im reformierten Bereich entfielen die Heiligenfeste ersatzlos; im Luthertum wurden nur die Apostel- und Evangelistenfeste beibehalten, in der Regel aber mit den nachfolgenden Sonntagen verbunden, also nicht als eigener

Festtag begangen. Außerdem kam es infolge der Abschaffung der fundamentalen Trennung eines geistlichen und eines weltlichen Standes zu einer Aufwertung der Arbeit im weltlichen Beruf, denn nun galt das als «Berufung» des Christenmenschen verstandene Wirken im weltlichen Beruf als alternativloser Ort der Bewährung und des tätigen Gottesdienstes.

In reformierten Territorien kam es zur flächendeckenden Auflösung der Klöster im traditionellen Sinne. Im Luthertum wurden einige Frauenkonvente als evangelische Damenstifte, also als Versorgungseinrichtungen des niederen Adels, fortgeführt; an ihrer Spitze stand in der Regel eine evangelische Äbtissin von Rang. Auch wenn diese Damenstifte zum Teil Gelübde oder sonstige Elemente der monastischen Tradition adaptierten und die Bildung hochhielten, unterschieden sie sich von mittelalterlichen Klöstern dadurch, dass keine strenge Klausur bestand und ein Austritt aus dem Konvent möglich blieb. Als Beispiel dafür, dass die klösterliche Kontemplation auch im Protestantismus weiterhin Geltung besessen habe, taugen sie kaum, denn sie stellen ein Randphänomen dar. Aufs Ganze gesehen galt die Arbeit im weltlichen Beruf, nicht die Meditation, als der dem Christen aufgetragene Dienst. Dass die daraus geformte Mentalität eher Betriebsamkeit und Unrast, Erwerbssinn und unternehmerischen Geist befördert haben mag, als dies bei einer an dem Leitbild des meditierenden Mönchs und der entrückten Nonne orientierten Religionskultur der Fall war, ist nicht auszuschließen.

Im Protestantismus blieb es bei einer ausschließlich weltlichen, an Vernunftkriterien orientierten und insofern allgemeingültigen Vorstellung vom *Recht*. Durch die Verbrennung des kanonischen Rechts hatte Luther einem eigenständigen geistlichen Rechtsbereich eine Absage erteilt; seine zentrale Unterscheidung von Gesetz und Evangelium hat die Autonomisierung eines von religiösen Bindungen unabhängigen weltlichen Rechts begünstigt. Gleichwohl lassen sich jenseits der Frage eines genetischen Zusammenhangs Verbindungen zwischen protestantischen Motiven und neuzeitlichen Rechtsfiguren herstellen. Für die lutherische Rechtfertigungslehre etwa ist zentral, dass sie den

Menschen nicht durch seine Leistungen, sondern durch seine als «Glauben» beschriebene Gottesbeziehung definiert. Darin eine Analogie zu der Idee der unverfügbaren, nicht von Eigenschaften und Leistungen abhängigen Menschenwürde zu sehen, dürfte nicht unangemessen sein. Während Luther im Rahmen seiner Konzeption zweier Reiche die Auffassung vertrat, dass der wahrhaft Gläubige im Horizont des Reiches Christi keines Rechts bedürfe und das Reich der Welt durch Zwangsmittel zu beherrschen sei, knüpfte Melanchthon an die aristotelische Naturrechtslehre an und verstand die Zehn Gebote als geoffenbartes, mit dem *ius naturae,* dem Naturrecht, identisches göttliches Recht. Daraus ergab sich ein enger Zusammenhang zwischen Ethik und Recht. Der weltlichen Obrigkeit kam die Aufgabe zu, das sittliche Verhalten und die Wahrung der religiösen Pflichten – nach Maßgabe der ersten Tafel des Dekalogs – einzuschärfen. Diese Rechtsvorstellungen bestimmten die Struktur des konfessionellen Territorialstaates.

Die Potentiale von Luthers Zwei-Reiche-Lehre etwa in der Begründung der Glaubens- und Gewissensfreiheit wurden eher von den Dissentern als von den Vertretern der altprotestantischen Orthodoxie aktualisiert. Den in Europa marginalisierten und verfolgten Vertretern des «linken Flügels» der Reformation schrieb der Jurist Georg Jellinek auch eine wichtige Bedeutung bei der Ausbildung der Menschenrechte zu. Deren früheste Kodifikationen in englischen Gesetzestexten des 17. Jahrhunderts und in der Verfassung des Staates von Virginia von 1776 stehen in einem mittelbar von der Reformation geprägten Wirkungszusammenhang.

Rationalität und Individualität

Zu den Gemeinplätzen in der Deutung des Verhältnisses von Reformation und moderner Welt gehört die Vorstellung von der Rationalität und dem Individualitätsbewusstsein, das dem Protestantismus wurzelhaft innewohne. Indem der Protestantismus die Zahl und Bedeutung der Sakramente begrenzte, habe er zu einer «*Entzauberung der Welt*» (Max Weber), zu einem Rückgang an magischen Praktiken, insofern zu einer *Rationalisierung* der Weltbetrachtung und mittelbar zur *Säkularisierung* im Sinne eines allgemeinen Zurücktretens religiöser Deutungsansätze beigetragen. Diese Position nimmt eine besondere Modernität des Protestantismus in Anspruch und basiert dabei auf einer eindimensionalen Konzeption von Protestantismus. Denn gerade im Luthertum ist sehr wohl auch eine Fülle «irrationaler» Momente zu erkennen: weissagende Engel, wundertätige Brunnen, heilswirkende Blutbibeln als Talismane, vom Gottesgeist erfüllte Visionäre und Prophetinnen, an dingliche Reste – Reliquien – Luthers gebundene Frömmigkeitspraktiken, archaisch-vorchristliche Rituale wie das Vergraben lebendiger Wesen zum Schutz der Deiche, ungezügelter Hexen- und Teufelsglauben und Anderes mehr. Das Irrationale, Magische, Abergläubische primär für ein Reservat des Katholischen zu halten, reproduziert vor allem ein Konfessionsstereotyp der protestantischen Aufklärer. Dass in protestantischen Ländern freier geforscht und publiziert werden konnte, war vor allem den weltlichen Obrigkeiten geschuldet; kirchliche Zensurprivilegien gab es hier nicht.

Die Zahl der Sakramente war zwar auf Taufe und Abendmahl reduziert worden, aber die religiöse Welt der Protestanten war keineswegs «entsakramentalisiert». Dass das Abendmahl seltener gefeiert wurde – im reformierten Bereich in der Regel nur viermal im Jahr, dafür aber verbunden mit Maßnahmen der Kirchenzucht und der angemessenen Vorbereitung auf einen würdigen Empfang –, führte eher dazu, dass man es besonders gründlich beging und sich gewissenhafter heiligte. Auch die Taufe nahmen die Protestanten beider Konfessionen sehr ernst; unwürdige Paten wurden scharfen Zuchtmaßnahmen unterzogen. Magische Vorstellungen dürften insbesondere in Bezug auf die Säuglingstaufe aufgetreten sein. Ihr Kern bestand jedoch wohl in der Vermittlung der göttlichen Heilszusage und der Vergewisserung menschlicher Gemeinschaft. Dass Gottes Handeln und die Wirkung der Sakramente irgendwie zusammenhingen, dürften Lutheraner und Reformierte gleichermaßen geglaubt haben. Auch für die Protestanten umgab ein Zauber das Sakrament.

Inwiefern die Wurzeln modernen *Individualitätsbewusstseins* in die Reformation zurückreichen, wird kaum abschließend zu klären sein. Deutlich aber ist, dass sowohl Pietisten als auch Philosophen der Subjektivität, etwa Fichte oder Hegel, Rückbezüge zur Reformation herstellten, ihre eigene Position also in einen rezeptionsgeschichtlichen Zusammenhang insbesondere zu Luther stellten. Unabweisbar ist auch, dass die Zentrierung des Gottesverhältnisses auf den persönlichen, unvertretbaren Glauben die Rolle des kirchlichen Heilsinstituts grundsätzlich relativierte. Indem die Schrift beziehungsweise das gepredigte und geschriebene Wort zur entscheidenden Instanz der Gottesbegegnung wurde, konnte der Kirche, ihren Sakramenten, dem äußerlichen Kult nur noch eine nachgeordnete Bedeutung zuerkannt werden. Luther selbst zog diese Konsequenzen nicht, ja bekämpfte sie. In der Fluchtlinie seines theologischen Ansatzes aber lagen sie gleichwohl.

Da für den protestantischen Christenmenschen alles an Wort und Glauben hängt, kann auch die Bedeutung der kirchlichen Gemeinschaft in den Hintergrund treten. Die im Protestantismus seit dem 17. Jahrhundert verbreitete Vorstellung, man könne gleichsam für sich allein oder im kleinen Kreis Christ sein und brauche keine kirchliche Institution, man könne seinem Gott auch im Walde nahe sein, man könne dem Christentum treu bleiben und sich gleichwohl gegenüber der Kirche distanziert verhalten, ist unter anderem durch die Frömmigkeitstheologie eines Johann Arndt (1555–1621) und einiger Pietisten befördert worden. Auch im zeitgenössischen römischen Katholizismus hat es lebhafte Formen teilweise mystisch inspirierter, hochgradig individualisierter Frömmigkeit gegeben. Allerdings folgten manche Protestanten diesem Konzept noch radikaler. Die religionskulturelle Individualisierung, die Entfernung von der Institution Kirche als Merkmal der modernen westlichen Welt gehört zu den nicht beabsichtigten Wirkungen der Reformation.

In summa: Die Reformation in der Vielfalt ihrer Erscheinungen hat jene Entwicklung, an deren Ende die westliche Moderne steht, in mannigfacher Weise beeinflusst, gefördert und beschleunigt. Doch allein oder maßgeblich hervorgebracht hat sie diese ebenso wenig wie irgendeine andere Kraft. Die westliche moderne Welt ist das Ergebnis eines sehr komplexen Transformationsprozesses, der ohne die Reformation aber gewiss anders verlaufen wäre.

3. DER GLOBALE PROTESTANTISMUS

Seit dem 16. Jahrhundert verbreitet sich der Protestantismus in die außereuropäische Welt. Deshalb ist die Reformation heute nicht nur ein Thema Europas und der aufgrund komplexer Migrationsprozesse weithin protestantisch geprägten USA. Sie ist Teil der historischen Selbstverständigungsprozesse zahlreicher evangelischer Kirchen und Gemeinden einer global wachsenden, sich unablässig pluralisierenden protestantischen Religionskultur. Diese zeigt eine enorme konfessionelle und denominationelle Vielfalt und eine riesige Spannbreite hinsichtlich der organisatorischen Formen: vom dänischen Staatskirchentum über den Episkopalismus der anglikanischen High Church bis zur quäkerischen Geistesunmittelbarkeit, von der Praxis der Frauenordination bis zu ihrer Ächtung. Auch das Spektrum der bibelhermeneutischen Zugänge – von der historischen Bibelkritik bis zur Verbalinspiration – sowie der politischen Überzeugungen – von der herrschaftsideologischen Legitimation repressiver Regime bis zu revolutionären, befreiungstheologischen Optionen – ist sehr breit. Der in unüberschaubarer Weise diversifizierte globale Protestantismus[10] hat, in welcher historischen Gebrochen- oder Indirektheit auch immer, Wurzeln, die in die Geschichte des lateineuropäischen Christentums und die Konflikte um den Wittenberger Augustinermönch Martin Luther zurückreichen.

Es entspräche jedoch weder dem Protestantismus als solchem noch seinen vielfältigen Erscheinungsformen, verstünde man die historische Verbundenheit mit der Reformation normativ. In vielen evangelischen Kirchen weltweit gelten Bekenntnistexte, die der schweizerischen, niederländischen oder deutschen Reformationsgeschichte entstammen, und die großen Konfessionsbünde – etwa der *Lutheri-*

sche oder der *Reformierte Weltbund* – vertreten von den Gliedkirchen weithin wechselseitig akzeptierte Lehrpositionen. Doch gehört es zum Wesen des Protestantismus, die konkrete Bedeutung einer theologischen Lehraussage im Hinblick auf die jeweils aktuelle Situation auszulegen und so das Erbe der Reformation stetig zeit- und sachgemäß zu transformieren. Es gibt keine übergeordneten Lehrinstanzen, die etwa darlegen, welche Bedeutung der Reformation beziehungsweise einzelnen ihrer Lehren heute zukomme. In der grundsätzlichen Absage an ein übergeordnetes Lehramt, also in ihrem Nein zu einem dem römischen Katholizismus vergleichbaren Kirchenmodell, sind sich die Protestanten in der Regel einig.

Darüber hinaus sind bestimmte Prägungen durch die reformatorische Tradition erkennbar, die *cum grano salis* für sehr viele, vielleicht gar alle evangelischen Kirchen in allen Kontinenten gelten. Wo immer sich protestantische Gemeinden oder Kirchen gebildet haben, bedienen sie sich der Bibel in den jeweiligen Volks- oder Nationalsprachen. Dem Protestantismus ist es ein bis heute ungebrochenes Anliegen, die Bibel in die Sprache aller Herren Länder zu übersetzen. Im Kontext protestantischer Missionen entstanden zahllose Bibelübersetzungen (oft waren dies die ersten Schriftdokumente in diesen Sprachen), verbunden mit dem Anspruch an die Missionierten, sie auch zu gebrauchen, also lesen und schreiben zu lernen. Protestantischem Christentum ist, auch im globalen Horizont, der Drang eigen, Bildungsinstitutionen zu nutzen oder überhaupt erst zu schaffen, um elementare Kulturtechniken zu vermitteln und zur Lektüre der Bibel sowie katechetischer Grundtexte des christlichen Glaubens zu befähigen. Auch der Hang, höhere Bildung zu ermöglichen – die ältesten und renommiertesten Universitäten der USA, Harvard, Princeton und Yale, sind reformierte Einrichtungen –, verdankt sich einem «calvinistischen» Gründungsimpuls. In der Bibel begründete Argumente besitzen innerhalb protestantischer Gemeinwesen per se Autorität, ganz gleich, wer sie vorbringt; insofern hat protestantisches Bibelchristentum einen egalitären Zug. Neben der Bibel sind es knappere Lehrzusammenfassungen des christlichen Glaubens – im lutherischen Bereich vor allem der *Kleine Katechismus* des Wittenberger Reformators, im reformierten Kontext der *Heidelberger Katechismus* –, die den protestantischen Christenmenschen weltweit Glaubensorientierung vermitteln. Auch der religiöse Gemeindegesang in der Muttersprache ist in wohl allen Erscheinungsformen protestantischen Christentums weltweit selbstverständlich. Taufe und Abendmahl, gemäß der Einsetzung Christi mit Brot und Wein für alle Kommunikanten, werden als einzige heilige Handlungen praktiziert, so polymorph-kontrovers das theologische Verständnis dieser rituellen Praktiken unter den Protestanten ansonsten auch ist. Dass die Predigt beziehungsweise die religiöse Rede, die in der Regel von einem oder mehreren getauften Mitgliedern der jeweiligen protestantischen Gemeinde gehalten wird, einen Schwerpunkt gottesdienstlicher Feiern bildet, kann als weitere Gemeinsamkeit gelten. In der Absage an religiöse Praktiken wie den Ablass, die Letzte Ölung, Reliquienverehrungen oder Wallfahrten zu Heiligengräbern besteht unter den Protestanten weltweit gleichfalls Einigkeit. Auch wenn sich im evangelischen Christentum quasi-monastische Gemeinschaftsformen erhalten haben oder reaktiviert werden, sind sie nicht mit lebenslang bindenden Gelübden verbunden.

Die unterschiedlichen kirchlichen und gemeindlichen Erscheinungsweisen des globalen Protestantismus sind das Ergebnis langfristiger Transformationsprozesse, die auch den Umgang mit reformatorischen Traditionsbeständen betrafen. Interessanterweise spielte das Konfessionelle auf dem außereuropäischen Missionsfeld vielfach eine andere Rolle als in Europa. Allerdings konnten sich europäische Machtkämpfe auch in missionspolitischen Konflikten reproduzieren, etwa in der Kapregion, als gegen Ende des 18. Jahrhunderts die holländische durch die britische Herrschaft ersetzt und das calvinistische durch das anglikanische Kirchenwesen verdrängt wurde. Die seit dem frühen 17. Jahrhundert nach Amerika strömenden Emigranten – englische Puritaner, deutsche und holländische Reformierte, französische Hugenotten, schottische Presbyterianer, skandinavische und deutsche Lutheraner – brachten ihre eigenen nationalen und konfessionellen Traditionen mit, agierten nun aber in einem so ganz andersartigen, von Strukturen des Mittelalters und des konfessionellen Zeitalters völlig unberührten Kontext. Der wechselseitigen Duldsamkeit und dem Bewusstsein einer gemeinchristlichen Verantwortung kam dies in der Regel zugute.

Bei den «staatsfreien» Missionen des 19. Jahrhunderts dominierte häufig ein überkonfessionelles Verständnis des Christentums, das sich dennoch auf die Reformation berufen oder zurückführen konnte. Darüber hinaus vollzogen Gemeinden und Kongregationen in Asien, Lateinamerika oder Afrika, die ursprünglich von europäischen oder US-amerikanischen Entsendungskirchen oder Missionsgesellschaften gegründet worden waren, im Prozess ihrer Indigenisierung eigenständige und kreative Aneignungen auch reformatorischer Traditionen. In den Debatten um die Afrikanischen Unabhängigen Kirchen und in der Auseinandersetzung um die Apartheid in Südafrika wurden von lutherischen und reformierten Christen die Reformatoren Luther und Calvin sowohl als Feinde als auch als Propagandisten des Rassismus in Anspruch genommen.

Die im Zuge der deutschen lutherischen Missionen des 19. und frühen 20. Jahrhunderts in die Landessprachen übersetzten deutschen Choräle erfreuen sich auch in den unabhängigen Kirchen großer Beliebtheit. «Kontextuelle» schwarzafrikanische und asiatische Theologien knüpfen an Luthers theologisches Freiheitskonzept an. Seine «Theologie des Kreuzes» (*theologia crucis*), die einer irdisch-sichtbare Erfolge hypostasierenden»Theologie des Ruhmes» (*theologia gloriae*)[11] entgegensteht, führte in Japan wie in Afrika oder Lateinamerika zu spezifischen Aneignungen und Ausprägungen und dient etwa als theologisches Argumentationsmittel *gegen* ein Aufstiegs- und Erfolgsmenschenchristentum, wie es die Pfingstbewegung vertritt.

Viele lutherische Kirchen Afrikas und Asiens bedienen sich auch weiterhin des *Kleinen Katechismus* Luthers, der als didaktisches Instrument im deutschen Heimatland der Reformation weitestgehend ausgedient hat. Die bis zu Beginn des 20. Jahrhunderts in Malawi, Südafrika, Sambia und Zimbabwe gegründeten indigenen reformierten Kirchen nahmen freiwillig die sogenannten drei Formeln der Einigkeit der orthodox-reformierten Kirche der Niederlande an: die belgische Konfession (*Confessio Belgica*), den *Heidelberger Katechismus* und die *Canones der Dordrechter Synode*. In Nordamerika vital

gebliebene lutherische Traditionen wirken aus dem ehemaligen Missionsgebiet in die als missionsbedürftig wahrgenommene alte europäische Heimat zurück. Überhaupt ist das säkularisierte Europa für viele junge protestantische Kirchen Asiens und Afrikas als Missionsgebiet entdeckt worden.

Martin Luther King, der Friedensnobelpreisträger von 1964, auf der Kanzel der Ebenezer Baptist Church von Atlanta. Das Foto wurde 1968 auf einem Flugblatt mit dem Aufruf «March to Vision's End» veröffentlicht.

Bisweilen fungiert die Reformation auch im afrikanischen Kontext als Quelle produktiver und überraschender Aneignungen. Lutherische Christinnen und Christen in Kenia bekämpfen die Stigmatisierung von HIV-Infizierten, indem sie Luthers Pestsermon auslegen. In den Freiheitsbewegungen des globalen Südens hat Martin Luthers Namen einen guten Klang. Dies mag auch daran liegen, dass der schwarze Baptistenprediger Martin King, der 1934 eine Europareise unternahm, aus tiefer religiöser Überzeugung den Namen Martin Luthers zu seinem und dem seines Sohnes machte: Martin Luther King. Dass Martin Luther King Jr. dann als mutiger Kämpfer für Frieden und Bürger- und Menschenrechte auf seine Weise den Namen des Wittenberger Reformators weitertrug und ihm in neuer, unerwarteter Weise Ehre machte, gehört zu den bewegendsten Aspekten der unabgeschlossenen Wirkungsgeschichte der Reformation.

Übersetzungen der Werke Luthers und Calvins in viele asiatische und afrikanische Sprachen bilden einen Quell neuer und überraschender Aneignungen und Auseinandersetzungen mit reformatorischen Traditionen; selbst in China hat die Reformation einen festen Platz in den offiziellen Lehrbüchern zur europäischen Geschichte. Die christliche Mission nordamerikanischer protestantischer Kirchen in Südkorea, die nicht mit kolonialistischen Tendenzen und Praktiken verbunden ist, hat ein unbefangenes, transkonfessionelles Interesse an den Reformatoren, insbesondere Luther und Calvin, hervorgerufen, das in Europa vielfach Erstaunen auslöst. Auch die Freikirchen, etwa die aus dem Täufertum des Reformationsjahrhunderts hervorgegangenen Mennoniten, die Adventisten und Baptisten sowie die Methodisten, deren Gründer John Wesley über die Lektüre von Luthers Vorrede zum Römerbrief[12] bekehrt worden war, sehen die Reformation und die zentralen Schriften der Reformatoren als ihre wesentlichen Bezugspunkte. In den deutschen Freikirchen wird Luther als theologischer Lehrer, Bibelübersetzer und Advokat religiöser Gewissensfreiheit geehrt. In den theologischen Ausbildungsstätten des globalen Protestantismus sind Luther- und Calvinstudien Standard – mit wachsender Intensität und steigendem Selbstbewusstsein.

Auch die Jubiläumstraditionen des weltweiten Protestantismus sind vielfältig: Jenseits der staatlich induzierten und geprägten Gedenkkultur Alteuropas, speziell Deutschlands, entspringen die Reformations-, Luther-, Zwingli- oder Calvinjubiläen der jeweiligen kirchlichen Eigeninitiative. Dem Vernehmen nach wird 2017 auch ein Jubiläumsdatum des globalen Protestantismus sein.

VI.

DIE WAHRNEHMUNG DER REFORMATION
IN DER NEUZEIT

1. DIE REFORMATIONSJUBILÄEN:
1617 BIS 2017

In der Geschichte der Jubiläen, die aus der Gedenkkultur des europäischen Kontinents nicht wegzudenken sind und heute ein globales Phänomen darstellen, spielte die Reformation eine besondere Rolle, denn sie war das erste «Jubiläum» im modernen Sinn. Die im Jahr 1617 begangene Centenarfeier – die Jahrhundertfeier des Beginns der Reformation – avancierte zu einem Modell der Vergegenwärtigung durch Erinnerung, das im Raum der Öffentlichkeit beziehungsweise des politischen Gemeinwesens seinen Ort fand. Dies ist für die Erinnerungskultur der Neuzeit charakteristisch geworden und geblieben.

In Begriff und Konzept des Jubiläums klingt aber noch eine andere Tradition nach, und zwar die der alttestamentlichen Jobel- oder Erlassjahre. Gemäß alttestamentlichem Gebot (besonders 3. Mose 25) sollte ein Bewohner des Landes, der unter Schulden litt oder durch diese in sklavische Abhängigkeiten geraten war, alle neunundvierzig oder fünfzig Jahre befreit und erneut in den Besitz seines Hauses oder Landes, also derjenigen Immobilien gebracht werden, die er im Zuge seines finanziellen Ruins verloren hatte. Diese in festen zeitlichen Rhythmen durchzuführenden Erlass- und Restitutionsakte, von denen wir heute nicht mehr wissen, ob sie im alten Israel jemals befolgt wurden oder literarische Fiktionen sind, bildeten das Modell für eine christliche Adaption des «Jobeljahres» als Jubeljahr.

Dies geschah aus Anlass des vollen Jahrhunderts im Jahr 1300, als Papst Bonifatius VIII. all denen, die von fern her als Büßer und Sündenbekenner zu den Kirchen der Apostel Petrus und Paulus nach Rom pilgerten und sich hier fünfzehn Tage lang täglich in frommer Weise betätigten, sowie den Römern, die dies dreißig Tage lang taten, «nicht allein volle und reichere, sondern aller vollständigste Sündenvergebung»[1] konzedierte. In Gestalt dieses außerordentlichen und erstmaligen päpstlichen Jubeljahres 1300 wurde also ein Erlass sämtlicher Sünden angeboten; bis dato war dieser auf die Teilnahme am Kreuzzug oder eine substantielle Unterstützung der Kreuzfahrer beschränkt gewesen. In gewisser Weise bedeutete die Initiative von 1300 also eine neuartige Generalisierung, ja Demokratisierung des Plenarablasses. Je häufiger und andächtiger ein frommer Pilger die Kirchen der Apostel in Rom aufsuchte, desto wirksamer, so schärfte Papst Bonifaz ein, sollte der Ablass ausfallen. Im weiteren 14. und im 15. Jahrhundert verkürzten die Nachfolgerpäpste die Zeitintervalle zwischen den außerordentlichen päpstlichen Jubeljahren – zuletzt auf einen Zeitraum von nurmehr 25 Jahren. Jeder Christenmensch sollte die Möglichkeit bekommen, wenigstens einmal in seinem Leben durch eine Pilgerreise in die heiligste Stadt der Christenheit der vollen Sündenvergebung (*plena remissio peccatorum*), eines Plenarablasses also, teilhaftig zu werden.

Weil Jubiläum und Ablass historisch ursprünglich zusammenhingen, lag es wohl nicht fern, auch den Beginn des Kampfes gegen den Ablass als «Jubiläum» zu begehen. Das erste Reformationsjubiläum von 1617 übernahm also, so scheint es, die Idee eines denkwürdigen Zeitabschnittes von hundert Jahren von der römischen Konkurrenz, verband diese Centurie aber mit einem bestimmten historischen Ereignis: dem Anschlag der 95 *Thesen wider den Ablass* durch den Wittenberger Augustinermönch Martin Luther am 31. Oktober 1517. Die einzigen sich auf ein historisches Datum beziehenden Jubiläen, die es bis dahin gegeben hatte, waren Stiftungsfeiern, die seit dem letzten Drittel des 16. Jahrhunderts an protestantischen Universitäten begangen worden waren. So hatte man 1577/78 der hundert Jahre zurückliegenden Gründung der Universität Tübingen gedacht, 1587 die Zweihundert-Jahr-Feier der Gründung der Universität Heidelberg begangen, 1602 die erste Jahrhundertfeier der Universität Wittenberg und 1609 die Zweihundert-Jahr-Feier der Universität Leipzig zelebriert; 1619 folgte die der Universität Rostock.

Das Reformationsjubiläum von 1617 sollte das erste breitenwirksame, auch auf das Gemeinwesen außerhalb der Universitäten abzielende historische Jubiläum werden. Es steht somit am Anfang einer bereits gegen Ende des 18. Jahrhunderts weit verbreiteten, bald auch ironisierten,[2] bis heute fortgehenden Erinnerungs- und Jubiläumskultur, die nach und nach unterschiedliche Lebens- und Gesellschaftsbereiche erobert hat: silberne, goldene, eiserne und diamantene Ehe- und Firmenjubiläen, Jahrestage von Prüfungen aller Art, goldene Promotionen, Kronjubiläen, goldene Konfirmationen und so weiter.

Das erste Reformationsjubiläum von 1617, das den Anfang einer wirkungsreichen Tradition bildete, fiel nicht vom Himmel. Die Erinnerung an den Reformator war in zahllosen Medien der lutherischen Konfessionskultur omnipräsent, in Predigtreihen über Luthers Leben, illustrierten Flugblättern, Porträts im Kirchenraum oder Druckschriften aller Art. Der Anlass, auf den es sich bezog, der Anschlag der 95 *Thesen* an der Wittenberger Schlosskirche am Vortag von Allerheiligen 1517, war bis dahin kein herausragendes erinnerungskulturelles Bezugsdatum, zumal er ursprünglich keine pathetische Zeichenhandlung, sondern nichts anderes als die reguläre Veröffentlichungsform für amtliche akademische Mitteilungen dargestellt haben dürfte. Auch wenn in der heutigen Forschung unstrittig ist, dass Luther selbst den 31. Oktober 1517 als Beginn seines Kampfes um die Erneuerung der Kirche und schließlich seines Aufstandes gegen den Papst in Erinnerung behielt und in seinem persönlichen Lebenskreis beging,[3] finden sich die ersten eindeutigen Quellenspuren eines Thesen*anschlages* erst nach seinem Tod – und zwar in der *Historia Lutheri*, einer biographischen Rede seines Kollegen und engen Vertrauten Philipp Melanchthon. Dort heißt es: «Weil Luther über seine [des Ablasskommissars Johannes Tetzels] gottlosen und frevelhaften Predigten aufgebracht war, veröffentlichte er in seinem leidenschaftlichen Streben nach Frömmigkeit die Thesen über die Ablässe [...]. Er schlug sie am Vortag von Allerheiligen 1517 öffentlich an der Kirche an, die an das Schloss von Wittenberg grenzt.»[4]

Die zweite Quelle für einen Thesenanschlag ist eine undatierte Notiz Georg Rörers, des engen Mitarbeiters, Nachlassverwalters Luthers und Chronisten der Wittenberger Reformation, in der von einer den Statuten der Wittenberger Universität entsprechenden Veröffentlichung der Ablassthesen an den «Türflügeln der Kirchen» (*in valvis templorum*) die Rede ist.[5] Die im weiteren Fortgang des 16. Jahrhunderts nicht besonders zahlreichen Erinnerungsspuren an das Datum 31. Oktober und an einen Thesenanschlag wurden erst im Zusammenhang des hundertjährigen Reformationsjubiläums zum Anlass eines Erinnerungs- und Geburtstagsfestes der «Reformation» verdichtet, dem «Reformationstag».

Das Reformationsjubiläum von 1617 war zunächst als einmaliges und außerordentliches festliches Großereignis konzipiert und begangen worden – ähnlich den päpstlichen Jubeljahren. Dass Papst Paul V. nach Bekanntwerden des Jubiläumsplans seinerseits das Jahr 1617 zum «Heiligen Jahr» ausrief (Ähnliches geschah übrigens auch im Lutherjahr 1983) und die traditionellen Plenarablässe gegen entsprechende fromme Betätigungen anbot, dokumentiert, wie hochgradig agonal der symbolpolitische Verkehr der konkurrierenden Konfessionen im «konfessionellen Zeitalter» war.

Nichts deutet darauf hin, dass zwischen 1617 und 1667, der 150-Jahr-Feier der Reformation, regelmäßige Gedenktage an den Anfang von Luthers Kampf gegen Rom abgehalten worden wären. Möglicherweise lebte auch im 17. Jahrhundert mancherorts noch die in der zweiten Hälfte des 16. Jahrhunderts aufgekommene Tradition fort, aus Anlass des Martinsfests – Luthers Tauftag war der 11. November –, seiner Person, Geschichte und Lehre zu gedenken. Zu einer festen Verankerung des *Reformationstages* im kirchlichen Jahreszyklus der Lutheraner kam es aufgrund einer Verordnung des sächsischen Kurfürsten Johann Georg II. für sein Herrschaftsgebiet aus dem Jahr 1668. Andere größere protestantische Territorien – das ernestinische Sachsen und Hessen-Darmstadt – gingen erst seit 1717 zum jährlichen Festrhythmus über. Dänemark und Schweden begingen ebenfalls 1617 Reformationsjubiläen; 1717 soll die Feier in den vereinigten Königreichen Dänemark und Norwegen und in den zu Dänemark gehörigen Teilen Norddeutschlands aufwändiger gewesen sein als irgendwo sonst. Nach der Konversion des sächsischen Kurfürsten zum Katholizismus empfand sich der dänische Monarch als maßgebliche Stütze des Luthertums. In Schweden hingegen wurde 1717 kein offizielles Reformationsjubiläum gefeiert. Dass Dänemark dann in Abgrenzung von Deutschland nicht das Jahr 1817, sondern 1836 als Jubiläumsjahr der offiziellen Einführung der Reformation im Königreich aufwändig feierte, verdeutlicht, dass das Reformationsgedenken im Zeichen der europäischen Nationalismen ein politisch sensibles Thema geworden war.

Gemäß der Struktur der durch die Reformation entstandenen Kirchentümer, dem sogenannten landesherrlichen Kirchenregiment beziehungsweise «Notepiskopat», wurden die Reformationsjubiläen in der Regel durch Mandate der Fürsten angeordnet, geplant und reguliert. Der hochgradig politische Charakter dieser Jubiläen zeigt sich uns Nachgeborenen in seiner Ambivalenz und Abgründigkeit insbesondere bei den Festen von 1817 und 1917, die im Zeichen des deutschen Nationalismus und des Ersten Weltkrieges standen.

Das Reformationsjubiläum von *1617* entwickelte sich erst nach und nach zu einem Großereignis. Die Anregung dazu ging von der Theologischen Fakultät in Wittenberg aus. Im Frühjahr des Jahres wandte sie sich mit der Bitte an das Oberkonsistorium in Dresden und schließlich an den Kurfürsten, den letzten Tag des Monats Oktober als «erstes lutherisches Jubiläum» (*primus Jubilaeus Lutheranus*)[6] begehen zu dürfen. Offenbar war zunächst an nichts anderes als an eine lokale Gedenkveranstaltung, in Analogie zum Universitätsjubiläum von *1602*, gedacht. Wittenberg verstand sich unter den evangelischen Universitäten seiner Zeit als Zion der Rechtgläubigkeit; schließlich war es der Ort, an dem das «Lehrkatheder Luthers» (*cathedra Lutheri*) gestanden hatte. Deshalb nahm man unter den lutherischen Universitäten eine führende Rolle in Anspruch. Mag sein, dass auch die ständige Konkurrenz zur Universität Leipzig, die ebenfalls im albertinischen Sachsen lag, den Profilierungswillen der Wittenberger steigerte.

‹Christo Soteri veritatis vindici, lucis evangelicae restitutori›, Nürnberg 1617: Illustriertes Flugblatt zum Reformationsjubiläum mit Luther und Melanchthon (rechts und links vom Kreuz) und den Reformationsfürsten Friedrich von Sachsen, genannt der Weise (außen links), und Kurfürst Johann Georg, der das Jubiläum ausrichtete.

Das ist:

Eine kurtze Abbildung auß der Weissagung deß heiligen Propheten

Danielis/wie ein Geschrey von Mitternacht/Nemlich/Doctor Luther den Papst zu Rom dermassen erschreckt/daß er
bey nahe von seinem Stuel gefallen/Und wie ihm seine Helffers Helffer/Jesuiter/und dergleichen Geschmeiß mit
Saltzen und Steinbiten zu Hülffe kommen etc.

Dass das Reformationsjubiläum schließlich zu einem Staatsakt hochstilisiert wurde, hatte politische Hintergründe. Inzwischen war nämlich der reformierte Kurfürst Friedrich V. von der Pfalz – Haupt der gegen die katholische Fürstenkoalition der Liga gerichteten protestantischen Union und Antipode des einen Ausgleich mit dem Kaiser suchenden sächsischen Kurfürsten – zugunsten einer gemeinsamen Feier des Reformationsjubiläums durch die lutherischen und reformierten Reichsstände tätig geworden. Diese innerprotestantische Konkurrenz mag dazu geführt haben, dass man nun das Reformationsjubiläum im großen Stil, dem Umfang der Hauptfeste des Kirchenjahres entsprechend über drei Tage (31. Oktober bis 2. November 1617), feierte. Der albertinische Kurfürst Johann Georg I. stellte sich in die Nachfolge seines ernestinischen Vorgängers Friedrich III. von Sachsen, genannt der Weise, des ersten sächsischen Reformationsfürsten. Das Reformationsjubiläum diente der geschichtspolitischen Legitimation der regierenden sächsischen Dynastie.

‹Wunderwerck D. Martin Luthers›, 1618: Luther als schwebender Engel der Apokalypse bringt den erschütterten Papstthron zu Fall. Jesuiten und andere Ordensleute verhindern den völligen Niedergang.

DIE REFORMATIONSJUBILÄEN   379

Die Lutheraner innerhalb der protestantischen Union orientierten
sich schließlich weniger an der kurpfälzischen als an der kursächsischen Jubiläumspolitik, die für die folgenden drei Jahrhunderte in
vieler Hinsicht modellbildend wurde. Instruktionen für eine einheitliche Durchführung der Feierlichkeiten im ganzen Land, Dankgebete,
Musterpredigten, detaillierte Bestimmungen zum Glockengeläut, zu
Kirchenschmuck und Ornat an den Festtagen, Benimmregeln für die
Untertanen, denen «fressen, sauffen, spiellen, nächtliche[s] tumulie-
ren»[7] bei Strafe untersagt war, wurden über die Superintendenturen

Das Nürnberger Bekenntnisbild von Andreas Herneisen aus dem Jahr 1599 gilt als das Urbild der zahlreichen Konfessionsgemälde, die die Überreichung der Confessio Augustana auf dem Augsburger Reichstag von 1530 zeigen. Predigt und Kanzel bilden die Mitte; das Abendmahl ist aus dem Kreuz Christi abgeleitet. Das theologische Zentrum des lutherischen Bekenntnisses ist in die historische Szenerie des Fürstenbekenntnisses von 1530 eingefügt.

in die einzelnen Pfarreien kommuniziert und dokumentierten die Effizienz und Disziplinierungskraft frühmoderner Konfessionsstaatlichkeit. Literarische, musikalische und bildkünstlerische Inszenierungen ließen das Reformationsjubiläum zu einer triumphalistischen Manifestation lutherischen Identitätsbewusstseins werden. Vor dem Hintergrund, dass im folgenden Jahr der Dreißigjährige Krieg ausbrechen sollte, wird man auch die Funktion dieses Jubiläums zur Erhöhung der Kriegs- und Opferbereitschaft für die lutherische Konfession nicht unterschätzen dürfen.

Angesichts des beispiellosen publizistischen Aufwands, der 1617 getrieben wurde, ist auch mit erheblichen Langzeitwirkungen in Bezug auf das Bild Luthers und seiner «Reformation» zu rechnen. Luther wurde von den Jubilanten der Hundert-Jahr-Feier als gottgesandter Prophet gefeiert, der die durch das Papsttum verfinsterte Kirche erleuchtet und zur Wahrheit zurückgeführt habe. Sein vom Gottesgeist inspiriertes Werk wertete man als definitiven Sieg über das Papsttum, dessen baldiger Niedergang aufgrund eines immer wieder zitierten Lutherwortes erwartet wurde: «Als ich [Luther] lebte, Papst, war ich deine Pest, als Toter werde ich dein Tod sein.»[8] Die Begeisterung für den schwedischen König Gustav Adolf circa eineinhalb Jahrzehnte später speiste sich nicht zuletzt aus der Hoffnung, dass er der Vollstrecker dieser Luther'schen Vernichtungsprophetie über das Papsttum sein werde. Man sah Luther also in heilsgeschichtlichen Dimensionen: Als gottgesandter apokalyptischer Engel (Apokalypse 14,6 f.) brachte er den nur mühsam von einigen Mönchen, besonders Jesuiten, gestützten Papstthron zu Fall. Durch den Helden aus Wittenberg war das Papsttum zu einer «unmöglichen Möglichkeit» geworden. Ein antikatholischer Grundzug, der im Kern anti*papalistisch* ausgerichtet war, prägte die Reformationserinnerung tiefgreifend und dauerhaft.

In ihrem eigenen hundertjährigen Fortbestand sah Luthers feiernde Kirche einen Beweis ihrer Wahrheit: Gott habe sie gegen allerlei Unbill geschützt und als Zeugin des allein seligmachenden Glaubens erwählt. Die seit den späten 1590er Jahren im fränkischen Raum entstandenen lutherischen Konfessionsbilder pflegten in ähnlicher Weise die eigene Kirche selbstgewiss als jene Institution darzustellen, die ihre Mitglieder zum Heil führe. Durch die regelmäßig in Szene gesetzte Übergabe der maßgeblichen Bekenntnisschrift, der *Confessio Augustana* (1530), an Kaiser Karl V., präsentierte man sich auch als rechtlich und politisch legitimiert.

Im beherrschenden Zentrum des Reformationsjubiläums von 1617 stand die Person Luthers mit seiner «Befreiungstat»; neben ihm war außer für die sächsischen Reformationsfürsten und ihre Nachfolger allenfalls für Philipp Melanchthon Platz. Insbesondere bei jenen

Lutheranern, die sich der letzten und konfessionell profilschärfsten lutherischen Bekenntnisschrift, der *Konkordienformel* (1577), verweigert hatten, stand «Magister Philippus» als eine Art humanistisch gelehrter Gegenpol zum berserkerhaften religiösen Genie Luther hoch im Kurs. Ähnlich den Staatsporträts, die die Macht eines Herrschers auf die Nachfolger projizierten, legitimierten die Bildnisse der Wittenberger Reformatoren die Kette der lutherischen Amtsträger. In manchen Kirchen wurden nun auch Porträtzyklen der leitenden Geistlichen und Prediger seit der Reformation aufgehängt, die die geschichtliche Kontinuität eines gefestigten lutherischen Kirchenwesens und die amtliche Weitergabe der konfessionellen Wahrheit repräsentierten. Im Ganzen dürfte das Reformationsjubiläum wesentlich zur kulturellen Stabilisierung der lutherischen Konfession im Reich beigetragen haben.

Die sächsischen Territorien, also die mitteldeutschen Kernlande der Reformation, waren im 17. Jahrhundert die maßgeblichen Initiatoren und Gestalter der Reformationserinnerung gewesen. Infolge der Konversion des sächsischen Kurfürsten Friedrich August I. zum Katholizismus verlor der Bezug auf die Reformation im Zusammenhang der zweiten Jahrhundertfeier *1717* für die albertinische Dynastie ihre legitimatorische Funktion. Das konkurrierende ernestinische Territorium Sachsen-Gotha-Altenburg präsentierte sich daraufhin demonstrativ und prononciert als Hüter des lutherischen Erbes; auch blieb hier ein antikatholischer Ton lebendig, den man in Dresden vermied.

Ansonsten spiegelte das Jubiläum von *1717* die inneren Pluralisierungsprozesse, die der Protestantismus inzwischen durchlaufen hatte. Vertreter des Pietismus, die auf eine authentische innere Glaubensaneignung setzten, polemisierten gegen das auf doktrinale Konformität und barocke Repräsentationssucht ausgerichtete Kirchenwesen der sogenannten lutherischen Orthodoxie. Radikal-pietistische und frühaufklärerische Akteure beanstandeten den Personenkult um Luther und rückten die Geistes- und Gewissensfreiheit als entscheidendes Motiv ins Zentrum. Gelegentlich wurde gegen die Festaktivitäten auch

Luther und Bismarck unter der deutschen Eiche, Postkarte, 1909. Die Bildinschriften und -unterschriften lauten: «Deutsche Eiche», «Ein feste Burg ist unser Gott» und «Wir Deutsche fürchten Gott, sonst nichts auf der Welt».

Gegenüberliegende Seite: «Ein feste Burg ist unser Gott»: Postkarten mahnen zu Beginn des Ersten Weltkriegs zur Standhaftigkeit im Krieg für Kaiser und Reich.

mit dem Argument polemisiert, dass der Protestantismus seine kulturelle Überlegenheit und ökonomische Prosperität der Abschaffung der katholischen Feiertage verdanke. Deutlich machten sich bei der Zweihundert-Jahr-Feier die nun vernehmlicher werdenden «protestantischen», das heißt lutherische und reformierte Traditionen integrierenden Tendenzen bemerkbar, die seit dem letzten Drittel des 17. Jahrhunderts, nicht zuletzt aufgrund der politisch üblich gewordenen Zusammenarbeit der Reichsstände beider evangelischer Konfessionen auf der Ebene des Reichstages, an Bedeutung gewonnen hatten.

Im Zusammenhang der Jahrhundertfeier von 1817 spielte die maßgeblich vom preußischen Monarchen vorangetriebene protestantische Union zwischen Lutheranern und Reformierten eine entscheidende Rolle. Man nutzte das Jubiläum, um eine von vielen Seiten als

DIE REFORMATION IN DER NEUZEIT

nicht mehr zeit- und sachgemäß empfundene Spaltung der Evangelischen zu überwinden. Ansonsten stand das Fest von 1817 ganz im Zeichen eines nationalen Aufbruchs. Luther erschien als Bannerträger einer politischen Freiheit von romanischer Oppression, wie man sie soeben erst, nämlich in den antinapoleonischen Befreiungskriegen, erkämpft hatte. Überhaupt rückte das Nationale an Luther in den Vordergrund: die seine Sprachkraft machtvoll demonstrierende Bibelübersetzung, seine Appelle an die «lieben Deutschen», seine Feindschaft gegen allerlei Fremdes. War in der frühen Neuzeit das Lutherlied «Erhalt uns Herr bei deinem Wort und steure Papst und Türken Mord» die meistgesungene Identitätshymne der Lutherischen gewesen, so wurde nun «Ein feste Burg ist unser Gott, ein gute Wehr und Waffen» zur Marseillaise all derer, die mental mobilmachten und mit Furor gen Westen blickten. Im Zuge der wilhelminischen Renovierung der Wittenberger Schlosskirche wurde der Anfangsvers

Notgeld der Stadt Erfurt vom 7. April 1921: Der Gutschein war innerhalb eines Monats nach Aufforderung des Rates an einer städtischen Kasse einzulösen. Ein manipulierter «Lutherspruch» macht den Inhabern Mut: «Furcht tut nichts Gutes. Darum muss man frei und mutig in allen Dingen sein und feste stehen.»

des Liedes unübersehbar unterhalb der an eine preußische Pickelhaube erinnernden Turmspitze installiert, wo er bis heute prangt. Noch im Ersten Weltkrieg diente «Ein feste Burg» als bevorzugtes Kampf- und Trostlied. Auch in der Weimarer Republik und im «Dritten Reich» wollte man auf den Beistand des Wittenberger Reformators und seiner Lieder nicht verzichten.

Vereinzelt wurden bereits 1817 antisemitische Töne vernehmbar, die sich angesichts der bürgerlich-rechtlichen Gleichstellung der Juden sukzessive, gegen Ende des 19. Jahrhunderts dann dramatisch verstärken sollten. Der deutsche Nationalismus fand in der Reformation ein eigenes Konzept von Modernisierung, das man als dem in der Französischen Revolution beschrittenen Weg überlegen empfand.

Manche Züge des 1817er Jubiläums fanden sich auch in den Reformationsfeierlichkeiten von *1917*, mitten im Ersten Weltkrieg. Luther, der in der Geschichtspolitik des wilhelminischen Kaiserreichs zum Inbegriff deutschen Wesens und germanischer Eigenart stilisiert worden war und im Laufe des 19. Jahrhunderts, kulminierend im Lutherjahr 1883, in Form von Bronzemonumenten die Marktplätze erobert hatte, galt nun als Initiator der in Deutschland angebrochenen weltgeschichtlichen Wende zur Neuzeit. Der weltpolitische Führungs- und Modernitätsanspruch des im Krieg stehenden hochindustrialisierten Deutschen Kaiserreichs fand in dem Wittenberger Reformator die Ikone seiner kulturellen Überlegenheit gegenüber der «Zivilisation» im Westen und der «Barbarei» im Osten.

Neben den großen Jahrhundertfeiern wurde es seit dem 17. Jahrhundert üblich, auch einzelne reformationsgeschichtliche Ereignisse zum Anlass einmaliger oder wiederkehrender Gedenkfeiern zu machen: etwa die Überreichung der *Confessio Augustana* (1530), den die dauerhafte Existenz der Evangelischen im Reich sichernden *Augsburger Religionsfrieden* (1555), aber auch die Einführung der Reformati-

OTTO RICHTERS U. C⁰ ERFURT.

Auch im «Dritten Reich» sollte Luther den Deutschen beistehen: Postkarten aus den Jahren 1933 und 1935.

on in einzelnen Städten und Ländern. Eine vergleichbare nationale öffentliche Aufmerksamkeit und politische Bedeutung wie in Deutschland kam dem Reformationsgedenken in anderen protestantischen Nationen in der Regel nicht zu. Dort gedachte man eher einzelner Reformatoren oder der prägenden Entscheidungsakte und -daten zur jeweiligen Einführung der Reformation, und vielfach wurde eher eine kirchliche als eine öffentlich-politische Form des Erinnerns gewählt.

Die bisherigen Jahrhundertfeiern der Reformation waren ein Spiegel ihrer Zeit gewesen. Auch bei der Fünfhundert-Jahr-Feier 2017 wird dies kaum anders sein.

2. DEUTUNG UND DEBATTE

Die Sicht auf die Reformation unterlag seit dem 18. Jahrhundert einem stetigen Wandel. Einer historischen Darstellung der Reformation eine gründliche Reflexion der Geschichte ihrer Deutungen und wissenschaftlichen Interpretationen einzufügen, ist sachgerecht, ja zwingend. Nur so wird es möglich sein, die nationalen, konfessionellen und ideologischen Voreingenommenheiten zu berücksichtigen, die den historischen Gegenstand «Reformation» begleiteten und sich in einer langen Traditionsgeschichte als Vorverständnis mit ihm verbunden haben. Dass dabei der deutschen, insbesondere protestantischen Deutungs- und Forschungsgeschichte eine prominente Rolle zukommt, liegt in der Natur der Sache. In keinem anderen Land wurde so viel über die Reformation geschrieben, so kontrovers über sie geurteilt, so nachdrücklich das, was man selbst im jeweiligen Gegenwartshorizont dachte, wünschte und für wichtig hielt, mit der Person Luthers identifiziert und im Ereignis der Reformation reflektiert. Im Spiegel seiner schillernden, ja höchst ambivalenten Rezeptionsgeschichte dürfte unabweisbar sein: Eine «deutschere» Gestalt als Luther hat es schwerlich gegeben.

Orientierung an der Biographie Luthers

In der frühen systematischen Bearbeitung der Geschichte der Reformation dominierte eine ganz an der Biographie Luthers orientierte Darstellungsweise. Auf die *Histoire du Lutheranisme* (1680) des Jesuiten Louis Maimbourg reagierte der lutherische Staatsmann und Gelehrte *Veit Ludwig von Seckendorff* mit einem dreibändigen *Commentarius historicus et apologeticus de Lutheranismo* (1688–1692; deutsche Ausgabe 1714). Beiden Schriften war, ungeachtet der gegenläufigen Wertungstendenzen, gemeinsam, dass sie das gesamte Zeitalter innerhalb der rahmenden Perspektive einer Biographie Luthers betrachteten. An dem negativen Charakter des Wittenberger Theologen, seinem sich über die Tradition der Kirche und ihrer Lehre hinwegsetzenden Subjektivismus sowie an der zweifelhaften Sittlichkeit seines Ethos konkretisierte sich für Maimbourg wie für seinen Vorgänger, Luthers Zeit- und Generationsgenossen Johannes Cochläus (*Historia Martini Lutheri*, 1549), dass die Reformation vom Teufel sei.

Während für die katholischen Reformationshistoriker die Pathologie der sich von der römischen Kirche abkehrenden reformatorischen Ketzerei in Luther ihren Ursprung hatte, endete für Seckendorff das «Werck der heylsamen Reformation»[9] mit dem Tod des göttlichen Werkzeugs Martin Luther; den Anfang des Trienter Konzils erwähnte er nur noch knapp, denn mit «Reformation» hatte dies in seiner Sicht nichts zu tun. Seckendorff brachte der Biographie Luthers breites Interesse entgegen und ließ weithin unbekanntes handschriftliches Material in seine Darstellung einfließen. So schuf er eine wichtige Voraussetzung dafür, dass sich Pietisten und Aufklärer gegenüber der Betonung der Lehre Luthers stärker seiner Person zuwandten und einzelne Phasen und Aspekte von Luthers Wirken, besonders seine Anfänge, als das eigentliche Zentrum der Reformation inszenierten.

Die parteiliche konfessionelle Historiographie, die – weithin orientiert an Cochläus – im katholischen Raum noch jahrhundertelang dominierte,[10] geriet im evangelischen Lager durch Pietismus und Aufklärung zusehends in Verruf – auch wenn man weiterhin aus der kontroverstheologischen katholischen Literatur und aus Seckendorffs *Commentarius* und seiner *Historie des Lutherthums* schöpfte. In verschiedene Richtungen wirkungsreich wurde vor allem der radikalpietistische Kirchenhistoriker *Gottfried Arnold*. Er beurteilte die «lutherische Orthodoxie», das heißt die konfessionelle Lehr-, Ordnungs- und Lebensgestalt des späteren 16. und des 17. Jahrhunderts, uneingeschränkt negativ. Insbesondere den späten Luther, dessen Schärfe und doktrinale Unduldsamkeit gegenüber Papisten, Schwärmern und Juden er entschieden zurückwies, machte Arnold für die Verhärtung des institutionellen orthodox-lutherischen Kirchenchristentums verantwortlich. In wesentlichen Punkten sei die Reformation auf halber Strecke stecken geblieben; «daß man keine gehörige und nöthige absonderung der bösen und frommen gemacht, sondern den rohen hauffen unter einander so dahingehen lassen, insgemein gelehret, absolviret, communiciret und mit den wahren Christen aller privilegien theilhafftig gemacht»,[11] sei ein schon von Luther erkannter, aber nicht behobener gravierender Missstand der lutherischen Kirche gewesen. Wegen des Nebeneinanders von wahren und falschen, lauen und entschiedenen Christen in einer Kirche habe in allen Ständen die Laxheit und der sittliche Verfall Einzug gehalten. Faktisch sei das Papsttum im lutherischen Kirchenwesen «wiederum eingeführet, und an statt eines Pabstes so viel kleine Päbste canonisiret worden».[12]

In wesentlichen Aspekten sah Arnold die Reformation also als gescheitert an. Ein Sündenfall war für ihn, dass der von Luther aus der kirchlichen Lehre hinausgeworfene griechische Philosoph Aristoteles, die maßgebliche philosophische Autorität der mittelalterlichen Schultheologie, durch Melanchthon wieder eingeführt worden sei. Beim «jungen» Luther, dem Reformator vor dem Bauernkrieg (1524/25), fand Arnold dagegen Anhaltspunkte für die dringend gebotene Erneuerung in der Kirche seiner eigenen Zeit, die sich an dem Maßstab der apostolischen Frühzeit zu orientieren habe. Diese Strategie einer kritischen Distanzierung vom «alten» Luther und einer Berufung auf den «jungen» oder auf besonders geschätzte Züge des Reformators sollte für die neuzeitliche Umgangsweise mit seinem Erbe charakteristisch bleiben.

Aufklärung und Französische Revolution

In der *Aufklärung* rückte der Freiheitsheld Luther, der Tugendlehrer, der frohsinnige, gesellige Patron und Hausvater in den Vordergrund des Interesses. Indem man ihm nun Verse wie «Wer nicht liebt Wein, Weib, Gesang, der bleibt ein Narr sein Leben lang»[13] unterschob, passte man ihn an das eigene Zeitempfinden an und stilisierte ihn zum Apostel einer bürgerlich betriebsamen, lebensbejahenden Weltoffenheit. In der Aufklärung wurde Luther auch zum Anwalt von Forschungs-, Wissenschafts- und Gewissensfreiheit, zum Advokaten der Menschenrechte und zum unbeirrbaren Streiter gegen alle fortschrittsfeindlichen klerikalen Mächte. Dass in der reformatorischen Traditi-

on vor allem bei Melanchthon und Zwingli der Volksbildung und dem Gebrauch der natürlichen philosophischen Vernunft ein Eigen-recht eingeräumt worden war, bewertete man nun – gegen die Pietis-ten, aber in einem gebrochenen Anschluss an die Orthodoxie – posi-tiv. Darin, dass sich die Reformatoren mit Hilfe der weltlichen Obrigkeiten um eine umfassende Volkserziehung und Katechisierung bemüht hatten, sah man Gemeinsamkeiten mit den aufklärerischen Ideen.

Dieser positiven Bewertung der Reformation durch die Aufklärung steht deutliche Kritik durch die um 1800 entstehende Bewegung der *Romantik* gegenüber: Im Rationalen und Philologischen, im auf den

Buchstaben, das vernünftige Argument zentrierten Zug der aufkläre-risch modernisierten Reformation sahen Romantiker wie Novalis, Eichendorff, Wackenroder oder Schlegel den entscheidenden Grund für die sich in der «seelenlosen» Französischen Revolution entladende Religionsfeindschaft. Einige der Romantiker fanden in der Abkehr vom Protestantismus, den sie für all die negativen Entwicklungen der heraufziehenden «modernen Welt» verantwortlich machten, und in der Hinwendung zur katholischen Kirche Heil und Lebensglück. Seit den Tagen der Romantiker ist es für einen Teil der katholischen Tra-dition üblich, in einigen negativ beurteilten Entwicklungen der Mo-derne – bis hin zur globalen Erwärmung unserer Tage[14] – eine Folge der Reformation zu sehen.

Auch für *Gotthold Ephraim Lessing*, den Pastorensohn, ehemali-gen Theologiestudenten, Wolfenbütteler Bibliothekar und Schriftstel-ler, war eine tiefe Verwurzelung in, eine bleibende Bindung an und eine konstruktive Freiheit gegenüber Luther und der reformatorischen Tradition prägend, wie sie für die Aufklärung in Deutschland in man-cher Hinsicht charakteristisch werden sollte. In einem privaten Schrei-ben bekannte er, dass er sich «kleine[r] Mängel» Luthers besonders erfreue, da er sonst die Gefahr sähe, «ihn zu vergöttern. Die Spuren der Menschheit, die ich an ihm finde, sind mir so kostbar als die blen-dendste seiner Vollkommenheiten. Sie sind sogar für mich lehrreicher, als alle diese zusammengenommen».[15] Lessings Kontroverse mit dem Hamburger Hauptpastor Johann Melchior Goeze, der als Vertreter der lutherischen Spätorthodoxie einer von Lessing posthum in den Druck gegebenen rationalistischen Bibelkritik des Gymnasialprofes-sors Hermann Samuel Reimarus entschieden entgegengetreten war, wurde immer wieder zur literarischen Modellschlacht in der gesell-schaftlichen Durchsetzung der Aufklärung stilisiert. Da hatte der Li-terat Luther zum Richter angerufen: «O, daß Er es doch könnte, Er, den ich am liebsten zu meinem Richter haben möchte! – Luther, du! – Großer, verkannter Mann! Und von niemandem mehr verkannt als von den kurzsichtigen Starrköpfen, die, deine Pantoffeln in der Hand, den von dir gebahnten Weg schreiend, aber gleichgültig daher schlen-dern!»[16] Der wahre Lutheraner, als der sich Lessing stilisierte, bleibe nicht am äußeren Buchstaben Luther'scher Schriften kleben, sondern folge dessen Geist. Er trete deshalb für ein Christentum ein, wie es der Reformator selbst heute lehren würde. Insbesondere die unbedingte Geistesfreiheit, die es nicht zugestehe, irgendeinen Menschen «in der Erkenntnis der Wahrheit nach seinem eigenen Gutdünken»[17] zu hindern, sah Lessing als gegenwärtige Wirkung Luthers an.

Die *Französische Revolution*, deren politische und kulturelle Folgen für die gesamte europäische Geschichte unabsehbar waren, stellte auch in Bezug auf die Deutung der Reformation einen tiefen Einschnitt dar. Der ins deutsche Exil geflüchtete französische Intellektuelle *Charles de Villers*[18] trat mit einer zuerst 1804 publizierten Reformationsdeutung an die Öffentlichkeit, die für mehrere Jahrzehnte in verschiedenen europäischen Sprachen überaus einflussreich werden und bleiben sollte. Stärker als die deutschen Aufklärer betonte de Villers die politischen Wirkungen der in der Reformation wurzelnden religiösen Befreiung. In liberaleren politischen Strukturen, wie er sie in den deutschen Staaten wahrnahm, in der staatlichen Garantie persönlicher Freiheitsrechte und im Grundsatz der religiösen Toleranz sah de Villers ein historisches Vermächtnis der Reformation. Die Menschenwürde und die Ideale der Französischen Revolution – Freiheit, Gleichheit und Brüderlichkeit – hatten, so schien es, in der Reformation ihren eigentlichen historischen Wurzelgrund. Die allenthalben ersehnten Modernisierungen der zeitgenössischen Gesellschaft in Deutschland konnten sich, so lehrte de Villers, auf die Reformation berufen. Ein revolutionäres Spektakel, wie es die gallischen Nachbarn aufführten, brauchten die Deutschen nicht.

Seit dem frühen 19. Jahrhundert wurde es insbesondere bei den Vertretern der idealistischen Philosophie üblich, in der Reformation und vor allem bei Luther diejenigen politischen und kulturellen Leitgedanken und Ideale zu finden, derer man in der eigenen Gegenwart bedurfte. Der Philosoph *Johann Gottlieb Fichte* verband die als Errungenschaften der Reformation in Anspruch genommenen aufklärerischen Motive der Freiheit und der Volksbildung mit einer forcierten Nationalisierung ihrer Deutung. In seinen für die Mobilisierung eines deutschen Nationalbewusstseins wichtigen *Reden an die deutsche Nation* wertete Fichte die Reformation als die «lezte große und in gewissem Sinne vollendete Welt-That des deutschen Volkes».[19] Den Sieg der Reformation brachte er vor allem damit in Verbindung, dass der religiöse Genius Luther nicht auf irdische Zwecke gesehen, sondern als Ausdruck «von Deutschem Ernst und Gemüth»[20] um das Seelenheil seiner und aller Menschen gerungen habe. In Luther sah Fichte einen «Grundzug des deutschen Geistes»[21] verwirklicht, der tiefgründig forschend mehr finde, als er suche, und so über sich hinausweise. Die zeitgemäße Transformation der Luther'schen Rechtfertigungslehre bei Fichte offenbarte die in der theologischen Doktrin anklingende, doch erst im Modus ihrer philosophischen Umformung explizite Wahrheit: «Jeder Mensch, ohne Ausnahme, dadurch, daß er ein Mensch geboren ist, und solches Angesicht trägt, ist fähig, ins Himmelreich zu kommen: Gott ist bereit, ihn zu beleben und zu begeistern; denn nur dazu eben ist jeder Mensch da, und nur unter dieser Bedingung ist er ein Mensch.»[22]

Für *Georg Wilhelm Friedrich Hegel* war Luther ebenfalls Vorbild und Vorgänger einer geistigen Bewegung, in der er sich selbst sah und die er auf eine bisher unerhörte Höhe zu führen beanspruchte. Durch Luther sei der Eigensinn «das eigenthümliche Princip des Protestantismus»[23] geworden; im begrifflichen Denken des Philosophen reife heran, was sich im Theologen Luther als Glaube manifestiert habe. Mit Luther habe die Freiheit des Geistes begonnen. Das Prinzip der Subjektivität, der freien geistigen Verehrung Gottes im Gewissen des Menschen, habe durch die Reformation in die Religion Einzug gehalten. Durch die volkssprachliche Bibel sei das «Princip der Subjektivität Moment der Religion selbst geworden»;[24] die Reformation sei die «Haupt-Revolution»[25] der Geschichte der menschlichen Kultur. Durch die Reformation sei ein unmittelbarer, nicht durch eine Sakralinstitution vermittelter Zugang zu Gott eröffnet, der die Grundlage aller geistigen Freiheit und einer entsprechenden Gestaltung der bürgerlich-staatlichen Ordnung darstelle. Diese «große Umwälzung» aber sei in Deutschland nicht «durch den Trieb der Masse»[26] – wie in der Französischen Revolution –, sondern durch besonnene Obrigkeiten erfolgt. Auch im Zuge der Befreiungskriege und des Wartburgfestes der deutschen Burschenschaften von 1817 entfaltete die Stilisierung Luthers zum nationalen Freiheitshelden und zur Integrationsfigur liberaler bürgerlich-politischer Reformen gesellschaftliche Breitenwirkung.

Anfänge der wissenschaftlichen Historiographie

Die wissenschaftliche Historiographie der Reformation hat in Leopold von Rankes Meisterwerk *Deutsche Geschichte im Zeitalter der Reformation* (1839–1847) ihren Ausgangspunkt. Ungeachtet des Anschlusses an die ältere historiographische Tradition seit dem 16. Jahrhundert, vor allem an Johannes Sleidans epochales Werk *De statu religionis et reipublicae, Carolo Quinto … commentarii* (1556), hat Ranke das für das Bild der deutschen Geschichte seither quasi kanonisch gewordene chronologische Konzept geprägt. Demnach spannt sich das «Zeitalter der Reformation» von dem mit Luthers Thesenanschlag beginnenden Ablassstreit des Jahres 1517 bis zur rechtlichen Anerkennung der Evangelischen beziehungsweise der «CA-Verwandten» im Augsburger Religionsfrieden von 1555. Das nachfolgende Zeitalter wurde seit Johann Gustav Droysen, einem Schüler Rankes, als «Gegenreformation» bezeichnet – eine im Grunde unproduktive, retardierende, auch den Protestantismus in einen reaktiv-antikatholischen Dogmatismus hineinführende Ära.

Durch Ranke ist die politische Bedeutung der Reformation, vor allem der enge Zusammenhang zwischen der Reichs- und der Territorialpolitik im Kontext der Herrschaft Karls V. und der Politik der gekrönten Häupter Europas, gleichberechtigt neben die religiös-theologischen Motive und Grundlagen des Zeitalters getreten. Diese nationalgeschichtlich konzipierte Epoche der Reformation steht in einem nicht vermittelbaren Spannungsverhältnis zur Reformation als einem Ereignis der europäischen Geschichte.

Angeregt durch seine eigenständige vertiefte Lektüre von Schriften Luthers, aber auch geprägt durch Fichte und die romantische Vorstellung einer Unbedingtheit und Eigenständigkeit der Religion, entwickelte der Pastorensohn Ranke im Kontext des Reformationsjubiläums von 1817 universalhistorische Vorstellungen, nach denen das Göttliche auf den Höhepunkten der Geschichte und in ihren «großen Männern» hervortrat. In seiner ganz aus den Quellen heraus gearbeiteten *Deutsche Geschichte im Zeitalter der Reformation* ließ Ranke seine bisweilen schwärmerisch anmutende Begeisterung für Luther zurücktreten, brachte aber die menschlich bewegenden Momente seiner Biographie, die Anfechtungen, persönlichen Konflikte und theologischen Erkenntnisfortschritte, besser zur Geltung als jeder Autor vor ihm. Die Einheit des Reiches im 15. und 16. Jahrhundert sah er im Wesentlichen in den Kommunikations- und Entscheidungsprozessen des Reichstages repräsentiert. Durch den Dreißigjährigen Krieg sei Deutschland unter die Gewalt auswärtiger Mächte geraten; die Reformation als ein Werk des «deutschen Geistes», als Aufbruch der Nation zu Einheit und Größe, sei erst von der Mitte des 18. Jahrhunderts an, im Zeitalter Friedrichs des Großen, «einigermaßen»²⁷ realisiert worden. Ranke teilte die Grundtendenzen der neuzeitlichen Reformationsdeutung seit dem Pietismus insofern, als auch er betonte, dass die Reformation einer Fortführung und Erneuerung bedurft habe und in wesentlichen Aspekten erst im 18. beziehungsweise 19. Jahrhundert zur Wirkung gelangt sei. Die in der wilhelminischen Geschichtspolitik ideologisch verdichtete Vorstellung von Luther als nationaler Identitätsfigur dürfte ohne Ranke kaum möglich gewesen sein.

Die epochale wissenschaftliche Leistung Rankes bestand allerdings weniger in den nationalgeschichtlichen Deutungsperspektiven als in der breiten archivalischen Quellenfundierung, mit der er die Reformation als das «wichtigste vaterländische Ereignis»²⁸ darstellte und so ihrer weiteren Bearbeitung den Weg bahnte.

Eine weitere bedeutende *Geschichte der deutschen Reformation* im 19. Jahrhundert stammt von *Friedrich von Bezold*. Gegenüber Ranke, dessen chronologischem Konzept er verbunden blieb, bot Bezold eine ausführliche Schilderung der sozialen und kulturellen Bedingungen des Zeitalters. Überdies hob er die revolutionären Momente der reformatorischen Bewegung und deren ursprüngliche Verbundenheit mit dem frühen Agieren Luthers hervor. Einem quasi völkischen Zug der Zeit entsprach es, dass er in Luthers religiösem Gewissheitsgestus «die kühnste Verkörperung des germanischen Individualismus»[29] wahrnehmen wollte. «Luthers Gestalt», so prognostizierte der Erlanger Historiker, werde «dem Deutschen immer sympathisch sein». Während «[k]leine Geister» die «häßlichen Züge» aufsuchten, um «den Gewaltigsten unserer Nation» zu diskreditieren, sei Luther darüber wie über jede apologetische «Beschönigung» erhaben. Luthers «geschichtliche Größe» habe im Kern darin bestanden, «die Alleinherrschaft der römischen Kirche im Occident»[30] zu zerstören.

Deutsche Aneignung

Die Akzente dieses Lutherbildes fügten sich kongenial in jene durch den Kulturkampf und das Lutherjubiläum von 1883 geprägte Ära nach der Reichsgründung von 1870/71 ein, in der die deutsch-protestantische Leitkultur zum dominierenden kulturellen Orientierungsmuster gegenüber dem ultramontanen, als unpatriotisch beargwöhnten Katholizismus avancierte.

In einer aus Anlass von Luthers vierhundertstem Geburtstag gehaltenen Rede des Berliner Ranke-Nachfolgers *Heinrich von Treitschke* verdichteten sich die unterschiedlichen Deutungstraditionen der Reformation und Luthers, die im 19. Jahrhundert hervorgetreten waren, zu einem aktualisierenden, identifikatorischen Aneignungsakt. Erst der «historische[n] Wissenschaft unseres Jahrhunderts», so betonte Treitschke, sei es möglich geworden, «den ganzen Luther zu verstehen, den zentralen Menschen, in dessen Seele fast alle die neuen Gedanken eines reichen Jahrhunderts mächtig widertönten».[31] Das «Deutschtum» Luthers erwies sich dabei als das elementar Verbindende; die dem «deutschen Gemüte» eigene Kombination von «helle[r] Weltlust» und «beschauliche[m] Ernst»[32] mache Luthers «aus den Kämpfen des ehrlichen deutschen Gewissens»[33] hervorgegangene Befreiungstat für deutsche Menschen der Gegenwart verständlich und attraktiv.

In Luthers «Adern» «kocht» «die ungebändigte Naturgewalt deut-

schen Trotzes»;[34] zugleich verkörpere der Dichter und Bibelübersetzer den «Tiefsinn»[35] und das «tiefe Gefühl historischer Pietät», das «allen echten Germanen»[36] zu Eigen sei. Aufgrund der nationalen Verbundenheit mit dem Reformator hätten die Deutschen einen unmittelbaren Zugang zu ihm, der anderen verwehrt sei. Angesichts der «wunderbaren Gegensätze» in Luthers Seele – «diese Gewalt zermalmenden Zornes und diese Innigkeit frommen Glaubens»; «so viel tiefsinnige Mystik und so viel Lebenslust» –, die einem «Ausländer»[37] unverständlich bleiben müssten, gelte: «Wir Deutschen finden in alledem kein Rätsel, wir sagen einfach: das ist Blut von unserem Blute. Aus den tiefen Augen dieses urwüchsigen deutschen Bauernsohnes blitzte der alte Heldenmut der Germanen, der die Welt nicht flieht, sondern sie zu beherrschen sucht durch die Macht des sittlichen Willens.»[38]

Zeremonie der Schlüsselübergabe aus Anlass der Einweihung der Wittenberger Schlosskirche am 31. Oktober 1892. Im Zentrum der Fotografie ist Kaiser Wilhelm II. zu sehen.

Dass für Fremde, etwa Juden, bei dieser symbiotischen Verbindung der Deutschen mit ihrem Luther kein Platz war, verstand sich für den Antisemiten Treitschke von selbst.[39] Kurz vor dem Lutherjubiläum, 1879, hatte der Berliner Ordinarius den jüdischen Historiker Heinrich Graetz öffentlich angegriffen, weil dieser «die reinsten und mächtigsten Vertreter germanischen Wesens, von Luther bis herab auf Goethe und Fichte»[40] kritisiert und wegen ihrer Haltung zum Judentum mit Polemik bedacht habe; Treitschkes einschlägige Publikation löste den «Berliner Antisemitismusstreit» aus. Die geradezu archaisch anmutende Beschwörung des Germanischen, für das Luther wie kein Zweiter stehen musste, fungierte als ideologischer Kitt für die durch Modernisierungskrisen und ihre sozialen Folgen destabilisierte Aufbruchs- und Industriegesellschaft des Kaiserreichs.

Hinsichtlich der politischen Bedeutung der Reformation stand für Treitschke fest, dass sie erst in der Gründung des «neuen» deutschen Kaiserreichs unter Preußens Führung zum Ziel gekommen sei. Die Reformation habe «den längst schon beginnenden Zerfall des alten Reichs gefördert»; zugleich sei der Protestantismus aber der Quell gewesen, aus dem das «sieche Reich den verjüngenden Trank»[41] geschöpft habe. In der imperialen Monumentalarchitektur der Wittenberger Schlosskirche, am 31. Oktober 1892 nach der Renovierung neu eingeweiht, fand diese Geschichtspolitik ihren zeit- und stilgemäßen Ausdruck. Die Nationalisierung Luthers und der Reformation im wilhelminischen Kaiserreich, die durch die Konstruktion einer «völkischen» Wesensverwandtschaft den seit Pietismus und Aufklärung empfundenen «garstigen Graben» zwischen dem 16. Jahrhundert und der eigenen Gegenwart übersprang, insinuierte eine unmittelbare Gegenwartsgeltung insbesondere des Wittenberger Reformators. Sie bildet den kulturellen Hintergrund auch der primär auf Luther bezogenen Geschichtspolitik des Dritten Reichs und der Traditionskonstruktion «Von Luther zu Hitler», die sich noch in vereinzelten Hinweisen in Hitlers *Mein Kampf*[42] konkretisierte.

Abschiebung ins Mittelalter und Lutherrenaissance

Vor dem Hintergrund der geschichtspolitischen Gegenwartsbeanspruchung Luthers und der Reformation, die im Kaiserreich selbstverständlich und allgegenwärtig geworden war, stellte ihre radikale Historisierung durch den Heidelberger Theologen *Ernst Troeltsch* eine gewaltige Provokation dar. In seinem Vortrag über *Die Bedeutung des Protestantismus für die Entstehung der modernen Welt*, den er in Vertretung des befreundeten Kollegen Max Weber 1906 auf dem Deutschen Historikertag in Stuttgart hielt, brach Troeltsch mit der Vorstellung, dass die eigene Gegenwart als gleichsam bruchlose Folge der Reformation gelten könne. Sein eigenes historisches Verstehensmodell war komplex: Der neuzeitliche Protestantismus, für den etwa die historisch-kritische Bibelexegese, die Forderung der religiösen Toleranz und die Anerkennung individueller religiöser Überzeugungen selbstverständlich geworden sei, verdanke seine Entstehung nicht dem sogenannten «Altprotestantismus» Zwinglis, Luthers, Melanchthons, Calvins und der ihnen nachfolgenden Vertreter der lutherischen und reformierten Orthodoxie des sogenannten «konfessionellen Zeitalters». Vielmehr gehöre er der modernen Welt an, die durch die «relative Zerreibung»[43] der drei Konfessionen – römischer Katholizismus, Reformiertentum, Luthertum – entstanden sei.

Als *Neuprotestantismus* sei das evangelische Christentum der Gegenwart das Ergebnis einer in der Aufklärung einsetzenden Transformation, in die auch ältere Traditionen und Motive früherer Jahrhunderte Eingang gefunden hätten. Ein zentrales Motiv, das den lutherischen und den reformierten Altprotestantismus mit dem katholischen Kirchentypus des Mittelalters verbunden habe und das in der Moderne obsolet sei, sah Troeltsch darin, dass dieser «die alte Grundidee einer *durch und durch autoritativen rein göttlichen Heilsanstalt*»,[44] der anzugehören über die ewige Seligkeit entscheide, bewahrt habe. Auch teile der Altprotestantismus mit dem Katholizismus eine dezidiert asketische Welthaltung, die allerdings nicht auf die weltabgewandte Sphäre des Kultes oder des Klosters ausgerichtet, sondern als «innerweltliche Askese» realisiert worden sei.

Anknüpfend an ältere Konzepte einer protestantischen Konfessionstypologie schrieb Troeltsch dem Calvinismus deutlich mehr weltgestaltende, modernisierende Impulse zu als dem seines Erachtens zutiefst konservativen Luthertum. Aus dem freundschaftlichen Gesprächszusammenhang Ernst Troeltschs mit Max Weber erwuchs die These, dass das kapitalistische Wirtschaftsethos auf der Grundlage reformiert-calvinistischer Lehr- und Frömmigkeitstraditionen entstanden sei. Auch habe der Calvinismus aufgrund seiner synodalen Kirchenverfassungstraditionen stärkere Affinitäten zur Demokratie ausgebildet, während das Luthertum im paternalistischen Obrigkeitsstaat seine politische Heimstatt gefunden habe. Troeltsch und Weber standen für ihr Bild des Calvinismus und der modernitätsfördernden Potenzen des Protestantismus vor allem die reformiert geprägten Niederlande, die angelsächsischen Dissenter, die nach Nordamerika emigriert waren, und die Täufer und Spiritualisten Kontinentaleuropas vor Augen. Ungeachtet des berechtigten Widerspruchs, den Troeltschs und Webers Thesen gefunden haben, bildet die Frage nach den sozialen, politischen und ökonomischen Folgen religiöser Überzeugungen seither ein Kernthema der Religionssoziologie.

Die Antwort auf die Frage nach der Bedeutung des Protestantismus für die Entstehung der modernen Welt fiel also – entgegen dem preußisch-protestantischen Geschichtsbild – differenziert und kritisch aus. Eine auch von den beiden Heidelbergern nicht grundsätzlich infrage gestellte allgemeine Überzeugung bestand jedoch darin, dass der Katholizismus kulturell rückständig sei.

Luthers historische Bedeutung für die Konstitution der Neuzeit beschränkte sich für Troeltsch primär auf indirekte Wirkungen; der durch Luther in Gang gesetzte Zerfall der kirchlichen Einheitskultur habe zwar mittelbar vielfältige kulturelle Pluralisierungseffekte auf rechtlichem, politischem, moralischem und anderen Gebieten erzeugt, doch als eigentlicher Schöpfer der modernen Welt komme der Altprotestantismus nicht in Betracht. Aufgrund seiner im Vergleich mit dem Katholizismus weniger stark ausgebildeten institutionellen Kirchenstruktur habe er aber Liberalisierungseffekte freigesetzt.

Neben Troeltsch trugen auch andere führende Intellektuelle des

*Ernst Troeltsch (1865–1923)
war seit 1894 Professor für
Systematische Theologie
in Heidelberg.
Altersbild um 1920.*

Kaiserreichs dazu bei, die Rolle Luthers und der Reformation zu relativieren. Der Kirchenhistoriker *Adolf von Harnack* zeigte in Luthers Theologie Züge auf, die für eine moderne Rezeption inakzeptabel waren: die «Massivität seines mittelalterlichen Aberglaubens», die «Widersprüche seiner Theologie», die «seltsame Logik seiner Argumente», die «Fehler seiner Exegese» und auch die «Barbarei seiner Polemik».[45] Der Philosoph *Wilhelm Dilthey* sah in anthropozentrischen und pantheistischen Konzepten und Denkweisen humanistischer Philosophen geistige Traditionen, die ungleich direkter in die Neuzeit führten, als dies bei dem von Erbsündenpessimismus und Erlösungsbedürftigkeit geprägten Menschen-, Welt- und Gottesbild der Reformatoren der Fall sei. Unter den Reformatoren war es noch am ehesten der von der Florentiner Akademie, insbesondere Pico della Mirandola, beeinflusste Zürcher Reformator Zwingli, den Dilthey mit einigen liberalen Theologen in die Moderne voranschreiten sah.[46]

In der Renaissanceforschung, die seit dem zweiten Drittel des 19. Jahrhunderts im Kontext des Neuhumanismus aufblühte, waren bereits ähnliche Töne vernehmbar gewesen. Die robust-weltgestalten-den, von den antiken Heiden faszinierten, an handfesten politischen Interessen orientierten, leichtfertig-individualistischen, den traditionellen sittlichen Bindungen des kirchlichen Christentums entwachsenen Menschen im Italien des 14. und 15. Jahrhunderts, die der Basler Kulturhistoriker Jacob Burckhardt in seinem Meisterwerk *Die Kultur der Renaissance in Italien* (1860) beinahe als Zeitgenossen vorgeführt hatte, ließen Luther und die Seinen in der Ernsthaftigkeit ihrer Religion als beinahe rührend rückwärtsgewandte Antimodernisten erscheinen. «Und wer weiß, was damals dem Papsttum selber bevorstand, wenn die Reformation es nicht gerettet hätte.»[47] Diese Sottise des geistreichen Agnostikers reformierter Provenienz bedeutete die völlige Inversion jenes traditionellen protestantischen Geschichtsbildes, das das Papsttum und den römischen Katholizismus als prinzipiell überwundene und dem Untergang geweihte Erscheinungen des Christentums beurteilt hatte.

Troeltschs Relativierung einer unmittelbaren Gegenwartsgeltung der Reformation bewegte sich auf der Höhe der wissenschaftlichen Debattenlage; problematisch war allerdings ihre unzureichende Verwurzelung in eigener historisch-gegenständlicher Forschung. Seine Attacke berührte das Selbstverständnis jener wilhelminischen Gesellschaft, die Luther zum Leitbild ihrer eigenen Epoche erkoren hatte, im Kern – Kontroversen waren damit programmiert.

Der Widerspruch gegen Troeltschs janusköpfigen Luther und die drohende historiographische Abschiebung der Reformation ins Mittelalter war lebhaft; er wurde von Theologen nicht weniger als von Historikern vorgebracht. Der Leipziger Kirchenhistoriker *Theodor Brieger* etwa sah durch die These einer «innerweltlichen Askese» die Synthese von bürgerlichem Arbeitsethos und evangelischem Glauben als Grundlage der zeitgenössischen Ethik erschüttert. Sodann rückte er die Luther gestellte «gigantische […] Aufgabe, zwei Zeitalter in seinem Schosse zu tragen»,[48] in die Sphäre des Monumentalen und Transhistorischen. Seine 1914 erschienene Darstellung der deutschen Reformationsgeschichte erneuerte Rankes Sicht, dass Deutschland mit der Reformation in die Weltgeschichte eingetreten sei; sie begann mit dem gegen Troeltsch gerichteten Satz: «Die moderne Zeit fängt mit Luther an.»[49] Der Kirchenhistoriker *Heinrich Hermelink* hingegen reagierte auf die Troeltsch'sche Herausforderung, indem er sich in historische Detailforschung vertiefte und die mittelalterlichen Züge des Humanismus und des in der Mystik wurzelnden reformationszeitlichen Spiritualismus herausarbeitete. Luther, nicht Erasmus, sei es gewesen, der aufgrund seiner Konzentration der Schrifthermeneutik auf die Heilsfrage der Bibelkritik ein religiöses Recht verschafft habe.[50]

Der Wirtschafts- und Verfassungshistoriker *Otto von Below* betonte im Anschluss an Ranke, dass der Reformation eine wichtige Bedeutung bei den modernen Staatsbildungsprozessen zugekommen sei, die Troeltsch unterschätze. Auch die neuzeitlichen Toleranzvorstellungen hätten von Wittenberg und Genf ihren Ausgang genommen. Eine Erschütterung der mittelalterlichen «Einheitskultur» sei die Tat Luthers gewesen, sein Berufsethos eine Abkehr vom Mittelalter. Noch in der Sozialpolitik Bismarcks wirke lutherische Frömmigkeit nach. Jedoch war die «Moderne», für die Luther von Below in Anspruch genommen wurde, nicht der von Troeltsch bejahte Weg nach Westen, in das liberale, demokratische Gesellschaftsmodell der angloamerikanischen Moderne; es war eine ganz deutsche, obrigkeitsstaatliche, preußisch-gotische Neuzeit, die der Historiker von Luther her legitimierte.[51]

Ein weiterer Leipziger Kirchenhistoriker, *Heinrich Boehmer*, warf Troeltsch vor, dass er die Folgen von Luthers Fundamentalangriff auf die römische Sakramentskirche in ihrer historischen Tragweite unterschätzt habe. Das neue Verständnis des Glaubens und der Rechtfertigung, das zwischen 1512 und 1516 von Luther entwickelt worden sei, habe jede dinglich-sakramentale Heilsvermittlung infrage gestellt. Insofern habe der Wittenberger Reformator ein neues Verständnis von Religion als innerer Gesinnung entwickelt, das verinnerlicht, entkatholisiert, entmaterialisiert und personalisiert sei. Außerdem suchte Boehmer zu zeigen, dass das Luthertum in seinen wirtschaftlichen Leistungen etwa in Nordamerika nicht hinter denen der Reformierten zurückgestanden habe.[52]

Karl Holl (1866–1926) war seit 1906 Professor für Kirchengeschichte in Berlin. Die undatierte Fotografie stammt wahrscheinlich aus den Anfängen seiner Berliner Zeit.

Der altlutherische Theologe Werner Elert, der in den 1930er Jahren mit seiner *Morphologie des Luthertums* einen monumentalen Gegenentwurf zu Troeltsch vorlegte, in dem er den Nachweis zu führen versuchte, dass aus Luthers religiöser Erfahrung produktive Sozialwirkungen des Luthertums erwachsen seien, wies außerdem Troeltschs Deutung der Reformation als Geburtsstunde der modernen Subjektivität zurück. Luther habe nicht der vagierenden Einzelpersönlichkeit das Wort geredet, sondern den Anschluss an das ältere Christentum gesucht. Zusammen mit anderen im späten Kaiserreich und in der Weimarer Republik auftretenden antihistoristischen Geistern, die der in der Aufklärung wurzelnden rationalistischen Moderne entgegentraten und in Nietzsche oder Kierkegaard ihre intellektuellen Leitsterne fanden, sah Elert in Luther einen der Ihren.[53]

Die nachhaltigsten Wirkungen unter den Troeltschkritikern erreichte der Berliner Kirchenhistoriker *Karl Holl*. Die vor allem mit seinem Namen verbundene *Lutherrenaissance* brachte ein an dem jungen Reformator orientiertes theologisches Gesamtbild hervor, das bis weit ins 20. Jahrhundert hinein bestimmend bleiben sollte – unter Allgemeinhistorikern wie Gerhard Ritter, Paul Joachimsen und Erich Hassinger nicht weniger als in der Kirchengeschichtsschreibung beider Konfessionen. Holl führte die Auseinandersetzung mit Troeltsch meist nicht explizit; er setzte dessen Vorstellung von einer im Mittelalter wurzelnden und dieses perpetuierenden Reformation sein eigenes Bild entgegen. Die zentrale und in gewisser Hinsicht einzige Gestalt, die dieses Bild prägte, war – Luther. Holls Luther war ein durch Anfechtungserfahrungen geprägter Theologe; gegenüber dem politischen Reformator der patriotischen Instrumentalisierung, der in der Zeit des Ersten Weltkrieges fröhliche Urständ feierte, wahrte Holl Distanz.

Alle positiven Wirkungen, die er dem Protestantismus in der Neuzeit zuschrieb, band Holl durchweg an die Person des Wittenberger Reformators. Die seit dem Pietismus üblich gewordene Skepsis gegenüber Melanchthon und der theologischen Scholastik der «altprotestantischen Orthodoxie» teilte er aus tiefem Herzen. Produktive, die Neuzeit heraufführende Entwicklungen auf dem Gebiet der Bildung und Wissenschaft sah Holl in der Regel allein durch Luther inauguriert. In der Rechtfertigungslehre identifizierte er das theologische Kernthema des Wittenbergers und der Reformation im Ganzen.

Überhaupt rückten durch Holl die soeben erst entdeckten und editorisch erschlossenen frühen Vorlesungen des Reformators ins Visier der Forschung. Ganze Generationen evangelischer und einiger katholischer Kirchenhistoriker beugten sich seither über diese in ihrer Zeit außerhalb des Hörsaals weitgehend wirkungslosen Texte und schauten dem Reformator in seinem «reformatorischen Werden» und bei seiner «reformatorischen Wende» gleichsam über die Schulter. Für Holl und die meisten, die diesem höchst wirkungsreichen Lehrer folgten, war letztlich eines klar: Es war das Ringen um die Rechtfertigungslehre, das den mit der Reformation verbundenen geschichtlichen Wandel heraufgeführt und auch alle sozialen, politischen und kulturellen Veränderungen des Zeitalters verursacht hatte.[54]

Infolge der Lutherrenaissance und der durch sie beeinflussten *Dia-*

lektischen Theologie wurde es in der Kirchengeschichtsschreibung üblich, die Rechtfertigungslehre zum Dreh- und Angelpunkt der Reformationsdeutung zu machen. Damit war jenes theologische Thema, dem man auch für das gegenwärtige Verständnis des christlichen Glaubens *die* zentrale Bedeutung zuschrieb – die geschenkweise Rechtfertigung des Menschen vor Gott allein aufgrund des Glaubens –, als Auslöser der Reformation Luthers in Anspruch genommen. Im Kontext der evangelischen Kirche und Theologie in Deutschland erfreut sich diese Sicht auf die Reformation noch immer großer Beliebtheit.[55]

Angloamerikanische Perspektiven

Unter dem schulbildenden Einfluss Holls dominierte eine Theologisierung der Reformationsdeutung, die in Abwehr der Troeltschen Position ausgearbeitet worden war; bis in die 1960er Jahre hinein blieb dieser Diskussionszusammenhang in Deutschland bestimmend. Aufgrund einer bereits 1912 erschienenen englischen Übersetzung seiner Schrift über die *Bedeutung des Protestantismus*, die den suggestiven Titel *Protestantism and Progress* trug,[56] setzte in der angloamerikanischen Wissenschaftswelt ein frühzeitiges Interesse an Troeltsch ein, das für die weitere Entwicklung maßgeblich blieb. Dies hatte sicher auch damit zu tun, dass der Heidelberger Theologe die modernisierenden Wirkungen der reformierten Tradition, deren Einfluss in Großbritannien und den USA tonangebend war, gegenüber dem Luthertum herausgestellt hatte. War Luther in seinem Jubiläumsjahr 1883 in den USA noch als Vater geistiger, religiöser, politischer und wissenschaftlicher Freiheit gefeiert worden, so gingen amerikanische Historiker zu Beginn des 20. Jahrhunderts unter dem Eindruck des nationalistischen deutschen Lutherkultes auf Distanz zu ihm. In der Breite des US-amerikanischen Geschichtsbewusstseins wurde Luther mehr und mehr zu einer primär deutschen Gestalt. Und je deutscher Luther in der Geschichtspolitik des Kaiserreichs geworden war, desto weniger kam er bei den Nichtdeutschen an. Troeltsch bot diesen Tendenzen einen angemessenen Verständnisrahmen.

Seine Aufwertung der Täufer und «Dissenter» fiel in den von den Nachfahren dieser Gruppierungen bevölkerten USA gleichfalls auf fruchtbaren Boden. Analog zu der militärisch-politischen Konfliktgeschichte zwischen den Vereinigten Staaten und dem Deutschen Reich seit dem Ersten Weltkrieg standen auch die dominierenden Reformationsdeutungen beider Länder in scharfer Opposition zueinander. Durch kontrastive Stereotypen, die unvereinbare Gegensätze zwischen westlicher Zivilisation, Gesellschaft und Rationalität einerseits, deutscher Kultur, Gemeinschaft und Gemütstiefe andererseits konstruierten, wurden wirkliche oder vermeintliche Differenzen zugespitzt und vertieft. Die unterschiedliche Rezeptionsgeschichte Troeltschs in Deutschland und in der angelsächsischen Welt zeigt, dass Luther- und Reformationsdeutungen kulturelle und politische Befindlichkeiten spiegeln.

Gegen das Dritte Reich und seine partielle Inanspruchnahme Luthers richtete sich während und kurz nach dem Zweiten Weltkrieg eine *From Luther to Hitler*-Literatur, in der der Wittenberger Reformator in das Kreuzfeuer einer Polemik geriet, die in ihm, dem «Fürstenknecht», den Inaugurator einer autoritären deutschen Obrigkeitsstaatlichkeit und jener Untertanenmentalität sah, die in die Katastrophe des Nationalsozialismus geführt habe. Unter marxistischem Vorzeichen, anknüpfend an die Bauernkriegsstudie Friedrich Engels' von 1850, lebte diese Wertungstradition in den ersten beiden Jahrzehnten der DDR fort.

Wie wenig sich seine «lieben Deutschen» jedoch ihren Luther nehmen lassen wollten, zeichnete sich gegen Ende des Zweiten Weltkriegs und in der Nachkriegszeit ab. Es wird am deutlichsten an einem apokryphen Lutherwort. Dieses ist nach dem bisherigen Forschungsstand zuerst in einem maschinenschriftlich verbreiteten Rundbrief des Pfarrers Karl Lotz aus Hersfeld aus dem Oktober 1944 belegt, gerichtet an die Vertrauensleute der Bekennenden Kirche in Kurhessen-Waldeck, einer Gruppierung, die sich der Einführung eines nationalsozialistischen Kirchenregiments in die evangelische Kirche widersetzte. Am Schluss dieses Dokumentes heißt es: «Lassen Sie sich bitte mein Schreiben angesichts der gespannten Lage unseres Volkes nicht ver-

drießen. Wir müssen uns wohl nach dem Luther-Wort richten: ‹Und wenn morgen die Welt unterginge, so wollen wir heute unser Apfelbäumchen pflanzen.›»[57]

War dem Ausspruch zunächst primär die Funktion eines Trostwortes, einer Art Durchhalteparole in einer zusammenbrechenden Gesellschaft zugekommen, so wandelte es sich rasch zu einer Ermutigungsbotschaft an die Aktivisten des Wiederaufbaus und des Wirtschaftswunders. Später mutierte es zum Hoffnungswort der Friedensbewegten, diente als verbales Verunsicherungsmoment gegenüber der SED-Führung und wurde zum Verpflichtungsmotto der ökologischen Bewegung. Luther, so scheint es, passte auch in den Zeiten der deutschen Doppelstaatlichkeit beinahe immer ganz gut. Nur dank *seiner* unvergleichlichen Autorität war eine solche gesamtgesellschaftliche Breitenwirkung möglich. Dabei stammt der Ausspruch gar nicht von Luther, ja widerspricht geradezu seiner Glaubenshaltung gegenüber dem herbeigesehnten «lieben Jüngsten Tag», angesichts dessen jedes menschliche Tun obsolet ist. Doch das störte auch hohe Kirchenleute, die sich seiner bedienten, offenkundig nicht. Noch im Vorfeld des

*Der Graphiker Martin Werner
lieferte 1951 den Entwurf für die
Fünfzig-Pfennig-Münze der
Bundesrepublik Deutschland.
Das Pflanzsymbol unterstreicht
wie das Lutherwort vom
Apfelbäumchen die Gesinnung
des Wiederaufbaus in der frühen
Nachkriegszeit.*

fünfhundertsten Reformationsjubiläums von 2017 wurden unter Berufung darauf diverse Apfelbäume gepflanzt. Das Wort vom Apfelbäumchen scheint das bisher letzte Beispiel dafür zu sein, dass sich die Deutschen in einem – gefälschten – Lutherwort wiederfinden.

Reformationsgeschichte in der DDR und in der BRD bis 1990

Die reformationsgeschichtliche Forschungsdiskussion nahm in den beiden deutschen Staaten einen sehr unterschiedlichen Verlauf. In der *DDR* rückte der zum Revolutionär stilisierte apokalyptische Prediger Thomas Müntzer in den Vordergrund, der schon von der Bauernkriegsforschung des 19. Jahrhunderts und von marxistischen Intellektuellen wie Ernst Bloch intensiv gewürdigt worden war. Das Buch des russischen Historikers M.M. Smirin, *Die Volksreformation des Thomas Müntzer und der grosse Bauernkrieg*, 1948 erschienen[58] und durch den Ministerrat der UdSSR mit dem «Stalinpreis zweiter Klasse» ausgezeichnet, steckte den Deutungsrahmen ab, in dem der thüringische Reformator fortan im Arbeiter- und Bauernstaat zu sehen war: Müntzer wurde primär in seiner Rolle als Bauernführer und als Propagandist einer «Volksreformation» dargestellt. Durch ihn seien «progressive» Traditionen der mittelalterlichen Spiritualität wie die Taulersche Mystik und das Geschichtsdenken Joachim von Fiores revolutionär produktiv transformiert worden. Zugleich galt er als Visionär, dessen politische Ideen weit über seine Zeit hinausgingen und deshalb – aus der Sicht des historischen Materialismus – zwangsläufig zum Scheitern verurteilt waren. Die Loyalität gegenüber dem sowjetischen Bruder wurde auch dadurch sinnfällig inszeniert, dass Funktionäre der SED den Briefsack Thomas Müntzers, der ihm bei seiner Gefangennahme nach der Schlacht von Frankenhausen abgenommen worden war, Josef Stalin zum persönlichen Geschenk machten. In den ersten Jahrzehnten der DDR diente Müntzer als Namenspatron für eine Reihe öffentlicher Einrichtungen; ein in seiner Authentizität fragwürdiges Porträt zierte auch den Fünf-Mark-Schein der Deutschen Demokratischen Republik.

Das Lutherbild der frühen DDR war im Anschluss an Engels zunächst ausgesprochen negativ; er galt als Totengräber der deutschen Freiheit, als Bauernschlächter, als Fürstenknecht. Alexander Abusch, später Kulturminister der DDR, äußerte in seinem 1946 erschienenen Buch *Der Irrweg einer Nation*, dass die «Niederlage der deutschen Freiheit im großen Bauernkrieg» «drei Jahrhunderte der deutschen Geschichte in die Finsternis der Reaktion»[59] gehüllt habe. Und Wolfram von Hanstein nahm die Wertungslinie von Luther zu Hitler in marxistischer Perspektivierung auf; die gesamte deutsche Geschichte seit dem 16. Jahrhundert, so schien es, habe auf die Katastrophe des Dritten Reichs zugeführt und komme einer einzigen Misere gleich. Mit Thomas Müntzer konnte die positive Referenzfigur einer freiheitlichen Tradition in der älteren deutschen Geschichte installiert werden.

Die Kirchenhistoriker in der DDR traten der fest im marxistischen Geschichtsbild verankerten These entgegen, dass die Reformation als Volksbewegung mit dem Bauernkrieg beendet gewesen sei und fortan die Fürsten dominiert hätten. Sie wiesen nämlich nach, dass es noch in den 1530er Jahren im hansestädtischen Raum vom «gemeinen Mann» getragene Reformationsprozesse gegeben habe. Auch im Bereich der Müntzerforschung engagierten sich die evangelischen Theologen der DDR und erwarben sich durch ihre Forschungsleistungen Respekt bei den marxistischen Kollegen. Sie trugen dazu bei, dass der Theologe Müntzer zusehends in den Fokus des allgemeinen Interesses

geriet und nach und nach die ideologischen Barrieren in der Deutung der Reformation abgebaut wurden.

Seit den frühen 1960er Jahren geriet das Bild der Reformation in der DDR-Historiographie in Bewegung. Das von dem Leipziger Historiker Max Steinmetz ausgearbeitete Interpretationsmodell der «frühbürgerlichen Revolution» stellte gegenüber der früheren marxistischen Geschichtssicht einen Paradigmenwechsel dar, indem es Reformation und Bauernkrieg als eine dialektisch verbundene und insofern einheitliche nationale Bewegung interpretierte. Nur in ihrem Zusammenspiel hätten Reformation und Bauernkrieg das dekadente, krisengeprägte Kirchen- und Gesellschaftssystem des Feudalismus beendet und dadurch weltgeschichtliche Horizonte er-

Die kleinste Banknote der DDR, der Fünf-Mark-Schein, zeigt auf der Vorderseite das Porträt Thomas Müntzers unter Verwendung eines Kupferstichs von Christoph von Sichem (1608). Das Bild enthält wahrscheinlich keine authentische Erinnerung an Müntzers tatsächliches Aussehen. Die Rückseite des Scheins zeigt moderne Erntemaschinen beim Einsatz.

öffnet. Luther wurde durch das Konzept der «frühbürgerlichen Revolution» historisch unverzichtbar. Die weltgeschichtlichen Wirkungen, die Steinmetz mit der Reformation in Verbindung brachte, waren die Zerstörung der Kircheneinheit Lateineuropas, die daraus resultierende Ausbildung nationaler und territorialer Kirchentümer, ein leistungsbezogenes Arbeitsethos, die Verselbständigung säkularer Bildungsimpulse und die Autonomisierung unterschiedlicher Kulturbereiche, die nun nicht mehr durch eine kirchliche Zwangskultur zusammengehalten wurden. Unverkennbar traten hier zahlreiche Elemente der traditionellen protestantischen Deutung der Reformation seit Ranke wieder zutage.

Die sukzessive Aufwertung der Gestalt Martin Luthers in der Geschichtspolitik der DDR, die im Rahmen des Reformationsjubiläums von 1967 schon spürbar geworden war, erreichte in der Ära Erich Honeckers und zum «Lutherjahr» 1983 einen neuen und letzten Höhepunkt. Im Kontext der Diskussionen um Erbe und Tradition des sozialistischen Nationalstaates wurde der Reformator immer deutlicher zu einer identitätsstiftenden Figur aufgebaut. Als Vorsitzender des Luther-Komitees, das schon frühzeitig mit den Vorbereitungen für das Lutherjahr in der DDR begonnen hatte, apostrophierte Honecker den Wittenberger Reformator als einen der «größten Söhne des deutschen Volkes». Die DDR würdige seine historische Leistung, die er «durch die Einleitung der Reformation, welche eine bürgerliche Revolution darstellte, für den gesellschaftlichen Fortschritt und die Weltkultur vollbracht»[60] habe.

Vor dem Hintergrund der älteren Reformations- und Lutherdeutung in der DDR wiesen die XV Thesen zur Reformation, die seit 1981 unter der Autorität des Zentralkomitees der SED verbreitet wurden, einige Besonderheiten auf: Selbst der Luther nach 1522, also nach seinem Bruch mit Karlstadt und den Radikalen, wurde nun zu den progressiven Kräften der Geschichte gezählt. Seine Theologie, die bisher als Phänomen des sogenannten Überbaus im Verhältnis zu den materialistischen Grundlagen der Gesellschaft nur eine nachrangige Geltung besaß, wurde jetzt als eigenständiger Wirkfaktor der Geschichte gewürdigt. Auch die Territorialfürsten erhielten eine relativ positive Bewertung; sogar Luthers Untertanengehorsam galt der DDR-Führung, die brave Bürger schätzte, nicht mehr als anstößig. Im Ganzen wurde die Reformation als Beginn einer neuzeitlichen Freiheitsgeschichte verstanden. Die Pflege der Reformationsgedenkstätten und deren touristische Nutzung waren zum zentralen Anliegen des devisenbedürftigen sozialistischen Staates avanciert. Als bruchlose und erfolgreiche, im Grunde heroische Gestalt diente Luther nach der kritischen Einschätzung Rudolf von Thaddens in der späten DDR dazu, «etwas mehr Zement in die Fundamente des um klarere Identität bemühten Separatstaates»[61] zu gießen. Im Spiegel der sich ihrerseits auf Luther und die Tradition der Reformation berufenden kirchlichen Friedens- und Reformbewegung mag man sich im Nachhinein fragen, ob die DDR-Führung mit ihrem Versuch, Luther zur staatstragenden Figur zu stilisieren, nicht Geister rief, die sie nicht mehr loswurde.

In der frühen *Bundesrepublik* stand die wissenschaftliche Diskussion über Luther und die Reformation zunächst in Kontinuität mit den seit dem späten Kaiserreich und der Weimarer Zeit aufgebrochenen Debatten und Deutungstraditionen. Insbesondere die Kirchenhistoriker erforschten die Anfänge der theologischen Entwicklung Luthers mit größter Sorgfalt. Zum Teil setzten sich bei den mit Leidenschaft geführten Debatten über die Datierung der «reformatorischen Wende» Luthers und ihrer materialen Bestimmung Frontstellungen aus der Zeit des sogenannten Kirchenkampfes fort. Anhänger der Theologie Karl Barths und Parteigänger der Bekennenden Kirche wie Ernst Wolf oder Ernst Bizer stellten sich immer wieder in Opposition zu Gliedern der Holl-Schule, vor allem Heinrich Bornkamm und Hanns Rückert, die bis in die 1960er Jahre hinein einen erheblichen fachpolitischen Einfluss besaßen. Beiden Richtungen aber war ein primär theologischer Zugang zur Reformation eigen.

Dies traf auch auf die erste wissenschaftliche Darstellung der Reformationsgeschichte von Rang zu, die von einem katholischen Kirchenhistoriker, *Josef Lortz*, vorgelegt wurde. Seine während des Dritten Reichs erschienene, später häufig nachgedruckte Darstellung *Die*

Werner Tübkes ‹Bauern-kriegs-Panorama› mit dem Titel «Frühbürgerliche Revolution in Deutschland» entstand in den Jahren 1976 bis 1987 zum Gedenken an den Deutschen Bauernkrieg und zählt mit einer Fläche von 1722 Quadratmetern zu den größten Tafelbildern der Welt. Der Bildausschnitt zeigt Thomas Müntzer inmitten des Schlachtgeschehens des 14. Mai 1525. Ein vor der Schlacht erschienener Regenbogen wurde als Erneuerung des Noah-Bundes und Zeichen eines Sieges der Aufständischen gedeutet.

Reformation in Deutschland analysiert den Wittenberger Reformator in seinen Beziehungen zu einer kritisch-differenziert beurteilten Scholastik und arbeitet die berechtigten Anliegen des *homo religiosus* heraus, der an einer indolenten Papstkirche scheitert, dieser allerdings eine übersteigert subjektivistische Position entgegensetzt. Seitens der katholischen Kirchenhistoriker wurde nun auch das seit Ranke und Droysen kanonisch gewordene Periodisierungsmodell der *Gegenreformation*, die sich an die Epoche der Reformation (1517–1555) anschließe, infrage gestellt. Gab es nicht auch innerhalb des um 1500 pluralen Katholizismus Reformkräfte, die vor, neben und trotz der Reformation zum Tragen gekommen waren? Wenn ja, musste dann nicht ein Verständnis der Gegenreformation als ausschließlich reaktiver Erscheinung zu kurz greifen? Hubert Jedin, der große Historiker des Trienter Konzils, trat deshalb für die Ersetzung der Bezeichnung «Gegenreformation» durch das Begriffspaar «Katholische Reform und Gegenreformation» ein; er hat sich damit weithin durchgesetzt.

Das geringe Interesse, das die allgemeine Geschichtswissenschaft in Deutschland nach dem Zweiten Weltkrieg an der Reformationsgeschichte zeigte, war dem Umstand geschuldet, dass die Frage nach den Ursachen der «deutschen Katastrophe» in den Vordergrund der Aufmerksamkeit der Historiker rückte. Dazu, so schien es, hatte die Reformationsgeschichte nur wenig beizutragen. Das Desinteresse der Historiker hat die Theologisierung der Reformationsdeutung indirekt befördert.[62]

In den 1960er Jahren wurde in der Kirchengeschichte allmählich das differenzierte Bild der Kultur des späten Mittelalters rezipiert, das in der geschichtswissenschaftlichen Forschung erarbeitet worden war, etwa durch den niederländischen Kulturhistoriker Johan Huizinga oder die Generation der deutschen Mediävisten um Herbert Grund-

mann, Hermann Heimpel, Gerd Tellenbach und Gerhard Ritter. Nach und nach setzte sich die Erkenntnis durch, dass die negative Vorstellung eines dekadenten späten Mittelalters problematisch, ja, nicht zu halten war. Auch die grundgelehrte, imposante, achtbändige *Geschichte des deutschen Volkes seit dem Ausgang des Mittelalters* aus der Feder des katholischen Historikers Johannes Janssen, die sich der Marginalisierung des Katholizismus im Kulturkampf entgegenstemmte, und die ebenso gelehrten wie provokativen Arbeiten der ultramontanen Kirchenhistoriker Heinrich Denifle und Hartmann Grisars, die

Luther vor dem Hintergrund einer differenzierten Sicht auf die spätscholastischen Schulrichtungen interpretierten, trugen wesentlich dazu bei, das Bild der Vorgeschichte der Reformation in der Forschung grundlegend zu verändern.

Nun nahm der niederländische Kirchenhistoriker *Heiko Augustinus Oberman*[63] die theologiegeschichtlichen Voraussetzungen der Reformation gründlicher in den Blick, als dies je zuvor geschehen war. Überdies rückte er Luther und die anderen Reformatoren in eine auch die Renaissance einbeziehende Perspektive. Im Unterschied zur deutschen Forschungstradition, in der die Renaissance- und die Reformationsforschung vielfach in Konkurrenz um den je größeren Beitrag zur Moderne gestanden hatten, nahm Oberman Tendenzen der englischsprachigen Forschungstradition zum Renaissancehumanismus produktiv auf; während des Dritten Reiches waren einige ihrer prominentesten Vertreter ins englischsprachige Exil geflohen. Oberman verband Scholastik-, Renaissance- und Reformationsforschung und trug dadurch dazu bei, eine integrale Sicht auf das Zeitalter zu entwickeln. Sodann verschränkte er das Interesse an der spätmittelalterlichen Frömmigkeits- und Reformbewegung der *Devotio moderna* mit dem an der nominalistischen Schulrichtung (*via moderna*) der Scholastik. Auch auf Luther, der an der Universität Erfurt in den Bahnen der *via moderna* unterrichtet worden war, fiel dadurch neues Licht. Obermans Luther war ein zutiefst in der mittelalterlichen Tradition verwurzelter Mensch. Auch wenn sein Ansatz manchen Widerspruch gefunden hat, etwa aus dem Kreis der Tübinger Schule um Hanns Rückert und Gerhard Ebeling, trug er doch entscheidend dazu bei, den Wittenberger Reformator gründlich in die Frömmigkeit und Theologie seiner Zeit einzubetten.

Ein weiterer wesentlicher Innovationsimpuls der Reformationsgeschichtsschreibung der 1960er Jahre ging gleichfalls von einer Neubewertung des späten Mittelalters aus, bezog sich aber weniger auf die Theologie als auf die kulturellen und rechtlichen Manifestationen insbesondere im städtischen Raum – das bürgerliche Selbstverständnis der kommunalen Handlungsträger und die sozialen Ordnungen. *Bernd Moeller*[64] machte Beobachtungen zur religiösen Vitalität spätmittelalterlicher Stadtgesellschaften, ihrem reichhaltigen Stiftungs- und Wallfahrtswesen und einer Fülle frommer Praktiken. Dass sich die Städte als erste der Reformation zuwandten, wurde nun in einem engen Zusammenhang mit den genossenschaftlichen Gesinnungen der als *Corpora christiana* im Kleinen gedeuteten spätmittelalterlichen Stadtgesellschaften gesehen; dies eröffnete eine produktive und kontroverse Forschungsphase, die durch die Einführung sozialgeschichtlicher Perspektiven in die Reformationsgeschichtsforschung geprägt war. Nach und nach griff die Forschung vom städtischen Bereich auf die ländlichen Kommunen über und entdeckte dort ähnliche Zusammenhänge zwischen kommunalistischen Mentalitäten und der Entscheidung zugunsten der Reformation. Das Interesse an der gesellschaftlichen Breitenwirkung reformatorischer Literatur in Gestalt der volkssprachlichen Flugschriften verstärkte sich. Die sozialgeschichtliche Öffnung der Reformationsgeschichtsforschung und ihre Hinwendung zur auch den «gemeinen Mann» erreichenden Massenpublizistik provozierte und stimulierte in den 1970er und 1980er Jahren den wissenschaftlichen Austausch zwischen Kirchenhistorikern und Historikern in der DDR und der BRD.

Höchst produktive Anregungen zur Publizistik und zur Rolle von Bildern im reformatorischen Kommunikationsprozess gingen von den Arbeiten *Robert Scribners*[65] aus: ein Interesse an der symbolischen Welt, der Heilsökonomie des Zeitalters, vor deren Hintergrund das Agieren der reformatorischen Akteure zu interpretieren ist; eine Sensibilisierung gegenüber der Rolle der sinnlichen Wahrnehmungsweisen im Durchsetzungsprozess der Reformation; die Bedeutung der Leiblichkeit, der Rituale, der rezenten magischen Praktiken, devianter Entwürfe gesellschaftlichen Miteinanders, denen im 16. Jahrhundert Wirkungen versagt blieben – alles Themen und Aufgabenstellungen einer multiperspektivischen Reformationsgeschichte, die die traditionelle Fokussierung auf die Fortschritts- und Erfolgsgeschichte Reformation konterkariert haben und in vielem noch uneingelöst sind.

Rückblickend war die Reformationsgeschichtsforschung vom Ende des Kalten Krieges und dem Fall der Mauer in besonderer Weise betroffen, denn die deutsch-deutsche Deutungskonkurrenz in Sachen

Reformation hatte die wissenschaftliche Arbeit an der Epoche angefacht. Das Lutherjahr 1983 beförderte das öffentliche Interesse am 16. Jahrhundert noch einmal kräftig: Es wurde im Osten als Staatsakt der sozialistischen deutschen Separatrepublik gefeiert, im Westen eher mit der mahnenden Erinnerung an eine gemeinsame deutsche Geschichte begangen und – mit Blick auf die Instrumentalisierungen des Reformators im 19. und 20. Jahrhundert – mit der Verpflichtung zur Historisierung verbunden. Dass die Präsentation des wohl größten Ölgemäldes der Welt – Werner Tübkes monumentales Bauernkriegspanorama von Frankenhausen – in das nur im Osten glanzvoll begangene Müntzerjahr 1989 fiel, nimmt sich in der Retrospektive wie ein Menetekel auf den Untergang der DDR wenige Monate später aus.

Aktuelle wissenschaftliche Herausforderungen

Bilanziert man die reformationsgeschichtlichen Diskussionen und Forschungstendenzen seither, also im letzten Vierteljahrhundert, so muss man zunächst feststellen, dass sie disparater sind und eine weitaus geringere thematische Kohärenz und methodische Konzentration aufweisen als die Debatten davor; überdies hat auch die Forschung zur Reformation einen internationaleren Charakter angenommen, und der chronologische Rahmen hat sich beträchtlich verändert. Theologiegeschichtliche Fragestellungen sind in erster Linie für die Kirchenhistoriker aller Länder zentral geblieben. Für Allgemeinhistoriker ist hingegen eine in Opposition zur Kirchengeschichte verstandene *Religionsgeschichte* zu einem intensiv bearbeiteten Forschungsfeld geworden. Dabei spielen in der Regel mikrohistorische und kulturanthropologische Zugänge eine Rolle; mit makrohistorischen Frageperspektiven wie denen nach der Bedeutung der Reformation für die Staatengeschichte, der Evolution der Bildung oder der Entstehung der Toleranz sind diese Forschungen selten verbunden.

Das Forschungskonzept der *Konfessionalisierung* rückte das durch die traditionelle Reformationsforschung notorisch vernachlässigte spätere 16. und das 17. Jahrhundert in den Fokus des Interesses und trat nach dem Ende der deutsch-deutschen Teilung einen deutungspolitischen Siegeszug an. Die Historiker *Heinz Schilling* und *Wolfgang Reinhard* [66] kamen zu dem Ergebnis, dass die frühmodernen konfessionellen Territorialstaaten, in denen die jeweilige Spielart der offiziell geltenden christlichen Religion – Luthertum, Reformiertentum oder römischer Katholizismus – als Band der Gesellschaft fungierte und die Lebensführung der Untertanen verpflichtend bestimmte, eine dauerhaftere und nachhaltigere Rolle bei dem Formierungsprozess der Neuzeit gespielt hätten als die relativ kurze, revolutionäre Phase der frühen Reformation. Das «konfessionelle Zeitalter», das in allen drei Konfessionen vergleichbare Strukturen und Instrumente der Erziehung, sozialen Disziplinierung und religiösen Sinnorientierung hervorgebracht habe, wurde durch diese zeitweilig sehr einflussreiche Forschungsrichtung in eine Position gerückt, die die historische Bedeutung der Reformation überbot.

Mit diesem für circa zwei Jahrzehnte vor allem in der deutschen Forschungsdiskussion dominierenden Konfessionalisierungskonzept verband sich eine Umstrukturierung der periodischen Grenzen. Dies knüpfte an Tendenzen an, die außerhalb Deutschlands bereits geläufiger waren. Die in der deutschen historiographischen Tradition seit Ranke fest etablierte Epoche der Reformation wurde nun dadurch relativiert, dass man sie in eine Epoche der *Frühen Neuzeit* einfügte, die zwischen dem Mittelalter und der Neuzeit oder Moderne angesetzt wurde. Die Reformation und das konfessionelle Zeitalter wurden demzufolge als zwei Etappen innerhalb dieser frühneuzeitlichen Epoche eines gestreckten Übergangs interpretiert. Im Vergleich mit der älteren protestantischen Tradition waren Luther und die Reformation damit von der Aufgabe entbunden, die Neuzeit zu inaugurieren; in der historiographischen Gesamtsituation aber war somit ein Bedeutungsrückgang der Reformation unausweichlich.

Auch in der angloamerikanischen Forschung waren seit den 1980er Jahren nach und nach Periodisierungskonzepte der europäischen Geschichte in den Vordergrund getreten, die die Reformation in einem breiteren Zeitstreifen zwischen dem späten Mittelalter und dem 17. Jahrhundert, insbesondere dem Dreißigjährigen Krieg, verorteten. Diese Forschungsentwicklung war zum einen dem starken Einfluss, den Oberman in den USA ausübte, geschuldet. Denn sein Insistieren auf einer herausragenden Bedeutung des Spätmittelalters für die Interpretation der Reformation ließ es kaum sinnvoll erscheinen, dieser selbst den Charakter einer historischen Zäsur zuzuschreiben. Diese Tendenz entsprach zum anderen einem un- oder transkonfessionellen Zugriff auf das Zeitalter, der in der religionskulturellen Situation der USA nahelag. So konnten in einer von 1400 bis circa 1650 währenden Epoche die unterschiedlichen Auf- und Umbrüche im Katholizismus und im Protestantismus als eigenständige Transformationsgestalten des lateinischen Christentums, mithin als je eigene Reformation*en*, gewürdigt werden. Dazu gehörten die zahlreichen reformierten, lutherischen und radikal-reformatorischen beziehungsweise täuferischen und nicht-denominationellen Varianten evangelischen Christentums. Zugleich erlaubte die Konzeption der *long reformations*, dass sehr unterschiedliche, mikrohistorisch analysierte Phänomene der europäischen Religionsgeschichte in den Blick gerieten, die nicht mehr durch das Meisternarrativ eines einheitlichen Anfangspunktes und bestimmter kanonischer Gegenstände, Themen und Akteure determiniert waren. Ein Nachteil dieses Ansatzes, insbesondere im deutschsprachigen Raum, besteht darin, dass er die mit dem Begriff der Reformation verbundenen historiographischen und kulturellen Erwartungen konterkariert. Eine europäische Religions- und Kulturgeschichte von 1400 bis 1800 kann sehr wohl den Hintergrund und den Rahmen einer Reformationsgeschichte bilden – diese ersetzen kann sie aber nicht.

Die Veränderungen, die auf der politischen Landkarte seit 1989 eingetreten sind, haben sich also auf die Reformationsgeschichtsschreibung massiv ausgewirkt.[67] In vieler Hinsicht ist das Bild nun uneinheitlicher, diffuser und offener denn je. Die fortschreitende Internationalisierung der Forschung, die mit einer Anglisierung ihrer Publikationsergebnisse einhergeht, hat im Ganzen dazu geführt, dass «die» Reformation als ein relativ einheitlicher, historisch kohärenter Sachverhalt aufgelöst wurde. In dem international besonders erfolgreichen Buch des englischen Kirchenhistorikers *Diarmaid MacCul-*

loch firmiert eine breit angelegte Religions- und Kulturgeschichte Europas zwischen dem 12. und 18. Jahrhundert unter dem Titel «Reformation».[68]

Das marxistische Interpretationskonzept der «frühbürgerlichen Revolution» ist seit 1989 als Gegenstand der Wissenschaftsgeschichte archiviert. In verschiedenen osteuropäischen Ländern, insbesondere in Polen, Tschechien und Slowenien, hat sich die reformationsgeschichtliche Forschung seither intensiv entwickelt; ältere nationalgeschichtliche Traditionen sind evaluiert und Fragen der politischen, kulturellen und religiösen Interaktionsprozesse im Zusammenleben multikonfessioneller Gesellschaften am Beispiel des 16. Jahrhunderts analysiert worden. Skandinavische Kirchenhistoriker haben sich definitiv von der Lutherrenaissance abgewandt und in Analogie zur oder in Anknüpfung an die Konfessionalisierungsforschung die Rolle der Obrigkeiten beziehungsweise der Herrschaftsbildung für die jeweiligen Reformationsprozesse untersucht. In Nord- und Osteuropa ist die Rekonstruktion der hinter dem Eisernen Vorhang unsichtbar gewordenen historischen Zugehörigkeiten und Bewegungsräume, insbesondere des Ostseeraums, zu einem prominenten Aspekt bei der Erforschung der kulturellen und religiösen Entwicklungen der Frühen Neuzeit geworden.

Die neuere Forschung zur Reformation in Italien – durch die Öffnung der vatikanischen Archive sind neue Quellen zugänglich – hat neben das Interesse an den Häretikern das an den Inquisitionstribunalen und ihren Beziehungen zum Heiligen Offizium treten lassen. In der spanischen Historiographie zur Reformation ist an die Stelle der Erforschung des politisch erfolgreichen Staatskatholizismus die der Volksreligion und des Verhältnisses zwischen Klerikern und Laien getreten; bei der Untersuchung der spanischen Inquisition sind regionale Unterschiede ihres Wirkens herausgearbeitet worden. Insgesamt erscheint das «katholische Spanien» heute weniger monolithisch als früher. Die reformationsgeschichtliche Forschung zu Frankreich hat sich ebenfalls intensiv der Volksreligiosität, den politischen Folgen der Reformation für einzelne Städte und den Auswirkungen derselben auf Frauen, Familien und einzelne soziale Gruppen zugewandt. Ein traditionell wichtiges Thema sind die Religionskriege geblieben; das kulturanthropologisch geprägte Interesse an der Religion wird in der französischen Forschung eher zögerlich mit der Frage ihrer politischen Dimensionen verbunden. Auch bei der Erforschung der Reformation in den Niederlanden und Belgien dominierte in letzter Zeit eine auf lokale Besonderheiten fokussierte Perspektive, die es kaum möglich erscheinen lässt, eine einheitliche Geschichtserzählung «der» Reformation zu bieten.

Gegenüber den älteren, vor allem an dem Agieren des Königs und des Parlaments orientierten Darstellungen der Reformationsgeschichte Großbritanniens, in denen das politische Kalkül der Akteure im Vordergrund stand, dominieren in der neueren Forschung Tendenzen, die den Eigenwert der Religion zum Tragen bringen. Dies lässt sich auch an Studien zum Katholizismus in unterschiedlichen europäischen Reformationsprozessen beobachten. Wie es scheint, ist die Religion als unableitbares und zentral wichtiges, eigenständiges Moment in, mit und unter vielfältigen politischen, sozialen, ökonomischen und kulturellen Wirkfaktoren nicht nur in die Gesellschaft unseres Äons, sondern auch in die Reformationshistoriographie zurückgekehrt.

Vor dem Hintergrund auch der aktuellen Forschungslage muss die vorgelegte Darstellung als verwegener Akt erscheinen, der nur durch sich selbst zu rechtfertigen ist.

EPILOG

DER ZAUBER DES ANFANGS

Der Umgang mit der Reformation war in der Geschichte des neuzeitlichen Protestantismus, also seit der Zeit von Pietismus und Aufklärung, ein geradezu kulinarischer. Er war dadurch gekennzeichnet, dass man bestimmte Motive, Gedankenfiguren und Charaktermerkmale einzelner Akteure, vor allem Luthers, für sich entdeckte, anderes hingegen auf sich beruhen ließ. Die einen machte man interessant und für die eigene Gegenwart fruchtbar, die anderen gab man dem Vergessen anheim. Die Pietisten etwa fanden das reformatorische Priestertum aller Gläubigen ansprechend. Es half ihnen – gestützt auf die Autorität Luthers –, petrifizierte Strukturen des landesherrlich regulierten, von orthodoxen Amtsgeistlichen dominierten Kirchenwesens ihrer Zeit anzugreifen und durch eine neuerliche Betonung des Laienelements alternative Formen der Teilhabe zu eröffnen. Ähnlich war es mit dem pietistischen Interesse an dem Schriftprinzip: Es diente dazu, die Prädominanz der Dogmatik in Ausbildung und Lehre der Orthodoxie infrage zu stellen. Einige Aufklärer entdeckten in der frühen Reformation jene libertäre Ungebundenheit, derer sie selber bedurften. Für den neuzeitlichen Protestantismus wurde die Reformation die maßgebliche Referenzepoche, das Musterbuch, um bestimmte Erscheinungen des zeitgenössischen Kirchenwesens zu kritisieren, zu korrigieren und es weiterzuentwickeln.

Die verschiedenen theologischen Richtungen des Protestantismus entdeckten seit dem 18. Jahrhundert in der frühen Reformation jeweils das, was dem Bedürfnis ihrer eigenen Zeit in je besonderer Weise entsprach. Nur die Neokonfessionellen, die Reaktionäre, die Ewiggestrigen zeigten ein größeres Interesse an der späteren Reformationsgeschichte und am alten Luther. Für alle anderen erschloss sich die Reformation vom Zauber ihres Anfanges her, als sie noch eine Bewegung, ein *Laboratorium der religiösen Möglichkeiten* gewesen war.

In gewisser Weise ist die frühe Reformation so etwas wie der Mythos des neuzeitlichen Protestantismus geworden. Der Reiz, sich auf diesen Mythos zu beziehen, besteht darin, dass in ihm vieles lebendig und möglich ist. Die frühe Reformation scheint die polypotente Zelle des Protestantismus zu sein. Wohl nur deshalb können sich Erwartungen mit dem Jubiläum des Jahres 2017 verbinden, die eine abgeklärte historische Vernunft für schwärmerisch halten wird.

Sollte in der damals noch offenen Situation, im frühlingshaften Aufblühen der Reformation, in dem also, was der konservative Leipziger Reformationshistoriker Franz Lau mit Missbehagen ihren «Wildwuchs»[1] nannte, auch für unsere Generation ein Reiz, eine Chance, verborgen liegen?

Was könnten wir in der frühen Reformation finden?

– Eine Organisationsvision der Kirche, die von der Gemeinde her gedacht und angelegt ist, nicht von einer klerikalen Funktionärshierarchie;
– ein gärendes Christentum, das von begeisterten und beunruhigten Laien beiderlei Geschlechts getragen und entscheidend gestaltet wird;
– eine wagemutige, streitbare evangelische Geistlichkeit, die mit überkommenen Rollenmustern bricht und in der seelsorgerlichen Predigt und der theologischen Argumentation ihre Hauptaufgabe, ihr Kerngeschäft sieht;
– eine gegenüber der Judenheit dialogisch gesinnte, lautere, hörend-lernbereite, ehrliche und entschieden nicht triumphierende Kirche;
– eine heilsame Konzentration der theologischen Lehre auf Gottes in seinem Sohn Jesus Christus nahe gekommene, unverdiente Gnade, auf das menschliche Ungenügen und auf die Liebe zu den näheren und ferneren Nächsten;
– eine Frömmigkeit, die nicht bei sich selber bleibt, sondern in die

Welt zieht, ökumenische Gemeinschaft sucht und schafft, die Grenzen des Anderen respektiert oder überwindet;

– eine bunte, vielstimmige Sprache, die aus der Begegnung mit dem biblischen Wort erwächst und Herzen und Hirne erreicht.

Diese Reformation steht noch aus.

ANHANG

ZEITTAFEL

1356	Goldene Bulle Karls IV.; Kaiserwahl durch das Kollegium der sieben Kurfürsten
1384	Tod des Oxforder Theologieprofessors John Wyclif
1397–1523	Kalmarer Union der nordeuropäischen Königreiche
um 1400–1468	Johannes Gutenberg, Erfinder des Buchdrucks mit beweglichen Lettern, um 1450; Druck der 42-zeiligen Vulgata um 1455
1414–1418	Konzil von Konstanz; Beendigung des Großen Abendländischen Schismas (seit 1378), Höhepunkt des Konziliarismus; rechtliche Verpflichtung zu regelmäßiger Konzilsberufung
1415/16	Verbrennung von Jan Hus und Hieronymus von Prag in Konstanz
1417–1431	Papst Martin V.
1419	Gründung der Universität Leipzig
1431–1442	Konzil von Basel – Ferrara – Florenz; Union mit Kirchen des Ostens; Dogmatisierung der sieben Sakramente (1439)
1452–1493	Kaiser Friedrich III.
6.4.–29.5.1453	Belagerung und Eroberung Konstantinopels, als Instanbul fortan Hauptstadt des Osmanischen Reiches
1455–1522	Johannes Reuchlin
1456	Erfolgreiche Verteidigung Belgrads gegen die Osmanen durch ein von Johannes Capistrano angeführtes christliches Kreuzfahrerheer
1458–1464	Papst Pius II. (Enea Silvio Piccolomini)
1461	Trapezunt am Schwarzen Meer fällt als letzter christlicher Vorposten in die Hände der Osmanen
1466/69–1536	Erasmus von Rotterdam
1482–1531	Johannes Oekolampad
10.11.1483	Martin Luther in Eisleben geboren
1484–1531	Huldrych Zwingli
1485	Teilung des wettinischen Territorialbesitzes (albertinisches Herzogtum, ernestinisches Kurfürstentum)

1486–1541	Andreas Bodenstein von Karlstadt
1486–1525	Kurfürst Friedrich III. von Sachsen, genannt der Weise
1488–1523	Ulrich von Hutten
1489(?) – 1525	Thomas Müntzer
1491–1551	Martin Bucer
1492	Fall Granadas, der letzten muslimischen Bastion in Andalusien; Höhepunkt der Reconquista; Kolumbus «entdeckt» Amerika
1493–1519	Kaiser Maximilian
1494(?) – 1536	William Tyndale
1495	Reichstag zu Worms; Beginn der sogenannten Reichsreform; ewiger Landfriede
1497	Heirat Philipps des Schönen und Johannas von Kastilien
1497–1560	Philipp Melanchthon
1498	Hinrichtung des Dominikaners Girolamo Savonarola
1500–1539	Herzog Georg von Sachsen, genannt der Bärtige
1502	Gründung der Universität Wittenberg
1503–1513	Papst Julius II.
1505	Luthers Eintritt in das Erfurter Kloster der Augustinereremiten
1509–1564	Johannes Calvin
1509–1547	Heinrich VIII. König von England
1510(?) – 1557	Mikael Agricola
1512	Doktorpromotion Luthers und Antritt seiner Professur in Wittenberg
1512–1517	V. Laterankonzil
1512–1520	Selim I. türkischer Sultan
1513–1523	Christian II., König von Dänemark
1513–1521	Papst Leo X.
151(4)–1572	John Knox
1514–1568	Herzog Heinrich von Braunschweig-Wolfenbüttel
1514–1517/9	Reuchlin-Pfefferkorn-Streit; Dunkelmännerbriefe
1515	Habsburgisch - jagellonische Doppelhochzeit
1515	Päpstliche Ablassbulle zum Bau der Peterskirche in Rom
1515–1547	König Franz I. von Frankreich
1516	*Novum Instrumentum,* erste Druckausgabe des griechischen Neuen Testament von Erasmus von Rotterdam in Basel durch Johannes Froben gedruckt
1516/17	Osmanische Eroberung Ägyptens und Syriens, Zerstörung des Mamlukenreiches
26.4.1517	Karlstadts *151 Thesen*

31.10.1517	Beginn der Verbreitung von Luthers *95 Thesen*
1518–1567	Landgraf Philipp von Hessen, genannt der Großmütige
26.4.1518	Heidelberger Disputation
Okt. 1518	Verhör Luthers durch Cajetan in Augsburg; erste Luther-Sammelausgabe in Basel (Froben) gedruckt; Beginn der internationalen Rezeption der Wittenberger Theologie
1519–1556	Kaiser Karl V.
1.1.1519	Beginn von Zwinglis Predigttätigkeit in Zürich
27.6.–16.7.1519	Leipziger Disputation Luthers und Karlstadts mit Johann Eck
Sommer/Herbst 1520	Höhepunkt der reformatorischen Publizistik Luthers *(Von den guten Werken; Von der Freiheit eines Christenmenschen; An den christlichen Adel; De captivitate Babylonica ecclesiae praeludium)*
1520–1566	Suleiman I., der Große/ der Prächtige
15.6.1520	Promulgation der Bannandrohungsbulle *Exsurge Domine*
10.12.1520	Verbrennung des kanonischen Rechts, der Bannandrohungsbulle und einiger scholastischer Lehrwerke vor dem Elstertor in Wittenberg durch Luther
3.1.1521	Bannbulle *Decet Romanum Pontificem*
16.–26.4.1521	Luther auf dem Reichstag in Worms
1521	Eroberung Belgrads durch die Osmanen
Mai 1521 – März 1522	Luther im Gewahrsam des sächsischen Kurfürsten Friedrich auf der Wartburg; reiche literarische Tätigkeit *(De votis monasticis; Postille; Übersetzung des Neuen Testaments)*
25.5.1521	Wormser Edikt
1521	*Loci communes* Melanchthons, erste reformatorische Dogmatik
24.1.1522	Ordnung des Rates der Stadt Wittenberg als wichtigstes Ergebnis der «Wittenberger Bewegung»
März 1522	Rückkehr Luthers von der Wartburg; Invokavitpredigten
1522	Fastenbrechen in Zürich
1522	Kapitulation der Johanniter auf Rhodos; osmanische Kontrolle des venezianischen und genuesischen Handels
1522–1523	Papst Hadrian VI. (von Utrecht)
1522–1523	Sickingen'sche Fehde
1522/1524	Reichstag zu Nürnberg
seit 1523	Anfänge der reformatorischen Neugestaltung in Zürich; 1. und 2. Zürcher Disputation
1523–1534	Papst Clemens VII.
1523–1560	Gustav I. Eriksson Wasa König von Schweden

1.7.1523	Hinrichtung der ersten reformatorischen Märtyrer in Brüssel
1523/24	Definitive Trennung Luthers von Müntzer und Karlstadt; September 1524 Vertreibung Karlstadts aus Kursachsen; Kontakte zwischen sächsischen und schweizerischen Dissentern; Beginn des innerreformatorischen Abendmahlsstreites Herbst 1524
1524–1525	Bauernkrieg; Luthers Streit über den freien Willen mit Erasmus von Rotterdam *(De servo arbitrio)*
1525–1532	Kurfürst Johann von Sachsen
24.2.1525	Schlacht von Pavia; Gefangennahme Franz' I. durch Karl V.
1525	Säkularisierung des Deutschordensstaates zum Herzogtum Preußen
1525	Erste Erwachsenentaufe in Zürich; Austreibung der Täufer aus Stadt und Land Zürich; Zwinglis *Commentarius de vera et falsa religione*
15.5.1525	Schlacht von Frankenhausen; Gefangennahme Thomas Müntzers und Hinrichtung am 27.5.1525
August 1526	1. Speyrer Reichstag
29./30.8.1526	Schlacht von Mohács; Sieg der Osmanen über ein von König Ludwig II. von Ungarn und Böhmen geführtes Heer; Errichtung eines vassalitischen Regimes in Ungarn unter Johann Zápolya
1526/29	Beginn der Visitationen in Sachsen; Aufbau eines evangelischen Kirchenwesens in Sachsen und Hessen
Mai 1527	Sacco di Roma
1527	Übertragung der Kirchengüter an die schwedische Krone, Beginn der Einführung der Reformation
3.11.1527	Krönung Ferdinands von Österreich zum ungarischen König
1528	Luthers letzte Schrift im Abendmahlsstreit und sein *Bekenntnis; Unterricht der Visitatoren*; Auftakt der evangelischen Bekenntnisbildung
1529	2. Reichstag zu Speyer; Protestation der evangelischen Stände (19.4.) («Protestanten»)
29.6.1529	Friedensschluss Karls V. und Clemens VII. in Bologna
3.8.1529	Damenfriede von Cambrai
Sept./Okt. 1529	Die osmanische Belagerung Wiens scheitert
Okt. 1529	Marburger Religionsgespräch über die Abendmahlsfrage; einzige persönliche Begegnung zwischen Luther und Zwingli; Marburger Artikel

24.2.1530	Kaiserkrönung Karls V. in Bologna
1530	Augsburger Reichstag mit Proklamation evangelischer Bekenntnisse *(Confessio Augustana; Confessio Tetrapolitana; Fidei ratio)*; Gründung des Schmalkaldischen Bundes
1531	2. Kappeler Krieg; Tod Zwinglis in der Schlacht und Oekolampads an der Pest
1531	Unterwerfung von Tunis unter den Sultan; Wahl Ferdinands von Österreich zum Römischen König am 5.1.
1532–1547	Kurfürst Johann Friedrich von Sachsen
1532	Nürnberger Anstand; Zusage einer Türkenhilfe durch die protestantischen Reichsstände
1533	Friedensschluss zwischen Habsburg und dem Osmanischen Reich; Teilung Ungarns zwischen Johann Zápolya (Ost) und Ferdinand I.
1534	Eroberung des Herzogtums Württemberg durch Philipp von Hessen; Frieden von Kaaden (29.6.)
1534–1535	Täuferreich in Münster
1534–1549	Papst Paul III.
1534	Trennung der englischen Kirche von Rom durch Suprematsakte Heinrichs VIII.
1535	Karl V. erobert Tunis
1535/36	Erster osmanisch-französischer Handelsvertrag
1536	Einberufung des Konzils nach Mantua; *Schmalkaldische Artikel* Luthers
1536–1559	Christian III. König von Dänemark und Norwegen; definitive Einführung der Reformation im Königreich
1536	Wittenberger Konkordie, Abendmahlsvereinbarung zwischen Wittenberg und den Oberdeutschen
1538	Herzogtümer Kleve und Geldern vereinigt
1538–1541	Calvin in Straßburg
1539	Frankfurter Anstand
1539/40	Gründung des Jesuitenordens durch Ignatius von Loyola (1491–1556)
1540	Bigamieaffäre Philipps von Hessen
1540–1541	Religionsgespräche zu Hagenau, Worms und Regensburg; *Confessio Augustana variata*
1541	Tod Johann Zápolyas; Eroberung Budas und Pests durch die Osmanen; Annexion Mittelungarns
1541–1553	Herzog (seit 1547 Kurfürst) Moritz von Sachsen
1542	Feldzug des Schmalkaldischen Bundes gegen Herzog Heinrich von Braunschweig -Wolfenbüttel

1543	Geldrischer Erbfolgekrieg
1543–1546	Reformationsversuch Erzbischof Hermanns von Wied in Köln
1544	Friede von Crépy zwischen Kaiser Karl V. und König Franz I.; Beendigung der türkisch-französischen Allianz
1545–1563	Konzil von Trient; 1. Sitzungsperiode 1545/46–1547; 2. Sitzungsperiode 1551–1552; 3. Sitzungsperidoe 1562/63
18.2.1546	Tod Martin Luthers
1547	Sieg Karls V. im Schmalkaldischen Krieg (1546–1547) nach der Schlacht bei Mühlberg am 24.4.1547; Gefangennahme Johann Friedrichs von Sachsen und Philipps von Hessen
1547	Habsburgisch-osmanischer Friede mit Tributpflicht Ferdinands I. gegenüber dem Osmanischen Reich
1547–1559	Heinrich II. König von Frankreich
1547–1553	Edward VI. König von England; Beginn konsequenter Kirchenreformen
1547/48	Geharnischter Reichstag in Augsburg
30.6.1548	Augsburger Interim
1549	Sogenanntes Leipziger Interim; Beginn der innerlutherischen Kontroversen (Interimistischer Streit; Adiaphoristischer Streit)
1549	Abendmahlskonsens zwischen Zürich und Genf (Consensus Tigurinus); Beginn des sogenannten Zweiten Abendmahlsstreites zwischen Lutheranern und Reformierten
1550–1555	Papst Julius III.
1550/51	Belagerung Magdeburgs durch Moritz von Sachsen; publizistischer Kampf der «Herrgotts Kanzlei»
1551	Habsburgische Familienverträge mit Regelungen über die «spanische Sukzession» im Reich
1552	Fürstenkrieg
15.8.1552	Passauer Vertrag
1553–1558	Maria Tudor Königin von England; Durchführung gegenreformatorischer Maßnahmen
25.9.1555	Augsburger Religionsfriede
1555–1559	Papst Paul IV.
1556	Abdankung Karls V.
1556–1564	Kaiser Ferdinand
1556–1598	König Philipp II. von Spanien
21.9.1558	Tod Karls V.
1558–1603	Elisabeth Königin von England

1559	Erste Nationalsynode der reformierten Gemeinden Frankreichs in Paris
1559	Eröffnung der Genfer Akademie als internationaler Ausbildungsstätte des Reformiertentums
1561–1568	Maria Stuart Königin von Schottland
24.8.1572	Bartholomäusnacht
1559–1565	Papst Pius IV.
1573	Warschauer Konföderation
1577	Konkordienformel; theologische Konsolidierung des Luthertums
1598	Toleranzedikt von Nantes durch König Heinrich IV. von Frankreich (1589–1610)

ANMERKUNGEN

I. *Luther und die Reformation*

1 WA.TR 2, Nr. 2800b, S. 669, 12.

2 WA.B 1, Nr. 146, S. 331–333.

3 Anselm Schubert, Täufertum und Kabbalah. Augustin Bader und die Grenzen der Radikalen Reformation [QFRG 81], Gütersloh 2008, S. 83.

4 Friedrich Myconius, Geschichte der Reformation, hg. von Otto Clemen [Voigtländers Quellenbücher 68], Leipzig o.J., S. 22; zum Folgenden vgl. S. 30; 38; 43; 50ff; 56; 60; 63 ff.

5 Calvin-Studienausgabe, Bd. 1: Reformatorische Anfänge (1533–1541), Teilband 1/1, hg. von Eberhard Busch u. a., Neukirchen-Vluyn 1994, S. 1–26 (Nicolaus Cop, Pariser Rektoratsrede).

6 Rechtfertigung und Freiheit. 500 Jahre Reformation 2017. Ein Grundlagentext des Rates der Evangelischen Kirche in Deutschland (EKD), Gütersloh 2014, S. 18 f.

7 «Frequens generalium conciliorum celebratio, agri dominici praecipua cultura est, quae vepres, spinas et tribulos haeresium, errorum et schismatum exstirpat, excessus corrigit, deformata reformat [...].» Decretum *Frequens,* Sessio XXXIX des Konstanzer Konzils, 9.10.1417; zit. nach der Ausgabe in: Carl Mirbt/Kurt Aland, Quellen zur Geschichte des Papsttums und des römischen Katholizismus Bd. 1, Tübingen 1967, Nr. 768, S. 477.

8 «[...] in his quae pertinent ad fidem et exstirpationem dicti schismatis, ad generalem reformationem dictae ecclesiae Dei in capite et membris.» Decretum *Haec sancta,* Sessio V, 6.4.1415; zit. nach Mirbt/Aland, Quellen zur Geschichte des Papsttums, Nr. 767, S. 477.

9 Vgl. etwa Rechtfertigung und Freiheit, S. 23.

10 Johann Geiler von Kaysersberg, Die Emeis, zit. nach dem Auszug in: Ruth Kastner, Quellen zur Reformation 1517–1555 [Ausgewählte Quellen zur deutschen Geschichte der Neuzeit, Freiherr vom Stein-Gedächtnisausgabe XVI], Darmstadt 1994, Nr. 1, S. 31–36, hier: 32 f.

11 Kastner, Quellen, S. 32.

12 Kastner, Quellen, S. 34.

13 Kastner, Quellen, S. 34.

14 WA 1, S. 627,27–31; eigene Übersetzung.

15 Vgl. die Nachweise in: Thomas Kaufmann, Römisches und evangelisches Jubeljahr. Konfessionskulturelle Deutungsalternativen der Zeit im Jahrhundert der Reformation, in: Millennium. Deutungen zum christlichen Mythos der Jahrtausendwende [Kaiser Taschenbücher 171], Gütersloh 1999, S. 73–136, hier: 131 und Kontext.

16 In einem den Erläuterungen der 95 *Thesen* vorangestellten Schreiben an Papst
    Leo X. formuliert Luther in Bezug auf seinen Eintritt in den Ablassstreit: «Ego
    sane, ut fateor, pro zelo Christi, sicuti mihi videbar aut si ita placet pro iuvenili
    calore urbar [...].» WA 1, S. 528, 18 f.
17 Vgl. WA 1, S. 529, 8 f.

II. Die europäische Christenheit um 1500

1 Vgl. zu Überlieferung und Kontext dieses Wortes: Dieter Mertens, «Europa id
   est patria, domus propria, sedes nostra ...». Zu Funktionen und Überlieferung
   lateinischer Türkenreden im 15. Jahrhundert, in: Franz Rainer Erkens (Hg.),
   Europa und die osmanische Expansion im ausgehenden Mittelalter [Zeitschrift
   für Historische Forschung, Beiheft 20], Berlin 1997, S. 39–57.
2 Zit. nach dem «Roteiro» eines namentlich nicht bekannten Augenzeugen aus
   Vasco da Gamas Mannschaft; zit. nach: Klaus Koschorke/Frieder Ludwig/Mari-
   ano Delgado (Hg.), Außereuropäische Christentumsgeschichte [Kirchen- und
   Theologiegeschichte in Quellen VI], Neukirchen-Vluyn 2004, S. 5.
3 Zit. nach Koschorke/Ludwig/Delgado, Außereuropäische Christentumsgeschichte, S. 6.
4 Zit. nach der Edition in: Emil Weller, Die ersten deutschen Zeitungen, Stuttgart
   1872, Nachdruck Hildesheim u. a. 1994, S. 6.
5 Zit. nach Koschorke/Ludwig/Delgado, Außereuropäische Christentumsgeschichte, S. 219.
6 Georg Christoph Lichtenberg, Sudelbücher, Heft G 183, zit. nach: Wolfgang
   Promies (Hg.), Georg Christoph Lichtenberg, Sudelbücher II, Materialhefte, Tagebücher, München 2005, S. 166.
7 Götz-Rüdiger Tewes, Die römische Kurie und die europäischen Länder am Vorabend der Reformation [Bibliothek des Deutschen Historischen Instituts in
   Rom 95], Tübingen 2001, S. 356.
8 Geoffrey R. Elton, Europa im Zeitalter der Reformation, München ²1982,
   S. 137.
9 Sebastian Münster, *Cosmographey Oder beschreibung Aller Länder herrschafften und fürnemsten Stetten des gantzen Erdbodens ...*, Basel, S. Henricpetri
   1588, ND München 1977, S. 297.

III. Die frühe Reformation im Reich bis 1530

1 WA.TR 2, Nr. 2756b, S. 637,10 f. (Herbst 1532).
2 WA.TR 2, Nr. 2800b, S. 564,12.
3 Vgl. Myconius, Geschichte der Reformation, S. 23 f.
4 WA 48, S. 249; RN 120: «Meyner Liebenn Mutter Margarethenn Lutherymm»;
   vgl. WA.B 1, S. 152,30 f.
5 WA.B 2, Nr. 510, S. 563 f. (15.6.1522; Luther an den Magdeburger Bürgermeister und ehemaligen Mitschüler Claus Storm).
6 CR 7, S. 995 f.; 1007; CR 24, S. 64; CR 25, S. 14; CR 27, S. 628; WA 48 RN
   S. 284 (133f.); Johannes Ficker, Eine Inschrift Luthers im Lutherhaus, in: Theologische Studien und Kritiken 107, 1936, S. 65–68; Thomas Kaufmann, Konfession und Kultur [SuR NR 29], Tübingen 2006, S. 435 ff.; ders., «Türckenbüchlein» [FKDG 97], Göttingen 2008, S. 19 f.; 227 f.; zur Änderung der Prophetie

auf 1517 vgl. die Nachweise in: Ders., Das Ende der Reformation [BHTh 123], Tübingen 2003, S. 343, Anm. 632.

7 «Da ich noch ein Münch ward, wolt mein vater tol und toricht, schreib mir einen bösen brieff und hies mich ‹Du›, prius ‹vos› [vorher: Euch/Ihr] [...].» WA 49, S. 322,12f. (Predigt, 20.1.1544).

8 WA 8, S. 573,22.24 (dem Vater gewidmete Vorrede zu *De votis monasticis*, 1521).

9 WA 8, S. 573,20.

10 WA.TR 1, S. 439,30.

11 WA 8, S. 575,2.

12 WA.TR 4, S. 440,9 f.

13 WA 8, S. 573,32–574,1.

14 WA 8, S. 573,25.

15 WA. TR 3, Nr. 3459; 34799a; WA.TR 4, Nr. 4785.

16 WA 31/I, S. 226,9 f.

17 «Da ichs [Luther Rom] erst sahe, fiel ich auf die Erde, hub meine Hände auf, und sprach: Sey gegrüßet, du heiliges Rom. Ja, rechtschaffen heilig, von den heiligen Märtyrern und ihrem Blut, das da vergossen ist; aber sie ist nu zerrissen, und der Teufel hat den Papst, seinen Dreck, darauf geschissen.» WA.TR 3, S. 347,3–6.

18 «Similiter [entsprechend der Nachricht eines Lizentiaten aus Magdeburg, der den Untergang des Papsttums geweissagt hatte] Staupitius audivit somnium Minoritae: Surget eremita sub Leone Decimo, qui papatum adorietur. [Staupitz hat den Traum eines Franziskaners gehört: Unter Leo X. wird sich ein Eremit erheben, der das Papsttum angreifen wird.] Solches haben wir tzu Rom nicht konnen erkennen; wir sahen dem bapst ins angesicht, nun vero extra maiestatem videmus ei in culum [jetzt sehen wir ihm wahrlich ausser der Majestät in den Arsch].» WA.TR 5, S. 467,18–21.

19 WA 6, S. 425, 30–34; Thomas Kaufmann, An den christlichen Adel deutscher Nation [KSLuth 3], Tübingen 2014, S. 197.

20 WA.TR 5, S. 99,13 (Sommer 1540).

21 WA.TR 5, S. 75,14.

22 WA.TR 1, S. 44,23 f.

23 Vgl. WA.TR 1, Nr. 137, S.59,7–20.

24 So der sekundäre Titel der Disputationsreihe, WA 1, S. 221–228.

25 WA 51, S. 539,3 ff.; Myconius, Geschichte der Reformation, S. 21; zur Frage, ob Luther als Beichtvater die Absolution gegenüber unbußfertigen Ablasskäufern verweigerte, s. Lothar Vogel, Zwischen Universität und Seelsorge. Martin Luthers Beweggründe im Ablassstreit, in: ZKG 118, 2007, S. 187–212.

26 Vgl. WA 1, S. 526,34; WA 54, S. 180, 12–21; 185, 5–8; WA.TR 4, S. 440,18 f.

27 WA.B 1, S. 118, 16; 122, 56: «F Martiunus Eleutherius, imo dulos et captivus nimis» (Bruder Martin Luther, zugleich Knecht, ja viel mehr Freier), an Johannes Lang, 11.11.1517. Neben dem im Wortlaut überlieferten Brief an Erzbischof Albrecht ist ein nicht erhaltenes Schreiben an den Bischof Hieronymus von Brandenburg als zuständigen Ordinarius bezeugt.

28 WA 1, S.233, 10f; deutsche Übersetzung nach: Martin Luther, Aufbruch der Reformation, Schriften I, hg. von Thomas Kaufmann, Berlin 2014, S. 9, 15–17: «Als unser Herr und Meister Christus sprach ‹Tut Buße› usw. [Mt 4,17], hat er gewollt, dass das ganze Leben der Glaubenden Buße sei.»

29 Felician Gess (Hg.), Akten und Briefe zur Reformationspolitik Herzog Georgs von Sachsen, 2 Bde., Leipzig, Berlin 1905–1917, ND Köln, Wien 1985, Bd. 1, S. 28 f.

30 Erasmus, Brief an Paul Volz (1518), zit. nach: Erasmus von Rotterdam, Ausgewählte Schriften, hg. von Werner Welzig, Darmstadt 1968, S. 19.

31 Martin Luther, Schriften I, S. 17, 12–14 (Th. 91).

32 WA.TR 3, Nr. 3722, S. 564–566.

33 So die Unterschrift in dem Brief an Albrecht von Brandenburg vom 31.10.1517: «Martinus Luther Aug[ustinensis] Doctor S Theologie vocatus» (WA.B 1, S. 112,69–71) = «Martin Luther, Augustiner, berufener Doktor der Heiligen Theologie».

34 Martin Luther, Schriften I, S. 17, 22 f.; «per multas tribulationes intrare celum», WA 1, S. 238,20.

35 Martin Luther, Schriften I, S. 484, 24 f.; WA 54, S. 180,21.

36 WA.B 1, Nr. 146, S. 332 f.

37 Bucer an B. Rhenanus, 1.5.1518, in: Jean Rott (Hg.), Correspondance de Martin Bucer, tome I (jusqu'en 1524) [SMRT], Leiden 1979, Nr. 3, S. 58–72, bes. 61,54–56.

38 WA 2, S. 742, 18 ff.

39 WA 6, S. 261,23 ff.

40 Vgl. WA 6, S. 465,22 ff.; Kaufmann, An den christlichen Adel deutscher Nation, S. 480 ff.

41 WA.B 2, S. 197,8.

42 WA 7, S. 5,33.

43 DS 1483; vgl. WA 1, S. 624,34–625,4.

44 DS 1484; vgl. WA 1, S. 535,35–39.

45 Paul Kalkoff, Die Depeschen des Nuntius Aleander vom Wormser Reichstage 1521, Halle ²1897, S. 69.

46 WA 7, S. 838,7.

47 Nach der Übersetzung in: Martin Luther, Schriften I, S. 425,35–426,4.

48 WA 7, S. 838,9.

49 Kalkoff, Depeschen, S. 139.

50 Kalkoff, Depeschen, S. 49.

51 Kalkoff, Depeschen, S. 58.

52 Kalkoff, Depeschen, S. 58 f.

53 WA 10/III, S. 26,7.

54 WA.TR 5, Nr. 5511, S. 204,24–26 (1542/43): «Ir find kein buch unter der sonnen, da die gantze theologia so fein beieinander ist als in locis communibus. Leset alle patres [Kirchenväter], sententiarios [Verfasser von Kommentaren zu dem dogmatischen Hauptwerk der Scholastik, den *Vier Bücher der Sentenzen des Petrus Lombardus*] usw., ist nichts. Non est melior liber post scripturam sanctam.»

55 Huldreich Zwingli, Sämtliche Werke, Bd. II [CR 89], Leipzig 1908, S. 144,32–145,4 (1523); vgl. Werke, Bd. I [CR 88], Berlin 1905, S. 256,13 ff. (1522).

56 CR 89, S. 145,5.

57 CR 89, S. 145,21 ff.

58 Zwingli, Werke Bd. VII [CR 94], Leipzig 1911, S. 114,7 ff.

59 CR 94, S. 250,11 ff.

60 CR 94, Nr. 181, S. 457 f.
61 «Nollem [Luther] vi & cęde pro Euangelio certari; ita scripsi ad hominem [Ulrich von Hutten].» WA.B 2, S. 249, 12 f. (16.1.1521, Luther an Spalatin).
62 «Verbo victus est mundus, servata est Ecclesia, etiam verbo reparabitur. Sed & Antichristus, ut sine manu cępit, ita sine manu conteretur per verbum.» WA.B 2, S. 249,13–15.
63 WA 15, S. 32,7.
64 Ulrich von Hutten, Opera, hg. von Eduard Böcking, Bd. 1, Leipzig 1859, ND Aalen 1963, S. 449, 24; vgl. 448, 17–21.
65 Zit. nach einer Flugschrift Heinrichs von Kettenbach, ed. in: Otto Clemen, Flugschriften aus den ersten Jahren der Reformation, Bd. 2, Nieuwkoop 1967, S. 210.
66 Otto Waltz (Hg.), Die Flersheimer Chronik, Leipzig 1874, S. 80.
67 Adolf Laube – Hans-Werner Schütte (Leitung), Flugschriften der Bauernkriegszeit, Berlin/O. ²1978, S. 26,18 f.
68 In einer Predigtüberlieferung aus dem Jahr 1526 ‹definiert› Luther das «Euangelium» dadurch, dass «es Christum treibe, quia deus nihil aliud vult praedicari et laudari, quam Christum et se per Christum [...].» WA 17/I, S. 513,11 f.
69 Nachweise zu dem verbreiteten Sprichwort «Die Gelehrten, die Verkehrten» in: Thomas Kaufmann, Der Anfang der Reformation [SMHTR 67], Tübingen 2012, S. 253, 281, 470 f.
70 WA 15, S. 334,16.20.
71 WA 15, S. 335,30 f.
72 WA 15, S. 336,10 f.
73 WA 15, S. 336,32 f.
74 WA 15, S. 340, 7 f.
75 WA 15, S. 394,20.
76 Marburger Artikel, zit. nach: Gerhard May (Hg.), Das Marburger Religionsgespräch [TKTG 13], Gütersloh 1970, S. 70.
77 Thomas Müntzer Briefwechsel, bearb. und kommentiert von Siegfried Bräuer und Manfred Kobuch [Thomas Müntzer-Ausgabe Bd. 2], Leipzig 2010, Nr. 103,1, S. 360,15–19.
78 Müntzer Briefwechsel, S. 355,3 f.
79 Thomas Müntzer, Schriften und Briefe, hg. von Günther Franz [QFRG 33], Gütersloh 1968, S. 228,14; 229,19 f.
80 Müntzer Briefwechsel, S. 359,4.
81 Vgl. WA 6, S. 528,20–35; vgl. Martin Luther, Schriften I, S. 239, 10–34.
82 Vgl. WA 18, S. 685,12–19.
83 WA 30/I, S. 284a; Martin Luther, Schriften II, S. 195,21–24.
84 WA 11, S. 315,22.
85 WA 11, S. 315,14 f.
86 WA 11, S. 336,28 f.
87 WA 11, S. 336,35.
88 Karl Eduard Förstemann, Urkundenbuch zu der Geschichte des Reichstages zu Augsburg im Jahre 1530, Bd. 1, Halle 1833, ND Hildesheim 1966, S. 7.
89 Förstemann, Urkundenbuch Bd. 1, S. 8.
90 WA.B 5, S. 319,5–9 (15.5.1530, Luther an Kurfürst Johann).
91 WA 50, S. 653,18–20.

IV. *Das reformatorische Europa bis 1600*

1 Mertens, «Europa id est patria», in: Erkens, Europa und die osmanische Expansion.

2 WA 30/II, S. 19–21; Martin Luther, Schriften II, S. 264,24–26.

3 Franz Eulenburg, Die Frequenz der deutschen Universitäten von ihrer Gründung bis zur Gegenwart, Leipzig 1904, S. 288.

4 Zahlen auf der Grundlage der Luther-Bibliographie von Benzing und Claus nach: Bernd Moeller, Luther in Europa. Die Übersetzung seiner Schriften in nichtdeutsche Sprachen, in: Ders., Luther-Rezeption, hg. von Johannes Schilling, Göttingen 2001, S. 42–56, hier: 44.

5 WA 12, S. 73–80.

6 WA 12, S. 79,4 (Kasus von mir geändert, Th.K.).

7 WA 12, S. 78,23.

8 WA 12, S. 78,25.

9 WA 12, S. 78,25 f.

10 WA 12, S. 78,2–6. Apokalyptische Naherwartung spiegelt sich auch in den Versen des älteren Liedschlusses: «Die lass man liegen ymer hyn, sie habens kleinen fromen. Wir sollen dancken Got daryn; seyn wort yst widderkommen. Der Sommer yst hart fur der thur, der winter yst vergangen; die zarten blumen gehn erfur. Der das hat angefangen, der wirt es wol volenden.» Markus Jenny, Luthers Geistliche Lieder und Kirchengesänge [AWA 4], Köln, Wien 1985, S. 220.

11 WA 12, S. 79,2 f.

12 In neuer Edition in: Jenny, Luthers Geistliche Lieder, Nr. 18, S. 75 f.; 217–222 (die folgenden Zitate beziehen sich auf diese Edition); vgl. WA 35, S. 411 ff.

13 WA.B 1, S. 332,4–8 (Johannes Froben an Luther, 14.2.1519).

14 CR 94, S. 362,12–14 (Heinrich Glarean an Zwingli, Paris 1.11.1520); vgl. Briefwechsel Beatus Rhenanus, hg. von Adalbert Horawitz und Karl Hartfelder, Leipzig 1886, ND Hildesheim 1966, S. 157.

15 Vgl. Amerbach-Korrespondenz Bd. 2, hg. von Alfred Hartmann, Basel 1943, S. 273 f.; 279 f.

16 Cornelis Augustijn, Humanismus [KiG H. 2], Göttingen 2003, S. 74.

17 WA.B 3, S. 148–153, Nr. 657 (Brief Luthers an Herzog Karl II. von Savoyen, 7.9.1523), hier: S. 153,137 f.

18 Zit. nach Alec Ryrie, The Age of Reformation. The Tudor and Stewart Realms 1485–1603, Abingdon, New York 2013, S. 96 (unter Verweis auf: John Foxe, Actes and monuments of these latter and perrilous days [1563], S. 601).

19 WA 10/II, S. 260,11.

20 Martin Schwarz-Lausten, Die Reformation in Dänemark [SVRG 208], Gütersloh 2008, S. 21.

21 WA.B 1, Nr. 146, S. 331–335 (Johannes Froben an Luther, 14.2.1519).

22 Ugo Rezzo/Silvana Seidel-Menchi, Livre et Réforme en Italie, in: Jean-François Gilmont (Hg.), La Réforme et le Livre. L'Europe de l'imprimé (1517 – v. 1570), Paris 1990, S. 327–374, bes. 355–360.

23 Carlos Gilly, Juan de Valdés: Übersetzer und Bearbeiter von Luthers Schriften in seinem Diálogo de doctrina, in: Archiv für Reformationsgeschichte (ARG) 74, 1983, S. 257–305.

24 WA.B 3, Nr. 697, S. 207–219 (Luther an Albrecht von Preußen, Dezember 1523).

25 WA.B 3, S. 315,22–25 (Luther an den Königsberger Prediger Johann Brießmann, 4.7.1524). Demnach habe er Albrecht geraten, von der dummen und verworrenen Regel des Deutschen Ordens zu lassen, eine Frau zu nehmen und «prussiam redigeret in politicam formam, sive principatum sive ducatum» (Preußen in eine weltliche Gestalt zu überführen, sei es ein Fürsten- oder ein Herzogtum), a.a.O., S. 315,24 f.

26 Vgl. die Denkschrift des führenden livländischen Ratspolitikers Johannes Lohmüller aus Riga an den Landmarschall des Deutschen Ordens Johannes Platter, in: Hans Quednau, Johannes Lohmüller, Stadtsyndikus von Riga, ein Träger deutscher Reformation in Nordosteuropa, in: ARG 36, 1939, S. 51–67, hier: 59–67.

27 WA 15, S. 348–379.

28 WA 18, S. 426,21 f.

29 Josef Benzing/Helmut Claus, Lutherbibliographie, Bd. 1 und 2 [BBAur 10/143], Baden-Baden ²1989/1994, Nr. 204; 514f; 682; 769; 799; 889; 918; 1595; 1697.

30 Thomas Müntzer, Schriften und Briefe, S. 494,17.

31 WA 10/2, S. 172–174, hier: 172,14–173,2.

32 WA 12, S. 169–196: De instituendis ministris.

33 WA.B 2, Nr. 491, S. 529–532; Nr. 509, S. 559–562; vgl. S. 573, 11–574,19; in Bezug auf die Abendmahlsthematik dann einschlägig: Von Anbeten des Sakraments (1523), in: WA 11, S. 417–456.

34 WA 10/2, S. 181,36–38.

35 WA 19, S. 542–615; WA.B 4, S. 126.

36 Wiedergabe des Textes in: Janine Garrisson, Les Protestants au XVIe siècle, Mesnil-sur-l'Estrée 1997, S. 160 f.

37 MBW Nr. 1579 (28.6.1535); 1612 (28.8.1535).

38 MBW Nr. 1681; 1866.

39 Die berühmte Wendung aus der Vorrede zum Psalmenkommentar von 1552, sein Geist (animum meum) sei, nach langer Verstrickung in den Aberglauben des Papsttums, in einer unerwarteten Bekehrung zur Gelehrsamkeit (subita conversione ad docilitatem) unterworfen (subegit) worden (Calvini Opera 3 [CR 31], Sp. 21), wird man im Kern als Hinwendung zum «Wort Gottes» und einem seiner Auslegung gewidmeten Dienst zu verstehen haben.

40 Vgl. etwa: Calvin-Studienausgabe Bd. 1: Reformatorische Anfänge (1533–1541), Teilbd. 1/1, hg. von Eberhard Busch u. a., Neukirchen-Vluyn 1994, S. 40,13.17; 42,8.27; 44,20.

41 A.a.O., S. 43,9–13.

42 CR 31, Sp. 23 f.

43 Zweisprachige Ausgabe des Textes von 1561 in: Calvin-Studienausgabe Bd. 2: Gestalt und Ordnung der Kirche, hg. von Eberhard Busch u. a., Neukirchen-Vluyn 1997, S. 227–279.

44 TRE 7, S. 575,37 f.

45 CR 42, Sp. 614; vgl. CR 36, Sp. 868–870.

46 Erasmus von Rotterdam, Novum Instrumentum. Faksimile der Ausgabe Basel 1516, neu hg. von Heinz Holeczek, Stuttgart-Bad Cannstatt 1986, S. 183 und 618.

47 WA 1, S. 624,34 ff.

48 WA 54, S. 141–167.

49 E.F.K. Müller (Hg.), Die Bekenntnisschriften der reformierten Kirche, Leipzig 1903, ND Waltrop 1999, S. 160,33.

50 Müller, Bekenntnisschriften, S. 160 f., bes. Art. VII, XIII, XIV und XV; in letzterem Art. schärft das Dokument, ganz auf der Zürcher Linie, ein, dass *proprie* nicht das Sakrament, sondern allein der Geist «Siegel» genannt zu werden verdiene.

51 Calvin-Studienausgabe, Bd. 4: Reformatorische Klärungen, hg. von Eberhard Busch u. a., Neukirchen-Vluyn 2002, S. 29–77.

52 Foxe, Martyrs, nach der Übersetzung von Hans Hillerbrand, Brennpunkte der Reformation. Zeitgenössische Texte und Bilder, Göttingen 1967, S. 302.

53 Hillerbrand, Brennpunkte, S. 308.

54 Müller, Bekenntnisschriften, S. 516, 8–12.

55 Geoffrey R. Elton, The Tudor Constitution. Document and Commentary, Cambridge u. a. ²1982, Nr. 184, S. 372–377, hier §8.

56 Müller, Bekenntnisschriften, S. 511,16–512,3; 516,25–36.

57 Martin Bucer, Deutsche Schriften, hg. von Robert Stupperich, Bd. VI/1, Gütersloh 1988, S. 120,4.

58 WA 51, S. 469,29 f.

59 Das Wort verwendet Bugenhagen im Zusammenhang mit den Planungen für Luthers Grablege, vgl. Christof Schubart, Die Berichte über Luthers Tod und Begräbnis, Weimar 1917, Nr. 25, S. 27.

60 Philipp Melanchthon, Historia Lutheri 1546, zit. nach der deutschen Übersetzung in: Melanchthon deutsch, hg. von Michael Beyer, Stefan Rhein und Günther Wartenberg, Bd. 2: Theologie und Kirchenpolitik, Leipzig 1997, S. 183.

61 Ebd.

62 Arno Buschmann, Kaiser und Reich, Teil I, 2. erg. Aufl. Baden-Baden 1994, S. 224, §15.

63 Die Formulierung sieht vor, dass «mit Brot und Wein den das Mahl Einnehmenden wahrhaft der Leib und das Blut Christi dargereicht» werde (cum pane et vino vere exhibeantur corpus et sanguis Christi vescentibus in coena domini», Bekenntnisschriften der evangelisch-lutherischen Kirche, Göttingen ⁹1982, S. 65,45 f.

64 DS 1501.

65 DS 1507.

66 DS 1515.

67 DS 1515.

68 DS 1525.

69 DS 1605.

70 DS 1823.

71 DS 1835.

72 DS 1500.

73 Bulle *Regimini militantis ecclesiae* Papst Pauls III. (27.9.1540); Mirbt/Aland (Hg.), Quellen zur Geschichte des Papsttums, S. 540.

74 Philipp Nicolai, *Historia des Reichs Christi*, Darmstadt, Balthasar Hofmann, 1610, S. 11.

75 Ebd.

76 Georg Frölich an Lazarus Spengler [März 1530], zit. nach der Edition in: Lazarus Spengler, Schriften, Bd. 3: Schriften der Jahre Mai 1529 bis März 1530, Gütersloh 2010, S. 402, 8 f.

77 Spengler, Schriften, Bd. 3, S. 389,8 (Gutachten Frölichs über die Kultfreiheit, März 1530).

78 Spengler, Schriften, Bd. 3, S. 389,8 f.

V. Die Reformation und die neue Zeit

1 Johannes Schwebel, Deutsche Schriften, hg. von Bernhard H. Bonkhoff, Speyer 2009, S. 53.

2 WA 54, S. 180,21.

3 Johannes Cochläus, zit. nach Helmar Junghans (Hg.), Die Reformation in Augenzeugenberichten, München 1973, S. 451.

4 Junghans, Reformation in Augenzeugenberichten, S. 450.

5 Ebd.

6 Zit. nach: Buch der Reformation. Eine Auswahl zeitgenössischer Zeugnisse (1476–1555), bearb. und hg. von Detlef Plöse und Günter Vogler nach der Ausgabe von Karl Kaulfuß-Diesch, Berlin 1989, S. 266.

7 Otto Clemen, Flugschriften aus den ersten Jahren der Reformation, Bd. 1, Halle 1907, Nachdruck Nieuwkoop 1967, S. 201.

8 WA.TR 2, Nr. 2756b, S. 637,10 f. (Herbst 1532).

9 Ein predig vom wolff zu den Geußen [Speyer, Johann Eckhart 1524], VD 16 P 4754, A 4v.

10 Zur grundlegenden Orientierung vgl. Friedrich Wilhelm Graf, Protestantismus, München ²2010.

11 «Non ille digne Theologus dicitur, qui invisibilia Dei per ea, quae facta sunt, intellecta conspicit, Sed qui visibilia et posteriora Dei per passiones et crucem conspecta intelligit. Theologus gloriae dicit malum bonum et bonum malum, Theologus crucis id quod res est.» WA 1, S. 354,17–22, Th. 19–21.

12 WA.DB 7, S. 2–27.

VI. Die Wahrnehmung der Reformation in der Neuzeit

1 «[…] vere poenitentibus et confessis […] non solum plenam et largiorem, immo plenissimam omnium suorum concedemus et concedimus [Bonifatius VIII.] veniam peccatorum […].» Emil Friedberg (Hg.), Corpus Iuris Canonici, 2 Bde., Leipzig 1879, ND Graz 1955, Bd. II, 1303f; Walther Köhler, Dokumente zum Ablaßstreit von 1517, Tübingen ²1934, Nr. 9, S. 18 f.

2 Vgl. die materialreiche Übersicht von Johann Christoph Gatterer, Über Jubelfeste und Jubelmedaillen, in: Die Jubelfeyer der Georg Augusts Universität an ihrem funfzigsten Stiftungsfest dem 17. Septemb. 1787, Göttingen 1787, Beilage P, S. 50–60.

3 Brief Luthers an seinen Freund Nikolaus von Amsdorf vom 1.11.1517, in: WA.B 4, Nr. 1164, S. 274f; vgl. zum Folgenden auch: Thomas Kaufmann, Reformationsgedenken in der Frühen Neuzeit. Bemerkungen zum 16. bis 18. Jahrhundert, in: ZThK 107, 2010, S. 285–324.

4 Zit. nach der deutschen Übersetzung der *Historia de vita et actis … Lutheri* in: Melanchthon deutsch, Bd. 2, S. 169–188, hier: 177; originalsprachlicher Text in: CR 6, Nr. 3478, Sp. 155–170, hier: 161 f.

5 WA 48, Revisionsnachtrag, S. 166 [zu WA 48, S. 236]; vgl. WA 48, S. 116, Anm. 3; WA.DB 11/2, S. CXLI mit Anm. 7; zur Diskussion um die Historizität des Thesenanschlages vgl. Joachim Ott/Martin Treu (Hg.), Luthers Thesenanschlag – Faktum oder Fiktion [Schriften der Stiftung Luther-Gedenkstätten in Sachsen-Anhalt 9], Leipzig 2008; Erwin Iserloh, Der Thesenanschlag fand nicht statt, in: Uwe Wolff, Iserloh [Studia Oecumenica Friburgensia 61], Freiburg/CH 2013, S. 169–238.

6 Schreiben der Theologischen Fakultät Wittenberg an Johann Georg I., 24.4.1617, zit. nach: Friedrich Loofs, Die Jahrhundertfeiern der Reformation an den Universitäten Wittenberg und Halle 1617, 1717 und 1817, in: ZVKGS 14, 1917, S. 1–80, hier: 5; die wichtigste neuere Arbeit zur Sache stammt von Wolfgang Flügel, Konfession und Jubiläum. Zur Institutionalisierung der lutherischen Gedenkkultur in Sachsen 1617–1830 [Schriften zur sächsischen Geschichte und Volkskunde 14], Leipzig 2005.

7 Zit. nach Flügel, Konfession und Jubiläum, S. 47 f.

8 «Pestis eram vivens, moriens ero mors tua, Papa.» WA.TR 1, Nr. 844, S. 410 f.; WA.TR 3, Nr. 3543a, S. 390, 18; WA 35, S. 597 f.; WA 30/II, S. 339 f., Anm. 3; WA 30/III, S. 279, 18 f.; WA 48, S. 280; WA 48, Revisionsnachtrag, S. 115 (zu WA 48, S. 236).

9 Veit Ludwig von Seckendorff, *Ausführliche Historie des Lutherthums und der heylsamen Reformation Welche der theure Martin Luther binnen dreyßig Jahren glücklich ausgeführet …*, Leipzig, Joh. Friedrich Gleditsch und Sohn, 1714, S. 2692.

10 Dies hat gezeigt: Adolf Herte, Das katholische Lutherbild im Bann der Lutherkommentare des Cochläus, 3 Tle., Münster 1943; vgl. auch: Ders., Die Lutherkommentare des Johannes Cochläus. Kritische Studie zur Geschichtsschreibung im Zeitalter der Glaubensspaltung [RGST 33], Münster 1935.

11 Gottfried Arnold, Unparteiische Kirchen- und Ketzerhistorie vom Anfang des Neuen Testaments bis auf das Jahr Christi 1688, I.1.2, Frankfurt/M. 1729, ND Hildesheim 1967, S. 616.

12 Arnold, Kirchen- und Ketzerhistorie, S. 619.

13 Vgl. zu diesem apokryphen Wort die Hinweise in WA 35, S. 580, Anm. 1; einen Nachweis bei Johann Heinrich Voß in einem Gedicht von 1775 bietet Heinrich Bornkamm, Luther im Spiegel der deutschen Geistesgeschichte, Göttingen ²1970, S. 17, Anm. 7.

14 Vgl. Brad S. Gregory, The Unintended Reformation. How a Religious Revolution Secularized Society, Cambridge/Mass., London 2012.

15 Zweiter Brief an Herrn P., 1753 betr. Fall Lemnius, 1753, Gotthold Ephraim Lessings sämtliche Schriften Fünfter Band, hg. von Karl Lachmann, 3. durchges. Aufl. von Franz Muncker, Stuttgart 1890, S. 43, 31–44,3; vgl. zum weiteren Kontext: Rudolf Smend, Der Pastorensohn und der Reformator. Lessings Verhältnis zu Luther, zuletzt in: Ders., Zwischen Mose und Karl Barth, Tübingen 2009, S. 204–229.

16 Absagungsschreiben an Goeze, Anhang zur «Parabel», 1778; zit. nach Bornkamm, Luther im Spiegel der deutschen Geistesgeschichte, S. 201.

17 Anti-Goeze, 1778, zit. nach Bornkamm, Luther im Spiegel der deutschen Geistesgeschichte, S. 202.

18 Präzise Nachweise etc. in: Martin Keßler, Reformationstheorien um 1800.

Charles de Villers und die Preisaufgabe des französischen Nationalinstituts, in: ZThK 112, 2015, S. 300–336.

19 Johann Gottlieb Fichte, Reden an die deutsche Nation, 1808, 6. Rede, in: Gesamtausgabe Werke 1808–1812, Bd. 10, Stuttgart, Bad Cannstatt 2005, S. 171,13 f. (Kasus geändert, Th.K.).

20 Fichte, Reden, S. 173,34.

21 Fichte, Reden, S. 175,26 f.

22 Johann Gottlieb Fichte, Die Staatslehre oder über das Verhältnis des Urstaates zum Vernunftreiche 1813, Gesamtausgabe II, 16: Nachgelassene Schriften 1813, Stuttgart, Bad-Cannstatt 2011, S. 150,20–23; 154,9 ff.

23 Georg Wilhelm Friedrich Hegel, Vorrede zu den Grundlinien der Philosophie des Rechts, 1820, Gesammelte Werke Bd. 14, Hamburg 2009, S. 16,15 f.

24 Georg Wilhelm Friedrich Hegel, Vorlesungen über die Geschichte der Philosophie, 1833; Jubiläumsausgabe Bd. 19, Stuttgart 1928, S. 257.

25 Hegel, Vorlesungen, S. 253.

26 Zit. nach dem Textauszug der deutschen Übersetzung der lateinischen Rektoratsrede Hegels aus Anlass der 300-Jahr-Feier der CA 1830, in: Bornkamm, Luther im Spiegel der deutschen Geistesgeschichte, S. 236.

27 Leopold von Ranke, Deutsche Geschichte im Zeitalter der Reformation, München, Leipzig 1924, Bd. V, S. 391.

28 Ranke, Deutsche Geschichte, Bd. 1, S. VII; Kasus geändert, ThK.

29 Friedrich von Bezold, Geschichte der deutschen Reformation [Allgemeine Geschichte in Einzeldarstellungen III/1], Berlin 1886, S. 448.

30 Bezold, Geschichte der deutschen Reformation, S. 764.

31 Heinrich von Treitschke, Luther und die deutsche Nation (zuerst in: Preußische Jahrbücher 52, 1883, S. 469–486), in: Ders., Deutsche Lebensbilder, Leipzig 1927, S. 9–32, hier 13.

32 Ebd.

33 Treitschke, Luther und die deutsche Nation, S. 15.

34 Treitschke, Luther und die deutsche Nation, S. 17.

35 Treitschke, Luther und die deutsche Nation, S. 24.

36 Treitschke, Luther und die deutsche Nation, S. 20.

37 Treitschke, Luther und die deutsche Nation, S. 28.

38 Treitschke, Luther und die deutsche Nation, S. 28.

39 In einem fingierten Lutherzitat ruft der Reformator «seinen Deutschen» mit den Worten des Berliner Historikers zu: «Gottes Wort und Gnade ist ein fahrender Platzregen, der nicht wiederkommt, wo er einmal gewesen ist. Er ist bei den Juden gewesen, aber hin ist hin, sie haben nu nichts.» A.a.O., S. 17.

40 Heinrich von Treitschke, Unsere Aussichten, zit. nach der Ausgabe in: Karsten Krieger (Bearb.), Der «Berliner Antisemitismusstreit» 1879–1881, 2 Tle., München 2003, Teil I, S. 12. Dieser ursprünglich in den Preußischen Jahrbüchern (44, 1879, S. 559–576) erschienene Text gilt als Auslöser des «Berliner Antisemitismusstreites».

41 A.a.O., S. 12.

42 Hitler führte in *Mein Kampf* den Wittenberger Reformator im Zusammenhang

mit dem die Eigenschaften des «Programmatikers» und des «Politikers» in sich vereinenden «idealen Führer» an. Der Luther-Biograph Ian Kershaw (Hitler 1889–1945, München ³2009, S. 177) hat diesem Gedankengang Hitlers eine entscheidende Bedeutung für die Ausbildung seines in der Landsberger Haft gereiften charismatischen Selbstverständnisses zugeschrieben. Solche sehr selten in der Geschichte auftretenden «Führer» würden zumeist erst von der Nachwelt angemessen gewürdigt. «Hierzu gehören aber nicht nur die wirklich großen Staatsmänner, sondern auch alle sonstigen großen Reformatoren. Neben Friedrich dem Großen stehen hier Martin Luther sowie Richard Wagner.» Adolf Hitler, Mein Kampf, München ⁵⁷⁸⁻⁵⁸²1940, S. 232; zu Hitlers Bezugnahme auf Luther als «großen Antisemiten» in seinen Gesprächen mit Dietrich Eckart vgl. Thomas Kaufmann, Antisemitische Lutherflorilegien, in: ZThK 112, 2015, S. 192–228, beziehungsweise 210–212, Anm. 71. Zur Linie «Von Luther zu Hitler» und ihrer kritisch-polemischen Fortführung in der Nachkriegsdiskussion vgl. die weiterführenden Hinweise in: Thomas Kaufmann, Luthers «Judenschriften». Ein Beitrag zu ihrer historischen Kontextualisierung, Tübingen ²2013, S. 2.

43 Ernst Troeltsch, Die Bedeutung des Protestantismus für die Entstehung der modernen Welt, in: Ders., Kritische Gesamtausgabe Bd. 8, Berlin, New York 2001, S. 199–316, hier: 247.

44 Troeltsch, Bedeutung, S. 325 (Hervorhebung im Original).

45 Adolf von Harnack, Lehrbuch der Dogmengeschichte, Bd. III, Nachdruck der 4., neu durchges. und verm. Aufl. Tübingen 1909, Darmstadt 1990, S. 817; Kasus z.T. von mir geändert, Th. K.

46 Wilhelm Dilthey, Auffassung und Analyse des Menschen im 15. und 16. Jahrhundert, in: Ders., Weltanschauung und Analyse des Menschen seit Renaissance und Reformation, Gesammelte Schriften Bd. 2, Göttingen, Stuttgart ¹¹1991, S. 1–89.

47 Jacob Burckhardt, Die Kultur der Renaissance in Italien. Ein Versuch [Kröner Taschenausgabe 53], Stuttgart ¹⁰1976, S. 436.

48 Theodor Brieger, Randbemerkungen zu Troeltschs Vortrag über «Die Bedeutung des Protestantismus für die Entstehung der modernen Welt», in: ZKG 27, 1906, S. 348–355, hier: 350 f.

49 Theodor Brieger, Die Reformation. Ein Stück aus Deutschlands Weltgeschichte, Berlin 1914, S. 3.

50 Heinrich Hermelink, Die religiösen Reformbestrebungen des deutschen Humanismus, Tübingen 1907.

51 Otto von Below, Die Ursachen der Reformation [HB 38], München 1917.

52 Heinrich Boehmer, Luther im Lichte der neueren Forschung [Aus Natur und Geisteswelt 113], Leipzig 1913; ders., Die Bedeutung des Luthertums für die europäische Kultur, in: Ders., Studien zur Kirchengeschichte, hg. von Ernst Wolf [ThB 52], München 1974, S. 124–156.

53 Zu den einschlägigen Texten Elerts vgl. die Nachweise in: Thomas Kaufmann, Werner Elert als Kirchenhistoriker, in: ZThK 93, 1996, S. 193–242.

54 Alle wesentlichen Texte zur Sache finden sich in: Karl Holl, Gesammelte Aufsätze zur Kirchengeschichte, Bd. 1: Luther, Tübingen ²ᐟ³1923.

55 Vgl. Rechtfertigung und Freiheit. Einen gemeinsamen Widerspruch gegen diesen maßgeblichen «Grundlagentext» des Rates der Evangelischen Kirche in

Deutschland haben Heinz Schilling und ich in der Tageszeitung «Die Welt» artikuliert (Ausgabe 24.5.2014, S. 2). Vgl. dazu auch meine Rezension unter dem Titel «Lerngeschichte», in: Süddeutsche Zeitung vom 1.7.2014, S. 14, sowie: Geschichtslose Reformation? Die EKD droht sich 2017 ins Abseits zu feiern, in: zeitzeichen 15, Heft 8, August 2014, S. 12–14.

56 Vgl. die einleitenden Hinweise in Troeltsch, Kritische Gesamtausgabe, Bd. 8, s. oben, S. 317–319; Abdruck von Troeltschs Vorwort S. 320.

57 Zit. nach: Martin Schloemann, Luthers Apfelbäumchen? Ein Kapitel deutscher Mentalitätsgeschichte seit dem Zweiten Weltkrieg, Göttingen 1994, S. 28.

58 Die Erstausgabe erschien in Berlin 1948; die 2. verb. und erg. Aufl. (16.-20. Tausend) kam 1952 heraus.

59 Alexander Abusch, Der Irrweg einer Nation. Ein Beitrag zum Verständnis deutscher Geschichte, Berlin 1946, S. 29.

60 Zit. nach J.H. Brinks, Einige Überlegungen zur politischen Instrumentalisierung Martin Luthers durch die deutsche Historiographie im neunzehnten und zwanzigsten Jahrhundert, in: Zeitgeschichte 22, Wien 1995, S. 233–248, hier: 240.

61 Rudolf von Thadden, Mit Luther Staat machen? In: Ders., Nicht Vaterland, nicht Fremde. Essays zu Geschichte und Gegenwart, München 1989, S. 133–140, hier: 135.

62 Eine ausführliche Analyse der deutschen Reformations- und kirchengeschichtlichen Renaissanceforschung, in der ich das hier nur kurz Dargelegte ausführlich entfaltet habe, liegt vor in: Thomas Kaufmann, Evangelische Reformationsgeschichtsforschung nach 1945, in: ZThK 104, 2007, S. 404–454; ders., Die deutsche Reformationsforschung seit dem Zweiten Weltkrieg, in: ARG 100, 2009, S. 15–47; ders., Die Deutung des Humanismus vornehmlich in der deutschsprachigen Kirchengeschichtswissenschaft – Beobachtungen zu älteren und neueren Tendenzen, in: Wolfenbütteler Renaissance-Mitteilungen 33, 2011, S. 1–32.

63 Den einfachsten Zugang zu Obermans breitem literarischen Werk vermittelt der mit einem werkbiographischen Essay seines Schülers Manfred Schulze versehene Band: Heiko A. Oberman, Zwei Reformationen. Luther und Calvin – Alte und Neue Welt, Berlin 2003; vgl. auch den Nachruf Berndt Hamms, in: HZ 203, 2001, S. 830–834.

64 Eine werkbiographische Analyse unter dem Aspekt der wissenschaftsgeschichtlichen Bedeutung der Moellerschen Beiträge zur Stadtreformationsforschung liegt vor in: Bernd Moeller, Reichsstadt und Reformation. Neue Ausgabe. Mit einer Einleitung hg. von Thomas Kaufmann, Tübingen 2011, S. 1–38.

65 Den besten Zugang zu seinem Werk vermittelt der mit Einleitungsbeiträgen von Lyndal Roper und Thomas A. Brady Jr. versehene, posthum erschienene Aufsatzband Robert Scribners: Religion und Kultur in Deutschland 1400–1800 [VMPIG 175], Göttingen 2002.

66 Die wichtigsten Arbeiten der genannten Autoren und der Forschungsdebatte habe ich zusammengestellt in dem Artikel «Konfessionalisierung» in: Enzyklopädie der Neuzeit, Bd. 6, 2007, Sp. 1053–1070.

67 Eine kompakte Übersicht über Trends und Tendenzen der internationalen Reformationsgeschichtsforschung seit dem Zweiten Weltkrieg vermittelt der Bd. 100 des ARG, 2009.

68 Deutsche Ausgabe: Diarmaid MacCulloch, Die Reformation 1490–1700, München 2008; Originalausgabe: The Reformation. A History, London, New York

2004; zu meiner konzeptionellen Kritik an MacCulloch vgl. Thomas Kaufmann, «History is good at confounding and confessing labelers.» – «Die Geschichte versteht es meisterlich, Schlagwortexperten zu irritieren und zu verwirren.» Zu Diarmaid MacCullochs «Reformation», in: ARG 101, 2010, S. 305–320.

Epilog

1 Franz Lau, Reformationsgeschichte bis 1532, in: Ders.– Ernst Bizer, Reformationsgeschichte Deutschlands bis 1555 [KiG 3K], Göttingen 1964, S. 17.

LITERATUR

Dem folgenden Verzeichnis sind allgemeinere Hilfsmittel und Überblicksdarstellungen vorangestellt. Die allgemeineren Darstellungen sind in der Regel für viele Aspekte, die in diesem Buch verhandelt werden, aufschlussreich. Ansonsten werden zu jedem Kapitel gesondert einschlägige Titel verzeichnet; von einer Aufführung weiterer Titel zum Epilog wurde abgesehen. Vollständigkeit in der bibliographischen Verzeichnung ist nicht angestrebt; die im ersten Teil des Literaturverzeichnisses angeführten bibliographischen Referenzwerke ermöglichen die Einarbeitung in die jeweiligen Forschungsstände zu allen Fragen der Reformationsgeschichte.

Periodisch erscheinende Literaturübersichten zum gesamten Bereich der Reformationsgeschichte bietet das *Archiv für Reformationsgeschichte. Literaturbericht*, Gütersloh, Bd. 1 ff., 1972 ff.; für die Renaissance- und Humanismusforschung (seit 1966 ff.) ist grundlegend: *Bibliographie internationale de l'Humanisme et de la Renaissance*, in: *Bibliothèque d'Humanisme et de Renaissance*. Die wichtigsten Zeitschriften mit reformationsgeschichtlichen Beiträgen sind das *Archiv für Reformationsgeschichte (ARG)*, die Zeitschrift *Zwingliana. Beiträge zur Geschichte Zwinglis, der Reformation und des Protestantismus in der Schweiz*, Bd. 1 ff., Zürich 1897 ff. sowie das *Luther-Jahrbuch (LuJ)*, Leipzig, Bd. 1 ff., 1919 ff. Für den weiteren Bereich der frühneuzeitlichen Geschichte sind die jeweils mit ausführlichen Rezensionsteilen ausgestatteten wichtigsten Zeitschriften das *Sixteenth Century Journal*, Kirksville, Bd. 1, 1970 ff. und die *Zeitschrift für Historische Forschung. Vierteljahrsschrift zur Erforschung des Spätmittelalters und der frühen Neuzeit*, Bd. 1 ff., Berlin 1973 ff.

Abkürzungen folgen dem Abkürzungsverzeichnis der Theologischen Realenzyklopädie, zusammengestellt von *Siegfried Schwertner*, Berlin, New York [3]2015.

Allgemeinere Werke

Quellen, Quellenkunden, Bibliographien

Aland, Kurt: Hilfsbuch zum Lutherstudium. Bearbeitet in Verbindung mit *Ernst Otto Reichert* und *Gerhard Jordan*, Witten [4]1996.

Benzing, Josef / Claus, Helmut: Lutherbibliographie. Verzeichnis der gedruckten Schriften Martin Luthers bis zu dessen Tod, 2 Bde., Baden-Baden [2]1989/1994.

Bibliographie de la Réforme 1450–1648. Ouvrages parus de 1940 à 1955 [Bd. 6: à 1960, Bd. 8: à 1975/76], hg. von der Commission internationale d'histoire ecclesiastique comparée, Leiden 1961–82.

Claus, Helmut: Melanchthon-Bibliographie 1510–1560, 4 Teilbde., Gütersloh 2014.

Dotzauer, Winfried: Das Zeitalter der Glaubensspaltung (1500–1618), Darmstadt 1987.

Hillerbrand, Hans-Joachim: Bibliographie des Täufertums 1520–1630, Gütersloh 1962.

Huldreich Zwingli, Sämtliche Werke, Bd. I [CR 88], Berlin 1905, Bd. II [CR 89], Leipzig 1908, Zwingli, Werke Bd. VII [CR 94], Leipzig 1911.

Index Aureliensis: Catalogus Sedecimo saeculo impressorum, Bd. 1 ff., Nieuwkoop, Baden-Baden 1967 ff.

Köhler, Hans-Joachim (Hg.): Bibliographie der Flugschriften des 16. Jahrhunderts. Teil I: Das frühe 16. Jahrhundert (1501–1530), Druckbeschreibungen, Bd. 1 ff., Tübingen 1991 ff.

Martin Luther, Schriften I: Aufbruch der Reformation, Schriften II: Reformation der Frömmigkeit und Bibelauslegung, hg. von Thomas Kaufmann, Berlin 2014

Mykonius, Friedrich: Geschichte der Reformation, hg. von *Otto Clemen*, Leipzig o. J.

Schottenloher, Karl (Hg.): Bibliographie zur deutschen Geschichte im Zeitalter der Glaubensspaltung 1517–1585, Bd. 1–6, Leipzig 1932–1940; 2. Aufl. Bd. 1–7. Bd. 7 hg. von Ulrich Thürauf, Stuttgart 1956–1966.

Thomas Müntzer: Schriften und Briefe. Kritische Gesamtausgabe, hg. von *Günther Franz*, Gütersloh 1968.

Weimarer Ausgabe (WA), D. Martin Luthers Werke, I Schriften, II Tischreden (TR), III Die Deutsche Bibel (DB), IV Briefwechsel (B), Weimar 1883 ff.

Wolf, Gustav: Quellenkunde der deutschen Reformationsgeschichte Bd. 1–3, Gotha (Bd. 3 Stuttgart, Gotha) 1915–1923, ND Nieuwkoop, Hildesheim 1965.

VD 16 = Bayerische Staatsbibliothek [München] – *Herzog August Bibliothek* [Wolfenbüttel] (Hg.): Verzeichnis der im deutschen Sprachgebiet erschienenen Drucke des 16. Jahrhunderts, Bd. 1–25, Stuttgart 1983–2000. (www.vd16.de)

Nachschlagewerke

Bietenholz, Peter G. (Hg.): Contemporaries of Erasmus. A Biographical Register of the Renaissance and Reformation, 3 Bde., Toronto, Buffalo, London 1985–1987, ND Toronto 2003.

Deutsche Biographische Enzyklopädie der Theologie und der Kirchen, hg. von *Bernd Moeller* mit *Bruno Jahn*, 2 Bde., München 2005.

Dingel, Irene / Leppin, Volker (Hg.): Das Reformatorenlexikon, Darmstadt 2014.

Hillerbrand, Hans-Joachim (Hg.): The Oxford Encyclopedia of the Reformation, 4 Bde., New York, Oxford 1996.

Kaufmann, Thomas: Reformatoren, Göttingen 1998.

Leppin, Volker / Schneider-Ludorff, Gury: Das Luther-Lexikon, Regensburg ²2015.

Lexikon für Theologie und Kirche, 3. völlig neu bearb. Aufl., 11 Bde., Freiburg/Br. u. a. 1993–2001.

Religion in Geschichte und Gegenwart, 4. völlig neu bearb. Aufl. Bd. 1–8, Tübingen 1998–2005, Register 2007.

Reske, Christoph: Die Buchdrucker des 16. und 17. Jahrhunderts im deutschen Sprachgebiet. Auf der Grundlage des gleichnamigen Werkes von *Josef Benzing*, Wiesbaden 2007.

Theologische Realenzyklopädie, Bd. 1–36, Berlin, New York 1977–2004.

Gesamtdarstellungen der deutschen und der europäischen
Reformationsgeschichte

Andresen, Carl / Ritter, Adolf Martin (Hg.): Handbuch der Dogmen- und Theologiegeschichte Bd. 2, Göttingen ²1998.

Blickle, Peter: Die Reformation im Reich, Stuttgart ³2000.

Brady, Thomas A.: Zwischen Gott und Mammon. Protestantische Politik und deutsche Reformation, Berlin 1996.

–: German Histories in the Age of Reformations, 1400–1650, Cambridge 2009.

– / *Oberman, Heiko A.*/ *Tracy, James D.* (Hg.): Handbook of European History 1400–1600, 2 Bde., Leiden u. a. 1994/95.

Burkhardt, Johannes: Das Reformationsjahrhundert. Deutsche Geschichte zwischen Medienrevolution und Institutionenbildung 1517–1617, Stuttgart 2002.

Cameron, Euan: The European Reformation, Oxford 1991.

Chaunu, Pierre: Le temps des Réformes. Histoire religieuse et système de civilisation, Paris 1975.

–: Église, culture et société 1517–1620. Essais sur Réforme et Contre-Réforme, Paris 1982.

Dixon, Scott C.: The Reformation in Germany, Oxford 2002.

Elton, Geoffrey R.: Europa im Zeitalter der Reformation 1517–1559, München ²1982.

Friedeburg, Robert von: Europa in der frühen Neuzeit, Frankfurt/M. 2012.

Goertz, Hans-Jürgen: Deutschland 1500–1648. Eine zertrennte Welt, Paderborn 2004.

Greengrass, Mark: The European Reformation, c. 1500–1618, London, New York 1998.

–: Christendom Destroyed. Europe 1517–1648, London 2014.

Greyerz, Kaspar von: Religion und Kultur. Europa 1500–1800, Göttingen 2000.

Hauschild, Wolf-Dieter: Lehrbuch der Kirchen- und Dogmengeschichte Bd. 2: Reformation und Neuzeit, Gütersloh 1999.

Heckel, Martin: Deutschland im konfessionellen Zeitalter, Göttingen ²2001.

Hendrix, Scott H.: Recultivating the Vineyard. The Reformation Agendas of Christianization, Louisville, London 2004.

Hillerbrand, Hans J.: The Division of Christendom. Christianity in the Sixteenth Century, Louisville, London 2007.

Hsia, Ronnie Po-chia (Hg.): The Cambridge History of Christianity Vol. 6: Reform and Expansion 1500–1660, Cambridge ²007.

Iserloh, Erwin: Geschichte und Theologie der Reformation im Grundriß, Paderborn ³1985.

Joachimsen, Paul: Die Reformation als Epoche der deutschen Geschichte. In vollständiger Fassung erstmals aus dem Nachlass herausgegeben von *Otto Schottenloher*, München 1951, ND Aalen 1971.

Kaufmann, Thomas: Geschichte der Reformation in Deutschland, Neue Ausgabe, Berlin 2016; französische Ausgabe: Histoire de la Reformation. Mentalités, religion, société, Genf 2014.

– / *Kottje, Raymund* (Hg.): Ökumenische Kirchengeschichte Bd. 2: Vom Hochmittelalter bis zur frühen Neuzeit, Darmstadt 2008.

Klueting, Harm: Das Konfessionelle Zeitalter 1525–1648, Stuttgart 1989.

–: Das Konfessionelle Zeitalter. Europa zwischen Mittelalter und Moderne. Kirchengeschichte und Allgemeine Geschichte, Darmstadt 2007.

Lau, Franz / Bizer, Ernst: Reformationsgeschichte Deutschlands bis 1555, Göttingen 1964.

Laube, Adolf / Steinmetz, Max / Vogler, Günter (Autorenkollektiv): Illustrierte Geschichte der deutschen frühbürgerlichen Revolution, Berlin/O. ²1982.

Lemaitre, Nicole: L'Europe et les Réformes au XVIᵉ siècle, Paris 2008.

Leppin, Volker: Die Reformation, Darmstadt 2013.

Lortz, Joseph: Die Reformation in Deutschland, 2 Bde., Freiburg/Br. 1939–1940; ⁶1982.

Lutz, Heinrich: Das Ringen um deutsche Einheit und kirchliche Erneuerung. Von Maximilian I. bis zum Westfälischen Frieden. 1490 bis 1648, Frankfurt/M. 1983, Studienausgabe 1987.

–: Reformation und Gegenreformation, München ⁴1997.

MacCulloch, Diarmaid: The Reformation, New York, London 2004 (deutsche Übersetzung: Die Reformation 1490–1700, München 2008).

Marshall, Peter: Die Reformation in Europa, Stuttgart 2014.

Martin Luther und die Reformation in Deutschland. Ausstellung zum 500. Geburtstag Martin Luthers, Frankfurt/M. 1983.

Moeller, Bernd: Deutschland im Zeitalter der Reformation, Göttingen ⁴1999.

Mörke, Olaf: Die Reformation. Voraussetzungen und Durchsetzung, München 2005.

Mühlen, Karl-Heinz zur: Reformation und Gegenreformation, 2 Teile, Göttingen 1999.

Ozment, Steven: The Age of Reform 1250–1550. An Intellectual and Religious History of Late Medieval and Reformation Europe, New Haven, London 1980.

Pettegree, Andrew: The Early Reformation in Germany, Cambridge 1992.

–: (Hg.): The Reformation World, London 2002.

Rabe, Horst: Deutsche Geschichte 1500–1600. Das Jahrhundert der Glaubensspaltung, München 1991.

Ranke, Leopold von: Deutsche Geschichte im Zeitalter der Reformation, 5 Bde., München, Leipzig 1924.

Rapp, Francis: Christentum IV. Zwischen Mittelalter und Neuzeit (1379–1552), Stuttgart 2006.

Reinhard, Wolfgang: Probleme deutscher Geschichte 1495–1806. Reichsreform und Reformation 1495–1555 (Gebhardt Handbuch der deutschen Geschichte, 10. völlig neu bearb. Aufl.), Stuttgart 2001, S. 111–356.

Rublack, Ulinka: Die Reformation in Europa, Frankfurt/M. 2003.

Schilling, Heinz: Aufbruch und Krise. Deutschland 1517–1648, Berlin 1988; Sonderausgabe 1994.

–: Die neue Zeit. Vom Christenheitseuropa zum Europa der Staaten. 1250 bis 1750, Berlin 1999.

Schindling, Anton / Ziegler, Walter (Hg.): Die Territorien des Reichs im Zeitalter der Reformation und der Konfessionalisierung. Land und Konfession 1500–1650, 7 Bde., Münster 1989–1997.

Schnabel-Schüle, Helga: Die Reformation 1495–1555, Stuttgart 2006.

Schorn-Schütte, Luise: Die Reformation. Vorgeschichte – Verlauf – Wirkung, München ⁶2016.

–: Konfessionskriege und europäische Reformation. Europa 1500–1648, München 2010.

Schulze, Winfried: Deutsche Geschichte im 16. Jahrhundert, Frankfurt/M. 1987, ND Darmstadt ⁶1996.

Scribner, Robert W.: The German Reformation, Basingstoke 1986.

Seebaß, Gottfried: Geschichte des Christentums III. Spätmittelalter – Reformation – Konfessionalisierung, Stuttgart 2006.

Skalweit, Stephan: Reich und Reformation, Berlin 1967.

Stupperich, Robert: Die Reformation in Deutschland, Gütersloh ²1980.

Venard, Marc (Hg.): Die Zeit der Konfessionen (1530–1620/30). Deutsche Ausgabe bearb. und hg. von Heribert Smolinsky (Die Geschichte des Christentums Bd. 8), Freiburg/Br. u. a. 1992.

– (Hg.): Von der Reform zur Reformation (1450–1530). Deutsche Ausgabe bearb. und hg. von Heribert Smolinsky (Die Geschichte des Christentums Bd. 7), Freiburg/Br. u. a. 1995.

Vogler, Günter: Europas Aufbruch in die Neuzeit 1550–1650, Stuttgart 2003.

Wohlfeil, Rainer: Einführung in die Geschichte der deutschen Reformation, München 1982.

Zeeden, Ernst Walter: Die Entstehung der Konfessionen. Grundlagen und Formen der Konfessionsbildung im Zeitalter der Glaubenskämpfe, München, Wien 1965.

Literaturhinweise zu den einzelnen Kapiteln

Erstes Kapitel: Luther und die Reformation

Boockmann, Hartmut: Das 15. Jahrhundert und die Reformation, in: Ders., Wege ins Mittelalter, hg. von Dieter Neitzert, Uwe Israel und Ernst Schubert, München 2000, S. 65–80.

Ehrenpreis, Stefan / Lotz-Heumann, Ute: Reformation und konfessionelles Zeitalter, Darmstadt 2002.

Ehrenpreis, Stefan / Lotz-Heumann, Ute / Mörke, Olaf / Schorn-Schütte, Luise (Hg.): Wege der Neuzeit. Festschrift für Heinz Schilling zum 65. Geburtstag, Berlin 2007.

Guggisberg, Hans R. / Krodel, Gottfried G. (Hg.): Die Reformation in Deutschland und Europa: Interpretationen und Debatten, Gütersloh 1993.

Hamm, Berndt: Von der spätmittelalterlichen reformatio zur Reformation: der Prozeß normativer Zentrierung von Religion und Gesellschaft in Deutschland, in: ARG 84, 1993, S. 7–82.

Jussen, Bernhard / Koslofsky, Craig (Hg.): Kulturelle Reformation. Sinnformationen im Umbruch: 1400–1600, Göttingen 1999.

Moeller, Bernd: Die Reformation und das Mittelalter. Kirchengeschichtliche Aufsätze, hg. von Johannes Schilling, Göttingen 1991.

– (Hg.): Die frühe Reformation in Deutschland als Umbruch, Gütersloh 1998.

Seebaß, Gottfried: Art. Reformation, in: TRE 28, 1997, S. 386–404.

–: Die Reformation als Epoche, in: Ehrenpreis u. a. (Hg.), Wege der Neuzeit, s. oben, S. 21–32.

Wolgast, Eike: Art. Reform, Reformation, in: Geschichtliche Grundbegriffe Bd. 5, Stuttgart 1984, S. 313–360.

Zweites Kapitel: Die europäische Christenheit um 1500

Andermann, Kurt / Ehmer, Hermann (Hg.): Bevölkerungsstatistik an der Wende vom Mittelalter zur Neuzeit, Sigmaringen 1990.

Andreas, Willy: Deutschland vor der Reformation, Stuttgart ⁷1972.

Angenendt, Arnold: Heilige und Reliquien, München ²1997.

–: Geschichte der Religiosität im Mittelalter, Darmstadt ²2000.

–: Grundformen der Frömmigkeit im Mittelalter, München ²2004.

Appel, Helmut: Anfechtung und Trost im Spätmittelalter und bei Luther, Leipzig 1938.

Aubin, Hermann / Zorn, Wolfgang (Hg.): Handbuch der deutschen Wirtschafts- und Sozialgeschichte Bd. 1, Stuttgart 1971.

Augustijn, Cornelis: Erasmus von Rotterdam. Leben, Werk, Wirkung, München 1986.

–: Erasmus. Der Humanist als Theologe und Kirchenreformer, Leiden u. a. 1996.

–: Humanismus, Göttingen 2003.

Baechler, Jean / Hall, John A. / Mann, Michael (Hg.): Europe and the Rise of Capitalism, Oxford 1989.

Bast, Robert J. / Gow, Andrew C. (Hg.): Continuity and Change. The Harvest of Late Medieval and Reformation History, Festschrift Heiko A. Oberman, Leiden 2000.

Battenberg, Friedrich: Das europäische Zeitalter der Juden, Bd. 1: Von den Anfängen bis 1650, Darmstadt 1990.

Bauer, Leonhard / Matis, Herbert: Geburt der Neuzeit. Vom Feudalsystem zur Marktgesellschaft, München 1988.

Baumgart, Peter / Hammerstein, Notker (Hg.): Beiträge zu Problemen deutscher Universitätsgründungen des 15. Jahrhunderts, Neudeln 1978.

Baxandall, Michael: Die Kunst der Bildschnitzer. Tilman Riemenschneider, Veit Stoss und ihre Zeitgenossen, München ⁴2004.

Becker, Hans-Jürgen: Die Appellation vom Papst an ein allgemeines Konzil, Köln, Wien 1988.

Behringer, Wolfgang / Roeck, Bernd (Hg.): Das Bild der Stadt in der Neuzeit 1400–1800, München 1999.

Bell, Dean Philip / Burnett, Stephen (Hg.): Jews, Judaism and the Reformation in Sixteenth-Century Germany, Leiden, Boston 2006.

Boockmann, Hartmut: Die Stadt im späten Mittelalter, München ³1994.

–: Der Streit um das Wilsnacker Blut. Zur Situation des deutschen Klerus in der Mitte des 15. Jahrhunderts, in: *Ders.*, Wege ins Mittelalter. Historische Aufsätze, hg. von *Dieter Neizert, Uwe Israel* und *Ernst Schubert*, München 2000, S. 17–36.

–: (Hg.): Kirche und Gesellschaft im Heiligen Römischen Reich des 15. und 16. Jahrhunderts, Göttingen 1994.

– / *Grenzmann, Ludger / Moeller, Bernd / Staehelin, Martin* (Hg.): Recht und Verfassung im Übergang von Mittelalter zur Neuzeit, 2 Teile, Göttingen 1998–2001.

– / *Grenzmann, Ludger / Moeller, Bernd / Staehelin, Martin* (Hg.): Literatur, Musik und Kunst im Übergang vom Mittelalter zur Neuzeit, Göttingen 1995.

– / *Moeller, Bernd / Stackmann, Karl* (Hg.): Lebenslehren und Weltentwürfe im Übergang vom Mittelalter zur Neuzeit. Politik – Bildung – Naturkunde – Theologie, Göttingen 1989.

Braudel, Fernand: Sozialgeschichte des 15.-18. Jahrhunderts, 3 Bde., München 1985, Studienausgabe 1990.

Brinkmann, Bodo (Hg.): Cranach der Ältere. Katalog der Ausstellung, Ostfildern 2007.

Burckhardt, Jacob: Die Kultur der Renaissance in Italien. Ein Versuch, Stuttgart ¹⁰1976.

Burke, Peter: Die europäische Renaissance. Zentren und Peripherien, München 1998; Neuausgabe München 2005.

Cassirer, Ernst: Individuum und Kosmos in der Philosophie der Renaissance, Darmstadt ⁵1977.

Crusius, Irene (Hg.): Studien zum weltlichen Kollegiatstift in Deutschland, Göttingen 1995.

Dicke, Gerd / Grubmüller, Klaus (Hg.): Die Gleichzeitigkeit von Handschrift und Buchdruck, Wiesbaden 2003.

Divina Officia. Liturgie und Frömmigkeit im Mittelalter. Ausstellungskatalog der Herzog August Bibliothek, Braunschweig 2004.

Dörfler-Dierken, Angelika: Die Verehrung der Heiligen Anna in Spätmittelalter und Früher Neuzeit, Göttingen 1992.

Döring, Karoline Dominika: Türkenkrieg und Medienwandel im 15. Jahrhundert, Husum 2013.

Duffy, Eamon: The Stripping of the Altars: Traditional Religion in England, c. 1400 – c. 1580, New Haven 1992.

Dykema, Peter A. / Oberman, Heiko A. (Hg.): Anticlericalism in Late Medieval and Early Modern Europe, Leiden u. a. 1993.

Eckert, Willehad Paul: Erasmus von Rotterdam. Werk und Wirkung, 2 Bde., Köln 1967.

Ehbrecht, Wilfried (Hg.): Städtische Führungsgruppen und Gemeinde in der werdenden Neuzeit, Köln, Wien 1980.

Ehrenberg, Richard: Das Zeitalter der Fugger. Geldkapital und Kreditverkehr im 16. Jahrhundert, 2 Bde., Jena 1922.

Eisenstein, Elisabeth: Die Druckerpresse. Kulturrevolutionen im frühen modernen Europa, Wien, New York 1997.

Eisermann, Falk: Der Ablaß als Medienereignis. Kommunikationswandel durch Einblattdrucke im 15. Jahrhundert. Mit einer Auswahlbibliographie, in: Tradition and Innovation in an Era of Change/ Tradition und Innovation im Übergang zur Frühen Neuzeit, hg. von *Rudolf Suntrup* und *Jan R. Venstra*, Frankfurt/M. 2001, S. 99–128.

Elm, Kaspar (Hg.): Reformbemühungen und Observanzbestrebungen im spätmittelalterlichen Ordenswesen, Berlin 1989.

Elze, Martin: Das Verständnis der Passion Jesu im ausgehenden Mittelalter und bei Luther, in: Geist und Geschichte der Reformation. Festgabe für Hans Rückert, hg. von *Heinz Liebing* und *Klaus Scholder*, Berlin 1966, S. 127–151.

Endres, Rudolf: Adel in der Frühen Neuzeit, München 1993.

Erkens, Franz-Reiner: Buße in Zeiten des Schwarzes Todes, in: ZHF 26, 1999, S. 483–513.

– (Hg.): Europa und die osmanische Expansion im ausgehenden Mittelalter, Berlin 1997.

Ernst, Wilhelm: Gott und Mensch am Vorabend der Reformation, Leipzig 1972.

Faix, Gerhard: Gabriel Biel und die Brüder vom gemeinsamen Leben, Tübingen 1999.

Faulstich, Werner: Medien zwischen Herrschaft und Revolte. Die Medienkultur in der frühen Neuzeit (1400–1700). Die Geschichte der Medien Bd. 3, Göttingen 1998.

Febvre, Lucien: Leben in der französischen Renaissance, Berlin 2000.

Frank, Günter / Niewöhner, Friedrich (Hg.): Reformer als Ketzer. Heterodoxe Bewegungen von Vorreformatoren, Stuttgart, Bad Cannstatt 2004.

Fried, Johannes: Aufstieg aus dem Untergang. Apokalyptisches Denken und die Entstehung der modernen Naturwissenschaft im Mittelalter, München 2001.

Giesecke, Michael: Der Buchdruck in der frühen Neuzeit, Frankfurt/M. 1994.

Goff, Jacques Le: Die Intellektuellen im Mittelalter, München 1993.

Gotthard, Axel: Säulen des Reiches. Die Kurfürsten im frühneuzeitlichen Reichsverband, 2 Bde., Husum 1999.

Graus, František: Pest – Geißler – Judenmorde. Das 14. Jahrhundert als Krisenzeit, Göttingen 1987.

Greenblatt, Stephen: Die Wende. Wie die Renaissance begann, München 2011.

Grenzmann, Ludger / Haye, Thomas / Henkel, Nikolaus / Kaufmann, Thomas (Hg.): Wechselseitige Wahrnehmung der Religionen im Spätmittelalter und in der Frühen Neuzeit, 2 Bde., Berlin, Boston 2009–2012.

Grenzmann, Ludger / Grubmüller, Klaus / Rädle, Fidel / Staehelin, Martin (Hg.): Die Präsenz der Antike im Übergang vom Mittelalter zur Frühen Neuzeit, Göttingen 2004.

Grenzmann, Ludger / Stackmann, Karl (Hg.): Literatur und Laienbildung im Spätmittelalter und in der Reformationszeit, Stuttgart 1984.

Greyerz, Kaspar von (Hg.): Religion and Society in Early Modern Europe, 1500–1800, London 1984.

Griffiths, Richard (Hg.): The Bible in the Renaissance: Essays on Biblical Commentary and Translation in Fifteenth and Sixteenth Centuries, Aldershot 2001.

Grosse, Sven: Heilsungewißheit und Scrupulositas im späten Mittelalter, Tübingen 1994.

Grubmüller, Klaus (Hg.): Schulliteratur im späten Mittelalter, München 2000.

Gründer, Horst: Die Geschichte der europäischen Expansion, Leipzig, Mannheim 1998/99; Lizenzausgabe Darmstadt 2003.

Gutenberg. aventur und kunst. Vom Geheimunternehmen zur ersten Medienrevolution. Katalog zur Ausstellung der Stadt Mainz, Mainz 2000.

Guthmüller, Bodo (Hg.): Latein und Nationalsprachen in der Renaissance, Wiesbaden 1998.

– / *Kühlmann, Wilhelm* (Hg.): Europa und die Türken in der Renaissance, Tübingen 2000.

– / *Müller, Wolfgang G.* (Hg.): Dialog und Gesprächskultur in der Renaissance, Wiesbaden 2004.

Haberer, Johanna / Hamm, Berndt (Hg.): Medialität, Unmittelbarkeit, Präsenz. Die Nähe des Heils im Verständnis der Reformation, Tübingen 2012.

Häberlein, Mark: Die Fugger. Geschichte einer Augsburger Familie (1367–1650), Stuttgart 2006.

Hagen, Kenneth (Hg.): Augustine, the Harvest and Theology (1300–1650). Festschrift für Heiko A. Oberman, Leiden 1990.

Halkin, Léon-E.: Erasmus von Rotterdam: Eine Biographie, Zürich 1989.

Hamm Berndt: Frömmigkeit als Gegenstand theologischer Forschung, in: ZThK 74, 1977, S. 464–497.

–: Frömmigkeitstheologie am Anfang des 16. Jahrhunderts: Studien zu Johannes Paltz und seinem Umkreis, Tübingen 1982.

–: Normative Zentrierung im 15. und 16. Jahrhundert. Beobachtungen zur Religiosität, Theologie und Ikonologie, in: ZHF 26, 1999, S. 163–202.

–: The Reformation of Faith in the Context of Late Medieval Theology and Piety. Essays hg. von *Robert J. Bast*, Leiden u. a. 2004.

–: Religiosität im späten Mittelalter. Spannungspole, Neuaufbrüche, Normierungen, hg. von *Reinhold Friedrich* und *Wolfgang Simon*, Tübingen 2011.

– / *Lentes, Thomas* (Hg.): Spätmittelalterliche Frömmigkeit zwischen Ideal und Praxis, Tübingen 2000.

Hammerstein, Notker (Hg.): Handbuch der deutschen Bildungsgeschichte Bd. 1: 15.-17. Jahrhundert. Von der Renaissance und der Reformation bis zum Ende der Glaubenskämpfe, München 1996.

–: Bildung und Wissenschaft vom 15. bis 17. Jahrhundert, München 2003.

Hefferman, Thomas / Burman, Thomas E. (Hg.): Scripture and Pluralism. Reading the Bible in the Religiously Plural Worlds of the Middle Ages and the Renaissance, Leiden u. a. 2006.

Heiliges Römisches Reich deutscher Nation 962 bis 1806. Altes Reich und neue Staaten 1495 bis 1806. 29. Ausstellung des Europarates in Berlin und Magdeburg. Katalog hg. von *Hans Ottomeyer, Jutta Götzmann* und *Ansgar Reiss*, Dresden 2006; Essays hg. von *Heinz Schilling, Werner Heun* und *Jutta Götzmann*, Dresden 2006.

Helm, Claudia u. a. (Hg.): 1495. Kaiser – Reich – Reformen. Der Reichstag zu Worms, Koblenz 1995.

Helmrath, Johannes: Wege des Humanismus, Bd. 1, Tübingen 2013.

Herzig, Arno / Schoeps, Julius H. (Hg.): Reuchlin und die Juden, Sigmaringen 1998.

Hess, Daniel (Hg.): Mit Milchbrei und Rute. Familie, Schule und Bildung in der Reformationszeit, Nürnberg 2005.

Hilsch, Peter: Johannes Hus. Prediger Gottes und Ketzer, Regensburg 1999.

Hinz, Ulrich: Die Brüder vom Gemeinsamen Leben im Jahrhundert der Reformation, Tübingen 1999.

Hippel, Wolfgang von: Armut, Unterschichten, Randgruppen in der Frühen Neuzeit, München 1995.

Hofmann, Werner (Hg.): Luther und die Folgen für die Kunst, München 1983.

Holeczek, Heinz: Erasmus Deutsch, Bd. 1, Stuttgart, Bad Cannstatt 1983.

Huizinga, Johan: Herbst des Mittelalters, Stuttgart [11]1975.

Humanismus in Europa, hg. von der Stiftung «Humanismus heute» des Landes Baden-Württemberg, Heidelberg 1998.

Irrgang, Stephanie: Peregrinatio academica. Wanderungen und Karrieren von Gelehrten der Universitäten Rostock, Greifswald, Trier und Mainz im 15. Jahrhundert, Stuttgart 2002.

Isenmann, Eberhard: Die deutsche Stadt im Mittelalter 1150–1550, Köln u. a. 2012.

Jezler, Peter (Hg.): Himmel, Hölle, Fegefeuer. Das Jenseits im Mittelalter, München [2]1994.

Johanek, Peter / Stoob, Heinz (Hg.): Europäische Messen und Märktesysteme in Mittelalter und Neuzeit, Köln u. a. 1995.

Kaufmann, Thomas: «Türckenbüchlein». Zur christlichen Wahrnehmung «türkischer Religion» in Spätmittelalter und Reformation, Göttingen 2008.

Kintzinger, Martin: Wissen wird Macht. Bildung im Mittelalter, Ostfildern 2003.

Kittelson, James M. / Transue, Pamela J. (Hg.): Rebirth, Reform, Resilience. Universities in Transition 1300–1700, Columbus 1984.

Kleineidam, Erich: Universitas Studii Erfordensis, Teil 2: Spätscholastik, Humanismus und Reformation 1461–1521, Leipzig [2]1992.

Kock, Thomas / Schlusemann, Rita (Hg.): Laienlektüre und Buchmarkt im späten Mittelalter, Frankfurt/M. 1997.

Köpf, Ulrich: Bemerkungen zur theologiegeschichtlichen Einordnung des spätmittelalterlichen Humanismus, in: Dona Melanchthoniana. Festschrift Heinz Scheible, hg. von *Johanna Loehr*, Stuttgart, Bad Cannstatt 2001, S. 247–266.

Koschorke, Klaus (Hg.): «Christen und Gewürze». Konfrontation und Interaktion kolonialer und indigener Christentumsvarianten, Göttingen 1998.

Kriedte, Peter: Spätfeudalismus und Handelskapital. Grundlinien der europäischen Wirtschaftsgeschichte vom 16. bis zum Ausgang des 18. Jahrhunderts, Göttingen 1980.

Kristeller, Paul Oskar: Humanismus und Renaissance, 2 Bde., München 1973/75, ND München o. J.

Kühne, Hartmut / Bünz, Enno / Müller, Thomas: Alltag und Frömmigkeit am Vorabend der Reformation in Mitteldeutschland, Petersberg 2013.

Künast, Hans-Jörg: «Getruckt zu Augspurg». Buchdruck und Buchhandel zwischen 1468 und 1555, Tübingen 1997.

Kunst der Reformationszeit, Berlin 1983.

Kurze, Dietrich: Pfarrerwahlen im Mittelalter, Köln, Graz 1966.

Leppin, Volker: Theologie im Mittelalter, Leipzig 2007.

–: Wilhelm von Ockham, Darmstadt 2003.

–: Transformationen. Studien zu den Wandlungsprozessen in Theologie und Frömmigkeit zwischen Spätmittelalter und Reformation, Tübingen 2015.

Litz, Gudrun / Munzert, Heidrun / Liebenberg, Roland (Hg.): Frömmigkeit – Theologie – Frömmigkeitstheologie. Contributions to European Church History. Festschrift für Berndt Hamm, Leiden u. a. 2005.

Lorenz, Sönke / Köpf, Ulrich / Freedman, Joseph S. / Bauer, Dieter R. (Hg.): Die Universität Tübingen zwischen Scholastik und Humanismus, Ostfildern 2012.

Lualdi, Katherine Jackson / Thayer, Anne T. (Hg.): Penitence in the Age of Reformations, Aldershot 2000.

Lutz, Eckhart Conrad / Tremp, Ernst (Hg.): Pfaffen und Laien – ein mittelalterlicher Antagonismus? Freiburg/Schweiz 1999.

Mathis, Franz: Die deutsche Wirtschaft im 16. Jahrhundert, München 1992.

Meuthen, Erich: Die alte Universität. Kölner Universitätsgeschichte Bd. I, Köln, Wien 1988.

– (Hg.): Reichstage und Kirche, Göttingen 1991.

–: Das 15. Jahrhundert, München 4. 2006.

Meyer, Andreas: Arme Kleriker auf Pfründensuche, Köln u. a. 1990.

Miethke, Jürgen: De potestate papae. Die päpstliche Amtskompetenz im Widerstreit der politischen Theorie von Thomas von Aquin bis Wilhelm von Ockham, durchges. und korr. Studienausgabe Tübingen 2008.

Moeller, Bernd / Patze, Hans / Stackmann, Karl (Hg.): Studien zum städtischen Bildungswesen des späten Mittelalters und der frühen Neuzeit, Göttingen 1983.

Mommsen, Wolfgang J. (Hg.): Stadtbürgertum und Adel in der Reformation, Stuttgart 1979.

Moos, Peter von: Heiden im Himmel? Geschichte einer Aporie zwischen Mittelalter und Früher Neuzeit, Heidelberg 2014.

Moraw, Peter: Von offener Verfassung zu gestalteter Verdichtung. Das Reich im späten Mittelalter 1250–1450, Berlin 1985.

Müller, Harald: Habitus und Habit: Mönche und Humanisten im Dialog, Tübingen 2006.

Müller, Rainer A.: Geschichte der Universität. Von der mittelalterlichen Universitas zur deutschen Hochschule, München 1990.

Neddermeyer, Uwe: Von der Handschrift zum gedruckten Buch. Schriftlichkeit und Leseinteressen im Mittelalter und in der frühen Neuzeit, Wiesbaden 1998.

Neuhaus, Helmut: Das Reich in der Frühen Neuzeit, München ²2003.

North, Michael: Kommunikation, Handel, Geld und Banken in der Frühen Neuzeit, München 2000.

Oberman, Heiko A.: Spätscholastik und Reformation Bd. I: Der Herbst der mittelalterlichen Theologie, Zürich 1965.

–: (Hg.): Via Augustini. Augustine in the Later Middle Ages, Renaissance and Reformation, Leiden u. a. 1991.

– / *Trinkaus, Charles* (Hg.): The Pursuit of Holiness in Late Medieval and Renaissance Religion, Leiden 1974.

– / *Brady, Thomas A.* (Hg.): Itinerarium Italicum. The Profile of the Italian Renaissance in the Mirror of its European Transformations, Leiden 1975.

Oestreich, Gerhard: Geist und Gestalt des frühmodernen Staates, Berlin 1969.

Ogilvic, Sheilagh / Scribner, Robert W. (Hg.): Germany: A Social and Economic History, 1450–1630, London 1996.

Otto, Henrik: Vor- und frühreformatorische Taulerrezeption, Gütersloh 2003.

Patschovsky, Alexander / Rabe, Horst (Hg.): Die Universität in Alteuropa, Konstanz 1994.

Paulus, Nikolaus: Geschichte des Ablasses am Ausgang des Mittelalters, Darmstadt ²2000.

Peterse, Hans: Jacobus Hoogstraeten gegen Johannes Reuchlin, Mainz 1995.

Pettegree, Andrew: The Book in the Renaissance, New Haven, London 2010.

Pfister, Christian: Bevölkerungsgeschichte und historische Demographie: 1500–1800, München ²2007.

Pölnitz, Götz Freiherr von: Jakob Fugger. Kaiser, Kirche und Kapital in der oberdeutschen Renaissance, Tübingen 1949.

–: Die Fugger, Frankfurt/M. ³1970.

Posset, Franz: The Front-Runner of the Catholic Reformation. The Life and Works of Johann von Staupitz, Aldershot 2003.

Preising, Dagmar / Villwock, Ulrike / Vogt, Christine (Hg.): Albrecht Dürer. Apelles des Schwarz-Weiss, Ausstellungskatalog Aachen 2005.

Prodi, Paolo: The Papal Prince. One Body and Two Souls: the Papal Monarchy in Early Modern Europe, Cambridge 1987.

Reinhard, Wolfgang: Lebensformen Europas. Eine historische Kulturanthropologie, München 2004.

–: (Hg.): Humanismus im Bildungswesen des 15. u. 16. Jahrhunderts, Weinheim 1984.

Reininghaus, Wilfried: Gewerbe in der Frühen Neuzeit, München 1990.

Reitemeier, Arnd: Pfarrkirchen in der Stadt des späten Mittelalters: Politik, Wirtschaft und Verwaltung, Stuttgart 2005.

Rich, Edwin E. / Wilson, C. H. (Hg.): The Economy of Expanding Europe in the Sixteenth and Seventeenth Centuries, Cambridge 1962, ND 1980.

Ritter, Gerhard: Die Heidelberger Universität. Ein Stück deutscher Geschichte. Erster Band: Das Mittelalter (1386–1508), Heidelberg 1936.

Röcke, Werner / Münckler, Marina (Hg.): Die Literatur im Übergang von Mittelalter zur Neuzeit, München, Wien 2004.

Roeck, Bernd: Lebenswelt und Kultur des Bürgertums in der frühen Neuzeit, München 1991.

Rössner, Philipp Robinson: Deflation – Devaluation – Rebellion. Geld im Zeitalter der Reformation, Stuttgart 2012.

Rüegg, Walter (Hg.): Geschichte der Universität in Europa, München 1993.

Saak, Eric L.: High Way to Heaven. The Augustinian Platform between Reform and Reformation, 1292–1524, Leiden 2002.

Schieffer, Rudolf (Hg.): Kirche und Bildung vom Mittelalter bis zur Gegenwart, München 2001.

Schilling, Heinz: Die Stadt in der Frühen Neuzeit, München 1993.

Schlotheuber, Eva: Klostereintritt und Bildung, Tübingen 2004.

– / *Flaschenecker, Helmut* / *Gardill, Ingrid* (Hg.): Nonnen, Kanonissen und Mystikerinnen. Religiöse Frauengemeinschaften in Süddeutschland, Göttingen 2008.

Schmid, Peter: Der Gemeine Pfennig von 1495, Göttingen 1989.

Schmidt, Georg: Geschichte des Alten Reiches. Staat und Nation in der Frühen Neuzeit 1495–1806, München 1999.

Schmidt, Paul Gerhard (Hg.): Humanisten. Biographische Profile, Stuttgart 2000.

Schmugge, Ludwig: Kirche, Kinder, Karrieren. Päpstliche Dispense von der unehelichen Geburt im Spätmittelalter, Zürich, München 1995.

Schreiner, Klaus: Maria. Jungfrau, Mutter, Herrscherin, München 1996.

–: (Hg.): Laienfrömmigkeit im späten Mittelalter, München 1992.

Schubert, Ernst: Fürstliche Herrschaft und Territorium im späten Mittelalter, München 1996.

Schulte, Aloys: Die Fugger in Rom 1495–1523, 2 Bde., Leipzig 1904.

Schulz, Knut (Hg.): Handwerk in Europa. Vom Spätmittelalter bis zur Frühen Neuzeit, München 1999.

Schulze, Manfred: Fürsten und Reformation. Geistliche Reformpolitik weltlicher Fürsten vor der Reformation, Tübingen 1991.

Schüssler, Hermann: Der Primat der Heiligen Schrift als theologisches und kanonistisches Problem im Spätmittelalter, Wiesbaden 1977.

Schwinges, Rainer C.: Deutsche Universitätsbesucher im 14. und 15. Jahrhundert. Studien zur Sozialgeschichte des Alten Reiches, Stuttgart 1986.

–: (Hg.): Gelehrte im Reich. Zur Sozial- und Wirkungsgeschichte akademischer Eliten des 14. bis 16. Jahrhunderts, Berlin 1996.

Seibt, Ferdinand (Hg.): Jan Hus. Zwischen Zeiten, Völkern, Konfessionen, München 1997.

– / *Eberhard, Winfried* (Hg.): Europa 1500, Stuttgart 1987.

Seidel-Menchi, Silvana: Erasmus als Ketzer. Reformation und Inquisition im Italien des 16. Jahrhunderts, Leiden u. a. 1993.

Sieglerschmidt, Jörn: Territorialstaat und Kirchenregiment. Studien zur Rechtsdogmatik des Kirchenpatronatsrechts im 15. und 16. Jahrhundert, Köln, Wien 1987.

Signori, Gabriela: Humanisten, heilige Gebeine, Kirchenbücher und Legenden erzählende Bauern. Zur Geschichte vorreformatorischer Heiligen- und Reliquienverehrung, in: ZHF 26, 1997, S. 203–244.

–: Das spätmittelalterliche Gnadenbild: Eine nachtridentinische *invention of tradition*? In: Rahmen-Diskurse. Kultbilder im konfessionellen Zeitalter, hg. von *David Ganz* und *Georg Henkel*, Berlin 2004, S. 302–329.

–: Räume, Gesten, Andachtsformen. Geschlecht, Konflikt und religiöse Kultur im europäischen Mittelalter, Ostfildern 2005.

Slenczka, Ruth: Lehrhafte Bildtafeln in spätmittelalterlichen Kirchen, Köln u. a. 1998.

Šmahel, František (Hg.): Häresie und vorzeitige Reformation im Spätmittelalter, München 1998.

Spitz, Lewis W.: The Religious Renaissance of the German Humanists, Cambridge/ MA 1963.

Stievermann, Dieter: Landesherrschaft und Klosterwesen im spätmittelalterlichen Württemberg, Sigmaringen 1989.

Stollberg-Rilinger, Barbara: Das Heilige Römische Reich deutscher Nation, München ⁵2014.

–: Des Kaisers alte Kleider. Verfassungsgeschichte und Symbolsprache des Alten Reiches, München 2008.

Suntrup, Rudolf / Veenstra, Jan R.: Stadt, Kanzlei und Kultur im Übergang zur frühen Neuzeit, Frankfurt/M. 2004.

Swanson, Robert (Hg.): Promissiory Notes on the Treasury of Merits. Indulgences in Late Medieval Europe, Leiden, Boston 2006.

Tewes, Götz-Rüdiger: Die römische Kurie und die europäischen Länder am Vorabend der Reformation, Tübingen 2001.

Thayer, Anne T.: Penitence, Preaching and the Coming of the Reformation, Aldershot 2002.

Tönnesmann, Andreas: Die Kunst der Renaissance, München 2007.

Traeger, Jörg: Renaissance und Religion. Die Kunst des Glaubens im Zeitalter Raphaels, München 1997.

Trinkaus, Charles: The Scope of Renaissance Humanism, Ann Arbor 1983.

Tripps, Johannes: Das handelnde Bildwerk in der Gotik, Berlin 1998.

Ulbricht, Otto: Die leidige Seuche. Pest-Fälle in der Frühen Neuzeit, Köln 2002.

Undorf Wolfgang: From Gutenberg to Luther. Transnational Print Cultures in Scandinavia 1450–1525, Leiden, Boston 2014.

Vauchez, André: Gottes vergessenes Volk: Laien im Mittelalter, Freiburg/Br. u. a. 1993.

Voigt, Georg: Die Wiederbelebung des classischen Alterthums, 2 Bde., Berlin ⁴1960.

Voß, Rebekka: Umstrittene Erlöser. Politik, Ideologie und jüdisch-christlicher Messianismus in Deutschland, 1500–1600, Göttingen 2011.

Walter, Peter: Theologie aus dem Geist der Rhetorik. Zur Schriftauslegung des Erasmus, Mainz 1991.

Warnke, Martin: Geschichte der deutschen Kunst. Zweiter Band: Spätmittelalter und Frühe Neuzeit 1400–1750, München 1999.

Wedel, Christine Christ-von / Grosse, Sven / Hamm, Berndt (Hg.): Basel als Zentrum des geistigen Austauschs in der frühen Reformationszeit, Tübingen 2014.

Wegmann, Susanne: Auf dem Weg zum Himmel. Das Fegefeuer in der deutschen Kunst des Mittelalters, Köln, Weimar, Wien 2003.

Weinbrenner, Ralph: Klosterreform im 15. Jahrhundert zwischen Ideal und Praxis, Tübingen 1996.

Weiß, Ulman (Hg.): Buchwesen in Spätmittelalter und Früher Neuzeit. Festschrift für Helmut Claus, Tübingen 2008.

Wenzel, Horst: Hören und Sehen, Schrift und Bild. Kultur und Gedächtnis im Mittelalter, München 1995.

Wiesflecker, Hermann: Kaiser Maximilian I., 5 Bde., Wien 1971–1986.

Winterhager, Wilhelm Ernst: Ablaßkritik als Indikator historischen Wandels vor 1517. Ein Beitrag zu Voraussetzungen und Einordnung der Reformation, in: ARG 90, 1999, S. 6–71.

Wittmann, Reinhard: Geschichte des deutschen Buchhandels, München ²1999.

Worstbrock, Franz-Josef (Hg.): Verfasserlexikon Deutscher Humanismus 1480–1520, Berlin 2005 ff.

Zika, Charles: Hosts, Processions and Pilgrimages: Controlling the Sacred in Fifteenth-Century Germany, in: Past and Present 118, 1988, S. 25–64.

–: Reuchlin und die okkulte Tradition der Renaissance, Sigmaringen 1998.

Zimmermann, Gunter: Spätmittelalterliche Frömmigkeit in Deutschland: Eine sozialgeschichtliche Nachbetrachtung, in: ZHF 13, 1986, S. 65–81.

Zschoch, Hellmut: Klosterreform und monastische Spiritualität im 15. Jahrhundert, Tübingen 1988.

Drittes Kapitel: Die frühe Reformation im Reich bis 1530

Abray, Lorna Jane: The People's Reformation. Magistrates, Clergy, and Commons in Strasbourg, 1500–1598, Oxford 1985.

Arnold, Martin: Handwerker als theologische Schriftsteller. Studien zu Flugschriften der frühen Reformation (1523–1525), Göttingen 1990.

Arnold, Matthieu: La correspondance de Luther. Étude historique, littéraire et théologique, Mainz 1996.

– / *Decot, Ralf* (Hg.): Christen und Juden im Reformationszeitalter, Mainz 2007.

– / *Hamm, Berndt* (Hg.): Martin Bucer zwischen Luther und Zwingli, Tübingen 2003.

Backus, Irene (Hg.): The Reception of the Church Fathers in the West, 2 Bde., Leiden u. a. 1997.

Bagchi, David V. H.: Luther's Earliest Opponents: Catholic Controversialists, 1518–1525, Minneapolis 1991.

Bainton, Ronald: Frauen der Reformation, Gütersloh ²1996.

Barge, Hermann: Andreas Bodenstein von Karlstadt, 2 Bde., Nieuwkoop ²1968.

Bast, Robert J.: Honor Your Fathers. Catechisms and the Emergence of a Patriarchal Ideology in Germany, 1400–1600, Leiden u. a. 1997.

Bátori, Inge (Hg.): Städtische Gesellschaft und Reformation, Stuttgart 1980.

Bäumer, Remigius (Hg.): Lutherprozeß und Lutherbann. Vorgeschichte, Ergebnis, Nachwirkung, Münster 1972.

Baur, August: Deutschland in den Jahren 1517–1525. Betrachtet im Lichte anonymer und pseudonymer deutscher Volks- und Flugschriften, Ulm 1872.

Bayer, Oswald: Promissio. Zur Geschichte der reformatorischen Wende in Luthers Theologie, Darmstadt ²1989.

Bei der Wieden, Susanne: Luthers Predigten des Jahres 1522, Köln, Weimar, Wien 1999.

Bell, Theo: Divus Bernhardus. Bernhard von Clairvaux in Luthers Schriften, Mainz 1993.

Bergsten, Torsten: Balthasar Hubmaier. Seine Stellung zu Reformation und Täufertum 1521–1528, Kassel 1961.

Beutel, Albrecht: Im Anfang war das Wort. Studien zu Luthers Sprachverständnis, Tübingen 1991, unv. Studienausgabe Tübingen 2006.

– (Hg.): Luther Handbuch, Tübingen ²2010.

Beyer, Franz-Heinrich: Eigenart und Wirkung des reformatorisch-polemischen Flugblatts im Zusammenhang der Publizistik der Reformationszeit, Frankfurt/M. u. a. 1994.

Beyer, Michael / Wartenberg, Günther (Hg.): Humanismus und Wittenberger Reformation, Leipzig 1996.

Bizer, Ernst: Fides ex auditu. Eine Untersuchung über die Gerechtigkeit Gottes durch Martin Luther, Neukirchen-Vluyn ³1966.

Blickle, Peter: Der Bauernkrieg. Die Revolution des Gemeinen Mannes, München ²2002.

–: Gemeindereformation. Der Mensch des 16. Jahrhunderts auf dem Weg zum Heil, München ²1987.

–: Die Revolution von 1525, München ⁴2004.

–: Der Bauernjörg. Feldherr im Bauernkrieg, München 2015.

– / *Holenstein, André / Schmidt, Heinrich Richard / Sladeczek, Franz* (Hg.): Macht und Ohnmacht der Bilder. Reformatorischer Bildersturm im Kontext der europäischen Geschichte, München 2002.

–: (Hg.): Zugänge zur bäuerlichen Reformation, Zürich 1987.

Bolliger, Daniel: Infiniti contemplatio. Grundzüge der Scotus- und Scotismusrezeption im Werk Huldrych Zwinglis, Leiden 2003.

Bornkamm, Heinrich: Thesen und Thesenanschlag Luthers. Geschehen und Bedeutung, Berlin 1967.

–: Martin Luther in der Mitte seines Lebens. Das Jahrzehnt zwischen dem Wormser und dem Augsburger Reichstag. Aus dem Nachlaß hg. von *Karin Bornkamm*, Göttingen 1979.

–: Iustitia dei in der Scholastik und bei Luther, in: *Ders.*, Luther. Gestalt und Wirkungen, Gütersloh 1975, S. 95–129.

Borth, Wilhelm: Die Luthersache (Causa Lutheri) 1517–1524. Die Anfänge der Reformation als Frage von Politik und Recht, Lübeck 1970.

Bott, Gerhard / Ebeling, Gerhard / Moeller, Bernd (Hg.): Luther. Sein Leben in Bildern und Texten, Frankfurt/M. 1983.

Braasch-Schwersmann, Ursula / Schneider, Hans / Winterhager, Wilhelm Ernst (Hg.): Landgraf Philipp der Großmütige 1504–1567, Marburg, Neustadt an der Aisch 2004.

Brady, Thomas A.: Ruling Class, Regime and Reformation at Strasbourg 1520–1550, Leiden 1978.

–: Göttliche Republiken. Die Domestizierung der Religion in der deutschen Stadtreformation, in: Zwingli und Europa, hg. von *Peter Blickle, Andreas Lindt* und *Alfred Schindler*, Zürich 1985, S. 109–136.

–: Turning Swiss. Cities and Empire, 1450–1550, Cambridge 1985.

Bräuer, Siegfried: Spottgedichte, Träume und Polemik in den frühen Jahren der Reformation. Abhandlungen und Aufsätze, hg. von *Hans-Jürgen Goertz* und *Eike Wolgast*, Leipzig 2000.

Brecht, Martin: Herkunft und Eigenart der Taufauffassung der Zürcher Täufer, in: ARG 64, 1973, S. 147–165.

–: Luther, 3 Bde., Stuttgart 1981–1987.

–: Ausgewählte Aufsätze Bd. 1: Reformation, Stuttgart 1995.

–: Luthers reformatorische Sermone, in: Fides et pietas, hg. von *Christian Peters* und *Jürgen Kampmann*, Münster 2003, S. 15–32.

–: Luthers neues Verständnis der Buße und die reformatorische Entdeckung, in: ZThK 101, 2004, S. 281–291.

Breul, Wolfgang (Hg.): Ritter! Tod! Teufel? Franz von Sickingen und die Reformation, Regensburg 2015.

Breul-Kunkel, Wolfgang: Herrschaftskrise und Reformation. Die Fürstabteien Fulda und Hersfeld ca. 1500–1525, Gütersloh 2000.

Bubenheimer, Ulrich: Consonantia Theologiae et Iurisprudentiae. Andreas Bodenstein von Karlstadt als Theologe und Jurist zwischen Scholastik und Reformation, Tübingen 1977.

–: Thomas Müntzer. Herkunft und Bildung, Leiden 1989.

–: Scandalum et ius divinum. Theologische und rechtstheologische Probleme der ersten reformatorischen Innovationen in Wittenberg 1521/22, in: Zeitschrift der Savigny-Stiftung für Rechtsgeschichte Kan. Abt. 59, 1973, S. 263–342.

–: Luthers Stellung zum Aufruhr in Wittenberg und die frühreformatorischen Wurzeln des landesherrlichen Kirchenregiments, in: Zeitschrift der Savigny-Stiftung für Rechtsgeschichte Kan. Abt. 71, 1985, S. 147–214.

–: Streit um das Bischofsamt in der Wittenberger Reformation 1521/22, in: Zeitschrift der Savigny-Stiftung für Rechtsgeschichte Kan. Abt. 73, 1987, S. 155–209.

–: Thomas Müntzer und Wittenberg, Mühlhausen 2014.

– / *Oehmig, Stefan* (Hg.): Querdenker der Reformation – Andreas Bodenstein von Karlstadt und seine frühe Wirkung, Würzburg 2001.

Buckwalter, Stephen E.: Die Priesterehe in Flugschriften der frühen Reformation, Gütersloh 1998.

Bultmann, Christoph / Leppin, Volker / Lindner, Andreas (Hg.): Luther und das monastische Erbe, Tübingen 2007.

Burgard, Paul: Tagebuch einer Revolte. Ein städtischer Aufstand während des Bauernkrieges 1525, Frankfurt/M., New York 1998.

Burnett, Amy Nelson: The Yoke of Christ. Martin Bucer and Christian Discipline, Kirksville/Miss. 1994.

Buszello, Horst / Blickle, Peter / Endres, Rudolf (Hg.): Der deutsche Bauernkrieg, Paderborn ³1993.

Büttgen, Philippe: Luther et la philosophie, Paris 2011.

Carl, Horst: Der Schwäbische Bund 1488–1534, Leinfelden – Echterdingen 2000.

Chrisman, Miriam Usher: Lay Culture, Learned Culture. Books and Social Change in Strasbourg 1480–1599, New Haven, London 1982.

–: Conflicting Visions of Reform. German Lay Propaganda Pamphlets 1519–1530, Boston 1996.

Clasen, Claus Peter: Anabaptism. A Social History, Ithaca, London 1972.

Clemen, Otto: Kleine Schriften zur Reformationsgeschichte, 9 Bde., hg. von *Ernst Koch*, Leipzig 1982–1988.

Cohn, Henry J.: Anticlericalism in the German Peasant's War, in: Past and Present 83, 1979, S. 3–31.

Conrad, Anne: (Hg.): «In Christo ist weder man noch weyb». Frauen in der Zeit der Reformation und der katholischen Reform, Münster 1999.

Conrad, Franziska: Reformation in der bäuerlichen Gesellschaft. Zur Rezeption reformatorischer Theologie im Elsaß, Stuttgart 1984.

Cummings, Brian: The Literary Culture of the Reformation: Grammar and Grace, Oxford 2002.

Der Kardinal Albrecht von Brandenburg. Renaissancefürst und Mäzen, Bd. 1: Katalog, hg. von Thomas Schauerte, Bd. 2: Essays, hg. von Andreas Tacke, Regensburg 2006.

Detmers, Achim: Reformation und Judentum. Israel-Lehren und Einstellungen zum Judentum von Luther bis zum frühen Calvin, Stuttgart u. a. 2001.

Dieter, Theodor: Der junge Luther und Aristoteles, Berlin, New York 2001.

Dingel, Irene / Jürgens, Hennig P. (Hg.): Meilensteine der Reformation. Schlüsseldokumente der frühen Wirksamkeit Martin Luthers, Gütersloh 2014.

Dingel, Irene / Leppin, Volker / Strohm, Christoph (Hg.): Reformation und Recht. Festgabe für Gottfried Seebaß, Gütersloh 2002.

Dinges, Martin (Hg.): Hausväter, Priester, Kastraten. Zur Konstruktion von Männlichkeit in Spätmittelalter und Früher Neuzeit, Göttingen 1998.

Dixon, Scott C.: The Reformation and Rural Society. The Parishes of Brandenburg-Ansbach-Kulmbach, 1528–1603, Cambridge 1996.

Dörfler-Dierken, Angelika: Luther und die heilige Anna. Zum Gelübde von Stotternheim, in: LuJ 64, 1997, S. 19–46.

Driedger, Michael / Schubert, Anselm (Hg.): Grenzen des Täufertums, Gütersloh 2009.

Dülmen, Andrea van: Luther-Chronik, München 1983.

Dülmen, Richard van: Reformation als Revolution. Soziale Bewegung und religiöser Radikalismus in der deutschen Reformation, Frankfurt/M. ²1987.

–: Kultur und Alltag in der Frühen Neuzeit, 3 Bde., München 1990–1994.

Dupeux, Cécile / Jezler, Peter / Wirth, Jean (Hg.): Bildersturm. Wahnsinn oder Gottes Wille? Zürich 2000.

Dürr, Alfred / Killy, Walther (Hg.): Das protestantische Kirchenlied im 16. und 17. Jahrhundert, Wiesbaden 1986.

Ebeling, Gerhard: Lutherstudien, Bd. 1; 2, 1–3; 3, Tübingen 1971–1985.

–: Evangelische Evangelienauslegung, Tübingen ³1991.

–: Luthers Seelsorge an seinen Briefen dargestellt, Tübingen 1997.

Edwards, Mark U.: Printing, Propaganda, and Martin Luther, Berkeley u. a. 1994.

–: Catholic Controversial Literature 1518–1535, in: ARG 79, 1988, S. 189–205.

Ehbrecht, Wilfried: Verlaufsformen innerstädtischer Konflikte in nord- und westdeutschen Städten im Reformationszeitalter, in: Ders., Konsens und Konflikt. Skizzen und Überlegungen zur älteren Verfassungsgeschichte deutscher Städte, Köln, Weimar, Wien 2001, S. 314–331.

«Ein jedes Volk wandelt im Namen seines Gottes ...» Begegnung mit anderen Religionen. Vereinnahmung, Konflikt, Frieden, Wittenberg 2008.

Elliger, Walter: Thomas Müntzer. Leben und Werk, Göttingen ³1976.

Farner, Oskar: Huldrych Zwingli, 4 Bde., Zürich 1943–1960.

Fast, Heinold: Reformation durch Provokation. Predigtstörungen in den ersten Jahren der Reformation in der Schweiz, in: Goertz (Hg.), Umstrittenes Täufertum, s. unten, S. 79–110.

Fauth, Dieter: Thomas Müntzer in bildungsgeschichtlicher Sicht, Würzburg ²1999.

–: Verfassungs- und Rechtsvorstellungen im Bauernkrieg 1524/25, in: Zeitschrift der Savigny-Stiftung für Rechtsgeschichte Kan. Abt. 81, 1995, S. 225–248.

Febvre, Lucien: Martin Luther, hg. und neu übersetzt und mit einem Nachwort versehen von *Peter Schöttler*, Frankfurt/M. ²1996.

Felmberg, Bernhard A. R.: Die Ablaßtheologie Kardinal Cajetans (1469–1543), Leiden u. a. 1998.

Flachmann, Holger: Martin Luther und das Buch, Tübingen 1996.

Franz, Günther: Der deutsche Bauernkrieg, Darmstadt ¹²1982.

Freitag, Josef (Hg.): Luther in Erfurt und die katholische Theologie, Leipzig 2001.

Frieß, Peer: Die Bedeutung der Stadtschreiber für die Reformation der süddeutschen Reichsstädte, in: ARG 89, 1998, S. 96–124.

Füssel, Stephan (Hg.): Ulrich von Hutten 1488–1988, München 1988.

Fugel, Adolf: Tauflehre und Taufliturgie bei Huldrych Zwingli, Goldach 1989.

Gäbler, Ulrich: Huldrych Zwingli. Eine Einführung in sein Leben und sein Werk, Zürich ³2004.

Gäumann, Andreas: Reich Christi und Obrigkeit. Eine Studie zum reformatorischen Denken und Handeln Martin Bucers, Bern u. a. 2001.

Gelhaus, Hermann: Der Streit um Luthers Bibelverdeutschung im 16. und 17. Jahrhundert, 2 Bde., Tübingen 1989/90.

Giese, Ernst / Schilling, Johannes (Hg.): Ulrich von Hutten in seiner Zeit, Kassel 1988.

Gilly, Carlos: Das Sprichwort «Die Gelehrten die Verkehrten» oder der Verrat der Intellektuellen im Zeitalter der Glaubensspaltung, in: Forme e destinazione de messagio religioso, hg. von *Antonio Rotondo*, Florenz (1991), S. 229–375.

Gilmont, Jean François (Hg.): La Réforme et le livre. L'Europe de l'imprimé (1517–1570), Paris 1990.

Goertz, Hans-Jürgen: Die Täufer. Geschichte und Deutung, München ²1978.

–: Pfaffenhaß und groß Geschrei. Die reformatorischen Bewegungen in Deutschland 1517–1529, München 1987.

–: Religiöse Bewegungen in der Frühen Neuzeit, München 1993.

–: Antiklerikalismus und Reformation, Göttingen 1995.

–: Radikalität der Reformation. Aufsätze und Abhandlungen, Göttingen 2007.

–: Thomas Müntzer. Revolutionär am Ende der Zeiten, München 2015.

– (Hg.): Umstrittenes Täufertum 1525–1975, Göttingen ²1977.

– (Hg.): Radikale Reformatoren: 21 biographische Skizzen von Thomas Müntzer bis Paracelsus, München 1978.

Goertz, Harald: Allgemeines Priestertum und ordiniertes Amt bei Luther, Marburg 1997.

Goeters, Johann F. Gerhard: Die Vorgeschichte des Täufertums in Zürich, in: Studien zur Geschichte und Theologie der Reformation, Festschrift Ernst Bizer, Neukirchen 1969, S. 239–281.

Grane, Leif: Contra Gabrielem. Luthers Auseinandersetzung mit Gabriel Biel in der Disputatio contra scholasticam theologiam, Kopenhagen 1962.

–: Modus loquendi theologicus. Luthers Kampf um die Erneuerung der Theologie (1515–1518), Leiden 1975.

–: Martinus noster. Luther in the German Reform Movement 1518–1521, Mainz 1994.

– / *Schindler, Alfred / Wriedt, Markus* (Hg.): Auctoritas Patrum. Contributions on the Reception of the Church Fathers in the 15th and 16th Century, Mainz 1993; Auctoritas Patrum II. Neue Beiträge zur Rezeption der Kirchenväter im 15. und 16. Jahrhundert, Mainz 1998.

Greschat, Martin: Martin Bucer. Ein Reformator und seine Zeit. 1491–1551, Münster ²2009.

– / Goeters, Johann F. G. (Hg.): Reformation und Humanismus. Festschrift für Robert Stupperich, Witten 1969.

Greyerz, Kaspar von: Stadt und Reformation. Stand und Aufgaben der Forschung, in: ARG 76, 1985, S. 6–63.

Grisar, Hartmann / Heege, Franz: Luthers Kampfbilder, 4 Bde., Freiburg/Br. 1921–1923.

Grötzinger, Eberhard: Luther und Zwingli. Die Kritik an der mittelalterlichen Lehre von der Messe – als Wurzel des Abendmahlsstreites, Gütersloh 1980.

Grossmann, Maria: Humanism in Wittenberg 1485–1517, Nieuwkopp 1975.

Gülpen, Ilonka van: Der deutsche Humanismus und die frühe Reformationspropaganda, Hildesheim, Zürich, New York 2002.

Hamm, Berndt: Zwinglis Reformation der Freiheit, Neukirchen 1988.

–: Bürgertum und Glaube. Konturen der städtischen Reformation, Göttingen 1996.

–: Der frühe Luther. Etappen reformatorischer Neuorientierung, Tübingen 2010.

–: Ablass und Reformation. Erstaunliche Kohärenzen, Tübingen 2016.

– / Leppin, Volker (Hg.): «Gottes Nähe unmittelbar erfahren». Mystik im Mittelalter und bei Martin Luther, Tübingen 2007.

– / Moeller, Bernd / Wendebourg, Dorothea: Reformations-Theorien. Ein kirchenhistorischer Disput über Einheit und Vielfalt der Reformation, Göttingen 1995.

Hammann, Konrad: Ecclesia spiritualis. Luthers Kirchenverständnis in den Kontroversen mit Augustin von Alveldt und Ambrosius Catharinus, Göttingen 1989.

Hammer, Gerhard: Militia Franciscana seu militia Christi. Das neu aufgefundene Protokoll einer Disputation der sächsischen Franziskaner mit Vertretern der Wittenberger Theologischen Fakultät am 3. und 4. Oktober 1519, in: ARG 69, 1978, S. 51–81; 70, 1979, S. 59–105.

– / Mühlen, Karl-Heinz zur (Hg.): Lutheriana. Zum 500. Geburtstag Martin Luthers von den Mitarbeitern der Weimarer Ausgabe, Köln, Wien 1984.

Hasse, Hans-Peter: Karlstadt und Tauler, Gütersloh 1991.

Hauser, Martin: Prophet und Bischof. Huldrych Zwinglis Amtsverständnis im Rahmen der Zürcher Reformation, Freiburg/Schweiz 1994.

Hendrix, Scott H.: Ecclesia in via. Ecclesiological Developments in the Medieval Psalm Exegesis and the Dictata super Psalterium (1513–1515), Tübingen 1974.

–: Luther and the Papacy, Philadelphia 1981.

Hennig, Gerhard: Cajetan und Luther. Ein historischer Beitrag zur Begegnung von Thomismus und Reformation, Stuttgart 1966.

Hilgenfeld, Hartmut: Mittelalterlich-traditionelle Elemente in Luthers Abendmahlsschriften, Zürich 1971.

Hillerbrand, Hans-Joachim: Die politische Ethik des oberdeutschen Täufertums, Leiden, Köln 1962.

Himmighöfer, Traudel: Die Zürcher Bibel bis zum Tode Zwinglis (1531), Mainz 1995.

Hoburg, Ralf: Seligkeit und Heilsgewißheit. Hermeneutik und Schriftauslegung bei Huldrych Zwingli bis 1522, Stuttgart 1993.

Hohenberger, Thomas: Lutherische Rechtfertigungslehre in den reformatorischen Flugschriften der Jahre 1521–22, Tübingen 1996.

Holborn, Hajo: Ulrich von Hutten, Göttingen 1968.

Holenstein, André: Bauern zwischen Bauernkrieg und Dreißigjährigem Krieg, München 1996.

Höss, Irmgard: Georg Spalatin 1484–1545, Weimar ²1989.

Hsia, Ronnie Po-chia: The Myth of Ritual Murder: Jews and Magic in Reformation Germany, New Haven 1988.

–: (Hg.): The German People and the Reformation, Ithaca 1988.

–/ *Scribner, Robert W.* (Hg.): Problems in the Historical Anthropology of Early Modern Europe, Wiesbaden 1997.

Huovinen, Eero: Martin Luthers Lehre vom Kinderglauben, Mainz 1997.

Iserloh, Erwin: Der Thesenanschlag fand nicht statt, in: *Wolff, Uwe* (Hg.), Iserloh. Der Thesenanschlag fand nicht statt, hg. von *Barbara Hallensleben*, Basel 2013, S. 169–238.

Jacob, Walter: Politische Führungsschicht und Reformation. Untersuchungen zur Reformation in Zürich 1519–1528, Zürich 1970.

Jacobi, Thorsten: «Christen heißen Freie». Luthers Freiheitsaussagen in den Jahren 1515–1519, Tübingen 1997.

Jäggi, Carola / Staecker, Jörn (Hg.): Archäologie der Reformation, Berlin u.a. 2007.

Janz, Denis R.: Luther on Thomas Aquinas, Wiesbaden, Stuttgart 1989.

Jetter, Werner: Die Taufe beim jungen Luther, Tübingen 1954.

Jung, Martin: Nonnen, Prophetinnen, Kirchenmütter: Kirchen- und frömmigkeitsgeschichtliche Studien zu Frauen der Reformationszeit, Leipzig 2002.

Junghans, Helmar: Wittenberg als Lutherstadt, Berlin ²1982.

–: Der junge Luther und die Humanisten, Göttingen 1985.

–: Spätmittelalter, Luthers Reformation, Kirche in Sachsen. Ausgewählte Aufsätze, Leipzig 2001.

–: (Hg.): Leben und Werk Martin Luthers von 1526 bis 1546, 2 Bde., Berlin ²1985.

–: (Hg.): Das Jahrhundert der Reformation in Sachsen, Leipzig ²2005.

Kalkoff, Paul: Die Depeschen des Nuntius Aleander vom Wormser Reichstage 1521, Halle ²1897.

–: Huttens Vagantenzeit und Untergang. Der geschichtliche Ulrich von Hutten und seine Umwelt, Weimar 1925.

Karant Nunn, Susan C.: Zwickau in Transition, 1500–1547: The Reformation as an Agent of Change, Columbus 1987.

–: The Reformation of Ritual. An Interpretation of Early Modern Germany, London, New York 1997.

Kaufmann, Thomas: Die Abendmahlstheologie der Straßburger Reformatoren bis 1528, Tübingen 1992.

–: Pfarrfrau und Publizistin. Das reformatorische «Amt» der Katharina Zell, in: ZHF 23, 1996, S. 169–218.

–: Thomas Müntzer, «Zwickauer Propheten» und sächsische Radikale. Eine quellen- und traditionskritische Untersuchung zu einer komplexen Konstellation, Mühlhausen 2010.

–: Der Anfang der Reformation. Studien zur Kontextualität der Theologie, Publizistik und Inszenierung Luthers und der reformatorischen Bewegung, Tübingen 2012.

–: Martin Luther, München ⁴2016.

–: An den christlichen Adel deutscher Nation von des christlichen Standes Besserung (Kommentar), Tübingen 2014, Studienausgabe 2016.

–: Luthers «Judenschriften»: Ein Beitrag zu ihrer historischen Kontextualisierung, Göttingen ²2013.

–: Luthers Juden, Stuttgart ²2015.

Kießling, Rolf / Safley, Thomas Max / Palmer Wandel, Lee: Im Ringen um die Reformation. Kirchen und Prädikanten, Rat und Gemeinden in Augsburg, Epfendorf/Neckar 2011.

Klaiber, Wilbirgis (Hg.): Katholische Kontroverstheologen und Reformer des 16. Jahrhunderts. Ein Werkverzeichnis, Münster 1978.

Knape, Rosemarie (Hg.): Martin Luther und der Bergbau im Mansfelder Land, Eisleben 2000.

Kobelt-Groch, Marion: Aufsässige Töchter Gottes. Frauen im Bauernkrieg und in den Täuferbewegungen, Frankfurt, New York 1993.

Kohler, Alfred: Karl V. 1500–1558. Eine Biographie, München ³2001.

Köhler, Hans-Joachim (Hg.): Flugschriften als Massenmedien der Reformationszeit, Stuttgart 1981.

–: Erste Schritte zu einem Meinungsprofil der frühen Reformationszeit, in: *Press / Stievermann*, Martin Luther. Probleme seiner Zeit, s. unten, S. 244–281.

Köhler, Walther: Huldrych Zwingli, Leipzig ²1954, ND Zürich 1984.

–: Zwingli und Luther. Ihr Streit über das Abendmahl nach seinen politischen und religiösen Beziehungen, 2 Bde., Leipzig 1924; Gütersloh 1953.

–: Zürcher Ehegericht und Genfer Konsistorium, 2 Bde., Leipzig 1932/42.

Körber, Esther-Beate: Öffentlichkeiten der frühen Neuzeit. Teilnehmer, Formen, Institutionen und Entscheidungen öffentlicher Kommunikation im Herzogtum Preußen von 1525 bis 1618, Berlin, New York 1998.

Kohls, Ernst-Wilhelm: Luther oder Erasmus. Luthers Theologie in der Auseinandersetzung mit Erasmus, 2 Bde., Basel 1972/78.

Kopperi, Kati (Hg.): Widerspruch. Luthers Auseinandersetzung mit Erasmus, Helsinki 1997.

Kuropka, Nicole: Philipp Melanchthon: Wissenschaft und Gesellschaft. Ein Gelehrter im Dienst der Kirche (1526–1532), Tübingen 2002.

Kotabe, Shinichi: Das Laienbild Andreas Bodensteins von Karlstadt in den Jahren 1516–1524, Diss. theol. München 2005.

Krarup, Martin: Ordination in Wittenberg. Die Einsetzung in das kirchliche Amt in Kursachsen zur Zeit der Reformation, Tübingen 2007.

Krentz, Natalie: Ritualwandel und Deutungshoheit. Die frühe Reformation in der Residenzstadt Wittenberg (1500–1533), Tübingen 2014.

Krieger, Christian / Lienhard, Marc (Hg.): Martin Bucer and Sixteenth-Century Europe, 2 Bde., Leiden 1993.

Kruse, Jens-Martin: Universitätstheologie und Kirchenreform. Die Anfänge der Reformation in Wittenberg 1516–1522, Mainz 2002.

Kuhr, Olaf: Die Macht des Bannes und der Buße. Kirchenzucht und Erneuerung der Kirche bei Johannes Oekolampad (1482–1531), Bern u. a. 1999.

Kunisch, Johannes (Hg.): Kommunalisierung und Christianisierung. Voraussetzungen und Folgen der Reformation 1400–1600, Berlin 1989.

Kunze, Johannes: Luther und Erasmus. Der Einfluß des Erasmus auf die Kommentierung des Galaterbriefes und der Psalmen durch Luther 1519–1521, Münster 2000.

Kunzelmann, Adalbero: Geschichte der deutschen Augustiner-Eremiten, 7 Bde., Würzburg 1969–1976.

Leder, Hans-Günter: Ausgleich mit dem Papst? Luthers Haltung in den Verhandlungen mit Miltitz 1520, Berlin 1969.

Leroux, Neil R.: Martin Luther as Comforter. Writings on Death, Leiden, Boston 2007.

Lienhard, Marc: Martin Luthers christologisches Zeugnis, Göttingen 1980.

Litz, Gudrun: Die reformatorische Bilderfrage in den schwäbischen Reichsstädten, Tübingen 2007.

Locher, Gottfried Wilhelm: Huldrych Zwingli in neuer Sicht, Zürich, Stuttgart 1969.

–: Die Zwinglische Reformation im Rahmen der europäischen Kirchengeschichte, Göttingen 1979.

Loewenich, Walter von: Luthers Theologia crucis, Bielefeld ⁶1982.

Lohse, Bernhard: Evangelium in der Geschichte. Studien zu Luther und der Reformation, hg. von *Leif Grane, Bernd Moeller* und *Otto Hermann Pesch*, Göttingen 1988.

–: Luthers Theologie in ihrer historischen Entwicklung und in ihrem systematischen Zusammenhang, Göttingen 1995.

–: Martin Luther. Eine Einführung in sein Leben und Werk, München ³1997.

– (Hg.): Der Durchbruch der reformatorischen Erkenntnis bei Luther, Darmstadt 1968.

– (Hg.): Der Durchbruch der reformatorischen Erkenntnis bei Luther – neuere Untersuchungen, Stuttgart 1988.

Lorentzen, Tim: Johannes Bugenhagen als Reformator der öffentlichen Fürsorge, Tübingen 2008.

Lück, Heiner (Hg.): Martin Luther und seine Universität, Köln u. a. 1998.

Ludolphy, Ingetraut: Friedrich der Weise. Kurfürst von Sachsen 1463–1525, Göttingen 1984.

Lusch, Birgit: Reliquienverehrung als Symbolsystem. Volkskirchliche Praxis und reformatorischer Umbruch: zum Wittenberger Reliquienschatz und zur Transformation des symbolischen Denkens bei Luther, Münster 2008.

Mantey, Volker: Zwei Schwerter – Zwei Reiche. Martin Luthers Zwei-Reiche-Lehre vor ihrem spätmittelalterlichen Hintergrund, Tübingen 2005.

Marx, Harald / Hollberg, Cecilie (Hg.): Glaube und Macht. Sachsen im Europa der Reformationszeit, 2 Bde., Dresden 2004.

Matheson, Peter: The Rhetoric of the Reformation, Edinburgh 1998.

–: Argula von Grumbach, Göttingen 2014.

– (Hg.): A People's History of Christianity Vol. 5: Reformation Christianity, Minneapolis 2007.

Maurer, Justus: Prediger im Bauernkrieg, Stuttgart 1979.

Maurer, Wilhelm: Der junge Melanchthon zwischen Humanismus und Reformation, 2 Bde., Göttingen 1967–1969, ND Göttingen 1996.

McKee, Elsie: Katharina Schütz Zell. Church Mother. The Writings of a Protestant Reformer in Sixteenth-Century Germany, Chicago, London 2006.

Meller, Harald (Hg.): Fundsache Luther. Archäologen auf den Spuren des Reformators, Stuttgart 2008.

Michalski, Sergiusz: The Reformation and the Visual Art, London 1993.

Moeller, Bernd: Luther-Rezeption. Kirchenhistorische Aufsätze zur Reformationsgeschichte, hg. von *Johannes Schilling*, Göttingen 2001.

–: Thesenanschläge, in: *Ott / Treu* (Hg.): Faszination Thesenanschlag, s. unten, S. 9–31.

–: Stadt und Buch. Bemerkungen zur Struktur der reformatorischen Bewegung, in: *Mommsen* (Hg.), Stadtbürgertum und Adel, s. unter Zweites Kapitel, S. 25–39.

–: Art. Flugschriften der Reformationszeit, in: TRE 11, 1983, S. 240–246.

–: Die frühe Reformation in Deutschland als Kommunikationsprozeß, in: *Ders.*, Luther-Rezeption, s. oben, S. 73–90.

–: Zwinglis Disputationen. Studien zur Kirchengründung in den Städten der frühen Reformation, Göttingen 2011.

–: Luther und die Städte, in: Aus der Lutherforschung. Drei Vorträge, Opladen 1983, S. 9–26.

– / *Stackmann, Karl*: Luder – Luther – Eleutherius. Erwägungen zu Luthers Namen, in: Nachrichten der Akademie der Wissenschaften zu Göttingen, Phil.-hist. Kl. Nr. 7, Göttingen 1981, S. 169–203.

– (Hg.): Bauernkriegs-Studien, Gütersloh 1975.

– (Hg.): Stadt und Kirche im 16. Jahrhundert, Gütersloh 1978.

– / *Stackmann, Karl*: Städtische Predigt in der Frühzeit der Reformation, Göttingen 1996.

Molitor, Hansgeorg / Smolinsky, Heribert (Hg.): Volksfrömmigkeit in der frühen Neuzeit, Münster 1994.

Mörke, Olaf: Rat und Bürger in der Reformation. Soziale Gruppen und kirchlicher Wandel in den welfischen Hansestädten Lüneburg, Braunschweig und Göttingen, Hildesheim 1983.

Mühlen, Karl-Heinz zur: Nos extra nos. Luthers Theologie zwischen Mystik und Scholastik, Tübingen 1972.

Müller, Nikolaus: Die Wittenberger Bewegung 1521 und 1522, Leipzig ²1911.

Neser, Anne-Marie: Luthers Wohnhaus in Wittenberg, Leipzig 2005.

Nieden, Marcel: Organum Deitatis: die Christologie des Thomas de Vio Cajetan, Leiden, New York, Köln 1997.

Oberman, Heiko A.: Die Reformation. Von Wittenberg nach Genf, Göttingen 1986.

–: Luther. Mensch zwischen Gott und Teufel, verb. Aufl. Berlin 1987.

–: Werden und Wertung der Reformation. Vom Wegestreit zum Glaubenskampf, Tübingen ³1989.

–: The Impact of the Reformation, Edinburgh 1994.

–: Wurzeln des Antisemitismus. Christenangst und Judenplage im Zeitalter von Humanismus und Reformation, Berlin ²1981.

–: Die Gelehrten die Verkehrten: Popular Response to Learned Culture in the Renaissance and Reformation, in: Religion and Culture in Renaissance and Reformation, hg. von *Steven E. Ozment*, Kirksville 1989, S. 43–63.

Ocker, Christopher: Church Robbers and Reformers in Germany, 1525–1547, Leiden, Boston 2006.

Oehmig, Stefan: Die Wittenberger Bewegung 1521/22 und ihre Folgen im Lichte alter und neuer Fragestellungen, in: *Ders.* (Hg.), 700 Jahre Wittenberg, Weimar 1995, S. 97–130.

Oelke, Harry: Die Konfessionsbildung des 16. Jahrhunderts im Spiegel illustrierter Flugblätter, Berlin, New York 1992.

Osten-Sacken, Peter von der: Martin Luther und die Juden. Neu untersucht anhand von Anton Margarithas «Der gantz Jüdisch glaub» (1530/31), Stuttgart 2002.

Ott, Joachim / Treu, Martin (Hg.): Faszination Thesenanschlag – Faktum oder Fiktion, Leipzig 2008.

Ozment, Steven E.: Homo Spiritualis. A Comparative Study of the Anthropology of Johannes Tauler, Jean Gerson and Martin Luther, Leiden 1969.

–: The Reformation in the Cities. The Appeal of the Reformation to Sixteenth-Century Germany and Switzerland, New Haven 1975.

–: When Fathers Ruled. Family Life in Reformation Europe, Cambridge/Mass. 1983.

Packull, Werner O.: Mysticism and the Early South German-Austrian Anabaptist Movement 1525–1531, Scottdale 1991.

Pater, Calvin Augustine: Karlstadt as the Father of the Baptist Movements: The Emergence of Lay Protestantism, Toronto 1984.

Petri, Franz (Hg.): Kirche und gesellschaftlicher Wandel in deutschen und niederländischen Städten der werdenden Neuzeit, Köln, Wien 1980.

Pettegree, Andrew: Brand Luther, 1517, Printing and the Making of the Reformation, New York 2015.

Postel, Rainer: Die Reformation in Hamburg 1517–1528, Gütersloh 1986.

Press, Volker: Adel, Reich und Reformation, in: *Mommsen* (Hg.), Stadtbürgertum und Adel in der Reformation, s. unter Zweites Kapitel, S. 330–383.

–: Kaiser Karl V., König Ferdinand und die Entstehung der Reichsritterschaft, Wiesbaden ²1980.

–: Ein Ritter zwischen Rebellion und Reformation, in: Blätter für Pfälzische Kirchengeschichte und religiöse Volkskunde 50, 1983, S. 151–178.

–: Reformatorische Bewegung und Reichsverfassung. Zum Durchbruch der Reformation – soziale, politische und religiöse Faktoren, in: *Ders. / Stievermann* (Hg.), Martin Luther. Probleme seiner Zeit, S. 11–42.

–: Franz von Sickingen – Wortführer des Adels, Vorkämpfer der Reformation und Freund Huttens, in: *Ders.*, Adel im Alten Reich, hg. von *Franz Brendle* und *Anton Schindling*, Tübingen 1998, S. 319–331.

–: Ulrich von Hutten und seine Zeit, in: *Ders.*, Adel im Alten Reich, S. 299–318.

– / *Stievermann, Dieter* (Hg.): Martin Luther. Probleme seiner Zeit, Stuttgart 1986.

Preus, James S.: Carlstadt's Ordinaciones and Luther's Liberty. A Study of the Wittenberg Movement 1521–22, Cambridge/Mass. 1974.

Pribnow, Volker: Die Rechtfertigung obrigkeitlicher Steuer- und kirchlicher Zehnterhebung bei Huldrich Zwingli, Zürich 1996.

Raeder, Siegfried: Die Benutzung des masoretischen Textes bei Luther in der Zeit zwischen der ersten und der zweiten Psalmenvorlesung (1515–1518), Tübingen 1967.

Reinis, Austra: Reforming the Art of Dying. The ars moriendi in the German Reformation (1519–1528), Aldershot 2007.

Resch, Claudia: Trost im Angesicht des Todes. Frühe reformatorische Anleitungen zur Seelsorge an Kranken und Sterbenden, Tübingen 2006.

Reuter, Fritz (Hg.): Der Reichstag von Worms von 1521. Reichspolitik und Luthersache, Köln ²1981.

Rieger, Reinhold: Von der Freiheit eines Christenmenschen. De libertate christiana, Tübingen 2007.

Roll, Christine (Hg.): Recht und Reich im Zeitalter der Reformation. Festschrift für Horst Rabe, Frankfurt/M. u. a. ²1997.

Roper, Lyndal: Das fromme Haus. Frauen und Moral in der Reformation, Frankfurt/M., New York 1995.

–: Gender and the Reformation, in: ARG 42, 2001, S. 290–302.

Roussel, Bernhard: De Strasbourg à Bâle et Zurich: Une «École rhénane» d'Exégèse, in: Revue d'Histoire et du Philosophie Religieuse 68, 1988, S. 19–39.

Rublack, Hans-Christoph: Die Einführung der Reformation in Konstanz von den Anfängen bis zum Abschluß 1531, Gütersloh 1971.

–: Neuere Forschungen zum Thesenanschlag Luthers, in: Historisches Jahrbuch 90, 1970, S. 329–342.

–: … hat die Nonne den Pfarrer geküßt? Aus dem Alltag der Reformationszeit, Gütersloh 1991.

Russell, Paul A.: Lay Theology in the Reformation. Popular Pamphleteers in Southwest-Germany, 1521–1525, Cambridge 1986.

Rüttgardt, Antje: Klosteraustritte in der frühen Reformation, Gütersloh 2007.

Sallmann, Martin: Zwischen Gott und Mensch. Huldrych Zwinglis theologischer Denkweg im De vera et falsa religione commentarius (1525), Tübingen 1999.

Samuel-Scheyder, Monique: Johannes Cochläus, humaniste et adversaire de Luther, Nancy 1993.

Scheel, Otto: Martin Luther. Vom Katholizismus zur Reformation, Bd. 1: Auf der Schule und Universität, Tübingen ³1921; Bd. 2: Im Kloster, Tübingen ⁴1930.

Scheible, Heinz: Melanchthon und die Reformation. Forschungsbeiträge, hg. von *Gerhard May* und *Rolf Decot*, Mainz 1996.

–: Melanchthon. Eine Biographie, München 1997.

Schilling, Heinz: Die politische Elite nordwestdeutscher Städte in den religiösen Auseinandersetzungen des 16. Jahrhunderts, in: *Mommsen* (Hg.), Stadtbürgertum und Adel in der Reformation, s. unter Zweites Kapitel, S. 235–308.

–: Martin Luther. Rebell in einer Zeit des Umbruchs, München ⁴2016.

– (Hg.): Kirchenzucht und Sozialdisziplinierung im frühneuzeitlichen Europa, Berlin 1994.

Schilling, Johannes: Passio Doctoris Martini Lutheri. Bibliographie, Texte, Untersuchungen, Gütersloh 1989.

–: Gewesene Mönche. Lebensgeschichten in der Reformation, München 1990.

–: Klöster und Mönche in der hessischen Reformation, Gütersloh 1997.

Schmelz, Lothar / Ludscheidt, Michael (Hg.): Luthers Erfurter Kloster, Erfurt 2005.

Schmidt, Georg: Der Städtetag in der Reichsverfassung. Eine Untersuchung zur korporativen Politik der Freien und Reichsstädte in der ersten Hälfte des 16. Jahrhunderts, Wiesbaden 1984.

Schmidt, Heinrich-Richard: Reichsstädte, Reich und Reformation. Korporative Reichspolitik 1521–1529, Stuttgart 1986.

Schmidt-Lauber, Gabriele: Luthers Vorlesung über den Römerbrief 1515/16. Ein Vergleich zwischen Luthers Manuskript und den studentischen Nachschriften, Köln, Weimar, Wien 1994.

Schneider, Hans: Martin Luthers Reise nach Rom – neu datiert und gedeutet, in: Studien zur Wirtschafts- und Religionsgeschichte, hg. von der Akademie der Wissenschaften zu Göttingen, Red. *Werner Lehfeldt*, Berlin, New York 2011, S. 1–157.

Schneider-Ludorff, Gury: Der fürstliche Reformator. Theologische Aspekte im Wirken Philipps von Hessen von der Homberger Synode bis zum Interim, Leipzig 2006.

Schnitzler, Norbert: Ikonoklasmus – Bildersturm. Theologischer Bilderstreit und ikonoklastisches Handeln während des 15. und 16. Jahrhunderts, München 1996.

Scholz, Günter: Ständefreiheit und Gotteswort. Studien zum Anteil der Landstände an Glaubensspaltung und Konfessionsbildung in Innerösterreich (1517–1564), Frankfurt u. a. 1994.

Schottenloher, Karl: Flugblatt und Zeitung. Ein Wegweiser durch das gedruckte Tagesschrifttum Bd. I: Von den Anfängen bis zum Jahr 1848, Berlin 1922, ND München 1985.

Schubert, Anselm: Täufertum und Kabbalah. Augustin Bader und die Grenzen der Radikalen Reformation, Gütersloh 2008.

Schulze, Manfred: Johannes Eck im Kampf gegen Martin Luther, in: LuJ 63, 1996, S. 39–68.

Schulze, Winfried: Vom Gemeinnutz zum Eigennutz. Über den Normenwandel in der ständischen Gesellschaft der Frühen Neuzeit, in: Historische Zeitschrift 243, 1983, S. 591–627.

Schwab, Wolfgang: Entwicklung und Gestalt der Sakramententheologie bei Martin Luther, Frankfurt, Bern 1977.

Schwarz, Reinhard: Fides, spes und caritas beim jungen Luther, Berlin u. a. 1962.

–: Vorgeschichte der reformatorischen Bußtheologie, Berlin u. a. 1968.

–: Luther, Göttingen ³2004.

–: Martin Luther – Lehrer der christlichen Religion, Tübingen ²2016.

Schwitalla, Johannes: Deutsche Flugschriften 1460–1525. Textsortengeschichtliche Studien, Tübingen 1983.

–: Flugschriften, Tübingen 1999.

Scribner, Robert W.: Popular Culture and Popular Movements in German Reformation, London, Ronceverte 1987.

– (Hg.): Bilder und Bildersturm im Spätmittelalter und in der frühen Neuzeit, Wiesbaden 1990.

–: For the Sake of Simple Folk. Popular Propaganda for the German Reformation, Oxford ²1994.

–: Elements of Popular Belief, in: *Brady / Oberman / Tracy* (Hg.), Handbook of European History 1400–1600, Bd. 1, s. unter Gesamtdarstellungen, S. 231–262.

–: Religion und Kultur in Deutschland 1400–1800, hg. von *Lyndal Roper*, Göttingen 2002.

Seebaß, Gottfried: Artikelbrief, Bundesordnung und Verfassungsentwurf. Studien zu drei zentralen Dokumenten des südwestdeutschen Bauernkrieges, Heidelberg 1988.

–: Die Reformation und ihre Außenseiter, Göttingen 1997.

–: Müntzers Erbe. Werk, Leben und Theologie des Hans Hut, Gütersloh 2002.

Selge, Kurt-Victor: Die Leipziger Disputation zwischen Luther und Eck, in: ZKG 86, 1975, S. 26–40.

Sider, Ronald J.: Andreas Bodenstein von Karlstadt: The Development of His Thought 1517–1525, Leiden 1974.

Simon, Wolfgang: Die Meßopfertheologie Martin Luthers. Voraussetzungen, Genese, Gestalt und Rezeption, Tübingen 2003.

Spehr, Christopher: Luther und das Konzil, Tübingen 2010.

Springer, Klaus-Bernward: Die deutschen Dominikaner in Widerstand und Anpassung während der Reformationszeit, Berlin 1999.

Spruyt, Bart Jan: Cornelius Henrici Hoen (Honius) and His Epistle on the Eucharist: Medieval Heresy, Erasmian Humanism, and Reform in the Early Sixteenth-Century Low Countries, Leiden 2006.

Staehelin, Ernst: Das theologische Lebenswerk Johannes Oekolampads, Leipzig 1939, ND New York 1971.

Stayer, James M.: Die Anfänge des schweizerischen Täufertums im reformierten Kongregationalismus, in: *Goertz* (Hg.), Umstrittenes Täufertum, s. oben, S. 19–49.

–: Anabaptists and the Sword, Göttingen 1997.

–: The German Peasants War and Anabaptist Community of Goods, Montreal 1991.

Steinmetz, David C.: Luther and Staupitz, Durham 1980.

Steinmetz, Max: Thomas Müntzers Weg nach Allsted, Berlin 1988.

Stephens, Peter: The Theology of Huldrych Zwingli, Oxford 1986.

–: Zwingli. Einführung in sein Denken, Zürich 1997.

Stock, Ursula: Die Bedeutung der Sakramente in Luthers Sermonen von 1519, Leiden 1982.

Stolt, Birgit: Martin Luthers Rhetorik des Herzens, Tübingen 2000.

Strauss, Gerald: Law, Resistance and the State. The Opposition to Roman Law in Reformation Germany, Princeton/NJ 1986.

Strohm, Christoph (Hg.): Martin Bucer und das Recht, Genf 2002.

Strübind, Andrea: Eifriger als Zwingli. Die frühe Täuferbewegung in der Schweiz, Berlin 2003.

Talkenberger, Heike: Sintflut. Prophetie und Zeitgeschehen in Texten und Holzschnitten astrologischer Flugschriften 1488–1528, Tübingen 1990.

Taylor, Larissa (Hg.): Preachers and People in the Reformations and Early Modern Period, Leiden 2001.

Tewes, Götz-Rüdiger: Luthergegner der ersten Stunde. Motive und Verflechtungen, in: Quellen und Forschungen aus italienischen Archiven und Bibliotheken 75, 1995, S. 256–365.

Tode, Sven: Stadt im Bauernkrieg 1525, Frankfurt/M. 1993.

Ulbrich, Claudia: Frauen in der Reformation, in: *Nada Bôskovska Leimgruber* (Hg.), Die Frühe Neuzeit in der Geschichtswissenschaft. Forschungstendenzen und Forschungserträge, Paderborn 1997, S. 163–177.

Veit, Patrice: Das Kirchenlied in der Reformation Martin Luthers, Stuttgart 1985.

Vogler, Günter: Nürnberg 1524/25. Studien zur Geschichte der reformatorischen und sozialen Bewegung in der Reichsstadt, Berlin 1982.

– : Die Gewalt soll gegeben werden dem gemeinen Volk. Der deutsche Bauernkrieg 1525, Berlin ²1983.

–: Thomas Müntzer, Berlin 1989.

–: Thomas Müntzer und die Gesellschaft seiner Zeit, Mühlhausen 2003.

–: Signaturen einer Epoche. Beiträge zur Geschichte der frühen Neuzeit, hg. von Marion Dammaschke, Berlin 2012.

Volkmar, Christoph: Reform statt Reformation: Die Kirchenpolitik Herzog Georgs von Sachsen, 1488–1525, Tübingen 2008.

Wagner Oettinger, Rebecca: Music as Propaganda in the German Reformation, Aldershot 2007.

Wandel, Lee Palmer: Voracious Idols and Violent Hands. Iconoclasm in Reformation. Zurich, Strasbourg, and Basel, Cambridge 1995.

–: The Eucharist in the Reformation, Cambridge 2006.

Warnke, Martin: Cranachs Luther. Entwürfe für ein Image, Frankfurt/M. 1984.

– (Hg.): Bild und Bildersturm im Spätmittelalter und in der frühen Neuzeit, Wiesbaden 1990.

Wartenberg, Günther: Wittenberger Reformation und territoriale Politik. Gesammelte Aufsätze, Leipzig 2003.

Wehler, Hans-Ulrich (Hg.): Der Deutsche Bauernkrieg 1524–1526, Göttingen 1975.

Weiß, Ulman: Ein fruchtbar Bethlehem. Luther und Erfurt, Berlin 1982.

–: Die frommen Bürger von Erfurt, Weimar 1988.

Wettges, Wolfram: Reformation und Propaganda. Studien zur Kommunikation des Aufruhrs in süddeutschen Reichsstädten, Stuttgart 1978.

Wicks, Jared: Luther's Reform. Studies on Conversion and the Church, Mainz 1992.

Wienecke, Josef: Luther und Petrus Lombardus. Martin Luthers Notizen anläßlich seiner Vorlesung über die Sentenzen des Petrus Lombardus Erfurt 1509/11, St. Ottilien 1995.

Wiesner, Mary E.: Women and Gender in Early Modern Europe, Cambridge ²2000.

Williams, George Huntston: The Radical Reformation, Ann Arbor/MI ³2000.

Windhorst, Christof: Täuferisches Taufverständnis, Leiden 1976.

Winterhager, Wilhelm-Ernst: Martin Luther und das Amt des Provinzvikars in der Reformkongregation der deutschen Augustiner-Eremiten, in: Vita religiosa im Mittelalter. Festschrift Kaspar Elm, hg. von *Franz J. Felten* und *Nikolas Jaspert*, Berlin 1999, S. 707–738.

Wohlfeil, Rainer (Hg.): Der Bauernkrieg 1524–1526. Bauernkrieg und Reformation, München 1975.

–: «Reformatorische Öffentlichkeit», in: *Grenzmann / Stackmann* (Hg.), Literatur und Laienbildung, s. unter Zweites Kapitel, S. 41–54.

Wolff, Jens: Metapher und Kreuz. Studien zu Luthers Christusbild, Tübingen 2005.

Wolgast, Eike: Die Wittenberger Theologie und die Politik der evangelischen Stände, Gütersloh 1977.

–: Formen landesfürstlicher Reformation in Deutschland, in: *Grane / Hørby* (Hg.), Die dänische Reformation, s. unter Viertes Kapitel, S. 57–90.

Wriedt, Markus: Gnade und Erwählung. Eine Untersuchung zu Johann von Staupitz und Martin Luther, Mainz 1991.

Wunder, Heide: «Er ist die Sonn', sie ist der Mond»: Frauen in der Frühen Neuzeit, München 1992.

–: Frauen in der Reformation. Rezeptions- und historiographiegeschichtliche Überlegungen, in: ARG 92, 2001, S. 303–320.

Zimmermann, Gunter: Die Antwort der Reformation auf die Zehntenfrage, Frankfurt/M. 1983.

–: Der Durchbruch zur Reformation nach dem Zeugnis Zwinglis vom Jahre 1523, in: Zwingliana 17/2, 1986, S. 97–120.

Zorzin, Alejandro: Karlstadts «Dialogus vom Tauff der Kinder» in einem anonymen Wormser Druck aus dem Jahre 1527, in: ARG 79, 1988, S. 27–57.

–: Karlstadt als Flugschriftenautor, Göttingen 1990.

–: Einige Beobachtungen zu den zwischen 1518 und 1526 im deutschen Sprachgebiet veröffentlichten Dialogflugschriften, in: ARG 88, 1997, S. 77–117.

–: Ein Cranach-Porträt des Andreas Bodenstein von Karlstadt, in: Theologische Zeitschrift Basel 70, 2013, S. 4–24.

–: Ludwig Hätzers «Kreuzgang» (1528/9): Ein Zeugnis täuferischer Bildpropaganda, in: ARG 97, 2006, S. 137–164.

Viertes Kapitel: Das reformatorische Europa bis 1600

Andor, Eszter / Tóth, István György (Hg.): Frontiers of Faith. Religious Exchange and the Constitution of Religious Identities 1400–1750, Budapest 2001.

Arbusow, Leonid: Die Einführung der Reformation in Liv-, Est- und Kurland, Leipzig 1921.

Asche, Matthias / Schindling, Anton (Hg.): Dänemark, Norwegen und Schweden im Zeitalter der Reformation und Konfessionalisierung, Münster 2003.

– / *Buchholz, Werner* (Hg.): Die baltischen Lande im Zeitalter der Reformation und Konfessionalisierung: Livland, Estland, Ösel, Ingermanland, Kurland und Letgallen, Teil 1 und 2, Münster 2009/2010.

Aulinger, Rosemarie: Das Bild des Reichstages im 16. Jahrhundert, Göttingen 1980.

Bahlcke, Joachim / Strohmeyer, Arno (Hg.): Konfessionalisierung in Ostmitteleuropa. Wirkungen des religiösen Wandels im 16. und 17. Jahrhundert in Staat, Gesellschaft und Kultur, Stuttgart 1999.

Balázs, Mihály: Early Transylvanian Anti-Trinitarism (1566–1571). From Servet to Paleologus, Baden-Baden, Bouxviller 1996.

Barnes, Robin B.: Prophecy and Gnosis. Apocalyptism in the Wake of the Lutheran Reformation, Stanford 1988.

Bäumer, Remigius (Hg.): Concilium Tridentinum, Darmstadt 1979.

Baumstark, Reinhold (Hg.): Rom in Bayern. Kunst und Spiritualität der ersten Jesuiten, München 1997.

Becker, Winfried (Hg.): Der Passauer Vertrag von 1552. Politische Entstehung, reichsrechtliche Bedeutung und konfessionsgeschichtliche Bewertung, Neustadt a. d. Aisch 2003.

Beiergrößlein, Katharina: Robert Barnes, England und der Schmalkaldische Bund (1530–1540), Gütersloh 2011.

Benedict, Philippe (Hg.): Reformation, Revolt and Civil War in France and the Netherlands 1555–1585, Amsterdam 1999.

Berndt, Rainer (Hg.): Petrus Canisius SJ (1521–1597), Berlin 2000.

Bizer, Ernst: Studien zur Geschichte des Abendmahlsstreites im 16. Jahrhundert, Darmstadt ³1972.

Blanke, Fritz: Zwinglis «Fidei ratio» (1530). Entstehung und Bedeutung, in: ARG 57, 1960, S. 96–102.

Bollbuck, Harald: Wahrheitszeugnis, Gottes Auftrag und Zeitkritik. Die Kirchengeschichte der Magdeburger Zenturien und ihre Arbeitstechniken, Wiesbaden 2014.

Bornkamm, Heinrich: Die Geburtsstunde des Protestantismus. Die Protestation von Speyer (1529), in: Ders., Das Jahrhundert der Reformation, Göttingen ²1966, S. 112–125; Neuausgabe Frankfurt/M. 1983, S. 146–161.

Böttcher, Diethelm: Ungehorsam oder Widerstand? Zum Fortleben mittelalterlichen Widerstandsrechts in der Reformationszeit (1529–1530), Berlin 1991.

Bouwsma, William J.: John Calvin. A Sixteenth Century Portrait, New York, Oxford 1988.

Brecht, Martin (Hg.): Martin Luther und das Bischofsamt, Stuttgart 1990.

– / *Schwarz, Reinhard* (Hg.): Bekenntnis und Einheit der Kirche. Studien zum Konkordienbuch, Stuttgart 1980.

Brendler, Gerhard: Das Täuferreich zu Münster 1534/35, Berlin 1966.

Brockmann, Thomas: Die Konzilsfrage in den Flug- und Streitschriften des deutschen Sprachraums 1518–1563, Göttingen 1999.

Brückner, Wolfgang: Lutherische Bekenntnisgemälde des 16. bis 18. Jahrhunderts, Regensburg 2007.

Bucsay, Mihaly: Der Protestantismus in Ungarn, 1521–1978. Ungarns Reformationskirchen in Geschichte und Gegenwart: Im Zeitalter der Reformation, Gegenreformation und katholischen Reform, Wien u. a. 1977.

Burschel, Peter: Sterben und Unsterblichkeit. Zur Kultur des Martyriums in der frühen Neuzeit, München 2004.

Büsser, Fritz: Heinrich Bullinger. Leben, Werk und Wirkung, 2 Bde., Zürich 2004/05.

Campi, Emidio / Opitz, Peter (Hg.): Heinrich Bullinger. Life – Thought – Influence, 2 Bde., Zürich 2007.

Cantimori, Delio: Italienische Häretiker der Spätrenaissance, Basel 1949.

Chudaska, Andrea: Peter Riedemann. Konfessionsbildendes Täufertum im 16. Jahrhundert, Gütersloh 2003.

Crouzet, Denis: Les guerriers de dieu. La violence au temps des troubles de religion. Vers 1525 – vers 1610, 2 Bde., Champ Vallon 2005.

Czaika, Otfried: David Chytraeus und die Universität Rostock in ihren Beziehungen zum schwedischen Reich, Helsinki 2002.

–: Die Ausbreitung der Reformation im Ostseeraum ca. 1500–1700 als Kulturtransfer, in: Ders. / Holze, Heinrich (Hg.), Migration im Ostseeraum während der Frühen Neuzeit, Stockholm 2012, S. 76–100.

Das Königreich der Täufer. Reformation und Herrschaft der Täufer in Münster, 2 Bde., Münster 2000.

Decot, Rolf (Hg.): Vermittlungsversuche auf dem Augsburger Reichstag 1530. Melanchthon – Brenz – Vehus, Stuttgart 1989.

Deppermann, Klaus: Melchior Hoffman, Göttingen 1979.

Dickens, Arthur G.: The English Reformation, London ²1989.

Dingel, Irene: Art. Religionsgespräche IV. Altgläubig – protestantisch und innerprotestantisch, in: TRE 28, 1997, S. 654–681.

Dixon, Scott C. / Schorn-Schütte, Luise (Hg.): The Protestant Clergy of Early Modern Europe, Houndmills 2003.

Duke, Alastair C.: Reformation and Revolt in the Low Countries, London 1990.

Eberhard, Winfried: Konfessionsbildung und Stände in Böhmen 1478–1530, München, Wien 1981.

Ehmann, Johannes: Luther, Türken und Islam. Eine Untersuchung zum Türken- und Islambild Martin Luthers (1515–1546), Gütersloh 2008.

Eppley, Daniel: Defending Royal and Discerning God's Will in Tudor England, Aldershot 2007.

Fata, Márta: Ungarn, das Reich der Stephanskrone, im Zeitalter der Reformation und Konfessionalität. Multiethnizität, Land und Konfession 1500 bis 1700, Münster 2000.

Feld, Helmut: Ignatius von Loyola. Gründer des Jesuitenordens, Köln, Weimar, Wien 2006.

Francisco, Adam S.: Martin Luther and Islam, Leiden u. a. 2007.

Friedeburg, Robert von: Widerstandsrecht und Konfessionskonflikt. Notwehr und gemeiner Mann im deutsch-britischen Vergleich 1530–1669, Berlin 1999.

Friedrich, Martin: Johann III. von Schweden (1568–1592). Ein König im Spannungsfeld von Gegenreformation und Konfessionalisierung, in: ZKG 109, 1998, S. 200–215.

Frieß, Peer / Kießling, Rolf (Hg.): Konfessionalisierung und Region, Konstanz 1999.

Gabriel, Peter: Fürst Georg III. von Anhalt als evangelischer Bischof von Merseburg und Thüringen 1544–1548/50, Frankfurt/M. 1997.

Ganzer, Klaus: Aspekte der katholischen Reformbewegung im 16. Jahrhundert, Stuttgart 1991.

–: Die religiösen Bewegungen im Italien des 16. Jahrhunderts, Münster 2003.

Gehrt, Daniel: Ernestinische Konfessionspolitik – Bekenntnisbildung, Herrschafts-konsolidierung und dynastische Identitätsstiftung vom Augsburger Interim 1548 bis zur Konkordienformel 1577, Leipzig 2011.

Gleason, Elisabeth G.: Gasparo Contarini. Venice, Rome, and Reform, Berkeley 1993.

Gotthard, Axel: Der Augsburger Religionsfrieden, Münster 2004.

Grane, Leif: Die Confessio Augustana, Göttingen ⁵1996.

– / *Hørby, Kai* (Hg.): Die dänische Reformation vor ihrem internationalen Hinter-grund, Göttingen 1990.

Gregory, Brad S.: Salvation at Stake. Christian Martyrdom in Early Modern Europe, Cambridge/MA, London 1999.

Grell, Ole Peter (Hg.): The Scandinavian Reformation from Evangelical Movement to Institutionalization of Reform, Cambridge 2003.

Haude, Sigrun: In the Shadow of the «Savage Wolves». Anabaptist Münster and the German Reformation During the 1530s, Leiden, Boston 2000.

Haug-Moritz, Gabriele: Der Schmalkaldische Bund 1530–1541/2, Leinfelden, Ech-terdingen 2002.

Herrmann, Johannes: Moritz von Sachsen (1521–1553). Landes-, Reichs- und Frie-densfürst, Beucha 2003.

Higman, Francis M.: La diffusion de la Réforme en France, 1520–1562, Genf 1992.

Hoffmann, Carl A. u. a. (Hg.): Als Frieden möglich war. 450 Jahre Augsburger Reli-gionsfrieden, Regensburg 2005.

Hsia, Ronnie Po-chia: Gesellschaft und Religion in Münster 1535–1618, Münster 1989.

–: Gegenreformation. Die Welt der katholischen Erneuerung 1540–1770, Frank-furt/M. 1998.

Hudson, Winthrop S.: The Cambridge Connection and the Elizabethan Settlement of 1559, Durham/NC 1980.

Immenkötter, Herbert: Um die Einheit im Glauben. Die Unionsverhandlungen des Augsburger Reichstages im August und September 1530, Münster ²1974.

–: Der Reichstag zu Augsburg und die Confutatio, Münster 1979.

– / *Wenz, Gunther* (Hg.): Im Schatten der Confessio Augustana. Die Religionsver-handlungen des Augsburger Reichstages 1530 im historischen Kontext, Münster 1997.

Iserloh, Erwin (Hg.): Confessio Augustana und Confutatio. Der Augsburger Reichs-tag 1530 und die Einheit der Kirche, Münster 1980.

Jedin, Hubert: Geschichte des Konzils von Trient, 4 Bde., Freiburg/B. 1949–1975; ³1978.

Jenny, Markus: Luthers Geistliche Lieder und Kirchengesänge [AWA 4], Köln, Wien 1985.

Jörgensen, Bent: Konfessionelle Selbst- und Fremdbezeichnungen. Zur Terminologie der Religionsparteien im 16. Jahrhundert, Berlin 2014.

Kaiser Karl V. (1500–1558): Macht und Ohnmacht Europas. Ausstellungskatalog, Bonn, Wien 2000.

Kaufmann, Thomas: Das Ende der Reformation. Magdeburgs «Herrgotts Kanzlei» (1548/1551/2), Tübingen 2003.

–: Art. Konfessionalisierung, in: Enzyklopädie der Neuzeit, Bd.6, Stuttgart, Weimar 2007, S. 1053–1070.

–: Das Bekenntnis im Luthertum des konfessionellen Zeitalters, in: ZThK 105, 2008, S. 281–314.

Kindon, Robert: Geneva and the Coming of the Wars of Religion in France, 1555–1563, Genf ²2007.

Kirchhoff, Karl-Heinz: Die Täufer in Münster 1534/5, Münster 1973.

Klötzer, Ralf: Die Täuferherrschaft von Münster. Stadtreformation und Welterneuerung, Münster 1992.

Kneifel, Eduard: Geschichte der Evangelisch-Augsburgischen Kirche in Polen, Roth o.J.

Koch, Ernst: Aufbruch und Weg. Studien zur lutherischen Bekenntnisbildung im 16. Jahrhundert, Berlin 1983.

Kohler, Alfred: Das Reich im Kampf um die Hegemonie in Europa, München 1990.

–: Ferdinand I. 1503–1564, München 2003.

– / *Lutz, Heinrich* (Hg.): Aus der Arbeit an den Reichstagen unter Karl V., Göttingen 1986.

Kohnle, Armin: Reichstag und Reformation. Kaiserliche und städtische Religionspolitik von den Anfängen der causa Lutheri bis zum Nürnberger Religionsfrieden, Gütersloh 2001.

– / *Wolgast, Eike*: Art. Reichstage der Reformationszeit, in: TRE 28, 1997, S. 457–470.

Kolb, Robert (Hg.): Lutheran Ecclesiastical Culture 1550–1675, Leiden, Boston 2008.

Krumwiede, Hans Walter: Zur Entstehung des landesherrlichen Kirchenregiments in Kursachsen und Braunschweig-Wolfenbüttel, Göttingen 1967.

Kuhaupt, Georg: Veröffentlichte Kirchenpolitik. Kirche im publizistischen Streit zur Zeit der Religionsgespräche, Göttingen 1998.

Kühn, Johannes: Die Geschichte des Speyerer Reichstages 1529, Leipzig 1929.

Lake, Peter (Hg.): The Politics of the Public Sphere in Early Modern England, Manchester 2007.

– / *Questier, Michael C.* (Hg.): The Antichrist's Lewd Hat: Protestants, Papists and Players in Post-Reformation England, New Haven u. a. 2002.

Larson, James L.: Reforming the North. The Kingdoms and Churches of Scandinavia, 1520–1545, Cambridge 2010.

Leppin, Volker / Schmidt, Georg / Wefers, Sabine (Hg.): Johann Friedrich I.– der lutherische Kurfürst, Gütersloh 2006.

Lexutt, Athina: Rechtfertigung im Gespräch. Das Rechtfertigungsverständnis in den Religionsgesprächen von Hagenau, Worms und Regensburg 1540/41, Göttingen 1996.

Lindhardt, Poul Georg: Skandinavische Kirchengeschichte seit dem 16. Jahrhundert, Göttingen 1982.

Longhourst, John E.: Luther in Spain (1520–1540), in: Proceedings of the American Philosophical Society 103, 1959, S. 65–93.

Luttenberger, Albrecht Pius: Glaubenseinheit und Reichsfriede. Konzeptionen und

Wege konfessionsneutraler Reichspolitik 1530–1552 (Kurpfalz, Jülich, Kurbrandenburg), Göttingen 1982.

Lutterbach, Hubertus: Der Weg in das Täuferreich von Münster. Ein Ringen um die heilige Stadt, Münster 2006.

Lutz, Heinrich (Hg.): Das römisch-deutsche Reich im politischen System Karls V., München, Wien 1982.

Maag, Karin (Hg.): The Reformation in Eastern and Central Europe, Aldershot 1997.

MacCulloch, Diarmaid: Thomas Cranmer. A Life, New Haven, London 1996.

–: Die zweite Phase der englischen Reformation (1547–1603) und die Geburt der anglikanischen Via Media, Münster 1998.

–: Tudor Church Militant. Edward VI. and the Protestant Reformation, London 1999.

– (Hg.): The Reign of Henry VIII. Politics, Policy and Piety, Basingstoke 1995.

Mallek, Janusz: Preußen und Polen. Politik, Stände, Kirche und Kultur vom 16. bis zum 18. Jahrhundert, Stuttgart 1992.

Maron, Gottfried: Art. Katholische Reform und Gegenreformation, in: TRE 18, 1989, S. 45–72.

–: Ignatius von Loyola. Mystik, Theologie, Kirche, Göttingen 2001.

Marshall, Peter: Reformation England 1480–1642, London, New York ²2005.

–: (Hg.): The Impact of the English Reformation 1500–1640, London, New York 1997.

Matheson, Peter: Cardinal Contarini at Regensburg, Oxford 1972.

Maurer, Michael: Geschichte Englands, Stuttgart ³2014.

Maurer, Wilhelm: Historischer Kommentar zur Confessio Augustana, 2 Bde., Gütersloh ²1979.

Monge, Mathilde: Des communautés mouvantes. Les «sociétés de frères chrétiens» en Rhénanie du Nord Juliers, Berg, Cologne vers 1530–1694, Genf 2015.

Monter, William: Frontiers of Heresy: The Spanish Inquisition from the Basque Lands to Sicily, Cambridge 1990.

–: Judging the French Reformation. Heresy Trials by Sixteenth-Century Parlements, Cambridge/MA, London 1999.

Müller, E. F. Karl (Hg.): Die Bekenntnisschriften der reformierten Kirche, Leipzig 1903, ND Waltrop 1999.

Müller, Gerhard: Die römische Kurie und die Reformation 1523 bis 1534. Kirche und Politik während des Pontifikates Clemens' VII., Gütersloh 1969.

–: Causa Reformationis. Beiträge zur Reformationsgeschichte und zur Theologie Martin Luthers, Gütersloh 1989.

– (Hg.): Die Religionsgespräche der Religionszeit, Gütersloh 1980.

Murdock, Graeme: Calvinism on the Frontiers 1600–1660. International Calvinism and the Reformed Church of Hungary and Transylvania, Oxford 2000.

O'Malley, John W.: The Jesuits. Culture, Science and the Arts, 1540–1773, Toronto 2000.

–: Trent and All That. Renaming Catholicism in the Early Modern Era, London 2000.

Opitz, Peter (Hg.): Calvin im Kontext der Schweizer Reformation, Zürich 2003.

Pettegree, Andrew / Duke, Alastaire / Lewis, Gillian (Hg.): Calvinism in Europe 1540–1620, Cambridge 1994.

Plath, Uwe: Der Fall Servet und die Kontroverse um die Freiheit des Glaubens und Gewissens, Essen 2014.

Rawlings, Helen: Church, Religion and Society in Early Modern Spain, Houndsmill, New York 2002.

Rein, Nathan: The Chancery of God. Protestant Print, Polemic and Propaganda against the Empire, Magdeburg 1546–1551, Aldershot 2008.

Reinhardt, Volker: Die Tyrannei der Tugend. Calvin und die Reformation in Genf, München 2009.

Ryrie, Alec: The Age of Reformation. The Tudor and Stewart Realm 1485–1603, London, New York 2009.

Schilling, Heinz / Smolinsky, Heribert (Hg.): Der Augsburger Religionsfriede 1555, Gütersloh 2007.

Schmidt, Alexander: Vaterlandsliebe und Religionskonflikt. Politische Diskurse im Alten Reich (1555–1648), Leiden, Boston 2007.

Schorn-Schütte, Luise: Evangelische Geistlichkeit in der Frühneuzeit, Gütersloh 1996

– (Hg.): Das Interim 1548/50. Herrschaftskrise und Glaubenskonflikt, Gütersloh 2005.

Schramm, Gottfried: Der polnische Adel und die Reformation, Wiesbaden 1965.

Schubert, Hans von: Der Reichstag zu Augsburg im Zusammenhang der Reformationsgeschichte, Leipzig 1930.

Schulze, Winfried: Reich und Türkengefahr im späten 16. Jahrhundert, München 1978.

Schwarz Lausten, Martin: Die Reformation in Dänemark, Gütersloh 2008.

–: Die heilige Stadt Wittenberg: Die Beziehungen des dänischen Königshauses zu Wittenberg in der Reformationszeit, Leipzig 2010.

Selderhuis, Herman J. (Hg.): Calvin Handbuch, Tübingen 2008.

– / *Nissen, Peter:* The Sixteenth Century, in: *Ders.* (Hg.), Handbook of Dutch Church History, Göttingen 2015, S. 157–258.

Spicer, Andrew: Calvinist Churches in Early Modern Europe, Manchester 2007.

Strasser-Bertrand, O.E. / De Jong, Otto J.: Geschichte des Protestantismus in Frankreich und den Niederlanden, Göttingen 1975.

Strauss, Gerald: Luther's House of Learning. Indoctrination of the Young in the German Reformation, Baltimore, London 1978.

Strohm, Christoph (Hg.): Johannes a Lasco (1499–1560). Polnischer Baron, Humanist und europäischer Reformator, Tübingen 2000.

Suerbaum, Ulrich: Das elisabethanische Zeitalter, durchges., bibliograph. aktualisierte Ausgabe Stuttgart 2014.

Tazbir, Janusz: A State without Stakes: Polish Religious Toleration in the Sixteenth and Seventeenth Centuries, New York 1973.

–: Geschichte der polnischen Toleranz, Warschau 1977.

Töpfer, Thomas: Die Leucorea am Scheideweg. Der Übergang von Universität und Stadt Wittenberg an das albertinische Kursachsen 1547/48, Leipzig 2004.

Tracy, James D.: Holland under Habsburg Rule, 1506–1566, Berkeley/LA 1990.

Tyacke, Nicholaa (Hg.): England's Long Reformation 1500–1800, Bristol 1998.

Vainio, Olli-Pekka: Justification or Participation in Christ. The Development of the Lutheran Doctrine of Justification from Luther to the Formula of Concord (1580), Leiden, Boston 2008.

Vogler, Günter: Die Täuferherrschaft in Münster und die Reichsstände. Die politische, religiöse und militärische Dimension eines Konflikts in den Jahren 1534 bis 1536, Gütersloh 2014.

– (Hg.): Wegscheiden der Reformation. Alternatives Denken vom 16. bis 18. Jahrhundert, Weimar 1994.

Walsham, Alexandra: The Reformation of the Landscape. Religion, Identity, & Memory in Early Modern Britain & Ireland, Oxford 2011.

Wartenberg, Günther: Moritz von Sachsen und die albertinische Kirchenpolitik bis 1546, Gütersloh 1988.

Weber, Georg und *Renate* (Hg.): Luther und Siebenbürgen. Ausstrahlungen von Reformation und Humanismus nach Südosteuropa, Köln, Wien 1985.

Weiß, Dieter J.: Katholische Reform und Gegenreformation, Darmstadt 2006.

Welti, Manfred: Kleine Geschichte der italienischen Reformation, Gütersloh 1985.

Wendebourg, Dorothea (Hg.): Sister Reformations – Schwesterreformationen. The Reformation in Germany and in England, Tübingen 2010.

– / *Ryrie, Alec* (Hg.): Sister Reformations II – Schwesterreformationen II. Reformation and Ethics in Germany and in England, Tübingen 2014.

Wenz, Gunther: Theologie der Bekenntnisschriften der evangelisch-lutherischen Kirche, 2 Bde., Berlin, New York 1996/97.

Whitford, Mark David: Tyranny and Resistance. The Magdeburg Confession and the Lutheran Tradition, St. Louis 2001.

Wolgast, Eike: Die Wittenberger Theologie und die Politik der evangelischen Stände. Studien zu Luthers Gutachten in politischen Fragen, Gütersloh 1977.

–: Hochstift und Reformation. Studien zur Geschichte der Reichskirche zwischen 1517 und 1648, Stuttgart 1995.

–: Die Einführung der Reformation und das Schicksal der Klöster im Reich und in Europa, Gütersloh ²2015.

Zemon Davis, Natalie: Society and Culture in Early Modern France, Stanford 1975.

Ziegler, Walter: Die Entscheidung deutscher Länder für oder gegen Luther. Studien zur Reformation und Konfessionalisierung im 16. und 17. Jahrhundert, Münster 2008.

Zimmermann, Gunther: Die Einführung des landesherrlichen Kirchenregiments, in: ARG 76, 1985, S. 146–168.

Zimmermann, Wolfgang: Rekatholisierung, Konfessionalisierung und Ratsregiment. Der Prozeß des politischen und religiösen Wandels in der österreichischen Stadt Konstanz 1458–1637, Sigmaringen 1994.

Fünftes Kapitel: Die Reformation und die neue Zeit

Belting, Hans: Bild und Kult. Eine Geschichte des Bildes vor dem Zeitalter der Kunst, München ⁶2004.

Bitterli, Urs: Die ‹Wilden› und die ‹Zivilisierten›. Grundzüge einer Geistes- und Kulturgeschichte der europäisch-überseeischen Begegnung, München ³2004.

Dixon, Scott C.: Protestants: A History from Wittenberg to Pennsylvania 1517–1740, Malden, Oxford 2010.

Dülmen, Richard van / *Rauschenbach, Sina* (Hg.): Macht des Wissens. Die Entstehung der modernen Wissensgesellschaft, Köln, Weimar, Wien 2004.

Heckel, Martin: Deutschland im konfessionellen Zeitalter, Göttingen ²2001.

Kaufmann, Thomas: Konfession und Kultur. Lutherischer Protestantismus in der zweiten Hälfte des Reformationsjahrhunderts, Tübingen 2006.

– / *Schubert, Anselm / Greyerz, Kaspar von* (Hg.): Frühneuzeitliche Konfessionskulturen, Gütersloh 2008.

Koch, Ernst: Das konfessionelle Zeitalter – Katholizismus, Luthertum, Calvinismus (1563–1675), Leipzig 2000.

Kreiker, Sebastian: Armut, Schule, Obrigkeit. Armenversorgung und Schulwesen in den evangelischen Kirchenordnungen des 16. Jahrhunderts, Bielefeld 1997.

Leppin, Volker: Antichrist und Jüngster Tag. Das Profil apokalyptischer Flugschriftenpublizistik im deutschen Luthertum 1548–1618, Gütersloh 1999.

Lotz-Heumann, Ute / Mißfelder, Jan-Friedrich / Pohlig, Matthias (Hg.): Konversion und Konfession in der Frühen Neuzeit, Gütersloh 2007.

Ludwig, Frieder: Luther-Wahrnehmungen in Afrika, Asien und Lateinamerika. Aspekte der Rezeption zwischen Ablehnung und Aneignung, in: *Reformationsgeschichtliche Sozietät* (Hg.), Spurenlese, s. unter Sechstes Kapitel, S. 279–307.

Medick, Hans / Schmidt, Peer (Hg.): Luther zwischen den Kulturen, Göttingen 2004.

Pietsch, Andreas / Stollberg-Rilinger, Barbara (Hg.): Konfessionelle Ambiguität. Uneindeutigkeit und Verstellung als religiöse Praxis in der Frühen Neuzeit, Gütersloh 2013.

Reinhard, Wolfgang: Die Geschichte der europäischen Expansion, 4 Bde., Stuttgart u. a. 1983–1990.

Reinitzer, Heimo: Gesetz und Evangelium: über ein reformatorisches Bildthema, seine Tradition, Funktion und Wirkungsgeschichte, 2 Bde., Hamburg 2006.

Rohls, Jan: Theologie reformierter Bekenntnisschriften, Göttingen 1987.

Rublack, Hans-Christoph (Hg.): Die lutherische Konfessionalisierung in Deutschland, Gütersloh 1992.

Schneider, Bernd Christian: Ius Reformandi, Tübingen 2001.

Sichelschmidt, Karla: Recht aus christlicher Liebe oder obrigkeitlicher Gesetzesbefehl?, Tübingen 1995.

Skalweit, Stephan: Der Beginn der Neuzeit, Darmstadt 1982.

Sommer, Wolfgang (Hg.): Kommunikationsstrukturen im europäischen Luthertum der Frühen Neuzeit, Gütersloh 2005.

Sprengler-Ruppenthal, Anneliese: Gesammelte Aufsätze. Zu den Kirchenordnungen des 16. Jahrhunderts, Tübingen 2004.

Stephan, Horst: Luther in den Wandlungen seiner Kirche, Berlin ²1951.

Tschackert, Paul: Die Entstehung der lutherischen und der reformierten Kirchenlehre samt ihren innerprotestantischen Gegensätzen, Göttingen 1910, ND Göttingen 1979.

Vierhaus, Rudolf (Hg.): Frühe Neuzeit – Frühe Moderne? Forschungen zur Vielschichtigkeit von Übergangsprozessen, Göttingen 1992.

Völker-Rasor, Anette (Hg.): Frühe Neuzeit, München 2000.

Zeman, Jarold Knox: The Anabaptists and the Czech Brethren in Moravia, 1526–1628, Den Haag, Paris 1969.

Sechstes Kapitel: Die Wahrnehmung der Reformation in der Neuzeit

Bahlcke, Joachim: Die tschechische und slowakische Geschichtsschreibung zu Reformation und konfessionellem Zeitalter. Vom Zweiten Weltkrieg bis zur Gegenwart, in: ARG 100, 2009, S. 155–174.

Bäumer, Remigius: Die Erforschung der kirchlichen Reformationsgeschichte seit 1931, Darmstadt 1975.

Bornkamm, Heinrich: Luther im Spiegel der deutschen Geistesgeschichte, Göttingen ²1970.

Brady, Thomas A.: The Protestant Reformation in German History, in: German Historical Institute Washington D.C., Occasional Paper No. 22, Washington 1998, S. 9–34.

–: «We have Lost the Reformation» – Heinz Schilling and the Rise of the Confessionalization Thesis, in: *Ehrenpreis* u. a. (Hg.), Wege der Neuzeit, s. unter Erstes Kapitel, Berlin 2007, S. 33–56.

–: From Revolution to the Long Reformation: Writings in English on the German Reformation, 1970–2005, in: ARG 100, 2009, S. 48–64.

–: Luther und der deutsche Marxismus, in: *Schilling* (Hg.), Reformator, s. unten, S. 195–203.

Brandhorst, Heinz-Hermann: Lutherrezeption und bürgerliche Emanzipation, Göttingen 1981.

Crăciun, Maria: Centre or Periphery? The Reformation in Romanian and Hungarian Historiography, 1945–2008, in: ARG 100, 2009, S. 175–192.

Czaika, Otfried: Entwicklungslinien der Historiographie zu Reformation und Konfessionalisierung in Skandinavien seit 1945, in: ARG 100, 2009, S. 116–137.

Danz, Christian / Leonhardt, Rochus (Hg.): Erinnerte Reformation. Studien zur Luther-Rezeption von der Aufklärung bis zum 20. Jahrhundert, Berlin, New York 2008.

Dilthey, Wilhelm: Weltanschauung und Analyse des Menschen seit Renaissance und Reformation, Gesammelte Schriften Bd. II, Stuttgart, Göttingen ¹¹1991.

Flügel, Wolfgang: Konfession und Jubiläum. Zur Institutionalisierung der lutherischen Gedenkkultur in Sachsen 1617–1830, Leipzig 2005.

Graf, Friedrich-Wilhelm: Fachmenschenfreundschaft. Studien zu Troeltsch und Weber, Berlin, New York 2014.

– / *Renz, Horst* (Hg.): Protestantismus und moderne Welt, Gütersloh 1984.

Greyerz, Kaspar von / Jakubowski-Tiessen, Manfred / Kaufmann, Thomas / Lehmann, Hartmut (Hg.): Interkonfessionalität – Transkonfessionalität – binnenkonfessionelle Pluralität. Neue Forschungen zur Konfessionalisierungsthese, Gütersloh 2003.

Harnack, Adolf von: Lehrbuch der Dogmengeschichte Bd. III, Neudruck der 4. Aufl. Tübingen 1909, Darmstadt 1990.

Helmer, Christine: The Global Luther. A Theologian for Modern Times, Minneapolis 2009.

Herte, Adolf: Das katholische Lutherbild im Bann der Lutherkommentare des Cochläus, 3 Bde., Münster 1943.

Holenstein, André: Reformation und Konfessionalisierung in der Geschichtsforschung der Deutschschweiz, in: ARG 100, 2009, S. 65–87.

Holl, Karl: Gesammelte Aufsätze zur Kirchengeschichte Bd. I: Luther, Tübingen ⁷1948.

Homza, Lu Ann: The Merits of Disruption and Tumult: New Scholarship on Religion and Spirituality in Spain during the Sixteenth Century, in: ARG 100, 2009, S. 218–234.

Jedin, Hubert / Bäumer, Remigius: Die Erforschung der kirchlichen Reformationsgeschichte, Darmstadt 1975.

Joestel, Volkmar: «Hier stehe ich!» Luthermythen und ihre Schauplätze, Wettin, Löbejun 2013.

Kaufmann, Thomas: Die Konfessionalisierung von Kirche und Gesellschaft. Sammelbericht über eine Forschungsdebatte, in: Theologische Literaturzeitung 121, 1996, Sp. 1008–1025; 1112–1121.

–: Die Reformation als Epoche? In: Verkündigung und Forschung 47, 2002, S. 49–63.

–: Evangelische Reformationsgeschichtsforschung nach 1945, in: ZThK 104, 2007, S. 404–454.

–: Die deutsche Reformationsforschung seit dem Zweiten Weltkrieg, in: ARG 100, 2009, S. 15–47.

–: Reformationsgedenken in der Frühen Neuzeit, in: ZThK 107, 2010, S. 285–324.

–: Die Deutung des Humanismus vornehmlich in der deutschsprachigen Kirchengeschichtswissenschaft – Beobachtungen zu älteren und neueren Tendenzen, in: Wolfenbütteler Renaissance-Mitteilungen 33, 2011, S. 1–32.

–: Comment écrit-on une histoire de la Réforme? Réflexions historiographiques et théologiques, in: Études Théologiques et Religieuses 90, 2015, S. 31–50.

Lau, Franz: Der Bauernkrieg und das angebliche Ende der lutherischen Reformation als spontaner Volksbewegung, in: LuJ 26, 1959, S. 109–134.

Laube, Stefan: Von der Reliquie zum Relikt. Luthers Habseligkeiten und ihre Musealisierung in der frühen Neuzeit, in: *Jäggi / Staecker*, Archäologie, s. unter Drittes Kapitel, S. 429 – 466.

–: Von der Reliquie zum Ding: Heiliger Ort – Wunderkammer – Museum, Berlin 2011.

– / *Fix, Karl-Heinz* (Hg.): Lutherinszenierung und Reformationserinnerung, Leipzig 2002.

Lehmann, Hartmut: Max Webers «Protestantische Ethik». Beiträge aus der Sicht eines Historikers, Göttingen 1996.

–: Luthergedächtnis 1817–2017, Göttingen 2012.

Ligniez, Annina: Das Wittenbergische Zion. Konstruktion von Heilsgeschichte in frühneuzeitlichen Jubelpredigten, Leipzig 2013.

Loades, David: The Historiography of the Reformation in Britain, in: ARG 100, 2009, S. 308–325.

Luhn, Rolf / Müller, Thomas T. / Winter, Jürgen (Hg.): Sichtungen und Einblicke. Zur künstlerischen Rezeption von Reformation und Bauernkrieg im geteilten Deutschland, Petersberg 2011.

Moeller, Bernd: Reichsstadt und Reformation. Neue Ausgabe mit einer Einleitung hg. von *Thomas Kaufmann*, Tübingen 2011.

Müller, Michael G.: Reformationsforschung in Polen, in: ARG 100, 2009, S. 138–154.

Oberman, Heiko A.: Reformation: Epoche oder Episode? In: ARG 68, 1977, S. 56–111.

–: Zwei Reformationen. Luther und Calvin. Alte und Neue Welt, Berlin 2003.

Pöltsam, Inna: Einfluß der lutherischen Reformation auf den Alltag in Livland, in: *Altnurme, Riho* (Hg.), Estnische Kirchengeschichte im vorigen Jahrtausend, Kiel 2001, S. 73–85.

Pohlig, Matthias: Zwischen Gelehrsamkeit und konfessioneller Identitätsstiftung. Lutherische Kirchen- und Universalgeschichtsschreibung 1546–1617, Tübingen 2007.

Reformationsgeschichtliche Sozietät der Martin-Luther-Universität Halle-Wittenberg (Hg.): Spurenlese. Wirkungen der Reformation, Leipzig 2013.

Reinhard, Wolfgang: Gegenreformation als Modernisierung? Prolegomena zu einer Theorie des konfessionellen Zeitalters, in: ARG 68, 1977, S. 226–252.

– / *Schilling, Heinz* (Hg.): Die katholische Konfessionalisierung, Gütersloh 1995.

Rhein, Stefan: Am Anfang war Luther: Die Personengedenkstätte und ihre protestantische Genealogie. Ein Zwischenruf, in: *Bohnenkamp, Anne / Breuer, Constanze / Kahl, Paul / Ders.* (Hg.), Häuser der Erinnerung. Zur Personengedenkstätte in Deutschland, Leipzig 2015, S. 59–70.

Scheunemann, Jan (Hg.): Reformation und Bauernkrieg. Erinnerungskultur und Geschichtspolitik im geteilten Deutschland, Leipzig 2010.

Schilling, Heinz: Die Konfessionalisierung im Reich. Religiöser und gesellschaftlicher Wandel in Deutschland zwischen 1555 und 1620, in: *Ders.*, Ausgewählte Abhandlungen zur europäischen Reformations- und Konfessionsgeschichte, hg. von *Luise Schorn-Schütte* und *Olaf Mörke*, Berlin 2002, S. 504–540.

–: Reformation – Umbruch oder Gipfelpunkt einer Temps des Réformes? In: *Ders.*, Ausgewählte Abhandlungen, s. oben, S. 11–31.

–: (Hg.): Die reformierte Konfessionalisierung in Deutschland – Das Problem der «Zweiten Reformation», Gütersloh 1986.

–: (Hg.): Der Reformator Martin Luther 2017, Berlin u. a. 2014.

Seidel Menchi, Silvana: The Age of Reformation and Counter-Reformation in Italian Historiography, 1939–2009, in: ARG 100, 2009, S. 193–217.

Shevchenko, Nadezda: Eine historische Anthropologie des Buches. Bücher in der preußischen Herzogsfamilie zur Zeit der Reformation, Göttingen 2007.

Troeltsch, Ernst: Kritische Gesamtausgabe Bd. 8: Schriften zur Bedeutung des Protestantismus für die moderne Welt (1906–1913), hg. von *Trutz Rendtorff* und *Stefan Pautler*, Berlin, New York 2001.

Wendebourg, Dorothea: Vergangene Reformationsjubiläen. Ein Rückblick im Vorfeld von 2017, in: *Schilling* (Hg.), Reformator, s. oben, S. 261–281.

–: Die Reformationsjubiläen des 19. Jahrhunderts, in: ZThK 108, 2011, S. 270–335.

Witt, Christian Volkmar: Protestanten: das Werden eines Integrationsbegriffs in der Frühen Neuzeit, Tübingen 2011.

Zeeden, Ernst Walter: Martin Luther und die Reformation im Urteil des deutschen Luthertums, 2 Bde., Freiburg/Br. 1950/52.

Zerbe, Doreen: Reformation der Memoria. Denkmale in der Stadtkirche Wittenberg als Zeugnisse lutherischer Memorialkultur im 16. Jahrhundert, Leipzig 2013.

BILDNACHWEIS

Seite 16: Aus: Living Stones, a guide to Storkyrkan, published by Stockholms Dom-krykoförsamling, Stockholm, o. J., S. 26 | *S. 20:* © akg-images | *S. 21:* © akg-images / Erich Lessing | *S. 24:* Herzog August Bibliothek Wolfenbüttel 1.2.2 Geogr. 2°. © akg-images | *S. 25:* © akg / North Wind Picture Archives | *S. 28/29:* © akg-images | *S. 32:* Paris, Louvre. © akg-images | *S. 33:* Bonn, Rheinisches Landesmuseum | *S. 36:* © akg-images | *S. 45:* © akg-images / Pirozzi | *S. 48:* Berlin, Deutsches Historisches Museum | *S. 49:* Berlin, Staatliche Museen, Kupferstichkabinett. © akg-images | *S. 53:* Wien, Kunsthistorisches Museum. © akg-images | *S. 56:* VD 16 S 8527; Bayerische Staatsbibliothek München 9705497 2 A. lat. B 673, Beibd. 2 | *S. 61:* St. Lorenz, Nürnberg (Postkarte) | *S. 64:* Paris, Louvre. © akg-images / André Held | *S. 65:* Paris, Louvre. © akg-images | *S. 66/67:* Aus: Helmut Appel, Anfechtung und Trost im Spätmittelalter und bei Luther, Leipzig 1938, S. 142 f. | *S. 68:* St. Lorenz, Nürnberg (Postkarte) | *S. 71:* Aus: Wilfried Seipel (Hg.), Kaiser Karl V. (1500–1558). Macht und Ohnmacht in Europa, Kunsthistorisches Museum Wien 16.6.-10.9.2000, Wien 2000, S. 240, Nr. 211 | *S. 73:* © akg-images / British Library | *S. 76:* Venedig, Galleria dell'Accademia. © akg-images | *S. 77:* Rom, Vatikanische Museen. © akg-images | *S. 80:* Paris, Louvre. © akg-images / Erich Lessing | *S. 81:* Paris, Louvre. © akg-images / André Held | *S. 94:* VD 16 S 7365; Herzog August Bibliothek Wolfenbüttel Rara: A: 72.5 Quod (5), A3ᵛ | *S. 101:* Salzburg, Bibliothek St. Peter. © akg-images / Imagno | *S. 106/107:* Herzog August Bibliothek Wolfenbüttel 434. 11 Theol. 2° (zwischen Bl. d 6 und Bl. A 1 eingebundenes Doppelblatt) | *S. 109:* Stadtarchiv Mühlhausen | *S. 111:* Staatsarchiv Merseburg | *S. 113:* Thüringisches Hauptstaatsarchiv Weimar | *S. 117:* VD 16 L 3407; Bayerische Staatsbibliothek München 4 Polem. 1898 | *S. 125 links und rechts:* © akg-images | *S. 133:* © akg-images | *S. 134:* VD 16 L 4186/7. © akg-images | *S. 135:* VD 16 D 9935. © akg-images | *S. 136:* © akg-images | S. 137: Eingeklebt in: Heinrich Brennwald/Johannes Stumpf, Schweizer Chronik, Zentralbibliothek Zürich Ms A2, vor Bl. 150 | *S. 140:* Leipzig, Museum der bildenden Künste. © akg-images | *S. 141 links und rechts:* Washington, National Gallery of Art. © akg-images | *S. 147:* VD 16 S 5311; Zentralbibliothek Zürich Zwingli 106: a.1. © akg-images | *S. 149:* Winterthur, Kunstmuseum. © akg-images | *S. 157:* VD 16 C 4391; Bayerische Staatsbibliothek München 4 Polem. 1917: Beibl. 2. © akg-images | *S. 163:* © akg-images | *S. 175:* Berlin, Staatliche Museen, Kupferstichkabinett | *S. 177 links und rechts:* © akg-images | *S. 184:* Toledo/Ohio, Museum of Art. © akg-images | *S. 189:* © akg-images / Erich Lessing | *S. 202:* VD 16 A 170 | *S. 203:* VD 16 E 1153, C[5]ᵛ–C[7]ʳ | *S. 209:* VD 16 W 4688 | *S. 213:* Aus: Martin Schwarz Lausten, Die Reformation in Dänemark [SVRG 208], Gütersloh 2008, S. 23 | *S. 221:* VD 16 H 6174 | *S. 223:* VD 16 B 5735 | *S. 228:* Paris, Louvre. © akg-images / François Guénet | *S. 233:* © akg-images | *S. 239:* Genf, Musée de la Réforme (Postkarte) | *S. 244:* Genf, Musée de la Réforme (Postkarte) | *S. 248:* Lausanne, Musée cantonal des Beaux-Arts. © akg-images | *S. 249:* Genf, Musée internationale de la Réforme. © akg-images / Erich Lessing | *S. 253:* © akg-images | *S. 257:* Aberdeen, Blairs College | *S. 261:* Kopenhagen, Nationalmuseum | *S. 269:* Zürich, Zentralbibliothek | *S. 270:* © IAM / akg-images | *S. 273:* Edinburgh, National Museum of Scotland | *S. 284:* München, Alte Pinakothek. © akg-images | *S. 289:* Danneil-Museum, Salzwedel | *S. 293:* Aus: Thomas Kaufmann, Das Ende der Reformation. Magdeburgs «Herrgotts Kanzlei» 1548–1551/2 [BHTh 123], Tübingen 2003, S. 585 Abb. 18 | *S. 296/297:* Berlin, Staatliche Museen, Kupferstichkabinett. © akg-images | *S. 301:* Wien, Kunsthistorisches Museum. © akg-images | *S. 309:* Paris, Louvre. © akg-images / André Held | *S. 313:* Utrecht, Museum Catharijneconvent. © akg-images | *S. 320:* Rom, Kurie des Generaloberen der Gesellschaft Jesu, Arbeitszimmer des Generals. © akg-images | *S. 324:* © akg-images | *S. 332:* Aus: Stadtmuseum Münster (Hg.), Das Königreich der Täufer. Reformation und Herrschaft der Täufer in Münster, Bd. 1, Münster 2000, S. 236 Nr. 105 | *S. 335:* VD 16 M 6732. © akg-images | *S. 343:* Genf, Musée de la Réforme (Postkarte) | *S. 351:* © akg-images | *S. 371:* © akg-images | *S. 378:* Herzog August Bibliothek Wolfenbüttel, 18.25 Aug. 2°, fol. 304 | *S. 379:* Herzog August Bibliothek Wolfenbüttel, 38.25 Aug. 2°, fol. 310 | *S. 380/181:* Nürnberg, Germanisches Nationalmuseum | *S. 384:* © Pictura Paedagogica Online | *S. 385 links und rechts:* © akg-images / arkivi | *S. 387 oben und unten:* © Collection Dupondt / akg-images | *S. 388 links und rechts:* © akg-images / arkivi | *S. 403:* © akg-images | *S. 406:* © akg-images | *S. 410:* Aus: Martin Schloemann, Luthers Apfelbäumchen? Ein Stück deutscher Mentalitätsgeschichte seit dem Zweiten Weltkrieg, Göttingen 1994, Titelseite | *S. 413:* © akg-images | *S. 417:* Panorama-Museum, Bad Frankenhausen. © akg-images / Dieter Demme.

PERSONENREGISTER

Abusch, Alexander 412, 451
Adolf von Anhalt, Bischof 114
Aegidius von Viterbo 100
Agricola, Johann 286
Agricola, Mikael 357, 432
Alba, Fernando von 252
Alber, Erasmus 292
Albrecht von Brandenburg, Kardinal,
   Erzbischof und Kurfürst von Mainz,
   Erzbischof von Magdeburg 108 f.,
   112, 216, 291, 441 f.
Albrecht von Brandenburg-Ansbach
   (Albrecht von Preußen) 44, 445
Albrecht von Mainz s. Albrecht von
   Brandenburg
Aldegrever, Heinrich 333
Aleander, Hieronymus 128 f., 132
Alexander VI., Papst 25, 43
Ambrosius von Mailand 80
Amerbach, Bonifatius 206
Amsdorf, Nikolaus von 105, 139,
   291 f., 304, 447
Anna (Mutter Marias) 63, 65, 95
Anna von Kleve 266
Anna von Mochau 141
Anna von Ungarn und Böhmen 46, 52
Andreä, Laurentius 211
Anselm, Thomas 220
Aquila, Kaspar 159
Aquin s. Thomas von Aquin
Aristoteles 74, 79, 92, 108, 137, 242,
   364, 391
Arndt, Johann 366
Arnobius 80
Arnold, Gottfried 390 f., 448
Asper, Hans 148
August, Kurfürst von Sachsen 304
Augustinus, Aurelius 78–80, 98,

103–106, 112, 119, 121 f., 145, 166,
   311, 338, 339

Bach, Johann Sebastian 362
Bader, Augustin 176, 328
Baldung (Grien), Hans 134
Baptista Mantuanus, Johannes 93, 95
Barbara (Heilige) 61
Barnes, Robert 208, 209
Barnim XI. von Pommern-Stettin 121
Barth, Karl 415
Bartholomäus (Heiliger) 61
Batenburg, Jan van 333
Beaton, David 255
Below, Otto von 405, 450
Berlichingen, Götz von 161
Bernhard von Clairvaux 103
Bernhardin von Siena 58
Beyer, Christian 192
Beyer, Dominikus 222
Beza, Theodor 11, 198
Bezold, Friedrich von 397 f., 449
Biel, Gabriel 97
Billican, Theobald 119
Bismarck, Otto von 384, 405
Bizer, Ernst 415
Blaurock, Jörg 330
Bloch, Ernst 411
Blochinger, Mathis 223
Bocksberger, Johann, d. Ä. 300
Boehmer, Heinrich 405, 450
Boleyn, Anne 265, 266, 271
Bonaventura, Johannes 103
Bonifatius VIII., Papst 373, 447
Bora, Katharina von 89 f., 133, 177 f.
Borgia, Cesare 43
Bornkamm, Heinrich 415
Borromäus, Karl 319

Entfelder, Christian 336
Erasmus von Rotterdam, Desiderius
  66, 80 f., 114, 116 f., 119, 137,
  144–146, 176 f., 208, 214–216, 227,
  237, 304, 336, 405, 431 f., 434, 442,
  445
Essen, Jan von 203
Eyck, Jan van 64

Faber Stapulensis, Jacob s. Lefèvre
  d' Étaples, Jacques
Fabri, Johann 152
Fagius, Paul 119
Farel, Guillaume 206 f., 226, 231 f.,
  234
Ferdinand I., Kaiser 46, 50, 52, 179,
  295, 298, 300, 310, 434–346
Ferdinand II. (V.), König von Aragón,
  Kastilien und León 23 f., 37
Fichte, Johann Gottlieb 366, 394–396,
  400, 449
Fisher, John 209, 264
Flacius, Matthias, gen. Illyricus 292,
  296, 304, 306, 357
Flersheim, Philipp von 160
Foxe, John 268, 271, 444, 446
Franck, Sebastian 119, 237, 337,
  358
Franz I., König von Frankreich 11, 38,
  42, 188 f, 207, 226–229, 234, 245,
  432, 434, 436
Franz II., König von Frankreich 246,
  255
Franz von Assisi 319
Franz Xavier 321
Frecht, Martin 119
Friedrich August I., Kurfürst von
  Sachsen 383
Friedrich III., Kaiser 52, 431
Friedrich I., König von Dänemark
  und Norwegen 212 f., 259
Friedrich III., Kurfürst von der Pfalz
  277
Friedrich V., Kurfürst von der Pfalz
  379
Friedrich II., der Große, König von
  Preußen 397, 450
Friedrich III., der Weise, Kurfürst von

Sachsen, 44, 109 f., 119, 123, 126,
  129, 131, 133, 154, 211, 378 f.,
  432–434
Friedrich Wilhelm III., König von
  Preußen 384
Froben, Johann 10, 80, 117 f., 206,
  214, 432–434
Frölich, Georg (Laetus) 347, 447
Froschauer, Christoph 48, 146, 148
Fuessli, Hans (Johannes) 146
Fugger (Familie) 27, 109

Gabler, Mathias 211
Gallus, Nikolaus 292
Gama, Vasco da 22, 25
Gardener, Stephen 268
Gatterer, Johann Christoph 447
Geiler von Kaysersberg, Johannes 13,
  14, 439
Gensfleisch s. Gutenberg
Georg der Bärtige, Herzog von
  Sachsen 109, 121, 280, 308, 350, 432
Gerhardt, Paul 362
Germanus, Nicolaus 24
Gerson, Jean 103
Geyer von Giebelstadt, Florian 161
Glapion, Jean 130
Glarean, Heinrich 444
Gleditsch, Johann Friedrich 448
Goethe, Johann Wolfgang von 400
Goeze, Johann Melchior 393, 449
Gozzoli, Benozzo 36
Graetz, Heinrich 400
Grebel, Konrad 153, 172, 329
Gregor XIII., Papst 316
Greiffenklau, Richard von 160
Grisar, Hartmann 417
Groote, Gerd 64
Grundmann, Herbert 416
Grunenberg s. Rhau-Grunenberg
Grynäus, Simon 224
Guise (Familie) 246, 247
Guise, Maria de 254 f.
Günzburg s. Eberlin von Günzburg
Gustav I. Erikson Wasa, König von
  Schweden 16, 46, 210, 262, 433
Gustav Adolf, König von Schweden
  382

GEOGRAPHISCHES REGISTER

43–45, 47 f., 52, 56, 59 f., 62, 70–72,
74, 83 f., 90, 119, 129, 139, 144,
171, 188 f., 197–199, 234, 242, 254,
257, 259 f., 262, 275 f., 278 f., 283,
286, 295, 298–300, 306, 308, 310,
317, 338, 347, 350, 372, 388 f.,
393 f., 396 f., 400, 408 f., 436
Hersfeld 409
Hessen 150, 160, 171, 180 f., 186,
191–193, 280, 282 f., 294, 306,
433 f.
Holland 170, 252, 254, 341, 369
Holstein 306
Husum 245

Indien 22 f., 29, 321
Ingolstadt 118, 121, 198
Innsbruck 189, 295
Irland 274
Island 258, 260
Israel 373
Istanbul 431
Italien 9 f., 20, 26–28, 34, 36, 39, 42,
55, 59, 62, 74 f., 78 f., 93, 100, 116,
118, 122, 149, 179, 188, 198, 242,
267, 298, 310, 318 f., 322, 404, 423

Japan 321, 370
Jena 168
Jerusalem 10, 62, 64, 134 f., 320, 330
Jülich 331

Kaaden 435
Kärnten 58
Kalabrien 60, 319
Kalkutta 21
Kalmar 46, 431
Kap der Guten Hoffnung 22, 25, 369
Kappel 148, 435
Karlstadt 105
Kempten 192, 279
Kenia 371
Klausenburg 339
Kleve 435
Köln 10, 32, 49, 74, 99, 127, 169, 198,
244, 277, 436
Königsberg 287, 445
Konstantinopel 19 f., 74, 431

Konstanz 12 f., 122, 130, 142,
150–152, 156, 181, 190, 350, 431,
439
Kopenhagen 260, 392
Krain 58
Kreuznach 159
Kroatien 357
Kurhessen-Waldeck 409

Lancaster 38
Landsberg 450
Landstuhl 160
Lausanne 240, 243
Leiden 107, 198
Leipzig 49, 109 f., 112, 121–123, 125,
132, 139, 145, 152, 157, 198, 287,
290, 294 f., 375, 377, 404 f., 413,
425, 431, 433, 436, 448
Leisnig 181 f.
Leuenberg 86
Lille 245
Limmat 172
Lindau 190
Lippe 303, 306
Lissabon 22, 199
Litauen 44, 46
Livland 445
Lochau 283
Löwen 10, 127
London 10, 243, 245, 271
Lothringen 9, 246, 294, 298
Lübeck 26
Lüneburg 192
Luxemburg 43
Lyon 238, 249

Mähren 18, 329 f.
Magdeburg 92, 108–110, 142, 287,
290–292, 294–296, 305 f., 436,
440 f.
Mailand 39, 42, 188, 318, 323
Mainz 49, 72 f., 108 f., 112, 163, 354
Malawi 370
Manresa 320
Mansfeld 91–93, 165
Mantua 95, 278, 435
Marburg 171, 190, 434, 443
Meaux 11, 246

Aus dem Verlagsprogramm

Biographien bei C.H.Beck

Heinz Schilling
Martin Luther
Rebell in einer Zeit des Umbruchs
Eine Biographie
2016. 736 Seiten mit 51 Abbildungen und 4 Karten. Gebunden

Heinz Scheible
Melanchthon
Vermittler der Reformation
Eine Biographie
2016. 448 Seiten mit 25 Abbildungen. Gebunden

Hans-Jürgen Goertz
Thomas Müntzer
Revolutionär am Ende der Zeiten
Eine Biographie
2015. 352 Seiten mit 25 Abbildungen und 1 Karte. Gebunden

Peter Blickle
Der Bauernjörg
Feldherr im Bauernkrieg
Georg Truchsess von Waldburg 1488–1531
2015. 586 Seiten mit 21 Abbildungen und 3 Karten. Leinen

Eike Christian Hirsch
Der berühmte Herr Leibniz
Eine Biographie
2016. 648 Seiten. Gebunden

Sarah Bakewell
Wie soll ich leben?
oder Das Leben Montaignes in einer Frage und zwanzig Antworten
Aus dem Englischen von Rita Seuß
2016. 416 Seiten. Broschiert
C.H.Beck Paperback Band 6225

Geschichte in C.H.Beck Wissen

Thomas Kaufmann
Martin Luther
3. Auflage. 2015. 128 Seiten mit 4 Abbildungen
und 1 Karte. Broschiert
C.H.Beck Wissen Band 2388

Christoph Strohm
Johannes Calvin
Leben und Werk des Reformators
2009. 128 Seiten mit 3 Abbildungen und 2 Karten. Paperback
C.H.Beck Wissen Band 2469

Luise Schorn-Schütte
Die Reformation
Vorgeschichte, Verlauf, Wirkung
6., überarbeitete Auflage. 2016. 128 Seiten mit 1 Abbildung. Paperback
C.H.Beck Wissen Band 2054

Friedrich Wilhelm Graf
Der Protestantismus
Geschichte und Gegenwart
2., überarbeitete Auflage. 2010. 128 Seiten. Paperback
C.H.Beck Wissen Band 2108

Peter Blickle
Der Bauernkrieg
Die Revolution des Gemeinen Mannes
4., aktualisierte und überarbeitete Auflage. 2011. 144 Seiten
mit 10 Abbildungen und 1 Karte. Paperback
C.H.Beck Wissen Band 2103

Johannes Burkhardt
Deutsche Geschichte in der frühen Neuzeit
2009. 135 Seiten. Paperback
C.H.Beck Wissen Band 2462

Konfessionen in Europa um 1570

- katholisch
- lutherisch
- reformiert
- anglikanisch
- ···· Hussiten und Böhmische und Mährische Brüder
- griechisch-orthodox
- überwiegend griechisch-orthodox
- muslimisch

✝ Sitz eines röm.-kath. Erzbischofs
◆ Sicherheitsplätze der Hugenotten
— Heiliges Römisches Reich um 1570
···· Machtbereich der osman. Türken um 1550

KGR. SCHOTTLAND
• Edinburgh

KGR. DÄNEMARK-NORWEGEN
• Oslo
• Kopenhagen

Nordsee

✝ Armagh
✝ Tuam
• Dublin
✝ Cashel
KGR. IRLAND

Atlantischer Ozean

York
KGR. ENGLAND
Cambridge
London
Canterbury

• Hamburg

Leiden
Niederlande
Mechelen
Cambrai
Münster
Köln
Wittenberg
Leipzig

Rouen
Paris
Reims
Sens
Trier
Mainz
HEILIGES RÖMISCHES REICH
Straßburg
Donau

Nantes
Tours
Bourges
KGR. FRANKREICH
Besançon
Zürich
Augsburg
Salzburg

Bordeaux
Lyon
Vienne
Genf
Tarentaise
Turin
Mailand
Udine
Venedig

Auch
Toulouse
Narbonne
Arles
Avignon
Aix
Embrun
Genua
REP. GENUA
Ravenna
Pisa
Florenz
Siena

✝ Santiago
✝ Braga
KGR. PORTUGAL
Lissabon

Ebro
Zaragoza
Madrid
Toledo
Tarragona
Valencia

KGR. SPANIEN
Sevilla
Granada

Korsika
Sardinien
Sassari
Oristano
Cagliari

KIRCHENSTAAT
Rom

1 Capua
2 Neapel
3 Sorrento
4 Amalfi

Balearen
Mittelmeer

Tanger
Ceuta
Melilla
Oran
Algier
Bona
Biserta
Tunis

Palermo
Monreale

0   200   400km